부동산 공법

장동훈 · 권영수
손재종 · 나길수 共著

21세기사

| 머리말 |

한 국가는 주권·영토·국민의 3요소에 의하여 성립한다. 그 중 영토는 국민이 삶을 영위하며 살아가는 중요한 요소로서 현재를 살아가고 있는 우리뿐만 아니라 우리의 자손들도 영원히 살아가야 할 생활의 기반이 된다. 영토를 국토라고도 칭하는데, 이러한 국토는 부동산으로 이루어져 있다 하여도 과언이 아닐 것이다.

토지와 그 정착물을 부동산이라 하며, 부동산은 우리가 살아가는 데 꼭 필요한 재화이다. 토지는 모든 생활과 생산의 터전이며 그 정착물은 생활과 생산의 기반이기 때문이다. 특히 우리나라는 인구에 비해 국토는 협소하고 가용면적은 부족한데다 도시집중적인 행태를 보이고 있는 바, 이러한 인구와 산업의 도시집중화로 인한 폐해를 줄이고 어떻게 하면 주어진 국토를 효율적으로 관리 사용해야 하는 것인지가 현재를 살아가는 우리들 모두의 화두가 된지 오래다.

이러한 국토에 관한 계획과 정책은 개발과 환경이라는 상충되는 가치의 조화 속에 국토를 균형있게 발전시키고 국가의 경쟁력을 높여 국민의 삶의 질을 개선할 수 있도록 하는 동시에 우리의 후세에게 물려줄 민족의 자산이 되도록 하여야 할 것이다. 그래서 각종 부동산공법이 존재하게 된다.

부동산공법이란 국가나 지방자치단체가 공공복리를 위하여 부동산의 소유·이용·개발·보전·거래 등에 관하여 행정행위 등에 의해 규율하는 총체를 말한다. 부동산공법은 공공복리를 실현하기 위해 인적·물적 부담은 물론 다양한 실효성 확보수단을 두고 있다. 이로 말미암아 때로는 공익과 사익이 충돌하고, 이의 조정이 요구되고 있다. 현재 부동산학과가 설치된 각 대학에는 부동산공법이 강의 과목으로 자리하고 있으며 또한 공인중개사 시험의 한 과목으로 차지하는 부동산공법은 학문적인 분야뿐만 아니라 부동산과 관련한 건설업, 부동산개발업, 부동산중개업, 부동산감정평가업 등 많은 부동산관련 산업에 종사하는 실무자에게도 중요한 기본적으로 알아야 할 매우 중요한 법 지식이다.

이에 저자들은 '부동산 관련 다양한 분야'에서 필요로 하는 부동산공법상의 최신 법률들을 체계화하고 쉽게 이해할 수 있는 새로운 교재의 필요성에 뜻을 같이하고 본서가 부동산공법에 대한 기본서의 역할을 해 주리라는 기대 속에 본서의 출간을 결심하게 되었다.

따라서 기존의 부동산공법 도서들이 공인중개사 시험과목에 한정하는 6개의 법률만을 소개하고 있음에 반해, 본서는 기존의 6개 법률은 물론 부동산학과 부동산 실무에서 필요하다고 사료되는 「국토기본법」 「수도권정비계획법」 「산지관리법」 「도시재정비 촉진을 위한 특별법」 등 4개 법률을 추가하여 총 10개의 법률을 토지와 주택부분으로 나누어 2편에서 7편까지는 토지관련 공법으로, 8편부터 11편까지는 주택관련 부동산공법으로 기술하였다. 그리고 1편에서는 부동산공법이 행정법의 한 분야로서의 법률체계 및 이론 등을 기술하였다. 이로 인해 늘어날 수 있는 책의 분량을 조절하기 위해 공인중개사 시험 관련 문제들은 삽입하지 않았으며, 각 법률에서 규정하는 행위위반에 대한 벌칙사항은 별도로 기술하지 않고 꼭 필요한 부분만 본문 내용 중에 반영하였다. 그렇지만 중요하다고 판단되는 부분에 대하여는 시행령뿐만 아니라 시행규칙의 일부 규정도 기술하여 독자들의 이해를 돕도록 하였고, 내용 중 이해하기 어려운 부분들은 그림 및 박스로 처리하여 보충하기도 하였다.

모쪼록 본서가 부동산학을 전공하는 학생과 부동산 관련 분야 종사자 및 부동산공법에 관심을 가지는 모든 이들에게 부동산공법의 전반적인 체계 및 지식을 함양하는데 많은 도움이 되어지기를 바라며, 본서가 출간되기까지 도움을 주신 도서출판 21세기사 사장님과 여러분들에게 이 지면을 빌어 깊은 감사를 드리는 바이다.

2013. 연구실에서
저자 일동

| 목 차 |

제 1 편

총 설

제 1 장

부동산공법 기초이론

Ⅰ. 부동산공법의 위치

1. 공법과 사법

인간의 사회생활은 크게 두 가지로 나누어 볼 수 있다. 하나의 인간으로서 삶을 영위하기 위한 생활관계가 있을 수 있고, 또 다른 하나는 국가를 조직하고 그 구성원으로서의 관계가 있을 수 있다.

전자의 생활관계(예 : 출생하고, 취직을 하고, 결혼을 하고, 생활용품을 구입하고, 전세계약을 체결하는 등)는 재산관계와 가족관계 두 유형이 있는데 이것을 규율한 법률이 사법이며, 이러한 사법에는 민법과 상법, 주택임대차보호법 등이 있으며, 사인(개인끼리 또는 법인과 개인)간의 분쟁 해결을 위해서는 사법이 적용된다. 후자인 국가를 조직하고 유지하는 생활이 있는데(예 : 국가의 구성원이 되고, 선거를 하고, 조세를 납부하고, 병역에 임하는 것 등) 이는 국민으로서의 생활관계를 규율하는 것으로 공법이 된다. 즉 공법은 국가와 국가, 국가와 지방자치단체, 지방자치단체 상호간의 관계, 국가·지방자치단체와 개인간의 관계를 정하는 법 및 국가 또는 지방자치단체의 조직·활동을 정하는 법을 말한다.

이러한 공법에는 헌법·행정법·형법·형사소송법·행정소송법·민사소송법·국제법·국토의 계획 및 이용에 관한 법률, 도시개발법, 도시 및 주거환경정비법, 건축법 등 수없이 많다.

부동산관련 법도 사법과 공법으로 나눌 수 있다. 과거에는 민법을 비롯한 사법질서가 부동산법체계의 중심을 이루었으나 근래에는 공법적 규제를 규정하는 입법이 늘어나면서 많은 변화를 가져오고 있다. 전형적인 자유주의적, 자본주의적 경제체제에서는 토지의 소유 및 이용은 기본적으로 소유자에게만 맡겨져 있었으나, 현대와 같은 수정자본주의 시대에는 그 의식이 전환되고 있다.

토지는 물리적으로 그 양이 한정되어 있고 생산이 불가능한 반면 인간의 주거생활과 생산활동에는 반드시 필요한 것이고, 토지이용은 토지소유자 뿐만 아니라 사회 전체 구성원의 생존 및 발전과 관련되고 또한 다음 세대까지 영향을 미치므로 부동산공법 영역은 점차적으로 증대되고 있는 실정이며 이러한 부동산 공법은 행정법의 영역이 된다.

2. 행정법으로서의 부동산공법

형식적 관점에서 행정이란 행정부에 속하는 기관에 의해 이루어지는 모든 작용을 말하며, 실질적 관점에서는 행정은 소극적으로는 「입법도 사법도 아닌 국가작용」 또는 「입법도 사법도 통치작용도 아닌 국가작용」으로 정의하기도 하고, 적극적으로는 국가의 목표와 법질서의 달성을 위한 국가의 활동, 법 아래서 법의 규제를 받으면서 현실적·구체적으로 국가목적의 적극적 실현을 위하여 행하여지는 통일성을 가진계속적인 형성적 국가활동 등으로 정의한다.[1] 즉 행정은 공익을 실현하려는 목적으로 하는 법의 집행작용이다.

행정법이란 행정에 특유한 국내법으로서 공법을 말한다. 이러한 행정법은 국가·지방자치단체 등 행정주체의 기관의 설치 및 그 권한 그리고 기관 상호간의 관계에 관한 것 등을 규징한 행정조직법, 행정주체와 사인간의 법률관계를 규정하는 행정작용법 및 행정작용으로 인한 개인의 권리침해에 대한 구제에 관한 법인 행정구제법으로 분류할 수 있는데 대다수의 부동산공법은 행정작용법에 속한다.

전통적인 행정법 이론에 의하면 부동산공법은 규제행정작용의 일환으로서의 생활공간 규제행정법의 내용으로 다루어지고 있다. 부동산공법은 행정법의 한 형태이고 헌법의 하위법임에 틀림없다. 따라서 부동산공법도 일반행정법과 같은 형식상(성문성, 다양성)·성질상(집단성, 획일평등성, 강행성, 기술성)·내용상(합목적성·재량성)의 특성을 가지고 있다.[2] 그러나 일반행정법의 특성과 구별되는 부동산공법 고유의 특성에 대하여는 아직 정립된 견해는 없다. 다만 부동산공법을 토지·건물행정관 관련된 특별행정작용법의 하나로 파악한다면, 부동산행정의 특성으로 지적되고 있는 장기성, 계획성, 종합성은 부동산공법과의 특성과도 무관하지 않을 것으로 생각된다.[3]

1) 홍정선, 행정법특강, 박영사, 2010, 3면 참조
2) 서원우, 부동산공법, 박영사, 1991, 3면 참조
3) 석종현, 신토지공법론, 경진사, 1994, 70면

Ⅱ. 부동산공법의 법원

법원(Rechtsquelle, 法源)은 일반적으로 법의 존재형식, 법의 인식근거로 이해된다. 법규의 특징은 국가에 의하여 그 시행이 보장되는 까닭에 국민을 기속하는 힘을 가진다. 그러하다면 이러한 법원에는 어떤 것이 있는가? 즉, 법규가 어떠한 형식으로 존재하는가? 하는 것이 법원(法源)에서 다루는 것이다. 현실에서는 법률만이 존재하는 것이 아니고 시행령, 시행규칙, 대법원판례 등의 많은 규범이 존재하는데 이러한 규범 중 어떤 것이 국민에게 강제적인 힘을 가진 것인가 하는 문제이다.

법원에는 성문화된 성문법원과 성문화되지 않은 불문법원이 있다. 부동산공법은 성문법주의를 원칙으로 하고 있다. 그 이유는 첫째, 국민의 자유와 재산에 관한 행정권발동은 예측가능성 및 법적 안전성을 보장하기 위하여 그 한계와 조건을 미리 명확히 할 필요가 있다는 점. 둘째, 행정작용의 공정성 확보의 요청. 셋째, 국가적 급부할동의 계속적 보장의 요청. 넷째, 국가적 지도와 보호의 목적·수단 등을 명확히 해 두어야 할 필요. 다섯째, 행정구제절차를 명백히 하여 국민의 권리를 보장할 필요 등이 제시되고 있다.[4)]

성문법주의를 취하고 있더라도 부동산공법은 민법·상법과 같이 단일 법률로 존재하는 것이 아니라 여러 법률로 구성되어 있다. 또한 부동산공법이 대상으로 하는 부동산관련 상황은 경제·사회의 발달로 인하여 수시로 변하고 있다. 이러한 결과로 부동산관련 사항을 모두 법률로 규율하는 것은 사실상 곤란하고 불문법에 의하여 보완되고 있다.

1. 성문법원

(1) 헌법

최고의 규범인 헌법은 국가의 조직 및 국민의 기본적인 권리·의무를 규율하는 기본법이다. 헌법에는 부동산에 관한 사항을 규정하는 조항이 있으며 이들 조항은 부동산공법의 가장 기본적인 법원이 된다.

일반적인 재산권의 보장, 내용과 한계와 관련하여 헌법 제23조제1항은 「모든 국민의 재산권은 보장된다. 그 내용과 한계는 법률로 정한다」라고 규정하여 한편으로는 재산권을 보장하고

---

4) 민태욱, 부동산공법론, 부연사, 2012, 20면

또 다른 면으로는 재산권의 내용과 한계를 법률로 규율할 수 있도록 하고 있다. 제23조제2항은 「재산권의 행사는 공공복리에 적합하여야 한다」고 규정하여 재산권행사의 공공복리적합성을 선언하고 있다. 제23조 제2항은 「공공필요에 의한 재산권의 수용·사용 또는 제한 및 그에 대한 보상은 법률로써 하되 정당한 보상을 지급하여야 한다」라고 규정하여 공공의 필요가 있을 경우에는 사인의 재산이라도 수용·사용 또한 제한을 할 수 있음을 선언하고 있다.

또한 제120조제2항은 「국토와 자원은 국가의 보호를 받으며, 국가는 그 균형있는 개발과 이용을 위하여 필요한 계획을 수립한다」라고 하여 국토의 균형있는 개발과 이용을 위한 국가의 개입을 허용하고 있다. 제122조는 「농지와 산지 기타 국토의 효율적이고 균형있는 이용·개발과 보전을 위하여 법률이 정하는 범위 내에서 그에 관한 필요한 제한과 의무를 과할 수 있다」라고 규정하여 농지·산지·국토에 대하여 국가가 제한과 의무를 부과할 수 있음을 선언하고 있다.

(2) 법률

법률이란 국회가 헌법에서 정하는 입법절차에 따라 제정한 일반적·추상적인 법 형식을 뜻한다. 헌법에서는 법률 제정과 관련하여 국회입법의 원칙과 법치주의의 원칙을 채용하고 있으므로 부동산에 관한 법률은 부동산공법의 가장 중요한 법원이 된다. 따라서 거의 모든 부동산공법은 국회에서 제정한 법률로 이루어진다. 법률은 명령·조례·규칙보다 우월한 효력을 가지며, 법률 상호간에 저촉되는 사항이 있을 경우에는 신법우선의 원칙 및 특별법 우선의 원칙을 적용하여 우열을 판정한다.

(3) 명령

명령이란 행정부에 의하여 제정되는 법규를 말한다. 명령은 법규명령과 행정규칙으로 나눌 수 있다. 법규명령은 국회가 아닌 행정부에 의하여 제정된 일반적·추상적인 법규정을 말하는 것으로 각 법률의 시행령·시행규칙이 여기에 해당된다. 부동산과 관련한 경제활동은 오늘날 복잡·다양할 뿐 아니라 변화속도도 빠르다. 이러한 경제활동에 관한 사항을 국회가 모두 신속하게 법률로써 규정하는 것은 현실적으로 어려워 전문적인 지식·경험을 구비하고 변화에 신속히 대처할 수 있는 행정부에게 구체적인 사항을 위임하고 있다. 행정부는 그 위임된 사항을 수행 하기 위하여 법규인 법규명령을 제정하고 있다.

법규명령은 시행령·시행규칙으로 제정된다. 법규명령에는 원칙적으로 법원성이 인정되나, 법규명령이 유효하기 위해서는 제정하는 행정부에게 제정권한이 주어 져야 하며, 목적, 내용, 범위가 법에 충분히 규정되어야 하며, 법적인 근거가 있어야 하며, 정상적인 과정을 거쳐 전달되어야 한다. 행정규칙의 경우에는 법원성에 대하여 인정하는 측과 부정하는 측의 다툼이 있다.

(4) 자치법규

자치법규는 지방자치단체가 자치입법권에 의하여 법령의 범위 내에서 제정하는 자치에 관한 법규를 말한다. 자치법규에는 지방의회가 제정하는 조례와 지방자치단체가 제정하는 규칙이 있다. 이들 자치법규가 부동산에 대하여 규정하는 때에는 부동산공법의 법원이 된다. 특히 부동산의 경우에는 각 지역의 특성을 반영할 사항이 많고, 또 점점 지방자치제도가 확대되는 경향이 있으므로 지방자치단체가 제정한 조례(특히 건축분야의 건축조례, 도시계획분야의 도시계획조례 등)가 중요한 법원이 된다.

2. 불문법원

부동산공법의 법원은 성문법을 원칙으로 하지만 복잡·다양하고 변화무쌍한 부동산활동에 대하여 모두 성문법으로 규정하는 것은 사실상 불가능하다. 다라서 성문법이 없을 경우에는 불문법원이 적용된다. 불문법원으로서 관습법, 판례법, 조리(법의 일반원칙) 등이 있다.

(1) 관습법

관습법이란 다년간에 걸쳐 동일한 관행이 반복되고, 이러한 관행이 일반국민의 법적확신을 얻어 법규로서 인식·승인된 것이라고 할 수 있다. 관습법의 경우에 도 법원성은 인정되나 그 효력의 범위는 성문법이 없거나 성문법의 규정이 제대로 갖추어져 있지 않아서 흠결이 있는 범위에만 보충적으로 적용된다고 볼 수 있다. 기술적 성격으로 인하여 변화가 많은 부동산공법에서는 관습법이 적용될 여지가 적다.

(2) 판례

법 제도적으로 보면 우리나라는 신판례구속의 원칙을 채택하고 있지 않다. 판결은 본래 그 대상이 된 특정의 구체적인 사건에 대해서만 구속력을 가지며, 다른 유사한 사건에는 일반적인 구속력을 가지지 않는다. 이 점에서 판례는 성문법률과 같은 법규범은 아니다.

그러나 대법원의 판례에서는 비록 구체적인 사건과 관련되기는 하지만, 법률에서 자주 사용되는 일반개념을 정의하고 일반적인 기본원칙에 대한 논의가 이루어진다. 이로 인하여 행정청 및 하급법원은 향후 법률해석시 대법원의 판례에 기준하게 되며, 이 결과 판례는 사실상 부동산공법의 해석과 적용에 영향을 미치고 있다.

(3) 조리

법학분야에서 불문법원 중의 하나로 등장하는 것이 조리(條理)인데 이것은 "사물의 본질적 법치" 또는 "일반사회의 정의감에 비추어 반드시 그러하여야 할 것으로 인정되는 것" 을 말한다.

그러나 이러한 조리의 개념자체가 불분명하고 그 내용을 확정하는 것이 어렵기 때문에 행정법에서는 행정법의 일반원칙으로 사용하는 것이 보편화되고 있다.

3. 부동산공법(행정법)의 일반원칙5)

법적 공동체로서의 인간단체에서 당연히 도출되는 윤리적 최소한의 원칙을 일반법원칙이라고 부른다. 기본적으로는 정의의 원칙을 말하며, 실정법 인식의 기준이 된다. 일반법원칙이 성문의 법규는 아니라고 하여도 모든 법실서가 지향해야 할 윤리의 기초이기 때문에 일반법원칙은 기본적인 법규범으로서 법원의 성격을 갖는다. 일반법원칙의 행정법에서의 표현이 행정법의 일반원칙이다.

행정법의 일반원칙 중에서는 실정법상 표현이 있는 경우도 있다. 행정법의 일반원칙의 상당부분은 헌법원칙의 구체화이다. 따라서 행정법의 일반원칙은 성문법과 마찬가지로 재판에서 직접 적용된다. 행정법의 일반원칙을 위반하는 행위는 당연히 위법한 행위가 된다.

부동산공법의 일반원칙으로는 행정의 자기구속의 원칙, 비례의 원칙, 신뢰보호의 원칙, 신의성실의 원칙, 부당결부금지의 원칙을 일반적으로 들 수 있다.

---

5) 홍정선, 행정법특강, 박영사, 2010, 37면 참조

제 2 장

부동산공법의 행위형식 및 체계

Ⅰ. 부동산공법 행정의 활동 유형

부동산공법의 행위형식은 일반 행정법상 행정작용의 행위형식을 널리 적용하고 있다. 이는 부동산공법이 행정법의한 분야에 속하므로 일반 행정법의 행위형식이 타당할 수 있기 때문이다. 이에 따라 부동산공법의 고유한 행위형식이란 존재할 수 없는 것으로까지 보고 있다.[6] 그러나 모든 행정작용이 부동산공법에 타당하며, 이들 행위형식이 많은 개별법에 다양하게 나타나고 있다 하더라도 그 비중을 달리하고 있음은 부정할 수 없다.

1. 활동방식

부동산공법을 관할하는 행정청이 행정을 수행하는 활동의 방식에는 행정입법이나 행정계획에 의하여 활동기준을 설정하고, 직접 일정한 행위를 하며 또는 비권력적 활동방식에 속하는 행정지도와 계약을 사용하는 것 등이 있다.

- 행정청의 활동방식
  - 권력적 방식
    - 사인의 활동기준을 설정하는 방식
      - 행정입법
      - 행정계획(비권력적인계획도 있음)
    - 직접 사인에게 일정한 행위를 하는 것 : 행정행위
  - 비권력적 방식 : 행정지도, 계약

※ 주) 민태욱, 부동산공법론, 부연사, 2012, 27면 참조

6) 서원우, 부동산공법, 박영사, 1991, 12면

본서에서는 행정청의 일반적인 활동방식인 행정입법, 행정행위, 비권력적행위, 행정상의 사실행위에 대해서는 개략적인 설명으로 그치고 부동산공법과 관련성이 높은 행정계획에 대하여는 보다 상세하게 설명하기로 한다.

(1) 행정입법

행정입법이란 일반적으로 국가 등의 행정주체가 일반적·추상적인 규범을 정립하는 작용 또는 그에 따라 정립된 규범을 말한다. 행정입법은 실정법상의 용어가 아니고 학문상의 용어이다. 행정입법은 위임입법·종속입법·준입법 등으로 불린다.

행정입법에는 국가행정권에 의한 입법과 지방자치단체에 의한 입법이 있다. 국가 행정권에 의한 입법은 다시 법규의 성질을 갖는 법규명령과 법규의 성질을 갖지 않는 행정규칙으로 구분한다.

법규명령은 국민의 권리·의무에 관계되는 법규범이므로 법치주의의 원칙에 따라 반드시 법률에 근거하여야 하며 법률에 근거함이 없이 행정부가 독자적으로 정립할 수는 없다. 법규명령은 법규로서의 성질을 가지므로 국민과 법원에 대하여 일반적인 구속력을 가진다. 또한 법규명령은 헌법·법률 등의 상위법령이 위임한 사항과 집행에 필요한 사항만을 위임할 수 있다. 입법권의 전부 또는 일부를 포괄적으로 위임하는 것은 금지된다.

행정규칙이란 행정청이 자신의 내부적인 사무를 처리하기 위하여 상위법령의 위임을 받지 아니하고 정립한 자율의 규정이다. 행정청이 정하는 각종 규칙, 규정 등이 여기에 속한다. 이러한 행정규칙은 법규명령과 달리 법규로서의 성격이 부인되어 대외적이 구속력을 가지지 않는다는 것이 전통적인 견해이다. 대외적인 구속력이 없으므로 국민이 행정규칙을 위반하더라도 위법이 되지는 않는다. 그렇지만 현실에서 행정규칙이 사실적인 구속력을 가지는 현상은 부인하기 어려우며 이에 따라 행정규칙의 법규성과 대외적 구속력이 문제가 된다.

(2) 행정행위

행정행위는 실정법상의 개념이 아니라 학문상으로 세워진 개념이다. 행정에 관한 개별의 법에서는 행정행위라는 용어가 없다. 실정법에서는 인가·허가·면허·특허·결정·재결 등의 여러 가지 용어로 사용되고 있다.

행정행위라는 용어는 학문상의 개념이므로 사용하는 사람에 따라 그 의미 및 내용에 다소 차이가 있으나 일반적으로 「행정청이 법의 규정 아래서 구체적인 사실에 대한 법집행으로서 행하는 권력적 단독행위인 공법행위」 라고 할 수 있다. 예를 들면 건축허가, 각종 사업의 허가,

세금부과 같은 것이 행정행위인 것이다. 행정행위에 속하는 것으로 하명·금지, 허가, 면제, 특허, 인가, 대리 등 다양하다.

(3) 비권력적 행위

1) 공법상 계약

오늘날 복지국가의 이념에 따라 행정기능이 광범위하게 확대됨에 따라 행정주체가 그 활동수단으로서 계약을 이용하는 경우가 많다. 행정주체가 계약의 한 당사자가 되는 계약을 총칭하여 행정계약이라고 부르며, 여기에는 공법적 성격의 계약과 사법적 성격의 계약이 모두 포함된다.

공법상 계약은 공공적 성격을 지니고 있으므로 우선 법률적합성원칙에 충실하여야 한다. 계약 절차에 있어서도 공법상 계약은 행정청의 허가 또는 행정청에의 보고를 필요로 하는 경우가 있다.

공법상 계약은 성질에 따라 대등계약과 종속계약으로 구분된다. 대등계약은 공법의 영역에서 계약의 대상과 관련하여 일방이 타방에 우월한 지위에 있지 않은 자간의 계약을 말하고, 종속계약은 공행정주체와 사인간의 계약을 말하는데, 종속계약은 경우에 따라 행정행위 대신에 체결될 수도 있다.

2) 행정지도

행정지도란 행정주체가 바람직한 행정상 질서의 조성을 위하여 국민의 자발적 동의나 협력을 바탕으로 그 목적을 달성하고자 국민을 유도하는 비권력적 사실행위를 말한다.

행정지도는 상대방의 동의나 협력을 바탕으로 행하여지므로 공권력발동에 따른 마찰이나 저항이 없이 받아들여질 수 있다는 장점이 있는 반면에 단점으로는 행정청이 우월적 지위를 남용하여 동의나 협력을 강제하기 쉬운 점, 잘못이 발생할 경우 그에 대한 책임소재가 불분명한 점, 상대방의 동의 또는 임의적 협력을 통하여 수행되므로 이에 대하여 행정소송을 하기 어려워 권리구제에 문제가 있다는 점들이 단점이 된다.

(4) 행정상의 사실행위

행정상의 사실행위란 일정한 법적 효과의 발생을 목적으로 하는 것이 아니라, 교량의 건설, 도로의 청소 등에서 보는 바와 같이 직접 어떠한 사실상의 효과·결과의 실현을 목적으로 하는 행정작용을 말한다. 공법상 사실행위에서는 의사표시가 아니라 사실로서의 어떤 상태의 실현이 사고의 중심에 놓인다.

공법상 사실행위도 법률우위의 원칙과 법률유보의 원칙하에 놓인다. 공법상 사실행위가 조직규범의 범위 내에서 이루어져야 함에는 의문이 없다. 공법상 사실행위는 조직법상 주어진 권한의 범위 내에서, 목적의 범위 내에서, 공익원칙·평등원칙·신뢰보호원칙 등 행정법의 일반원칙에 따라 행해져야 한다. 사실행위를 적법하게 하기 위해서는 우선 행정청에게 당해 업무를 관장할 수 있도록 하는 조직규범이 있어야 하며, 개인의 권익을 침해하거나 제3자효를 갖는 경우에는 법적 근거를 필요로 한다.

Ⅱ. 행정계획

행정계획의 전통적 견해는「행정주체가 일정한 행정활동을 위한 목표를 설정하고, 상호관련성 있는 행정수단의 조정과 종합화의 과정을 통하여, 그 목표로 정한 장래의 시점에 있어서의 보다 좋은 질서를 실현할 것을 목적으로 하는 활동기준 또는 그 설정행위」로 정의한다. 판례는 행정계획을「행정에 관한 전문적·기술적 판단을 기초로 하여 특정한 행정목표를 달성하기 위하여 서로 관련되는 행정수단을 종합·조정함으로써 장래의 일정한 시점에 있어서 질서를 형성하기 위하여 설정된 활동기준」으로 정의한다.[7)]

1. 부동산공법상 행정계획

(1) 의의

부동산공법상 계획이란 국토공간 또는 토지자원을 효율적으로 이용하고, 사회·경제활동의 기반을 조성하기 위하여 적극적으로 공공시설의 정비와 토지이용에 관한 종합적이고 타당성을 갖는 일련의 과정과 행위의 기준을 설정하는 것이다. 이러한 계획은 단지 국토공간에 대한 청사진뿐만 아니라 이의 목표달성을 위한 과정을 의미하고, 일정 범위의 토지에 대한 용도를 부여하고, 토지이용규제의 구체적 내용을 제시하기도 한다.

따라서 계획은 부동산공법의 행위수단 중 으뜸가는 행위형식이며, 계획으로 정한 내용을

7) 대판 2007. 4. 12. 2005두1893

실천하기 위하여 그 밖의 행위수단이 요구되는 것이다.

(2) 계획의 기능

1) 목표설정적 기능

행정계획은 각 분야에 있어 보다 좋은 질서를 창조하기 위한 형성활동이므로 미래지향적 형성활동을 일관성 있게 지속적으로 수행하기 위해서 장래 목표를 설정하게 된다.

2) 행정수단의 종합화

현대 행정은 각 부분마다 세분화·전문화되어 각종 정책이 단편적으로 시행될 수 있다. 이러한 단점을 방지하기 위하여 행정계획은 관계 행정기관에 통일적인 목표를 제시함으로써 각 행정기관의 행정수단을 입체적·유기적으로 연관시켜 전체적인 행동방향을 통합하고 체계화하여 행정능률을 향상하게 된다.

(3) 행정과 국민과 매개적 기능

행정계획은 국민에게 그 목표와 수단을 미리 알려주어 예측가능성을 부여함으로써 국민의 장래활동에 지침적·유도적 역할을 하여 국민의 자발적인 협조를 얻게 한다.

2. 행정계획의 종류

행정계획은 성격, 대상 및 범위, 구속성 여부 등에 따라 다양하게 분류될 수 있다.

(1) 종합계획과 부문별계획

종합계획은 특정 사안의 종합적이고 전체적인 목표를 설정하는 행정계획이고, 부문별계획은 특정의 개별적인 사무·사업에 관한 계획이다. 부동산공법상 종합계획에는 국토종합계획, 도종합계획, 시군종합계획을 들 수 있으며, 부문별계획으로는 도시관리계획 등이 있다.

(2) 장기계획·중기계획·단기계획

행정계획의 존속기간 또는 수립기간에 따른 분류이다. 「정부의 기획 및 심사분석에 관한 규정」에 따르면 장기계획은 6년 이상, 중기계획은 2년 이상 5년 이하의 기간에 걸치는 계획을 말한다고 정의하고 있다.

(3) 지역계획과 비지역계획

계획의 대상이 지역적 의미의 존재 여부에 따라 국토종합계획·도시기본계획과 같이 지역적인 의미를 가지는 것을 지역계획이라 하고, 경제계획·인력계획과 같이 지역에 관계없는 것을 비지역계획이라 한다.

(4) 상위계획과 하위계획

다른 계획의 기준이 되는 지 여부에 따라 다른 계획의 기준이 되는 계획을 상위계획이라 하고, 다른 계획을 따라야 하는 계획을 하위계획이라고 한다. 예로서 도시 기본계획은 상위계획이고 도시관리계획은 하위계획이다.

(5) 구속적 계획과 비구속적계획

행정계획이 대 국민관계에서 계획의 성질 또는 효과에 따라 구속적 계획과 비구속적계획으로 구분할 수 있다. 구속적 계획은 법규 또는 행정행위의 성격을 가진 법적 구속력이 있는 행정계획을 말한다.

이러한 구속적 계획 내용을 일반 국민이 위반하는 경우에는 행정제재가 가해진다. 구속적 계획이 공고되면 토지형질변경, 건축행위 등 개발행위가 규제되어 토지소유자 등에게 권리제한이 가해진다. 이러한 구속적 계획에 의한 제한은 공용 제한의 하나인 계획제한에 해당하며, 부동산공법에서 가장 강력한 규제수단으로 작용하고 있다. 도시관리계획이 구속적 계획의 대표적인 사례이다.

비구속적 계획은 행정기관의 구상 내지 행정의 지침에 불과하여 그 계획의 내용이 국민에게 법적 구속력을 가지지 않는 계획을 말하며 국토계획, 도시기본계획 등이 있다.

구 분	비구속적 행정계획(광역, 기본, 종합계획)	구속적 행정계획
구속 주체	◦ 행정관청(○) ◦ 일반국민(×)	◦ 행정관청(○) 수립에 따른 관리의무 부과 ◦ 일반국민(○) 행위제한으로 규제받음
다른 명칭	◦ 내부 구속적 행정계획 ◦ 일면적 계획	◦ 대·내외적 구속력 있는 행정계획 ◦ 양면적 계획

구 분	비구속적 행정계획(광역, 기본, 종합계획)	구속적 행정계획
성 격	◦ 행정명령 : 일일지시, 훈령 ◦ 행정규칙의 성질을 가짐	◦ 행정처분 : 행정관청이 일반국민에게 어떠한 행위에 대하여 처분을 하는 처분성이 있는 계획이다 ◦ 행정행위
절 차	◦ 수립 → 승인	◦ 입안 → 결정
행정쟁송	◦ 행정쟁송의 대상이 되지 않음	◦ 행정쟁송 대상 구속을 받으므로 당연히 국민은 사권을 구제받기 위하여 쟁송 가능
주민의견청취	◦ 공청회 : 간접청취(의견 제시)	◦ 공람·열람(의견 제출)
종 류	◦ 국토종합계획(국토기본법) ◦ 광역도시계획, 도시기본계획(국토계획법) ◦ 농지이용계획(농지법) ◦ 정비기본계획(도정법) ◦ 주택종합계획(주택법)	◦ 도시관리계획(국토계획법) ◦ 지구단위계획(국토계획법) ◦ 단계별집행계획(국토계획법) ◦ 정비계획, 관리처분계획(도정법)

Ⅲ. 국토계획 법령 체계

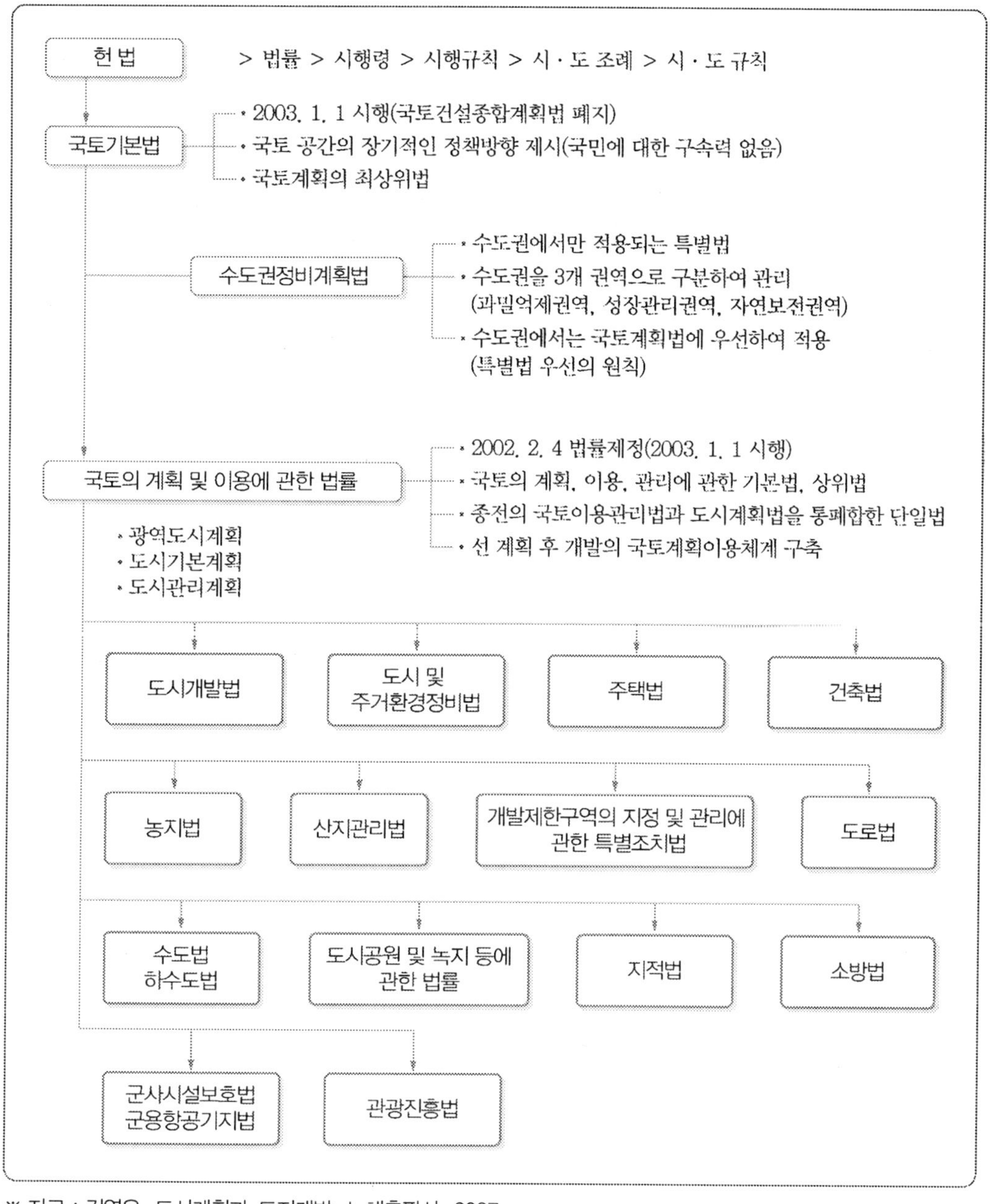

※ 자료 : 김영우, 도시계획과 토지개발, 노해출판사, 2007

제 2 편

국 토 기본 법

제1장 ◦ 총 론

제2장 ◦ 국토계획 등의 수립

제3장 ◦ 국토계획의 추진

제 1 장

총 론

Ⅰ. 국토관리의 기본이념

1. 법의 연혁

경제개발정책과 관련하여 1963년 10월 14일부터 시행된 국토건설종합계획법을 2002년 12월 31일부로 폐기하면서, 폐기되는 국토건설종합계획법을 보완 발전시켜 국토기본법을 2003년 1월 1일부터 시행하게 되었다.

국토기본법은 국토에 관한 계획 및 정책을 수립·시행함에 있어서 지향하여야 할 이념과 기본방향을 명시하고, 국토계획의 수립과 이의 체계적인 실천을 위한 제도적 장치를 마련하여 국토의 지속가능한 발전을 도모하고자 한다.

동법은 국토는 현재를 살아가고 있는 우리 세대만을 위한 국토가 아니고 우리의 자손들도 함께 공유하여야 할 자원임을 염두에 두면서, 우리 세대만을 위한 개발이 아닌 우리의 자손들도 함께 공유하여야 할 국토를 어떻게 관리 개발할 것인가의 철학을 담고 있다.

2. 국토관리의 기본이념

국토관리의 기본이념은 21세기에 요구되는 국토관리 철학과 제4차 국토종합계획에서 제시된 국토이념을 명시하고 있다.

국토관리법은 기본이념으로 「국토는 모든 국민의 삶의 터전이며 후세에 물려줄 민족의 자산이므로, 국토에 관한 계획 및 정책은 개발과 환경의 조화를 바탕으로 국토를 균형 있게 발전시키고 국가의 경쟁력을 높이며 국민의 삶의 질을 개선함으로써 국토의 지속가능한 발전을 도모할 수 있도록 수립·집행하여야 한다」고 규정하고 있다.

동 이념은 먼저 국토의 기본성을 선언하고 이를 바탕으로 국토에 관한 계획과 정책의 전개 방향을 제시하고 있다. 첫째, 국토가 우리 모두의 삶의 터전임과 동시에 후세에 물려줄 민족의 자산임을 선언하고 둘째, 국토에 관한 계획과 정책은 ① 개발과 환경의 조화, ② 국토의 균형 발전과 국가 경쟁력의 제고, ③ 국토의 지속가능한 발전을 지향한다.

국토관리의 기본이념은 국토정책의 목표와 전략의 상위 개념으로 정책을 수립하거나 집행할 때 가장 중시하여야 할 가치 기준이 된다.

Ⅱ. 국토정책의 목표와 전략

1. 국토의 균형 있는 발전

국가와 지방자치단체는 첫째, 각 지역이 특성에 따라 개성 있게 발전하고, 자립적인 경쟁력을 갖추도록 함으로써 국민 모두가 안정되고 편리한 삶을 누릴 수 있는 국토 여건을 조성하여야 하며, 둘째, 수도권과 비수도권, 도시와 농촌·산촌·어촌, 대도시와 중소도시간의 균형 있는 빌전을 이룩하고, 생활 여선이 현저히 뒤떨어진 지역이 발전할 수 있는 기반을 구축하여야 한다. 셋째, 국가와 지방자치단체는 지역 간의 교류협력을 촉진시키고 체계적으로 지원함으로써 지역 간의 화합과 공동 번영을 도모하여야 한다.

2. 경쟁력 있는 국토여건의 조성

국가와 지방자치단체는 도로, 철도, 항만, 공항, 용수시설, 물류시설, 정보통신시설 등 국토의 기간시설을 체계적으로 확충하여 국가경쟁력을 강화하고 국민생활의 질적 향상을 도모하여야 하며, 농지, 수자원, 산림자원, 식량자원, 광물자원, 생태자원, 해양자원 등 국토자원의 효율적인 이용과 체계적인 보전·관리를 위하여 노력하여야 한다.

또한 국가와 지방자치단체는 국제교류가 활발히 이루어질 수 있는 국토 여건을 조성함으로써 대륙과 해양을 잇는 국토의 지리적 특성을 최대한 살리도록 하여야 한다.

3. 환경친화적 국토관리

국가와 지방자치단체는 국토에 관한 계획 또는 사업을 수립·집행할 때에는 자연환경과 생활환경에 미치는 영향을 사전에 고려하여야 하며, 환경에 미치는 부정적인 영향이 최소화될 수 있도록 하여야 한다.

국토의 무질서한 개발을 방지하고 국민생활에 필요한 토지를 원활하게 공급하기 위하여 토지이용에 관한 종합적인계획을 수립하고 이에 따라 국토 공간을 체계적으로 관리하여야 한다.

국가와 지방자치단체는 산, 하천, 호수, 늪, 연안, 해양으로이어지는 자연생태계를 통합적으로 관리·보전하고 훼손된 자연생태계를 복원하기 위한 종합적인 시책을 추진함으로써 인간이 자연과 더불어 살 수 있는 쾌적한 국토 환경을 조성하여야 한다.

제 2 장

국토계획 등의 수립

Ⅰ. 국토계획의 의의와 구분

1. 국토계획의 의의

"국토계획" 이란 국토를 이용·개발 및 보전할 때 미래의 경제적·사회적 변동에 대응하여 국토가 지향하여야 할 발전 방향을 설정하고 이를 달성하기위한 계획을 말한다.

2. 국토계획의 구분

국토계획은 다음의 구분에 따라 국토종합계획, 도종합계획, 시·군 종합계획, 지역계획 및 부문별계획으로 구분한다.

(1) **국토종합계획** : 국토 전역을 대상으로 하여 국토의 장기적인 발전 방향을 제시하는 종합계획

(2) **도종합계획** : 도 또는 특별자치도의 관할구역을 대상으로 하여 해당 지역의 장기적인 발전 방향을 제시하는 종합계획

(3) **시·군종합계획** : 특별시·광역시·시 또는 군(광역시의 군은 제외한다)의 관할구역을 대상으로 하여 해당 지역의 기본적인 공간구조와 장기 발전 방향을 제시하고, 토지이용, 교통, 환경, 안전, 산업, 정보통신, 보건, 후생, 문화 등에 관하여 수립하는 계획으로서 「국토의 계획 및 이용에 관한 법률」에 따라 수립되는 도시·군계획

(4) **지역계획** : 특정 지역을 대상으로 특별한 정책목적을 달성하기 위하여 수립하는 계획

(5) **부문별계획** : 국토 전역을 대상으로 하여 특정 부문에 대한 장기적인 발전방향을 제시하는 계획

3. 국토계획과 다른 계획과의 관계

(1) 국토계획의 상호관계

1) 적합의무

국토종합계획은 도종합계획 및 시·군종합계획의 기본이 되며, 부문별계획과 지역계획은 국토종합계획과 조화를 이루어야 한다. 도종합계획은 해당 도의 관할 구역에서 수립되는 시·군종합계획의 기본이 된다. 그러므로 도의 경우 도시계획은 도종합계획에 부합되게 수립되어야 한다.

2) 국토계획의 수립주기

국토종합계획은 20년을 단위로 하여 수립하며, 도종합계획, 시·군종합계획, 지역계획 및 부문별계획의 수립권자는 국토종합계획의 수립 주기를 고려하여 그 수립 주기를 정하여야 한다.

(2) 다른 법령에 의한 계획과의 관계

국토종합계획은 다른 법령에 의하여 수립되는 국토에 관한 계획에 우선하며, 그 기본이 된다. 다만 군사에 관한 계획에 대하여는 그러하지 아니 하다. 따라서 국토종합계획은 군사에 관한 계획을 제외하고 국토 공간의 개발과 정비는 물론 국토이용에 관한 계획의 기본이 된다.

「수도권정비계획법」에 의하면 "수도권정비계획" 이라 함은 「국토기본법」에 의한 "국토종합계획" 을 기본으로 하여 수립되는 계획으로 정의하고 있다. 또한 "수도권정비계획" 은 「국토의 계획 및 이용에 관한 법률」에 의한 도시계획 기타 다른 법령에 의한 토지이용계획 또는 개발계획에 우선하며, 그 계획의 기본이 된다고 규정하고 있다.

따라서 국토종합계획은 수도권정비계획을 비롯하여 도시계획(광역도시계획, 도시 기본계획, 도시관리계획), 개별 법률에 의한 국토개발과 이용에 관한 제 계획의 상위계획으로 작용한다.

Ⅱ. 국토계획의 내용과 수립

1. 국토종합계획의 내용

국토종합계획은 다음 사항에 대한 기본적이고 장기적인 정책방향이 포함 되어야 한다.

- 국토의 현황 및 여건 변화 전망에 관한 사항
- 국토발전의 기본 이념 및 바람직한 국토 미래상의 정립에 관한 사항
- 국토의 공간구조의 정비 및 지역별 기능 분담 방향에 관한 사항
- 국토의 균형발전을 위한 시책 및 지역산업 육성에 관한 사항
- 국가경쟁력 향상 및 국민생활의 기반이 되는 국토 기간 시설의 확충에 관한 사항
- 토지, 수자원, 산림자원, 해양자원 등 국토자원의 효율적 이용 및 관리에 관한 사항
- 주택, 상하수도 등 생활 여건의 조성 및 삶의 질 개선에 관한 사항
- 수해, 풍해(風害), 그 밖의 재해의 방제(防除)에 관한 사항
- 지하 공간의 합리적 이용 및 관리에 관한 사항
- 지속가능한 국토 발전을 위한 국토 환경의 보전 및 개선에 관한 사항
- 그 밖에 위 사항에 부수(附隨)되는 사항

2. 국토종합계획의 수립절차

국토종합계획은 국토해양부장관이 수립하여야 한다. 국토해양부장관은 국토종합계획을 수립하려는 경우에는 중앙행정기관의 장 및 특별시장·광역시장·도지사 또는 특별자치도지사에게 대통령령으로 정하는 바에 따라 국토종합계획에 반영되어야 할 정책 및 사업에 관한 소관별 계획안의 제출을 요청할 수 있다. 이 경우 중앙행정기관의 장 및 시·도지사는 특별한 사유가 없으면 요청에 따라야 한다.

국토해양부장관은 소관별 계획안을 기초로 이를 조정·총괄하여 국토종합계획안을 작성하며, 제출된 소관별 계획안의 내용 외에 국토종합계획에 포함되는 것이 타당하다고 인정하는 사항은 관계 행정기관의장과 협의하여 국토종합계획안에 반영할 수 있다.

국토해양부장관은 국토종합계획안을 작성하였을 때에는 공청회를 열어 일반 국민과 관계 전

문가 등으로부터 의견을 들어야 하며, 공청회에서 제시된 의견이 타당하다고 인정되면 국토종합계획에 반영하여야 한다. 다만, 국방상 기밀을 유지하여야 하는 사항으로서 국방부장관이 요청한 사항은 그러하지 아니하다.

국토해양부장관은 국토종합계획을 수립하거나 확정된 계획을 변경하려면 국토정책위원회와 국무회의의 심의를 거친 후 대통령의 승인을 받아야 한다.

승인을 얻은 때에는 지체 없이 그 주요내용을 관보에 공고하고, 관계 중앙행정기관의 장, 시·도지사, 시장 및 군수(광역시 군수 제외)에게 송부하여야 한다.

3. 도종합계획

(1) 도종합계획의 내용

도지사는 다음의 사항에 대한 도종합계획을 수립하여야 한다. 다만, 다른 법률에 따라 따로 계획이 수립된 도, 즉 「수도권정비계획법」에 따른 수도권정비계획이 수립되는 경기도와 「제주특별자치도 설치 및 국제자유도시 조성을 위한 특별법」에 따른 종합계획이 수립되는 제주특별자치도의 경우에는 이를 수립하지 아니할 수 있다(즉 경기도는 수도권정비계획, 제주도의 경우 종합계획이 도종합계획으로 대체된다) 도종합계획에 포함될 내용은 다음과 같다.

- 지역 현황·특성의 분석 및 대내외적 여건 변화의 전망에 관한 사항
- 지역발전의 목표와 전략에 관한 사항
- 지역 공간구조의 정비 및 지역 내 기능 분담 방향에 관한 사항
- 교통, 물류, 정보통신망 등 기반시설의 구축에 관한 사항
- 지역의 자원 및 환경 개발과 보전·관리에 관한 사항
- 토지의 용도별 이용 및 계획적 관리에 관한 사항
- 그 밖에 도의 지속가능한 발전에 필요한 사항으로서 대통령령으로 정하는 사항

(2) 도종합계획의 수립절차

도지사는 도종합계획을 수립하여야 한다. 도지사가 도종합계획을 수립하고자 하는 때에는 공청회를 열어 주민 및 관계전문가 등으로부터 의견을 청취하여야 하며, 「국토의 계획 및 이용에 관한 법률」에 의하여 도에 설치된 도시계획위원회의 심의를 거쳐야 한다.

도지사가 도종합계획을 수립한 때에는 국토해양부장관의 승인을 얻어야 하며, 승인을 얻은

때에는 지체없이 그 주요내용을 공보에 공시하고, 관할구역에 있는 시장 및 군수에게 송부하여야 한다.

4. 지역계획

중앙행정기관의 장 또는 지방자치단체의 장은 지역 특성에 맞는 정비나 개발을 위하여 필요하다고 인정하는 경우에는 관계 중앙행정기관의 장과 협의하여 관계 법률에서 정하는 바에 따라 다음의 지역계획을 수립할 수 있다. 중앙행정기관의 장 또는 지방자치단체의 장은 지역계획을 수립하거나 변경한 때에는 이를 지체 없이 국토해양부장관에게 알려야 한다.

- **수도권 발전계획** : 수도권에 과도하게 집중된 인구와 산업의 분산 및 적정배치를 유도하기 위하여 수립하는 계획
- **광역권 개발계획** : 광역시와 그 주변지역, 산업단지와 그 배후지역 또는 여러 도시가 서로 인접하여 같은 생활권을 이루고 있는 지역 등을 광역적·체계적으로 개발하기 위한 계획
- **특정지역 개발계획** : 특정지역을 대상으로 경제, 사회, 문화, 관광 등을 전략적으로 발전시키기 위하여 수립하는 개발계획
- **개발촉진지구 개발계획** : 다른 지역에 비하여 개발 수준이나 소득 기반이 현저히 열악한 낙후지역의 개발을 촉진하기 위하여 수립하는 계획
- 그 밖에 다른 법률에 따라 수립하는 지역계획

5. 부문별계획

중앙행정기관의 장은 국토 전역을 대상으로 하여 소관 업무에 관한 부문별계획을 수립할 수 있다. 부문별계획을 수립할 때에는 국토종합계획의 내용을 반영하여야 하며, 이와 상충되지 아니하도록 하여야 한다.

중앙행정기관의 장은 부문별계획을 수립하거나 변경한 때에는 지체 없이 국토해양부장관에게 알려야 한다.

제 3 편

수도권정비계획법

제 1 장

총 론

Ⅰ. 법의 연혁 및 수도권정비계획

1. 법의 연혁

1980년대 초의 우리 사회는 20여 년간 추진해온 경제개발과 공업화시책에 따라 전 국토면적의 11.8%에 해당하는 서울을 중심으로 하는 수도권에 인구 및 산업의 35% 이상이 과도하게 밀집되어 있어 국가안보상의 취약성·지역간의 격차유발과 교통난·주택난·공해·범죄 등 도시문제의 심화현상등 문제점이 야기되고 있어 이의 해결을 위해 인구 및 산업을 적정하게 재정비·배치하고 광역적인 차원에서 수도권의 질서 있는 정비를 위한 중앙정부차원의 정비계획을 마련하여 이를 추진하는 제도적인 기틀을 확고히 함으로써 국토의 균형 있는 발전을 기하기 위하여 1982년 「수도권정비계획법」을 제정하여 1983년 7월 1일부터 시행하게 되었다.

2. 목적

「수도권정비계획법」 제1조에서는 동법의 목적을 「수도권정비에 관한 종합적인 계획의 수립과 시행에 필요한 사항을 정함으로써 수도권에 과도하게 집중된 인구와 산업을 적정하게 배치하도록 유도하여 수도권을 질서 있게 정비하고 균형 있게 발전시키는 것을 목적으로 한다」고 규정하고 있다. 이는 수도권에 과도한 인구와 산업의 집중으로 인한 폐해를 방지하기 위한 인구분산과 산업을 적정하게 배치하는 것을 목적으로 하고 있다.

Ⅱ. 용어의 정의

- **수도권** : 서울특별시와 인천광역시와 경기도를 말한다.
- **수도권정비계획** : 「국토기본법」에 따른 국토종합계획을 기본으로 하여 수도권정비계획의 수립규정에 따라 수립되는 계획을 말한다.
- **인구집중유발시설** : 학교, 공장, 공공 청사, 업무용 건축물, 판매용 건축물, 연수시설, 그 밖에 인구 집중을 유발하는 시설로서 대통령령으로 정하는 종류 및 규모 이상의 시설을 말한다.
- **대규모개발사업** : 택지, 공업용지 및 관광지 등을 조성할 목적으로 하는 사업으로서 대통령령으로 정하는 종류 및 규모 이상의 사업을 말한다.
- **공업지역** : 「국토계획법」에 따라 지정된 공업지역, 「국토계획법」과 그 밖의 관계 법률에 따라 공업용지와 이에 딸린 용도로 이용되고 있거나, 이용될 일단의 지역으로서 대통령령으로 정하는 종류 및 규모 이상의 지역

Ⅲ. 수도권정비계획

1. 수도권정비계획의 의의

수도권정비계획이란 「국토기본법」에 따른 국토종합계획을 기본으로 하여 수도권정비계획의 수립규정에 따라 수립되는 계획을 말한다.

2. 계획의 입안과 결정

국토해양부장관은 중앙행정기관의 장과 서울특별시장·광역시장 또는 도지사의 의견을 들어 수도권정비계획안을 입안한다. 국토해양부장관은 수도권정비계획안을 수도권정비위원회의 심의를 거친 후 국무회의의 심의와 대통령의 승인을 받아 결정한다. 결정된 수도권정비계획을

변경할 때에도 또한 같다.

국토해양부장관은 결정된 수도권정비계획을 고시하고, 중앙행정기관의 장 및 시·도지사에게 통보하여야 한다.

3. 계획의 내용

수도권의 인구 및 산업의 집중을 억제하고 적정하게 배치하기 위하여 다음의 사항이 포함된 계획을 말한다.

- 수도권 정비의 목표와 기본 방향에 관한 사항
- 인구와 산업 등의 배치에 관한 사항
- 권역의 구분과 권역별 정비에 관한 사항
- 인구집중유발시설 및 개발사업의 관리에 관한 사항
- 광역적 교통 시설과 상하수도시설 등의 정비에 관한 사항
- 환경 보전에 관한 사항
- 수도권 정비를 위한 지원 등에 관한 사항
- 위 사항에 대한 계획의 집행 및 관리에 관한 사항
- 그 밖에 대통령령으로 정하는 수도권 정비에 관한 사항

4. 다른 계획 등과의 관계

수도권정비계획은 수도권의 「국토의 계획 및 이용에 관한 법률」에 따른 도시·군계획, 그 밖의 다른 법령에 따른 토지 이용 계획 또는 개발 계획 등에 우선하며, 그 계획의 기본이 된다. 다만, 수도권의 군사에 관한 사항에 대하여는 그러하지 아니하다.

중앙행정기관의 장이나 서울특별시장·광역시장·도지사 또는 시장·군수·자치구의 구청장 등 관계 행정기관의 장은 수도권정비계획에 맞지 아니하는 토지 이용 계획이나 개발 계획 등을 수립·시행하여서는 아니 된다.

5. 추진계획

중앙행정기관의 장 및 시·도지사는 수도권정비계획을 실행하기 위한 소관별 추진계획을 수립하여 국토해양부장관에게 제출하여야 한다.

추진계획은 수도권정비위원회의 심의를 거쳐 확정되며, 국토해양부장관은 추진계획이 확정되면 중앙행정기관의 장 및 시·도지사에게 통보하여야 한다.

시·도지사는 확정된 추진계획을 통보받으면 지체 없이 고시하여야 하며, 중앙행정기관의 장 및 시·도지사는 추진계획을 집행한 실적을 매년 1월31일까지 국토해양부장관에게 제출하여야 한다. 국토해양부장관은 이를 종합하여 수도권정비위원회에 보고하여야 한다.

제 2 장

수도권 권역구분 및 추진조치

Ⅰ. 권역구분

1. 권역의 종류

수도권의 인구와 산업을 적정하게 배치하기 위하여 수도권을 아래와 같이 구분한다.

(1) **과밀억제권역** : 인구와 산업이 지나치게 집중되었거나 집중될 우려가 있어 이전하거나 정비할 필요가 있는 지역

(2) **성장관리권역** : 과밀억제권역으로부터 이전하는 인구와 산업을 계획적으로 유치하고 산업의 입지와 도시의 개발을 적정하게 관리할 필요가 있는 지역

(3) **자연보전권역** : 한강 수계의 수질과 녹지 등 자연환경을 보전할 필요가 있는 지역

2. 각 권역 행위제한

(1) 과밀억제권 안에서의 행위제한

1) 행위 등의 금지

관계 행정기관의 장은 과밀억제권역에서 다음 각 호의 행위나 그 허가·인가·승인 또는 협의 등을 하여서는 아니 된다.

㉠ 학교(대학, 산업대학, 교육대학 또는 전문대학), 공공 청사(도서관, 전시장, 공연장, 군사시설 중 군부대의 청사, 국가정보원 및 그 소속기관의 청사를 제외하며, 건축물의 연면적이 1천㎡ 이상인 것), 연수시설, 그 밖의 인구집중유발시설의 신설 또는 증설(용도

변경을 포함하며, 학교의 증설은 입학정원의 증원을 말한다)

㉡ 공업지역의 지정

2) 행위제한의 완화

관계 행정기관의 장은 국민경제의 발전과 공공복리의 증진을 위하여 필요하다고 인정하면 다음 각 호의 행위나 그 허가 등을 할 수 있다.

㉠ 대통령령으로 정하는 학교 또는 공공 청사의 신설 또는 증설

㉡ 서울특별시·광역시·도별 기존 공업지역의 총면적을 증가시키지 아니하는 범위에서의 공업지역 지정. 다만, 국토해양부장관이 수도권 정비위원회의 심의를 거쳐 지정하거나 허가 등을 하는 경우에만 해당한다.

(2) 성장관리권역 안에서의 행위제한

관계 행정기관의 장은 성장관리권역이 적정하게 성장하도록 하되, 지나친 인구집중을 초래하지 않도록 대통령령으로 정하는 학교, 공공청사, 연수 시설, 그 밖의 인구집중유발시설의 신설·증설이나 그 허가 등을 하여서는 아니 된다.

관계 행정기관의 장은 성장관리권역에서 공업지역을 지정하려면 대통령령으로 정하는 범위에서 수도권정비계획으로 정하는 바에 따라야 한다.

(3) 자연보전권역 안에서의 행위제한

관계 행정기관의 장은 자연보전권역에서는 다음 각 호의 행위나 그 허가 등을 하여서는 아니 된다. 다만, 국민경제의 발전과 공공복리의 증진을 위하여 필요하다고 인정되는 경우로서 대통령령으로 정하는 경우에는 그러하지 아니하다.

① 택지, 공업 용지, 관광지 등의 조성을 목적으로 하는 사업으로서 대통령령으로 정하는 종류 및 규모 이상의 개발사업

② 대통령령으로 정하는 학교, 공공 청사, 업무용 건축물, 판매용 건축물, 연수 시설, 그 밖의 인구집중유발시설의 신설 또는 증설

Ⅱ. 과밀부담금

1. 과밀부담금 대상과 부담자

서울특별시에서 인구집중유발시설 중 업무용 건축물, 판매용 건축물, 공공청사, 그 밖에 복합용건축물을 건축(신축·증축 및 공공 청사가 아닌 시설을 공공 청사로 하는 용도변경, 그 밖에 업무용시설·판매용시설 및 복합용시설 아닌 시설을 업무용시설 등으로 용도변경을 말함)하려는 자는 과밀부담금을 내야 한다.

부담금을 내야 할 자가 「도시 및 주거환경정비법」의 규정에 의한 정비사업조합 기타 건축물의 건축을 위하여 관계 법률에 의하여 구성된 조합인 경우 그 조합이 해산하면 그 조합원이 부담금을 내야 한다.

부담금 납부 의무의 승계, 연대납부 의무와 제2차 납부 의무에 관하여는 「국세기본법」 제23조부터 제25조까지 및 같은 법 제38조부터 제41조까지의 규정을 준용한다.

2. 부담금의 산정기준과 방식

(1) 산정기준

부담금은 건축비의 10/100으로 하되, 지역별 여건 등을 고려하여 대통령령으로 정하는 바에 따라 건축비의 5/100까지 조정할 수 있다. 건축비는 국토해양부장관이 고시하는 표준건축비를 기준으로 산정한다.

(2) 산정방식

1. 업무용시설등이 주용도(해당 건축물의 업무용시설등 면적의 합계가 용도별면적 중 가장 큰 경우를 말한다. 이하 같다)인 업무용 건축물, 판매용 건축물 또는 복합 건축물의 경우(증축 또는 용도변경의 경우에는 증축 또는 용도변경으로 업무용시설등이 주용도가 되는 경우를 포함한다)

가. 신축의 경우

1) 주차장면적과 기초공제면적의 합계면적이 기준면적(제17조제8호 각 목의 구분에 따른 면적을 말한다. 이하 같다)을 초과하지 아니하는 경우

> 부담금 = (기준면적-주차장면적-기초공제면적)×단위면적당 건축비×0.05+기준면적 초과면적×단위면적당 건축비×0.1

※ 기초공제면적은 5천제곱미터로 한다. 이하 이 호에서 같다

2) 주차장면적과 기초공제면적의 합계면적이 기준면적을 초과하는 경우

> 부담금 = (신축면적-주차장면적-기초공제면적)×단위면적당 건축비×0.1

나. 증축의 경우

1) 기존 건축물의 면적(이하 "기존면적"이라 한다)이 기준면적을 초과하지 아니하는 경우

가) 기존면적과 증축면적 중 주차장면적의 합계면적이 기준면적을 초과하지 아니 하는 경우

> 부담금 = (기준면적-기존면적-증축면적 중 주차장면적)×단위면적당 건축비×0.05+전체면적 중 기준면적 초과면적×단위면적당 건축비×0.1

※ 기존면적이 기초공제면적보다 작은 경우에는 기존면적 대신 기초공제면적을 적용한다.

나) 기존면적과 증축면적 중 주차장면적의 합계면적이 기준면적을 초과하는 경우

> 부담금 =(전체면적-기존면적-증축면적중 주차장면적)×단위면적당 건축비×0.1

※ 기존면적이 기초공제면적보다 작은 경우에는 기존면적 대신 기초공제면적을 적용한다.

2) 기존면적이 기준면적을 초과하는 경우

> 부담금 = (전체면적-기존면적-증축면적 중 주차장면적)×단위면적당 건축비×0.1

※ 기존면적이 기초공제면적보다 작은 경우에는 기존면적 대신 기초공제면적을 적용한다.

다. 용도변경하는 경우의 부담금 산정은 증축의 경우를 준용한다. 이 경우 "기존면적" 대신 "전체면적-용도변경면적"을 적용하며, "증축면적 중 주차장면적" 대신 "용도 변경면적 중 주차장면적"을 적용한다.

라. 대통령령 제14234호 수도권정비계획법시행령개정령의 시행일인 1994년 4월 30일 이후 신축하여 증축 또는 용도변경하는 것으로서 업무용 건축물, 판매용 건축물 또는 복합 건축물이 되는 건물의 경우에는 증축 또는 용도변경을 건축물 전체를 신축하는 것에 준하는 것으로 보아 가목의 산정방식에 따라 부담금을 산정하며, 이 중 이미 부담금이 부과된 면적이 있는 경우에는 부과된 면적을 제외한 면적에 대하여 산정한다.

마. 주상복합건축물, 국가나 지방자치단체에 기부채납하는 시설 및 제17조제5호 또는 제6호에 따른 연구소 또는 금융업소가 포함된 건축물에 대한 부담금은 주택면적, 기부채납시설면적이나 연구소 또는 금융업소의 면적을 제외한 면적(이하 "산정대 상면적"이라 한다)에 대하여 산정한다. 이 경우 산정대상면적이 가목1)의 기준면적 보다 작은 경우에는 기준면적 대신 산정대상면적을 적용하여 산정한다.

2. 업무용시설등이 주용도가 아닌 업무용 건축물, 판매용 건축물 또는 복합 건축물을 신 축, 증축 또는 용도변경하는 경우의 부담금은 업무용시설등의 면적(업무용시설등에 딸린 주차장면적을 포함한 면적을 말한다)만을 건축물의 면적으로 보고 제1호가목부터 마목까지의 식을 준용하여 산정한다.

3. 제3조제3호의 공공 청사의 경우

가. 신축의 경우

부담금 = (신축면적-주차장면적-기초공제면적)×단위면적당 건축비×0.1

기초공제면적은 1천제곱미터로 한다. 이하 이 호에서 같다.

나. 증축의 경우

부담금 = (전체면적-기존면적-증축면적 중 주차장면적)×단위면적당 건축비 ×0.1

※ 기존면적이 기초공제면적보다 작은 경우에는 기존면적 대신 기초공제면적을 적 용한다.

다. 용도변경하는 경우의 부담금 산정은 증축의 경우를 준용한다. 이 경우 "기존면적" 대신 "전체면적-용도변경면적"을 적용하며, "증축면적 중 주차장면적" 대신 "용도 변경면적 중 주차장면적"을 적용한다.

라. 대통령령 제14234호 수도권정비계획법시행령개정령의 시행일인 1994년 4월 30일 이후 신축하여 증축 또는 용도변경하는 것으로서 공공 청사가 되는 건물의 경우에는 증축 또는 용도변경을 건축물 전체를 신축하는 것에 준하는 것으로 보아 가목의 산정방식에 따라 부담금을 산정하며, 이 중 이미 부담금이 부과된 면적이 있는 경우에는 부과된 면적을 제외한 면적에 대하여 산정한다.

마. 공공 청사와 공공 청사가 아닌 시설이 포함된 건축물에 대한 부담금은 공공 청사에 해당하는 면적에 대하여 산정한다.

4. 제1호부터 제3호까지의 규정에서 단위면적당 건축비는 제곱미터당 표준건축비로서 국 토해양부장관이 매년 고시하는 것을 말한다.

3. 과밀부담금의 감면

다음의 건축물에 대하여는 부담금을 감면할 수 있다.

- 국가나 지방자치단체가 건축하는 건축물은 부과하지 않는다.
- 「도시 및 주거환경정비법」에 따른 도시환경정비사업에 따른 건축물에는 부담금의 50/100을 감면한다.
- 건축물 중 주차장, 주택 및 국가나 지방자치단체에 기부채납되는 시설에 대하여는 산정방식에서 정하는 바에 따라 부담금을 감면한다.
- 건축물 중 수도권만을 관할하는 공공법인(지점을 포함한다)의 사무소에 대하여는 부담금을 부과하지 아니한다.
- 건축물 중 다음 면적 이하의 부분은 산정방식에서 정하는 바에 따라 부담금을 감면 한다.

① 업무용 건축물 : 2만5천㎡
② 판매용 건축물 : 1만5천㎡
③ 복합 건축물로서 부과대상 면적 중 판매용 시설의 면적이 용도별 면적 중 가장 큰 건축물 : 1만5천㎡
④ ③외의 복합 건축물 : 2만5천㎡

4. 과밀부담금의 부과·징수 등

과밀부담금은 부과 대상 건축물이 속한 지역을 관할하는 시·도지사가 부과·징수하되, 건축물의 건축 허가일, 건축 신고일 또는 용도변경일을 기준으로 산정하여 부과한다.

과밀부담금의 납부 기한은 건축물의 사용승인일(임시 사용승인을 받은 경우에는 임시 사용승인일을 말한다)로 하되, 사용승인이 필요 없는 경우에는 부과일부터 6개월로 한다.

시·도지사는 납부 의무자가 부담금을 납부 기한까지 내지 아니하면 납부 기한이 지난 후 10일 이내에 독촉장을 발부하여야 하며, 이 경우의 납부 기한은 독촉장 발부일부터 10일로 한다.

시·도지사는 납부 의무자가 납부 기한까지 부담금을 내지 아니하면 부담금의 100분의 5에 해당하는 가산금을 부과할 수 있다. 시·도지사는 납부 의무자가 독촉장을 받고도 지정된 기한까지 부담금과 가산금을 내지 아니하면 지방세 체납처분의 예에 따라 징수할 수 있다.

과오납된 부담금·가산금 및 체납처분비의 처리에 관하여는 「지방세기본법」을 준용하며, 그 밖에 부담금의 부과·징수의 방법·절차 등에 관하여 필요한 사항은 대통령령으로 정한다.

5. 과밀부담금에 대한 이의신청 및 배분

부담금의 부과·징수에 이의가 있는 자는 「공익사업을 위한 토지 등의 취득 및 보상에 관한 법률」에 따른 중앙토지수용위원회에 행정심판을 청구할 수 있다.

위 행정심판청구에 대하여는 「행정심판법」 제6조에도 불구하고 중앙토지수용위원회가 심리·의결하여 재결한다. 징수된 부담금의 100분의 50은 「국가균형발전 특별법」에 따른 광역·지역발전특별회계에 귀속하고, 100분의 50은 부담금을 징수한 건축물이 있는 시·도에 귀속한다.

Ⅲ. 총량규제

1. 총량규제의 의의 및 목적

국토해양부장관은 공장, 학교, 그 밖에 대통령령으로 정하는 인구집중유발시설이 수도권에 지나치게 집중되지 아니하도록 하기 위하여 그 신설 또는 증설의 총허용량을 정하여 이를 초과하는 신설 또는 증설을 제한할 수 있다. 이를 통상 총량규제라 한다. 이러한 총량규제의 종류에는 공장에 대한 총량규제, 학교에 대한 총량규제 두 가지 방법이 있다.

2. 공장에 대한 총량규제

공장에 대한 총량규제의 내용과 방법은 수도권정비위원회의 심의를 거쳐 결정하며, 국토해양부장관은 이를 고시하여야 한다.

(1) 공장 총량규제의 대상

공장에 대한 총량규제는 「산업집적활성화 및 공장설립에 관한 법률」에 의한 공장으로서 건축물의 연면적이 500㎡ 이상인 공장건축물을 「건축법」에 의한 신축·증축 또는 용도변경(이하 "공장건축" 이라함) 면적으로서, 동법에 의한 건축허가·건축신고·용도변경신고 또는 용도변경을 하기 위하여 건축물대장 기재내용의 변경신청을 한 면적을 기준으로 적용한다.

(2) 공장 총허용량의 산출

공장에 대한 총량규제는 국가 총허용량 → 시·도별 총허용량 → 지역별·연도별 총허용량에 의해 이루어진다.

국토해양부장관은 수도권정비위원회의 심의를 거쳐 공장건축의 총허용량을 산출하는 방식을 정하여 관보에 고시하여야 한다. 국토해양부장관은 3년마다 수도권 정비위원회의 심의를 거쳐 위 산출방식에 따라 시·도별 공장건축의 총허용량을 결정하여 관보에 고시하여야 하며, 결정된 공장건축의 총허용량을 변경하는 경우에도 또한 같다.

시·도지사는 과거 3년간의 공장건축량, 공업용지 중 공장 설립 가능지역 및 향후 3년간의 공장건축 예상량 등 시·도별 총허용량 설정에 관계되는 기초자료를 시·도별 총허용량을 결정하는 해의 1월 31일까지 국토해양부장관에게 제출하여야한다.

시·도지사는 시·도별 총허용량의 범위에서 연도별 배정계획을 수립하여 국토해양부장관의 승인을 받은 후 그 내용을 해당 시·도의 공보에 고시하여야 하며, 승인된 연도별 배정계획을 변경하는 경우에도 또한 같다.

시·도지사는 관할 시·군 또는 구(자치구를 말한다)의 지역별 여건을 고려하여 공장건축을 계획적으로 관리할 필요가 있다고 인정하는 경우에는 관계 행정기관과 협의하여 승인을 받은 연도별 배정계획의 범위에서 지역별로 공장건축의 총허용량을 배정할 수 있으며, 지역별·연도별 총허용량을 배정하는 경우에는 그 내용을 시·도에서 발행하는 공보에 고시하여야 한다. 배정된 지역별·연도별 총허용량을 변경하는 경우에도 또한 같다.

3. 학교에 대한 총량규제

학교나 그 밖에 인구집중유발시설에 대한 총량규제의 내용은 다음과 같다. 대학 및 교육대학의 입학정원 증가 총수는 국토해양부장관이 수도권정비위원회의 심의를 거쳐 정한다.

산업대학, 전문대학 또는 대학원대학의 입학정원 증가 총수는 아래의 구분에 따른 기준을 초과할 수 없다. 다만, 국토해양부장관이 국민경제의 발전과 공공복리의 증진을 위하여 부득 이하다고 인정하여 수도권정비위원회의 심의를 거쳐 따로 정하는 경우에는 그러하지 아니하다.

① **산업대학·전문대학** : 전년도 전국 입학정원 증가 총수의 10/100
② **대학원대학** : 매년 300명. 다만, 컴퓨터, 통신, 디자인, 영상, 신소재, 생명공학 등 첨단 전문 분야의 대학원대학으로서 교육과학기술부장관이 국토해양부장관과 협의하여 고시하는 대학원대학의 입학정원의 증원은 입학정원 증가 총수의 산정에서 제외한다.
③ 대학과 전문대학 간의 통폐합으로 인한 대학의 신설·증설 또는 이전 당시의 입학정원은 제①호 및 제②호에도 불구하고 국토해양부장관이 수도권정비위 원회의 심의를 거쳐 따로 정한다.

4. 총량규제의 내용과 다른 허가 등의 금지

관계 행정기관의 장은 인구집중유발시설의 신설 또는 증설에 대하여 공장 및 학교 총량규제의 내용과 다르게 허가 등을 하여서는 아니 된다.

Ⅳ. 대규모 개발사업에 대한 규제

1. 시행 및 허가절차

관계 행정기관의 장은 수도권에서 대규모개발사업을 시행하거나 그 허가 등을 하려면 그 개발 계획을 수도권정비위원회의 심의를 거쳐 국토해양부장관과 협의하거나 승인을 받아야 한다. 국토해양부장관이 대규모개발사업을 시행하거나 그 허가 등을 하려는 경우에도 또한 같다.

2. 광역기반시설 설치계획 등의 수립

위 1의 경우 관계 행정기관의 장은 인구영향평가, 교통영향평가 및 환경영향평가를 토대로 교통 문제, 환경오염 문제 및 인구집중 문제 등을 방지하기 위한 방안과 광역적 기반시설의 설치 계획을 각각 수립하여 함께 제출하여야 한다.

광역적 기반시설의 설치비용은 수도권정비위원회의 심의를 거쳐 대규모개발사업을 시행하는 자에게 부담시킬 수 있다.

Ⅴ. 이전자 지원 및 종전대지의 조치

1. 이전자에 대한 지원

국가, 지방자치단체 또는 「공공기관의 운영에 관한 법률」에 따른 공공기관은 과밀억제권역의 인구집중유발시설을 성장관리권역에 조성한 대지로 이전하려는 자에게는 그 대지를 우선하여 분양할 수 있다.

2. 종전대지에 대한 조치

국토해양부장관 또는 시·도지사는 과밀억제권역의 인구집중유발시설이 이전된 종전의 대지(이하 "종전대지" 라 한다)를 인구집중유발시설의 신설 또는 증설이 아닌 다른 용도로 이용할 수 있도록 하기 위하여 「국토의 계획 및 이용에 관한 법률」 등 관계 법률에 따른 지역의 변경 등 필요한 조치를 할 수 있다.

관계 행정기관의 장은 1만㎡ 이상(공업지역 안의 종전대지의 경우에는 2만㎡ 이상)의 종전대지에 인구집중유발시설의 신설 또는 증설이나 이의 허가 등을 하려면 미리 이용 계획을 입안하여 수도권정비위원회의 심의를 거쳐 국토해양부장관과 협의하거나 승인을 받아야 한다.

〈과밀억제권역, 성장관리권역 및 자연보전권역의 범위〉

과밀억제권역	성장관리권역	자연보전권역
◦ 서울특별시 ◦ 인천광역시(강화군, 옹진군, 서구 대곡동·불로동·마전동·금곡동·오류동·왕길동·당하동·원당동, 인천경제자유구역 및 남동 국가산업단지는 제외한다) ◦ 의정부시 ◦ 구리시 ◦ 남양주시(호평동, 평내동, 금곡동, 일패동, 이패동, 삼패동, 가운동, 수석동, 지금동 및 도농동만 해당한다) ◦ 하남시 ◦ 고양시 ◦ 수원시 ◦ 성남시 ◦ 안양시 ◦ 부천시 ◦ 광명시 ◦ 과천시 ◦ 의왕시 ◦ 군포시 ◦ 시흥시[반월특수지역(반월특수지역에서 해제된 지역을 포함한다)은 제외한다]	◦ 동두천시 ◦ 안산시 ◦ 오산시 ◦ 평택시 ◦ 파주시 ◦ 남양주시(와부읍, 진접읍, 별내면, 퇴계원면, 진건읍 및 오남읍만 해당한다) ◦ 용인시(신갈동, 하갈동, 영덕동, 구갈동, 상갈동, 보라동, 지곡동, 공세동, 고매동, 농서동, 서천동, 언남동, 청덕동, 마북동, 동백동, 중동, 상하동, 보정동, 풍덕천동, 신봉동, 죽전동, 동천동, 고기동, 상현동, 성복동, 남사면, 이동면 및 원삼면 목신리·죽릉리·학일리·독성리·고당리·문촌리만 해당한다) ◦ 연천군 ◦ 포천시 ◦ 양주시 ◦ 김포시 ◦ 화성시 ◦ 안성시(가사동, 가현동, 명륜동, 숭인동, 봉남동, 구포동, 동본동, 영동, 봉산동, 성남동, 창전동,	◦ 이천시 ◦ 남양주시(화도읍, 수동면 및 조안면만 해당한다) ◦ 용인시(김량장동, 남동, 역북동, 삼가동, 유방동, 고림동, 마평동, 운학동, 호동, 해곡동, 포곡읍, 모현면, 백암면, 양지면 및 원삼면 가재월리·사암리·미평리·좌항리·맹리·두창리만 해당한다) ◦ 가평군 ◦ 양평군 ◦ 여주군 ◦ 광주시 ◦ 안성시(일죽면, 죽산면 죽산리·용설리·장계리·매산리·장릉리·장원리·두현리 및 삼죽면 용월리·덕산리·율곡리·내장리·배태리만 해당한다)

과밀억제권역	성장관리권역	자연보전권역
	낙원동, 옥천동, 현수동, 발화동, 옥산동, 석정동, 서인동, 인지동, 아양동, 신흥동, 도기동, 계동, 중리동, 사곡동, 금석동, 당왕동, 신모산동, 신소현동, 신건지동, 금산동, 연지동, 대천동, 대덕면, 미양면, 공도읍, 원곡면, 보개면, 금광면, 서운면, 양성면, 고삼면, 죽산면 두교리·당목리·칠장리 및 삼죽면 마전리·미장리·진촌리·기솔리·내강리만 해당한다) • 인천광역시 중 강화군, 옹진군, 서구 대곡동·불로동·마전동·금곡동·오류동·왕길동·당하동·원당동, 인천경제자유구역, 남동 국가산업단지 • 시흥시 중 반월특수지역(반월특수지역에서 해제된 지역을 포함한다)	

제 4 편

국토의 계획 및 이용에 관한 법률

제 1 장

총 론

Ⅰ. 국토이용계획 체계

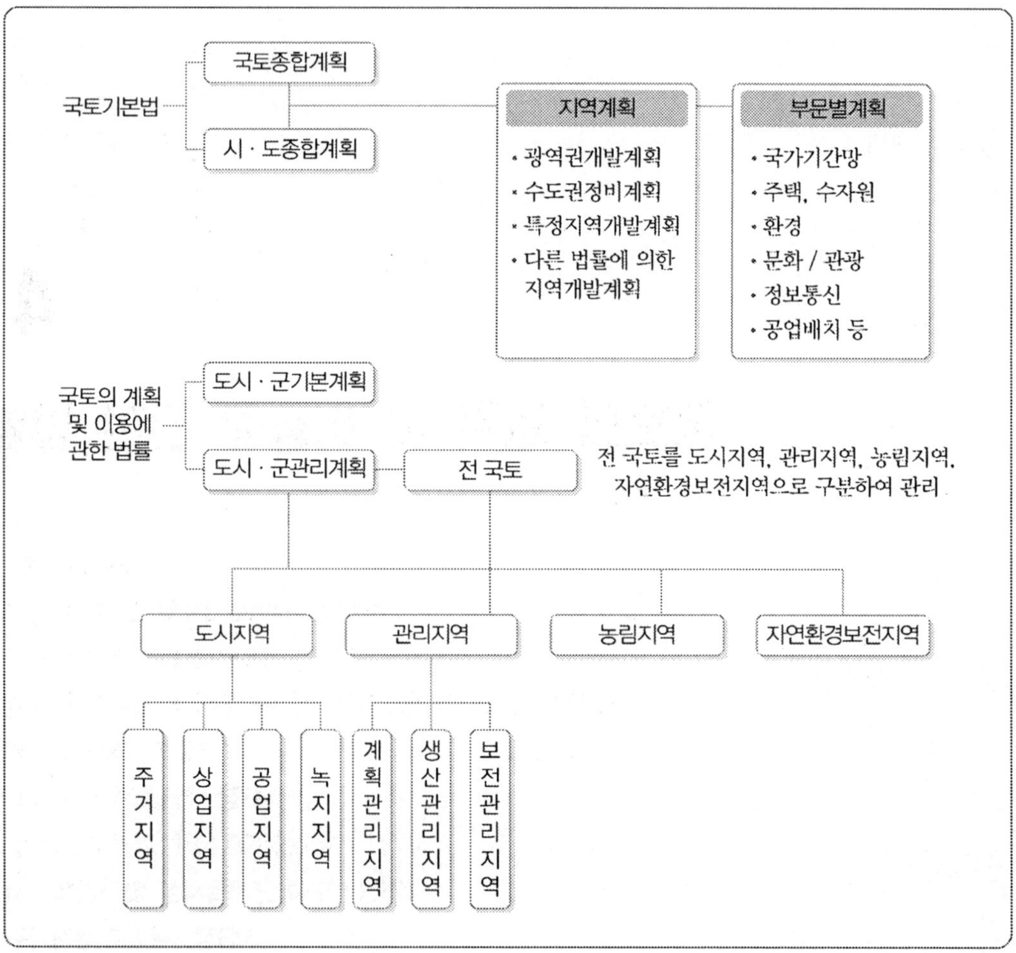

Ⅱ. 국토이용 법률의 변천과정

1. 조선시가지계획령

1934년 당시 일본에서 시행되고 있던 「도시계획법」과 「시가지건축물법」의 내용을 한데 묶어 조선총독부 제령 제18호에 의해 공포된 「조선시가지계획령」이 우리나라에서의 최초의 국토이용에 관한 법률이다.

동 계획령은 침략적·강압적 법제였고, 일본의 이익과 침략전쟁의 수행에 이바지하기 위한 제도로 구성되어 있다. 계획령은 지역·지구의 지정과 건축물의 제한, 토지구획정리사업을 내용으로 하여 사실상 우리나라 최초의 도시계획제도라 할 수 있는데, 조선총독이 주거지역, 상업지역, 또는 공업지역을 지정할 수 있도록 하고 당해 용도지역에 적합한 건축행위만을 허용하였었다.

해방 후 정부수립에도 불구하고 여전히 「조선시가지계획령」이 그대로 적용·시행되었고, 심지어 법령이 정비되지 못한 채 1962년 「도시계획법」이 시행되기 전까지 시행되었다.

2. 도시계획법

1962년 「도시계획법」이 제정 시행되어 처음으로 우리의 도시계획제도를 갖게 된다. 이 법은 도시의 창설 또는 개량에 관한 사항을 규정함으로써 도시의 건전한 발전을 도모하고 공공복리의 증진에 기여하기 위하여 제정되었다.

동법이 제정될 당시까지 시행된 「조선시가지계획령」에 포함되어 있던 내용 중 건축분야는 별도로 「건축법」으로 규정하고, 도계획구역 내에서 용도지역과 지구를 규정하고 있었으며, 아울러 토지구획정리사업에 관해서도 규정하였다.

3. 국토이용관리법

60년대부터 인구와 산업이 대도시로의 집중에 따라 토지이용의 혼란, 지가의 앙등, 거래질서의 문란 등이 야기되고, 수년에 걸쳐 토지의 투기적 거래가 성행함에 따라 전국의 지가는 급격히 상승하고 난개발로 인해 자연의 파괴와 우량농지의 잠식 등에 따른 토지문제의 해결이 긴급한 과제로 등장하게 되었다.

이에 토지문제를 해결하고, 협소한 국토를 효율적으로 이용·관리함으로써 토지의 경제적인 이용도를 높이고 국토건설종합계획(2002년 국토종합계획으로 명칭변경)을 효율적으로 집행하기 위해 1972. 12. 30 「국토이용관리법」을 제정하여 시행하였다.

동 법은 국토의 이용관리에 관한 종합적인 견지에서 토지를 그 기능과 적성에 따라 가장 적합하게 이용·관리하기 위하여 용도지역 또는 지구로 구분·지정하는 토지이용계획에 관한 사항을 주된 내용으로 하고, 토지이용의 기본법으로 토지이용계획의 체계화에 이바지 하였다.

동 법은 전 국토를 도시지역과 비도시지역으로 구분하고 도시지역에는 「도시계획법」을 비도시지역에는 「국토이용관리법」을 적용하는 이원적인 체계로 토지이용을 관리를 하게 되었다.

4. 국토의 계획 및 이용에 관한 법률

2000년대에 들어와 도시지역이 아닌 준농림지역의 난개발이 사회문제로 대두되자 정부는 '국토의 난개발방지 종합대책' 을 발표하였는데, 이 대책은 환경과 개발의 통합이념이 실현될 수 있도록 개발계획 및 사업에 대한 관리를 강화하는 한편 국토이용 및 관리체계를 '선계획, 후 개발' 체계로 전면 개편하는 방향을 제시하였다.

후속조치 일환으로 2002. 2. 4. 비도시지역에도 도시계획기법을 도입하기위하여 「국토이용관리법」과 「도시계획법」을 통합하는 「국토의 계획 및 이용에 관한 법률」(이하 「국토계획법」이라 칭한다)을 제정하여 2003. 1. 1.부터 시행하게 되고, 이로서 국토의 계획적·체계적인 이용을 통해 난개발을 방지하고 환경 친화적인 국토이용체계를 구축하게 된다.

동 법의 시행으로 종전에는 국토를 도시지역과 비도시지역으로 구분하여 도시지역에는 「도시계획법」, 비도시지역에는 「국토이용관리법」으로 이원화하여 운용하였으나, 국토의 난개발이 문제가 되자 두 법을 통합하게 된 것이다.

종래 이원적으로 관리해 오던 국토이용체계를 통합하여 '선계획, 후개발' 이용원칙이 확립될 수 있도록 전 국토를 4개의 용도지역인 도시지역, 관리지역, 농림지역, 자연환경보전지역으로 구분하고, 비도시지역에도 개발행위허가제를 확대실시하며, 기반시설연동제를 도입하여 지속가능한 국토이용체계를 구축하게 되었다.

Ⅲ. 총 칙

1. 목 적

국토의 이용·개발과 보전을 위한 계획의 수립 및 집행 등에 필요한 사항을 정하여 공공복리를 증진시키고 국민의 삶의 질을 향상시키는 것을 목적으로 한다고 규정하고 있으며, 또한 동법은 부동산공법상 일반법으로서의 지위를 갖는 것으로 볼 수 있다.

2. 용어의 정의

① **광역도시계획** : 광역계획권 지정(법 제10조 근거)에 의해 지정된 광역계획권의 장기발전 방향을 제시하는 계획이다.

참고 | 광역계획권과 광역시의 차이점

광역계획권은 광역도시계획을 수립하기 위하여 묶여진 인접한 둘 이상의 특별시·광역시·특별자치시·특별자치도·시 또는 군의 전부 또는 일부를 가리키는 것으로, 행정구역의 한 단위를 표시하는 광역시와는 구별된다.

② **도시·군계획** : 특별시·광역시·특별자치시·특별자치도·시 또는 군(광역시의 관할구역에 있는 군은 제외한다. 이하 같다)의 관할 구역에 대하여 수립하는 공간구조와 발전방향에 대한 계획으로서 도시·군기본계획과 도시·군관리계획으로 구분한다.③ **도시·군기본계획** : 특별시·광역시·특별자치시·특별자치도·시 또는 군의 관할 구역에 대하여 기본적인 공간구조와 장기발전방향을 제시하는 종합계획으로서 도시·군관리계획 수립의 지침이 되는 계획을 말한다.

④ **도시·군관리계획** : 특별시·광역시·특별자치시·특별자치도·시 또는 군의 개발·정비 및 보전을 위하여 수립하는 토지 이용, 교통, 환경, 경관, 안전, 산업, 정보 통신, 보건, 복지, 안보, 문화 등에 관한 다음 각 계획을 말한다.

㉠ 용도지역·용도지구의 지정 또는 변경에 관한 계획

㉡ 개발제한구역, 도시자연공원구역, 시가화조정구역, 수산자원보호구역의 지정 또는 변

경에 관한 계획
ⓒ 기반시설의 설치·정비 또는 개량에 관한 계획
ⓓ 도시개발사업이나 정비사업에 관한 계획
ⓔ 지구단위계획구역의 지정 또는 변경에 관한 계획과 지구단위계획

참고 ∥ 도시·군관리계획의 내용에 포함되지 않는 것

광역계획권, 개발밀도관리구역, 기반시설부담구역, 토지거래허가구역, 도시개발구역, 정비구역, 특별건축구역, 투기과열지구, 주택공영개발지구, 농업진흥지역의 지정 또는 변경, 도시·주거환경정비기본계획 등은 도시·군관리계획의 내용에 포함되지 않는다.

⑤ **지구단위계획** : 도시·군계획 수립 대상지역의 일부에 대하여 토지 이용을 합리화하고 그 기능을 증진시키며 미관을 개선하고 양호한 환경을 확보하며, 그 지역을 체계적·계획적으로 관리하기 위하여 수립하는 도시·군관리계획을 말한다.

⑥ **국가계획** : 중앙행정기관이 법률에 따라 수립하거나 국가의 정책적인 목적을 이루기 위하여 수립하는 계획 중 도시·군기본계획의 내용사항 중 일정한 사항이나 도시·군관리계획으로 결정하여야 할 사항이 포함된 계획을 말한다.

⑦ **용도지역, 용도지구, 용도구역**
㉠ **용도지역** : 토지의 이용 및 건축물의 용도, 건폐율, 용적률, 높이 등을 제한 함으로써 토지를 경제적·효율적으로 이용하고 공공복리의 증진을 도모하기 위하여 서로 중복되지 아니하게 도시·군관리계획으로 결정하는 지역을 말한다.
㉡ **용도지구** : 토지의 이용 및 건축물의 용도·건폐율·용적률·높이 등에 대한 용도지역의 제한을 강화하거나 완화하여 적용함으로써 용도지역의 기능을 증진시키고 미관·경관·안전 등을 도모하기 위하여 도시·군관리계획으로 결정하는 지역을 말한다.
㉢ **용도구역** : 토지의 이용 및 건축물의 용도·건폐율·용적률·높이 등에 대한 용도지역 및 용도지구의 제한을 강화하거나 완화하여 따로 정함으로써 시가지의 무질서한 확산방지, 계획적이고 단계적인 토지이용의 도모, 토지이용의 종합적 조정·관리 등을 위하여 도시·군관리계획으로 결정하는 지역을 말한다.

⑧ **개발밀도관리구역, 기반시설부담구역, 기반시설설치비용**
㉠ **개발밀도관리구역** : 개발로 인하여 기반시설이 부족할 것으로 예상되나 기반시설을 설치하기 곤란한 지역을 대상으로 건폐율이나 용적률을 강화하여 적용하기 위하여 지정

하는 구역을 말한다.

ⓛ **기반시설부담구역** : 개발밀도관리구역 외의 지역으로서 개발로 인하여 도로, 공원, 녹지 등 대통령령으로 정하는 기반시설의 설치가 필요한 지역을 대상으로 기반시설을 설치하거나 그에 필요한 용지를 확보하게 하기 위하여 지정·고시하는 구역을 말한다.

ⓒ **기반시설설치비용** : 단독주택 및 숙박시설 등 대통령령으로 정하는 시설의 신·증축 행위로 인하여 유발되는 기반시설을 설치하거나 그에 필요한 용지를 확보하기 위하여 부과·징수하는 금액을 말한다.

참고

기반시설부담구역은 개발밀도관리구역 외의 지역이라야 하므로 양자는 같은 지역에 중복하여 지정할 수 없으며, 기반시설설치비용은 기반시설부담구역 내에서만 부과 징수한다.

⑨ 공동구, 공공시설,

㉠ **공동구** : 전기·가스·수도 등의 공급설비, 통신시설, 하수도시설 등 지하매설물을 공동수용함으로써 미관의 개선, 도로구조의 보전 및 교통의 원활한 소통을 위하여 지하에 설치하는 시설물을 말한다.

ⓛ **공공시설** :

ⓐ 도로·공원·철도·수도·항만·공항·운하·광장·녹지·공공공지·공동구·하천·유수지·방화설비·방풍설비·방수설비·사방설비·방 조설비·하수도·구거

ⓑ 행정청이 설치하는 주차장·운동장·저수지·화장장·공동묘지·봉안시설

ⓒ 「유비쿼터스도시의 건설 등에 관한 법률」에 따른 시설

⑩ 기반시설

㉠ **교통시설** : 도로·철도·항만·공항·주차장·자동차정류장·궤도·운하, 자동차 및 건설기계검사시설, 자동차 및 건설기계운전학원

ⓛ **공간시설** : 광장·공원·녹지·유원지·공공공지

ⓒ **유통·공급시설** : 유통업무설비, 수도·전기·가스·열공급설비, 방송·통신시설, 공동구·시장, 유류저장 및 송유설비

ⓔ **공공·문화체육시설** : 학교·운동장·공공청사·문화시설 및 공공필요성이 인정되는 체육시설 등 공공·문화체육시설, 도서관·연구시설·사회복지시설·공공 직업훈련시설·청소년수련시설

ⓜ **방재시설** : 하천·유수지·저수지·방화설비·방풍설비·방수설비·사방설비·방조설비

ⓑ **보건위생시설** : 화장시설·공동묘지·봉안시설·자연장지·장례식장·도축장·종합의료시설

ⓢ **환경기초시설** : 하수도·폐기물처리시설·수질오염방지시설·폐차장

위 기반시설중 도로·자동차정류장 및 광장은 다음과 같이 세분할 수 있다.

ⓐ 도로 : 일반도로, 자동차전용도로, 보행자전용도로, 자전거전용도로, 고가도로, 지하도로

ⓑ 자동차정류장 : 여객자동차터미널, 화물터미널, 공영차고지, 공동차고지(화물자동차 운수사업법에 따른 협회 또는 연합회가 설치하는 경우에만 해당한다)

ⓒ 광장 : 교통광장, 일반광장, 경관광장, 지하광장, 건축물부설광장

판례 **체육시설의 헌법불합치 건(2011. 6. 30. 2008헌바166, 2011헌바35(병합))**

종전에는 법 제2조제6호(기반시설) "라목" 에서 "학교·운동장·공공청사·문화시설·체육시설 등 공공·문화체육시설" 을 기반시설로 규정하였으나, 체육시설 등의 종류와 범위를 폭넓게 시행령에 위임하고 공공필요성을 인정하기 어려운 시설도 일부 포함되어 있어 이에 대한 헌법소원이 제기되었다.
이에 대하여 헌법재판소는 개별 체육시설의 성격과 공익성을 고려하지 않은 채 포괄적으로 대통령령에 위임한 것은 포괄위임금지원칙에 위배되어 위헌이라고 하면서도 위헌결정을 할 경우 법적 공백과 혼란이 예상되므로 늦어도 2012. 12. 31.까지는 새로운 입법을 마련하도록 하는 헌법불합치 결정을 하였다.
따라서 현재는 "라목" 이 "학교·운동장·공공청사·문화시설·공공필요성이 인정되는 체육시설 등 공공·문화체육시설" 로 개정되었다

⑪ **광역시설, 도시·군계획시설, 도시·군계획시설사업, 도시·군계획사업**

㉠ **광역시설** : 기반시설 중 광역적인 정비체계가 필요한 다음의 시설을 말한다.

ⓐ 2 이상의 특별시·광역시·특별자치시·특별자치도·시 또는 군의 관할구역에 걸치는 시설 : 도로·철도·운하·광장·녹지, 수도·전기·가스·열공급설비, 방송·통신시설, 공동구, 유류저장 및 송유설비, 하천·하수도(하수종말처리시설을 제외 한다)

ⓑ 2 이상의 특별시·광역시·특별자치시·특별자치도·시 또는 군이 공동으로 이용하는 시설 : 항만·공항·자동차정류장·공원·유원지·유통업무설비·운동장·문화시설·체육시설·사회복지시설·공공직업훈련시설·청소년수련시설·유수지·화장장·공동묘지·봉안시설·도축장·하수도(하수종말처리시설에 한한다)·폐기물처리시설·수질오염방지시설·폐차장

㉡ **도시·군계획시설** : 기반시설 중 도시·군관리계획으로 결정된 시설

㉢ **도시·군계획시설사업** : 도시·군계획시설을 설치·정비 또는 개량하는 사업

㉣ 도시·군계획사업 : 도시·군관리계획을 시행하기 위한 다음의 사업

ⓐ 도시·군계획시설사업

ⓑ 「도시개발법」에 따른 도시개발사업

ⓒ 「도시 및 주거환경정비법」에 따른 정비사업

참고 | 도시·군관리계획의 내용에 포함되지 않는 것

기반시설 중 도시·군관리계획으로 결정된 시설이 도시·군계획시설이 되며, 결정된 도시·군계획시설을 설치·정비 또는 개량하는 사업이 도시·군계획시설사업이다.
따라서 도시·군계획시설사업을 기반시설을 설치·정비 또는 개량하는 사업이라고 하여서는 안된다.

3. 국토이용 및 관리의 기본원칙 등

(1) 관리의 기본원칙

국토는 자연환경의 보전과 자원의 효율적 활용을 통하여 환경적으로 건전하고 지속가능한 발전을 이루기 위하여 다음의 목적을 이룰 수 있도록 이용되고 관리되어야 한다.

- 국민생활과 경제활동에 필요한 토지 및 각종 시설물의 효율적 이용과 원활한 공급
- 자연환경 및 경관의 보전과 훼손된 자연환경 및 경관의 개선 및 복원
- 교통·수자원·에너지 등 국민생활에 필요한 각종 기초 서비스 제공
- 주거 등 생활환경 개선을 통한 국민의 삶의 질 향상
- 지역의 정체성과 문화유산의 보전
- 지역 간 협력 및 균형발전을 통한 공동번영의 추구
- 지역경제의 발전과 지역 및 지역 내 적절한 기능 배분을 통한 사회적 비용의 최소화
- 기후변화에 대한 대응 및 풍수해 저감을 통한 국민의 생명과 재산의 보호

(2) 도시의 지속가능성 평가

국토해양부장관은 도시의 지속가능하고 균형 있는 발전을 위하여 도시의 지속가능성을 평가할 수 있다. 도시의 지속가능성을 평가하기 위한 절차 및 기준 등에 관하여 필요한 사항은 대통령령으로 정한다. 국가와 지방자치단체는 평가 결과를 도시·군계획의 수립 및 집행에 반영하여야 한다.

4. 국토의 용도지역 및 지역별 관리의무

(1) 국토의 용도구분

용도구분	지 정 목 적
도시지역	인구와 산업이 밀집되어 있거나 밀집이 예상되어 그 지역에 대하여 체계적인 개발·정비·관리·보전 등이 필요한 지역
관리지역	도시지역의 인구와 산업을 수용하기 위하여 도시지역에 준하여 체계적으로 관리하거나 농림업의 진흥, 자연환경 또는 산림의 보전을 위하여 농림지역 또는 자연환경보전지역에 준하여 관리할 필요가 있는 지역
농림지역	도시지역에 속하지 아니하는 「농지법」에 따른 농업진흥지역 또는 「산지관리법」에 따른 보전산지 등으로서 농림업을 진흥시키고 산림을 보전하기 위하여 필요한 지역
자연환경보전지역	자연환경·수자원·해안·생태계·상수원 및 문화재의 보전과 수산자원의 보호·육성 등을 위하여 필요한 지역

(2) 국토의 관리의무

용도구분	관리(국토계획법 또는 관계 법률이 정하는 바에 따라)
도시지역	그 지역이 체계적이고 효율적으로 개발·정비·보전될 수 있도록 미리 계획을 수립하고 그 계획을 시행하여야 한다.
관리지역	필요한 보전조치를 취하고 개발이 필요한 지역에 대하여는 계획적인 이용과 개발을 도모하여야 한다.
농림지역	농림업의 진흥과 산림의 보전·육성에 필요한 조사와 대책을 마련하여야 한다.
자연환경보전지역	환경오염 방지, 자연환경·수질·수자원·해안·생태계 및 문화재의 보전과 수산자원의 보호·육성을 위하여 필요한 조사와 대책을 마련하여야 한다.

Ⅳ. 각 계획의 관계 및 타 법률로 토지이용 구역 등의 지정제한 등

1. 국가계획, 광역도시계획 및 도시·군계획 상호간의 관계

도시·군계획은 특별시·광역시·특별자치시·특별자치도·시 또는 군의 관할 구역에서 수립되는 다른 법률에 따른 토지의 이용·개발 및 보전에 관한 계획의 기본이 된다.

광역도시계획 및 도시·군계획은 국가계획에 부합되어야 하며, 광역도시계획 또는 도시·군계획의 내용이 국가계획의 내용과 다를 때에는 국가계획의 내용이 우선한다. 이 경우 국가계획을 수립하려는 중앙행정기관의 장은 미리 지방자치단체의 장의 의견을 듣고 충분히 협의하여야 한다.

광역도시계획이 수립되어 있는 지역에 대하여 수립하는 도시·군기본계획은 그 광역도시계획에 부합되어야 하며, 도시·군기본계획의 내용이 광역도시계획의 내용과 다를 때에는 광역도시계획의 내용이 우선한다.

특별시장·광역시장·특별자치시장·특별자치도지사·시장 또는 군수(광역시의 관할 구역에 있는 군의 군수는 제외)가 관할 구역에 대하여 다른 법률에 따른 환경·교통·수도·하수도·주택 등에 관한 부문별 계획을 수립할 때에는 도시·군기본계획의 내용에 부합되게 하여야 한다.

2. 타 법률에 의한 토지이용에 관한 구역 등의 지정제한

중앙행정기관의 장이나 지방자치단체의 장은 다른 법률에 따라 토지 이용에 관한 지역·지구·구역 또는 구획 등을 지정하려면 그 구역 등의 지정목적이 이 법에 따른 용도지역·용도지구 및 용도구역의 지정목적에 부합되도록 하여야 한다.

(1) 다른 법률에 따른 용도구역 등의 지정제한

사전협의 및 승인	중앙행정기관의 장이나 지방자치단체의 장은 다른 법률에 따라 지정되는 구역 중 1㎢(도시개발법에 의한 도시개발구역의 경우는 5㎢) 이상의 구역 등을 지정 또는 변경하고자 하는 경우 중앙행정기관의 장은 국토해양부장관과 협의하여야 하며, 지방자치단체의 장은 국토해양부장관의 승인을 받아야 한다.
예 외	1. 다른 법률에 따라 지정하거나 변경하려는 구역 등이 도시·군기본계획에 반영된 경우

	2. 용도지역 지정에 의한 보전관리지역·생산관리지역·농림지역 또는 자연환경보전지역에서 다음 각 목의 지역을 지정하려는 경우 가. 「농지법」 제28조에 따른 농업진흥지역 나. 「한강수계 상수원수질개선 및 주민지원 등에 관한 법률」등에 따른 수변구역 다. 「수도법」 제7조에 따른 상수원보호구역 라. 「자연환경보전법」 제12조에 따른 생태·경관보전지역 마. 「야생생물 보호 및 관리에 관한 법률」 제27조에 따른 야생생물 특별보호구역 바. 「해양생태계의 보전 및 관리에 관한 법률」에 따른 해양보호구역 3. 군사상 기밀을 지켜야 할 필요가 있는 구역 등을 지정하려는 경우 4. 협의 또는 승인을 받은 구역 등을 다음의 범위 안에서 변경하고자 하는 경우 가. 협의 또는 승인을 얻은 지역·지구·구역 또는 구획 등의 면적의 10% 범위 안에서 면적을 증감시키는 경우 나. 협의 또는 승인을 얻은 구역 등의 면적산정의 착오를 정정하기 위한 경우
심의	국토해양부장관은 사전협의 또는 승인을 하려면 중앙도시계획위원회의 심의를 거쳐야 한다. 다만, 다음 각 호의 경우에는 그러하지 아니하다. 1. 보전관리지역이나 생산관리지역에서 다음 구역 등을 지정하는 경우 가. 「산지관리법」에 따른 보전산지 나. 「야생생물 보호 및 관리에 관한 법률」에 따른 야생생물 보호구역 다. 「습지보전법」에 따른 습지보호지역 라. 「토양환경보전법」에 따른 토양보전대책지역 2. 농림지역이나 자연환경보전지역에서 다음 구역 등을 지정하는 경우 가. 위 1의 어느 하나에 해당하는 구역 등 나. 「자연공원법」에 따른 자연공원 다. 「자연환경보전법」에 따른 생태·자연도 1등급 권역 라. 「독도등 도서지역의 생태계보전에 관한 특별법」에 따른 특정도서 마. 「문화재보호법」에 따른 명승 및 천연기념물과 그 보호구역 바. 「해양생태계의 보전 및 관리에 관한 법률」에 따른 해양생태도 1등급 권역

(2) 다른 법률에 따른 도시·군관리계획의 변경 제한

중앙행정기관의 장이나 지방자치단체의 장은 다른 법률에서 이 법에 따른 도시·군관리계획의 결정을 의제하는 내용이 포함되어 있는 계획을 허가·인가·승인 또는 결정하려면 대통령령으로 정하는 바에 따라 중앙도시계획위원회 또는 지방도시계획위원회의 심의를 받아야 한다.

다만, 다른 법률에 따라 지정하거나 변경하려는 구역등이 도시·군기본계획에 반영 된 경우와 도시·군관리계획의 결정을 의제하는 계획에서 그 계획면적의 5% 미만을 변경하는 경우에는 그러하지 아니하다.

심의하는 기관	결정하고자 하는 자	대상 규모
중앙도시계획위원회	중앙행정기관의 장	30만㎡ 이상
	지방자치단체장	5㎢ 이상
지방도시계획위원회	지방자치단체장	30만㎡ 이상 5㎢ 미만

제 2 장

광역도시계획 및 도시·군계획

제1절 광역도시계획

Ⅰ. 광역계획권

1. 광역계획권 지정 목적

2 이상의 특별시·광역시·특별자치시·특별자치도·시 또는 군의 ⓐ 공간구조 및 기능을 상호 연계시키고 ⓑ 환경을 보전하며 ⓒ 광역시설을 체계적으로 정비하기 위하여 지정한다.

2. 광역계획권 지정 단위

광역계획권은 인접한 2 이상의 특별시·광역시·특별자치시·특별자치도·시 또는 군의 관할구역 단위로 지정한다.

국토해양부장관 또는 도지사는 위 규정에도 불구하고 인접한 둘 이상의 특별시·광역시·특별자치시·특별자치도·시 또는 군의 관할구역의 일부를 광역계획권에 포함시키고자 하는 때에는 구·군(광역시의 관할구역 안에 있는 군을 말한다)·읍 또는 면의 관할구역 단위로 하여야 한다.

3. 지정권자 및 지정·변경 요청자, 지정절차

(1) 지정권자

국토해양부장관 : 광역계획권이 둘 이상의 특별시·광역시·특별자치시·도 또는 특별자치도의 관할 구역에 걸쳐 있는 경우에는 국토해양부장관이 지정권자가 되며, 광역계획권이 도의 관할 구역에 속하여 있는 경우에는 도지사가 지정권자가 된다.

(2) 지정 및 변경 요청자

중앙행정기관의 장, 시·도지사, 시장 또는 군수는 국토해양부장관이나 도지사에게 광역계획권의 지정 또는 변경을 요청할 수 있다.

참고 | 광역계획권의 지정권자가 아닌 자

특별시장·광역시장·특별자치시장·특별자치도지사·시장 또는 군수는 지정권자가 될 수 없다.

(3) 지정절차

국토해양부장관은 광역계획권을 지정하거나 변경하려면 관계 시·도지사, 시장 또는 군수의 의견을 들은 후 중앙도시계획위원회의 심의를 거쳐야 한다.

도지사가 광역계획권을 지정하거나 변경하려면 국토해양부장관과 협의와 관계 시·도지사, 시장 또는 군수의 의견을 들은 후 지방 도시계획위원회의 심의를 거쳐야 한다.

국토해양부장관 또는 도지사는 광역계획권을 지정하거나 변경하면 지체 없이 관계 시·도지사, 시장 또는 군수에게 그 사실을 통보하여야 한다.

(4) 지정효력

광역계획권의 지정은 일반 국민에 대하여는 구속력이 없는 행정행위이다. 따라서 광역계획권의 지정은 행정쟁송의 대상이 되지 못하며, 광역계획권의 실효제도도 없다.

Ⅱ. 광역도시계획

1. 의의 및 법적성격

광역도시계획은 광역계획권 지정에 의해 지정된 광역계획권의 장기발전방향을 제시하는 계획으로서 그 법적성격은 일반 사인은 구속하지 못하고 행정청 내부만을 구속하는 비구속적 계획으로써 행정심판이나 행정소송의 대상이 되지 못한다.

광역도시계획은 광역계획권의 지정목적을 달성하기 위한 장기발전방향에 대한 계획이며, 특정한 사안에 대해 수립하는 계획인 종합계획은 아니다.

2. 내용 및 수립권자

(1) 내용

광역도시계획에는 다음 사항 중 그 광역계획권의 지정목적을 이루는 데 필요한 사항에 대한 정책 방향이 포함되어야 한다.

① 광역계획권의 공간 구조와 기능 분담에 관한 사항
② 광역계획권의 녹지관리체계와 환경 보전에 관한 사항
③ 광역시설의 배치·규모·설치에 관한 사항
④ 경관계획에 관한 사항
⑤ 그 밖에 광역계획권에 속하는 특별시·광역시·특별자치시·특별자치도·시 또는 군 상호 간의 기능 연계에 관한 다음 사항
㉠ 광역계획권의 교통 및 물류유통체계에 관한 사항
㉡ 광역계획권의 문화·여가 공간 및 방재에 관한 사항

(2) 수립권자

수립권자	구 분
1. 관할시장 또는 군수가 공동으로 수립	광역계획권이 같은 도의 관할 구역에 속하여 있는 경우

수립권자	구 분
2. 관할 시·도지사가 공동으로 수립	광역계획권이 둘 이상의 시·도의 관할 구역에 걸쳐 있는 경우
3. 관할 도지사	① 광역계획권을 지정한 날부터 3년이 지날 때까지 관할 시장 또는 군수로부터 광역도시계획의 승인 신청이 없는 경우 ② 시장 또는 군수가 협의를 거쳐 요청하는 경우
4. 국토해양부장관	① 국가계획과 관련된 광역도시계획의 수립이 필요한 경우 ② 광역계획권을 지정한 날부터 3년이 지날 때까지 관할 시·도지사로부터 광역도시계획의 승인 신청이 없는 경우
5. 도지사와 시장 또는 군수가 공동수립	① 시장 또는 군수가 요청하는 경우 ② 그 밖에 필요하다고 인정하는 경우
6. 국토해양부장관과 시·도지사 공동수립	① 시·도지사가 요청하는 경우 ② 그 밖에 필요하다고 인정하는 경우

참고 | 광역도시계획의 수립할 수 없는 자

광역도시계획은 특별시장·광역시장·특별자치도지사·시장 또는 군수가 단독으로 수립하는 경우와 국토해양부장관이 시장 또는 군수와 공동으로 수립하는 경우는 없다.

3. 수립절차

(1) 기초조사

국토해양부장관, 시·도지사, 시장 또는 군수는 광역도시계획을 수립하거나 변경하려면 미리 인구, 경제, 사회, 문화, 토지 이용, 환경, 교통, 주택, 그 밖에 다음에 정하는 사항 중 해당 광역도시계획의 수립 또는 변경에 필요한 사항을 조사하거나 측량하여야 한다.

참고 | 기초조사 사항

1. 기후·지형·자원·생태 등 자연적 여건
2. 기반시설 및 주거수준의 현황과 전망
3. 풍수해·지진 그 밖의 재해의 발생현황 및 추이
4. 광역도시계획과 관련된 다른 계획 및 사업의 내용
5. 그 밖에 광역도시계획의 수립에 필요한 사항

기초조사 할 사항에 관하여 다른 법령의 규정에 의하여 조사·측량한 자료가 있는 경우에는 이를 활용할 수 있다.

수립된 광역도시계획을 변경하려면 기초조사사항 중 해당 광역도시계획의 변경에 관하여 필요한 사항을 조사·측량하여야 한다.

국토해양부장관, 시·도지사, 시장 또는 군수는 관계 행정기관의 장에게 조사 또는 측량에 필요한 자료를 제출하도록 요청할 수 있다. 이 경우 요청을 받은 관계 행정기관의 장은 특별한 사유가 없으면 그 요청에 따라야 한다.

국토해양부장관, 시·도지사, 시장 또는 군수는 효율적인 조사 또는 측량을 위하여 필요하면 조사 또는 측량을 전문기관에 의뢰할 수 있다.

(2) 의견청취

1) 공청회

국토해양부장관, 시·도지사, 시장 또는 군수는 광역도시계획을 수립하거나 변경 하려면 미리 공청회를 열어 주민과 관계 전문가 등으로부터 의견을 들어야 하며, 공청회에서 제시된 의견이 타당하다고 인정하면 광역도시계획에 반영하여야 한다(공청회 개최하려면 일간신문에 공청회 개최예정일 14일 전까지 1회 이상 공고)

2) 지방자치단체(의회, 장)의 의견청취

시·도지사, 시장 또는 군수는 광역도시계획을 수립하거나 변경하려면 미리 관계 시·도, 시 또는 군의 의회와 관계 시장 또는 군수의 의견을 들어야 한다(시장·군수의 의견청취는 광역도시계획, 도시·군기본계획, 도시·군관리계획 중 광역도시계획에만 있는 절차이다).

국토해양부장관은 광역도시계획을 수립하거나 변경하려면 관계 시·도지사에게 광역도시계획안을 송부하여야 하며, 관계 시·도지사는 그 광역도시계획안에 대하여 그 시·도의 의회와 관계 시장 또는 군수의 의견을 들은 후 그 결과를 국토해양부장관에게 제출하여야 한다(시·도, 시 또는 군의 의회와 관계 시장 또는 군수는 특별한 사유가 없으면 30일 이내에 시·도지사, 시장 또는 군수에게 의견을 제시하여야 한다)

(3) 협의 및 심의

국토해양부장관은 광역도시계획을 승인하거나 직접 광역도시계획을 수립 또는 변경(시·도지사와 공동으로 수립하거나 변경하는 경우를 포함한다)하려면 관계 중앙행정기관과 협의한 후 중앙도시계획위원회의 심의를 거쳐야 한다.

협의 요청을 받은 관계 중앙행정기관의 장은 특별한 사유가 없는 한 그 요청을 받은 날부터 30일 이내에 국토해양부장관에게 의견을 제시하여야 한다.

도지사가 광역도시계획을 승인하거나 직접 광역도시계획을 수립 또는 변경(시장·군수와 공동으로 수립하거나 변경하는 경우를 포함한다)하려면 관계 중앙행정기관과 협의한 후 지방도시계획위원회의 심의를 거쳐야 한다.

(4) 승인

시·도지사는 광역도시계획을 수립하거나 변경하려면 국토해양부장관의 승인을 받아야 한다. 다만, 도지사가 수립하는 광역도시계획은 그러하지 아니하다.

시장 또는 군수는 광역도시계획을 수립하거나 변경하려면 도지사의 승인을 받아야 한다.

국토해양부장관은 직접 광역도시계획을 수립 또는 변경하거나 승인하였을 때에는 관계 중앙행정기관의 장과 시·도지사에게 관계 서류를 송부하여야 하며, 관계서류를 받은 시·도지사는 그 내용을 공고하고 관계서류를 30일 이상 일반이 열람할 수 있도록 하여야 한다.

(5) 조정

광역도시계획을 공동으로 수립하는 시·도지사는 그 내용에 관하여 서로 협의가 되지 아니하면 공동이나 단독으로 국토해양부장관에게 조정을 신청할 수 있다.

국토해양부장관은 단독으로 조정신청을 받은 경우에는 기한을 정하여 당사자 간에 다시 협의를 하도록 권고할 수 있으며, 기한 내에 협의가 이루어지지 아니하는 경우에는 직접 조정할 수 있다.

국토해양부장관은 조정의 신청을 받거나, 직접 조정하려는 경우에는 중앙도시계획위원회의 심의를 거쳐 광역도시계획의 내용을 조정하여야 한다. 이 경우 이해 관계를 가진 지방자치단체의 장은 중앙도시계획위원회의 회의에 출석하여 의견을 진술할 수 있다.

광역도시계획을 공동으로 수립하는 시장 또는 군수는 그 내용에 관하여 서로 협의가 되지 아니하면 공동이나 단독으로 도지사에게 조정을 신청할 수 있다.

도지사는 조정의 신청을 받거나, 직접 조정하려는 경우에는 지방도시계획위원회의 심의를 거쳐 광역도시계획의 내용을 조정하여야 한다. 이 경우 이해관계를 가진 지방자치단체의 장은 지방도시계획위원회의 회의에 출석하여 의견을 진술할 수 있다.

참고 : 일반적인 행정계획의 수립 또는 구역 등의 지정 절차

<table>
<tr><td colspan="3">기 초 조 사</td></tr>
<tr><td rowspan="3">의견청취</td><td colspan="2">주민(관계 전문가 등)(공고·열람·공청회)</td></tr>
<tr><td rowspan="2">지방자치단체</td><td>의 회</td></tr>
<tr><td>장</td></tr>
<tr><td colspan="3">협의(관계 행정기관), 심의(위원회) ⇒ 수립 또는 지정, 승인 : 성립(확정)</td></tr>
<tr><td colspan="3">공고·열람, 고시, 통지, 송부(통보), 보고</td></tr>
</table>

통상 행정계획의 수립 및 구역 등을 지정하는 절차는 위와 같은 단계를 거치는 것이 일반적이다. 그러나 개별적인 행정계획의 수립 또는 구역 등의 지정을 하는 경우 위의 절차 일부가 생략되거나, 한 두 개 정도의 절차가 첨가되는 경우도 있다.

제2절 도시·군기본계획

Ⅰ. 의의 및 내용

1. 의의

도시·군기본계획이란 특별시·광역시·특별자치시·특별자치도·시 또는 군의 관할 구역에 대하여 기본적인 공간구조와 장기발전방향을 제시하는 종합계획으로 도시·군관리계획 수립의 지침이 되는 계획을 말한다.

2. 법적성격

도시·군기본계획은 일반 사인은 구속하지 못하고 행정청 내부만을 구속하는 비구속적 계획으로서 행정심판이나 행정소송의 대상이 되지 못한다. 도시·군기본계획은 도시안의 토지이용에 관한 장기발전방향에 대한 계획으로 광역도시계획과 달리 종합계획이다

3. 내용

도시·군기본계획에는 다음의 사항에 대한 정책방향이 포함되어야 한다.

1. 지역적 특성 및 계획의 방향·목표에 관한 사항
2. 공간구조, 생활권의 설정 및 인구의 배분에 관한 사항
3. 토지의 이용 및 개발에 관한 사항
4. 토지의 용도별 수요 및 공급에 관한 사항
5. 환경의 보전 및 관리에 관한 사항
6. 기반시설에 관한 사항
7. 공원·녹지에 관한 사항
8. 경관에 관한 사항

8의2. 기후변화 대응 및 에너지절약에 관한 사항

8의3. 방재 및 안전에 관한 사항

9. 제2호부터 제8호까지, 제8호의2 및 제8호의3에 규정된 사항의 단계별 추진에 관한 사항

10. 그 밖에 대통령령으로 정한 아래의 사항
   ① 도심 및 주거환경의 정비·보전에 관한 사항
   ② 경제·산업·사회·문화의 개발 및 진흥에 관한 사항
   ③ 교통·물류체계의 개선과 정보통신의 발전에 관한 사항
   ④ 미관의 관리에 관한 사항
   ⑤ 방재·안전 및 범죄예방에 관한 사항
   ⑥ 재정확충 및 도시·군기본계획의 시행을 위하여 필요한 재원조달에 관한 사항
   ⑦ 제1호 내지 제6호에 규정된 사항의 단계별 추진에 관한 사항

Ⅱ. 계획 수립

1. 수립권자 및 대상지역

(1) 수립권자	특별시장·광역시장·특별자치시장·특별자치도지사·시장 또는 군수
(2) 대상지역	관할구역에 대해 도시·군기본계획을 수립하여야 한다.
(3) 수립제외	시 또는 군의 위치, 인구의 규모, 인구감소율 등을 감안하여 다음 시·군은 도시·군기본계획을 수립하지 아니할 수 있다. ① 수도권에 속하지 않고 광역시와 경계를 같 이하지 아니한 시 또는 군으로서 인구 10만 명 이하인 시 또는 군 ② 관할구역 전부에 대하여 광역도시계획이 수립되어 있는 시·군으로서, 당해 광역도시계획의 내용에 도시·군기본계획의 내용이 모두 포함되어 있는 시 또는 군
(4) 인접지 포함	① 특별시장·광역시장·특별자치시장·특별자치도지사·시장 또는 군수는 지역여건상 필요하다고 인정되면 인접한 특별시·광역시·특별자치시·특별자치도·시 또는 군의 관할 구역 전부 또는 일부를 포함하여 도시·군기본계획을 수립할 수 있다. ② 인접한 특별시·광역시·특별자치시·특별자치도·시 또는 군의 관할 구역을 포함하여 도시·군기본계획을 수립하려면 미리 그 특별시장·광역시장·특별자치시장·특별자치도지사·시장 또는 군수와 협의하여야 한다.

※ 국토해양부장관이나 도지사는 도시·군기본계획의 수립권자가 아니다

2. 광역도시계획과의 관계 및 도시·군기본계획의 수립기준

(1) 광역도시계획과의 관계

광역도시계획이 수립되어 있는 지역에 대하여 수립하는 도시·군기본계획은 그 광역도시계획에 부합되어야 하며, 도시·군기본계획의 내용이 광역도시계획의 내용과 다를 때에는 광역도시계획의 내용이 우선한다. 그러나 광역도시계획이 도시·군기본계획의 지침이 되는 계획은 아니다.

(2) 도시·군기본계획의 수립기준

도시·군기본계획의 수립기준 등은 대통령령으로 정하는 바에 따라 국토해양부장관이 정한다.

국토해양부장관은 도시·군기본계획의 수립기준을 정할 때에는 다음의 사항을 종합적으로 고려하여야 한다.

1. 특별시·광역시·특별자치시·특별자치도·시 또는 군의 기본적인 공간구조와 장기발전 방향을 제시하는 토지이용·교통·환경 등에 관한 종합계획이 되도록 할 것
2. 여건변화에 탄력적으로 대응할 수 있도록 포괄적이고 개략적으로 수립하도록 할 것
3. 도시·군기본계획을 정비할 때에는 종전의 도시·군기본계획의 내용 중 수정이 필요한 부분만을 발췌하여 보완함으로써 계획의 연속성이 유지되도록 할 것
4. 도시와 농어촌 및 산촌지역의 인구밀도, 토지이용의 특성 및 주변환경 등을 종합적으로 고려하여 지역별로 계획의 상세정도를 다르게 하되, 기반시설의 배치계획, 토지용도 등은 도시와 농어촌 및 산촌지역이 서로 연계되도록 할 것
5. 부문별 계획은 도시·군기본계획의 방향에 부합하고 도시·군기본계획의 목표를 달성 할 수 있는 방안을 제시함으로써 도시·군기본계획의 통일성과 일관성을 유지하도록 할 것
6. 도시지역 등에 위치한 개발가능토지는 단계별로 시차를 두어 개발되도록 할 것
7. 녹지축·생태계·산림·경관 등 양호한 자연환경과 우량농지, 보전목적의 용도지역 등을 충분히 고려하여 수립하도록 할 것
8. 도시·군기본계획 내용 중 경관에 관한 사항에 대하여는 필요한 경우에는 도시·군기본계획도서의 별책으로 작성할 수 있도록 할 것
9. 「재난 및 안전관리 기본법」에 따른 시·도안전관리계획 및 시·군·구안전관리계획과 「자연재해대책법」에 따른 시·군·구 풍수해저감종합계획을 충분히 고려하여 수립하도록 할 것

3. 수립 및 승인

(1) 수립절차

1) 기초조사(광역도시계획의 규정 준용)

특별시장·광역시장·특별자치시장·특별자치도지사·시장 또는 군수는 도시·군기본계획을 수립하거나 변경하려면 미리 인구, 경제, 사회, 문화, 토지 이용, 환경, 교통, 주택, 그 밖에 다음에 정하는 사항 중 해당 도시·군기본계획의 수립 또는 변경에 필요한 사항을 조사하거나 측량하여야 한다.

1. 기후·지형·자원·생태 등 자연적 여건
2. 기반시설 및 주거수준의 현황과 전망
3. 풍수해·지진 그 밖의 재해의 발생현황 및 추이

4. 광역도시계획과 관련된 다른 계획 및 사업의 내용
5. 그 밖에 광역도시계획의 수립에 필요한 사항

기초조사할 사항에 관하여 다른 법령의 규정에 의하여 조사·측량한 자료가 있는 경우에는 이를 활용할 수 있다.

수립된 도시·군기본계획을 변경하려면 기초조사사항 중 해당 도시·군기본계획의 변경에 관하여 필요한 사항을 조사·측량하여야 한다.

특별시장·광역시장·특별자치시장·특별자치도지사·시장 또는 군수는 관계 행정기관의 장에게 조사 또는 측량에 필요한 자료를 제출하도록 요청할 수 있다. 이 경우 요청을 받은 관계 행정기관의 장은 특별한 사유가 없으면 그 요청에 따라야 한다.

특별시장·광역시장·특별자치시장·특별자치도지사·시장 또는 군수는 효율적인 조사 또는 측량을 위하여 필요하면 조사 또는 측량을 전문기관에 의뢰할 수 있다.

2) 공청회(광역도시계획의 규정 준용)

특별시장·광역시장·특별자치시장·특별자치도지사·시장 또는 군수는 도시·군기본계획을 수립하거나 변경하려면 미리 공청회를 열어 주민과 관계 전문가 등으로부터 의견을 들어야 하며, 공청회에서 제시된 의견이 타당하다고 인정하면 도시·군기본계획에 반영하여야 한다 (공청회 개최하려면 일간신문에 공청회 개최예정일 14일 전까지 1회 이상 공고)

3) 지방의회 의견청취

특별시장·광역시장·특별자치시장·특별자치도지사·시장 또는 군수는 도시·군기본계획을 수립하거나 변경하려면 미리 그 특별시·광역시·특별자치시·특별자치도·시 또는 군 의회의 의견을 들어야 한다.

특별시·광역시·특별자치시·특별자치도·시 또는 군의 의회는 특별한 사유가 없으면 30일 이내에 특별시장·광역시장·특별자치시장·특별자치도지사·시장 또는 군수에게 의견을 제시하여야 한다.

광역도시계획은 시 또는 군의 의회와 관계 시장 또는 군수의 의견을 들어야 하나, 도시·군기본계획은 지방의회의 의견청취는 있으나, 지방자치단체장의 의견청취 절차는 없다.

4. 승인권자 및 승인절차

(1) 승인권자

시장 또는 군수는 도시·군기본계획을 수립하거나 변경하려면 도지사의 승인을 받아야 한다.

(2) 승인절차

시장 또는 군수는 도시·군기본계획의 승인을 받으려면 도시·군기본 계획안에 다음 서류를 첨부하여 도지사에게 제출하여야 한다.

1. 기초조사 결과
2. 공청회개최 결과
3. 시·군 의회의 의견청취 결과
4. 해당 시·군에 설치된 지방도시계획위원회의 자문을 거친 경우에는 그 결과
5. 관계 행정기관의 장과의 협의 및 도의 지방도시계획위원회의 심의에 필요한 서류

도지사는 제출된 도시·군기본계획안이 수립기준 등에 적합하지 아니한 때에는 시장 또는 군수에게 도시·군기본계획안의 보완을 요청할 수 있다.

특별시장·광역시장·특별자치시장 또는 특별자치도지사는 도시·군기본계획을 승인하려면 관계 행정기관의 장과 협의한 후 지방도시계획위원회의 심의를 거쳐야한다.

협의 요청을 받은 관계 행정기관의 장은 특별한 사유가 없으면 그 요청을 받은 날부터 30일 이내에 특별시장·광역시장·특별자치시장 또는 특별자치도지사에게 의견을 제시하여야 한다.

도지사는 도시·군기본계획을 승인하면 관계 행정기관의 장과 시장 또는 군수에게 관계 서류를 송부하여야 한다. 관계 서류를 받은 시장 또는 군수는 해당 시·군의 공보에 게재하는 방법으로 그 내용을 공고하고, 일반이 30일 이상 열람할 수 있도록 하여야 한다.

5. 도시·군기본계획의 정비

특별시장·광역시장·특별자치시장·특별자치도지사·시장 또는 군수는 5년마다 관할 구역의 도시·군기본계획에 대하여 그 타당성 여부를 전반적으로 재검토하여 정비하여야 한다.

특별시장·광역시장·특별자치시장·특별자치도지사·시장 또는 군수는 도시·군기본계획의 내용에 우선하는 광역도시계획의 내용 및 도시·군기본계획에 우선하는 국가계획의 내용을 도시·군기본계획에 반영하여야 한다.

제3절 도시·군관리계획

Ⅰ. 의의 및 법적성격

1. 의의

도시·군관리계획"이란 특별시·광역시·특별자치시·특별자치도·시 또는 군의 개발·정비 및 보전을 위하여 수립하는 토지 이용, 교통, 환경, 경관, 안전, 산업, 정보통신, 보건, 복지, 안보, 문화 등에 관한 다음의 계획을 말한다.

① 용도지역·용도지구의 지정 또는 변경에 관한 계획
② 개발제한구역, 도시자연공원구역, 시가화조정구역, 수산자원보호구역의 지정 또는 변경에 관한 계획
③ 기반시설의 설치·정비 또는 개량에 관한 계획
④ 도시개발사업이나 정비사업에 관한 계획
⑤ 지구단위계획구역의 지정 또는 변경에 관한 계획과 지구단위계획

2. 법적성격

도시·군관리계획은 행정청 내부는 물론 일반 사인도 함께 구속하는 구속적 행정계획이다. 따라서 일반사인에 대하여도 직접적인 구속력이 있으므로 행정심판 및 행정소송의 대상이 된다.

도시·군관리계획은 도시·군기본계획을 지침으로 수립하고 부합되어야 하는 계획이나, 광역도시계획은 도시·군관리계획의 작성 지침은 되지 않으나 부합은 하여야 한다.

Ⅱ. 도시·군관리계획의 입안 및 결정

1. 입안권자

<table>
<tr><td rowspan="5">원칙</td><td colspan="2">특별시장·광역시장·특별자치시장·특별자치도지사·시장 또는 군수는 관할 구역에 대하여 도시·군관리계획을 입안하여야 한다.</td></tr>
<tr><td rowspan="2">공동입안
(협의시)
(법제24조 ②, ③)</td><td>① 특별시장·광역시장·특별자치시장·특별자치도지사·시장 또는 군수는 인접한 특별시·광역시·특별자치시·특별자치도·시 또는 군의 관할 구역 전부 또는 일부를 포함하여 도시·군관리계획을 입안할 수 있다.</td></tr>
<tr><td>② 인접한 특별시·광역시·특별자치시·특별자치도·시 또는 군의 관할 구역에 대한 도시·군관리계획은 관계 특별시장·광역시장·특별자치시장·특별자치도지사·시장 또는 군수가 협의하여 공동으로 입안하거나 입안할자를 정한다.</td></tr>
<tr><td rowspan="2">지정입안
(협의 불성립시)</td><td>① 도시·군관리계획을 입안하려는 구역이 같은 도의 관할 구역에 속할 때에는 관할 도지사가 입안할자를 지정한다.</td></tr>
<tr><td>② 2 이상의 시·도의 관할 구역에 걸쳐 있을 때에는 국토해양부장관(수산자원보호구역의 경우 농림수산식품부장관)이 입안할자를 지정하고 그 사실을 고시하여야 한다.</td></tr>
<tr><td rowspan="5">예외</td><td rowspan="3">국토해양부장관
(법제24조 ⑤)</td><td>① 국가계획과 관련된 경우</td></tr>
<tr><td>② 2 이상의 시·도에 걸쳐 지정되는 용도지역·용도지구 또는 용도구역과 2 이상의 시·도에 걸쳐 이루어지는 사업의 계획 중 도시·군관리계획으로 결정하여야 할 사항이 있는 경우</td></tr>
<tr><td>③ 특별시장·광역시장·특별자치시장·특별자치도지사·시장 또는 군수가 정한 기한까지 국토해양부장관의 도시·군관리계획의 조정 요구에 따라 도시·군관리계획을 정비하지 아니하는 경우</td></tr>
<tr><td rowspan="2">도지사
(법제24조⑥)</td><td>① 2 이상의 시·군에 걸쳐 지정되는 용도지역·용도지구 또는 용도구역과 둘 이상의 시·군에 걸쳐 이루어지는 사업의 계획 중 도시·군관리계획으로 결정하여야 할 사항이 포함되어 있는 경우(이 경우 도지사는 시장·군수의 의견을 들어야 한다)</td></tr>
<tr><td>② 도지사가 직접 수립하는 사업의 계획으로서 도시·군관리계획으로 결정하여야 할 사항이 포함되어 있는 경우</td></tr>
</table>

2. 결정권자

구분	내용
원칙	① 시·도지사가 직접 또는 시장·군수의 신청에 따라 결정한다. ② 다만, 서울특별시와 광역시 및 특별자치시를 제외한 인구 50만 이상의 대도시(이하 "대도시"라 한다)의 경우에는 해당 시장(이하 "대도시 시장"이라한다)이 직접 결정한다.
특례	다음의 경우에는 국토해양부장관(아래 ④의 경우 농림수산식품부장관)이 결정한다. ① 국토해양부장관이 입안한 도시·군관리계획 ② 개발제한구역의 지정 및 변경에 관한 도시·군관리계획 ③ 시가화조정구역의 지정 및 변경에 관한 도시·군관리계획 ④ 수산자원보호구역의 지정 및 변경에 관한 도시·군관리계획

Ⅲ. 도시·군관리계획의 입안방법

1. 광역도시계획 및 도시·군기본계획에 부합

도시·군관리계획은 광역도시계획과 도시·군기본계획에 부합되어야 한다.

2. 도시·군관리계획도서 및 계획설명서의 작성

국토해양부장관(농림수산식품부장관), 시·도지사, 시장 또는 군수는 도시·군관리계획을 입안할 때에는 대통령령으로 정하는 바에 따라 도시·군관리계획도서(계획도와 계획조서)와 이를 보조하는 계획설명서(기초조사결과·재원 조달방안 및 경관계획 등을 포함)를 작성하여야 한다.

3. 차등적 입안

도시·군관리계획은 계획의 상세 정도, 도시·군관리계획으로 결정하여야 하는 기반시설의 종류 등에 대하여 도시 및 농·산·어촌 지역의 인구밀도, 토지 이용의 특성 및 주변 환경 등을 종합적으로 고려하여 차등을 두어 입안하여야 한다.

4. 도시·군관리계획의 수립기준 등

도시·군관리계획의 수립기준, 도시·군관리계획도서 및 계획설명서의 작성기준·작성방법 등은 대통령령으로 정하는 바에 따라 국토해양부장관이 정한다.

Ⅳ. 도시·군관리계획 수립절차 및 결정

참고 | 주민 입안제도의 의의

행정계획 중에는 국가사회 전반과 지역사회 전반에 영향을 미치는 경우가 많다. 이 경우 행정계획에 대한 민주적 통제를 위하여 국민이나 주민의 참여권을 보장하는 사전적 사익구제수단으로 중요한 절차사항을 규정하고 있다.

도시·군 관리계획에서는 주민의견청취절차로, 군·기본계획 및 광역도시계획에서는 공청회 절차가 참여권에 해당한다.

이러한 절차적 참여권보다 더 적극적으로 국민의 절차적 참여권을 보장하는 제도가 주민의 입안제안 제도이다. 도시·군 관리계획에서는 주민의 입안제안 제도를 규정하고 있다.

1. 주민의 입안 제안

(1) 제안주체 및 대상

주민(이해관계자를 포함한다)은 다음 사항에 대하여 도시·군관리계획을 입안할 수 있는 자에게 도시·군관리계획의 입안을 제안할 수 있다.

- 기반시설의 설치·정비 또는 개량에 관한 사항
- 지구단위계획구역의 지정 및 변경과 지구단위계획의 수립 및 변경에 관한 사항

참고 | 도시·군관리계획 중 주민입안제도의 대상에 해당하지 않는 것

용도지역·용도지구·용도구역의 지정 및 변경에 관한 사항과 도시개발사업이나 정비사업에 관한 계획의 수립 및 변경에 관한 사항

(2) 제안 절차

제안서에는 도시·군관리계획도서와 계획설명서를 첨부하여야 한다.

도시·군관리계획의 입안을 제안받은 국토해양부장관, 시·도지사, 시장 또는 군수는 제안일부터 45일 이내에 도시·군관리계획입안에의 반영 여부를 제안자에게 통보하여야 한다. 다만, 부득이한 사정이 있는 경우에는 1회에 한하여 30일을 연장 할 수 있다.

국토해양부장관, 시·도지사, 시장 또는 군수는 제안을 도시·군관리계획 입안에 반영할 것인지 여부를 결정함에 있어서 필요한 경우에는 중앙도시계획위원회 또는 당해 지방자치단체에 설치된 지방도시계획위원회의 자문을 거칠 수 있다.

국토해양부장관, 시·도지사, 시장 또는 군수는 제안을 도시·군관리계획 입안에 반영하는 경우에는 제안서에 첨부된 도시·군관리계획도서와 계획설명서를 도시·군 관리계획의 입안에 활용할 수 있다.

도시·군관리계획의 입안을 제안받은 자는 제안자와 협의하여 제안된 도시·군관리계획의 입안 및 결정에 필요한 비용의 전부 또는 일부를 제안자에게 부담시킬 수 있다(사업시행 비용이 아닌 입안절차에 따른 비용을 말함).

2. 도시·군관리계획 입안절차

(1) 기초조사 등

도시·군관리계획을 입안하는 경우에는 광역도시계획 수립시의 기초조사 규정을 준용한다. 다만, 대통령령으로 정하는 경미한 사항을 입안하는 경우에는 그러하지 아니하다.

국토해양부장관, 시·도지사, 시장 또는 군수는 기초조사의 내용에 도시·군관리계획이 환경에 미치는 영향 등에 대한 환경성 검토를 포함하여야 한다.

국토해양부장관, 시·도지사, 시장 또는 군수는 기초조사의 내용에 국토해양부장관이 정하는 바에 따라 실시하는 토지의 토양, 입지, 활용가능성 등 토지의 적성에 대한 평가를 포함하여야 한다.

지구단위계획구역으로 지정하려는 구역이나 지구단위계획을 입안하는 구역이 도심지에 위치하거나 개발이 끝나 나대지가 없는 등에 해당하면 기초조사, 환경성 검토 또는 토지의 적성에 대한 평가를 하지 아니 할 수 있다.

(2) 주민 의견청취

국토해양부장관(농림수산식품부장관), 시·도지사, 시장 또는 군수는 도시·군관리계획을 입안할 때에는 주민의 의견을 들어야 하며, 그 의견이 타당하다고 인정되면 도시·군관리계획안에 반영하여야 한다.

다만, 국방상 또는 국가안전보장상 기밀을 지켜야 할 필요가 있는 사항(관계 중앙 행정기관의 장이 요청하는 것만 해당)이거나 대통령령으로 정하는 경미한 사항인 경우에는 그러하지 아니하다.

특별시장·광역시장·특별자치시장·특별자치도지사·시장 또는 군수는 도시·군관리계획의 입안에 관하여 주민의 의견을 청취하고자 하는 때에는 도시·군관리계획안의 주요내용을 전국 또는 해당 특별시·광역시·특별자치시·특별자치도·시 또는 군의 지역을 주된 보급지역으로 하는 2 이상의 일간신문과 해당 특별시·광역시·특별자치시·특별자치도·시 또는 군의 인터넷 홈페이지 등에 공고하고 도시·군관리계획안을 14일 이상 일반이 열람할 수 있도록 하여야 한다.

공고된 도시·군관리계획안의 내용에 대하여 의견이 있는 자는 열람기간내에 특별시장·광역시장·특별자치시장·특별자치도지사·시장 또는 군수에게 의견서를 제출할 수 있다.

국토해양부장관, 시·도지사, 시장 또는 군수는 제출된 의견을 도시·군관리계획안에 반영할 것인지 여부를 검토하여 그 결과를 열람기간이 종료된 날부터 60일이 내에 당해 의견을 제출한 자에게 통보하여야 한다.

국토해양부장관, 시·도지사, 시장 또는 군수는 제출된 의견을 도시·군관리계획안에 반영하고자 하는 경우 그 내용이 해당 특별시·광역시·특별자치시·특별자치도·시 또는 군의 도시·군계획조례가 정하는 중요한 사항인 때에는 그 내용을 다시 공고·열람하게 하여 주민의 의견을 들어야 한다.

국토해양부장관이나 도지사가 도시·군관리계획을 입안하려면 주민의 의견 청취 기한을 밝혀 도시·군관리계획안을 관계 특별시장·광역시장·특별자치시장·특별자치 도지사·시장 또는 군수에게 송부하여야 한다.

도시·군관리계획안을 받은 특별시장·광역시장·특별자치시장·특별자치도지사·시장 또는 군수는 명시된 기한까지 그 도시·군관리계획안에 대한 주민의 의견을 들어 그 결과를 국토해양부장관이나 도지사에게 제출하여야 한다.

대법원은 주민의견청취절차를 거치지 아니한 도시·군관리계획은 행정절차상의 중대한 하자가 발생한 경우로서 취소대상이 아닌 당연무효라고 판시한다(대결 1988.5.24. 87누388).

(3) 지방의회 의견청취

국토해양부장관, 시·도지사, 시장 또는 군수는 도시·군관리계획을 입안하려면 대통령령으로 정하는 사항에 대하여 해당 지방의회의 의견을 들어야 한다.

특별시장·광역시장·특별자치시장·특별자치도지사·시장 또는 군수가 지방의회의 의견을 들으려면 의견 제시 기한을 밝혀 도시·군관리계획안을 송부하여야 한다. 이 경우 해당 지방의회는 명시된 기한까지 특별시장·광역시장·특별자치시장·특별자치도지사·시장 또는 군수에게 의견을 제시하여야 한다.

(4) 특례입안

국토해양부장관, 시·도지사, 시장 또는 군수는 도시·군관리계획을 조속히 입안하여야 할 필요가 있다고 인정되면 광역도시계획이나 도시·군기본계획을 수립할 때에 도시·군관리계획을 함께 입안할 수 있다.

국토해양부장관, 시·도지사, 시장 또는 군수는 필요하다고 인정되면 도시·군관리계획을 입안할 때에 도시·군관리계획의 결정시 협의하여야 할 사항에 관하여 관계 중앙행정기관의 장이나 관계 행정기관의 장과 협의할 수 있다. 이 경우 시장이나 군수는 도지사에게 그 도시·군관리계획의 결정을 신청할 때에 관계 행정기관의 장과의 협의 결과를 첨부하여야 한다(사전협의를 의미). 미리 협의한 사항에 대하여는 도시·군관리계획의 결정 절차시 협의를 생략할 수 있다.

(5) 결정신청

1) 결정권자가 도지사인 경우

시장·군수는 도시·군관리계획결정을 신청하고자 하는 때에는 도지사에게 하여야 한다. 서울특별시와 광역시 및 특별자치시를 제외한 인구 50만 이상의 대도시의 경우에는 해당 시장이 직접 결정한다.

2) 결정권자가 국토해양부장관인 경우

시장·군수 또는 시·도지사는 도시·군관리계획결정을 신청하려면 도시·군관리계획도서 및 계획설명서에 관련서류를 첨부하여 도지사 또는 국토해양부장관에게 하여야 한다. 시장 또는 군수가 국토해양부장관에게 도시·군관리계획의 결정을 신청하는 경우에는 도지사를 거쳐야 한다.

(6) 협의 및 심의

시·도지사는 도시·군관리계획을 결정하려면 관계 행정기관의 장과 미리 협의하여야 하며, 국토해양부장관이 도시·군관리계획을 결정하려면 관계 중앙행정기관의 장과 미리 협의하여야 한다. 이 경우 협의 요청을 받은 기관의 장은 특별한 사유가 없으면 그 요청을 받은 날부터 30일 이내에 의견을 제시하여야 한다.

시·도지사는 국토해양부장관이 입안하여 결정한 도시·군관리계획을 변경하거나 그 밖에 대통령령으로 정하는 중요한 사항에 관한 도시·군관리계획을 결정하려면 미리 국토해양부장관과 협의하여야 한다.

국토해양부장관은 도시·군관리계획을 결정하려면 중앙도시계획위원회의 심의를 거쳐야 하며, 시·도지사가 도시·군관리계획을 결정하려면 시·도 도시계획위원회의 심의를 거쳐야 한다.

시·도지사는 지구단위계획 중 ① 건축물 높이의 최고한도 또는 최저한도에 관한 사항, ② 건축물의 배치·형태·색채 또는 건축선에 관한 계획, ③ 경관계획에 관한 사항, 어느 하나에 해당하는 사항에 대하여는 대통령령으로 정하는 바에 따라 「건축법」 제4조에 따라 시·도에 두는 건축위원회와 시·도 도시계획위원회가 공동으로 하는 심의를 거쳐야 한다.

대도시 시장이 도시·군관리계획을 결정하는 경우에도 협의 및 심의 규정을 준용 한다.

국토해양부장관이나 시·도지사는 국방상 또는 국가안전보장상 기밀을 지켜야 할 필요가 있다고 인정되면(관계 중앙행정기관의 장이 요청할 때만 해당된다) 그 도시·군관리계획의 전부 또는 일부에 대하여 협의 및 심의절차를 생략할 수 있다.

(7) 결정·고시·송부 및 열람

국토해양부장관이 도시·군관리계획을 결정하면 관보에, 시·도지사 또는 자치구가 아닌 구가 설치된 시(대도시)의 시장이 결정하는 경우에는 해당 시·도 또는 대도시의 공보에 게재하는 방법으로 이를 고시하여야 하며, 국토해양부장관 및 도지사는 관계 서류를 관계 특별시장·광역시장·특별자치시장·특별자치도지사·시장 또는 군수에게 송부하여 일반이 열람 할 수 있도록 하여야 한다.

특별시장 또는 광역시장·특별자치시장·특별자치도지사는 다른 특별시·광역시·특별자치시·특별자치도·시 또는 군의 관할구역이 포함된 도시·군관리계획결정을 고시하는 때에는 다른 특별시장·광역시장·특별자치시장·특별자치도지사·시장 또는 군수에게 관계 서류를 송부하여야 한다.

V. 도시·군관리계획의 결정효력 및 사후 조치

1. 결정효력

도시·군관리계획 결정은 고시가 된 날부터 5일 후에 그 효력이 발생한다. 도시·군관리계획 결정 당시 이미 사업이나 공사에 착수한 자(허가·인가·승인 등을 받아 사업이나 공사에 착수한 자)는 그 도시·군관리계획 결정에 관계없이 그 사업이나 공사를 계속할 수 있다.

시가화조정구역이나 수산자원보호구역의 지정에 관한 도시·군관리계획 결정이 있는 경우에 이미 사업 또는 공사에 착수한 자는 대통령령으로 정하는 바에 따라 특별시장·광역시장·특별자치시장·특별자치도지사·시장 또는 군수에게 고시일 부터 3월 이내에 신고하고 그 사업이나 공사를 계속할 수 있다.

이 경우 신고한 행위가 건축물의 건축을 목적으로 하는 토지의 형질변경인 경우 당해 건축물을 건축하고자 하는 자는 토지의 형질변경에 관한 공사를 완료한 후 3월 이내에 건축허가를 신청하는 때에는 당해 건축물을 건축할 수 있다.

건축물의 건축을 목적으로 하는 토지의 형질변경에 관한 공사를 완료한 후 1년 이내에 시가화조정구역이나 수산자원보호구역의 지정에 관한 도시·군관리계획결정의 고시가 있는 경우 당해 건축물을 건축하고자 하는 자는 당해 도시·군관리계획결정의 고시일 부터 6월 이내에 건축허가를 신청하는 때에는 당해 건축물을 건축할 수 있다.

참고 | 공용제한(계획제한)의 의미

특정 공익사업, 특정 공익목적 또는 물건의 효용보존을 위하여 특정의 재산권에 대하여 제한을 가하는 물적 공용부담을 공용제한이라 하는데, 공용제한 가운데 계획제한이 가장 대표적인데, 계획제한의 예로는 도시·군관리계획에 의한 제한, 도시개발법상의 개발계획에 의한 제한, 도정법상의 정비계획에 의한 제한 등이 있다.

참고 | 도시·군관리계획결정으로 인한 행위제한과 손실보상

도시·군관리계획은 구속력이 있는 행정계획이다. 따라서 동 결정은 행정쟁송의 대상이 되며, 실효제도가 있다. 그러나 도시·군관리계획결정으로 인한 행위제한은 이를 사회의 내재적 제약으로 보아 손실보상에 대한 규정을 두고 있지 않다. 그러므로 도시·군관리계획결정으로 인한 행위제한으로 손실을 입은 자라 할지라도 손실보상을 청구할 수는 없다.

2. 지형도면의 작성·고시·승인

(1) 지형도면 작성·고시의 효과

결정·고시된 도시·군관리계획의 내용을 지형도에 기재하여 이해관계 국민에게 알려 줌으로써 재산권 행사를 원활히 하게하고, 그 부수적 효과로 토지이용계획서의 발급 등을 할 수 있도록 하기 위함이다.

(2) 지형도면의 작성자

1) 원칙

특별시장·광역시장·특별자치시장·특별자치도지사·시장 또는 군수는 도시·군관리계획 결정이 고시되면 지적(地籍)이 표시된 지형도에 도시·군관리계획사항을 자세히 밝힌 도면을 작성하여야 한다.

2) 예외

국토해양부장관(농림수산식품부장관)이나 도지사는 도시·군관리계획을 직접 입안한 경우에는 관계 특별시장·광역시장·특별자치시장·특별자치도지사·시장 또는 군수의 의견을 들어 직접 지형도면을 작성할 수 있다.

(3) 지형도면 승인

시장(대도시 시장은 제외)이나 군수는 지형도에 도시·군관리계획사항을 자세히 밝힌 지형도면을 작성하면 도지사의 승인을 받아야 한다. 이 경우 지형도면의 승인 신청을 받은 도지사는 그 지형도면과 결정·고시된 도시·군관리계획을 대조하여 착오가 없다고 인정되면 30일 이내에 그 지형도면을 승인하여야 한다.

특별시장·광역시장·특별자치시장·특별자치도지사나 대도시 시장은 지형도면을 작성하였더라도 국토해양부장관의 승인을 받을 필요가 없다.

(4) 작성방법

1) 원칙 : 지적이 표시된 지형도 사용

지적이 표시된 지형도에 도시·군관리계획사항을 명시한 도면을 작성할 때에는 축척 1/500 내지 1/1,500로 작성하여야 한다. 녹지지역안의 임야, 관리지역, 농림지역 및 자연환경보전지역은 축척 1/3,000 내지 1/6,000로 할 수 있다.

2) 예외 : 지적이 표시되지 아니한 지형도 사용

도시지역외의 지역에서 도시·군계획시설이 결정되지 아니한 토지에 대하여는 지적이 표시되지 아니한 축척 1/5,000 이상(축척 1/5,000 이상의 지형도가 간행 되지 않은 경우는 축척 1/25,000 이상)의 지형도(해면부는 해도·해저지형도 등의 도면으로 지형도에 갈음)에 도시·군관리계획사항을 명시한 도면을 작성할 수 있다.

(5) 지형도 고시·열람

국토해양부장관, 시·도지사 또는 대도시 시장은 직접 지형도면을 작성하거나 지형 도면을 승인한 경우로서, 국토해양부장관이 하는 경우에는 관보에, 시·도지사 또는 대도시 시장이 하는 경우에는 공보에 게재하는 방법에 따라 이를 고시하여야 한다.

국토해양부장관이나 도지사는 관계 서류를 관계 특별시장·광역시장·특별자치시장·특별자치도지사·시장 또는 군수에게 송부하여 일반이 열람할 수 있도록 하여야 하며, 특별시장·광역시장·특별자치시장·특별자치도지사 또는 대도시 시장은 관계 서류를 일반이 열람할 수 있도록 하여야 한다. 지형도면의 열람기간은 제한이 없다.

축척 1/500 내지 1/1,500(녹지지역안의 임야, 관리지역, 농림지역 및 자연환경보전 지역은 축척 1/3,000 내지 1/6,000) 지형도를 사용하여 도시·군관리계획결정을 고시한 경우에는 지형도면을 따로 작성하지 아니하고 그 도시·군관리계획결정의 고시로써 지형도면 고시에 갈음할 수 있다. 이 경우 도시·군관리계획결정의 고시 내용에는 지형도면을 따로 작성하여 고시하지 아니한다는 것을 분명하게 기록하여야 한다.

도시·군관리계획결정 고시 때 지형도를 함께 고시한 경우에는 별도로 지형도면을 작성하지 않고 지형도면 고시도 하지 않는다.

Ⅵ. 도시·군관리계획결정의 실효 및 정비

1. 도시·군관리계획결정의 실효

도시·군관리계획결정의 고시일부터 2년이 되는 날까지 지형도면의 고시가 없는 경우에는 그 2년이 되는 날의 다음날에 그 도시·군관리계획결정은 효력을 잃는다.

국토해양부장관(농림수산식품부장관), 시·도지사 또는 대도시 시장은 위의 규정에 따라 도시·군관리계획결정이 효력을 잃게 된 때에는 국토해양부장관이 하는 경우에는 관보에, 시·도지사 또는 대도시 시장이 하는 경우에는 공보에 실효일자 및 실효사유와 실효된 도시·군관리계획의 내용을 게재하는 방법에 따라 지체없이 그 사실을 고시하여야 한다.

실효고시를 하여야 실효되는 것은 아니고, 2년이 되는 다음 날에 실효되며, 그 후에 하는 실효고시는 이를 확인하는 절차에 불과한 것이다.

2. 도시·군관리계획의 정비

특별시장·광역시장·특별자치시장·특별자치도지사·시장 또는 군수는 5년마다 관할 구역의 도시·군관리계획에 대하여 그 타당성 여부를 전반적으로 재검토하여 정비하여야 한다.

특별시장·광역시장·특별자치시장·특별자치도지사·시장 또는 군수는 도시·군관리계획을 정비하는 경우에는 도시·군계획시설에 대한 도시·군관리계획결정(도시·군계획시설결정)의 고시일 부터 10년 이내에 해당 도시·군계획시설사업이 시행되지 아니한 때에는 해당 도시·군계획시설결정의 타당성을 검토하여 그 결과를 도시·군관리계획입안에 반영하여야 한다.

도시·군기본계획을 수립하지 아니하는 시·군의 시장·군수는 도시·군관리계획을 정비하는 때에는 당해 시·군의 장기발전구상을 포함시켜야 하며, 공청회를 개최하여 이에 관한 주민의 의견을 들어야 한다.

제 3 장

용도지역·용도지구·용도구역

제1절 용도지역

Ⅰ. 의의 및 종류

1. 용도지역 의의

용도지역이란 토지의 이용 및 건축물의 용도, 건폐율, 용적률, 높이 등을 제한함으로써 토지를 경제적·효율적으로 이용하고 공공복리의 증진을 도모하기 위하여 서로 중복되지 아니하게 도시·군관리계획으로 결정하는 지역을 말한다.

2. 용도지역의 종류

국토해양부장관, 시·도지사 또는 대도시 시장은 다음의 용도지역의 지정 또는 변경을 도시·군관리계획으로 결정하며, 용도지역의 종류는 도시지역, 관리지역, 농림지역, 자연환경보전지역으로 세분하여 결정한다.

(1) 도시지역

인구와 산업이 밀집되어 있거나 밀집이 예상되어 그 지역에 대하여 체계적인 개발·정비·관리·보전 등이 필요한 지역으로 다음과 같이 구분하여 지정한다.

1. 주거지역	거주의 안녕과 건전한 생활환경의 보호를 위하여 필요한 지역
2. 상업지역	상업이나 그 밖의 업무의 편익을 증진하기 위하여 필요한 지역
3. 공업지역	공업의 편익을 증진하기 위하여 필요한 지역
4. 녹지지역	자연환경·농지 및 산림의 보호, 보건위생, 보안과 도시의 무질서한 확산을 방지하기 위하여 녹지의 보전이 필요한 지역

(2) 관리지역

도시지역의 인구와 산업을 수용하기 위하여 도시지역에 준하여 체계적으로 관리하거나 농림업의 진흥, 자연환경 또는 산림의 보전을 위하여 농림지역 또는 자연환경보전지역에 준하여 관리할 필요가 있는 지역으로 다음과 같이 구분하여 지정 한다.

1. 보전관리 지역	자연환경 보호, 산림 보호, 수질오염 방지, 녹지공간 확보 및 생태계 보전 등을 위하여 보전이 필요하나, 주변 용도지역과의 관계 등을 고려할 때 자연환경보전지역으로 지정하여 관리하기가 곤란한 지역
2. 생산관리 지역	농업·임업·어업 생산 등을 위하여 관리가 필요하나, 주변 용도지역과의 관계 등을 고려할 때 농림지역으로 지정하여 관리하기가 곤란한 지역
3. 계획관리 지역	도시지역으로의 편입이 예상되는 지역이나 자연환경을 고려하여 제한적인 이용·개발을 하려는 지역으로서 계획적·체계적인 관리가 필요한 지역

(3) 농림지역

도시지역에 속하지 아니하는 「농지법」에 따른 농업진흥지역 또는 「산지관리법」에 따른 보전산지 등으로서 농림업을 진흥시키고 산림을 보전하기 위하여 필요한 지역

(4) 자연환경보전지역

자연환경·수자원·해안·생태계·상수원 및 문화재의 보전과 수산자원의 보호·육성 등을 위하여 필요한 지역

3. 용도지역의 세분

국토해양부장관, 시·도지사 또는 대도시 시장은 대통령령으로 정하는 바에 따라 용도지역을 도시·군관리계획결정으로 다시 세분하여 지정하거나 변경할 수 있다.

<table>
<tr><th colspan="3">용도지역의 세분</th><th>지 정 목 적</th></tr>
<tr><td rowspan="6">주거지역</td><td rowspan="2">전용 주거지역</td><td>제1종 전용 주거지역</td><td>단독주택 중심의 양호한 주거환경을 보호하기 위하여 필요한 지역</td></tr>
<tr><td>제2종 전용 주거지역</td><td>공동주택 중심의 양호한 주거환경을 보호하기 위하여 필요한 지역</td></tr>
<tr><td rowspan="3">일반 주거지역</td><td>제1종 일반 주거지역</td><td>저층주택을 중심으로 편리한 주거환경을 조성하기 위하여 필요한 지역</td></tr>
<tr><td>제2종 일반 주거지역</td><td>중층주택을 중심으로 편리한 주거환경을 조성하기 위하여 필요한 지역</td></tr>
<tr><td>제3종 일반 주거지역</td><td>중고층주택을 중심으로 편리한 주거환경을 조성하기 위하여 필요한 지역</td></tr>
<tr><td colspan="2">준주거지역</td><td>주거기능을 위주로 이를 지원하는 일부 상업기능 및 업무기능을 보완하기 위하여 필요한 지역</td></tr>
<tr><td rowspan="4">상업지역</td><td colspan="2">근린상업지역</td><td>근린지역에서의 일용품 및 서비스의 공급을 위하여 필요한 지역</td></tr>
<tr><td colspan="2">유통상업지역</td><td>도시내 및 지역간 유통기능의 증진을 위하여 필요한 지역</td></tr>
<tr><td colspan="2">일반상업지역</td><td>일반적인 상업기능 및 업무기능을 담당하게 하기 위하여 필요한 지역</td></tr>
<tr><td colspan="2">중심상업지역</td><td>도심·부도심의 상업기능 및 업무기능의 확충을 위하여 필요한 지역</td></tr>
<tr><td rowspan="3">공업지역</td><td colspan="2">전용공업지역</td><td>주로 중화학공업, 공해성 공업 등을 수용하기 위하여 필요한 지역</td></tr>
<tr><td colspan="2">일반공업지역</td><td>환경을 저해하지 아니하는 공업의 배치를 위하여 필요한 지역</td></tr>
<tr><td colspan="2">준공업지역</td><td>경공업 그 밖의 공업을 수용하되, 주거기능·상업기능 및 업무기능의 보완이 필요한 지역</td></tr>
<tr><td rowspan="3">녹지지역</td><td colspan="2">보전녹지지역</td><td>도시의 자연환경·경관·산림 및 녹지공간을 보전할 필요가 있는 지역</td></tr>
<tr><td colspan="2">생산녹지지역</td><td>주로 농업적 생산을 위하여 개발을 유보할 필요가 있는 지역</td></tr>
<tr><td colspan="2">자연녹지지역</td><td>도시의 녹지공간의 확보, 도시확산의 방지, 장래 도시용지의 공급 등을 위하여 보전할 필요가 있는 지역으로서 불가피한 경우에 한하여 제한적인 개발이 허용되는 지역</td></tr>
</table>

Ⅱ. 용도지역 지정절차 특례 및 환원

1. 공유수면 매립지의 용도지역 지정절차 특례

원칙적으로 용도지역의 지정 또는 변경은 도시·군관리계획으로 결정되어야하나 공유수면매립지와 타 법률에 지정된 용도지역을 「국토계획법」의 용도지역으로 의제하는 경우가 있다.

(1) 공유수면 매립목적이 이웃하고 있는 용도지역과 동일한 경우

공유수면(바다만 해당한다)의 매립 목적이 그 매립구역과 이웃하고 있는 용도지역의 내용과 같으면 도시·군관리계획의 입안 및 결정 절차 없이 그 매립준공구역은 그 매립의 준공인가일부터 이와 이웃하고 있는 용도지역으로 지정된 것으로 본다. 이 경우 관계 특별시장·광역시장·특별자치시장·특별자치도지사·시장 또는 군수는 그 사실을 지체 없이 고시하여야 한다.

(2) 매립목적이 이웃 용도지역과 동일하지 아니한 경우

공유수면의 매립 목적이 그 매립구역과 이웃하고 있는 용도지역의 내용과 다른 경우 및 그 매립구역이 둘 이상의 용도지역에 걸쳐 있거나, 이웃하고 있는 경우 그 매립구역이 속할 용도지역은 도시·군관리계획 결정으로 지정하여야 한다.

2. 다른 법률에 의해 지정된 지역의 용도지역 지정 등의 의제

(1) 도시지역으로 결정·고시된 것으로 의제되는 경우

다음의 구역 등으로 지정·고시된 지역은 이 법에 따른 도시지역으로 결정·고시된 것으로 본다.

1. 「항만법」에 따른 항만구역으로서 도시지역에 연접한 공유수면
2. 「어촌·어항법」에 따른 어항구역으로서 도시지역에 연접한 공유수면
3. 「산업입지 및 개발에 관한 법률」에 따른 국가산업단지, 일반산업단지 및 도시 첨단산업단지
4. 「택지개발촉진법」에 따른 택지개발지구
5. 「전원개발촉진법」에 따른 전원개발사업구역 및 예정구역
(수력발전소 또는 송·변전설비만을 설치하기 위한 전원개발사업 구역 및 예정구역은 제외한다)

(2) 관리지역 안에서의 특례

관리지역에서 「농지법」에 따른 농업진흥지역으로 지정·고시된 지역은 「국토계획법」 따른 농림지역으로 결정·고시된 것으로 본다.

관리지역의 산림 중 「산지관리법」에 따라 보전산지로 지정·고시된 지역은 그 고시에서 구분하는 바에 따라 「국토계획법」에 따른 농림지역 또는 자연환경보전 지역으로 결정·고시된 것으로 본다.

3. 용도지역의 환원 및 기득권의 보호

(1) 용도지역의 환원

다른 법률로 지정된 지역을 도시지역으로 결정·고시된 것으로 의제하는 지역이 타 법률에 의하여 지역이 해제되는 경우(개발사업의 완료로 해제되는 경우는 제외), 이 법 또는 다른 법률에서 그 구역 등이 어떤 용도지역에 해당되는 지를 따로 정하고 있지 아니한 경우에는 이를 지정하기 이전의 용도지역으로 환원된 것으로 본다.

이 경우 지정권자는 용도지역이 환원된 사실을 대통령령으로 정하는 바에 따라 고시하고, 그 지역을 관할하는 특별시장·광역시장·특별자치시장·특별자치도지사·시장 또는 군수에게 통보하여야 한다.

(2) 기득권의 보호

용도지역이 환원되는 당시 이미 사업이나 공사에 착수한 자(허가·인가·승인 등을 받아 사업이나 공사에 착수한 자)는 그 용도지역의 환원에 관계없이 그 사업이나 공사를 계속할 수 있다.

제2절 용도지구

Ⅰ. 의의 및 종류

1. 용도지구의 의의

용도지구란 토지의 이용 및 건축물의 용도·건폐율·용적률·높이 등에 대한 용도지역의 제한을 강화하거나 완화하여 적용함으로써 용도지역의 기능을 증진시키고 미관·경관·안전 등을 도모하기 위하여 도시·군관리계획으로 결정하는 지역을 말한다.

2. 용도지구의 중복지정 및 종류

국토해양부장관, 시·도지사 또는 대도시 시장은 다음 용도지구의 지정 또는 변경을 도시·군관리계획으로 결정한다. 용도지구는 한 지역에 두 개 이상 중복하여 지정할 수 있다. 용도지구의 종류는 다음과 같다.

1. 경관지구	경관을 보호·형성하기 위하여 필요한 지구
2. 미관지구	미관을 유지하기 위하여 필요한 지구
3. 고도지구	쾌적한 환경 조성 및 토지의 효율적 이용을 위하여 건축물 높이의 최저한도 또는 최고한도를 규제할 필요가 있는 지구
4. 방화지구	화재의 위험을 예방하기 위하여 필요한 지구
5. 방재지구	풍수해, 산사태, 지반의 붕괴, 그 밖의 재해를 예방하기 위하여 필요한 지구
6. 보존지구	문화재, 중요 시설물 및 문화적·생태적으로 보존가치가 큰 지역의 보호와 보존을 위하여 필요한 지구
7. 시설보호 지구	학교시설·공용시설·항만 또는 공항의 보호, 업무기능의 효율화, 항공기의 안전운항 등을 위하여 필요한 지구
8. 취락지구	녹지지역·관리지역·농림지역·자연환경보전지역·개발제한구역 또는 도시자연공원구역의 취락을 정비하기 위한 지구
9. 개발진흥 지구	주거기능·상업기능·공업기능·유통물류기능·관광기능·휴양기능 등을 집중적으로 개발·정비할 필요가 있는 지구
10. 특정용도 제한지구	주거기능 보호나 청소년 보호 등의 목적으로 청소년 유해시설 등 특정시설의 입지를 제한할 필요가 있는 지구

3. 용도지구의 세분

국토해양부장관, 시·도지사 또는 대도시 시장은 필요하다고 인정되면 대통령령으로 정하는 바에 따라 다음과 같이 용도지구를 도시·군관리계획결정으로 다시 세분하여 지정하거나 변경할 수 있다.

용도지구의 세분		지정목적
1. 경관지구	자연경관지구	산지·구릉지 등 자연경관의 보호 또는 도시의 자연풍치를 유지하기 위하여 필요한 지구
	수변경관지구	지역내 주요 수계의 수변 자연경관을 보호·유지하기 위하여 필요한 지구
	시가지경관지구	주거지역의 양호한 환경조성과 시가지의 도시경관을 보호하기 위하여 필요한 지구

용도지구의 세분		지정목적
2. 미관지구	중심지미관지구	토지의 이용도가 높은 지역의 미관을 유지·관리하기 위하여 필요한 지구
	역사문화미관지구	문화재와 문화적으로 보존가치가 큰 건축물 등의 미관을 유지·관리하기 위하여 필요한 지구
	일반미관지구	중심지미관지구 및 역사문화미관지구외의 지역으로서 미관을 유지·관리하기 위하여 필요한 지구
3. 고도지구	최고고도지구	환경과 경관을 보호하고 과밀을 방지하기 위하여 건축물높이의 최고한도를 정할 필요가 있는 지구
	최저고도지구	토지이용을 고도화하고 경관을 보호하기 위하여 건축물높이의 최저한도를 정할 필요가 있는 지구
4. 보존지구	역사문화자원보존지구	문화재·전통사찰 등 역사·문화적으로 보존가치가 큰 시설 및 지역의 보호와 보존을 위하여 필요한 지구
	중요시설물보존지구	국방상 또는 안보상 중요한 시설물의 보호와 보존을 위하여 필요한 지구
	생태계보존지구	야생동식물서식처 등 생태적으로 보존가치가 큰 지역의 보호와 보존을 위하여 필요한 지구
5. 시설보호지구	학교시설보호지구	학교의 교육환경을 보호·유지하기 위하여 필요한 지구
	공용시설보호지구	공용시설을 보호하고 공공업무기능을 효율화하기 위하여 필요한 지구
	항만시설보호지구	항만기능을 효율화하고 항만시설을 관리·운영하기 위하여 필요한 지구
	공항시설보호지구	공항시설의 보호와 항공기의 안전운항을 위하여 필요한 지구
6. 취락지구	자연취락지구	녹지지역·관리지역·농림지역 또는 자연환경보전지역안의 취락을 정비하기 위하여 필요한 지구
	집단취락지구	개발제한구역안의 취락을 정비하기 위하여 필요한 지구
7. 개발진흥지구	주거개발진흥지구	주거기능을 중심으로 개발·정비할 필요가 있는 지구
	산업·유통개발진흥지구	공업기능 및 유통·물류기능을 중심으로 개발·정비할 필요가 있는 지구
	관광휴양개발진흥지구	관광·휴양기능을 중심으로 개발·정비할 필요가 있는 지구
	복합개발진흥지구	주거기능, 공업기능, 유통·물류기능 및 관광·휴양기능 중 2 이상의 기능을 중심으로 개발·정비할 필요가 있는 지구
	특정개발진흥지구	주거기능, 공업기능, 유통·물류기능 및 관광·휴양기능 외의 기능을 중심으로 특정한 목적을 위하여 개발·정비할 필요가 있는 지구

※ 개발진흥지구 중 과거에는 산업개발진흥지구와 유통개발진흥지구로 나누어져 있었으나 2012. 4. 10. 시행령 개정으로 현재는 산업·유통개발진흥지구로 되었다.

Ⅱ. 용도지구 지정절차의 특례

1. 도시계획조례가 정하는 바에 따른 추가적 세분

시·도지사 또는 대도시 시장은 지역여건상 필요한 때에는 해당 시·도 또는 대도시의 도시·군계획 조례로 정하는 바에 따라 경관지구 및 미관지구를 추가적으로 세분하거나 특정용도제한지구를 세분하여 지정할 수 있다.

2. 용도지구의 추가지정 또는 변경

시·도지사 또는 대도시 시장은 지역여건상 필요하면 아래의 정하는 기준에 따라 그 시·도 또는 대도시의 조례로 용도지구의 명칭 및 지정목적, 건축이나 그 밖의 행위의 금지 및 제한에 관한 사항 등을 정하여 위 용도지구 외의 용도지구의 지정 또는 변경을 도시·군관리계획으로 결정할 수 있다.

1. 용도지구의 신설은 법에서 정하고 있는 용도지역·용도지구 또는 용도구역만으로는 효율적인 토지이용을 달성할 수 없는 부득이한 사유가 있는 경우에 한할 것
2. 용도지구 안에서의 행위제한은 그 용도지구의 지정목적 달성에 필요한 최소 한도에 그치도록 할 것
3. 당해 용도지역 또는 용도구역의 행위제한을 완화하는 용도지구를 신설하지 아니할 것

제3절 용도구역

Ⅰ. 의의 및 종류

1. 용도구역의 의의

토지의 이용 및 건축물의 용도·건폐율·용적률·높이 등에 대한 용도지역 및 용도지구의 제한을 강화하거나 완화하여 따로 정함으로써 시가지의 무질서한 확산방지, 계획적이고 단계적인 토지이용의 도모, 토지이용의 종합적 조정·관리 등을 위하여 도시·군관리계획으로 결정하는 지역을 말한다.

2. 종류

개발제한구역, 도시자연공원구역, 시가화조정구역, 수산자원보호구역

Ⅱ. 각 구역의 내용

1. 개발제한구역

(1) 지정권자

국토해양부장관은 개발제한구역의 지정 또는 변경을 도시·군관리계획으로 결정할 수 있다.

(2) 지정목적

첫째, 도시의 무질서한 확산을 방지하고 둘째, 도시주변의 자연환경을 보전하여 도시민의

건전한 생활환경을 확보하기 위하여 도시의 개발을 제한할 필요가 있거나 셋째, 국방부장관의 요청이 있어 보안상 도시의 개발을 제한할 필요가 있다고 인정되는 경우 지정한다.

(3) 지정절차 및 지정효력(행위제한)

1) 지정절차

개발제한구역의 지정 또는 변경은 도시·군관리계획으로 결정하는데, 개발제한구역의 지정 또는 변경에 필요한 사항은 따로 법률로 규정하고 있는데 그 법률은 「개발제한구역의 지정 및 관리에 관한 특별조치법」이다.

2) 지정효력(행위제한)

개발제한구역에서의 행위제한이나 그 밖에 개발제한구역의 관리에 필요한 사항은 따로 법률로 정한다. 따라서 개발제한구역으로 지정되면 그 구역에서의 각종 행위제한은 「개발제한구역의 지정 및 관리에 관한 특별조치법」에서 정하는 규정에 따라야 한다.

2. 도시자연공원구역

(1) 지정권자

시·도지사 또는 대도시 시장은 도시자연공원구역의 지정 또는 변경을 도시·군관리계획으로 결정할 수 있다.

(2) 지정목적

도시의 자연환경 및 경관을 보호하고 도시민에게 건전한 여가·휴식공간을 제공하기위하여 도시지역 안에서 식생(植生)이 양호한 산지(山地)의 개발을 제한할 필요가 있다고 인정하는 경우 지정한다.

(3) 지정절차 및 지정효력(행위제한)

1) 지정절차

도시자연공원구역의 지정 또는 변경은 도시·군관리계획으로 결정하는데, 도시자연공원구역의 지정 또는 변경에 필요한 사항은 따로 규정하고 있는데 그 법률은 「도시공원 및 녹지

등에 관한 법률」이다.

2) 지정효력(행위제한)

도시자연공원구역에서의 행위제한 등 도시자연공원구역의 관리에 필요한 사항은 「도시공원 및 녹지 등에 관한 법률」에서 정하고 있으므로 그 법률에 따른 행위제한 규정에 따른다.

3. 시가화조정구역

(1) 지정권자

국토해양부장관은 직접 또는 관계 행정기관의 장의 요청을 받아 시가화조정구역의 지정 또는 변경을 도시·군관리계획으로 결정할 수 있다.

(2) 지정목적

첫째, 도시지역과 그 주변지역의 무질서한 시가화를 방지하고 계획적·단계적인 개발을 도모하기 위하여 5년 이상 20년 이내의 기간동안 시가화를 유보할 필요가 있다고 인정되는 경우 지정한다.

둘째, 국토해양부장관은 시가화조정구역을 지정 또는 변경하고자 하는 때에는 당해 도시지역과 그 주변지역의 인구의 동태, 토지의 이용상황, 산업발전상황 등을 고려하여 도시·군관리계획으로 시가화유보기간을 정하여야 한다.

(3) 시가화조정구역 결정의 실효(특별 실효사유)

시가화조정구역의 지정에 관한 도시·군관리계획의 결정은 시가화 유보기간이 끝난 날의 다음날부터 그 효력을 잃는다. 이 경우 국토해양부장관은 실효일자 및 실효사유와 실효된 도시·군관리계획의 내용을 관보에 게재하는 방법에 의하여 그 사실을 고시하여야 한다.

(4) 지정효력(행위제한)

「국토계획법」에서 규정한다(행위제한에서 설명).

참고 ❘ 개발제한구역과 시가화조정구역의 지정목적 구분

- 개발제한구역 : 도시의 무질서한 확산 방지
- 시가화조정구역 : 무질서한 시가화 방지

4. 수산자원보호구역

(1) 지정권자

농림수산식품부장관은 직접 또는 관계 행정기관의 장의 요청을 받아 수산자원을 보호·육성하기 위하여 필요한 공유수면이나 그에 인접한 토지에 대한 수산자원보호구역의 지정 또는 변경을 도시·군관리계획으로 결정할 수 있다.

(2) 지정목적

수산자원을 보호·육성하기 위하여 필요한 공유수면이나 그에 인접한 토지에 대하여 지정한다.

(3) 지정절차 및 지정효력(행위제한)

1) 지정절차

수산자원보호구역의 지정 또는 변경은 도시·군관리계획으로 결정하는데, 수산자원보호구역의 지정 또는 변경에 필요한 사항은 따로 법률로 정하는데 그 법률은 「수산자원관리법」이다.

2) 지정효력(행위제한)

수산자원보호구역에서의 행위제한 등 수산자원보호구역의 관리에 필요한 규정은 「수산자원관리법」에 따른다.

〈용도지역·지구·구역제 비교〉

<table>
<tr><th>구 분</th><th>용도지역</th><th>용도지구</th><th>용도구역</th></tr>
<tr><td rowspan="2">개수</td><td>1. 국토의 구분 : 4개</td><td>1. 법률에 10개(세분 지구 있음)</td><td rowspan="2">4개</td></tr>
<tr><td>∘도시지역: 4개→16개로 세분
∘관리지역: 3개</td><td>2. 시도조례에 의한 추가적으로 세분</td></tr>
<tr><td>목적</td><td>용도지역의 행위제한, 토지의 경제적 효율적인 이용과 공공복리의 증진</td><td>용도지역의 제한을 강화 또는 완화, 용도지역의 기능의 증진</td><td>용도지역 및 지구의 제한을 강화 또는 완화, 따로 정한 목적을 위함</td></tr>
<tr><td rowspan="4">지정</td><td>전 국토를 대상</td><td>국지적, 부분적, 추가적</td><td>국지적, 부분적</td></tr>
<tr><td>미지정 가능</td><td>미지정 가능</td><td>미지정 가능</td></tr>
<tr><td>중복지정 불가능</td><td>중복지정 가능</td><td>구역과 지역·지구는 중복지정 가능</td></tr>
<tr><td colspan="3">∘용도지역·지구의 지정 : 국토해양부장관, 시·도지사 또는 대도시 시장
∘용도구역의 지정
– 개발제한구역, 시가화조정구역 →국토해양부장관
– 도시자연공원구역 → 시·도지사 또는 대도시 시장
– 수산자원보호구역 → 농림수산식품부장관</td></tr>
<tr><td>지정목적 달성</td><td colspan="3">1. 국가 또는 지방자치단체는 용도지역별 관리의무를 강구하여야 한다(법 제7조).
2. 용도지역·지구 및 구역은 행위제한의 방법으로 그 지정 목적을 달성한다.</td></tr>
</table>

제 4 장

용도지역·용도지구 및 용도구역 안에서의 행위제한

제1절 용도지역·지구에서의 행위제한의 원칙 및 특례

Ⅰ. 용도지역·지구에서의 행위제한의 원칙

(1) 용도지역에서의 건축물이나 그 밖의 시설의 용도·종류 및 규모 등의 제한에 관한 사항은 대통령령으로 정한다.

(2) 용도지구에서의 건축물이나 그 밖의 시설의 용도·종류 및 규모 등의 제한에 관한 사항은 이 법 또는 다른 법률에 특별한 규정이 있는 경우 외에는 대통령령으로 정하는 기준에 따라 특별시·광역시·특별자치시·특별자치도·시 또는 군의 조례로 정할 수 있다.

(3) 건축물이나 그 밖의 시설의 용도·종류 및 규모 등의 제한은 해당 용도지역과 용도지구의 지정목적에 적합하여야 한다(적합성)

(4) 건축물이나 그 밖의 시설의 용도·종류 및 규모 등을 변경하는 경우 변경 후의 건축물이나 그 밖의 시설의 용도·종류 및 규모 등은 용도지역·지구에서의 건축물 건축제한의 규정에 맞아야 한다.

Ⅱ. 용도지역·지구에서의 행위제한의 특례

다음 어느 하나에 해당하는 경우의 건축물이나 그 밖의 시설의 용도·종류 및 규모 등의 제한에 관하여는 위 원칙에도 불구하고 다음에서 정하는 바에 따른다.

(1) 취락지구

취락지구의 지정목적 범위 안에서 대통령령으로 따로 정한다.

(2) 농공단지

「산업입지 및 개발에 관한 법률」에 따른 농공단지에서는 「산업입지 및 개발에 관한 법률」이 정하는 바에 따른다.

(3) 농림지역

농림지역 중 「농지법」에 따른 농업진흥지역, 「산지관리법」에 의한 보전산지 또는 「초지법」에 따른 초지인 경우에는 각각 「농지법」, 「산지관리법」 또는 「초지법」에서 정하는 바에 따른다.

(4) 자연환경보전지역

① 자연환경보전지역 중 「자연공원법」에 따른 공원구역, 「수도법」에 따른 상수원보호구역, 「문화재보호법」에 따라 지정된 지정문화재 또는 천연기념물과 그 보호구역, 「해양생태계의 보전 및 관리에 관한 법률」에 따른 해양보호 구역인 경우에는 각각 「자연공원법」, 「수도법」 또는 「문화재보호법」 및 「해양생태계의 보전 및 관리에 관한 법률」에서 정하는 바에 따른다.

② 자연환경보전지역 중 수산자원보호구역인 경우에는 「수산자원관리법」에서 정하는 바에 따른다.

(5) 보전관리지역 및 생산관리지역

보전관리지역이나 생산관리지역에 대하여 농림수산식품부장관·환경부장관 또는 산림청장이 농지 보전, 자연환경 보전, 해양환경 보전 또는 산림 보전에 필요하다고 인정하는 경우에는

「농지법」, 「자연환경보전법」, 「야생생물 보호 및 관리에 관한 법률」, 「해양생태계의 보전 및 관리에 관한 법률」 또는 「산림자원의 조성 및 관리에 관한 법률」에 따라 건축물이나 그 밖의 시설의 용도·종류 및 규모 등을 제한할 수 있다. 이 경우 「국토계획법」 따른 제한의 취지와 형평을 이루도록 하여야 한다.

(6) 용도지역 미지정 지역

도시지역, 관리지역, 농림지역 또는 자연환경보전지역으로 용도가 지정되지 아니한 지역에 대하여는 제76조부터 제78조까지의(제76조 건축물의 건축제한, 제77조 용도지역의 건폐율, 제78조 용도지역의 건폐율) 규정을 적용할 때에 자연환경보전 지역에 관한 규정을 적용한다.

(7) 도시지역 및 관리지역의 세부 용도지역 미지정시

도시지역 및 관리지역이 그 세부 용도지역으로 지정되지 아니한 경우에는 제76조 부터 제78조까지의 규정을 적용할 때에 해당 용도지역이 도시지역인 경우에는 녹지지역 중 보전녹지지역에 관한 규정을 적용하고, 관리지역인 경우에는 보전관리지역에 관한 규정을 적용한다.

제2절 용도지역 안에서의 건축제한

용도지역에서의 건축물의 용도·종류 및 규모 등의 제한(이하 '건축제한' 이라 한다)은 해당 지역의 지정 목적에 적합한 범위 내에서 대통령령으로 정한다.

건축제한을 적용함에 있어서 건축물의 용도는 「건축법」 제2조제2항에 따르고, 부속건축물에 대하여는 주된 건축물에 대한 건축제한에 의한다.

1. 제1종 전용주거지역

(1) 건축할 수 있는 건축물

1) 단독주택(다가구주택을 제외한다)

2) 제1종 근린생활시설 중 동호 가목 내지 사목에 해당하는 것으로서 당해 용도에 쓰이는

바닥면적의 합계가 1,000㎡ 미만인 것 단, 변전소, 양수장, 정수장, 대피소, 공중화장실, 그 밖에 이와 비슷한 것, 지역아동센터(단독주택과 공동주택에 해당하지 아니한 것을 말한다), 도시가스사업법에 따른 가스배관 시설은 제외한다.

(2) 도시·군계획조례가 정하는 바에 의하여 건축할 수 있는 건축물

1) 단독주택 중 다가구주택

2) 공동주택 중 연립주택 및 다세대주택

3) 제1종 근린생활시설 중 변전소, 양수장, 정수장, 대피소, 공중화장실, 그 밖에 이와 비슷한 것, 지역아동센터(단독주택과 공동주택에 해당하지 아니한 것을 말한다), 「도시가스사업법」에 따른 가스배관시설 등에 해당하는 것으로서 당해 용도에 쓰이는 바닥면적의 합계가 1,000㎡ 미만인 것

4) 제2종 근린생활시설 중 종교집회장

5) 문화 및 집회시설 중 전시장(박물관·미술관 및 기념관에 한한다)에 해당하는 것으로서 그 용도에 쓰이는 바닥면적의 합계가 1,000㎡미만인 것

6) 종교시설에 해당하는 것으로서 그 용도에 쓰이는 바닥면적의 합계가 1,000㎡ 미만인 것

7) 교육연구시설 중 유치원·초등학교·중학교 및 고등학교

8) 노유자시설

9) 자동차관련시설 중 주차장

2. 제2종 전용주거지역

(1) 건축할 수 있는 건축물

1) 단독주택

2) 공동주택

3) 제1종 근린생활시설로서 당해 용도에 쓰이는 바닥면적의 합계가 1,000㎡ 미만인 것

(2) 도시·군계획조례가 정하는 바에 의하여 건축할 수 있는 건축물

1) 제2종 근린생활시설 중 종교집회장

2) 문화 및 집회시설 중 전시장(박물관·미술관 및 기념관에 한한다)에 해당하는 것으로서 그 용도에 쓰이는 바닥면적의 합계가 1,000㎡ 미만인 것

3) 종교시설에 해당하는 것으로서 그 용도에 쓰이는 바닥면적의 합계가 1,000㎡ 미만인 것

4) 교육연구시설 중 유치원·초등학교·중학교 및 고등학교

5) 노유자시설

6) 자동차관련시설 중 주차장

3. 제1종 일반주거지역

(1) 건축할 수 있는 건축물

4층 이하(「주택법 시행령」 제3조제1항제1호에 따른 단지형 연립주택 및 같은 항 제1호의2에 따른 단지형 다세대주택인 경우에는 5층 이하를 말하며, 단지형 연립주택의 1층 전부를 필로티 구조로 하여 주차장으로 사용하는 경우에는 필로티 부분을 층수에서 제외하고, 단지형 다세대주택의 1층 바닥면적의 2분의 1 이상을 필로티 구조로 하여 주차장으로 사용하고 나머지 부분을 주택 외의 용도로 쓰는 경우에는 해당 층을 층수에서 제외한다. 이하 이 호에서 같다)의 건축물만 해당한다. 다만, 4층 이하의 범위에서 도시·군계획조례로 따로 층수를 정하는 경우에는 그 층수 이하의 건축물만 해당한다]

1) 단독주택

2) 공동주택(아파트를 제외한다)

3) 제1종 근린생활시설

4) 교육연구시설 중 유치원·초등학교·중학교 및 고등학교

5) 노유자시설

(2) 도시·군계획조례가 정하는 바에 의하여 건축할 수 있는 건축물

4층 이하의 건축물에 한한다. 다만, 4층 이하의 범위안에서 도시·군계획조례로 따로 층수를 정하는 경우에는 그 층수 이하의 건축물에 한한다.

1) 제2종 근린생활시설(단란주점 및 안마시술소를 제외한다)

2) 문화 및 집회시설(공연장 및 관람장을 제외한다)

3) 종교시설

4) 판매시설 중 소매시장 및 상점에 해당하는 것으로서 해당용도에 쓰이는 바닥면적의 합계가 2,000㎡ 미만인 것(너비 15m 이상의 도로로서 도시·군계획조례가 정하는 너비 이상의 도로에 접한 대지에 건축하는 것에 한한다)과 기존의 도매시장 또는 소매시장을 재건축하는 경우로서 인근의 주거환경에 미치는 영향, 시장의 기능회복 등을 감안하여 도시·군계획조례가 정하는 경우에는 해당용도에 쓰이는 바닥면적의 합계의 4배 이하 또는 대지면적의 2배 이하인 것

5) 의료시설(격리병원을 제외한다)

6) 교육연구시설 중 학원(자동차학원 및 무도학원은 제외한다)에 해당하지 아니 하는 것

7) 수련시설(유스호스텔의 경우 특별시 및 광역시 지역에서는 너비 15미터 이상의 도로에 20m터 이상 접한 대지에 건축하는 것에 한하며, 그 밖의 지역 에서는 너비 12m터 이상의 도로에 접한 대지에 건축하는 것에 한한다)

8) 운동시설(옥외 철탑이 설치된 골프연습장을 제외한다)

9) 업무시설 중 오피스텔로서 그 용도에 쓰이는 바닥면적의 합계가 3,000㎡ 미만인 것

10) 공장 중 인쇄업, 기록매체복제업, 봉제업(의류편조업을 포함한다), 컴퓨터 및 주변기기제조업, 컴퓨터 관련 전자제품조립업, 두부제조업, 세탁업의 공장 및 지식산업센터로서 다음의 어느 하나에 해당하지 아니하는 것

① 「대기환경보전법」 제2조제9호에 따른 특정대기유해물질을 배출하는 것

② 「대기환경보전법」 제2조제11호에 따른 대기오염물질배출시설에 해당하는 시설로서 동법 시행령 별표 8에 따른 1종사업장 내지 4종사업장에 해당하는 것

③ 「수질 및 수생태계 보전에 관한 법률」 제2조제8호에 따른 특정수질유해물질을 배출하는 것. 다만, 동법 제34조에 따라 폐수무방류배출시설의 설치허가를 받아 운영하는 경우를 제외한다.

④ 「수질 및 수생태계 보전에 관한 법률」 제2조제10호에 따른 폐수배출시설에 해당하는 시설로서 같은 법 시행령 별표 13에 따른 제1종사업장부터 제4종사업장까지에 해당하는 것

⑤ 「폐기물관리법」 제2조제4호에 따른 지정폐기물을 배출하는 것

⑥ 「소음·진동관리법」 제7조에 따른 배출허용기준의 2배 이상인 것

11) 창고시설

12) 위험물저장 및 처리시설 중 주유소, 석유판매소, 액화가스 취급소·판매소, 도료류 판매소, 「대기환경보전법」에 따른 저공해자동차의 연료공급시설, 시내버스차고지에 설치하는 액화석유가스충전소 및 고압가스충전·저장소

13) 자동차관련시설 중 주차장 및 세차장

14) 동물 및 식물관련시설 중 화초 및 분재 등의 온실

15) 교정 및 국방·군사시설

16) 방송통신시설

17) 발전시설

4. 제2종 일반주거지역

(1) 건축할 수 있는 건축물

경관관리 등을 위하여 도시·군계획조례로 건축물의 층수를 제한하는 경우에는 그 층수 이하의 건축물로 한정한다

1) 단독주택

2) 공동주택

3) 제1종 근린생활시설

4) 종교시설

5) 교육연구시설 중 유치원·초등학교·중학교 및 고등학교

6) 노유자시설

(2) 도시·군계획조례가 정하는 바에 따라 건축할 수 있는 건축물

경관관리 등을 위하여 도시·군계획조례로 건축물의 층수를 제한하는 경우에는 그 층수 이하의 건축물로 한정한다

1) 제2종 근린생활시설(단란주점 및 안마시술소를 제외한다)

2) 문화 및 집회시설(관람장을 제외한다)

3) 판매시설 중 소매시장 및 상점에 해당하는 것으로서 당해 용도에 쓰이는 바닥면적의 합계가 2,000㎡ 미만인 것(너비 15미터 이상의 도로로서 도시·군 계획조례가 정하는 너비 이상의 도로에 접한 대지에 건축하는 것에 한한다)과 기존의 도매시장 또는 소매시장을 재건축하는 경우로서 인근의 주거환경에 미치는 영향, 시장의 기능회복 등을 감안하여 도시·군계획 조례가 정하는 경우에는 당해 용도에 쓰이는 바닥면적의 합계의 4배 이하 또는 대지면적의 2배 이하인 것

4) 의료시설(격리병원을 제외한다)

5) 교육연구시설 중 연구소(연구소에 준하는 시험소와 계측계량소를 포함한다)에 해당하지 아니하는 것

6) 수련시설(유스호스텔의 경우 특별시 및 광역시 지역에서는 너비 15m 이상의 도로에 20m 이상 접한 대지에 건축하는 것에 한하며, 그 밖의 지역에서는 너비 12m터 이상의 도로에 접한 대지에 건축하는 것에 한한다)

7) 운동시설

8) 업무시설 중 오피스텔·금융업소·사무소 및 공공업무시설에 해당하는 것으로서 해당용도에 쓰이는 바닥면적의 합계가 3,000㎡ 미만인 것

9) 공장 중 인쇄업, 기록매체복제업, 봉제업(의류편조업을 포함한다), 컴퓨터 및 주변기기제조업, 컴퓨터 관련 전자제품조립업, 두부제조업, 세탁업의 공장 및 지식산업센터로서 다음의 어느 하나에 해당하지 아니하는 것

① 「대기환경보전법」 제2조제9호에 따른 특정대기유해물질을 배출하는 것

② 「대기환경보전법」 제2조제11호에 따른 대기오염물질배출시설에 해당하는 시설로서 동법 시행령 별표 8에 따른 1종사업장 내지 4종사업장에 해당하는 것

③ 「수질 및 수생태계 보전에 관한 법률」 제2조제8호에 따른 특정수질유해물질을 배출하는 것. 다만, 동법 제34조에 따라 폐수무방류배출시설의 설치허가를 받아 운영하는 경우를 제외한다.

④ 「수질 및 수생태계 보전에 관한 법률」 제2조제10호에 따른 폐수배출시설에 해당하는 시설로서 같은 법 시행령 별표 13에 따른 제1종사업장부터 제4종사업장까지에 해당하는 것

⑤ 「폐기물관리법」 제2조제4호에 따른 지정폐기물을 배출하는 것

⑥ 「소음·진동관리법」 제7조에 따른 배출허용기준의 2배 이상인 것

10) 창고시설

11) 위험물저장 및 처리시설 중 주유소, 석유판매소, 액화가스 취급소·판매소, 도료류 판매소, 「대기환경보전법」에 따른 저공해자동차의 연료공급시설, 시내버스차고지에 설치하는 액화석유가스충전소 및 고압가스충전·저장소

12) 자동차관련시설 중 「여객자동차 운수사업법」, 「화물자동차 운수사업법」 및 「건설기계관리법」에 따른 차고 및 주기장과 주차장 및 세차장

13) 동물 및 식물관련시설 중 작물 재배사 및 식물과 관련된 작물 재배사, 종묘 배양시설, 화초 및 분재 등의 온실 등의 시설과 비슷한 것(동·식물원은 제 외한다)

14) 교정 및 국방·군사시설

15) 방송통신시설

16) 발전시설

5. 제3종 일반주거지역

(1) 건축할 수 있는 건축물

1) 단독주택

2) 공동주택

3) 제1종 근린생활시설

4) 종교시설

5) 교육연구시설 중 유치원·초등학교·중학교 및 고등학교

6) 노유자시설

(2) 도시·군계획조례가 정하는 바에 의하여 건축할 수 있는 건축물

1) 제2종 근린생활시설(단란주점 및 안마시술소를 제외한다)

2) 문화 및 집회시설(관람장을 제외한다)

3) 판매시설 중 소매시장과 상점에 해당하는 것으로서 당해 용도에 쓰이는 바닥면적의 합계가 2,000㎡ 미만인 것(너비 15m 이상의 도로로서 도시·군계획조례가 정하는 너비 이상

의 도로에 접한 대지에 건축하는 것에 한한다)과 기존의 도매시장 또는 소매시장을 재건축하는 경우로서 인근의 주거환경에 미치는 영향, 시장의 기능회복 등을 감안하여 도시·군계획조례가 정하는 경우에는 당해 용도에 쓰이는 바닥면적의 합계의 4배 이하 또는 대지면적의 2배 이하인 것

4) 의료시설(격리병원을 제외한다)

5) 교육연구시설 중 연구소(연구소에 준하는 시험소와 계측계량소를 포함한다)에 해당하지 아니하는 것

6) 수련시설(유스호스텔의 경우 특별시 및 광역시 지역에서는 너비 15m 이상의 도로에 20m 이상 접한 대지에 건축하는 것에 한하며, 그 밖의 지역에서는 너비 12m 이상의 도로에 접한 대지에 건축 하는 것에 한한다)

7) 운동시설

8) 업무시설로서 그 용도에 쓰이는 바닥면적의 합계가 3,000㎡ 이하인 것

9) 공장 중 인쇄업, 기록매체복제업, 봉제업(의류편조업을 포함한다), 컴퓨터 및 주변기기제조업, 컴퓨터 관련 전자제품조립업, 두부제조업, 세탁업의 공장 및 지식산업센터로서 다음의 어느 하나에 해당하지 아니하는 것

① 「대기환경보전법」 제2조제9호에 따른 특정대기유해물질을 배출하는 것

② 「대기환경보전법」 제2조제11호에 따른 대기오염물질배출시설에 해당하는 시설로서 동법 시행령 별표 8에 따른 1종사업장 내지 4종사업장에 해당하는 것

③ 「수질 및 수생태계 보전에 관한 법률」 제2조제8호에 따른 특정수질유해물질을 배출하는 것. 다만, 동법 제34조에 따라 폐수무방류배출시설의 설치허가를 받아 운영하는 경우를 제외한다.

④ 「수질 및 수생태계 보전에 관한 법률」 제2조제10호에 따른 폐수배출시설에 해당하는 시설로서 같은 법 시행령 별표 13에 따른 제1종사업장부터 제4종사업장까지에 해당하는 것

⑤ 「폐기물관리법」 제2조제4호에 따른 지정폐기물을 배출하는 것

⑥ 「소음·진동관리법」 제7조에 따른 배출허용기준의 2배 이상인 것

10) 창고시설

11) 위험물저장 및 처리시설 중 주유소, 석유판매소, 액화가스 취급소·판매소, 도료류 판매소, 「대기환경보전법」에 따른 저공해자동차의 연료공급시설, 시내버스차고지에 설치하는

액화석유가스충전소 및 고압가스충전·저장소

12) 자동차관련시설 중 「여객자동차 운수사업법」, 「화물자동차 운수사업법」 및 「건설기계관리법」에 따른 차고 및 주기장과 주차장 및 세차장

13) 동물 및 식물관련시설 중 작물 재배사 및 식물과 관련된 작물 재배사, 종묘 배양시설, 화초 및 분재 등의 온실 등의 시설과 비슷한 것(동·식물원은 제 외한다)에 해당하는 것

14) 교정 및 국방·군사시설

15) 방송통신시설

16) 발전시설

6. 준주거지역

(1) 건축할 수 있는 건축물

1) 단독주택

2) 공동주택

3) 제1종 근린생활시설

4) 제2종 근린생활시설(단란주점 및 안마시술소를 제외한다)

5) 종교시설

6) 의료시설(격리병원을 제외한다)

7) 교육연구시설

8) 노유자시설

9) 수련시설

10) 운동시설

(2) 도시·군계획조례가 정하는 바에 의하여 건축할 수 있는 건축물

1) 제2종 근린생활시설 중 안마시술소

2) 문화 및 집회시설

3) 판매시설

4) 운수시설

5) 업무시설

6) 공장 중 인쇄업, 기록매체복제업, 봉제업(의류편조업을 포함한다), 컴퓨터 및 주변기기제조업, 컴퓨터 관련 전자제품조립업, 두부제조업, 세탁업의 공장 및 지식산업센터로서 다음의 어느 하나에 해당하지 아니하는 것

① 「대기환경보전법」 제2조제9호에 따른 특정대기유해물질을 배출하는 것

② 「대기환경보전법」 제2조제11호에 따른 대기오염물질배출시설에 해당하는 시설로서 동법 시행령 별표 8에 따른 1종사업장 내지 4종사업장에 해당하는 것

③ 「수질 및 수생태계 보전에 관한 법률」 제2조제8호에 따른 특정수질유해물질을 배출하는 것. 다만, 동법 제34조에 따라 폐수무방류배출시설의 설치허가를 받아 운영하는 경우를 제외한다.

④ 「수질 및 수생태계 보전에 관한 법률」 제2조제10호에 따른 폐수배출시설에 해당하는 시설로서 같은 법 시행령 별표 13에 따른 제1종사업장부터 제4종사업장까지에 해당하는 것

⑤ 「폐기물관리법」 제2조제4호에 따른 지정폐기물을 배출하는 것

⑥ 「소음·진동관리법」 제7조에 따른 배출허용기준의 2배 이상인 것

7) 창고시설

8) 위험물저장 및 처리시설(「대기환경보전법」에 따른 저공해자동차의 연료공급시설을 포함하고, 시내버스차고지 외의 지역에 설치하는 액화석유가스충전소 및 고압가스충전·저장소를 제외한다)

9) 자동차관련시설(폐차장을 제외한다)

10) 동물 및 식물관련시설(도축장 및 도계장을 제외한다)

11) 교정 및 국방·군사시설

12) 방송통신시설

13) 발전시설

14) 관광휴게시설 중 야외음악당·야외극장 및 어린이회관

15) 장례식장

7. 중심상업지역

(1) 건축할 수 있는 건축물

1) 제1종근린생활시설

2) 제2종근린생활시설

3) 문화 및 집회시설

4) 종교시설

5) 판매시설

6) 운수시설

7) 업무시설

8) 숙박시설(공원·녹지 또는 지형지물에 따라 주거지역과 차단되지 아니하는 일반숙박시설의 경우에는 주거지역으로부터 도시·군계획조례가 정하는 거리 이내에 있는 대지에 건축하는 것을 제외한다)

9) 위락시설(공원·녹지 또는 지형지물에 따라 주거지역과 차단되지 아니하는 위락시설의 경우에는 주거지역으로부터 도시·군계획조례가 정하는 거리 이내에 있는 대지에 건축하는 것을 제외한다)

10) 국방·군사시설

11) 방송통신시설

12) 발전시설

(2) 도시·군계획조례가 정하는 바에 의하여 건축할 수 있는 건축물

1) 단독주택으로서 다른 용도와 복합된 것

2) 공동주택과 주거용 외의 용도가 복합된 건축물(다수의 건축물이 일체적으로 연결된 하나의 건축물을 포함한다)로서 공동주택 부분의 면적이 연면적의 합계의 90% 미만인 것. 다만, 90% 미만의 범위 안에서 도시·군계획조례가 따로 비율을 정한 경우에는 그 비율 이하인 것에 한한다.

3) 의료시설

4) 교육연구시설

5) 노유자시설

6) 수련시설

7) 운동시설

8) 공장 중 출판업·인쇄업·금은세공업 및 기록매체복제업의 공장으로서 다음의 어느 하나에 해당하지 아니하는 것

① 「대기환경보전법」 제2조제9호에 따른 특정대기유해물질을 배출하는 것

② 「대기환경보전법」 제2조제11호에 따른 대기오염물질배출시설에 해당하는 시설로서 동법 시행령 별표 8에 따른 1종사업장 내지 4종사업장에 해당하는 것

③ 「수질 및 수생태계 보전에 관한 법률」 제2조제8호에 따른 특정수질유해물질을 배출하는 것. 다만, 동법 제34조에 따라 폐수무방류배출시설의 설치허가를 받아 운영하는 경우를 제외한다.

④ 「수질 및 수생태계 보전에 관한 법률」 제2조제10호에 따른 폐수배출시설에 해당하는 시설로서 같은 법 시행령 별표 13에 따른 제1종사업장부터 제4종사업장까지에 해당하는 것

⑤ 「폐기물관리법」 제2조제4호에 따른 지정폐기물을 배출하는 것

⑥ 「소음·진동관리법」 제7조에 따른 배출허용기준의 2배 이상인 것

9) 창고시설

10) 위험물저장 및 처리시설(「대기환경보전법」에 따른 저공해자동차의 연료 공급시설을 포함하고, 시내버스차고지 외의 지역에 설치하는 액화석유가스 충전소 및 고압가스충전·저장소를 제외한다)

11) 자동차관련시설(폐차장을 제외한다)

12) 교정 및 국방·군사시설(국방·군사시설은 제외한다)

13) 장례식장

8. 일반상업지역

(1) 건축할 수 있는 건축물

1) 공동주택과 주거용 외의 용도가 복합된 건축물(다수의 건축물이 일체적으로 연결된 하나의 건축물을 포함한다)로서 공동주택 부분의 면적이 연면적의 합계의 90% 미만인 것. 다

만 90% 미만의 범위 안에서 도시·군계획조례가 따로 비율을 정한 후에는 그 비율 이하인 것에 한한다.

2) 제1종근린생활시설

3) 제2종근린생활시설

4) 문화 및 집회시설

5) 종교시설

6) 판매시설

7) 운수시설

8) 의료시설

9) 업무시설

10) 숙박시설(공원·녹지 또는 지형지물에 따라 주거지역과 차단되지 아니하는 일반숙박시설의 경우에는 주거지역으로부터 도시·군계획조례가 정하는 거리 이내에 있는 대지에 건축하는 것을 제외한다)

11) 위락시설(공원·녹지 또는 지형지물에 따라 주거지역과 차단되지 아니하는 위락시설의 경우에는 주거지역으로부터 도시·군계획조례가 정하는 거리 이내에 있는 대지에 건축하는 것을 제외한다)

12) 창고시설

13) 국방·군사시설

14) 방송통신시설

15) 발전시설

16) 장례식장

(2) 도시·군계획조례가 정하는 바에 의하여 건축할 수 있는 건축물

1) 단독주택

2) 공동주택으로서 아파트에 해당하지 아니하는 것

3) 교육연구시설

4) 노유자시설

5) 수련시설

6) 운동시설

7) 공장으로서 다음의 어느 하나에 해당하지 아니하는 것

① 「대기환경보전법」 제2조제9호에 따른 특정대기유해물질을 배출하는 것

② 「대기환경보전법」 제2조제11호에 따른 대기오염물질배출시설에 해당하는 시설로서 동법 시행령 별표 8에 따른 1종사업장 내지 4종사업장에 해당하는 것

③ 「수질 및 수생태계 보전에 관한 법률」 제2조제8호에 따른 특정수질유해물질을 배출하는 것. 다만, 동법 제34조에 따라 폐수무방류배출시설의 설치허가를 받아 운영하는 경우를 제외한다.

④ 「수질 및 수생태계 보전에 관한 법률」 제2조제10호에 따른 폐수배출시설에 해당하는 시설로서 같은 법 시행령 별표 13에 따른 제1종사업장부터 제4종사업장까지에 해당하는 것

⑤ 「폐기물관리법」 제2조제4호에 따른 지정폐기물을 배출하는 것

⑥ 「소음·진동관리법」 제7조에 따른 배출허용기준의 2배 이상인 것

8) 위험물저장 및 처리시설(「대기환경보전법」에 따른 저공해자동차의 연료공급시설을 포함하고, 시내버스차고지 외의 지역에 설치하는 액화석유가스충 전소 및 고압가스충전·저장소를 제외한다)

9) 자동차관련시설(폐차장을 제외한다)

10) 동물 및 식물관련시설 중 작물 재배사 및 작물 재배사, 종묘배양시설, 화초 및 분재 등의 온실과 비슷한 것(동·식물원은 제외한다)

11) 교정 및 국방·군사시설(국방·군사시설은 제외한다)

12) 관광휴게시설

9. 근린상업지역

(1) 건축할 수 있는 건축물

1) 단독주택

2) 공동주택과 주거용 외의 용도가 복합된 건축물(다수의 건축물이 일체적으로 연결된 하나의 건축물을 포함한다)로서 공동주택 부분의 면적이 연면적의 합계의 90% 미만인 것. 다

만, 90% 미만의 범위 안에서 도시·군계획조례가 따로 비율을 정한 경우에는 그 비율 이하인 것에 한한다.

3) 제1종근린생활시설

4) 제2종근린생활시설

5) 종교시설

6) 판매시설로서 그 용도에 쓰이는 바닥면적의 합계가 3,000㎡ 미만인 것

7) 운수시설로서 그 용도에 쓰이는 바닥면적의 합계가 3,000㎡ 미만인 것

8) 의료시설(격리병원을 제외한다)

9) 교육연구시설

10) 노유자시설

11) 수련시설

12) 운동시설

13) 숙박시설(공원·녹지 또는 지형지물에 따라 주거지역과 차단되지 아니하는 일반숙박시설의 경우에는 주거지역으로부터 도시·군계획조례가 정하는 거리 이내에 있는 대지에 건축하는 것을 제외한다)

14) 장례식장

(2) 도시·군계획조례가 정하는 바에 의하여 건축할 수 있는 건축물

1) 공동주택으로서 연립주택에 해당하지 아니하는 것

2) 문화 및 집회시설

3) 판매시설로서 그 용도에 쓰이는 바닥면적의 합계가 3,000㎡ 미만인 것

4) 운수시설로서 그 용도에 쓰이는 바닥면적의 합계가 3,000㎡ 미만인 것

5) 업무시설

6) 위락시설(공원·녹지 또는 지형지물에 따라 주거지역과 차단되지 아니하는 위락시설의 경우에는 주거지역으로부터 도시·군계획조례가 정하는 거리 이내에 있는 대지에 건축하는 것을 제외한다)

7) 공장으로서 다음의 어느 하나에 해당하지 아니하는 것

① 「대기환경보전법」 제2조제9호에 따른 특정대기유해물질을 배출하는 것

② 「대기환경보전법」 제2조제11호에 따른 대기오염물질배출시설에 해당하는 시설로서 동법 시행령 별표 8에 따른 1종사업장 내지 4종사업장에 해당하는 것

③ 「수질 및 수생태계 보전에 관한 법률」 제2조제8호에 따른 특정수질유해물질을 배출하는 것. 다만, 동법 제34조에 따라 폐수무방류배출시설의 설치허가를 받아 운영하는 경우를 제외한다.

④ 「수질 및 수생태계 보전에 관한 법률」 제2조제10호에 따른 폐수배출시설에 해당하는 시설로서 같은 법 시행령 별표 13에 따른 제1종사업장부터 제4종사업장까지에 해당하는 것

⑤ 「폐기물관리법」 제2조제4호에 따른 지정폐기물을 배출하는 것

⑥ 「소음·진동관리법」 제7조에 따른 배출허용기준의 2배 이상인 것

8) 창고시설

9) 위험물저장 및 처리시설(「대기환경보전법」에 따른 저공해자동차의 연료공급시설을 포함하고, 시내버스차고지 외의 지역에 설치하는 액화석유가스충 전소 및 고압가스충전·저장소를 제외한다)

10) 자동차관련시설 중 「여객자동차 운수사업법」, 「화물자동차 운수사업법」 및 「건설기계관리법」에 따른 차고 및 주기장과 주차장·세차장

11) 동물 및 식물관련시설 중 작물 재배사 및 작물 재배사, 종묘배양시설, 화초 및 분재 등의 온실과 비슷한 것(동·식물원은 제외한다)

12) 교정 및 국방·군사시설

13) 방송통신시설

14) 발전시설

10. 유통상업지역

(1) 건축할 수 있는 건축물

1) 제1종 근린생활시설

2) 판매시설

3) 운수시설

4) 창고시설

(2) 도시·군계획조례가 정하는 바에 의하여 건축할 수 있는 건축물

1) 제2종 근린생활시설

2) 문화 및 집회시설

3) 종교시설

4) 교육연구시설

5) 노유자시설

6) 수련시설

7) 운동시설

8) 업무시설

9) 숙박시설(공원·녹지 또는 지형지물에 따라 주거지역과 차단되지 아니하는 일반숙박시설의 경우에는 주거지역으로부터 도시·군계획조례가 정하는 거리 이내에 있는 대지에 건축하는 것을 제외한다)

10) 위락시설(공원·녹지 또는 지형지물에 따라 주거지역과 차단되지 아니하는 위락시설의 경우에는 주거지역으로부터 도시·군계획조례가 정하는 거리 이내에 있는 대지에 건축하는 것을 제외한다)

11) 위험물저장 및 처리시설(「대기환경보전법」에 따른 저공해자동차의 연료 공급시설을 포함하고, 시내버스차고지 외의 지역에 설치하는 액화석유가스 충전소 및 고압가스충전·저장소를 제외한다)

12) 자동차관련시설

13) 교정 및 국방·군사시설

14) 방송통신시설

15) 발전시설

16) 장례식장

11. 전용공업지역

(1) 건축할 수 있는 건축물

1) 제1종 근린생활시설
2) 제2종 근린생활시설(일반음식점·기원, 휴게음식점 또는 제과점으로서 제1종 근린생활시설에 해당하지 아니하는 것, 단란주점으로서 같은 건축물에 해당 용도로 쓰는 바닥면적의 합계가 150㎡ 미만인 것, 안마시술소·노래연습장 등은 제외한다)
3) 공장
4) 창고시설
5) 위험물저장 및 처리시설
6) 자동차관련시설
7) 분뇨 및 쓰레기처리시설
8) 발전시설

(2) 도시·군계획조례가 정하는 바에 의하여 건축할 수 있는 건축물

1) 공동주택 중 기숙사
2) 제2종 근린생활시설 중 일반음식점·기원, 휴게음식점 또는 제과점으로서 제 1종 근린생활시설에 해당하지 아니하는 것, 안마시술소 및 노래연습장에 해당하는 것
3) 문화 및 집회시설 중 산업전시장 및 박람회장
4) 판매시설(해당전용공업지역에 소재하는 공장에서 생산되는 제품을 판매하는 경우에 한한다)
5) 운수시설
6) 의료시설
7) 교육연구시설 중 직업훈련소(「근로자직업능력 개발법」 제2조제3호에 따른 직업능력개발훈련시설과 그 밖에 동법 제32조에 따른 직업능력개발훈련법인이 직업능력개발훈련을 실시하기 위하여 설치한 시설에 한한다)·학원(기술계 학원에 한한다) 및 연구소(공업에 관련된 연구소, 「고등교육법」에 따른 기술대학에 부설되는 것과 공장대지 안에 부설되는 것에 한한다)
8) 노유자시설
9) 교정 및 국방·군사시설
10) 방송통신시설

12. 일반공업지역

(1) 건축할 수 있는 건축물

1) 제1종 근린생활시설

2) 제2종 근린생활시설(단란주점 및 안마시술소를 제외한다)

3) 판매시설(해당 일반공업지역에 소재하는 공장에서 생산되는 제품을 판매하는 시설에 한한다)

4) 운수시설

5) 공장

6) 창고시설

7) 위험물저장 및 처리시설

8) 자동차관련시설

9) 분뇨 및 쓰레기처리시설

10) 발전시설

(2) 도시·군계획조례가 정하는 바에 의하여 건축할 수 있는 건축물

1) 단독주택

2) 공동주택 중 기숙사

3) 제2종 근린생활시설 중 안마시술소

4) 문화 및 집회시설 중 전시장(박물관, 미술관, 과학관, 문화관, 체험관, 기념관, 산업전시장, 박람회장, 그 밖에 이와 비슷한 것을 말한다)

5) 종교시설

6) 의료시설

7) 교육연구시설

8) 노유자시설

9) 수련시설

10) 업무시설(일반업무시설로서 「산업집적활성화 및 공장설립에 관한 법률」 제2조제13호에

따른 지식산업센터에 입주하는 지원시설에 한정한다)

11) 동물 및 식물관련시설

12) 교정 및 국방·군사시설

13) 방송통신시설

14) 장례식장

13. 준공업지역

(1) 건축할 수 있는 건축물

1) 공동주택 중 기숙사

2) 제1종 근린생활시설

3) 제2종 근린생활시설(단란주점 및 안마시술소를 제외한다)

4) 판매시설(해당 준공업지역에 소재하는 공장에서 생산되는 제품을 판매하는 시설에 한한다)

5) 운수시설

6) 의료시설

7) 교육연구시설

8) 노유자시설. 다만, 「주택법」 제16조에 따른 사업계획승인의 대상이 되는 노인복지주택을 제외한다.

9) 수련시설

10) 공장으로서 해당용도에 쓰이는 바닥면적의 합계가 5,000㎡ 미만인 것

11) 창고시설

12) 위험물저장 및 처리시설

13) 자동차관련시설

14) 분뇨 및 쓰레기처리시설

15) 발전시설

16) 장례식장

(2) 도시·군계획조례가 정하는 바에 의하여 건축할 수 있는 건축물

1) 단독주택

2) 공동주택(기숙사를 제외한다)

3) 제2종 근린생활시설 중 안마시술소

4) 문화 및 집회시설

5) 종교시설

6) 「건축법 시행령」 별표 1 제7호의 판매시설로서 제1호 라목에 해당하지 아니하는 것

7) 노유자시설 중 「주택법」 제16조에 따른 사업계획승인의 대상이 되는 노인 복지주택

8) 운동시설

9) 업무시설

10) 숙박시설

11) 공장으로서 해당용도에 쓰이는 바닥면적의 합계가 5,000㎡ 이상인 것

12) 동물 및 식물관련시설

13) 교정 및 국방·군사시설

14) 방송통신시설

14. 자연녹지지역

(1) 건축할 수 있는 건축물

4층 이하의 건축물에 한한다. 다만, 4층 이하의 범위안에서 도시·군계획조례로 따로 층수를 정하는 경우에는 그 층수 이하의 건축물에 한한다

1) 단독주택

2) 제1종 근린생활시설

3) 제2종 근린생활시설(휴게음식점 또는 제과점으로서 제1종 근린생활시설에 해당하지 아니하는 것과 일반음식점·단란주점 및 안마시술소를 제외한다)

4) 의료시설(종합병원·병원·치과병원 및 한방병원을 제외한다)

5) 교육연구시설(직업훈련소 및 학원을 제외한다)

6) 노유자시설

7) 수련시설

8) 운동시설

9) 창고(농업·임업·축산업·수산업용만 해당한다)

10) 동물 및 식물관련시설

11) 분뇨 및 쓰레기처리시설

12) 교정 및 국방·군사시설

13) 방송통신시설

14) 발전시설

15) 묘지관련시설

16) 관광휴게시설

17) 장례식장

(2) 도시·군계획조례가 정하는 바에 의하여 건축할 수 있는 건축물

4층 이하의 건축물에 한한다. 다만, 4층 이하의 범위 안에서 도시·군계획조례로 따로 층수를 정하는 경우에는 그 층수 이하의 건축물에 한한다

1) 공동주택(아파트를 제외한다)

2) 제2종 근린생활시설 중 휴게음식점 또는 제과점으로서 제1종 근린생활시설에 해당하지 아니하는 것과 일반음식점 및 안마시술소

3) 문화 및 집회시설

4) 종교시설

5) 판매시설 중 다음의 어느 하나에 해당하는 것

① 「농수산물유통 및 가격안정에 관한 법률」 제2조에 따른 농수산물공판장

② 「농수산물유통 및 가격안정에 관한 법률」 제68조제2항에 따른 농수산물 직판장으로서 해당용도에 쓰이는 바닥면적의 합계가 10,000㎡미만인 것(「농어업·농어촌 및 식품산업 기본법」 제3조제2호 및 제4호에 따른 농업인·어업인 및 생산자단체, 같은 법 제25조에 따른 후계농어업경영인, 같은 법 제26조에 따른 전업농어업인 또는 지방자치단체가 설치·운영 하는 것에 한한다)

③ 지식경제부장관이 관계중앙행정기관의 장과 협의하여 고시하는 대형할인점 및 중소기업공동판매시설

6) 운수시설

7) 의료시설 중 종합병원·병원·치과병원 및 한방병원

8) 교육연구시설 중 직업훈련소 및 학원

9) 숙박시설로서 「관광진흥법」에 따라 지정된 관광지 및 관광단지에 건축하는 것

10) 공장 중 다음의 어느 하나에 해당하는 것

① 첨단업종의 공장, 지식산업센터, 도정공장 및 식품공장(「농어업·농어촌 및 식품산업 기본법」 제3조제6호에 따른 농수산물을 직접 가공하여 음식물을 생산하는 것으로 한정한다)과 읍·면지역에 건축하는 제재업의 공장으로서 다음에 해당하지 않는 것

㉠ 「대기환경보전법」 제2조제9호에 따른 특정대기유해물질을 배출하는 것

㉡ 「대기환경보전법」 제2조제11호에 따른 대기오염물질배출시설에 해당 하는 시설로서 같은 법 시행령 별표 1에 따른 1종사업장 내지 3종사업장에 해당하는 것

㉢ 「수질 및 수생태계 보전에 관한 법률」 제2조제8호에 따른 특정수질유해물질을 배출하는 것. 다만, 동법 제34조에 따라 폐수무방류배출시설의 설치허가를 받아 운영하는 경우를 제외한다.

㉣ 「수질 및 수생태계 보전에 관한 법률」 제2조제10호에 따른 폐수배출시설에 해당하는 시설로서 같은 법 시행령 별표 13에 따른 제1종사업장부터 제4종사업장까지 해당하는 것

㉤ 「폐기물관리법」 제2조제4호에 따른 지정폐기물을 배출하는 것

② 「공익사업을 위한 토지 등의 취득 및 보상에 관한 법률」에 따른 공익사업 및 「도시개발법」에 따른 도시개발사업으로 해당 특별시·광역시·시 및 군 지역으로 이전하는 레미콘 또는 아스콘공장

11) 창고(농업·임업·축산업·수산업용으로 쓰는 것은 제외한다) 및 같은 호 라목의 집배송시설

12) 위험물저장 및 처리시설

13) 자동차관련시설

15. 생산녹지지역

(1) 건축할 수 있는 건축물

4층 이하의 건축물에 한한다. 다만, 4층 이하의 범위안에서 도시·군계획조례로 따로 층수를 정하는 경우에는 그 층수 이하의 건축물에 한한다

1) 단독주택

2) 제1종 근린생활시설

3) 교육연구시설 중 유치원·초등학교

4) 노유자시설

5) 수련시설

6) 운동시설 중 운동장

7) 창고(농업·임업·축산업·수산업용만 해당한다)

8) 위험물저장 및 처리시설 중 액화석유가스충전소 및 고압가스충전·저장소

9) 동물 및 식물관련시설(도축장 및 도계장은 제외한다)

10) 교정 및 국방·군사시설

11) 방송통신시설

12) 발전시설

(2) 도시·군계획조례가 정하는 바에 의하여 건축할 수 있는 건축물

4층 이하의 건축물에 한한다. 다만, 4층 이하의 범위안에서 도시·군계획조례로 따로 층수를 정하는 경우에는 그 층수 이하의 건축물에 한한다

1) 공동주택(아파트를 제외한다)

2) 제2종 근린생활시설로서 해당용도에 쓰이는 바닥면적의 합계가 1,000㎡ 미만인 것(단란주점을 제외한다)

3) 문화 및 집회시설 중 집회장 및 전시장에 해당하는 것

4) 판매시설(농업·임업·축산업·수산업용에 한한다)

5) 의료시설

6) 교육연구시설 중 중학교·고등학교·교육원(농업·임업·축산업·수산업과 관련된 교육시설에 한한다) 및 직업훈련소

7) 운동시설(운동장을 제외한다)

8) 공장 중 도정공장·식품공장(「농어업·농어촌 및 식품산업 기본법」 제3조제 6호에 따른 농수산물을 직접 가공하여 음식물을 생산하는 것으로 한정한다)·제1차산업생산품 가공공장 및 「산업집적활성화 및 공장설립에 관한 법률 시행령」 별표 1 제2호마목의 첨단업종의 공장(이하 "첨단업종의 공장" 이라 한다)으로서 다음의 어느 하나에 해당하지 아니하는 것

① 「대기환경보전법」 제2조제9호에 따른 특정대기유해물질을 배출하는 것

② 「대기환경보전법」 제2조제11호에 따른 대기오염물질배출시설에 해당하는 시설로서 같은 법 시행령 별표 1에 따른 1종사업장 내지 3종사업장에 해당하는 것

③ 「수질 및 수생태계 보전에 관한 법률」 제2조제8호에 따른 특정수질유해 물질을 배출하는 것. 다만, 동법 제34조에 따라 폐수무방류배출시설의 설치허가를 받아 운영하는 경우를 제외한다.

④ 「수질 및 수생태계 보전에 관한 법률」 제2조제10호에 따른 폐수배출시설에 해당하는 시설로서 같은 법 시행령 별표 13에 따른 제1종사업장부터 제4종사업장까지 해당하는 것

⑤ 「폐기물관리법」 제2조제4호에 따른 지정폐기물을 배출하는 것

9) 창고(농업·임업·축산업·수산업용으로 쓰는 것은 제외한다)

10) 위험물저장 및 처리시설(액화석유가스충전소 및 고압가스충전·저장소를 제외한다)

11) 자동차관련시설 중 운전학원 및 정비학원(운전 및 정비 관련 직업훈련시설을 포함한다), 「여객자동차 운수사업법」, 「화물자동차 운수사업법」 및 「건설기계관리법」에 따른 차고 및 주기장

12) 동물 및 식물관련시설 중 도축장, 도계장

13) 분뇨 및 쓰레기처리시설

14) 묘지관련시설

15) 장례식장

16. 보전녹지지역

(1) 건축할 수 있는 건축물

4층 이하의 건축물에 한한다. 다만, 4층 이하의 범위안에서 도시·군계획조례로 따로 층수를 정하는 경우에는 그 층수 이하의 건축물에 한한다

1) 교육연구시설 중 초등학교

2) 창고(농업·임업·축산업·수산업용만 해당한다)

3) 교정 및 국방·군사시설

(2) 도시·군계획조례가 정하는 바에 의하여 건축할 수 있는 건축물

4층 이하의 건축물에 한한다. 다만, 4층 이하의 범위안에서 도시·군계획조례로 따로 층수를 정하는 경우에는 그 층수 이하의 건축물에 한한다)

1) 단독주택(다가구주택을 제외한다)

2) 제1종 근린생활시설로서 해당용도에 쓰이는 바닥면적의 합계가 500㎡ 미만인 것

3) 제2종 근린생활시설 중 종교집회장

4) 문화 및 집회시설 중 전시장에 해당하는 것

5) 종교시설

6) 의료시설

7) 교육연구시설 중 유치원·중학교·고등학교

8) 노유자시설

9) 위험물저장 및 처리시설 중 액화석유가스충전소 및 고압가스충전·저장소

10) 동물 및 식물관련시설(도축장 및 도계장 제외)

11) 묘지관련시설

12) 장례식장

17. 계획관리지역

(1) 건축할 수 있는 건축물

4층 이하의 건축물에 한한다. 다만, 4층 이하의 범위안에서 도시·군계획조례로 따로 층수를 정하는 경우에는 그 층수 이하의 건축물에 한한다)

1) 단독주택

2) 제1종 근린생활시설(휴게음식점 및 제과점을 제외한다)

3) 제2종 근린생활시설(휴게음식점 또는 제과점으로서 제1종 근린생활시설에 해당하지 아니하는 것, 제조업소, 수리점, 세탁소, 그 밖에 이와 비슷한 것으로서 같은 건축물에 해당 용도로 쓰는 바닥면적의 합계가 500㎡ 미만인 것으로 일정요건을 갖춘 것과 일반음식·단란주점 및 안마시술소를 제외한다)

4) 의료시설(종합병원·병원·치과병원·한방병원을 제외한다)

5) 교육연구시설 중 학교(유치원, 초등학교, 중학교, 고등학교, 전문대학, 대학, 대학교, 그 밖에 이에 준하는 각종 학교를 말한다), 교육원(연수원, 그 밖에 이와 비슷한 것을 포함한다), 도서관

6) 노유자시설

7) 수련시설

8) 운동시설 중 운동장

9) 공장 중 일정한 요건을 갖춘 경우

10) 창고(농업·임업·축산업·수산업용만 해당한다)

11) 동물 및 식물관련시설

12) 분뇨 및 쓰레기처리시설

13) 교정 및 국방·군사시설

14) 방송통신시설

15) 발전시설

16) 묘지관련시설

17) 장례식장

(2) 도시·군계획조례가 정하는 바에 의하여 건축할 수 있는 건축물

4층 이하의 건축물에 한하되, 4층 이하의 범위안에서 도시·군계획조례로 따로 층수를 정하는 경우에는 그 층수 이하의 건축물에 한하며, 휴게음식점·제과점·일반음식점 및 숙박시설은

국토해양부령이 정하는 기준에 해당하는 지역의 범위안에서 도시·군계획조례가 정하는 지역에 설치하는 것에 한한다

1) 공동주택(아파트를 제외한다)

2) 제1종 근린생활시설 중 휴게음식점 및 제과점

3) 제2종 근린생활시설 중 휴게음식점 또는 제과점으로서 제1종 근린생활시설에 해당하지 아니하는 것과 제조업소, 수리점, 세탁소, 그 밖에 이와 비슷한 것으로서 같은 건축물에 해당 용도로 쓰는 바닥면적의 합계가 500㎡ 미만이면서 일정 요건을 갖춘 경우와 일반음식점 및 안마시술소

4) 문화 및 집회시설

5) 종교시설

6) 운수시설

7) 의료시설 중 종합병원·병원·치과병원 및 한방병원

8) 교육연구시설 중 직업훈련소와 연구소

9) 운동시설(운동장을 제외한다)

10) 숙박시설(해당용도에 쓰이는 바닥면적의 합계가 660㎡ 이하 이고 3층 이하로 건축하는 것에 한한다)

11) 「수도권정비계획법」 제6조제1항제3호에 따른 자연보전권역 및 「환경정책기본법」 제22조에 따른 특별대책지역에 설치되는 공장 중 부지면적(2 이상의 공장을 함께 건축하거나 기존 공장부지에 접하여 건축하는 경우와 2 이상의 부지가 너비 8m 미만의 도로에 서로 접하는 경우에는 그 면적의 합계를 말한다)이 10,000㎡ 이상인 것과 광역시장·특별자치시장·특별자치도지사·광역시장·시장 또는 군수가 15,000㎡ 이상의 면적을 정하여 공장의 건축이 가능한 지역으로 고시한 지역 안에 입지하는 것으로서 일정 요건을 갖춘 경우

12) 「공익사업을 위한 토지 등의 취득 및 보상에 관한 법률」에 따른 공익사업 및 「도시개발법」에 따른 도시개발사업으로 해당 특별시·광역시·시 또는 군의 관할구역으로 이전하는 레미콘 또는 아스콘 공장

13) 창고시설(창고 중 농업·임업·축산업·수산업용으로 쓰는 것은 제외한다)

14) 위험물저장 및 처리시설

15) 자동차관련시설

16) 관광휴게시설

18. 생산관리지역

(1) 건축할 수 있는 건축물

4층 이하의 건축물에 한한다. 다만, 4층 이하의 범위안에서 도시·군계획조례로 따로 층수를 정하는 경우에는 그 층수 이하의 건축물에 한한다

1) 단독주택
2) 제1종 근린생활시설 중 수퍼마켓과 일용품 등의 소매점으로서 같은 건축물(하나의 대지에 두 동 이상의 건축물이 있는 경우에는 이를 같은 건축물로 본다. 이하 같다)에 해당 용도로 쓰는 바닥면적의 합계가 1,000㎡ 미만인 것과 변전소, 양수장, 정수장, 대피소, 공중화장실, 그 밖에 이와 비슷한 것, 「도시가스사업법」 제2조제5호에 따른 가스배관시설
3) 교육연구시설 중 초등학교
4) 운동시설 중 운동장
5) 창고(농업·임업·축산업·수산업용만 해당한다)
6) 동물 및 식물관련시설 중 작물 재배사, 종묘배양시설, 화초 및 분재 등의 온실
7) 교정 및 국방·군사시설
8) 발전시설

(2) 도시·군계획조례가 정하는 바에 의하여 건축할 수 있는 건축물

4층 이하의 건축물에 한한다. 다만, 4층 이하의 범위안에서 도시·군계획조례로 따로 층수를 정하는 경우에는 그 층수 이하의 건축물에 한한다

1) 공동주택(아파트를 제외한다)
2) 제1종 근린생활시설(수퍼마켓과 일용품 등의 소매점으로서 같은 건축물에 해당 용도로 쓰는 바닥면적의 합계가 1,000㎡ 미만인 것과 휴게음식점 또는 제과점으로서 같은 건축물에 해당 용도로 쓰는 바닥면적의 합계가 300㎡ 미만인 것과 변전소, 양수장, 정수장, 대피소, 공중화장실, 그 밖에 이와 비슷한 것에 해당하는 것을 제외한다)
3) 제2종 근린생활시설(휴게음식점 또는 제과점으로서 제1종 근린생활시설에 해당하지 아니

하는 것, 제조업소, 수리점, 세탁소, 그 밖에 이와 비슷한 것으로서 같은 건축물에 해당 용도로 쓰는 바닥면적의 합계가 500㎡ 미만이면서 일정 요건을 갖춘 시설과 일반음식점 및 단란주점을 제외한다)

4) 판매시설(농업·임업·축산업·수산업용에 한한다)

5) 의료시설

6) 교육연구시설 중 유치원·중학교·고등학교 및 교육원(농업·임업·축산업·수산업과 관련된 교육시설에 한한다)

7) 노유자시설

8) 수련시설

9) 공장 중 도정공장 및 식품공장(「농어업·농어촌 및 식품산업 기본법」 제3조 제6호에 따른 농수산물을 직접 가공하여 음식물을 생산하는 것으로 한정 한다)과 읍·면지역에 건축하는 제재업의 공장으로서 일정요건을 갖춘 경우

10) 위험물저장 및 처리시설

11) 자동차관련시설 중 운전학원 및 정비학원(운전 및 정비 관련 직업훈련시설을 포함한다), 「여객자동차 운수사업법」, 「화물자동차 운수사업법」 및 「건설기계관리법」에 따른 차고 및 주기장

12) 동물 및 식물관련시설 중 축사, 가축시설, 도축장, 도계장

13) 분뇨 및 쓰레기처리시설

14) 방송통신시설

15) 묘지관련시설

16) 장례식장

19. 보전관리지역

(1) 건축할 수 있는 건축물

4층 이하의 건축물에 한한다. 다만, 4층 이하의 범위 안에서 도시·군계획조례로 따로 층수를 정하는 경우에는 그 층수 이하의 건축물에 한한다)

1) 단독주택

2) 교육연구시설 중 초등학교

3) 교정 및 국방·군사시설

(2) 도시·군계획조례가 정하는 바에 의하여 건축할 수 있는 건축물

4층 이하의 건축물에 한한다. 다만, 4층 이하의 범위 안에서 도시·군계획조례로 따로 층수를 정하는 경우에는 그 층수 이하의 건축물에 한한다

1) 제1종 근린생활시설(휴게음식점 및 제과점을 제외한다)

2) 제2종 근린생활시설(휴게음식점 또는 제과점으로서 제1종 근린생활시설에 해당하지 아니하는 것과 제조업소, 수리점, 세탁소, 그 밖에 이와 비슷한 것으로서 같은 건축물에 해당 용도로 쓰는 바닥면적의 합계가 500㎡ 미만이면서, 일정 요건을 갖춘 경우와 일반음식점 및 단란주점을 제외한다)

3) 종교시설 중 종교집회장

4) 의료시설

5) 교육연구시설 중 유치원·중학교·고등학교

6) 노유자시설

7) 창고(농업·임업·축산업·수산업용만 해당한다)

8) 위험물저장 및 처리시설

9) 동물 및 식물관련시설 중 축사, 작물 재배사, 종묘배양시설, 화초 및 분재 등의 온실에 해당하는 것

10) 방송통신시설

11) 발전시설

12) 묘지관련시설

13) 장례식장

20. 농림지역

(1) 건축할 수 있는 건축물

1) 단독주택으로서 현저한 자연훼손을 가져오지 아니하는 범위 안에서 건축하는 농어가주택
2) 제1종 근린생활시설 중 변전소, 양수장, 정수장, 대피소, 공중화장실, 그 밖에 이와 비슷한 것과 「도시가스사업법」 제2조제5호에 따른 가스배관시설에 해당하는 것
3) 교육연구시설 중 초등학교
4) 창고(농업·임업·축산업·수산업용만 해당한다)
5) 동물 및 식물관련시설 중 작물 재배사, 종묘배양시설, 화초 및 분재 등의 온실
6) 발전시설

(2) 도시·군계획조례가 정하는 바에 의하여 건축할 수 있는 건축물

1) 제1종 근린생활시설(휴게음식점 또는 제과점으로서 같은 건축물에 해당 용도로 쓰는 바닥면적의 합계가 300㎡ 미만인 것과 변전소, 양수장, 정수장, 대피소, 공중화장실, 그 밖에 이와 비슷한 것과 「도시가스사업법」 제2조제 5호에 따른 가스배관시설에 해당하는 것을 제외한다)
2) 제2종 근린생활시설(휴게음식점 또는 제과점으로서 제1종 근린생활시설에 해당하지 아니하는 것과 제조업소, 수리점, 세탁소, 그 밖에 이와 비슷한 것으로서 같은 건축물에 해당 용도로 쓰는 바닥면적의 합계가 500㎡ 미만으로 일정 요건에 해당하는 것과 일반음식점·단란주점 및 안마시술소를 제외)
3) 문화 및 집회시설 중 동·식물원
4) 종교시설
5) 의료시설
6) 수련시설
7) 위험물저장 및 처리시설 중 액화석유가스충전소 및 고압가스충전·저장소
8) 동물 및 식물관련시설(작물 재배사, 종묘배양시설, 화초 및 분재 등의 온실을 제외한다)
9) 분뇨 및 쓰레기처리시설
10) 교정 및 국방·군사시설
11) 방송통신시설
12) 묘지관련시설
13) 장례식장

21. 자연환경보전지역

(1) 건축할 수 있는 건축물

1) 단독주택으로서 현저한 자연훼손을 가져오지 아니하는 범위 안에서 건축하는 농어가주택
2) 교육연구시설 중 초등학교

(2) 도시·군계획조례가 정하는 바에 의하여 건축할 수 있는 건축물

수질오염 및 경관 훼손의 우려가 없다고 인정하여 도시·군계획조례가 정하는 지역내에서 건축하는 것에 한한다

1) 제1종 근린생활시설 수퍼마켓과 일용품(식품·잡화·의류·완구·서적·건축자재·의약품·의료기기 등) 등의 소매점으로서 같은 건축물(하나의 대지에 두 동 이상의 건축물이 있는 경우에는 이를 같은 건축물로 본다. 이하 같다)에 해당 용도로 쓰는 바닥면적의 합계가 1,000㎡ 미만인 것과 지역자치센터, 파출소, 지구대, 소방서, 우체국, 방송국, 보건소, 공공도서관, 지역건강보험조합, 그 밖에 이와 비슷한 것으로서 같은 건축물에 해당 용도로 쓰는 바닥면적의 합계가 1,000㎡ 미만인 것과, 마을회관, 마을공동작업소, 마을공동구판장, 그 밖에 이와 비슷한 것과, 변전소, 양수장, 정수장, 대피소, 공중화장실, 그 밖에 이와 비슷한 것과 「도시가스사업법」 제2조제5호에 따른 가스배관시설에 해당하는 것
2) 제2종 근린생활시설 중 종교집회장으로서 지목이 종교용지인 토지에 건축하는 것
3) 종교시설로서 지목이 종교용지인 토지에 건축하는 것
4) 동물 및 식물관련시설 중 작물 재배사, 종묘배양시설, 화초 및 분재 등의 온실과 양어시설(양식장을 포함한다)
5) 국방·군사시설 중 관할 시장·군수 또는 구청장이 입지의 불가피성을 인정한 범위에서 건축하는 시설
6) 발전시설
7) 묘지관련시설

제3절 용도지구 안에서의 건축제한

1. 경관지구 안에서의 건축제한(도시계획조례)

경관지구안에서는 그 지구의 경관의 보호·형성에 장애가 된다고 인정하여 도시·군계획조례가 정하는 건축물을 건축할 수 없다.

다만, 특별시장·광역시장·특별자치시장·특별자치도지사·시장 또는 군수가 지구의 지정목적에 위배되지 아니하는 범위 안에서 도시·군계획조례가 정하는 기준에 적합하다고 인정하여 당해 지방자치단체에 설치된 도시계획위원회의 심의를 거친 경우에는 그러하지 아니하다.

경관지구안에서의 건축물의 건폐율·용적률·높이·최대너비·색채 및 대지안 조경 등에 관하여는 그 지구의 경관의 보호·형성에 필요한 범위안에서 도시·군계획조례로 정한다.

2. 미관지구 안에서의 건축제한(도시계획조례)

미관지구안에서는 그 지구의 위치·환경 그 밖의 특성에 따른 미관의 유지에 장애가 된다고 인정하여 도시·군계획조례가 정하는 건축물을 건축할 수 없다.

다만, 특별시장·광역시장·특별자치시장·특별자치도지사·시장 또는 군수가 지구의 지정목적에 위배되지 아니하는 범위안에서 도시·군계획조례가 정하는 기준에 적합하다고 인정하여 당해 지방자치단체에 설치된 도시계획위원회의 심의를 거친 경우에는 그러하지 아니하다.

미관지구안에서의 건축물의 높이 및 규모(건축물의 앞면길이에 대한 옆면길이 또는 높이의 비율을 포함한다), 부속건축물의 규모, 건축물·담장 및 대문의 형태·색채, 건축물의 바깥쪽으로 돌출하는 건축설비 그 밖의 유사한 것의 형태·색채 또는 그 설치의 제한 및 금지 등에 관하여는 그 지구의 위치·환경 그 밖의 특성에 따른 미관의 유지에 필요한 범위안에서 도시·군계획조례로 정한다.

3. 고도지구 안에서의 건축제한(도시·군관리계획)

고도지구안에서는 도시·군관리계획으로 정하는 높이를 초과하거나 미달하는 건축물을 건축할 수 없다.

4. 방재지구 안에서의 건축제한(도시계획조례)

방재지구안에서는 풍수해·산사태·지반붕괴·지진 그 밖에 재해예방에 장애가 된다고 인정하여 도시·군계획조례가 정하는 건축물을 건축할 수 없다.

다만, 특별시장·광역시장·특별자치시장·특별자치도지사·시장 또는 군수가 지구의 지정목적에 위배되지 아니하는 범위안에서 도시·군계획조례가 정하는 기준에 적합하다고 인정하여 당해 지방자치단체에 설치된 도시계획위원회의 심의를 거친 경우에는 그러하지 아니하다.

5. 보존지구 안에서의 건축제한(도시계획조례)

보존지구안에서는 다음 건축물에 한하여 건축할 수 있다. 다만, 특별시장·광역시장·특별자치시장·특별자치도지사·시장 또는 군수가 지구의 지정목적에 위배되지 아니하는 범위안에서 도시·군계획조례가 정하는 기준에 적합하다고 인정하여 관계 행정기관의 장과의 협의 및 당해 지방자치단체에 설치된 도시계획위원회의 심의를 거친 경우에는 그러하지 아니하다.

(1) 역사문화환경보존지구 : 「문화재보호법」의 적용을 받는 문화재를 직접 관리·보호하기 위한 건축물과 문화적으로 보존가치가 큰 지역의 보호 및 보존을 저해하지 아니하는 건축물로서 도시·군계획조례가 정하는 것

(2) 중요시설물보존지구 : 국방상 또는 안보상 중요한 시설물의 보호 및 보존을 저해하지 아니하는 건축물로서 도시·군계획조례가 정하는 것

(3) 생태계보존지구 : 생태적으로 보존가치가 큰 지역의 보호 및 보존을 저해하지 아니하는 건축물로서 도시·군계획조례가 정하는 것

6. 시설보호지구 안에서의 건축제한(원칙 : 도시계획조례, 예외 : 항공법)

학교시설보호지구·공용시설보호지구 및 항만시설보호지구안에서는 학교·공용시설 또는 항

만의 기능수행에 장애가 된다고 인정하여 도시·군계획조례가 정하는 건축물을 건축할 수 없다.

다만, 특별시장·광역시장·특별자치시장·특별자치도지사·시장 또는 군수가 지구의 지정목적에 위배되지 아니하는 범위안에서 도시·군계획조례가 정하는 기준에 적합하다고 인정하여 관계 행정기관의 장과의 협의 및 당해 지방자치단체에 설치된 도시계획위원회의 심의를 거친 경우에는 그러하지 아니하다.

공항시설보호지구안에서의 건축제한에 관하여는 「항공법」이 정하는 바에 의하되, 건축물의 용도 및 형태 등에 관한 그 밖의 제한에 관하여는 공항시설의 보호와 항공기의 이·착륙에 장애가 되지 아니하는 범위안에서 도시·군계획조례로 정한다.

7. 취락지구 안에서의 건축제한(대통령령과 타법)

(1) 자연취락지구안에서 건축할 수 있는 건축물

1) 건축할 수 있는 건축물

4층 이하의 건축물에 한한다. 다만, 4층 이하의 범위안에서 도시·군계획조례로 따로 층수를 정하는 경우에는 그 층수 이하의 건축물에 한한다

① 단독주택
② 제1종 근린생활시설
③ 제2종 근린생활시설(휴게음식점 또는 제과점으로서 제1종 근린생활시설에 해당하지 아니하는 것과 일반음식점·단란주점 및 안마시술소를 제외한다)
④ 운동시설
⑤ 창고(농업·임업·축산업·수산업용만 해당한다)
⑥ 동물 및 식물관련시설
⑦ 교정 및 국방·군사시설
⑧ 방송통신시설
⑨ 발전시설

2) 도시·군계획조례가 정하는 바에 의하여 건축할 수 있는 건축물

4층 이하의 건축물에 한한다. 다만, 4층 이하의 범위안에서 도시·군계획조례로 따로 층수를 정하는 경우에는 그 층수 이하의 건축물에 한한다

① 공동주택(아파트를 제외한다)
② 제2종 근린생활시설 중 휴게음식점 또는 제과점으로서 제1종 근린생활시설에 해당하지 아니하는 것과 일반음식점 및 안마시술소
③ 문화 및 집회시설
④ 종교시설
⑤ 판매시설 중 다음의 어느 하나에 해당하는 것
㉠ 「농수산물유통 및 가격안정에 관한 법률」 제2조에 따른 농수산물공판장
㉡ 「농수산물유통 및 가격안정에 관한 법률」 제68조제2항에 따른 농수산물직판장으로서 해당용도에 쓰이는 바닥면적의 합계가 10,000㎡ 미만인 것(「농어업·농어촌 및 식품산업 기본법」 제3조제2호에 따른 농업인 ·어업인, 같은 법 제25조에 따른 후계농어업경영인, 같은 법 제26조에 따른 전업농어업인 또는 지방자치단체가 설치·운영하는 것에 한한다)
⑥ 의료시설 중 종합병원·병원·치과병원 및 한방병원
⑦ 교육연구시설
⑧ 노유자시설
⑨ 수련시설
⑩ 숙박시설로서 「관광진흥법」에 따라 지정된 관광지 및 관광단지에 건축하는 것
⑪ 공장 중 도정공장 및 식품공장과 읍·면지역에 건축하는 제재업의 공장 및 첨단업종의 공장으로서 일정한 요건을 갖춘 공장
⑫ 위험물저장 및 처리시설
⑬ 분뇨 및 쓰레기처리시설

(2) 집단취락지구안에서의 건축제한에 관하여는 개발제한구역의지정및관리에 관한특별조치법령이 정하는 바에 의한다.

8. 개발진흥지구 안에서의 건축제한(지구단위계획·개발계획, 미수립시 도시계획조례)

개발진흥지구안에서는 지구단위계획 또는 관계 법률에 의한 개발계획에 위반하여 건축물을 건축할 수 없으며, 지구단위계획 또는 개발계획이 수립되기 전에는 개발진흥지구의 계획적 개

발에 위배되지 아니하는 범위 안에서 도시·군계획조례가 정하는 건축물을 건축할 수 있다.

9. 특정용도제한지구 안에서의 건축제한(도시계획조례)

특정용도제한지구안에서는 주거기능을 훼손하거나 청소년 정서에 유해하다고 인정하여 도시·군계획조례가 정하는 건축물을 건축할 수 없다.

10. 기타 용도지구 안에서의 건축제한(도시계획조례)

시·도조례에 의한 추가 용도지구안에서의 건축제한에 관하여는 그 용도지구지정의 목적달성에 필요한 범위안에서 특별시·광역시·특별자치시·특별자치도·시 또는 군의 도시·군계획조례로 정한다.

제4절 용도구역 안에서의 건축제한

1. 개발제한구역 안에서의 행위제한

개발제한구역에서의 행위 제한이나 그 밖에 개발제한구역의 관리에 필요한 사항은 개발제한구역의 지정 및 관리에 관한 특별조치법에 의한다.

2. 도시자연공원구역 안에서의 행위제한

도시자연공원구역에서의 행위 제한 등 도시자연공원구역의 관리에 필요한 사항은 도시공원 및 녹지 등에 관한 법률에 의한다.

3. 수산자원보호구역 안에서의 행위제한

도시자연공원구역에서의 행위 제한 등 도시자연공원구역의 관리에 필요한 사항은 수산자원관리법에 의한다.

4. 시가화조정구역 안에서의 행위제한 등

(1) 시가화조정구역안에서 시행할 수 있는 도시·군계획사업

시가화조정구역에서의 도시·군계획사업은 국방상 또는 공익상 시가화조정구역 안에서의 사업시행이 불가피한 것으로서 관계 중앙행정기관의 장의 요청에 의하여 국토해양부장관이 시가화조정구역의 지정목적달성에 지장이 없다고 인정하는 도시·군계획사업만을 시행할 수 있다.

(2) 비도시·군계획사업(허가대상)

시가화조정구역에서는 개발행위의 허가 및 용도지역·용도지구 안에서의 건축물의 건축제한에도 불구하고 위 도시·군계획사업에 의하는 경우를 제외하고는 다음 어느 하나에 해당하는 행위에 한정하여 특별시장·광역시장·특별자치시장·특별자치도지사·시장 또는 군수의 허가를 받아 그 행위를 할 수 있다.

1) 농업·임업 또는 어업용의 건축물 중 대통령령으로 정하는 종류와 규모의 건축물이나 그 밖의 시설을 건축하는 행위
2) 마을공동시설, 공익시설·공공시설, 광공업 등 주민의 생활을 영위하는 데에 필요한 행위로서 대통령령으로 정하는 행위
3) 입목의 벌채, 조림, 육림, 토석의 채취, 그 밖에 대통령령으로 정하는 경미한 행위

(3) 특별한 사유가 없는 한 허가를 거부할 수 없는 사항

1) 개발행위허가 없이 할 수 있는 경미한 행위

2) 다음에 해당하는 행위

① 축사의 설치 : 1가구(시가화조정구역안에서 주택을 소유하면서 거주하는 경우로서 농업 및 어업에 종사하는 1세대를 말한다) 당 기존축사의 면적을 포함하여 300㎡

이하(나환자촌의 경우에는 500㎡ 이하). 다만, 과수원·초지 등의 관리사 인근에는 100㎡ 이하의 축사를 별도로 설치할 수 있다.

② 퇴비사의 설치 : 1가구당 기존퇴비사의 면적을 포함하여 100㎡ 이하

③ 잠실의 설치 : 뽕나무밭 조성 면적 2천㎡당 또는 뽕나무 1,800주당 50㎡ 이하

④ 창고의 설치 : 시가화조정구역안의 토지 또는 그 토지와 일체가 되는 토지에서 생산되는 생산물의 저장에 필요한 것으로서 기존창고면적을 포함하여 그 토지면적의 0.5% 이하. 다만, 감귤을 저장하기 위한 경우에는 1% 이하로 한다.

⑤ 관리용건축물의 설치 : 과수원·초지·유실수단지 또는 원예단지안에 설치하되, 생산에 직접 공여되는 토지면적의 0.5% 이하로서 기존관리용 건축물의 면적을 포함하여 33㎡ 이하

3) 「건축법」 상 건축신고로서 건축허가를 갈음하는 행위

(4) 허가의 의제

시가화조정구역에서의 행위허가가 있는 경우에는 다음의 허가 또는 신고가 있는 것으로 본다.

1) 「산지관리법」에 따른 산지전용허가 및 산지전용신고, 동법에 따른 산지일시사용허가·신고
2) 「산림자원의 조성 및 관리에 관한 법률」에 따른 입목벌채허가, 채석허가, 토사채취허가 등의 허가·신고

제5절 용도지역·지구·구역 안에서 행위제한의 특례

1. 용도지역·지구·구역 안에서의 건축제한의 예외 등

(1) 도시·군계획시설에 대한 건축제한의 배제

용도지역·용도지구 안에서의 도시·군계획시설에 대하여는 용도지역·용도지구내의 건축제한 규정을 적용하지 아니한다.

(2) 경관지구·미관지구 또는 고도지구 안에서의 리모델링 건축물 특례

경관지구·미관지구 또는 고도지구 안에서의 건축법에 의한 리모델링이 필요한 건축물에 대하여는 경관지구·미관지구 또는 고도지구에 불구하고 건축물의 높이·규모 등의 제한을 완화하여 제한할 수 있다.

(3) 용도구역이 중복 지정된 경우

구역 등이 중복되는 경우 각각 고유한 목적을 위하여 지정된 것이므로 건축제한의 적용을 원칙적으로 중복 적용하여야 한다.

(4) 공사용 부대시설의 허가

용도지역·용도지구 또는 용도구역 안에서 허용되는 건축물 또는 시설을 설치하기 위하여 공사현장에 설치하는 자재야적장, 레미콘·아스콘생산시설 등 공사용 부대시설은 당해 공사에 필요한 최소한의 면적의 범위 안에서 기간을 정하여 사용 후에 그 시설 등을 설치한 자의 부담으로 원상복구할 것을 조건으로 설치를 허가할 수 있다.

2. 기존의 건축물에 대한 특례

다음 어느 하나에 해당하는 사유로 인하여 기존의 건축물이 건폐율·용적률 및 높이 등의 규모기준에 부적합하게 된 경우에도 재축 또는 대수선(건폐율·용적률이 증가되지 아니하는 범위로 한정한다)은 할 수 있으며, 증축 또는 개축은 증축 또는 개축하고자 하는 부분이 건폐율·용적률 및 높이 등의 규모기준에 적합한 경우에는 이를 할 수 있다.

① 법령 또는 도시·군계획조례의 제정·개정
② 도시·군관리계획의 결정·변경 또는 행정구역의 변경
③ 도시·군계획시설의 설치, 도시·군계획사업의 시행 또는 「도로법」에 의한 도로의 설치

3. 도시지역에서의 타 법률 적용배제

도시지역에 대하여는 다음 각 호의 법률 규정을 적용하지 아니한다.
① 「도로법」에 따른 접도구역

② 「고속국도법」에 따른 접도구역

③ 「농지법」 제8조에 따른 농지취득자격증명제도. 다만, 녹지지역의 농지로서 도시·군계획시설사업에 필요하지 아니한 농지에 대하여는 그러하지 아니하다.

4. 둘 이상의 용도지역·용도지구·용도구역에 걸치는 대지에 대한 적용 기준

(1) 원칙

하나의 대지가 둘 이상의 용도지역·용도지구 또는 용도구역에 걸치는 경우 그 대지 중 용도지역·용도지구 또는 용도구역에 있는 부분의 규모가 330㎡ 이하(다만, 도로변에 띠 모양으로 지정된 상업지역에 걸쳐 있는 필지의 경우에는 660㎡)인 토지부분에 대하여는 그 대지 중 가장 넓은 면적이 속하는 용도지역·용도지구 또는 용도구역에 관한 규정을 적용한다.

(2) 특례

1) 미관지구 또는 고도지구에 걸쳐 있는 경우

건축물이 미관지구나 고도지구에 걸쳐 있는 경우에는 그 건축물 및 대지의 전부에 대하여 미관지구나 고도지구의 건축물 및 대지에 관한 규정을 적용한다.

2) 방화지구에 걸치는 경우

하나의 건축물이 방화지구와 그 밖의 용도지역·용도지구 또는 용도구역에 걸쳐 있는 경우에는 그 전부에 대하여 방화지구의 건축물에 관한 규정을 적용한다. 다만, 그 건축물이 있는 방화지구와 그 밖의 용도지역·용도지구 또는 용도구역의 경계가 방화벽으로 구획되는 경우 그 밖의 용도지역·용도지구 또는 용도구역에 있는 부분에 대하여는 그러하지 아니하다.

3) 녹지지역에 걸치는 경우

하나의 대지가 녹지지역과 그 밖의 용도지역·용도지구 또는 용도구역에 걸쳐있는 경우에는 각각의 용도지역·용도지구 또는 용도구역의 건축물 및 토지에 관한 규정을 적용한다. 다만, 녹지지역의 건축물이 미관지구·고도지구 또는 방화 지구에 걸쳐있는 경우에는 미관지구·고도지구 또는 방화지구 규정에 따른다.

제6절 용도지역 안에서의 규모제한

1. 건폐률 및 용적률의 개념

구 분	건 폐 율	용 적률
의의	◦ 대지면적에 대한 건축면적 ◦ 비율의 최대한도 $건폐율 = \frac{건축면적}{대지면적} \times 100(\%)$ ※ 건축면적 : 건물 1층 바닥면적	◦ 대지면적에 대한 건축물의 ◦ 연면적 비율의 최대한도 $용적율 = \frac{연면적}{대지면적} \times 100(\%)$ ※ 연면적 : 건물 각층 바닥면적의 합 ※ 용적률 산정시 연면적에는 지하층 면적과 지상부속용 주차장 면적 및 주민공동시설의 면적을 제외함
규제목적	◦ 대지 안의 공지를 확보하여 채광, 통풍, 환기, 피난, 소화 등을 위함. ◦ 평면적 건축규모 제한	◦ 대지 안의 밀도를 제한하여 도시 공간의 전체적인 공간밀도를 조절하기 위함. ◦ 입체적 건축규모 제한
상관관계	◦ 용적률은 건폐율과 결합하여 건축물의 높이(층수)를 간접적으로 제한한다. (예) 건폐율 50%, 용적률 200%인 경우 최대 층수는? 용적률/건폐율 = 200/50 → 지상 4층	

2. 건폐률 및 용적률의 지정 기준

(1) 3단계로 지정(법률→대통령령→도시계획조례)

용도지역에서 건폐율 및 용적률의 최대한도는 관할 구역의 면적과 인구 규모, 용도지역의 특성 등을 고려하여 다음 각 호의 범위에서 대통령령으로 정하는 기준에 따라 특별시·광역시·특별자치시·특별자치도·시 또는 군의 조례로 정한다.

(2) 법률에서 정한 용도지역의 건폐율 및 용적률

용 도지 역		건 폐률	용 적률
도시지역	주거지역	70% 이하	500% 이하

용 도 지 역		건 폐률	용 적률
	상업지역	90% 이하	1,500% 이하
	공업지역	70% 이하	400% 이하
	녹지지역	20% 이하	100% 이하
관리지역	계획관리지역	40% 이하	100% 이하
	생산관리지역	20% 이하	80% 이하
	보전관리지역	20% 이하	80% 이하
농림지역		20% 이하	80% 이하
자연환경보전지역		20% 이하	80% 이하

(3) 대통령령에서 정한 용도지역의 건폐율과 용적률

용 도 지 역			건 폐 율	용 적률
도시지역	주거지역	제1종 전용주거지역	50% 이하	50% 이상 100% 이하
		제2종 전용주거지역	50% 이하	100% 이상 150% 이하
		제1종 일반주거지역	60% 이하	100% 이상 200% 이하
		제2종 일반주거지역	60% 이하	150% 이상 250% 이하
		제3종 일반주거지역	50% 이하	200% 이상 300% 이하
		준주거지역	70% 이하	200% 이상 500% 이하
	상업지역	근린상업지역	70% 이하	200% 이상 900% 이하
		유통상업지역	80% 이하	200% 이상 1,100% 이하
		일반상업지역	80% 이하	300% 이상 1,300% 이하
		중심상업지역	90% 이하	400% 이상 1,500% 이하
	공업지역	전용공업지역	70% 이하	150% 이상 300% 이하
		일반공업지역		200% 이상 350% 이하
		준공업지역		200% 이상 400% 이하
	녹지지역	보전녹지지역	20% 이하	50% 이상 80% 이하
		자연녹지지역		50% 이상 100% 이하
		생산녹지지역		50% 이상 100% 이하
관리지역	계획관리지역		40% 이하	50% 이상 100% 이하
	생산관리지역		20% 이하	50% 이상 80% 이하
	보전관리지역		20% 이하	50% 이상 80% 이하
농림지역			20% 이하	50% 이상 80% 이하

용 도지 역	건 폐 율	용 적률
자연환경보전지역	20% 이하	50% 이상 80% 이하

(4) 건폐율 및 용적률의 별도 규정

건폐율과 용적률은 위 법률과 대통령령 기준에 불구하고 다음 어느 하나에 해당 하는 지역에서는 건폐율은 80% 이하, 용적률은 200% 이하의 범위에서 대통령령으로 정하는 기준에 따라 특별시·광역시·특별자치시·특별자치도·시또는 군의 조례로 따로 정한다.

별도규정 지역	건폐율	용적률
1. 수산자원보호구역	40% 이하	80% 이하
2. 개발진흥지구(도시지역외의 지역에 한함)	40% 이하	100% 이하
3. 자연취락지구(집단취락지구는 개발제한구역특례법 준용)	60% 이하	별도규정 없음
4. 자연공원	60% 이하	100% 이하 ※ 다만 자연공원법에 의한 공원밀집마을지구의 경우에는 150% 이하, 공원집단시설지구의 경우에는 200% 이하로 한다.
5. 농공단지	70% 이하	150% 이하 ※ 도시지역 외의 지역에 지정된 농공단지에 한한다.
6. 공업지역에 있는 국가·일반 산업단지, 도시첨단산업단지, 준산업단지	80% 이하	별도 규정 없음

(5) 건폐율의 강화

① 토지이용의 과밀화를 방지하기 위하여 건폐율을 강화할 필요가 있는 경우로 대통령령으로 정하는 경우에는 법의 규정에 불구하고 대통령령으로 정하는 기준에 따라 특별시·광역시·특별자치시·특별자치도·시 또는 군의 조례로 건폐율을 따로 정할 수 있다.

② 특별시장·광역시장·특별자치시장·특별자치도지사·시장 또는 군수가 도시지역에서 토지이용의 과밀화를 방지하기 위하여 건폐율을 낮추어야할 필요가 있다고 인정하여 당해 지방자치단체에 설치된 도시계획위원회의 심의를 거쳐 정한 구역 안에서의 건축물의 경우에는 그 건폐율은 그 구역에 적용할 건폐율의 최대한도의 40% 이상의 범위 안에서 특별시·광역시·특별자치시·특별자치도·시 또는 군의 도시·군계획조례가 정하는 비율을 초과하여서는 아니 된다.

(6) 건폐율의 완화

1) 건폐율 80% 이상 90% 이하의 완화

주변 여건을 고려하여 토지의 이용도를 높이기 위하여 건폐율을 완화할 필요가 있는 경우에는 규정에 불구하고 준주거지역·일반상업지역·근린상업지역 중 방화지구의 건축물로서 다음의 어느 하나에 해당하는 건축물은 그 건폐율은 80% 이상 90% 이하의 범위에서 특별시·광역시·특별자치시·특별자치도·시 또는 군의 도시·군계획 조례로 정하는 비율을 초과하여서는 아니 된다.

가. 해당 건축물의 주요 구조부가 내화구조인 것
나. 해당 건축물의 대지가 가로의 모퉁이에 있는 대지로서 다음의 어느 하나에 해당하는 것
  1) 서로 교차하는 2개의 도로에 접한 대지로서 그 도로 너비의 합계가 15m 이상이고, 도로에 접한 대지의 내각이 120도 이하 이며, 그 대지 둘레길이의 3분의 1 이상이 도로에 접한 대지
  2) 서로 교차하지 아니하는 2개의 도로에 접한 대지로서 그 도로 너비가 각각 8m 이상이고, 그 도로 경계선 상호간의 간격이 35m 이하 이며, 그 대지 둘레길이의 3분의 1 이상이 도로에 접한 대지

2) 40%의 범위에서 최초 건축허가 시 그 건축물에 허용된 건폐율

자연녹지지역의 기존 공장, 창고시설 또는 연구소(자연녹지지역으로 지정될 당시 이미 준공된 것으로서 기존 부지에서 증축하는 경우만 해당한다)

3) 50%의 범위에서 도시계획조례로 정하는 비율

계획관리지역의 기존 공장·창고시설 또는 연구소(2003년 1월 1일 전에 준공되고 기존 부지에 증축하는 경우로서 해당 지방도시계획위원회의 심의를 거쳐 도로·상수도·하수도 등 특별시·광역시·특별자치시·특별자치도·시 또는 군의 도시·군계획조례로 정하는 기반시설이 충분히 확보되었다고 인정되는 경우만 해당한다)

4) 30%의 범위에서 도시계획조례로 정하는 비율

녹지지역·보전관리지역·생산관리지역·농림지역 또는 자연환경보전지역의 기존 건축물로서 다음 어느 하나에 해당하는 건축물

가. 「전통사찰의 보존 및 지원에 관한 법률」에 따른 전통사찰
나. 「문화재보호법」에 따른 지정문화재 또는 등록문화재
다. 「건축법 시행령」에 따른 한옥

5) 건폐율 60% 이하의 범위 안에서의 완화

㉠ 보전관리지역·생산관리지역·농림지역 또는 자연환경보전지역에서 농지법 상 농업진흥구역 및 농업보호구역 안에서의 행위제한의 규정에 따라 건축할 수 있는 건축물의 경우에는 그 건폐율은 60% 이하의 범위에서 특별시·광역시·특별자치시·특별자치도·시 또는 군의 도시·군계획조례로 정하는 비율을 초과하여서는 아니 된다.

㉡ 생산녹지지역에 건축할 수 있는 다음 건축물의 경우에 그 건폐율은 해당 생산녹지지역이 위치한 특별시·광역시·특별자치시·특별자치도·시 또는 군의 농어업 인구 현황, 농수산물 가공·처리시설의 수급실태 등을 종합적으로 고려하여 60% 이하의 범위에서 해당 특별시·광역시·특별자치시·특별자치도·시 또는 군의 도시·군계획조례로 정하는 비율을 초과하여서는 아니 된다.

1. 「농지법」에 따른 농수산물의 가공·처리시설(해당 특별시·광역시·특별자치시·특별자치도·시 또는 군에서 생산된 농수산물의 가공·처리시설에 한정한다) 및 농수산업 관련 시험·연구시설
2. 「농지법 시행령」에 따른 농산물 건조·보관시설

6) 유원지·공원에 대한 특례

자연녹지지역에 설치되는 도시·군계획시설 중 유원지의 건폐율은 30%의 범위에서 도시·군계획조례로 정하는 비율을 초과하여서는 아니 되며, 공원의 건폐율은 20% 범위에서 도시·군계획조례로 정하는 비율을 초과하여서는 아니 된다.

(7) 용적률의 추가 및 완화

1) 용적률 추가

주거지역에서는 특별시·광역시·특별자치시·특별자치도·시 또는 군의 도시계획조례로 규정한 용적률의 20% 이하의 범위 안에서 임대주택(임대의무기간이 10년 이상인 경우에 한한다)의 추가건설을 허용할 수 있다. 다만, 「도시 및 주거환 경정비법」에 의하여 임대주택 건설이 의무화되는 주택재건축사업의 경우를 제외한다.

2) 용적률 완화

건축물의 주위에 공원·광장·도로·하천 등의 공지가 있거나 이를 설치하는 경우에는 규정에 불구하고 대통령령으로 정하는 바에 따라 특별시·광역시·특별자치시·특별자치도·시 또는 군의 조례로 용적률을 따로 정할 수 있다.

① 해당 용적률의 120% 이하의 완화

준주거지역·중심상업지역·일반상업지역·근린상업지역·전용공업지역·일반공업지역 또는 준공업지역안의 건축물로서 다음에 해당하는 건축물에 대한 용적률은 경관·교통·방화 및 위생상 지장이 없다고 인정되는 경우에는 규정에 의한 해당 용적률의 120% 이하의 범위 안에서 특별시·광역시·특별자치시·특별자치도·시 또는 군의 도시·군계획조례가 정하는 비율로 할 수 있다.

1. 공원·광장(교통광장을 제외한다)·하천 그 밖에 건축이 금지된 공지에 접한 도로를 전면도로로 하는 대지안의 건축물이나 공원·광장·하천 그 밖에 건축이 금지된 공지에 20m 이상 접한 대지안의 건축물
2. 너비 25m 이상인 도로에 20m 이상 접한 대지안의 건축면적이 1천㎡이 상인 건축물

② 해당 용적률의 200% 이하의 완화

다음 지역·지구 또는 구역 안에서 건축물을 건축하고자 하는 자가 그 대지의 일부를 공공시설부지로 제공하는 경우에는 당해 건축물에 대한 용적률은 규정에 의한 해당 용적률의 200% 이하의 범위 안에서 대지면적의 제공비율에 따라 특별시·광역시·특별자치시·특별자치도·시 또는 군의 도시·군계획조례가 정하는 비율로 할 수 있다.

1. 상업지역
2. 「도시 및 주거환경정비법」에 의한 주택재개발사업, 도시환경정비사업 및 주택재건축사업을 시행하기 위한 정비구역

③ 높이로 규모의 제한

도시지역(녹지지역에 한한다), 관리지역에서는 "창고" 에 대해서는 특별시·광역시·특별자치시·특별자치도·시 또는 군의 도시·군계획조례가 정하는 높이로 규모 등을 제한할 수 있다.

3. 용도지역 미지정 또는 미세분지역에서의 행위제한 등

① 도시지역, 관리지역, 농림지역 또는 자연환경보전지역으로 용도가 지정되지 아니한 지역에 대하여는 제76조부터 제78조까지의 규정(건축물의 건축제한, 건폐율, 용적률)을 적용할 때에 자연환경보전지역에 관한 규정을 적용한다.

② 도시지역 또는 관리지역이 세부 용도지역으로 지정되지 아니한 경우에는 해당 용도지역이 도시지역인 경우에는 녹지지역 중 보전녹지지역에 관한 규정을 적용하고, 관리지역인 경우에는 보전관리지역에 관한 규정을 적용한다.

제 5 장

지구단위계획

1. 지구단위계획의 의의 및 수립기준

(1) 의의

지구단위계획이란 도시·군계획 수립 대상지역의 일부에 대하여 토지 이용을 합리화하고 그 기능을 증진시키며 미관을 개선하고 양호한 환경을 확보하며, 그 지역을 체계적·계획적으로 관리하기 위하여 수립하는 도시·군관리계획을 말한다.

종전의 지구단위계획은 제1종지구단위계획과 제2종지구단위계획으로 구분하여 수립하였으나 법 개정으로 인하여 현재는 2개를 통합하였으므로 종 구분이 없다.

(2) 결정권자 및 수립기준

국토해양부장관, 시·도지사 또는 대도시 시장은 지구단위계획구역 지정 및 지구단위계획을 도시·군관리계획으로 결정한다. 지구단위 계획은 다음의 사항을 고려하여 수립한다.

1. 도시의 정비·관리·보전·개발 등 지구단위계획구역의 지정 목적
2. 주거·산업·유통·관광휴양·복합 등 지구단위계획구역의 중심기능
3. 해당 용도지역의 특성
4. 그 밖에 대통령령으로 정하는 사항
   ① 지역 공동체의 활성화
   ② 안전하고 지속가능한 생활권의 조성
   ③ 해당 지역 및 인근 지역의 토지 이용을 고려한 토지이용계획과 건축계획의 조화

2. 지구단위계획구역의 지정 대상지역

(1) 의무적 지정대상구역

국토해양부장관, 시·도지사 또는 대도시 시장은 다음의 어느 하나에 해당하는 지역은 지구단위계획구역으로 지정하여야 한다. 다만, 관계 법률에 따라 그 지역에 토지 이용과 건축에 관한 계획이 수립되어 있는 경우에는 그러하지 아니하다.

1. 정비구역 및 택지개발지구에서 시행하는 사업이 끝난 후 10년이 지난 지역
2. 임의적 지정대상 지역 중 체계적·계획적인 개발 또는 관리가 필요한 다음 지역으로서 그 면적이 30만㎡ 이상인 지역
   ① 시가화조정구역 또는 공원에서 해제되는 지역
   다만, 녹지지역으로 지정 또는 존치되거나 법 또는 다른 법령에 의하여 도시·군계획사업 등 개발계획이 수립되지 아니하는 경우를 제외한다.
   ② 녹지지역에서 주거지역·상업지역 또는 공업지역으로 변경되는 지역

(2) 임의적 지정대상구역

국토해양부장관, 시·도지사 또는 대도시 시장은 다음 어느 하나에 해당하는 지역의 전부 또는 일부에 대하여 지구단위계획구역을 지정할 수 있다.

1. 용도지구
2. 도시개발구역
3. 정비구역
4. 택지개발지구
5. 대지조성사업지구
6. 산업단지와 준산업단지
7. 관광단지와 관광특구
8. ① 개발제한구역·도시자연공원구역·시가화조정구역 또는 공원에서 해제되는 구역
   ② 녹지지역에서 주거·상업·공업지역으로 변경되는 구역
   ③ 새로 도시지역으로 편입되는 구역 중 계획적인 개발 또는 관리가 필요한 지역

8의2. 도시지역 내 주거·상업·업무 등의 기능을 결합하는 등 복합적인 토지 이용을 증진시킬 필요가 있는 준주거지역, 준공업지역 및 상업지역에서 낙후된 도심 기능을 회복하거나 도시균형발전을 위한 중심지 육성이 필요하여 도시·군기본계획에 반영된 경우로서 다음 각 호의 어느 하나에 해당하는 지역
   ① 주요 역세권, 고속버스 및 시외버스 터미널, 간선도로의 교차지 등 양호한 기반시설을 갖추고 있어 대중교통 이용이 용이한 지역
   ② 역세권의 체계적·계획적 개발이 필요한 지역
   ③ 세 개 이상의 노선이 교차하는 대중교통 결절지(結節地)로부터 1㎞ 이내에 위치한 지역
   ④ 「역세권의 개발 및 이용에 관한 법률」에 따른 역세권개발구역, 「도시재정비 촉진을 위한 특별법」에 따른 고밀복합형재정비촉진지구로 지정된 지역

8의3. 도시지역 내 유휴토지를 효율적으로 개발하거나 교정시설, 군사시설, 그 밖에
① 철도, 항만, 공항, 공장, 병원, 학교, 공공청사, 공공기관, 시장, 운동장 및 터미널
② ①과 유사한 시설로서 특별시·광역시·특별자치시·특별자치도·시 또는 군의 도시·군계획조례로 정하는 시설을 이전 또는 재배치하여 토지 이용을 합리화하고, 그 기능을 증진시키기 위하여 집중적으로 정비가 필요한 지역

9. 도시지역의 체계적·계획적인 관리 또는 개발이 필요한 지역

10. 그 밖에 양호한 환경의 확보나 기능 및 미관의 증진 등을 위하여 필요한 지역으로서 대통령령으로 정하는 지역
① 시범도시
② 개발행위허가제한지역
③ 지하 및 공중공간을 효율적으로 개발하고자 하는 지역
④ 용도지역의 지정·변경에 관한 도시·군관리계획을 입안하기 위하여 열람공고 된 지역
⑤ 주택재건축사업에 의하여 공동주택을 건축하는 지역
⑥ 지구단위계획구역으로 지정하고자 하는 토지와 접하여 공공시설을 설치하고자 하는 자연녹지지역
⑦ 그 밖에 양호한 환경의 확보 또는 기능 및 미관의 증진 등을 위하여 필요한 지역으로서 특별시·광역시·특별자치시·특별자치도·시 또는 군의 도시·군계획 조례가 정하는 지역

(3) 도시지역 외 지역의 지정대상

도시지역 외의 지역을 지구단위계획구역으로 지정하려는 경우에는 다음의 어느 하나에 해당하여야 한다.

1. 지정하려는 구역 면적의 50/100 이상이 계획관리지역으로서 아래에서 정하는 요건에 해당하는 지역
① 계획관리지역 외 지구단위계획구역으로 포함할 수 있는 나머지 용도지역은 생산관리지역일 것
② 지구단위계획구역으로 지정하고자 하는 토지의 면적이 다음의 어느 하나에 규정된 면적 요건에 해당할 것
㉠ 지정하고자 하는 지역에 공동주택 중 아파트 또는 연립주택의 건설계획이 포함되는 경우에는 30만㎡ 이상일 것. 이 경우 다음 요건에 해당하는 때에는 일단의 토지를 통합하여 하나의 지구단위계획구역으로 지정할 수 있다.
ⓐ 아파트 또는 연립주택의 건설계획이 포함되는 각각의 토지의 면적이 10만㎡ 이상이고, 그 총면적이 30만㎡ 이상일 것
ⓑ ⓐ의 각 토지는 국토해양부장관이 정하는 범위 안에 위치하고, 국토해양부장관이 정하는 규모 이상의 도로로 서로 연결되어 있거나 연결도로의 설치가 가능할 것
㉡ 지정하고자 하는 지역에 공동주택 중 아파트 또는 연립주택의 건설계획이 포함되는 경우로서 다음의 어느 하나에 해당하는 경우에는 10만㎡ 이상일 것
ⓐ 지구단위계획구역이 자연보전권역인 경우
ⓑ 지구단위계획구역 안에 초등학교 용지를 확보하여 관할 교육청의 동의를 얻거나 지구단위계

획구역안 또는 지구단위계획구역으로부터 통학이 가능한 거리에 초등학교가 위치하고 학생수용이 가능한 경우로서 관할 교육청의 동의를 얻은 경우

ⓒ ㉠, ㉡의 경우를 제외하고는 3만㎡ 이상일 것

③ 당해 지역에 도로·수도공급설비·하수도 등 기반시설을 공급할 수 있을 것

④ 자연환경·경관·미관 등을 해치지 아니하고 문화재의 훼손우려가 없을 것

2. 개발진흥지구로서 대통령령으로 정하는 요건에 해당하는 지역

① 위 ①②③④의 요건에 해당할 것

② 당해 개발진흥지구가 다음 각 목의 지역에 위치할 것

㉠ 주거개발진흥지구, 복합개발진흥지구(주거기능이 포함된 경우에 한한다) 및 특정개발진흥지구 : 계획관리지역

㉡ 산업·유통개발진흥지구 및 복합개발진흥지구(주거기능이 포함되지 아니한 경우에 한한다) : 계획관리지역·생산관리지역 또는 농림지역

ⓒ 관광·휴양개발진흥지구 : 도시지역외의 지역

3. 지정된 용도지구를 폐지하고 그 용도지구에서의 행위 제한 등을 지구단위계획으로 대체하려는 지역

3. 지구단위계획의 수립

(1) 지구단위계획의 내용

지구단위계획구역의 지정목적을 이루기 위하여 지구단위계획에는 다음 각 호의 사항 중 제2호와 제4호의 사항을 포함한 둘 이상의 사항이 포함되어야 한다. 다만, 제1호의2를 내용으로 하는 지구단위계획의 경우에는 그러하지 아니하다.

1. 용도지역이나 용도지구를 대통령령으로 정하는 범위에서 세분하거나 변경하는 사항

1의2. 기존의 용도지구를 폐지하고 그 용도지구에서의 건축물이나 그 밖의 시설의 용도·종류 및 규모 등의 제한을 대체하는 사항

2. 대통령령으로 정하는 기반시설의 배치와 규모

① 도시개발구역, 정비구역, 택지개발지구, 대지조성사업지구, 산업단지, 준산업단지, 관광단지, 관광특구 지역인 경우에는 당해 법률에 의한 개발사업으로 설치하는 기반시설

② 도로·자동차정류장·주차장·광장·공원(묘지공원은 제외)·녹지·공공공지·유통업무설비·수도공급설비·전기공급설비·가스공급설비·열공급설비·공동구·시장·학교(「고등교육법」 제2조에 따른 학교는 제외 한다)·공공청사·문화시설·체육시설·도서관·연구시설·사회복지시설·공공직업훈련시설·청소년수련시설·하천·유수지·방수설비·사방설비·종합의료시설·하수도·폐기물처리시설

3. 도로로 둘러싸인 일단의 지역 또는 계획적인 개발·정비를 위하여 구획된 일단의 토지의 규모와 조성계획

4. 건축물의 용도제한, 건축물의 건폐율 또는 용적률, 건축물 높이의 최고한도 또는 최저한도

5. 건축물의 배치·형태·색채 또는 건축선에 관한 계획
6. 환경관리계획 또는 경관계획
7. 교통처리계획
8. 그 밖에 토지 이용의 합리화, 도시나 농·산·어촌의 기능 증진 등에 필요한 사항으로서 다음 사항
   ① 지하 또는 공중공간에 설치할 시설물의 높이·깊이·배치 또는 규모
   ② 대문·담 또는 울타리의 형태 또는 색채
   ③ 간판의 크기·형태·색채 또는 재질
   ④ 장애인·노약자 등을 위한 편의시설계획
   ⑤ 에너지 및 자원의 절약과 재활용에 관한 계획
   ⑥ 생물서식공간의 보호·조성·연결 및 물과 공기의 순환 등에 관한 계획

(2) 수립기준 및 법 적용의 완화

지구단위계획은 도로, 상하수도 등 다음의 도시·군계획시설의 처리·공급 및 수용 능력이 지구단위계획구역에 있는 건축물의 연면적, 수용인구 등 개발밀도와 적절한 조화를 이룰 수 있도록 하여야 한다.

참고

도로·주차장·공원·녹지·공공공지, 수도·전기·가스·열공급설비, 학교(초등학교 및 중학교에 한한다)·하수도 및 폐기물처리시설

지구단위계획구역 안에서는 다음 규정을 대통령령으로 정하는 범위에서 지구단위계획으로 정하는 바에 따라 완화하여 적용할 수 있다.

1. 국토의 계획 및 이용에 관한 법률상의 건축기준의 완화
   ① 용도지역·지구 안에서의 건축제한(법 제76조)
   ② 용도지역 안에서의 건폐율(법 제77조)
   ③ 용도지역 안에서의 용적률(법 제78조)
2. 건축법상의 건축기준의 완화
   ① 대지 안의 조경(법 제42조)
   ② 대지와 도로와의 관계(법 제43조)
   ③ 건축물의 높이제한(법 제44조)
   ④ 일조 등의 확보를 위한 건축물의 높이(법 제60조)
   ⑤ 공개공지 등의 확보(법 제61조)
3. 주차장법상의 건축기준의 완화

① 건축물 부설 주차장의 설치(법 제19조)
② 건축물 부설 주차장의 설치계획서(법 제19조의2)

4. 지구단위계획구역의 실효(특별 실효사유)

지구단위계획구역의 지정에 관한 도시·군관리계획결정의 고시일부터 3년 이내에 그 지구단위계획구역에 관한 지구단위계획이 결정·고시되지 아니하면 그 3년이 되는 날의 다음날에 그 지구단위계획구역의 지정에 관한 도시·군관리계획결정은 효력을 잃는다.

다만, 다른 법률에서 지구단위계획의 결정(결정된 것으로 보는 경우를 포함한다)에 관하여 따로 정한 경우에는 그 법률에 따라 지구단위계획을 결정할 때까지 지구단위계획구역의 지정은 그 효력을 유지한다.

국토해양부장관, 시·도지사 또는 대도시 시장은 지구단위계획구역 지정이 효력을 잃으면 대통령령으로 정하는 바에 따라 지체 없이 그 사실을 고시하여야 한다.

〈도시·군관리계획결정의 실효사유〉

구분	내용
일반 실효사유 (모든 도시·군관리계획결정)	◦ 지형도면의 미 고시(2년)
특별 실효사유 (일부 도시·군관리계획결정)	◦ 시가화조정구역의 지정에 관한 도시·군관리계획결정 : 유보기간의 만료(5년 내지 20년 범위 내에서 국토해양부장관이 지정 공고한 기간) ◦ 기반시설의 설치·정비 또는 개량에 관한 도시·군관리계획결정(도시·군계획시설결정) : 도시·군계획시설 사업의 미시행(20년) ◦ 지구단위계획구역의 지정에 관한 도시·군 관리계획결정 : 지구단위계획결정의 미고시(3년)

제 6 장

개발행위의 허가 등

Ⅰ. 개발행위의 허가

1. 개발행위허가제의 의의

개발행위허가제는 개발계획의 적정성, 기반시설의 확보여부, 주변환경과의 조화 등을 고려하여 개발행위에 대한 허가여부를 결정함으로서 난개발을 방지하기 위한 제도이다.

특별시장·광역시장·특별자치시장·특별자치도지사·시장·군수(허가권자)는 국토의 계획 및 이용에 관한 법률, 영 및 개발행위허가운영지침에서 위임하거나 정한 범위 안에서 도시계획조례 또는 별도의 지침을 마련하여 개발행위허가제를 운영할 수 있다.

2. 개발행위 허가의 대상

(1) 허가를 받아야 하는 행위

다음 어느 하나에 해당하는 행위로서 대통령령으로 정하는 행위(이하 "개발행위" 라 한다)를 하려는 자는 특별시장·광역시장·특별자치시장·특별자치도지사·시장 또는 군수의 허가(이하 "개발행위허가" 라 한다)를 받아야 한다. 다만, 도시·군계획사업에 의한 행위는 그러하지 아니하다.

1. 건축물의 건축 : 건축법 제2조 ①에 따른 건축물의 건축
2. 공작물의 설치 : 인공을 가하여 제작한 시설물(건축법에 따른 건축물을 제외)의 설치
3. 토지의 형질변경 : 절토·성토·정지·포장 등의 방법으로 토지의 형상을 변경하는 행위와 공유수면의 매립(경작을 위한 경우로서 대통령령으로 정하는 토지의 형질변경은 제외한다)
   "대통령령으로 정하는 토지의 형질변경"이란 조성이 끝난 농지에서 농작물 재배, 농지의 지력 증진 및

생산성 향상을 위한 객토나 정지작업, 양수·배수시설 설치를 위한 토지의 형질 변경으로서 다음 각 호의 어느 하나에 해당하지 아니하는 경우의 형질변경을 말한다.
① 인접토지의 관개·배수 및 농작업에 영향을 미치는 경우
② 재활용 골재, 사업장 폐토양, 무기성 오니 등 수질오염 또는 토질오염의 우려가 있는 토사 등을 사용하여 성토 하는 경우
③ 지목의 변경을 수반하는 경우(전·답 사이의 변경은 제외 한다)

4. 토석채취 : 흙·모래·자갈·바위 등의 토석을 채취하는 행위. 다만, 토지의 형질변경을 목적으로 하는 것을 제외한다.

5. 토지분할 : 다음 어느 하나에 해당하는 토지의 분할(건축물이 있는 대지는 제외)
① 녹지지역·관리지역·농림지역 및 자연환경보전지역 안에서 관계법령에 따른 허가·인가 등을 받지 아니하고 행하는 토지의 분할
② 건축법에 따른 분할제한면적 미만으로의 토지의 분할
③ 관계 법령에 의한 허가·인가 등을 받지 아니하고 행하는 너비 5m 이하로의 토지의 분할

6. 물건을 쌓아놓는 행위 : 녹지지역·관리지역 또는 자연환경보전지역 안에서 건축 물의 울타리 안(적법한 절차에 의하여 조성된 대지에 한한다)에 위치하지 아니한 토지에 물건을 1월 이상 쌓아 놓는 행위

(2) 개발행위 변경 허가

개발행위허가를 받은 사항을 변경하는 경우에도 위 규정을 준용한다. 다만, 다음에서 정하는 경미한 사항을 변경하는 경우에는 그러하지 아니하다.

1. 사업기간을 단축하는 경우
2. 사업면적을 5% 범위 안에서 축소하는 경우
3. 관계 법령의 개정 또는 도시·군관리계획의 변경에 따라 허가받은 사항을 불가피하게 변경하는 경우
4. 측량·수로조사 및 지적에 관한 법률 및 건축법에 따라 허용되는 오차를 반영하기 위한 변경

개발행위허가를 받은 자는 위에 해당하는 경미한 사항을 변경한 때에는 지체없이 그 사실을 특별시장·광역시장·특별자치시장·특별자치도지사·시장 또는 군수에게 통지하여야 한다.

(3) 특례(다른 법령이 적용되는 경우)

개발행위 중 도시지역과 계획관리지역의 산림에서의 임도(林道) 설치와 사방사업에 관하여는 「산림자원의 조성 및 관리에 관한 법률」과 「사방사업법」에 따른다.

보전관리지역·생산관리지역·농림지역 및 자연환경보전지역의 산림에서의 농업·임업·어업을 목적으로 하는 토지의 형질 변경 및 토석채취의 개발행위에 관하여는 「산지관리법」에 따른다.

3. 개발행위 허가를 받지 않고 가능한 행위

(1) 재해복구나 재난수습을 위한 응급조치(1개월 이내에 특별시장·광역시장·특별자치시장·특별자치도지사·시장 또는 군수에게 신고하여야 한다)

(2) 건축법에 따라 신고하고 설치할 수 있는 건축물의 개축·증축 또는 재축과 이에 필요한 범위에서의 토지의 형질 변경(도시·군계획시설사업이 시행되지 아니하고 있는 도시·군계획시설의 부지인 경우만 가능하다)

(3) 그 밖에 다음과 같은 경미한 행위 다만, 다음에 규정된 범위에서 특별시·광역시·특별자치시·특별자치도·시 또는 군의 도시·군계획조례로 따로 정하는 경우에는 그에 따른다.

1. 건축물의 건축 : 건축허가(건축법 제11조 ①) 또는 건축신고(동법 제14조 ①) 대상에 해당하지 아니하는 건축물의 건축
2. 공작물의 설치
   가. 도시지역 또는 지구단위계획구역에서 무게가 50ton 이하, 부피가 50㎥ 이하, 수평투영면적이 25㎡ 공작물의 설치. 다만, 건축법 시행령 제118조제1항 각 호의 어느 하나에 해당하는 공작물의 설치는 제외한다.
   나. 도시지역·자연환경보전지역 및 지구단위계획구역외의 지역에서 무게가 150ton 이하, 부피가 150㎥ 이하, 수평투영면적이 75㎡ 이하인 공작물의 설치. 다만, 건축법 시행령 제118조제1항 각 호의 어느 하나에 해당하는 공작물의 설치는 제외한다.
   다. 녹지지역·관리지역 또는 농림지역안에서의 농림어업용 비닐하우스(비닐하우스 안에 설치하는 육상어류양식장을 제외한다)의 설치
3. 토지의 형질변경
   가. 높이 50㎝ 이내 또는 깊이 50㎝ 이내의 절토·성토·정지 등(포장을 제외하며, 주거지역·상업지역 및 공업지역외의 지역에서는 지목변경을 수반하지 아니하는 경우에 한한다)
   나. 도시지역·자연환경보전지역 및 지구단위계획구역 외의 지역에서 면적이 660㎡ 이하인 토지에 대한 지목변경을 수반하지 아니하는 절토·성토·정지·포장 등(토지의 형질변경 면적은 형질변경이 이루어지는 당해 필지의 총면적을 말한다. 이하 같다)
   다. 조성이 완료된 기존 대지에 건축물이나 그 밖의 공작물을 설치하기 위한 토지의 형질변경(절토 및 성토는 제외한다)
   라. 국가 또는 지방자치단체가 공익상의 필요에 의하여 직접 시행하는 사업을 위한 토지의 형질변경
4. 토석채취
   가. 도시지역 또는 지구단위계획구역에서 채취면적이 25㎡ 이하인 토지에서의 부피 50㎥ 이하의 토석채취
   나. 도시지역·자연환경보전지역 및 지구단위계획구역외의 지역에서 채취면적이 250 ㎡ 이하인 토지에서의 부피 500㎥ 이하의 토석채취

5. 토지분할
   가. 「사도법」에 의한 사도개설허가를 받은 토지의 분할
   나. 토지의 일부를 공공용지 또는 공용지로 하기 위한 토지의 분할
   다. 행정재산 중 용도폐지되는 부분의 분할 또는 일반재산을 매각·교환 또는 양여하기 위한 분할
   라. 토지의 일부가 도시·군계획시설로 지형도면고시가 된 당해 토지의 분할
   마. 너비 5m 이하로 이미 분할된 토지의 「건축법」에 따른 분할 제한면적 이상으로의 분할

6. 물건을 쌓아놓는 행위
   가. 녹지지역 또는 지구단위계획구역에서 물건을 쌓아놓는 면적이 25㎡ 이하인 토지에 전체무게 50ton 이하, 전체부피 50㎥ 이하로 물건을 쌓아놓는 행위
   나. 관리지역(지구단위계획구역으로 지정된 지역을 제외한다)에서 물건을 쌓아놓는 면적이 250㎡ 이하인 토지에 전체무게 500ton 이하, 전체부피 500㎥ 이하로 물건을 쌓아놓는 행위

참고 : 건축법 시행령 제118조제1항

1. 높이 6미터를 넘는 굴뚝
2. 높이 6미터를 넘는 장식탑, 기념탑, 그 밖에 이와 비슷한 것
3. 높이 4미터를 넘는 광고탑, 광고판, 그 밖에 이와 비슷한 것
4. 높이 8미터를 넘는 고가수조나 그 밖에 이와 비슷한 것
5. 높이 2미터를 넘는 옹벽 또는 담장
6. 바닥면적 30제곱미터를 넘는 지하대피호
7. 높이 6미터를 넘는 골프연습장 등의 운동시설을 위한 철탑, 주거지역·상업지역에 설치하는 통신용 철탑, 그 밖에 이와 비슷한 것
8. 높이 8미터(위험을 방지하기 위한 난간의 높이는 제외한다) 이하의 기계식 주차장 및 철골 조립식 주차장(바닥면이 조립식이 아닌 것을 포함한다)으로서 외벽이 없는 것
9. 건축조례로 정하는 제조시설, 저장시설(시멘트사일로를 포함한다), 유희시설, 그 밖에 이와 비슷한 것
10. 건축물의 구조에 심대한 영향을 줄 수 있는 중량물로서 건축조례로 정하는 것

4. 개발행위허가의 기준

(1) 허가의 기준(일반사항)

특별시장·광역시장·특별자치시장·특별자치도지사·시장 또는 군수는 개발행위 허가의 신청 내용이 다음의 기준에 맞는 경우에만 개발행위허가를 하여야 한다.

① 용도지역별 특성을 고려하여 "대통령령으로 정하는 개발행위의 규모"에 적합할 것
② 도시·군관리계획의 내용에 어긋나지 아니할 것

③ 도시·군계획사업의 시행에 지장이 없을 것, 특별시장·광역시장·특별자치시장·특별자치도지사·시장 또는 군수는 개발행위허가를 하려면 그 개발행위가 도시·군계획사업의 시행에 지장을 주는 지에 관하여 해당 지역에서 시행되는 도시·군계획사업의 시행자의 의견을 들어야 한다.

④ 주변지역의 토지이용실태 또는 토지이용계획, 건축물의 높이, 토지의 경사도, 수목의 상태, 물의 배수, 하천·호소·습지의 배수 등 주변환경이나 경관과 조화를 이룰 것

⑤ 해당 개발행위에 따른 기반시설의 설치나 그에 필요한 용지의 확보계획이 적절할 것

참고 | 대통령령이 정하는 개발행위 규모

"대통령령이 정하는 개발행위의 규모"라 함은 다음에 해당하는 토지의 형질변경 면적을 말한다.

1. 개발행위 규모
   ① 도시지역
      가. 주거지역·상업지역·자연녹지지역·생산녹지지역 : 1만㎡ 미만
      나. 공업지역 : 3만㎡ 미만
      다. 보전녹지지역 : 5천㎡ 미만
   ② 관리지역 : 3만㎡ 미만
   ③ 농림지역 : 3만㎡ 미만
   ④ 자연환경보전지역 : 5천㎡ 미만

   다만, 관리지역 및 농림지역에 대하여는 위 면적의 범위 안에서 당해 특별시·광역시·특별자치시·특별자치도·시 또는 군의 도시·군계획 조례로 따로 정할 수 있다.

2. 적용방법
   개발행위허가의 대상인 토지가 2 이상의 용도지역에 걸치는 경우에는 각각의 용도지역에 위치하는 토지부분에 대하여 각각의 용도지역의 개발행위의 규모에 관한 규정을 적용한다.
   다만, 개발행위허가의 대상인 토지의 총면적이 당해 토지가 걸쳐 있는 용도지역 중 개발행위의 규모가 가장 큰 용도지역의 개발행위의 규모를 초과하여서는 아니 된다.

3. 면적제한의 예외
   ① 지구단위계획으로 정한 가구 및 획지의 범위 안에서 이루어지는 토지의 형질변경으로서 당해 형질변경과 관련된 기반시설이 이미 설치되었거나 형질 변경과 기반시설의 설치가 동시에 이루어지는 경우
   ② 해당 개발행위가 농어촌정비사업으로 이루어지는 경우
   ③ 개발행위가 국방·군사시설사업으로 이루어지는 경우
   ④ 초지조성, 농지조성, 영림 또는 토석채취를 위한 경우
   ⑤ 해당 개발행위가 다음 어느 하나에 해당하는 경우. 이 경우 특별시장·광역시장·특별자치시장·특별자치도지사·시장 또는 군수는 그 개발행위에 대한 허가를 하려면 시·도도시계획위원회 또는 시·군·구도시계획위원회 중 대도시에 두는 도시계획위원회 심의를 거쳐야 한다.
      ㉠ 하나의 필지에 건축물을 건축하거나 공작물을 설치하기 위한 토지의 형질변경

ⓛ 하나 이상의 필지에 하나의 용도에 사용되는 건축물을 건축하거나 공작물을 설치하기 위한 토지의 형질변경

4. 건축물의 건축, 공작물의 설치 또는 지목의 변경을 수반하지 아니하고 시행하는 토지복원사업
5. 그 밖에 국토해양부령이 정하는 경우

(2) 개발행위허가의 구체적 기준

허가할 수 있는 경우 그 허가의 기준은 지역의 특성, 지역의 개발상황, 기반시설의 현황 등을 고려하여 다음 각 호의 구분에 따라 정한다.

1. 시가화용도 : 토지의 이용 및 건축물의 용도·건폐율·용적률·높이 등에 대한 용도지역의 제한에 따라 개발행위허가의 기준을 적용하는 주거지역·상업지역 및 공업지역
2. 유보용도 : 도시계획위원회의 심의를 통하여 개발행위허가의 기준을 강화 또는 완화하여 적용할 수 있는 계획관리지역·생산관리지역 및 녹지지역 중 자연녹지지역
3. 보전용도 : 도시계획위원회의 심의를 통하여 개발행위허가의 기준을 강화하여 적용할 수 있는 보전관리지역·농림지역·자연환경보전지역 및 녹지지역 중 생산녹지지역 및 보전녹지지역

Ⅱ. 개발행위 허가 절차

1. 개발계획서의 제출

개발행위를 하려는 자는 그 개발행위에 따른 기반시설의 설치나 그에 필요한 용지의 확보, 위해방지, 환경오염 방지, 경관, 조경 등에 관한 계획서를 첨부한 신청서를 개발행위허가권자에게 제출하여야 한다.

이 경우 개발밀도관리구역 안에서는 기반시설의 설치나 그에 필요한 용지의 확보에 관한 계획서를 제출하지 아니한다.

건축법의 적용을 받는 건축물의 건축 또는 공작물의 설치를 하려는 자는 건축법에서 정하는 절차에 따라 신청서류를 제출하여야 한다.

2. 의견청취

특별시장·광역시장·특별자치시장·특별자치도지사·시장 또는 군수는 개발행위허가를 하려면 그 개발행위가 도시·군계획사업의 시행에 지장을 주는 지에 관하여 해당 지역에서 시행되는 도시·군계획사업의 시행자의 의견을 들어야 한다.

특별시장·광역시장·특별자치시장·특별자치도지사·시장 또는 군수는 공공시설의 귀속에 관한 사항이 포함된 개발행위허가를 하려면 미리 해당 공공시설이 속한 관리청의 의견을 들어야 한다.

다만, 관리청이 지정되지 아니한 경우에는 관리청이 지정된 후 준공되기 전에 관리청의 의견을 들어야 하며, 관리청이 불분명한 경우에는 도로·하천 등에 대하여는 국토해양부장관을 관리청으로 보고, 그 외의 재산에 대하여는 기획재정부장관을 관리청으로 본다.

3. 도시계획위원회의 심의

(1) 원칙

관계 행정기관장은 ① 건축물의 건축 또는 공작물의 설치② 토지의 형질변경(경작을 위한 경우로서 대통령령으로 정하는 토지의 형질 변경은 제외)③ 토석의 채취행위 중 어느 하나에 해당하는 행위로서 다음에서 정하는 행위를 이 법에 따라 허가하거나 다른 법률에 따라 인가·허가·승인 또는 협의를 하려면 중앙도시계획위원회나 지방도시계획위원회의 심의를 거쳐야 한다.

1. 건축물의 건축 또는 공작물의 설치를 목적으로 하는 토지의 형질변경으로서 그 면적이 기준면적 규모 이상인 경우
2. 녹지지역, 관리지역, 농림지역 또는 자연환경보전지역에서 건축물의 건축 또는 공작물의 설치를 목적으로 하는 토지의 형질변경으로서 그 면적이 기준규모 미만인 경우.
3. 부피 3만㎥ 이상의 토석채취

(2) 예외

다음 어느 하나에 해당하는 개발행위는 중앙도시계획위원회와 지방도시계획 위원회의 심의를 거치지 아니한다.

1. 이 법 제8조, 제9조 또는 다른 법률에 따라 도시계획위원회의 심의를 받는 구역에서 하는 개발행위
2. 지구단위계획을 수립한 지역에서 하는 개발행위
3. 주거지역·상업지역·공업지역에서 시행하는 개발행위 중 특별시·광역시·특별자치시·특별자치도·시 또는 군의 조례로 정하는 규모·위치 등에 해당하지 아니 하는 개발행위
4. 환경영향평가를 받은 개발행위
5. 교통영향분석·개선대책에 대한 검토를 받은 개발행위
6. 농어촌정비사업 중 대통령령으로 정하는 사업을 위한 개발행위
7. 산림사업 및 사방사업을 위한 개발행위

4. 개발행위허가 처분

(1) 허가의 기속성

특별시장·광역시장·특별자치시장·특별자치도지사·시장 또는 군수는 개발행위허가의 신청에 대하여 특별한 사유가 없는 한 15일(도시계획위원회의 심의를 거쳐야 하거나 관계 행정기관의 장과 협의를 하여야 하는 경우에는 심의 또는 협의기간을 제외한다)이내에 허가 또는 불허가의 처분을 하여야 한다.

특별시장·광역시장·특별자치시장·특별자치도지사·시장 또는 군수는 허가 또는 불허가의 처분을 할 때에는 지체 없이 그 신청인에게 허가증을 발급하거나 불허가 처분의 사유를 서면으로 알려야 한다.

(2) 조건부허가

특별시장·광역시장·특별자치시장·특별자치도지사·시장 또는 군수는 개발행위허가를 하는 경우에는 그 개발행위에 따른 기반시설의 설치 또는 그에 필요한 용지의 확보, 위해 방지, 환경오염 방지, 경관, 조경 등에 관한 조치를 할 것을 조건으로 개발행위허가를 할 수 있다.

특별시장·광역시장·특별자치시장·특별자치도지사·시장 또는 군수는 개발행위허가에 조건을 붙이려는 때에는 미리 개발행위허가를 신청한 자의 의견을 들어야한다.

5. 인·허가 등의 의제 및 준공

(1) 인·허가 등의 의제

① 개발행위허가를 할 때에 특별시장·광역시장·특별자치시장·특별자치도지사·시장 또는 군수가 그 개발행위에 대한 다음 각 호의 인가·허가·승인·면허·협의·해제·신고 또는 심사 등에 관하여 미리 관계 행정기관의 장과 협의한 사항에 대하여는 그 인·허가 등을 받은 것으로 본다.

② 도로법 등 17개의 법률에 대한 인·허가가 의제되나, 건축법상의 건축허가는 의제대상이 되지 않는다. 건축행위에 대해서는 건축법에 의한 건축허가를 받으면 개발행위허가를 받은 것으로 본다.

③ 인·허가 등의 의제를 받으려는 자는 개발행위허가를 신청할 때에 해당 법률에서 정하는 관련 서류를 함께 제출하여야 한다.

④ 특별시장·광역시장·특별자치시장·특별자치도지사·시장 또는 군수는 개발행위 허가를 할 때에 그 내용에 의제사항에 해당하는 사항이 있으면 미리 관계 행정 기관의 장과 협의하여야 한다.

⑤ 협의 요청을 받은 관계 행정기관의 장은 요청을 받은 날부터 20일 이내에 의견을 제출하여야 하며, 그 기간 내에 의견을 제출하지 아니하면 협의가 이루어진 것으로 본다.

⑥ 국토해양부장관은 의제되는 인·허가 등의 처리기준을 관계 중앙행정기관으로부터 제출받아 통합하여 고시하여야 한다.

(2) 준공검사

① 원칙

다음 행위에 대한 개발행위허가를 받은 자는 그 개발행위를 마치면 국토해양부령으로 정하는 바에 따라 특별시장·광역시장·특별자치시장·특별자치도지사·시장 또는 군수의 준공검사를 받아야 한다.

1. 건축물의 건축 또는 공작물의 설치
2. 토지의 형질 변경(경작을 위한 경우로서 대통령령으로 정하는 토지의 형질 변경은 제외한다)
3. 토석의 채취

② 예외

위 원칙에 대하여 「건축법」에 따른 건축물의 사용승인을 받은 경우에는 그러 하지 아니하다. 그리고 토지분할 및 물건을 쌓아 놓는 행위는 준공검사 대상이 아니다.

③ 준공검사시 관계법령의 의제 및 통합고시

㉠ 준공검사를 받은 경우에는 개발행위허가로 의제되는 인·허가 등에 따른 준공검사·준공인가 등에 관하여 관계 행정기관의 장과 협의한 사항에 대하여는 해당 준공검사·준공인가 등을 받은 것으로 본다.

㉡ 특별시장·광역시장·특별자치시장·특별자치도지사·시장 또는 군수는 준공검사를 할 때에 그 내용에 의제되는 인·허가등에 따른 준공검사·준공인가 등에 해당하는 사항이 있으면 미리 관계 행정기관의 장과 협의하여야 한다.

㉢ 국토해양부장관은 의제되는 준공검사·준공인가 등의 처리기준을 관계 중앙행정기관으로부터 제출받아 통합하여 고시하여야 한다.

Ⅲ. 이행담보, 허가위반자에 대한 조치

1. 이행담보

(1) 예치사유

특별시장·광역시장·특별자치시장·특별자치도지사·시장 또는 군수는 기반시설의 설치나 그에 필요한 용지의 확보, 위해 방지, 환경오염 방지, 경관, 조경 등을 위하여 필요하다고 인정되는 경우로서 대통령령으로 정하는 다음의 경우에는 이의 이행을 보증하기 위하여 개발행위허가를 받는 자로 하여금 이행보증금을 예치하게 할 수 있다.

1. 건축물의 건축·공작물의 설치, 토지의 형질변경, 토석의 채취의 개발행위로서 당해 개발행위로 인하여 도로·수도공급설비·하수도 등 기반시설의 설치가 필요한 경우
2. 토지의 굴착으로 인하여 인근의 토지가 붕괴될 우려가 있거나 인근의 건축물 또는 공작물이 손괴될 우려가 있는 경우
3. 토석의 발파로 인한 낙석·먼지 등에 의하여 인근지역에 피해가 발생할 우려가 있는 경우

4. 토석을 운반하는 차량의 통행으로 인하여 통행로 주변의 환경이 오염될 우려가 있는 경우
5. 토지의 형질변경이나 토석의 채취가 완료된 후 비탈면에 조경을 할 필요가 있는 경우

다만, 다음 어느 하나에 해당하는 경우에는 그러하지 아니하다.

1. 국가나 지방자치단체가 시행하는 개발행위
2. 「공공기관의 운영에 관한 법률」에 따른 공공기관 중 대통령령으로 정하는 기관이 시행하는 개발행위
3. 그 밖에 해당 지방자치단체의 조례로 정하는 공공단체가 시행하는 개발행위

(2) 예치금액

① 이행보증금의 예치금액은 기반시설의 설치, 위해의 방지, 환경오염의 방지, 경관 및 조경에 필요한 비용의 범위 안에서 산정하되 총공사비의 20% 이내가 되도록 하고, 그 산정에 관한 구체적인 사항 및 예치방법은 특별시·광역시·특별자치시·특별자치도·시 또는 군의 도시·군계획 조례로 정한다.
② 산지에서의 개발행위에 대한 이행보증금의 예치금액은 「산지관리법」에 따른 복구비를 포함하여 정하되, 복구비가 이행보증금에 중복하여 계상되지 아니 하도록 하여야 한다.

(3) 예치방법 및 반환

① 이행보증금은 현금으로 납입하되, 「국가를 당사자로 하는 계약에 관한 법률 시행령」 및 「지방자치단체를 당사자로 하는 계약에 관한 법률 시행령」의 보증서 등 또는 「광산피해의 방지 및 복구에 관한 법률」에 따라 한국광해관리공단이 발행하는 이행보증서 등으로 이를 갈음할 수 있다.
② 이행보증금은 개발행위허가를 받은 자가 준공검사를 받은 때에는 즉시 이를 반환하여야 한다.

2. 허가 위반자에 대한 조치

(1) 원상회복명령

특별시장·광역시장·특별자치시장·특별자치도지사·시장 또는 군수는 개발행위 허가를 받지

아니하고 개발행위를 하거나 허가내용과 다르게 개발행위를 하는 자에게는 그 토지의 원상회복을 명할 수 있다.

(2) 행정대집행

특별시장·광역시장·특별자치시장·특별자치도지사·시장 또는 군수는 원상회복의 명령을 받은 자가 원상회복을 하지 아니하면 「행정대집행법」에 따른 행정대집행에 따라 원상회복을 할 수 있다. 이 경우 행정대집행에 필요한 비용은 개발행위 허가를 받은 자가 예치한 이행보증금을 사용할 수 있다.

(3) 행정형벌

3년 이하의 징역 또는 3천만원 이하의 벌금에 처한다.

Ⅳ. 개발행위 허가의 제한

1. 제한권자

국토해양부장관, 시·도지사, 시장 또는 군수는 개발행위허가를 제한할 수 있다.

2. 제한이유 및 제한기간

(1) 제한이유

다음 어느 하나에 해당되는 지역으로서 도시·군관리계획상 특히 필요하다고 인정되는 지역에 대하여 중앙도시계획위원회나 지방도시계획위원회의 심의를 거쳐 개발행위허가를 제한할 수 있다.

1. 녹지지역이나 계획관리지역으로서 수목이 집단적으로 자라고 있거나 조수류 등이 집단적으로 서식하고 있는 지역 또는 우량 농지 등으로 보전할 필요가 있는 지역

2. 개발행위로 인하여 주변의 환경·경관·미관·문화재 등이 크게 오염되거나 손상될 우려가 있는 지역
3. 도시·군기본계획이나 도시·군관리계획을 수립하고 있는 지역으로서 그 도시·군기본계획이나 도시·군관리계획이 결정될 경우 용도지역·용도지구 또는 용도구역의 변경이 예상되고 그에 따라 개발행위허가의 기준이 크게 달라질 것으로 예상되는 지역
4. 지구단위계획구역으로 지정된 지역
5. 기반시설부담구역으로 지정된 지역

(2) 제한기간

1회에 한하여 3년 이내의 기간동안 개발행위허가를 제한할 수 있다. 위 3부터 5까지에 해당하는 지역에 대하여는 1회에 한하여 2년 이내의 기간동안 개발행위 허가의 제한을 연장할 수 있다.

(3) 제한절차

1) 도시계획위원회의 심의

국토해양부장관인 경우에는 중앙도시계획위원회의 심의를 거쳐야 하며, 시·도지사 또는 시장·군수인 경우에는 당해 지방자치단체에 설치된 지방도시계획위원회의 심의를 거쳐 개발행위허가를 제한할 수 있다.

2) 관할시장·군수의 의견청취

개발행위허가를 제한하고자 하는 자가 국토해양부장관 또는 시·도지사인 경우에는 중앙도시계획위원회 또는 시·도도시계획위원회의 심의전에 미리 제한하고자 하는 지역을 관할하는 시장 또는 군수의 의견을 들어야 한다.

3) 사전 고시

국토해양부장관, 시·도지사, 시장 또는 군수는 개발행위허가를 제한하려면 국토해양부장관이 제한하는 경우에는 관보에, 시·도지사 또는 시장·군수가 제한하는 경우에는 당해 지방자치단체의 공보에 게재하는 방법에 의하여 제한지역·제한 사유·제한대상행위 및 제한기간을 미리 고시하여야 한다.

참고 | 개발행위허가권자와 제한권자의 비교

1. 개발행위허가권자 : 특별시장·광역시장·특별자치시장·특별자치도지사·시장 또는 군수
2. 개발행위 제한권자 : 국토해양부장관, 시·도지사, 시장 또는 군수

Ⅴ. 도시·군계획시설 부지에서의 개발행위

1. 원칙적 금지

특별시장·광역시장·특별자치시장·특별자치도지사·시장 또는 군수는 도시·군계획시설의 설치 장소로 결정된 지상·수상·공중·수중 또는 지하는 그 도시·군계획시설이 아닌 건축물의 건축이나 공작물의 설치를 허가하여서는 아니 된다.

2. 예외적 허용

(1) 위치상 지장이 없는 경우

① 지상·수상·공중·수중 또는 지하에 일정한 공간적 범위를 정하여 도시·군계획 시설이 결정되어 있고, 그 도시·군계획시설의 설치·이용 및 장래의 확장 가능성에 지장이 없는 범위에서 도시·군계획시설이 아닌 건축물 또는 공작물을 그 도시·군계획시설인 건축물 또는 공작물의 부지에 설치하는 경우

② 도시·군계획시설과 도시·군계획시설이 아닌 시설을 같은 건축물안에 설치한 경우(도시계획법 개정법률에 의하여 개정되기 전에 설치한 경우를 말한다)로서 실시계획인가를 받아 다음 어느 하나에 해당하는 경우

가. 건폐율이 증가하지 아니하는 범위 안에서 당해 건축물을 증축 또는 대수선 하여 도시·군계획시설이 아닌 시설을 설치하는 경우

나. 도시·군계획시설의 설치·이용 및 장래의 확장 가능성에 지장이 없는 범위 안에서 도시·군계획시설을 도시·군계획시설이 아닌 시설로 변경하는 경우

③ 「도로법」 등 도시·군계획시설의 설치 및 관리에 관하여 규정하고 있는 다른 법률에 의하여 점용허가를 받아 건축물 또는 공작물을 설치하는 경우

(2) 시기상 지장이 없는 경우

특별시장·광역시장·특별자치시장·특별자치도지사·시장 또는 군수는㉠ 도시·군계획시설결정의 고시일부터 2년이 지날 때까지 그 시설의 설치에 관한 사업이 시행 되지 아니한 도시·군계획시설 중 단계별 집행계획이 수립되지 아니하거나, ㉡ 단계별 집행계획에서 제1단계 집행계획(단계별 집행계획을 변경한 경우에는 최초의 단계별 집행계획을 말한다)에 포함되지 아니한 도시·군계획시설의 부지에 대하여는 다음의 개발행위를 허가할 수 있다.

1. 가설건축물의 건축과 이에 필요한 범위에서의 토지의 형질 변경
2. 도시·군계획시설의 설치에 지장이 없는 공작물의 설치와 이에 필요한 범위에서의 토지의 형질변경
3. 건축물의 개축 또는 재축과 이에 필요한 범위에서의 토지의 형질변경(건축법에 따라 신고하고 설치할 수 있는 건축물의 개축 증축 또는 재축과 이에 필요한 범위 안에서의 토지의 형질변경에 해당하는 경우를 제외한다)

참고 | 단계별집행계획

단계별집행계획은 도시·군계획시설을 대상으로 하는 도시·군계획시설사업에 관한 예정표로서, 제1단계 집행계획에는 3년 이내에 시행하는 도시·군계획시설사업이, 제2단계 집행계획에는 3년 후에 시행하는 도시·군계획시설사업이 포함된다.

3. 원상회복

(1) 원상회복에 필요한 조치명령

특별시장·광역시장·특별자치시장·특별자치도지사·시장 또는 군수는 가설건축물의 건축이나 공작물의 설치를 허가한 토지에서 도시·군계획시설사업이 시행되는 경우에는 그 시행예정일 3개월 전까지 가설건축물이나 공작물 소유자의 부담으로 그 가설건축물이나 공작물의 철거 등 원상회복에 필요한 조치를 명하여야 한다.

다만, 원상회복이 필요하지 아니하다고 인정되는 경우에는 그러하지 아니하다.

(2) 행정대집행

특별시장·광역시장·특별자치시장·특별자치도지사·시장 또는 군수는 원상회복의 명령을 받은 자가 원상회복을 하지 아니하면 「행정대집행법」에 의한 행정대집행에 따라 원상회복을 할 수 있다.

VI. 개발행위에 따른 공공시설 등의 귀속

1. 공공시설의 귀속주체

개발행위허가받은 자가 행정청인 경우	① 개발행위허가를 받은 자가 새로 공공시설을 설치한 경우 「국유재산법」과 「공유재산 및 물품 관리법」에도 불구하고 새로 설치된 공공시설은 그 시설을 관리할 관리청에 무상으로 귀속되고, 종래의 공공시설은 개발행위허가를 받은 자에게 무상으로 귀속된다.
	② 기존의 공공시설에 대체되는 공공시설을 설치한 경우 「국유재산법」과 「공유재산 및 물품 관리법」에도 불구하고 종래의 공공시설은 개발행위허가를 받은 자에게 무상으로 귀속된다.
개발행위허가받은 자가 행정청이 아닌 경우	① 개발행위허가를 받은 자가 새로 설치한 공공시설 그 시설을 관리할 관리청에 무상으로 귀속되고
	② 개발행위로 용도가 폐지되는 공공시설 「국유재산법」과 「공유재산 및 물품 관리법」에도 불구하고 새로 설치한 공공시설의 설치비용에 상당하는 범위에서 개발행위허가를 받은 자에게 무상으로 양도할 수 있다.

2. 공공시설의 귀속시기

개발행위허가받은 자가 행정청인 경우	개발행위가 끝나 준공검사를 마친 때에는 해당 시설의 관리청에 공공시설의 종류와 토지의 세목을 통지한 날에 해당 시설을 관리할 관리청과 개발행위허가를 받은 자에게 각각 귀속된 것으로 본다.
개발행위허가받은 자가 행정청이 아닌 경우	관리청에 귀속되거나 그에게 양도될 공공시설에 관하여 개발행위가 끝나기 전에 그 시설의 관리청에 그 종류와 토지의 세목을 통지하여야 하고, 준공검사를 한 특별시장·광역시장·특별자치시장·특별자치도지사·시장 또는 군수는 그 내용을

	해당 시설의 관리청에 통보하여야 한다. 이 경우 공공시설은 준공검사를 받음으로써 그 시설을 관리할 관리청과 개발행위허가를 받은 자에게 각각 귀속되거나 양도된 것으로 본다.

3. 부동산등기의 특례

공공시설의 귀속에 의한 공공시설을 등기할 때에 「부동산등기법」에 따른 등기원인을 증명하는 서면은 준공검사를 받았음을 증명하는 서면으로 갈음한다.

4. 수익금의 사용제한

개발행위허가를 받은 자가 행정청인 경우 개발행위허가를 받은 자는 그에게 귀속된 공공시설의 처분으로 인한 수익금을 도시·군계획사업 외의 목적에 사용하여서는 아니 된다.

제 7 장

개발행위에 따른 기반시설의 설치

Ⅰ. 개발행위의 허가

1. 의의

특별시장·광역시장·특별자치시장·특별자치도지사·시장 또는 군수는 주거·상업 또는 공업지역에서의 개발행위로 기반시설(도시·군계획시설을 포함한다)의 처리·공급 또는 수용능력이 부족할 것으로 예상되는 지역 중 기반시설의 설치가 곤란한 지역을 개발밀도관리구역으로 지정할 수 있다.

2. 건폐율·용적률의 강화(지정효력)

특별시장·광역시장·특별자치시장·특별자치도지사·시장 또는 군수는 개발밀도관리구역에서는 대통령령으로 정하는 범위(당해 용도지역에 적용되는 용적률의 최대한도의 50% 범위)에서 건폐율 또는 용적률을 강화하여 적용한다.

3. 지정기준

개발밀도관리구역의 지정기준, 개발밀도관리구역의 관리 등에 관하여 필요한 사항은 대통령령으로 정하는 바에 따라 국토해양부장관이 정한다.

참고 | 개발밀도관리구역의 지정 시 고려사항

국토해양부장관은 개발밀도관리구역의 지정기준 및 관리방법을 정할 때에는 다음 각 호의 사항을 종합적으로 고려하여야 한다.

1. 개발밀도관리구역은 도로·수도공급설비·하수도·학교 등 기반시설의 용량이 부족할 것으로 예상되는 지역 중 기반시설의 설치가 곤란한 지역으로서 다음 각목의 1에 해당하는 지역에 대하여 지정할 수 있도록 할 것
   가. 당해 지역의 도로서비스 수준이 매우 낮아 차량통행이 현저하게 지체되는 지역. 이 경우 도로서비스 수준의 측정에 관하여는 「도시교통정비 촉진법」에 따른 교통영향분석·개선대책의 예에 따른다.
   나. 당해 지역의 도로율이 국토해양부령이 정하는 용도지역별 도로율에 20% 이상 미달하는 지역
   다. 향후 2년 이내에 당해 지역의 수도에 대한 수요량이 수도시설의 시설용량을 초과할 것으로 예상되는 지역
   라. 향후 2년 이내에 당해 지역의 하수발생량이 하수시설의 시설용량을 초과할 것으로 예상되는 지역
   마. 향후 2년 이내에 당해 지역의 학생수가 학교수용능력을 20% 이상 초과할 것으로 예상되는 지역
2. 개발밀도관리구역의 경계는 도로·하천 그 밖에 특색 있는 지형지물을 이용하거나 용도지역의 경계선을 따라 설정하는 등 경계선이 분명하게 구분되도록 할 것
3. 용적률의 강화범위는 제62조(개발밀도의 강화범위)의 범위안에서 기반시설의 부족정도를 감안하여 결정할 것
4. 개발밀도관리구역안의 기반시설의 변화를 주기적으로 검토하여 용적률을 강화 또는 완화하거나 개발밀도관리구역을 해제하는 등 필요한 조치를 취하도록 할 것

4. 지정절차

(1) 지방도시계획위원회의 심의

특별시장·광역시장·특별자치시장·특별자치도지사·시장 또는 군수는 개발밀도관리구역을 지정하거나 변경하려면 다음 사항을 포함하여 해당 지방자치단체에 설치 된 지방도시계획위원회의 심의를 거쳐야 한다.

1. 개발밀도관리구역의 명칭
2. 개발밀도관리구역의 범위
3. 건폐율 또는 용적률의 강화 범위

(2) 고시

특별시장·광역시장·특별자치시장·특별자치도지사·시장 또는 군수는 개발밀도관리구역을 지정하거나 변경한 경우에는 그 사실을 지방자치단체의 공보에 게재하는 방법으로 고시하여야 한다.

참고 | 개발밀도관리구역 지정절차에 없는 것

> 개발밀도관리구역 지정절차에는 의견청취(주민 및 관계 전문가), 지방자치단체(의회, 장), 협의(관계 행정기관) 절차가 없다. 후술하는 기반시설부담구역 지정절차와 달리 주민의 의견청취가 없다.

Ⅱ. 기반시설부담구역

1. 기반시설부담구역 의의

개발밀도관리구역 외의 지역으로서 개발로 인하여 도로, 공원, 녹지 등 다음에 정하는 기반시설의 설치가 필요한 지역을 대상으로 기반시설을 설치하거나 그에 필요한 용지를 확보하게 하기 위하여 지정·고시하는 구역을 말한다.

> 1. 도로(인근의 간선도로로부터 기반시설부담구역까지의 진입도로를 포함한다)
> 2. 공원
> 3. 녹지
> 4. 학교(「고등교육법」 제2조에 따른 대학은 제외한다)
> 5. 수도(인근의 수도로부터 기반시설부담구역까지 연결하는 수도를 포함한다)
> 6. 하수도(인근의 하수도로부터 기반시설부담구역까지 연결하는 하수도를 포함한다)
> 7. 폐기물처리시설
> 8. 그 밖에 특별시장·광역시장·특별자치시장·특별자치도지사·시장 또는 군수가 기반시설부담계획에서 정하는 시설

2. 지정대상

특별시장·광역시장·특별자치시장·특별자치도지사·시장 또는 군수는 다음 어느 하나에 해당하는 지역에 대하여는 기반시설부담구역으로 지정하여야 한다.

그러나 개발행위가 집중되어 특별시장·광역시장·특별자치시장·특별자치도지사·시장 또는 군수가 해당 지역의 계획적 관리를 위하여 필요하다고 인정하면 다음에 해당하지 아니하는 경우라도 기반시설부담구역으로 지정할 수 있다.

1. 이 법 또는 다른 법령의 제정·개정으로 인하여 행위제한이 완화되거나 해제되는 지역
2. 이 법 또는 다른 법령에 따라 지정된 용도지역 등이 변경되거나 해제되어 행위제한이 완화되는 지역
3. 개발행위허가 현황 및 인구증가율 등을 고려하여 대통령령으로 정하는 다음 지역
   ① 해당 지역의 전년도 개발행위허가 건수가 전전년도 개발행위허가 건수보다 20% 이상 증가한 지역
   ② 해당 지역의 전년도 인구증가율이 그 지역이 속하는 특별시·광역시·특별자치시·특별자치도·시 또는 군(광역시의 관할 구역에 있는 군은 제외한다)의 전년도 인구증가율보다 20% 이상 높은 지역

3. 지정절차

특별시장·광역시장·특별자치시장·특별자치도지사·시장 또는 군수는 기반시설부담구역을 지정 또는 변경하려면 주민의 의견을 들어야 하며, 해당 지방자치단체에 설치된 지방도시계획위원회의 심의를 거쳐 기반시설부담구역의 명칭·위치·면적 및 지정일자와 관계 도서의 열람방법을 해당 지방자치단체의 공보와 인터넷 홈페이지에 고시하여야 한다.

※ 지정절차에 지방자치단체 의회 및 장의 의견청취와 관계 행정기관 협의 절차가 없고, 주민의견 청취만 있다.

4. 기반시설부담구역의 지정기준

기반시설부담구역의 지정기준을 정할 때에는 다음 사항을 종합적으로 고려하여 국토해양부장관이 정한다.

1. 기반시설부담구역은 기반시설이 적절하게 배치될 수 있는 규모로서 최소 10만㎡ 이상의 규모가 되도록 지정할 것
2. 소규모 개발행위가 연접하여 시행될 것으로 예상되는 지역의 경우에는 하나의 단위구역으로 묶어서 기

반시설부담구역을 지정할 것
3. 기반시설부담구역의 경계는 도로, 하천, 그 밖의 특색 있는 지형지물을 이용하는 등 경계선이 분명하게 구분되도록 할 것

5. 기반시설부담구역의 해제

기반시설부담구역의 지정고시일부터 1년이 되는 날까지 기반시설설치계획을 수립하지 아니하면 그 1년이 되는 날의 다음날에 기반시설부담구역의 지정은 해제된 것으로 본다.

Ⅲ. 기반시설설치계획

1. 기반시설설치계획 수립

특별시장·광역시장·특별자치시장·특별자치도지사·시장 또는 군수는 기반시설부담구역이 지정되면 다음에서 정하는 바에 따라 기반시설설치계획을 수립하여야 하며, 이를 도시·군관리계획에 반영하여야 한다.

2. 수립 내용

1. 설치가 필요한 기반시설의 종류, 위치 및 규모
2. 기반시설의 설치 우선순위 및 단계별 설치계획
3. 그 밖에 기반시설의 설치에 필요한 사항

3. 계획수립 시 고려사항

특별시장·광역시장·특별자치시장·특별자치도지사·시장 또는 군수는 기반시설설치계획을 수립할 때에는 다음 각 호의 사항을 종합적으로 고려하여야 한다.

1. 기반시설의 배치는 해당 기반시설부담구역의 토지이용계획 또는 앞으로 예상되는 개발수요를 감안하여 적절하게 정할 것
2. 기반시설의 설치시기는 재원조달계획, 시설별 우선순위, 사용자의 편의와 예상되는 개발행위의 완료시기 등을 감안하여 합리적으로 정할 것

4. 의제

위 규정에 불구하고 지구단위계획을 수립한 경우에는 기반시설설치계획을 수립한 것으로 본다.

Ⅳ. 기반시설 설치비용

1. 의의

기반시설설치비용이란 단독주택 및 숙박시설 등 대통령령으로 정하는 시설의 신·증축 행위로 인하여 유발되는, 기반시설을 설치하거나 그에 필요한 용지를 확보하기 위하여 부과·징수하는 금액을 말한다.

2. 부과대상

기반시설부담구역에서 기반시설설치비용 부과대상인 건축행위는 단독주택 및 숙박시설 등 「건축법 시행령」 별표 1에 따른 용도별 건축물로서 200㎡(기존 건축물의 연면적을 포함한다)를 초과하는 건축물의 신축·증축 행위로 한다. 다만, 기존 건축물을 철거하고 신축하는 경우에는 기존 건축물의 건축연면적을 초과하는 건축행위만 부과대상으로 한다.

3. 부과기준

① 기반시설설치비용은 기반시설을 설치하는 데 필요한 기반시설 표준시설비용과 용지비용을 합산한 금액에 부과대상 건축연면적과 기반시설 설치를 위하여 사용되는 총 비용 중 국가·지방자치단체의 부담분을 제외하고 민간 개발사업자가 부담하는 부담률을 곱한 금액으로 한다.

> 기반시설설치비용
> =(표준시설비용+용지비용) × 건축연면적 ×(기반시설 설치 총 비용 - 국가 및 지방자치단체 부담 분)

② 다만, 특별시장·광역시장·특별자치시장·특별자치도지사·시장 또는 군수가 해당 지역의 기반시설 소요량 등을 고려하여 대통령령으로 정하는 바에 따라 기반시설 부담계획을 수립한 경우에는 그 부담계획에 따른다.

③ 기반시설 표준시설비용은 기반시설 조성을 위하여 사용되는 단위당 시설비로서 해당 연도의 생산자물가상승률 등을 고려하여 대통령령으로 정하는 바에 따라 국토해양부장관이 고시한다.

④ 용지비용은 부과대상이 되는 건축행위가 이루어지는 토지를 대상으로 다음 각 호의 기준을 곱하여 산정한 가액으로 한다.

> 1. 지역별 기반시설의 설치 정도를 고려하여 0.4 범위에서 지방자치단체의 조례로 정하는 용지환산계수
> 2. 기반시설부담구역의 개별공시지가 평균 및 대통령령으로 정하는 건축물별 기반시설유발계수

⑤ 민간 개발사업자가 부담하는 부담률은 100분의 20으로 하며, 특별시장·광역시 장·특별자치시장·특별자치도지사·시장 또는 군수가 건물의 규모, 지역 특성 등을 고려하여 100분의 25의 범위에서 부담률을 가감할 수 있다.

⑥ 납부의무자가 기반시설을 설치하거나, 그에 필요한 용지를 확보한 경우 및 「도로법」에 따른 원인자부담금 등 대통령령으로 정하는 비용을 납부한 경우에는 이 법에 따른 기반시설설치비용에서 감면한다. 감면기준 및 감면절차와 그 밖에 필요한 사항은 대통령령으로 정한다.

4. 납부 및 체납처분

(1) 납부

납부의무자는 건축행위를 하는 자로서 다음의 자를 포함한다.

1. 건축행위를 위탁 또는 도급한 경우에는 그 위탁이나 도급을 한 자
2. 타인 소유의 토지를 임차하여 건축행위를 하는 경우에는 그 행위자
3. 건축행위를 완료하기 전에 건축주의 지위나 위 1 또는 2에 해당하는 자의 지위를 승계하는 경우에는 그 지위를 승계한 자

(2) 납부절차 및 기준

1) 부과

㉠ 특별시장·광역시장·특별자치시장·특별자치도지사·시장 또는 군수는 납부 의무자가 국가 또는 지방자치단체로부터 건축허가(다른 법률에 따른 사업승인 등 건축허가가 의제되는 경우에는 그 사업승인)를 받은 날부터 2개월 이내에 기반시설설치비용을 부과하여야 한다.

㉡ 기반시설설치비용을 부과하려면 부과기준시점부터 30일 이내에 납부의무자에게 적용되는 부과 기준 및 부과될 기반시설설치비용을(예정통지) 미리 알려야 한다.

㉢ 예정 통지를 받은 납부의무자는 예정 통지된 기반시설설치비용에 대하여 이의가 있으면 예정 통지를 받은 날부터 15일 이내에 특별시장·광역시장·특별자치시장·특별자치도지사·시장 또는 군수에게 심사(이하 "고지 전 심사"라 한다)를 청구할 수 있다.

㉣ 고지 전 심사 청구를 받은 특별시장·광역시장·특별자치시장·특별자치도지사·시장 또는 군수는 그 청구를 받은 날부터 15일 이내에 청구 내용을 심사하여 그 결과를 청구인에게 알려야 한다.

㉤ 특별시장·광역시장·특별자치시장·특별자치도지사·시장 또는 군수는 예정 통지에 이의가 없는 경우 또는 고지 전 심사청구에 대한 심사결과를 통지한 경우에는 그 통지한 금액에 따라 기반시설설치비용을 결정한다.

㉥ 특별시장·광역시장·특별자치시장·특별자치도지사·시장 또는 군수는 기반시설설치비용을 부과하려면 납부의무자에게 납부고지서를 발급하여야 한다.

2) 납부

납부의무자는 사용승인(다른 법률에 따라 준공검사 등 사용승인이 의제되는 경우에는 그 준공검사) 신청 시까지 이를 내야 한다.

3) 징수

특별시장·광역시장·특별자치시장·특별자치도지사·시장 또는 군수는 납부의무자가 정한 때까지 기반시설설치비용을 내지 아니하는 경우에는 지방세 체납처분의 예에 따라 징수할 수 있다.

4) 환급

특별시장·광역시장·특별자치시장·특별자치도지사·시장 또는 군수는 기반시설설치비용을 납부한 자가 사용승인 신청 후 해당 건축행위와 관련된 기반시설의 추가 설치 등 기반시설설치비용을 환급하여야 하는 사유가 발생하는 경우에는 그 사유에 상당하는 기반시설설치비용을 환급하여야 한다.

5) 물납

기반시설설치비용은 현금 납부를 원칙으로 하되, 부과대상 토지 및 이와 비슷한 토지로 하는 납부(이하 "물납"이라 한다)를 인정할 수 있다.

물납을 신청하려는 자는 납부기한 20일 전까지 기반시설설치비용, 물납 대상 토지의 면적 및 위치, 물납신청 당시 물납 대상 토지의 개별공시지가 등을 적은 물납신청서를 특별시장·광역시장·특별자치시장·특별자치도지사·시장 또는 군수에게 제출하여야 한다.

특별시장·광역시장·특별자치시장·특별자치도지사·시장 또는 군수는 물납신청서를 받은 날부터 10일 이내에 신청인에게 수납 여부를 서면으로 알려야 한다.

6) 납부 기일의 연기 및 분할 납부

납부의무자가 다음 각 호의 어느 하나에 해당하여 기반시설설치비용을 납부하기가 곤란하다고 인정되면 해당 개발사업 목적에 따른 이용 상황 등을 고려하여 1년의 범위에서 납부 기일을 연기하거나 2년의 범위에서 분할 납부를 인정 할 수 있다.

기반시설설치비용의 납부 기일을 연기하거나 분할 납부를 신청하려는 자는 납부고지서를 받은 날부터 15일 이내에 납부 기일 연기신청서 또는 분할 납부 신청서를 제출하여야 한다.

납부 기일 연기신청서 또는 분할 납부 신청서를 받은 날부터 15일 이내에 납부 기일의 연기 또는 분할 납부 여부를 서면으로 알려야 한다.

납부를 연기한 기간 또는 분할 납부로 납부가 유예된 기간에 대하여는 기반시설설치비용에 「국세기본법 시행령」에 따른 이자를 더하여 징수하여야한다.

1. 재해나 도난으로 재산에 심한 손실을 입은 경우
2. 사업에 뚜렷한 손실을 입은 때
3. 사업이 중대한 위기에 처한 경우
4. 납부의무자나 그 동거 가족의 질병이나 중상해로 장기치료가 필요한 경우

5. 기반시설설치비용의 관리 및 사용 등

특별시장·광역시장·특별자치시장·특별자치도지사·시장 또는 군수는 기반시설설치비용의 관리 및 운용을 위하여 기반시설부담구역별로 특별회계를 설치하여야 하며, 그에 필요한 사항은 지방자치단체의 조례로 정한다.

납부한 기반시설설치비용은 해당 기반시설부담구역에서 기반시설의 설치 또는 그에 필요한 용지의 확보 등을 위하여 사용하여야 한다. 다만, 해당 기반시설부담구역에 사용하기가 곤란한 경우로서 대통령령으로 정하는 경우에는 해당 기반시설부담구역의 기반시설과 연계된 기반시설의 설치 또는 그에 필요한 용지의 확보 등에 사용할 수 있다.

기반시설설치비용의 관리, 사용 등에 필요한 사항은 대통령령으로 정하는 바에 따라 국토해양부장관이 정한다.

제8장

도시·군계획시설 및 사업의 시행

Ⅰ. 도시·군계획시설

1. 도시·군계획시설의 의미

기반시설 중 도시·군관리계획으로 결정된 시설을 말한다.

2. 도시·군계획시설의 설치 및 관리

(1) 원칙

지상·수상·공중·수중 또는 지하에 기반시설을 설치하려면 그 시설의 종류·명칭·위치·규모 등을 미리 도시·군관리계획으로 결정하여야 한다.

(2) 예외

용도지역·기반시설의 특성 등을 고려하여 다음의 경우에는 미리 도시·군관리계획으로 결정하지 아니하고 도시·군계획시설을 설치할 수 있다.

1. 도시지역 또는 지구단위계획구역에서 다음 각 목의 기반시설을 설치하고자 하는 경우
   가. 자동차 및 건설기계검사시설, 자동차 및 건설기계운전학원, 공공공지, 열공 급설비, 방송·통신시설, 시장·공공청사·문화시설·체육시설·도서관·연구시설·사회복지시설·공공직업훈련시설·청소년수련시설·저수지·방화설비·방풍설비·방수설비·사방설비·방조설비·장례식장·종합의료시설·폐차장
   나. 「도시공원 및 녹지 등에 관한 법률」의 규정에 의하여 점용허가 대상이 되는 공원안의 기반시설
   다. 그 밖에 국토해양부령이 정하는 시설

2. 도시지역 및 지구단위계획구역외의 지역에서 다음 각목의 기반시설을 설치하고자 하는 경우
   가. 제1호 가목 및 나목의 기반시설
   나. 궤도 및 전기공급설비
   다. 그 밖에 국토해양부령이 정하는 시설

(3) 위반 시 벌칙

도시·군관리계획의 결정이 없이 기반시설을 설치한 자는 2년 이하의 징역 또는 2천만원 이하의 벌금에 처한다.

(4) 도시·군계획시설의 관리 및 보상

도시·군계획시설의 관리에 관하여 이 법 또는 다른 법률에 특별한 규정이 있는 경우를 제외하고는 다음과 같이 관리한다.

관리주체	관리방법
국가가 관리하는 경우	「국유재산법」(제2조 제11호)에 따른 중앙관서의 장이 관리한다.
지방자치단체가 관리하는 경우	지방자치단체의 조례로 도시·군계획시설의 관리에 관한 사항을 정한다.

도시·군계획시설을 공중·수중·수상 또는 지하에 설치하는 경우 그 높이나 깊이의 기준과 그 설치로 인하여 토지나 건물의 소유권 행사에 제한을 받는 자에 대한 보상 등에 관하여는 따로 법률로 정한다.

Ⅱ. 광역시설

1. 광역시설의 의의

광역시설이란 기반시설 중 광역적인 정비체계가 필요한 시설로서 대통령령이 정하는 시설을 말한다.

2. 광역시설의 설치

(1) 원칙

광역시설의 설치 및 관리는 일반적인 도시·군계획시설의 설치·관리의 규정에 의한다.

(2) 특례

1) 협약 또는 협의회를 통한 설치·관리

협약 또는 협의회가 성립된 경우	관계 특별시장·광역시장·특별자치시장·특별자치도지사·시장 또는 군수는 협약을 체결하거나 협의회 등을 구성하여 광역시설을 설치·관리할 수 있다
협약 또는 협의회가 성립되지 않은 경우	그 시 또는 군이 같은 도에 속할 때에는 관할 도지사가 광역시설을 설치·관리할 수 있다.

2) 법인의 설치·관리

국가계획으로 설치하는 광역시설은 그 광역시설의 설치·관리를 사업목적 또는 사업종목으로 하여 다른 법률에 따라 설립된 법인이 설치·관리할 수 있다.

2. 광역시설의 설치에 따른 지원

지방자치단체는 환경오염이 심하게 발생하거나 해당 지역의 개발이 현저하게 위축될 우려가 있는 광역시설을 다른 지방자치단체의 관할 구역에 설치할 때에는 다음의 환경오염 방지를 위한 사업이나 해당 지역 주민의 편익을 증진시키기 위한 사업을 해당 지방자치단체와 함께 시행하거나 이에 필요한 자금을 해당 지방자치단체에 지원하여야 한다. 그러나 다른 법률에 특별한 규정이 있는 경우에는 그 법률에 따른다.

1. 환경오염의 방지를 위한 사업 : 녹지·하수도 또는 폐기물처리시설의 설치사업과 대기오염·수질오염·악취·소음 및 진동방지사업 등
2. 지역주민의 편익을 위한 사업 : 도로·공원·수도공급설비·문화시설·도서관·사회복지시설·노인정·하수도·종합의료시설 등의 설치사업 등

Ⅲ. 공동구

1. 공동구 의의

공동구는 기반시설 중 유통·공급시설의 하나로서 그 설치에 관한 사항은 일반 기반시설과 같다. 공동구란 지하매설물(전기·가스·수도 등의 공급설비, 통신시설, 하수도시설 등)을 공동 수용함으로써 미관의 개선, 도로구조의 보전 및 교통의 원활한 소통을 위하여 지하에 설치하는 시설물을 말한다.

2. 공동구 설치

(1) 설치 대상지역

다음에 해당하는 지역·지구·구역 등(이하 "지역등")이 200만㎡를 초과하는 경우에는 해당 지역등에서 개발사업을 시행하는 자는 공동구를 설치하여야 한다.

1. 도시개발법에 따른 도시개발구역
2. 택지개발촉진법에 따른 택지개발지구
3. 경제자유구역의 지정 및 운영에 관한 특별법에 따른 경제자유구역
4. 도시 및 주거환경정비법에 따른 정비구역
5. 보금자리주택건설 등에 관한 특별법에 따른 보금자리주택지구
6. 도청이전을 위한 도시건설 및 지원에 관한 특별법에 따른 도청이전 신도시

(2) 설치

① 도로 관리청은 지하매설물의 빈번한 설치 및 유지관리 등의 행위로 인하여 도로구조의 보전과 안전하고 원활한 도로교통의 확보에 지장을 초래하는 경우에는 공동구 설치의 타당성을 검토하여야 한다. 이 경우 재정여건 및 설치 우선순위 등을 감안하여 단계적으로 공동구가 설치될 수 있도록 하여야 한다.

② 공동구가 설치된 경우에는 대통령령으로 정하는 바에 따라 공동구에 수용하여야 할 시설이 모두 수용되도록 하여야 한다.

③ 개발사업의 계획을 수립할 경우에는 공동구 설치에 관한 계획을 포함하여야 한다. 이 경우 공동구에 수용되어야 할 시설을 설치하고자 공동구를 점용하려는 자와 설치 노선 및 규모 등에 관하여 미리 협의한 후 공동구협의회의 심의를 거쳐야 한다.

(3) 비용의 부담

① 공동구의 설치(개량하는 경우를 포함한다)에 필요한 비용은 이 법 또는 다른 법률에 특별한 규정이 있는 경우를 제외하고는 공동구 점용예정자와 사업시행자가 부담한다. 이 경우 공동구 점용예정자는 해당 시설을 개별적으로 매설할 때 필요한 비용의 범위에서 대통령령으로 정하는 바에 따라 부담한다.

② 공동구 점용예정자가 부담하여야 하는 공동구 설치비용은 해당 시설을 개별적으로 매설할 때 필요한 비용으로 하되, 특별시장·광역시장·특별자치시장·특별자치도지사·시장 또는 군수가 공동구협의회의 심의를 거쳐 해당 공동구의 위치, 규모 및 주변 여건 등을 고려하여 정한다.

③ 공동구 점용예정자와 사업시행자가 공동구 설치비용을 부담하는 경우 국가, 특별시장·광역시장·특별자치시장·특별자치도지사·시장 또는 군수는 공동구의 원활한 설치를 위하여 그 비용의 일부를 보조 또는 융자할 수 있다.

(4) 공동구의 관리·운영

1) 관리운영자

공동구는 특별시장·광역시장·특별자치시장·특별자치도지사·시장 또는 군수(이하 "공동구관리자")가 관리한다. 다만, 공동구의 효율적인 관리·운영을 위하여 필요하다고 인정하는 경우에는 대통령령으로 정하는 기관에 그 관리·운영을 위탁할 수 있다.

2) 공동구의 안전 및 유지관리계획

공동구관리자는 5년마다 해당 공동구의 안전 및 유지관리계획을 대통령령으로 정하는 바에 따라 수립·시행하여야 한다.

3) 공동구의 안전점검

공동구관리자는 다음에 정하는 바에 따라 1년에 1회 이상 공동구의 안전점검을 실시하여야 하며, 안전점검결과 이상이 있다고 인정되는 때에는 지체 없이 정밀안전진단·보수·보강 등 필요한 조치를 하여야 한다.

1. 정기점검 : 매년 1월 1일을 기준으로 6개월에 1회 이상 실시한다.
2. 정밀점검 : 전 회의 정밀점검 또는 정밀안전진단 완료일을 기준으로 2년에 1회 이상 실시한다.
3. 긴급점검 : 공동구관리자가 필요하다고 판단하는 때에 실시한다.

4) 관리비용 등

공동구의 관리에 소요되는 비용은 그 공동구를 점용하는 자가 함께 부담하되, 부담비율은 점용면적을 고려하여 공동구관리자가 정한다.

공동구 설치비용을 부담하지 아니한 자(부담액을 완납하지 아니한자를 포함한다)가 공동구를 점용하거나 사용하려면 그 공동구를 관리하는 공동구관리자의 허가를 받아야 한다.

공동구를 점용하거나 사용하는 자는 그 공동구를 관리하는 특별시·광역시·특별자치시·특별자치도·시 또는 군의 조례로 정하는 바에 따라 점용료 또는 사용료를 납부하여야 한다.

공동구관리자는 공동구의 관리에 드는 비용을 연 2회로 분할하여 납부하게 하여야 한다.

Ⅳ. 도시·군계획시설사업의 단계별집행계획

〈도시·군계획시설사업의 시행절차〉

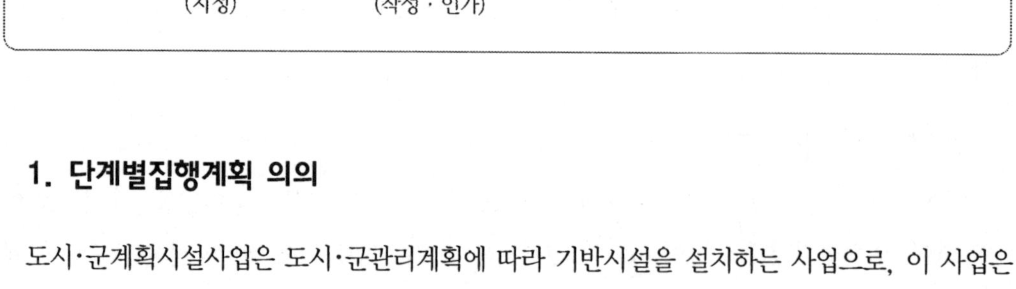

1. 단계별집행계획 의의

도시·군계획시설사업은 도시·군관리계획에 따라 기반시설을 설치하는 사업으로, 이 사업은 사적인 개발행위와 균형있게 진행되어야 한다. 이때 배정된 예산을 개발행위의 진행속도에 맞춰 적절히 필요한 곳에 배정하기 위해 단계별집행계획이 필요하다.

단계별집행계획은 결정된 도시·군계획시설을 대상으로 하여 도시·군계획시설사업의 예정표를 제시하는 계획이다. 따라서 재원조달계획, 보상계획 등을 포함하는 단계별집행계획을 수립하여야 한다.

참고 | 단계별집행계획의 특징

1. 단계별집행계획은 도시·군계획사업 중 도시·군계획시설사업에만 필요하며, 도시개발사업·정비사업은 그 사업비용을 환지(수용)·관리처분의 방법으로 충당하므로 필요 없다.
2. 단계별집행계획은 도시·군계획시설사업 집행 비용에 대한 예산계획이므로 재원조달계획·보상계획 등을 포함하며, 실시계획은 사업을 시행하는 계획으로 설계도서·사업공정에 관한 내용 등을 포함한다.

2. 단계별집행계획의 수립권자

(1) 원칙

특별시장·광역시장·특별자치시장·특별자치도지사·시장 또는 군수는 도시·군계획시설에 대하여 도시·군계획시설결정의 고시일부터 2년 이내에 재원조달계획, 보상계획 등을 포함하는 단계별집행계획을 수립하여야 한다.

(2) 예외

국토해양부장관이나 도지사가 직접 입안한 도시·군관리계획인 경우 국토해양부장관이나 도지사는 단계별집행계획을 수립하여 해당 특별시장·광역시장·특별자치시장·특별자치도지사·시장 또는 군수에게 송부할 수 있다.

3. 단계별집행계획의 수립

(1) 제1단계·제2단계집행계획의 구분수립

단계별 집행계획은 제1단계 집행계획과 제2단계 집행계획으로 구분하여 수립하되, 3년 이내에 시행하는 도시·군계획시설사업은 제1단계 집행계획에, 3년 후에 시행하는 도시·군계획시설사업은 제2단계 집행계획에 포함되도록 하여야 한다.

특별시장·광역시장·특별자치시장·특별자치도지사·시장 또는 군수는 매년 제2단계 집행계획을 검토하여 3년 이내에 도시·군계획시설사업을 시행할 도시·군계획시설은 이를 제1단계집행계획에 포함시킬 수 있다.

(2) 단계별집행계획의 수립절차

특별시장·광역시장·특별자치시장·특별자치도지사·시장 또는 군수는 단계별집행계획을 수립하고자 하는 때에는 미리 관계 행정기관의 장과 협의하여야 한다(사전협의).

특별시장·광역시장·특별자치시장·특별자치도지사·시장 또는 군수는 단계별집행계획을 수립하거나 받은 때에는 지체 없이 지방자치단체의 공보에 게재하는 방법으로 공고하여야 한다.

공고된 단계별 집행계획을 변경하는 경우에는 수립절차를 준용한다. 다만, 대통령령으로 정하는 경미한 사항을 변경하는 경우에는 그러하지 아니하다.

(3) 수립효력

단계별집행계획은 도시·군계획시설결정사업에 대한 예정표를 제시할 뿐이며, 그 수립으로 인하여 일반 국민이 직접적으로 개별적·구체적인 행위제한을 받게 되는 것은 아니다.

즉 단계별집행계획은 일반 국민에 대하여는 구속력이 없는 행정계획이다. 따라서 단계별집행계획은 행정쟁송의 대상이 되지 못하며, 단계별집행계획의 실효제도도 있지 않다.

단계별집행계획은 기초조사, 의견청취(주민, 지방자치단체(의회, 장) 및 심의 없이 협의와 공고만으로 수립한다.

4. 도시·군계획시설사업의 시행자

(1) 원칙(행정청으로 도시·군관리계획의 입안권자)

1) 특별시장·광역시장·특별자치시장·특별자치도지사·시장 또는 군수의 시행

㉠ 특별시장·광역시장·특별자치시장·특별자치도지사·시장 또는 군수는 이 법 또는 다른 법률에 특별한 규정이 있는 경우 외에는 관할 구역의 도시·군계획시설사업을 시행한다.

㉡ 도시·군계획시설사업이 둘 이상의 특별시·광역시·특별자치시·특별자치도·시 또는 군의 관할 구역에 걸쳐 시행되게 되는 경우에는 관계 특별시장·광역시장·특별자치시장·특별자치도지사·시장 또는 군수가 서로 협의하여 시행자를 정한다.

㉢ 협의가 성립되지 아니하는 경우 도시·군계획시설사업을 시행하려는 구역이 같은 도의 관할 구역에 속하는 경우에는 관할 도지사가 시행자를 지정하고, 둘 이상의 시·도의 관할 구역에 걸치는 경우에는 국토해양부장관이 시행자를 지정한다.

2) 국토해양부장관 또는 도지사의 시행

국토해양부장관은 국가계획과 관련되거나 그 밖에 특히 필요하다고 인정되는 경우에는 관계 특별시장·광역시장·특별자치시장·특별자치도지사·시장 또는 군수의 의견을 들어 직접 도시·군계획시설사업을 시행할 수 있으며, 도지사는 광역도시계획과 관련되거나 특히 필요하다고 인정되는 경우에는 관계 시장 또는 군수의 의견을 들어 직접 도시·군계획시설사업을 시행할 수 있다.

(2) 예외(입안권자로부터 지정 받은 자)

도시·군관리계획 입안권자 이외의 자로서 도시·군계획시설사업의 시행자가 되고자 하는 자는 국토해양부장관, 시·도지사, 시장 또는 군수로부터 시행자로 지정을 받고, 그 내용이 고시되어야 한다.

도시·군계획시설사업의 시행자로 지정을 받고자 하는 때에는 다음의 요건을 갖추어야 한다.

1. 일정한 자의 시행자지정 요건(토지소유 및 동의)
   도시계획시설사업의 대상인 토지(국·공유지를 제외)면적의 2/3 이상에 해당하는 토지를 소유하고, 토지소유자 총수의 1/2 이상에 해당하는 자의 동의를 얻어야 한다.
2. 지정 요건을 필요로 하지 않는 자
   ① 국가 또는 지방자치단체
   ② 대통령령으로 정하는 공공기관
   ③ 「지방공기업법」에 의한 지방공사 및 지방공단
   ④ 다른 법률에 의하여 도시·군계획시설사업이 포함된 사업의 시행자로 지정된 자
   ⑤ 관리청에 무상으로 귀속되는 공공시설을 설치하고자 하는 자
   ⑥ 「국유재산법」 또는 「공유재산 및 물품관리법」 규정에 따라 기부를 조건으로 시설물을 설치하려는 자

V. 도시·군계획시설사업의 실시계획

1. 실시계획의 의의 및 작성

(1) 의의

실시계획이란 도시·군계획시설사업시행자가 작성하는 사업시행에 필요한 구체적 사업계획서를 말한다. 도시·군계획시설사업시행자는 다음 사항이 포함된 실시계획을 작성하여야 한다. 실시계획에는 사업시행에 필요한 설계도서, 자금계획, 시행기간, 그 밖에 대통령령으로 정하는 사항을 자세히 밝히거나 첨부하여야한다.

1. 사업의 종류 및 명칭
2. 사업의 면적 또는 규모
3. 사업시행자의 성명 및 주소(법인인 경우에는 법인의 명칭 및 소재지와 대표자의 성명 및 주소)
4. 사업의 착수예정일 및 준공예정일

(2) 인가

① 도시·군계획시설사업의 시행자(국토해양부장관, 시·도지사와 대도시 시장은 제외)는 실시계획을 작성하면 국토해양부장관이 지정한 시행자는 국토해양부장관의 인가를 받아야 하며, 그 밖의 시행자는 시·도지사 또는 대도시 시장의 인가를 받아야 한다.

② 도시·군계획시설사업의 시행자로 지정된 자는 특별한 사유가 없는 한 시행자 지정 시에 정한 기일까지 국토해양부장관, 시·도지사 또는 대도시 시장에게 국토해양부령이 정하는 실시계획인가신청서를 제출하여야 한다.

③ 국토해양부장관, 시·도지사 또는 대도시 시장은 도시·군계획시설사업의 시행자가 작성한 실시계획이 도시·군계획시설의 결정·구조 및 설치의 기준 등에 맞다고 인정하는 경우에는 실시계획을 인가하여야 한다.

(3) 의견청취

① 국토해양부장관, 시·도지사 또는 대도시 시장은 실시계획을 인가하려면 미리 대통령령으로 정하는 바에 따라 그 사실을 공고하고, 관계 서류의 사본을 14일 이상 일반이 열람할 수 있도록 하여야 한다.

② 도시·군계획시설사업의 시행지구의 토지·건축물 등의 소유자 및 이해관계인은 열람기간 이내에 국토해양부장관, 시·도지사, 대도시 시장 또는 도시·군계획 시설사업의 시행자에게 의견서를 제출할 수 있으며, 국토해양부장관, 시·도지사, 대도시 시장 또는 도시·군계획시설사업의 시행자는 제출된 의견이 타당하다고 인정되면 그 의견을 실시계획에 반영하여야 한다.

③ 국토해양부장관, 시·도지사 또는 대도시 시장이 실시계획을 작성하는 경우에 관하여 위 사항을 준용한다.

2. 실시계획의 조건부 인가 및 이행담보

(1) 조건부 인가

국토해양부장관, 시·도지사 또는 대도시 시장은 기반시설의 설치나 그에 필요한 용지의 확보, 위해 방지, 환경오염 방지, 경관 조성, 조경 등의 조치를 할 것을 조건으로 실시계획을 인가할 수 있다.

(2) 도시·군계획시설사업의 이행담보

1) 이행보증금 예치대상

특별시장·광역시장·특별자치시장·특별자치도지사·시장 또는 군수는 기반시설의 설치나 그에 필요한 용지의 확보, 위해 방지, 환경오염 방지, 경관 조성, 조경 등을 위하여 필요하다고 인정되는 경우로서 다음의 경우에는 그 이행을 담보하기위하여 도시·군계획시설사업의 시행자에게 이행보증금을 예치하게 할 수 있다.

1. 도시·군계획시설사업으로 인하여 도로·수도공급설비·하수도 등 기반시설의 설치가 필요한 경우
2. 도시·군계획시설사업으로 인하여 개발행위 허가의 이행담보에 해당하는 경우

2) 다음에 해당하는 자에 대하여는 이행보증금을 예치하지 아니한다.

1. 국가 또는 지방자치단체
2. 대통령령으로 정하는 공공기관
3. 지방공기업법에 의한 지방공사 및 지방공단을 말한다.

(3) 예치금액·방법·원상회복·행정대집행

① 이행보증금의 산정과 예치방법 등에 관하여 필요한 사항은 개발행위허가시 이행보증금 규정에 의한 예치금액의 산정 및 예치방법 규정을 준용한다.

② 특별시장·광역시장·특별자치시장·특별자치도지사·시장 또는 군수는 실시계획의 인가를 받지 아니하고 도시·군계획시설사업을 하거나 그 인가 내용과 다르게 도시·군계획시설사업을 하는 자에게 그 토지의 원상회복을 명할 수 있다.

③ 특별시장·광역시장·특별자치시장·특별자치도지사·시장 또는 군수는 원상회복의 명령을 받은 자가 원상회복을 하지 아니하는 경우에는 「행정대집행법」에 따른 행정대집행에 따라 원상회복을 할 수 있다.

④ 이 경우 행정대집행에 필요한 비용은 제1항에 따라 도시·군계획시설사업의 시행자가 예치한 이행보증금으로 충당할 수 있다.

(4) 고시 및 통보

국토해양부장관, 시·도지사 또는 대도시 시장은 실시계획을 작성하거나 인가한 경우에는 국토해양부장관이 하는 경우에는 관보에, 시·도지사 또는 대도시 시장이 하는 경우에는 해당 시·도 또는 대도시의 공보에 그 내용을 고시하여야 한다. 국토해양부장관, 시·도지사 또는 대도시 시장은 실시계획을 고시하였으면 그 내용을 관계 행정기관의 장에게 통보하여야 한다

(5) 관련 인·허가 등의 의제

① 국토해양부장관, 시·도지사 또는 대도시 시장이 실시계획의 작성 또는 인가를 할 때에 그 실시계획에 대한 인·허가등에 관하여 관계 행정기관의 장과 협의한 사항에 대하여는 해당 인·허가 등을 받은 것으로 보며, 실시계획을 고시한 경우에는 관계 법률에 따른 인·허가 등의 고시·공고 등이 있은 것으로 본다.

② 인·허가등의 의제를 받으려는 자는 실시계획 인가를 신청할 때에 해당 법률에서 정하는 관련 서류를 함께 제출하여야 한다.

③ 국토해양부장관, 시·도지사 또는 대도시 시장은 실시계획을 작성하거나 인가할 때에 그 내용에 의제되는 사항이 있으면 미리 관계 행정기관의 장과 협의하여야 한다.

④ 국토해양부장관은 의제되는 인·허가등의 처리기준을 관계 중앙행정기관으로부터 받아 통합하여 고시하여야 한다.

Ⅵ. 준공 및 시행자 보호

1. 도시·군계획시설사업의 준공검사 등

① 도시·군계획시설사업의 시행자(국토해양부장관, 시·도지사와 대도시 시장은 제외)는 도시·군계획시설사업의 공사를 마친 때에는 국토해양부령으로 정하는 바에 따라 공사완료보고서를 작성하여 시·도지사나 대도시 시장의 준공검사를 받아야 한다.

② 시·도지사나 대도시 시장은 공사완료보고서를 받으면 지체 없이 준공검사를 하여야 한다.

③ 시·도지사나 대도시 시장은 준공검사를 한 결과 실시계획대로 완료되었다고 인정되는 경우에는 도시·군계획시설사업의 시행자에게 준공검사증명서를 발급하고 공사완료 공고를 하여야 한다.

④ 국토해양부장관, 시·도지사 또는 대도시 시장인 도시·군계획시설사업의 시행자는 도시·군계획시설사업의 공사를 마친 때에는 공사완료 공고를 하여야 한다.

⑤ 준공검사를 하거나 공사완료 공고를 할 때에 국토해양부장관, 시·도지사 또는 대도시 시장은 의제되는 인·허가 등에 따른 준공검사·준공인가 등에 관하여 관계 행정기관의 장과 협의한 사항에 대하여는 그 준공검사·준공인가 등을 받은 것으로 본다.

2. 도시·군계획시설사업시행자의 보호조치

(1) 사업시행 대상지역의 분할

도시·군계획시설사업의 시행자는 도시·군계획시설사업을 효율적으로 추진하기 위하여 필요하다고 인정되면 사업시행대상지역을 둘 이상으로 분할하여 도시·군계획시설사업을 시행할 수 있다.

(2) 서류의 무료 열람 등

도시·군계획시설사업의 시행자는 도시·군계획시설사업을 시행하기 위하여 필요하면 등기소나 그 밖의 관계 행정기관의 장에게 필요한 서류의 열람 또는 복사나 그 등본 또는 초본의 발급을 무료로 청구할 수 있다.

(3) 서류의 공시송달

도시·군계획시설사업의 시행자는 이해관계인에게 서류를 송달할 필요가 있으나 이해관계인의 주소 또는 거소가 불분명하거나 그 밖의 사유로 서류를 송달할 수 없는 경우에는 대통령령으로 정하는 바에 따라 그 서류의 송달에 갈음하여 그 내용을 공시할 수 있다. 행정청이 아닌 도시·군계획시설사업의 시행자가 공시송달을 하려는 경우에는 국토해양부장관, 관할 시·도지사 또는 대도시 시장의 승인을 받아야 한다. 서류의 공시송달에 관하여는 「민사소송법」의 공시송달의 예에 따른다.

(4) 국·공유지의 처분제한

도시·군관리계획결정을 고시한 경우에는 국공유지로서 도시·군계획시설사업에 필요한 토지는 그 도시·군관리계획으로 정하여진 목적 외의 목적으로 매각하거나 양도할 수 없다. 이를 위반한 행위는 무효로 한다.

(5) 토지 등의 수용 사용

① 도시·군계획시설사업의 시행자는 도시·군계획시설사업에 필요한 다음의 물건 또는 권리를 수용하거나 사용할 수 있다.

> 1. 토지·건축물 또는 그 토지에 정착된 물건
> 2. 토지·건축물 또는 그 토지에 정착된 물건에 관한 소유권 외의 권리

② 도시·군계획시설사업에 필요한 수용 및 사용에 관하여는 이 법에 특별한 규정이 있는 경우를 제외하고는 「공익사업을 위한 토지 등의 취득 및 보상에 관한 법률」을 준용한다.

③ 「공익사업을 위한 토지 등의 취득 및 보상에 관한 법률」을 준용할 때에 실시계획을 고시한 경우에는 사업인정 및 그 고시가 있었던 것으로 본다.

④ 재결 신청은 「공익사업을 위한 토지 등의 취득 및 보상에 관한 법률」 규정에도 불구하고 실시계획에서 정한 도시·군계획시설사업의 시행기간 이내에 하여야 한다.

⑤ 도시·군계획시설사업의 시행자는 사업시행을 위하여 특히 필요하다고 인정되면 도시·군계획시설에 인접한 물건 또는 권리를 일시 사용할 수 있다. 따라서 도시·군계획시설에 인접한 물건 또는 권리는 일시사용은 할 수 있으나 수용은 하지 못한다.

3. 공공시설 등의 귀속 등

① 도시·군계획시설사업에 의하여 새로 공공시설을 설치하거나 기존의 공공시설에 대체되는 공공시설을 설치한 경우에는 개발행위 허가 시 공공시설 등의 귀속에 관한 규정을 준용한다.

② 도시·군계획시설사업으로 조성된 대지와 건축물 중 국가나 지방자치단체의 소유에 속하는 재산을 처분하려면 「국유재산법」과 「공유재산 및 물품 관리법」에도 불구하고 대통령령으로 정하는 바에 따라 다음의 순위에 따라 처분할 수 있다.

1. 해당 도시·군계획시설사업의 시행으로 수용된 토지 또는 건축물 소유자에의 양도
2. 다른 도시·군계획시설사업에 필요한 토지와의 교환

③ 국가 또는 지방자치단체는 도시·군계획시설사업으로 인하여 조성된 대지 및 건축물중 그 소유에 속하는 재산을 처분하고자 하는 때에는 다음 사항을 공고하되, 국가가 하는 경우에는 관보에, 지방자치단체가 하는 경우에는 당해 지방자치단체의 공보에 게재하는 방법에 의한다.

1. 처분 순위에 의하여 처분한다는 취지
2. 처분하고자 하는 대지 또는 건축물의 위치 및 면적

④ 이 법에 따른 도시·군계획시설사업시행자의 처분에 대하여는 「행정심판법」에 따라 행정심판을 제기할 수 있다. 이 경우 행정청이 아닌 시행자의 처분에 대하여는 그 시행자를 지정한 자(국토해양부장관, 시·도지사, 시장 또는 군수)에게 행정심판을 제기하여야 한다.

Ⅶ. 도시·군계획시설부지의 매수청구

1. 매수청구 제정취지

도시·군계획시설에 대한 도시·군관리계획의 결정·고시일부터 도시·군계획사업이 장기간(10년) 미집행되는 경우 개인의 재산권 행사를 과도하게 제한한다는 헌법재판소의 헌법불합치결정에 따라 제정된 규정으로 사권보호제도이다.

2. 매수청구사유 및 매수청구권자·매수의무자

(1) 매수청구사유

도시·군계획시설에 대한 도시·군관리계획의 결정 고시일 부터 10년 이내에 그 도시·군계획시설의 설치에 관한 도시·군계획시설사업이 시행되지 아니하는 경우이다. 그러나 도시·군계획시설사업에 의한 실시계획의 인가나 그에 상당하는 절차가 진행된 경우는 제외한다.

(2) 매수청구권자 및 매수의무자

① 그 도시·군계획시설의 부지로 되어 있는 토지 중 지목이 대인 토지(그 토지에 있는 건축물 및 정착물을 포함)의 소유자는 특별시장·광역시장·특별자 치시장·특별자치도지사·시장 또는 군수에게 그 토지의 매수를 청구할 수 있다.

② 다만, 다음 어느 하나에 해당하는 경우에는 그에 해당하는 자(특별시장·광역시장·특별자치시장·특별자치도지사·시장 또는 군수를 포함한다(이하 "매수 의무자"라 한다)에게 그 토지의 매수를 청구할 수 있다.

1. 이 법에 따라 해당 도시·군계획시설사업의 시행자가 정하여진 경우에는 그 시행자
2. 이 법 또는 다른 법률에 따라 도시·군계획시설을 설치하거나 관리하여야 할 의무가 있는 자가 있으면 그 의무가 있는 자. 이 경우 도시·군계획시설을 설치하거나 관리하여야 할 의무가 있는 자가 서로 다른 경우에는 설치하여야 할 의무가 있는 자에게 매수 청구하여야 한다.

3. 매수방법

(1) 매수가격 및 매수절차

① 매수 청구된 토지의 매수가격·매수절차 등에 관하여 이 법에 특별한 규정이 있는 경우 외에는 「공익사업을 위한 토지 등의 취득 및 보상에 관한 법률」을 준용한다.

② 토지의 매수를 청구하고자 하는 자는 국토해양부령이 정하는 도시·군계획시설부지매수청구서(전자문서로 된 청구서를 포함한다)에 대상 토지 및 건물에 대한 등기사항증명서를 첨부하여 매수의무자에게 제출하여야 한다.

다만, 매수의무자는 「전자정부법」에 따른 행정정보의 공동이용을 통하여 대상 토지 및 건물에 대한 등기부 등본을 확인할 수 있는 경우에는 그 확인으로 첨부서류를 갈음하여야

한다.

③ 매수의무자는 매수 청구를 받은 날부터 6개월 이내에 매수 여부를 결정하여 토지소유자와 특별시장·광역시장·특별자치시장·특별자치도지사·시장 또는 군수(매수의무자가 특별시장·광역시장·특별자치시장·특별자치도지사·시장 또는 군수인 경우는 제외한다)에게 알려야 한다.

④ 매수하기로 결정한 토지는 매수 결정을 알린 날부터 2년 이내에 매수하여야 한다.

4. 대금지급방법

(1) 원칙(현금지급)

매수의무자는 매수청구를 받은 토지를 매수할 때에는 현금으로 그 대금을 지급한다.

(2) 예외(도시·군계획시설채권으로 지급)

다음 어느 하나에 해당하는 경우로서 매수의무자가 지방자치단체인 경우에는 도시·군계획시설채권을 발행하여 지급할 수 있다.

1. 토지 소유자가 원하는 경우
2. 대통령령으로 정하는 부재부동산 소유자의 토지 또는 비업무용 토지로서 매수대금이 3,000만원을 초과하는 경우 그 초과하는 금액에 대하여 지급하는 경우

(3) 상환기간 및 이율

도시·군계획시설채권의 상환기간은 10년 이내로 하며, 그 이율은 채권 발행 당시 「은행법」에 따른 인가를 받은 은행 중 전국을 영업으로 하는 은행이 적용하는 1년 만기 정기예금금리의 평균 이상이어야 하며, 구체적인 상환기간과 이율은 특별시·광역시·특별자치시·특별자치도·시 또는 군의 조례로 정한다.

5. 매수하지 않기로 결정한 경우 규제완화

① 매수청구를 한 토지의 소유자는 다음에 해당하는 경우 개발행위허가에 의한 대통령령으

로 정하는 건축물 또는 공작물을 설치할 수 있다. 이 경우 개발행위 허가의 기준 및 도시·군계획시설부지에서의 개발행위 원칙적 금지규정은 적용하지 아니 한다.

② 예외적 허용사유

1. 매수하지 아니하기로 결정한 경우
2. 매수 결정을 알린 날부터 2년이 지날 때까지 해당 토지를 매수하지 아니하는 경우

③ 예외적 허용대상

매수청구를 한 토지를 매수하지 않기로 결정한 경우 다음 사항을 허용한다. 다만, 다음 사항에 규정된 범위 안에서 특별시·광역시·특별자치시·특별자치도·시 또는 군의 도시·군계획조례로 따로 허용범위를 정하는 경우에는 그에 따른다.

1. 단독주택으로서 3층 이하인 것
2. 제1종 근린생활시설로서 3층 이하인 것
3. 제2종 근린생활시설(150㎡ 미만의 단란주점, 안마시술소, 노래연습장, 500㎡ 미만의 고시원은 제외한다)로서 3층 이하인 것
4. 공작물

Ⅷ. 도시·군계획시설결정의 실효 등

1. 실효사유 및 실효고시

도시·군계획시설결정이 고시된 도시·군계획시설에 대하여 그 고시일부터 20년이 지날 때까지 그 시설의 설치에 관한 도시·군계획시설사업이 시행되지 아니하는 경우 그 도시·군계획시설결정은 그 고시일부터 20년이 되는 날의 다음날에 그 효력을 잃는다. 시·도지사 또는 대도시 시장은 도시·군계획시설결정이 효력을 잃으면 지체 없이 그 사실을 고시하여야 한다.

2. 도시·군계획시설결정의 해제

(1) 해제사유

특별시장·광역시장·특별자치시장·특별자치도지사·시장 또는 군수는 도시·군계획시설결정이 고시된 도시·군계획시설(국토해양부장관이 결정·고시한 도시·군계획시설은 제외)을 설치할 필요성이 없어진 경우 또는 그 고시일부터 10년이 지날 때까지 해당 시설의 설치에 관한 도시·군계획시설사업이 시행되지 아니하는 경우에는 대통령령으로 정하는 바에 따라 그 현황과 단계별 집행계획을 해당 지방의회에 보고하여야 한다.

(2) 해제권고

보고를 받은 지방의회는 대통령령으로 정하는 바에 따라 해당 특별시장·광역시장·특별자치시장·특별자치도지사·시장 또는 군수에게 도시·군계획시설결정의 해제를 권고할 수 있다.

(3) 해제결정

도시·군계획시설결정의 해제를 권고 받은 특별시장·광역시장·특별자치시장·특별자치도지사·시장 또는 군수는 특별한 사유가 없으면 대통령령으로 정하는 바에 따라 그 도시·군계획시설결정의 해제를 위한 도시·군관리계획을 결정하거나 도지사에게 그 결정을 신청하여야 한다. 이 경우 신청을 받은 도지사는 특별한 사유가 없으면 그 도시·군계획시설결정의 해제를 위한 도시·군관리계획을 결정하여야한다.

제 9 장

토지거래허가구역

Ⅰ. 의의 및 지정절차

1. 의의

토지거래허가제란 토지거래허가구역으로 지정된 구역 내에 있는 일정한 기준면적을 초과하는 토지에 대한 소유권·지상권의 이전·설정에 관한 유상계약 또는 예약을 체결하기 전에 허가권자에게 허가를 받아 계약을 체결하는 제도이다.

2. 토지거래허가구역 지정권자 및 지역

국토해양부장관은 국토의 이용 및 관리에 관한 계획의 원활한 수립과 집행, 합리적인 토지이용 등을 위하여 토지의 투기적인 거래가 성행하거나 지가가 급격히 상승하는 지역과 그러한 우려가 있는 지역으로서 다음의 지역에 대하여 "허가구역"으로 지정할 수 있다. 국토해양부장관은 5년 이내의 기간을 정하여 구역을 지정할 수 있다.

1. 광역도시계획, 도시·군기본계획, 도시·군관리계획 등 토지이용계획이 새로 이 수립 되거나 변경되는 지역
2. 법령의 제정·개정 또는 폐지나 그에 의한 고시·공고로 인하여 토지이용에 대한 행위제한이 완화되거나 해제되는 지역
3. 법령에 의한 개발사업이 진행중이거나 예정되어 있는 지역과 그 인근지역
4. 그 밖에 국토해양부장관이 투기우려가 있다고 인정하는 지역 또는 관계 행정기관의 장이 특별히 투기가 성행할 우려가 있다고 인정하여 국토해양부장관에게 요청 하는 지역

3. 구역지정절차

국토해양부장관은 허가구역으로 지정하려면 중앙도시계획위원회의 심의를 거쳐야 한다. 다만, 지정기간이 끝나는 허가구역을 계속하여 다시 허가구역으로 지정하려면 중앙도시계획위원회의 심의 전에 미리 시·도지사 및 시장·군수 또는 구청장의 의견을 들어야 한다.

국토해양부장관은 허가구역으로 지정한 때에는 지체 없이 허가구역의 범위·지정기간 및 허가를 요하지 아니하는 토지의 면적을 공고하여야 한다. 그 공고 내용을 시·도지사에게 통지하여야 한다.

통지를 받은 시·도지사는 지체 없이 그 공고 내용을 그 허가구역을 관할하는 등기소의 장과 시장·군수 또는 구청장에게 통지하여야 하며, 그 통지를 받은 시장·군수 또는 구청장은 지체 없이 그 사실을 7일 이상 공고 하고, 그 공고 내용을 15일간 일반이 열람할 수 있도록 하여야 한다

허가구역의 지정은 국토해양부장관이 허가구역의 지정을 공고한 날부터 5일 후에 그 효력이 발생한다.

참고 | 허가구역 재지정, 해제·축소

1. 국토해양부징관은 허가구역의 지정 사유가 없어졌다고 인정되거나 관계 시·도지사, 시장·군수 또는 구청장으로부터 허가구역의 지정 해제 또는 축소 요청이 이유 있다고 인정되면 지체 없이 허가구역의 지정을 해제하거나 지정된 허가구역의 일부를 축소하여야 한다.
2. 허가구역의 해제 또는 축소의 경우에도 허가구역 지정절차를 준용한다.
3. 재지정 시는 공고일로부터 즉시 효력발생
4. 해제·축소지정 시 → 즉시 효력발생
5. 확대지정 시 → 공고일로부터 5일 후부터 효력발생

Ⅱ. 토지거래허가대상

1. 허가대상 권리

허가구역에 있는 토지에 관한 소유권·지상권(소유권·지상권의 취득을 목적으로 하는 권리를

포함)을 이전하거나 설정(대가를 받고 이전하거나 설정하는 경우만 해당)하는 계약(예약 포함)을 체결하려는 당사자는 공동으로 대통령령으로 정하는 바에 따라 시장·군수 또는 구청장의 허가를 받아야 한다. 허가받은 사항을 변경하려는 경우에도 또한 같다.

〈토지거래계약의 요건별 허가불요대상〉

토지거래계약의 요건	허가불요대상
토지	건축물
소유권·지상권(소유권·지상권의 취득을 목적으로 하는 권리를 포함한다)	점유권, 지역권, 전세권, 유치권, 저당권, 임차권
이전 또는 설정(대가를 받고 이전 또는 설정하는 경우에 한한다)	무상(부담 없는 증여)
계약(예약을 포함한다)	단독행위(유증), 합동행위, 법률규정(상속, 형성판결)

2. 허가대상 면적

① 경제 및 지가의 동향과 거래단위면적 등을 종합적으로 고려하여 대통령령으로 정하는 용도별 면적 이하의 토지에 대한 토지거래계약에 관하여는 따른 허가가 필요하지 아니하다.

② 토지거래계약의 허가를 요하지 아니하는 토지의 면적은 다음과 같다. 다만, 국토해양부장관이 허가구역을 지정할 당시 당해 지역에서의 거래실태 등에 비추어 다음의 면적으로 하는 것이 타당하지 아니하다고 인정하여 당해 기준면적의 10% 이상 30% 이하의 범위에서 따로 정하여 공고한 경우에는 그에 의한다.

도 시 지 역		도시지역 외의 지역
주거지역	180㎡ 이하	임야 250㎡ 이하 농지 500㎡ 이하 기타 1,000㎡ 이하
상업지역	200㎡ 이하	
공업지역	660㎡ 이하	
녹지지역	100㎡ 이하	
미지정 지역	90㎡ 이하	

3. 면적 산정방법(탈법행위 방지대책)

(1) 토지의 부분적 취득

허가대상 토지면적을 산정할 때 일단의 토지이용을 위하여 토지거래계약을 체결한 후 1년 이내에 일단의 토지의 전부 또는 일부에 대하여 다시 토지거래계약을 체결한 경우에는 그 일단의 토지 전체에 대한 거래로 본다.

(2) 토지의 부분적 처분

① 허가구역을 지정할 당시 토지거래계약의 허가를 요하지 아니하는 면적을 초과하는 토지가 허가구역의 지정 후 분할된 경우, 분할된 토지에 대한 거래계약을 체결함에 있어서는 분할 후 최초의 거래에 한하여 허가를 요하지 않는 면적을 초과하는 계약을 체결한 것으로 본다. 즉 분할 후 최초 거래는 허가를 받아야 한다.

② 허가구역의 지정 후 당해 토지가 공유지분으로 거래되는 경우에도 또한 같다. 즉 면적을 초과하는 토지거래계약을 체결하는 것으로 본다.

(3) 공공목적인 경우

토지의 분할사유가 도시·군계획사업의 시행 등 공공목적으로 인한 경우로서 그 면적이 허가를 요하지 아니하는 토지의 면적인 때에는 위(2)의 규정을 적용하지 아니한다.

Ⅲ. 토지거래계약에 관한 허가절차 등

1. 허가신청

① 토지거래계약을 체결하려는 당사자는 공동으로 대통령령으로 정하는 바에 따라 시장·군수 또는 구청장의 허가를 받아야 한다. 허가받은 사항을 변경하려는 경우에도 또한 같다.

② 허가를 받으려는 자는 그 허가신청서에 계약내용과 그 토지의 이용계획, 취득자금 조달계획 등을 적어 시장·군수 또는 구청장에게 제출하여야 한다.

③ 다만, 시장·군수 또는 구청장에게 제출한 취득자금 조달계획이 변경된 경우에는 취득토

지에 대한 등기일까지 시장·군수 또는 구청장에게 그 변경사항을 제출할 수 있다.

2. 허가의 심사기준

시장·군수 또는 구청장은 허가신청이 다음 어느 하나에 해당하는 경우를 제외하고는 허가하여야 한다.

(1) 토지거래계약을 체결하려는 자의 토지이용목적이 다음 어느 하나에 해당되지 아니하는 경우 (이용목적, 실수요성)

① 자기의 거주용 주택용지로 이용하려는 것인 경우

② 허가구역을 포함한 지역의 주민을 위한 복지시설 또는 편익시설로서 관할 시장·군수 또는 구청장이 확인한 시설의 설치에 이용하려는 것인 경우

③ 허가구역에 거주하는 농업인·임업인·어업인 또는 대통령령으로 정하는 자가 그 허가구역에서 농업·축산업·임업 또는 어업을 경영하기 위하여 필요한 것인 경우

㉠ 농어업인 또는 임업인으로서 그가 거주하는 특별시·광역시·특별자치시·특별자치도·시 또는 군에 소재하는 토지에 관한 소유권·지상권 또는 소유권·지상권의 취득을 목적으로 하는 권리를 이전 또는 설정하고자 하는 자

㉡ 농업인 등으로서 그가 거주하는 주소지로부터 20㎞ 이내에 소재하는 토지를 취득하려는 자. 다만, 다음에 해당하는 자로서 협의양도 하거나 수용된 날부터 3년 이내에 협의양도 또는 수용된 농지를 대체하기 위하여 농지를 취득하려는 경우에는 그가 거주하는 주소지로부터의 거리가 80㎞ 안에 소재하는 농지를 취득할 수 있으며, 이 때 행정기관의 장이 관계법령이 정하는 바에 따라 구체적인 대상을 정하여 대체농지의 취득을 알선하는 경우를 제외하고는 새로 취득하는 농지의 가액(공시지가를 기준으로 하는 가액을 말한다)은 종전의 토지가액 이하 이어야 한다.

㉢ 위 요건에 해당하지 아니하는 자로서 거주지·거주기간 등 국토해양부령이 정하는 요건을 갖춘 자

④ 공익사업을 위한 토지 등의 취득 및 보상에 관한 법률이나 그 밖의 법률에 따라 토지를 수용하거나 사용할 수 있는 사업을 시행하는 자가 그 사업을 시행하기 위하여 필요한 것인 경우

⑤ 허가구역을 포함한 지역의 건전한 발전을 위하여 필요하고 관계 법률에 따라 지정된 지역·지구·구역 등의 지정목적에 적합하다고 인정되는 사업을 시행하는 자나 시행하려는 자가 그 사업에 이용하려는 것인 경우

⑥ 허가구역의 지정 당시 그 구역 안에서 사업을 시행하고 있는 자가 그 사업에 이용하려는 것인 경우나 그 자의 사업과 밀접한 관련이 있는 사업을 하는 자가 그 사업에 이용하려는 것인 경우

⑦ 허가구역이 속한 특별시·광역시·특별자치시·시 또는 군에 거주하고 있는 자의 일상생활과 통상적인 경제활동에 필요한 것 등으로서 다음에 해당하는 경우

1. 「공익사업을 위한 토지 등의 취득 및 보상에 관한 법률」, 그 밖의 법령에 따라 「농지법」 제2조제1호에 따른 농지 외의 토지를 공익사업용으로 협의양도하거나 수용된 자가 그 협의양도 또는 수용된 날부터 3년 이내에 그 허가구역 안에서 협의양도 또는 수용된 토지에 대체되는 토지를 취득하려는 경우. 이 경우 새로 취득하는 토지의 가액(공시지가를 기준으로 하는가 액을 말한다)은 종전의 토지가액 이하 이어야 한다.
2. 관계 법령에 의하여 개발·이용행위가 제한 또는 금지된 토지로서 국토해양부령이 정하는 토지에 대하여 현상보존의 목적으로 토지의 취득을 하고자 하는 경우
3. 「임대주택법」의 임대사업자 등 관계 법률에 따라 임대사업을 할 수 있는 자가 임대사업을 위하여 건축물과 그에 딸린 토지를 취득하는 경우

(2) 토지거래계약을 체결하려는 자의 토지이용목적이 다음 어느 하나에 해당되는 경우(토지이용 적합성)

① 도시·군계획이나 그 밖에 토지의 이용 및 관리에 관한 계획에 맞지 아니한 경우
② 생태계의 보전과 주민의 건전한 생활환경 보호에 중대한 위해를 끼칠 우려가 있는 경우

(3) 그 면적이 그 토지의 이용목적으로 보아 적합하지 아니하다고 인정되는 경우(면적의 적정성)

3. 허가·불허가 처분

① 허가신청서를 제출받은 시장·군수 또는 구청장은 지체 없이 필요한 조사를 하여야 한다.
② 시장·군수 또는 구청장은 허가신청서를 받으면 「민원사무처리에 관한 법률」에 따른 처리기간(15일)에 허가 또는 불허가의 처분을 하고, 그 신청인에게 허가증을 발급하거나 불허

가처분 사유를 서면으로 알려야 한다. 다만, 선매협의 절차가 진행 중인 경우에는 위의 기간 내에 그 사실을 신청인에게 알려야 한다.

③ 처리기간에 허가증의 발급 또는 불허가처분 사유의 통지가 없거나 선매 협의 사실의 통지가 없는 경우에는 그 기간이 끝난 날의 다음날에 허가가 있는 것으로 본다. 이 경우 시장·군수 또는 구청장은 지체 없이 신청인에게 허가증을 발급하여야 한다.

④ 허가처리기간은 초일을 산입한다.

⑤ 허가처리기간 이내에 불허가의 내부결정이 있더라도 통지되지 아니하면 불허가처분의 효력은 없다(도달주의가 원칙)

4. 허가처분의 효과

(1) 토지거래계약의 유효요건

① 허가를 받지 아니하고 체결한 토지거래계약은 그 계약의 효력이 발생하지 않는다.

② 허가를 받을 것을 전제로 한 계약의 상태는 유동적 무효상태이다.

③ 토지거래계약 허가는 개인 간의 거래에 행정기관이 보충적 행정행위인 허가를 함으로서 계약의 효력이 발생하므로, 토지거래허가의 법적 성질은 학문상의 인가에 해당한다(판례)

(2) 다른 법률의 의제

① 농지에 대하여 토지거래계약 허가를 받은 경우에는 농지취득자격증명을 받은 것으로 본다.

② 허가증을 발급받은 경우에는 「부동산등기특별조치법」에 따른 검인을 받은 것으로 본다.

Ⅳ. 토지거래허가 이의신청 및 매수청구

1. 이의신청

토지거래계약 허가처분에 관하여 이의가 있는 자는 그 처분을 받은 날부터 1개월 이내에 시장·군수 또는 구청장에게 이의를 신청할 수 있다.

이의신청을 받은 시장·군수 또는 구청장은 시·군·구도시계획위원회의 심의를 거쳐 그 결과를 이의신청인에게 알려야 한다.

2. 불허가처분을 받은 토지에 관한 매수청구

① 토지거래계약 허가신청에 대하여 불허가처분을 받은 자는 그 통지를 받은 날 부터 1개월 이내에 시장·군수 또는 구청장에게 해당 토지에 관한 권리의 매수를 청구할 수 있다.
② 매수 청구를 받은 시장·군수 또는 구청장은 국가, 지방자치단체, 한국토지공사, 그 밖에 대통령령으로 정하는 공공기관 또는 공공단체 중에서 매수할자를 지정 하여, 매수할 자로 하여금 예산의 범위에서 공시지가를 기준으로 하여 해당 토지를 매수하게 하여야 한다. 다만, 토지거래계약 허가신청서에 적힌 가격이 공시지가보다 낮은 경우에는 허가신청서에 적힌 가격으로 매수할 수 있다.

3. 국가 등이 하는 토지거래계약에 관한 특례

(1) 허가절차가 의제되는 경우

① 토지거래허가계약 당사자의 한쪽 또는 양쪽이 국가, 지방자치단체, 한국토지공사, 그 밖에 대통령령으로 정하는 공공기관 또는 공공단체인 경우에는 그 기관의 장이 시장·군수 또는 구청장과 협의할 수 있고, 그 협의가 성립된 때에는 그 토지거래계약에 관한 허가를 받은 것으로 본다.
② 국유재산관리계획에 따라 국유재산을 취득 또는 처분하는 경우에 허가기준에 적합하게 취득 또는 처분한 후 시장·군수 또는 구청장에게 그 내용을 통보한 때에는 토지거래허가계약에 대한 협의를 한 것으로 본다.

(2) 다음의 경우에는 토지거래계약허가제에 대한 규정을 적용하지 않는 경우

1. 「공익사업을 위한 토지 등의 취득 및 보상에 관한 법률」에 따른 토지의 수용·사용·협의취득 및 환매의 경우
2. 「민사집행법」에 따른 경매

3.「국유재산법」에 따른 국유재산관리계획에 따라 국유재산을 일반경쟁입찰에 의하여 처분하는 경우

3의2.「공유재산 및 물품 관리법」에 따른 공유재산의 관리계획에 따라 공유재산을 일반경쟁입찰로 처분하는 경우

4.「도시 및 주거환경정비법」에 의한 관리처분계획에 따른 분양의 경우 및 보류지 등을 매각하는 경우

5.「도시개발법」에 따른 조성토지등의 공급 계획에 따라 토지를 공급하는 경우, 환지예정지를 지정하는 경우, 체비지 등을 매각하는 경우

6.「주택법」에 의하여 사업계획의 승인을 얻어 조성한 대지를 공급하는 경우 및 주택(부대시설 및 복리시설을 포함하며, 주택과 주택 외의 시설을 동일 건축물로 건축하여 공급하는 경우에는 그 주택 외의 시설을 포함한다)을 공급하는 경우

7.「택지개발촉진법」에 의하여 택지를 공급하는 경우

8.「산업입지 및 개발에 관한 법률」에 따른 산업단지개발사업 또는 준산업단지를 개발하기 위한 사업으로 조성된 토지를 사업시행자가 분양하는 경우

9.「농어촌정비법」에 따른 환지계획에 따른 환지 교부와 농지 등의 교환·분할·합병의 경우

10.「농어촌정비법」의 규정에 의하여 사업시행자가 농어촌정비사업을 시행하기 위하여 농지를 매입하는 경우

11.「상법」 제3편제4장제10절·제11절,「채무자 회생 및 파산에 관한 법률」의 절차에 따라 법원의 허가를 받아 권리를 이전 또는 설정하는 경우

12. 국세 및 지방세의 체납처분 또는 강제집행의 경우

13. 국가 또는 지방자치단체가 법령의 규정에 의하여 비상재해시 필요한 응급 조치를 강구하기 위하여 권리를 이전 또는 설정하는 경우

14.「한국농어촌공사 및 농지관리기금법」에 따라 한국농어촌공사가 농지의 매매·교환 및 분할을 하는 경우

15.「외국인토지법」에 따라 외국정부 또는 국제기구가 토지취득의 신고를 하거나 허가를 받은 경우

16. 한국자산관리공사가「금융기관부실자산 등의 효율적 처리 및 한국자산관리공사의 설립에 관한 법률」 제4조 또는 동법 제5조의 규정에 의하여 토지를 취득하거나 경쟁입찰을 거쳐서 매각하는 경우 및 한국자산관리공사에 매각이 의뢰되어 3회 이상 공매하였으나 유찰된 토지를 매각하는 경우

16의2. 법 제47조 또는「개발제한구역의 지정 및 관리에 관한 특별조치법」 제17조에 따라 매수청구된 토지를 취득하는 경우

16의3.「신행정수도 후속대책을 위한 연기·공주지역 행정중심복합도시 건설을 위한 특별법」,「공공기관 지방이전에 따른 혁신도시건설 및 지원에 관한 특별법」 또는「기업도시개발 특별법」에 따라 조성된 택지 또는 주택을 공급하는 경우

16의4.「건축물의 분양에 관한 법률」에 따라 건축물을 분양하는 경우

16의5.「산업집적활성화 및 공장설립에 관한 법률」 제28조의4에 따라 지식산업 센터를 분양하는 경우

17. 법령의 규정에 의하여 조세·부담금 등을 토지로 물납하는 경우

4. 토지 이용에 관한 의무 등

(1) 토지이용의무

토지거래계약을 허가받은 자는 대통령령으로 정하는 사유가 있는 경우 외에는 5년의 범위에서 대통령령으로 정하는 기간에 그 토지를 허가받은 목적대로 이용하여야 한다.

참고 | 대통령령이 정하는 허가받은 목적대로 이용하지 않아도 되는 경우

1. 토지의 취득을 한 후 법 또는 관계 법령에 의하여 용도지역 등 토지의 이용 및 관리에 관한 계획이 변경됨으로써 법 또는 관계 법령에 의한 행위제한으로 인하여 그 이용목적대로 이용할 수 없게된 경우
2. 토지의 이용을 위하여 관계 법령에 의한 허가·인가 등을 신청하였으나 국가 또는 지방자치단체가 국토해양부령이 정하는 사유로 일정기간동안 허가·인가 등을 제한하는 경우로서 그 제한기간 내에 있는 경우
3. 허가기준에 적합하게 당초의 이용목적을 변경하는 경우로서 시장·군수 또는 구청장의 승인을 얻은 경우

3의2. 다른 법률에 따른 행위허가를 받아 허가기준에 적합하게 당초의 이용목적을 변경하는 경우로서 해당 행위의 허가권자가 이용목적 변경에 관하여 시장·군수 또는 구청장과 협의를 완료한 경우

4. 「해외이주법」에 의하여 이주하는 경우
5. 「병역법」에 의하여 입영하는 경우
6. 「자연재해대책법」에 의한 재해로 인하여 허가받은 목적대로 이행하는 것이 불가능한 경우
7. 공익사업의 시행 등 토지거래계약 허가를 받은 자의 귀책사유가 아닌 사유로 인하여 허가받은 목적대로 이용하는 것이 불가능한 경우

7의2. 다음 각 목의 건축물을 취득하여 실제로 이용하는 자가 해당 건축물의 일부를 임대하는 경우
  가. 단독주택(다중주택 및 공관은 제외)
  나. 공동주택(기숙사는 제외한다)
  다. 제1종 근린생활시설
  라. 제2종 근린생활시설

7의3. 「산업집적활성화 및 공장설립에 관한 법률」에 따른 공장을 취득하여 실제로 이용하는 자가 해당 공장의 일부를 임대하는 경우

8. 그 밖에 토지거래계약허가를 받은 자가 불가피한 사유로 허가받은 목적대로 이용하는 것이 불가능하다고 시·군·구도시계획위원회에서 인정한 경우

참고 | 대통령령이 정한 허가받은 목적으로의 이용기간(토지 취득시부터)

1. 자기의 거주용 주택용지로 이용하고자 하는 것으로 허가받은 경우 : 3년
2. 지역의 주민을 위한 복지시설 또는 편익시설로서 관할 시장·군수 또는 구청장이 확인한 시설의 설치에 이용하려는 것인 경우 : 4년

3. 농업을 영위하기 위한 목적으로 허가를 받은 경우 : 2년
4. 축산업·임업 또는 어업을 영위하기 위한 목적으로 허가를 받은 경우 : 3년. 다만, 토지의 취득 후 축산물·임산물 또는 수산물 등의 생산물이 없는 경우 : 5년
5. 사업의 목적으로 허가를 받은 경우 : 4년. 다만, 분양을 목적으로 허가를 받은 토지의 개발에 착수한 후 분양하는 경우에는 그러하지 아니하다.
6. 대체토지를 취득하기 위하여 허가를 받은 경우 : 2년
7. 현상보존의 목적으로 토지를 취득하기 위하여 허가를 받은 경우 : 5년
8. 기타의 경우 : 5년

(2) 의무이행에 대한 조사

① 시장·군수 또는 구청장은 토지거래계약을 허가받은 자가 허가받은 목적대로 이용하고 있는 지를 국토해양부령으로 정하는 바에 따라 조사하여야 한다.

② 시장·군수 또는 구청장은 다음 어느 하나에 해당하는자를 시장·군수 또는 구청장이나 수사기관에 신고하거나 고발한 자에게 대통령령으로 정하는 바에 따라 포상금(50만원으로 하되 예산범위 안에서 지급)을 지급할 수 있다.

1. 허가 또는 변경허가를 받지 아니하고 토지거래계약을 체결한 자 또는 거짓이나 그 밖의 부정한 방법으로 토지거래계약허가를 받은 자 .
2. 토지거래계약허가를 받아 취득한 토지에 대하여 법정된 규정을 위반하여 허가받은 목적대로 이용하지 아니한 자

5. 의무이행 위반에 대한 조치

(1) 이행강제금 부과

① 시장·군수 또는 구청장은 토지의 이용 의무를 이행하지 아니한 자에 대하여는 상당한 기간(3개월)을 정하여 토지의 이용 의무를 이행하도록 명할 수 있다.

② 이행명령이 정하여진 기간에 이행되지 아니한 경우에는 토지 취득가액(실 거래가)의 100분의 10의 범위에서 대통령령으로 정하는 금액의 이행강제금을 부과한다.

③ 단 실거래가가 확인되지 않는 경우에는 취득 당시를 기준으로 가장 최근에 발표된 공시지

가로 한다.

④ 이행강제금은 1년에 한번 씩 그 이행명령이 이행될 때까지 반복하여 부과·징수할 수 있다.

⑤ 시장·군수 또는 구청장은 제124조제1항에 따른 이용 의무기간이 지난 후에는 이행강제금을 부과할 수 없다.

⑥ 이행명령을 받은 자가 그 명령을 이행하는 경우에는 새로운 이행강제금의 부과를 즉시 중지하되, 명령을 이행하기 전에 이미 부과된 이행강제금은 징수 하여야 한다.

⑦ 이행강제금의 부과처분에 불복하는 자는 시장·군수 또는 구청장에게 이의를 제기할 수 있다.

참고 | 벌금·과태료와 이행강제금의 비교

	법적성격	부과목적	부과횟수	비고
벌금·과태료	행정벌	과거에 대한 징벌적 제재	일회성	양자는 부과목적이 다르므로 병과가 가능함
이행강제금	집행벌	미래에 대한 의무이행 확보	반복성	

현행 부동산공법상 이행강제금제도가 규정되어 있는 법률로는 국토의 계획 및 이용에 관한 법률(토지거래허가시 토지이용의무 이행명령), 건축법(위반 건축물 시정명령), 농지법(농지처분 명령 관련)이 있다.

(2) 선매협의 대상

토지거래 허가받은 토지를 허가 목적대로 이용하고 있지 않다가 다시 처분하려는 경우에는 선매협의 대상 토지가 될 수 있다.

제 10 장

선매, 시범도시, 타인 토지 출입 등

Ⅰ. 선매

1. 의의

선매제도란 토지거래허가구역 안에서 사인들 간에 토지거래계약 체결을 위한 허가신청이 있는 경우 공적 주체들에게 공익사업용 토지를 원활하게 취득할 수 있도록 우선적으로 협의 매수권을 부여하는 제도이다.

선매의 방법은 협의매수만이 인정되고 강제선매는 인정되지 않으므로 토지소유자는 선매협의에 따라야 할 법적 의무는 없으나 절차에는 응하여야 한다. 선매는 강제매수 방식이 아니어서 선매의 실효성은 거의 없다고 볼 수 있다.

2. 선매대상토지 및 선매자

① 시장·군수 또는 구청장은 토지거래계약에 관한 허가신청이 있는 경우 다음에 해당하는 토지에 대하여 국가, 지방자치단체, 한국토지공사, 그 밖에 대통령령으로 정하는 공공기관 또는 공공단체가 그 매수를 원하는 경우에는 이들 중에서 해당 토지를 매수할자를 지정하여 그 토지를 협의매수하게 할 수 있다.

> 1. 공익사업용 토지
> 2. 토지거래계약허가를 받아 취득한 토지를 그 이용목적대로 이용하고 있지 아니한 토지

② 위 ①의 요건에 해당되어도 당사자의 소유권이전에 대한 허가신청이 없으면 선매대상이 되지 아니한다.

③ 선매협의의 대상은 소유권이다

3. 선매절차

(1) 선매자 지정 및 통지

시장·군수 또는 구청장은 선매요건에 해당하는 토지에 대하여 토지거래계약허가 신청이 있는 경우에는 그 신청이 있는 날부터 1개월 이내에 선매자를 지정하여 토지 소유자에게 알려야 한다.

(2) 선매협의 및 매수절차

① 선매자로 지정된 자는 그 지정일 부터 15일 이내에 매수가격 등 선매조건을 기재한 서면을 토지소유자에게 통지하여 선매협의를 하여야 한다.
② 선매자는 지정 통지를 받은 날부터 1개월 이내에 그 토지 소유자와 선매협의를 끝내야 한다.
③ 선매자는 지정일 부터 30일 이내에 국토해양부령이 정하는 바에 따라 선매 협의조서를 시장·군수 또는 구청장에게 제출하여야 한다.

(3) 선매가격

토지를 선매할 때의 가격은 「부동산 가격공시 및 감정평가에 관한 법률」에 따라 감정평가업자가 감정평가한 감정가격을 기준으로 하되, 토지거래계약 허가신청서에 적힌 가격이 감정가격보다 낮은 경우에는 허가신청서에 적힌 가격으로 할 수 있다.

4. 선매협의 불성립 시 조치

시장·군수 또는 구청장은 선매협의가 이루어지지 아니한 경우에는 지체 없이 허가 또는 불허가의 여부를 결정하여 통보하여야 한다.

Ⅱ. 지가동향의 조사

① 국토해양부장관이나 시·도지사는 토지거래허가 제도를 실시하거나 그 밖에 토지정책을 수행하기 위한 자료를 수집하기 위하여 대통령령으로 정하는 바에 따라 지가의 동향과 토지거래의 상황을 조사하여야 한다.

② 관계 행정기관이나 그 밖의 필요한 기관에 이에 필요한 자료를 제출하도록 요청할 수 있다. 이 경우 자료 제출을 요청받은 기관은 특별한 사유가 없으면 요청에 따라야 한다.

③ 국토해양부장관은 연 1회 이상 전국의 지가변동률을 조사하여야 하며, 필요한 경우에는 「국유재산법 시행령」 제2조에 따른 주식회사 한국감정원의 원장으로 하여금 매월 1회 이상 지가의 동향 및 토지거래의 상황 그 밖의 필요한 자료를 제출하게 할 수 있다. 이 경우 지가동향·토지거래상황의 조사 및 자료의 작성 등에 소요되는 비용은 실비의 범위에서 국가예산으로 지원할 수 있다.

④ 시·도지사는 관할구역안의 지가의 동향 및 토지거래의 상황을 수시로 조사하여야 하며, 그 결과 허가구역을 지정·축소 또는 해제할 필요가 있다고 인정하는 경우에는 국토해양부장관에게 그 구역의 지정·축소 또는 해제를 요청할 수 있다.

Ⅲ. 시범도시, 시범도시사업계획

1. 시범도시

① 국토해양부장관은 도시의 경제·사회·문화적인 특성을 살려 개성 있고 지속가능한 발전을 촉진하기 위하여 필요하면 직접 또는 관계 중앙행정기관의 장이나 시·도지사의 요청에 의하여 경관, 생태, 정보통신, 과학, 문화, 관광, 그 밖에 대통령령으로 정하는 분야별로 시범도시(시범지구나 시범단지를 포함한다)를 지정할 수 있다.

② 시범도시는 다음 각 호의 기준에 적합하여야 한다.

1. 시범도시의 지정이 도시의 경쟁력 향상, 특화발전 및 지역균형발전에 기여할 수 있을 것
2. 시범도시의 지정에 대한 주민의 호응도가 높을 것

3. 시범도시의 지정목적 달성에 필요한 사업에 주민이 참여할 수 있을 것
4. 시범도시사업의 재원조달계획이 적정하고 실현가능할 것

2. 시범도시사업계획

① 시범도시를 관할하는 특별시장·광역시장·특별자치시장·특별자치도지사·시장·군수 또는 구청장은 다음의 구분에 따라 시범도시사업계획을 수립·시행하여야 한다.

1. 시범도시가 시·군 또는 구의 관할구역에 한정되어 있는 경우 : 관할 시장·군수 또는 구청장이 수립·시행
2. 그 밖의 경우 : 특별시장·광역시장·특별자치시장 또는 특별자치도지사가 수립·시행

② 시범도시사업계획에는 다음의 사항이 포함되어야 한다.

1. 시범도시사업의 목표·전략·특화발전계획 및 추진체제에 관한 사항
2. 시범도시사업의 시행에 필요한 도시·군계획 등 관련계획의 조정·정비에 관한 사항
3. 시범도시사업의 시행에 필요한 도시·군계획사업에 관한 사항
4. 시범도시사업의 시행에 필요한 재원조달에 관한 사항

4의2. 주민참여 등 지역사회와의 협력체계에 관한 사항

5. 그 밖에 시범도시사업의 원활한 시행을 위하여 필요한 사항

Ⅳ. 타인토지에의 출입 등

1. 출입 등의 주체 및 목적

국토해양부장관, 시·도지사, 시장 또는 군수나 도시·군계획시설사업의 시행자는 다음의 행위를 하기 위하여 필요하면 타인의 토지에 출입하거나 타인의 토지를 재료 적치장 또는 임시통로로 일시 사용할 수 있으며, 특히 필요한 경우에는 나무, 흙, 돌, 그 밖의 장애물을 변경하거나 제거할수 있다.

1. 도시·군계획·광역도시·군계획에 관한 기초조사
2. 개발밀도관리구역, 기반시설부담구역 및 기반시설설치계획에 관한 기초조사
3. 지가의 동향 및 토지거래의 상황에 관한 조사
4. 도시·군계획시설사업에 관한 조사·측량 또는 시행

2. 출입 등의 절차

(1) 출입의 경우(허가, 통지)

① 타인의 토지에 출입하려는 자는 특별시장·광역시장·특별자치시장·특별자치도지사·시장 또는 군수의 허가를 받아야 한다.
다만, 행정청인 도시·군계획시설사업의 시행자는 허가를 받지 아니하고 타인의 토지에 출입할 수 있다.

② 출입하려는 날의 7일 전까지 그 토지의 소유자·점유자 또는 관리인에게 그 일시와 장소를 알려야 한다.

(2) 일시사용 및 변경·제거의 경우(동의, 통지)

① 타인의 토지를 재료 적치장 또는 임시통로로 일시사용하거나 나무, 흙, 돌, 그 밖의 장애물을 변경 또는 제거하려는 자는 토지의 소유자·점유자 또는 관리인의 동의를 받아야 한다.

② 이 경우 토지나 장애물의 소유자·점유자 또는 관리인이 현장에 없거나 주소 또는 거소가 불분명하여 그 동의를 받을 수 없는 경우에는 행정청인 도시·군계획시설사업의 시행자는 관할 특별시장·광역시장·특별자치시장·특별자치도지사·시장 또는 군수에게 그 사실을 통지하여야 하며, 행정청이 아닌 도시·군계획시설사업의 시행자는 미리 관할 특별시장·광역시장·특별자치시장·특별자치도지사·시장 또는 군수의 허가를 받아야 한다.

③ 토지를 일시 사용하거나 장애물을 변경 또는 제거하려는 자는 토지를 사용하려는 날이나 장애물을 변경 또는 제거하려는 날의 3일 전까지 그 토지나 장애물의 소유자·점유자 또는 관리인에게 알려야 한다.

3. 출입의 제한과 토지점유자의 수인의무

① 일출 전이나 일몰 후에는 그 토지 점유자의 승낙 없이 택지나 담장 또는 울타리로 둘러싸인 타인의 토지에 출입할 수 없다.
② 토지의 점유자는 정당한 사유 없이 출입 등의 행위를 방해하거나 거부하지 못한다.
③ 출입 등의 행위를 하려는 자는 그 권한을 표시하는 증표와 허가증을 지니고 이를 관계인에게 내보여야 한다.

4. 출입 등으로 인한 손실보상

① 출입 등의 행위로 인하여 손실을 입은 자가 있으면 그 행위자가 속한 행정청이나 도시·군계획시설사업의 시행자가 그 손실을 보상하여야 한다.
② 손실 보상에 관하여는 그 손실을 보상할 자와 손실을 입은 자가 협의하여야 한다.
③ 손실을 보상할 자나 손실을 입은 자는 협의가 성립되지 아니하거나 협의를 할 수 없는 경우에는 관할 토지수용위원회에 재결을 신청할 수 있다.
④ 관할 토지수용위원회의 재결에 관하여는 「공익사업을 위한 토지 등의 취득 및 보상에 관한 법률」을 준용한다.

참고

손실보상 의무자는 출입 등의 행위자(예 : 공무원, 직원)가 아니라 그 행위자가 속한 행정청(국가나 지방자치단체)이나 도시·군계획시설사업의 시행자(예 : 한 국토지주택공사)이다.

V. 청 문

국토해양부장관, 시·도지사, 시장·군수 또는 구청장은 다음 어느 하나에 해당하는 처분을 하려면 청문을 하여야 한다.

1. 개발행위허가의 취소
2. 도시·군계획시설사업의 시행자 지정의 취소
3. 도시·군계획시설사업의 실시계획인가의 취소
4. 토지거래계약 허가의 취소

제 5 편

도 시 개 발 법

제 1 장

총 칙

1. 도시개발법의 공법체계상의 위치

「도시개발법」 은「국토의 계획 및 이용에 관한 법률」에서 정하는 '도시·군관리계획' 의 내용 중 '도시개발사업에 관한 계획' 과 관련을 가지고 있으며, 도시개발사업과 관련하여서는 「국토의 계획 및 이용에 관한 법률」의 특별법적 성격을 가진다.

2. 제정 목적

도시개발법 제정 목적은 첫째, 도시개발에 필요한 사항을 규정하고 둘째, 계획적이고 체계적인 도시개발 도모하여 셋째, 쾌적한 도시환경의 조성과 공공복리의 증진에 이바지 함을 그 목적으로 하고 있다.

3. 용어의 정의

(1) 도시개발구역

"도시개발구역" 이란 도시개발사업을 시행하기 위하여 지정·고시된 구역을 말한다.

(2) 도시개발사업

"도시개발사업" 이란 도시개발구역에서 주거, 상업, 산업, 유통, 정보통신, 생태, 문화, 보건 및 복지 등의 기능이 있는 단지 또는 시가지 조성을 하기 위하여 시행 하는 사업이다(주로 토지를 대상으로 하는 사업)

(3) 국토의 계획 및 이용에 관한 법률의 적용

「국토의 계획 및 이용에 관한 법률」에서 사용하는 용어는 이 법으로 특별히 정하는 경우 외에는 이 법에서 이를 적용한다.

제 2 장

도 시 개 발 구 역

Ⅰ. 도시개발구역의 지정권자

1. 도시개발구역 지정과 도시개발계획 관계

(1) 원칙

지정권자가 도시개발구역을 지정하려면 해당 도시개발계획을 수립하여야 한다.

(2) 예외

다음 어느 하나에 해당하는 지역에 도시개발구역 지정시는 구역 지정 후에 개발 계획을 수립할 수 있다.

① 자연녹지지역

② 생산녹지지역이 도시개발구역 지정면적의 30/100 이하인 경우

③ 도시지역 외의 지역

④ 국토부장관이 국가균형발전을 위하여 관계 중앙행정기관의 장과 협의하여 도시개발구역으로 지정(자연환경보전지역 제외)하려는 지역

⑤ 해당 도시개발구역에 포함되는 주거지역·상업지역·공업지역의 면적의 합계가 전체 도시개발구역 지정면적의 30/100분 이하인 지역

2. 도시개발구역 지정권자

(1) 원칙 : 시·도지사, 대도시 시장

① 시·도지사는 특별시장·광역시장·도시자·특별자치도지사를 말한다

② 대도시 시장이란 서울특별시와 광역시를 제외한 인구 50만 이상의 대도시의 시장이다.

③ 협의지정

도시개발사업이 필요하다고 인정되는 지역이 둘 이상의 시·도에 걸치거나 또는 서울특별시와 광역시를 제외한 인구 50만 이상의 대도시의 행정구역에 걸치는 경우에는 관계 시·도지사 또는 대도시 시장이 협의하여 도시개발구역을 지정할자를 정한다.

> 시·도지사 또는 대도시 시장이 도시개발구역을 지정하는 경우에는 국토해양부장관의 승인은 필요하지 않으나, 지정하려는 도시개발구역 면적이 100만㎡ 이상인 경우나, 개발계획이 「국토의 계획 및 이용에 관한 법률」 제2조제14호에 따른 국가계획을 포함하고 있거나 그 국가계획과 관련되는 경우에는 국토해양부장과 협의하여야 한다.

(3) 예외 : 국토해양부장관

국토해양부 장관은 다음의 각 하나에 해당하면 도시개발구역을 지정 가능하다.

> 1. 국가가 도시개발사업을 실시할 필요가 있는 경우
> 2. 관계 중앙행정기관의 장이 요청한 경우
> 3. 공공기관의 장 또는 정부출연기관의 장이 30만㎡ 이상으로 국가계획과 밀접한 관련이 있는 도시개발구역의 지정을 제인하는 경우
> 4. 2 이상의 시·도에 걸치는 경우로서 관계 시·도지사의 협의가 성립 되지 않는 경우
> 5. 천재·지변 그 밖의 사유로 도시개발사업을 긴급하게 할 필요가 있는 경우

3. 도시개발구역의 분할 및 결합

지정권자는 도시개발사업의 효율적인 추진과 도시의 경관 보호 등을 위하여 필요하다고 인정하는 경우, 도시개발구역을 둘 이상의 사업시행지구로 분할하거나 서로 떨어진 둘 이상의 지역을 결합하여 하나의 도시개발구역으로 지정할 수 있다.

4. 구역지정요청

① 시장(대도시 시장 제외)·군수 또는 구청장(자치구의 구청장)은 시·도지사에게 도시개발구

역의 지정을 요청할 수 있다.

② 중앙행정기관의 장은 국토부장관에게 구역 지정을 요청할 수 있다.

5. 구역지정제안

(1) 제안주체

① 시행자 중 국가·지방자치단체·도시개발을 위하여 설립한 조합을 제외한 공공기관, 정부출연기관, 지방공사, 토지소유자 등이 제안한다.

② 토지소유자가 수용 또는 사용의 방식으로 제안하는 경우에는 도시개발구역 안의 국·공유지를 제외한 토지면적의 2/3 이상을 사용할 수 있는 토지사용승낙서 및 토지매매계약서를 가지고 1/2 이상을 소유하여야 제안 가능하다.

③ 민간시행자와 공동출자법인인 시행자(공공시행자가 100분의 50을 초과 출자한 경우 제외)가 제안하는 경우에는 구역 토지면적의 3분의 2 이상에 해당하는 토지소유자(지상권자 포함)의 동의를 받아야 한다.

(2) 제안상대방

1) 원칙

특별자치도지사·시장·군수·구청장

2) 예외

공공기관의 장 또는 정부출연기관의 장이 30만㎡ 이상으로 지정 제안시는 국토해양부장관에게 직접 제안한다.

Ⅱ. 도시개발구역의 요건

1. 원칙

구 분	지 역	면 적
도시지역 안	주거지역	1만㎡ 이상
	상업지역	1만㎡ 이상
	공업지역	3만㎡ 이상
	자연녹지지역	1만㎡ 이상
	생산녹지지역	1만㎡ 이상(구역 지정면적의 30/100 이하)
도시지역 외	◦ 30만㎡ 이상 단 공동주택 중 아파트 또는 연립주택의 건설계획이 포함되는 경우로서 다음 2가지 요건을 모두 갖춘 경우에는 20만㎡ 이상 ① 구역 안에 초등학교 용지를 확보하여 관한 교육청의 동의를 받은 경우 ② 도로법에 해당하는 도로 또는 국토해양부령으로 정하는 도로와 연결되거나 4차로 이상의 도로를 설치하는 경우	

1. 자연녹지지역, 생산녹지지역, 도시지역 외의 지역에 도시개발구역을 지정시는 광역 도시계획 또는 도시·군기본계획에 의하여 개발이 가능한 지역에서만 국토해양부장관이 정하는 기준에 따라 지정한다
2. 광역도시계획 또는 도시·군기본계획이 수립되지 않은 지역인 경우에는 자연녹지지역 및 계획관리지역에서만 구역지정 가능하다

2. 예외

다음에 해당하는 지역으로서 지정권자가 계획적인 도시개발이 필요하다고 인정하는 지역에 대하여는 위 원칙 규정의 제한을 적용받지 않는다.

1. 취락지구 또는 개발진흥지구로 지정된 지역
2. 지구단위계획구역으로 지정된 지역
3. 국토부장관이 국가균형발전을 위하여 관계 중앙행정기관의 장과 협의하여 도시개발구역으로 지정하고자 하는 지역(자연환경보전지역을 제외한다)

Ⅲ. 도시개발사업계획(이하 '개발계획'이라함)

1. 개발계획의 내용

(1) 개발계획에는 다음의 각 사항을 포함시킬 수 있다. 단, 13번부터 16번까지의 해당사항은 도시개발구역을 지정한 후에 개발계획에 포함시킬 수 있다.

1. 도시개발구역의 명칭·위치 및 면적
2. 도시개발구역의 지정 목적과 도시개발사업의 시행기간
3. 도시개발구역을 둘 이상의 사업시행지구로 분할하거나 서로 떨어진 둘 이상의 지역을 하나의 구역으로 결합하여 도시개발사업을 시행하는 경우에는 그 분할이나 결합에 관한 사항
4. 도시개발사업의 시행자에 관한 사항
5. 도시개발사업의 시행방식
6. 인구수용계획
7. 토지이용계획

7의2. 원형지로 공급될 대상 토지 및 개발 방향

8. 교통처리계획
9. 환경보전계획
10. 보건의료시설 및 복지시설의 설치계획
11. 도로, 상하수도 등 주요 기반시설의 설치계획
12. 재원조달계획
13. 도시개발구역 밖의 지역에 기반시설을 설치하여야 하는 경우에는 그 시설의 설치에 필요한 비용의 부담 계획
14. 수용(收用) 또는 사용의 대상이 되는 토지·건축물 또는 토지에 정착한 물건과 이에 관한 소유권 외의 권리, 광업권, 어업권, 물의 사용에 관한 권리(이 하 "토지등"이라 한다)가 있는 경우에는 그 세부목록
15. 임대주택건설계획 등 세입자 등의 주거 및 생활 안정 대책
16. 순환개발 등 단계적 사업추진이 필요한 경우 사업추진계획 등에 관한 사항
17. 그 밖에 대통령령으로 정하는 사항

(2) 국토계획법에 따른 광역도시계획이나 도시·군기본계획이 수립된 지역에 개발계획을 수립하려면 개발계획의 내용이 해당 광역도시계획이나 도시·군기본계획에 맞도록 개발계

획을 수립하여야 한다.

(3) 330만㎡ 이상인 도시개발구역에 관한 개발계획수립시는 해당구역에서의 주거, 생산, 교육, 유통, 위락 등의(복합도시 기능) 기능이 서로 조화를 이루도록 노력하여야 한다.

2. 개발계획 수립시 토지소유자의 동의

(1) 원칙

지정권자는 환지(換地)방식의 개발계획을 수립하려면 환지방식이 적용되는 지역의 토지면적의 3분의 2 이상에 해당하는 토지 소유자와 그 지역의 토지소유자 총수의 2분의 1 이상의 동의를 받아야 한다. 환지방식으로 시행하기 위하여 개발계획을 변경(대통령령으로 정하는 경미한 사항의 변경은 제외한다)하려는 경우에도 또한 같다.

(2) 예외

지정권자는 환지방식으로 시행하려고 개발계획을 수립하거나 변경할 때에 도시개발사업의 시행자가 국가 또는 지방자치단체인 경우에는 토지 소유자의 동의를 받을 필요가 없다.

참고 | 동의자 수 산정방법

1. 도시개발구역의 토지면적을 산정하는 경우 : 국공유지를 포함하여 산정할 것
   국공유지를 제외한 전체 사유 토지면적 및 토지 소유자에 대하여 동의 요건 이상으로 동의를 받은 후에 그 토지면적 및 토지 소유자의 수가 법적 동의 요건에 미달하게 된 경우에는 국공유지 관리청의 동의를 받아야 한다.
2. 토지 소유권을 여러 명이 공유하는 경우 : 다른 공유자의 동의를 받은 대표 공유자 1명만을 해당 토지 소유자로 볼 것. 다만, 「집합건물법」에 따른 구분소유자는 각각을 토지 소유자 1명으로 본다.
3. 개발구역지정 시 주민의 공람·공고일 후에 「집합건물법」에 따른 구분소유권을 분할하게 되어 토지 소유자의 수가 증가하게 된 경우 : 공람·공고일 전의 토지 소유자의 수를 기준으로 산정하고, 증가된 토지 소유자의 수는 토지 소유자 총수에 추가 산입하지 말것
4. 도시개발구역의 지정이 제안되기 전에 또는 도시개발구역에 대한 도시개발사업의 계획(이하 "개발계획"이라 한다)의 변경을 요청받기 전에 동의를 철회하는 사람이 있는 경우 : 그 사람은 동의자 수에서 제외할 것
5. 도시개발구역의 지정이 제안된 후부터 개발계획이 수립되기 전까지의 사이에 토지 소유자가 변경된 경우 또는 개발계획의 변경을 요청받은 후부터 개발계획이 변경되기 전까지의 사이에 토지 소유자가 변경

된 경우 : 기존 토지 소유자의 동의서를 기준으로 할 것

※ 토지소유자가 동의하거나 동의를 철회한 경우에는 국토부장관령으로 정하는 동의서 또는 동의철회서를 제출하여야 하며, 공유토지의 대표소유자는 공유 자의 인감을 찍은 대표자지정 동의서와 해당 인감증명서를 첨부하여 함께 제출하여야 한다.

(3) 의제

지정권자가 도시개발사업의 전부를 환지방식으로 시행하려고 개발계획을 수립하거나 변경할 때에 시행자가 조합에 해당하는 경우로서 조합이 성립된 후 총회에서 도시개발구역의 토지면적의 3분의 2 이상 조합원과 그 지역의 조합원 총수의 2분의 1 이상의 찬성으로 수립 또는 변경을 의결한 개발계획을 지정권자에게 제출한 경우에는 토지 소유자의 동의를 받은 것으로 본다.

Ⅳ. 도시개발구역의 지정절차 및 해제

1. 지정절차

(1) 기초조사

① 도시개발사업의 시행자나 시행자가 되려는 자는 도시개발구역을 지정하거나 도시개발구역의 지정을 요청 또는 제안하려고 할 때에는 도시개발구역으로 지정될 구역의 토지, 건축물, 공작물, 주거 및 생활실태, 주택수요, 그 밖에 필요한 사항에 관하여 대통령령으로 정하는 바에 따라 조사하거나 측량할 수 있다.

② 조사나 측량을 하려는 자는 관계 행정기관, 지방자치단체, 공공기관, 정부출연기관, 그 밖의 관계 기관의 장에게 필요한 자료의 제출을 요청할 수 있다. 요청받은 기관의 장은 특별한 사유가 없으면 요청에 따라야 한다.

(2) 주민 등의 의견청취

국토해양부장관, 시·도지사 또는 대도시 시장이 도시개발구역을 지정하는 경우와 대도시 시

장이 아닌 시장·군수 또는 구청장이 도시개발구역의 지정을 요청하는 경우에는 공람이나 공청회를 통하여 주민이나 관계 전문가 등으로부터 의견을 들어야 하며, 공람이나 공청회에서 제시된 의견이 타당하다고 인정되면 이를 반영 하여야 한다. 도시개발구역을 변경(대통령령으로 정하는 경미한 사항은 제외한다)하려는 경우에도 또한 같다.

(3) 공람

① 국토해양부장관 또는 특별시장·광역시장·도지사·특별자치도지사는 도시개발 구역의 지정에 관한 주민의 의견을 청취하려면 관계 서류 사본을 시장·군수 또는 구청장에게 송부하여야 한다.

② 시장·군수 또는 구청장은 관계 서류 사본을 송부 받거나, 주민의 의견을 청취하려는 경우에는 다음 각 호의 사항을 전국 또는 해당 지방을 주된 보급지역으로 하는 둘 이상의 일간신문과 해당 시·군 또는 구의 인터넷 홈페이지에 공고하고 14일 이상 일반인에게 공람시켜야 한다.
다만, 도시개발구역의 면적이 10만㎡ 미만인 경우에는 일간신문에 공고하지 아니하고 공보와 해당 시·군 또는 구의 인터넷 홈페이지에 공고할 수 있다.

> 1. 입안할 도시개발구역의 지정 및 개발계획의 개요
> 2. 시행자 및 도시개발사업의 시행방식에 관한 사항
> 3. 공람기간
> 4. 그 밖에 국토해양부령으로 정하는 사항

③ 공고내용에 의견 있는 자는 의견 제출 가능, 국토부장관, 시·도지사, 시장·군수 또는 구청장은 제출된 의견을 반영할 것인지를 검토하여, 그 결과를 공람기간이 끝난 날로부터 30일 이내에 의견을 제출한 자에게 통보하여야한다.

(4) 공청회 개최

① 국토해양부장관, 시·도지사, 시장·군수 또는 구청장은 구역의 면적이 100만 ㎡ 이상인 경우(변경 후의 면적이 100만㎡ 제곱미터 이상인 경우 포함한다)에는 공람기간이 끝난 후에 공청회를 개최하여야 한다.

② 공청회를 개최하려면 전국 또는 해당 지방을 주된 보급지역으로 하는 일간신문과 인터넷 홈페이지에 공청회 개최 예정일 14일 전까지 1회 이상 공고하여야 한다.

③ 공청회가 국토해양부장관, 시·도지사, 시장·군수 또는 구청장이 책임질 수 없는 사유로 2회에 걸쳐 개최되지 못하거나 개최는 되었으나 정상적으로 진행 되지 못한 경우에는 공청회를 생략할 수 있다. 이 경우 공청회를 생략하게 된 사유와 달리 의견을 제출할 수 있는 의견 제출의 시기 및 방법 등에 관한 사항을 공청회 공고에 따른 방법으로 공고함으로써 주민의 의견을 듣도록 하여야 한다.

(5) 협의 및 심의

1) 협의

① 지정권자는 도시개발구역을 지정하거나, 개발계획을 수립하려면 관계 행정기관의 장과 협의를 하여야 한다.

② 지정권자는 도시개발구역 면적이 100만㎡ 이상인 경우 또는 개발계획이 국가계획을 포함하고 있거나 그 국가계획과 관련되는 경우에 해당하면 국토해양부장관과 협의를 해야 한다.

2) 심의

① 지정권자는 협의한 후 시·도도시계획위원회나 대도시에 두는 대도시 도시계획위원회의 심의를 거쳐야 한다. 변경하는 경우에도 또한 같다. 경미한 사항을 변경하는 경우에는 그렇지 않다.

② 지구단위계획에 따라 도시개발사업을 시행하기 위하여 도시개발구역을 지정하는 경우에는 중앙도시계획위원회 또는 시·도도시계획위원회나 대도시에 두는 대도시도시계획위원회의 심의를 거치지 아니한다.

(6) 고시 및 공람·통보

1) 고시·공람

① 지정권자는 도시개발구역을 지정하거나 개발계획을 수립한 경우에는 대통령령으로 정하는 바에 따라 이를 관보나 공보에 고시하여야 한다.

② 대도시 시장인 지정권자는 관계 서류를 일반에게 공람한다.

③ 대도시 시장이 아닌 지정권자는 해당 도시개발구역을 관할하는 시장(대도시 시장을 제외한다)·군수 또는 구청장에게 관계 서류의 사본을 보내야 하며, 지정권자인 특별자치도지사와 관계 서류를 송부받은 시장(대도시 시장을 제외한다)·군수 또는 구청장은 해

당 관계 서류를 14일 이상 일반인에게 공람시켜야 한다.

2) 통보

시·도지사 또는 대도시 시장이 도시개발구역을 지정·고시한 경우에는 국토해양부장관에게 그 내용을 통보하여야 한다.

2. 도시개발구역 지정·고시의 효과

(1) 도시지역과 지구단위계획구역으로 지정의제

도시개발구역이 지정·고시된 경우 해당 도시개발구역은 국토계획법에 따른 도시지역과 지구단위계획구역으로 결정·고시된 것으로 본다.

다만, 국토계획법에 따른 지구단위계획구역 및 취락지구로 지정된 지역인 경우에는 그러하지 아니하다.

(2) 지형도면의 고시

도시개발구역이 결정·고시된 것으로 보는 사항에 내하여 국토계획법에 따른 도시·군관리계획에 관한 지형도면의 고시는 같은 법 규정(도시·군관리계획 결정·고시 후 2년 이내 지형도면의 고시)에 불구하고 도시개발사업의 시행 기간에 할 수 있다.

(3) 개발행위

1) 허가대상

도시개발구역지정에 관한 주민 등의 의견청취를 위한 공고가 있는 지역 및 도 시개발구역에서 건축물의 건축(대수선, 용도변경 포함), 공작물의 설치, 토지의 형질 변경, 토석의 채취, 토지 분할, 물건을 쌓아놓는 행위(이동이 용 이하지 아니한 물건을 1월 이상 쌓아놓는 행위), 죽목의 벌채 및 식재 등 대통령령으로 정하는 행위를 하려는 자는 특별시장·광역시장·특별자치도지사·시장 또는 군수의 허가를 받아야 한다. 허가받은 사항을 변경하려는 경우에도 또한 같다.

2) 허가불요대상

재해 복구 또는 재난 수습에 필요한 응급조치를 위하여 하는 행위, 농림수산물의 생산에 직접 이용되는 것으로서 국토해양부령으로 정하는 간이공작물의 설치, 경작을 위한 토지의 형질변경, 도시개발구역의 개발에 지장을 주지 않고 자연경관을 훼손하지 아니하는 범위에서의 토석채취, 도시개발구역에 남겨두기로 결정된 대지에 물건을 쌓아놓는 행위, 관상용 죽목의 임시 식재(경작지에서의 임시 식재는 제외한다)는 허가를 받을 필요없이 행위가 가능하다.

(4) 기득권의 보호

허가를 받아야 하는 행위로서 도시개발구역의 지정 및 고시 당시 이미 관계 법령에 따라 행위 허가를 받았거나 허가를 받을 필요가 없는 행위에 관하여 그 공사나 사업에 착수한 자는 도시개발구역이 지정·고시된 날부터 30일 이내에 국토해양부령으로 정하는 신고서에 그 공사 또는 사업의 진행 사항과 시행계획을 첨부하여 관할 특별시장·광역시장·특별자치도지사·시장 또는 군수에게 제출하여 신고한 후 이를 계속 시행할 수 있다.

3. 도시개발구역지정의 해제

(1) 도시개발구역지정 시 개발계획을 수립하는 경우

① 도시개발구역이 지정·고시된 날부터 3년이 되는 날까지 도시개발사업에 관한 실시계획의 인가를 신청하지 아니하는 경우에는 그 3년이 되는 날 다음 날에 도시개발구역의 지정은 해제된 것으로 본다

② 도시개발사업의 공사완료의 공고일 다음날에 해제된 것으로 본다.

③ 환지방식에 따른 사업인 경우에는 그 환지처분 공고일 다음날에 해제된 것으로 본다.

(2) 도시개발구역지정 후 개발계획을 수립하는 경우

① 도시개발구역이 지정·고시된 날부터 2년이 되는 날까지 개발계획을 수립·고시하지 아니하는 경우에는 그 2년이 되는 날 다음 날에 도시개발구역의 지정은 해제된 것으로 본다.

② 개발계획을 수립·고시한 날부터 3년이 되는 날까지 실시계획 인가를 신청하지 아니하는 경우에는 그 3년이 되는 날 다음 날에 해제된 것으로 본다. 다만 도시개발구역의 면적이

330만㎡ 이상인 경우는 각각 5년으로 한다.

4. 해제의 효력

도시개발구역의 지정이 해제의제(解除擬制)된 경우에는 그 도시개발구역에 대한 국토계획법에 따른 용도지역 및 지구단위계획구역은 해당 도시개발구역 지정 전의 용도지역 및 지구단위계획구역으로 각각 환원되거나 폐지된 것으로 본다.

다만, 도시개발사업의 완료로 구역의 지정이 해제 의제된 경우에는 환원되거나 폐지된 것으로 보지 아니한다.

제 3 장

시행자 및 실시계획

Ⅰ. 시행자

1. 시행자의 종류

도시개발사업의 시행자는 다음에 해당하는 자 중에서 지정권자가 지정한다.

(1) 일반적인 경우

공공적 시행자	1. 국가나 지방자치단체 2. 공공기관(한국토지주택공사, 한국수자원공사, 한국농어촌공사, 한국관광공사, 한국철도공사) 3. 정부출연기관(한국철도시설공단이 역세권 개발사업을 하는 경우로 한정, 제주국제자유도시개발센터가 제주도 내의 개발사업) 4. 「지방공기업법」에 따라 설립된 지방공사
비공공적 시행자	5. 도시개발구역의 토지 소유자(수용 또는 사용 방식의 경우에는 도시개발구역의 국공유지를 제외한 토지면적의 3분의 2 이상을 소유한자를 말한다) 6. 도시개발구역의 토지 소유자가 도시개발을 위하여 설립한 조합(도시개발사업의 전부를 환지방식으로 시행하는 경우에만 해당하며, 이하 "조합"이라 한다) 7. 「수도권정비계획법」에 따른 과밀억제권역에서 수도권 외의 지역으로 이전하는 법인 중 과밀억제권역의 사업 기간 등 대통령령으로 정하는 요건에 해당하는 법인 8. 「주택법」 제9조에 따라 등록한 자 중 도시개발사업을 시행할 능력이 있다고 인정되는 자로서 대통령령으로 정하는 요건에 해당 하는 자(「주택법」 제2조제6호에 따른 주택단지와 그에 수반되는 기반시설을 조성하는 경우에만 해당한다) 9. 「건설산업기본법」에 따른 토목공사업 또는 토목건축공사업의 면허를 받는 등 개발계획에 맞게 도시개발사업을 시행할 능력이 있다고 인정되는 자로서 대통령령으로 정하는 요건에 해당하는 자 9의2. 「부동산개발업의 관리 및 육성에 관한 법률」 제4조제1항에 따라 등록한 부동산개발업자로서 대통령령으로 정하는 요건에 해당하는 자 10. 「부동산투자회사법」에 따라 설립된 자기관리부동산투자회사 또는 위탁관리부동산투

	자회사로서 대통령령으로 정하는 요건에 해 당하는 자
공동출자 법인	1. 제1호부터 제9호까지, 제9호의2 및 제10호에 해당하는 자(제6호에 따른 조합은 제외한다)가 도시개발사업을 시행할 목적으로 출자에 참여하여 설립한 법인으로서 대통령령으로 정하는 요건에 해당하는 법인

1. 국가나 지방자치단체는 행정청인 시행자이고, 나머지는 행정청이 아닌 시행자에 속한다.
2. 공동출자법인은 공공시행자가 50/100을 초과하여 출자한 경우에는 공공시행자와 같이 취급하고, 그 외의 경우에는 민간시행자와 같이 취급한다.

(2) 전부 환지방식으로 시행하는 경우

1) 원칙

지정권자는 도시개발구역의 전부를 환지방식으로 시행하는 경우에는 토지소유자나 조합을 시행자로 지정한다.

2) 예외

지정권자는 원칙의 규정에 불구하고 다음에 해당하는 사유가 있으면 지방자치단체나, LH공사, 지방공사 및 신탁업자(이하 "지방자치단체 등" 이라 한다) 등 대통령령으로 정하는자를 시행자로 지정할 수 있다.

1. 토지 소유자나 조합이 게발계획의 수립·고시일부터 1년 이내에 시행자 지정을 신청하지 아니한 경우 또는 지정권자가 신청된 내용이 위법하거나 부당하다고 인정한 경우
2. 지방자치단체의 장이 집행하는 공공시설에 관한 사업과 병행하여 시행할 필요가 있다고 인정한 경우
3. 도시개발구역의 국공유지를 제외한 토지면적의 1/2 이상에 해당하는 토지 소유자 및 토지 소유자 총수의 1/2 이상이 지방자치단체등의 시행에 동의한 경우

2. 시행자 변경

지정권자는 다음의 각 어느 하나에 속하는 경우 시행자를 변경할 수 있다.

1. 도시개발사업에 관한 실시계획의 인가를 받은 후 2년 이내에 사업을 착수하지 아니하는 경우
2. 행정처분으로 시행자의 지정이나 실시계획의 인가가 취소된 경우

3. 시행자의 부도·파산, 그 밖에 이와 유사한 사유로 도시개발사업의 목적을 달성하기 어렵다고 인정되는 경우
4. 도시개발구역의 전부를 환지방식으로 시행하는 경우로서, 시행자로 지정된 토지소유자 또는 조합이 도시개발구역의 지정·고시일로부터 1년 이내에(다만, 6월의 범위에서 이를 연장한 경우에는 그 연장된 기간)에 실시계획의 인가를 신청하지 않는 경우

3. 규약 ·시행규정

(1) 규약

지정권자는 토지소유자 2인 이상이 도시개발사업을 시행하려고 할 때 또는 토지 소유자가 민간시행자(도시개발구역의 토지소유자가 도시개발을 위하여 설립한 조합은 제외함)와 공동으로 도시개발사업을 시행하려고 할 때에는 도시개발사업에 관한 규약을 정하게 할 수 있다.

(2) 시행규정

지방자치단체등이 도시개발사업의 전부를 환지방식으로 시행하려고 할 때 와 공공시행자 또는 공동출자법인인 시행자(공공시행자가 100분의 50을 초과하여 출자한 경우로 한정한다)가 도시개발사업의 일부를 환지방식으로 시행하려고 할 때에는 시행규정을 작성하여야 한다.

참고 | 시행자관련 시행준거 4가지

- 정관(조합인 시행자)
- 규약(2인 이상의 토지소유자인 시행자, 토지소유자와 민간의 공동인 시행자)
- 시행규정(전부 환지방식의 경우 지방자치단체 등의 시행자, 일부 환지방식의 공공시행자 또는 공동출자법인인 시행자)
- 실시계획(모든 시행자)

Ⅱ. 도시개발조합

1. 설립의 인가

① 조합을 설립하려면 도시개발구역의 토지 소유자 7명 이상이 대통령령으로 정하는 사항을 포함한 정관을 작성하여 지정권자에게 조합 설립의 인가를 받아야 한다.

② 조합이 ①에 따라 인가를 받은 사항을 변경하려면 지정권자로부터 변경인가를 받아야 한다. 다만, 대통령령으로 정하는 다음과 같은 경미한 사항을 변경하려는 경우에는 신고하여야 한다.

1. 주된 사무소의 소재지를 변경하려는 경우
2. 공고방법을 변경하려는 경우

2. 토지소유자의 동의

조합 설립의 인가를 신청하려면 도시개발구역의 토지면적의 2/3 이상에 해당하는 토지 소유자와 그 구역의 토지 소유자 총수의 1/2 이상의 동의를 받아야 한다.

참고 | 동의자 수 산정방법

① 동의자 수의 산정방법 등에 관하여는 시행령 제6조 제2항부터 제5항까지(제2항 제4 호 및 제5호는 제외한다)의 규정을 준용한다.

제1호. 도시개발구역의 토지면적을 산정하는 경우: 국공유지를 포함하여 산정할 것

제2호. 토지 소유권을 여러 명이 공유하는 경우: 다른 공유자의 동의를 받은 대표 공유자 1명만을 해당 토지 소유자로 볼 것. 다만, 집합건물 구분소유자는 각각을 토지 소유자 1명으로 본다.

제3호. 도시개발구역 지정 시 주민의 공람·공고일 후에 집합건물의 구분소유권을 분할하게 되어 토지 소유자의 수가 증가하게 된 경우: 공람·공고일 전의 토지 소유자의 수를 기준으로 산정하고, 증가된 토지 소유자의 수는 토지 소유자 총수에 추가 산입하지 말것

② 토지 소유자는 조합 설립인가의 신청 전에 동의를 철회할 수 있다. 이 경우 그 토지 소유자는 동의자 수에서 제외한다.

③ 조합 설립인가에 동의한 자로부터 토지를 취득한 자는 조합의 설립에 동의한 것으로 본다. 다만, 토지를 취득한 자가 조합 설립인가 신청 전에 동의를 철회한 경우에는 그러하지 아니하다.

〈도시개발법상 동의요건〉

구 분	동의 요 건
환지방식으로의 개발계획수립요건	환지방식이 적용되는 지역의 토지면적의 2/3 이상에 해당하는 토지소유자와 그 지역의 토지소유자 총수의 1/2 이상의 동의
조합의 설립 인가	토지면적의 2/3 이상에 해당하는 토지소유자와 그 지역의 토지소유자 총수의 1/2 이상의 동의
도시개발구역 지정 제안	대상구역의 토지면적의 2/3 이상에 해당하는 토지소유자의 동의
지방자치단체 등을 시행자로 지정하는 사유	도시개발구역 안의 국공유지를 제외한 토지면적의 1/2 이상에 해당하는 토지소유자 및 토지소유자 총수의 1/2 이상이 지방자치단체 등의 시행에 동의한 때
민간사업주체의 토지 등의 수용·사용	토지면적의 2/3 이상에 해당하는 토지를 소유하고 토지소유자 총수의 1/2 이상에 해당하는 자의 동의

3. 조합원 등

① 조합의 조합원은 도시개발구역의 토지소유자로 한다. 토지소유자이면 도시개발사업의 동의 여부를 불문하고 조합원이 된다. 그러나 건축물 소유자나 지상권자는 조합원이 되지 못한다.

② 조합에는 조합장 1인, 이사 및 감사를 둔다.

③ 조합의 임원은 그 조합의 다른 임원이나 직원을 겸할 수 없다.

④ 조합의 임원은 조합원이어야 하고, 정관으로 정하는바에 따라 총회에서 선임한다.

4. 조합의 법인격

① 조합은 법인으로 한다.

② 조합의 설립인가를 받은 조합의 대표자는 설립인가를 받은 날로부터 30일 이내에 설립등기를 하여야 한다. 조합은 그 주된 소재지에 등기를 함으로써 성립한다(설립 인가시가 조합 성립시기가 아니다).

③ 조합에 관하여 도시개발법으로 규정한것 외에는 민법 중 사단법인에 관한 규정을 준용한다.

5. 조합원의 권리·의무 및 기관

(1) 조합원의 권리 의무

조합원의 권리 의무는 다음과 같다.

1. 보유토지의 면적과 관계없는 평등한 의결권. 다만, 다른 조합원으로부터 해당 도시개발구역에 그가 가지고 있는 토지 소유권 전부를 이전 받은 조합원은 정관으로 정하는 바에 따라 본래의 의결권과는 별도로 그 토지 소유권을 이전한 조합원의 의결권을 승계할 수 있다.
2. 정관에서 정한 조합의 운영 및 도시개발사업의 시행에 필요한 경비의 부담
3. 그 밖에 정관에서 정하는 권리 및 의무
   ① 공유자의 동의를 받은 대표공유자 1명만 의결권 행사
   ② 구분소유자는 구분소유자별로 의결권이 있다.
   ③ 구역지정시 주민의 의견청취에 따른 공람·공고일 후에 구분소유권을 분할하여 구분소유권을 취득한 자는 의결권이 없다.
4. 조합은 환지계획을 작성하거나 그 밖에 사업을 시행하는 과정에서 조합원이 총회에서 의결하는 사항 등에 동의하지 아니하거나 소규모 토지 소유자라는 이유로 차별해서는 아니 된다.

(2) 총회

조합에 조합원으로 구성되는 총회를 두어야 한다. 총회는 조합의 의사를 결성하는 최고의결기관이고 반드시 두어야 하는 필수기관이다.

(3) 대의원회

① 대의원회는 총회권한대행기관이고 둘 수도 있고 안둘 수도 있는 임의기관이다.

② 조합원의 수가 100인 이상인 조합은 총회의 권한을 대행하게 하기 위하여 대의원회를 둘 수 있다("두어야 한다" 가 아니다)

③ 대의원회에 두는 대의원의 수는 조합원 총수의 100분의 10 이상으로 하며, 조합원 중에서 정관에서 정하는 바에 따라 선출한다.

④ 대의원회는 총회의 의결사항 중 정관의 변경, 개발계획의 수립 및 변경, 조합 임원의 선임, 조합의 합병 또는 해산에 관한 사항을 제외한 총회의 권한을 대행 할 수 있다.

6. 조합원의 경비부담

① 조합은 그 사업에 필요한 비용을 조성하기 위하여 정관으로 정하는바에 따라 조합원에게 경비를 부과·징수할 수 있다.

② 부과금의 금액은 도시개발구역의 토지의 위치, 지목, 면적, 이용 상황, 환경, 그 밖의 사항을 종합적으로 고려하여 정하여야 한다.

③ 조합원이 부과금의 납부를 게을리한 경우에는 정관으로 정하는바에 따라 연체료를 부담시킬 수 있다.

④ 부과금이나 연체료를 체납하는 자가 있으면 대통령령으로 정하는바에 따라 특별자치도지사·시장·군수 또는 구청장에게 그 징수를 위탁할 수 있다.

⑤ 특별자치도지사·시장·군수 또는 구청장이 부과금이나 연체료의 징수를 위탁받으면 지방세 체납처분의 예에 따라 징수할 수 있다. 이 경우 조합은 특별자치도지사·시장·군수 또는 구청장(자치구의 구를 말함)이 징수한 금액의 4/100에 해당하는 금액을 해당 특별자치도·시·군 또는 구에 지급하여야 한다.

Ⅲ. 실시계획

1. 내용

도시개발사업 실시계획은 개발계획에 맞게 작성하여야 하는데, 이 경우 실시계획에는 지구단위계획이 포함되어야 한다. 도시개발구역의 토지이용의 합리화 등을 위하여 필요한 지구단위계획은 실시계획의 내용사항이지 개발계획의 내용사항이 아니다.

2. 작성 및 인가

① 시행자는 실시계획을 작성하여야 한다.

② 시행자(지정권자가 시행자인 경우는 제외한다)는 작성된 실시계획에 관하여 지정권자의 인가를 받아야 한다.

③ 지정권자가 실시계획을 작성하거나 인가하는 경우 국토부장관이 지정권자이면 시·도지사 또는 대도시 시장의 의견을, 시·도지사가 지정권자이면 시장(대도시 시장을 제외한다)·군수 또는 구청장의 의견을 미리 들어야 한다.

④ 지정권자가 실시계획을 작성하거나 인가한 경우에는 이를 관보나 공보에 고시하고 시행자에게 관계 서류의 사본을 송부하며, 대도시 시장인 지정권자는 일반에게 관계 서류를 공람시켜야 하고, 대도시 시장이 아닌 지정권자는 해당 도시개발구역을 관할하는 시장(대도시 시장을 제외한다)·군수 또는 구청장에게 관계서류의 사본을 보내야 한다.
이 경우 지정권자인 특별자치도지사와 본문에 따라 관계서류를 받은 시장(대도시 시장을 제외한다)·군수 또는 구청장은 이를 일반인에게 공람시켜야 한다.

3. 실시계획 고시의 효과

(1) 도시·군관리계획의 결정, 고시의제

실시계획을 고시한 경우 그 고시된 내용 중 국토계획법에 따라 도시·군관리계획(지구단위계획을 포함한다. 이하 같다)으로 결정하여야 하는 사항은 같은 법에 따른 도시·군관리계획이 결정되어 고시된 것으로 본다. 이 경우 종전에 도시·군관리계획으로 결정된 사항 중 고시 내용에 저촉되는 사항은 고시된 내용으로 변경된 것으로 본다.

(2) 지형도면의 고시

도시개발구역이 결정·고시된 것으로 보는 사항에 대하여 국토계획법에 따른 도시·군관리계획에 관한 지형도면의 고시는 같은 법 규정(도시·군관리계획 결정·고시 후 2년 이내 지형도면의 고시)에 불구하고 도시개발사업의 시행기간에 할 수 있다.

(3) 관련 인·허가 등의 의제

실시계획을 작성하거나 인가할 때 지정권자가 해당 실시계획에 대한 허가·승인·심사·인가·신고·면허·등록·협의·지정·해제 또는 처분 등(이하 "인·허가등"이라한다)에 관하여 관계 행정기관의 장과 협의한 사항에 대하여는 해당 인·허가등을 받은 것으로 보며, 실시계획을 고시한 경우에는 관계 법률에 따른 인·허가등의 고시나 공고를 한 것으로 본다.

4. 공사감리

① 지정권자는 실시계획을 인가하였을 때에는 「건설기술관리법」에 따른 감리 전문회사를 도시개발사업의 공사에 대한 책임감리 또는 시공감리를 할 자로 지정하고 지도·감독하여야 한다.

② 책임감리 또는 시공감리를 하여야 하는 도시개발사업에 관한 공사의 대상은 다음의 각 구분에 따른다.

- 책임감리 : 도시개발사업의 공사비가 100억원 이상인 경우
- 시공감리 : 도시개발사업의 공사비가 100억원 미만인 경우

> - 시공감리 : 품질관리·시공관리·안전관리 등에 대한 기술지도와 건축감리를 하는 것을 말한다.
> - 책임감리 : 시공감리와 관계 법령에 따라 발주청으로서의 감독권한을 대행하는 것을 말한다.

③ 감리자는 위반사항을 발견시 지체 없이 시공자와 시행자에게 위반사항을 시정할 것을 알리고, 7일 이내에 지정권자에게 그 내용을 보고하여야 한다.

④ 시공자와 시행자는 시정통지를 받은 경우 특별한 사유가 없으면 해당 공사를 중지하고 위반사항을 시정한 후 감리자의 확인을 받아야 한다.

이 경우 감리자의 시정통지에 이의가 있으면 즉시 공사를 중지하고 지정권자에게 서면으로 이의신청을 할 수 있다.

제 4 장

도시개발사업의 시행

Ⅰ. 시행절차 및 방식 종류

1. 도시개발사업의 시행절차

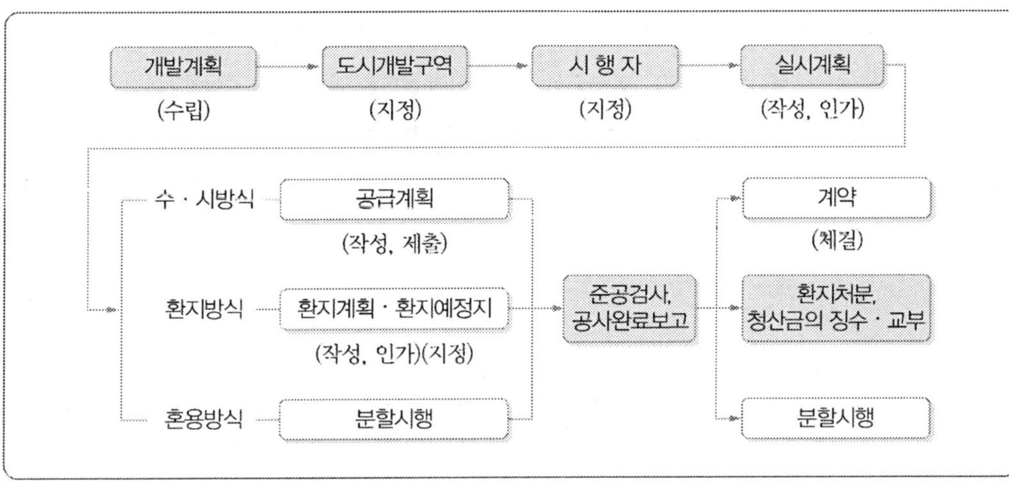

2. 시행방식의 종류

시행자는 도시개발구역으로 지정하려는 지역에 대하여 아래에 정하는바에 따라 개발사업의 시행방식을 정함을 원칙으로 한다. 사업의 용이성·규모 등을 고려하여 필요한 경우에는 국토해양부장관이 정하는 기준에 따라 시행방식을 정할 수 있다.

환지방식	◦ 대지로서의 효용증진과 공공시설의 정비를 위하여 토지의 교환·분합, 그 밖의 구획변경, 지목 또는 형질의 변경이나 공공시설의 설치·변경이 필요한 경우 ◦ 도시개발사업을 시행하는 지역의 지가가 인근의 다른 지역에 비하여 현저히 높아 수용

	또는 사용방식으로 시행하는 것이 어려운 경우 ※ 상기 두 가지 중 어느 하나에 해당하여도 가능
수용 또는 사용방식	◦ 계획적이고 체계적인 도시개발 등 집단적인 조성과 공급이 필요한 경우
혼용방식	◦ 도시개발구역으로 지정하려는 지역이 부분적으로 환지방식 및 수용 또는 사용방식에 해당하는 경우

3. 시행방식의 변경

지정권자는 도시개발구역지정 이후 아래 어느 하나에 해당하는 경우에는 도시개발사업의 시행방식을 변경할 수 있다.

① 국가, 지방자치단체, 공공기관, 정부출연기관, 지방공사인 시행자가 대통령령으로 정하는 기준에 따라 수용 또는 사용방식에서 전부 환지방식으로 변경하는 경우
② 국가, 지방자치단체, 공공기관, 정부출연기관, 지방공사인 시행자가 대통령령으로 정하는 기준에 따라 혼용방식에서 전부 환지방식으로 변경하는 경우
③ 도시개발조합을 제외한 시행자가 대통령령으로 정하는 기준에 따라 시행방식을 수용 또는 사용방식에서 혼용방식으로 변경하는 경우

Ⅱ. 사업방식의 보호조치

시행자는 도시개발사업을 원활하게 시행하기 위하여 세입자 등을 임시로 거주하게 하는 등의 방식으로 그 도시개발구역을 순차적으로 개발할 수 있다.

1. 순환개발방식의 개발사업

① 시행자는 도시개발사업을 원활하게 시행하기 위하여 도시개발구역의 내외에 새로 건설하는 주택 또는 이미 건설되어 있는 주택에 그 도시개발사업의 시행으로 철거되는 주택의 세입자 또는 소유자(제7조에 따라 주민 등의 의견을 듣기 위하여 공람한 날 또는 공청회

의 개최에 관한 사항을 공고한 날 이전부터 도시개발 구역의 주택에 실제로 거주하는 자에 한정한다. 이하 "세입자등"이라 한다)를 임시로 거주하게 하는 등의 방식으로 그 도시개발구역을 순차적으로 개발할 수 있다.

② 시행자는 순환개발방식에 따른 방식으로 도시개발사업을 시행하는 경우에는 「주택법」 제38조에도 불구하고 임시로 거주하는 주택(이하 "순환용주택" 이라 한다)을 임시거주시설로 사용하거나 임대할 수 있다.

③ 순환용주택에 거주하는 자가 도시개발사업이 완료된 후에도 순환용주택에 계속 거주하기를 희망하는 때에는 대통령령으로 정하는바에 따라 이를 분양하거나 계속 임대할 수 있다. 이 경우 계속 거주하는 자가 환지 대상자이거나 이주대책 대상자인 경우에는 대통령령으로 정하는 바에 따라 환지 대상에서 제외하거나 이주대책을 수립한 것으로 본다.

2. 세입자 등을 위한 임대주택 건설용지의 공급 등

① 시행자는 도시개발사업에 따른 세입자등의 주거안정 등을 위하여 제6조에 따른 주거 및 생활실태 조사와 주택수요 조사 결과를 고려하여 대통령령으로 정하는바에 따라 임대주택 건설용지를 조성·공급하거나 임대주택을 건설·공급하여야 한다.

② 공공적 시행자에 해당하는 자 중 주택의 건설, 공급, 임대를 할 수 있는 자는 시행자가 요청하는 경우 도시개발사업의 시행으로 공급되는 임대주택 건설용지나 임대주택을 인수하여야 한다.

③ 임대주택 건설용지 또는 임대주택 인수의 절차와 방법 및 인수가격 결정의 기준 등은 대통령령으로 정한다.

④ 시행자(임대주택 건설용지를 공급하는 경우에는 공급 받은자를 말하고, 인수한 경우에는 그 인수자를 말한다)가 도시개발구역에서 임대주택을 건설·공급하는 경우에 임차인의 자격, 선정방법, 임대보증금, 임대료 등에 관하여는 「임대주택 법」 제20조 및 제21조에도 불구하고 대통령령으로 정하는 범위에서 그 기준을 따로 정할 수 있다. 이 경우 행정청이 아닌 시행자는 미리 시장·군수·구청장의 승인을 받아야 한다.

3. 도시개발사업분쟁조정위원회의 구성 등

① 도시개발사업으로 인한 분쟁을 조정하기 위하여 도시개발구역이 지정된 특별자치도 또는 시·군·구에 도시개발사업분쟁조정위원회를 둘 수 있다. 다만, 해당 지방자치단체에 「도시 및 주거환경정비법」 제77조의2에 따른 도시분쟁조정위원회가 이미 설치되어 있는 경우에는 대통령령으로 정하는바에 따라 분쟁조정위원회의 기능을 대신하도록 할 수 있다.

② 분쟁조정위원회의 구성, 운영, 분쟁조정의 절차 등에 관한 사항은 「도시 및 주거환경정비법」 제77조의2 및 제77조의3을 준용한다. 이 경우 "정비사업" 은 "도시개발사업" 으로 본다.

Ⅲ. 혼용방식으로 시행하는 경우 사업시행지구의 분할

① 시행자는 혼용방식으로 시행하려는 경우에는 수용 또는 사용방식이 적용되는 구역과 환지방식이 적용되는 구역을 둘 이상의 사업시행지구로 각각 분할하여 도시개발사업을 시행할 수 있다.

② 사업시행지구를 분할하여 시행하는 경우에는 각 사업지구에서 부담하여야 하는 국토계획법에 따른 기반시설의 설치비용 등을 명확히 구분하여 실시계획에 반영하여야 한다.

Ⅳ. 수용 또는 사용방식에 의한 사업시행

1. 수용 또는 사용권의 인정

① (모든)시행자는 도시개발사업에 필요한 토지 등을 수용하거나 사용할 수 있다.

② 시행자 중 비 공공적시행자(제5호 및 제7호~제10호에 해당하는 자와 공동출자법인(제1호 내지 제4호에 해당하는 자가 50/100 비율을 초과하여 출자한 경우는 제외)는 사업대상 토지면적의 2/3 이상에 해당하는 토지를 소유하고 토지 소유자 총수의 1/2 이상에 해당하는 자의 동의를 받아야 한다.

참고 ∥ 대상에서 주의할 점

공공시행자와 공동출자법인인 시행자(공공시행자가 100분의 50을 초과하여 출자한 경우를 말함)는 동의를 받지 않아도 된다.

③ 토지등의 수용 또는 사용에 관하여 도시개발법에 특별한 규정이 있는 경우외 에는 「공익사업을 위한 토지 등의 취득 및 보상에 관한 법률」을 준용한다.

④ 수용 또는 사용의 대상이 되는 토지의 세부목록을 고시한 경우에는 「공익사업을 위한 토지 등의 취득 및 보상에 관한 법률」 따른 사업인정 및 그 고시가 있었던 것으로 본다. 다만, 재결신청은 같은 동법의 규정에 불구하고 개발계획에서 정한 도시개발사업의 시행기간 종료일까지 하여야 한다.

2. 토지상환채권

(1) 시행자는 토지 소유자가 원하면 토지 등의 매수 대금의 일부를 지급하기 위하여 대통령령으로 정하는 바에 따라 사업시행으로 조성된 토지·건축물로 상환하는 채권(이하 "토지상환채권" 이라 한다)을 발행할 수 있다.
다만, 비공공적시행자는 금융기관 등으로부터 지급보증을 받은 경우에만 이를 발행할 수 있다.

(2) 발행방법

① 시행자(지정권자가 시행자인 경우는 제외한다)는 토지상환채권을 발행하려면 발행계획을 작성하여 미리 지정권자의 승인을 받아야 한다.

② 토지상환채권 발행규모는 그 토지상환채권으로 상환할 토지·건축물이 해당 도시개발사업으로 조성되는 분양토지 또는 분양건축물 면적의 1/2 초과하지 않아야 한다.

③ 토지상환채권의 이율은 발행당시의 은행의 예금금리 및 부동산 수급상황을 고려하여 발행자가 정한다.

④ 토지상환채권은 기명식(記名式) 증권으로 한다.

(3) 토지상환채권원부 기재

① 토지상환채권을 이전하는 경우 취득자는 그 성명과 주소를 토지상환채권 원부에 기재하여 줄 것을 요청하여야 하며, 취득자의 성명과 주소가 토지상환채권에 기재되지 아니하면 취득자는 발행자 및 그 밖의 제3자에게 대항하지 못한다.

② 토지상환채권을 질권의 목적으로 하는 경우에는 질권자의 성명과 주소가 토지상환채권원부에 기재되지 아니하면 질권자는 발행자 및 그 밖의 제3자에게 대항하지 못한다.

③ 발행자는 질권이 설정된 때에는 토지상환채권에 그 사실을 표시하여야한다.

3. 선수금

시행자는 조성토지등과 도시개발사업으로 조성되지 아니한 상태의 토지(이하 "원형지" 라 한다)를 공급받거나 이용하려는 자로부터 대통령령으로 정하는바에 따라 해당 대금의 전부 또는 일부를 미리 받을 수 있다.

시행자(지정권자가 시행자인 경우는 제외한다)는 해당 대금의 전부 또는 일부를 미리 받으려면 지정권자의 승인을 받아야 한다.

참고 ┆ 선수금을 받을 수 있는 요건

1. 공공기관인 시행자와 공동출자법인이 시행자
   개발계획을 수립·고시한 후에 사업시행 토지면적의 1/4 이상의 토지에 대한 소유권을 확보할 것(사용동의를 포함한다). 다만, 실시계획인가를 받기 전에 선수금을 받으려는 경우에는 「환경영향평가법」에 따른 환경영향평가 및 「도시교통정비 촉진법」에 따른 교통영향분석·개선대책을 수립하여 「국토의 계획 및 이용에 관한 법률」에 따른 기반시설 투자계획이 구체화된 경우로 한정한다.
2. 민간시행자
   해당 도시개발구역에 대하여 실시계획인가를 받은 후 다음의 요건을 모두 갖출 것
   가. 공급하려는 토지에 대한 소유권을 확보하고, 해당 토지에 설정된 저당권을 말소하였을 것. 다만, 부득이한 사유로 토지소유권을 확보하지 못하였거나 저당 권을 말소하지 못한 경우에는 시행자·토지소유자 및 저당권자가 다음 내용의 공동약정서를 공증하여 제출하여야 한다.
      ㉠ 토지소유자는 제3자에게 해당 토지를 양도하거나 담보로 제공하지 아니할 것
      ㉡ 선수금을 납부한 자가 준공검사 또는 준공 전 사용허가를 받아 해당 토지를 사용하게 되는 경우에는 토지소유자 및 저당권자는 지체 없이 소유권을 이전하고, 저당권을 말소할 것
   나. 공급하려는 토지에 대한 도시개발사업의 공사 진척률이 10/100 이상일 것
   다. 공급계약의 불이행 시 선수금의 환불을 담보하기 위하여 다음의 내용이 포함된 보증서 등을 지정권

자에게 제출할 것.

㉠ 보증 또는 보험의 금액은 선수금에 그 금액에 대한 보증 또는 보험기간에 해당하는 약정이자 상당액을 가산한 금액 이상으로 할 것

㉡ 보증 또는 보험 기간의 개시일은 선수금을 받는 날 이전이어야 하며, 그 종료일은 준공예정일부터 1개월 이상으로 할 것

3. 시행자는 공사완료 공고 전에 미리 토지를 공급하거나 시설물을 이용하게 한 후에는 그 토지를 담보로 제공하여서는 아니 된다.

4. 지정권자는 시행자가 공급계약의 내용대로 사업을 이행하지 아니하거나 시행자의 파산 등으로 사업을 이행할 능력이 없다고 인정하는 경우에는 해당 도시개발사업의 준공 전에 보증서 등을 선수금의 환불을 위하여 사용할 수 있다.

4. 원형지의 공급과 개발

(1) 원형지의 정의

원형지란 도시개발사업으로 조성되지 아니한 상태의 토지를 말한다. 즉 수용·사용방식에 의하여 시행자가 수용·사용한 토지를 공사를 하지 아니한 상태에서 공급하는 토지를 말한다.

(2) 공급

① 시행자는 도시를 자연친화적으로 개발하거나 복합적·입체적으로 개발하기 위하여 필요한 경우에는 대통령령으로 정하는 절차에 따라 미리 지정권자의 승인을 받아 다음 각 호의 어느 하나에 해당하는 자에게 원형지를 공급하여 개발하게 할 수 있다. 이 경우 공급될 수 있는 원형지의 면적은 도시개발구역 전체 토지 면적의 3분의 1 이내로 한정한다.

㉠ 국가 또는 지방자치단체

㉡ 공공기관

㉢ 지방공사

㉣ 국가 또는 지방자치단체가 복합개발 등을 위하여 실시한 공모에서 선정된 자

㉤ 원형지를 학교나 공장 등의 부지로 직접 사용하는 자

② 시행자는 원형지를 공급하기 위하여 지정권자에게 승인 신청을 할 때에 원형지의 공급계획을 작성하여 함께 제출하며, 작성된 공급계획을 변경하는 경우에도 같다.

③ 원형지 공급계획에는 원형지를 공급받아 개발하는 자(“원형지개발자”)에 관한 사항과

원형지의 공급내용 등이 포함되어야 한다.

④ 시행자는 승인내용 및 공급계획에 따라 원형지개발자와 공급계약을 체결한 후 원형지개발자로부터 세부계획을 제출받아 이를 실시계획의 내용에 반영하여야 한다.

⑤ 원형지개발자(국가 및 지방자치단체는 제외한다)는 10년의 범위에서 대통령령으로 정하는 기간 안에는 원형지를 매각할 수 없다. 다만, 이주용 주택이나 공공·문화 시설 등 대통령령으로 정하는 경우로서 미리 지정권자의 승인을 받은 경우에는 예외로 한다.

(3) 취소 및 해제

① 지정권자는 다음 각 호의 어느 하나에 해당하는 경우에는 원형지 공급 승인을 취소하거나 시행자로 하여금 그 이행의 촉구, 원상회복 또는 손해배상의 청구, 원형지 공급계약의 해제 등 필요한 조치를 취할 것을 요구할 수 있다.

㉠ 시행자가 원형지를 공급 계획대로 토지를 이용하지 아니하는 경우

㉡ 원형지개발자가 세부계획의 내용대로 사업을 시행하지 아니하는 경우

㉢ 시행자 또는 원형지개발자가 이행조건을 이행하지 아니하는 경우

② 시행자는 다음 각 호의 어느 하나에 해당하는 경우 대통령령으로 정하는 바에 따라 원형지 공급계약을 해제할 수 있다.

㉠ 원형지개발자가 세부계획에서 정한 착수 기한 안에 공사에 착수하지 아니하는 경우

㉡ 원형지개발자가 공사 착수 후 세부계획에서 정한 사업기간을 넘겨 사업시행을 지연하는 경우

㉢ 공급받은 토지의 전부나 일부를 시행자의 동의 없이 제3자에게 매각하는 경우

㉣ 그 밖에 공급받은 토지를 세부계획에서 정한 목적대로 사용하지 아니하는 등 공급계약의 내용을 위반한 경우

5. 이주대책

시행자는 「공익사업을 위한 토지 등의 취득 및 보상에 관한 법률」로 정하는 바에 따라 도시개발사업의 시행에 필요한 토지 등의 제공으로 생활의 근거를 상실하게 되는 자에 관한 이주대책 등을 수립·시행하여야 한다.

V. 수용 또는 사용방식에 의한 토지공급

〈수용 또는 사용방식의 공급과정〉

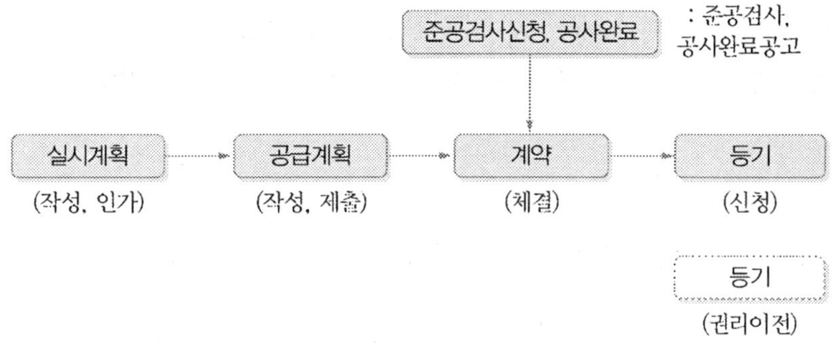

1. 조성토지의 공급계획 제출

시행자(지정권자가 시행자인 경우는 제외한다)는 조성토지 등을 공급하려고 할 때에는 조성토지등의 공급계획을 작성하거나 변경하여 지정권자에게 제출하여야 한다. 이 경우 행정청이 아닌 시행자는 시장(대도시 시장을 제외한다)·군수 또는 구청장을 거쳐 제출하여야 한다. 공급계획에는 다음의 내용이 포함되어야 한다.

① 공급대상 조성토지 등의 위치·면적 및 가격결정방법
② 공급대상자의 자격요건 및 선정방법
③ 공급의 시기·방법 및 조건
④ 그 밖에 국토해양부령으로 정하는 사항

2. 공급방법

(1) 일반적인 공급방법

① 시행자는 조성토지등을 개발계획에서 정한 용도에 따라 공급하여야 한다. 이 경우 시행자

는 기반시설의 원활한 설치를 위하여 필요하면 공급대상자의 자격을 제한하거나 공급조건을 부여할 수 있다.

② 조성토지등의 공급은 경쟁입찰의 방법에 따른다.

(2) 추첨에 의한 공급

국민주택규모 이하의 주택건설용지(임대주택건설용지를 포함한다), 공공택지, 330 ㎡ 이하의 단독주택용지 및 공장용지에 대하여는 추첨의 방법으로 분양할 수 있다.

(3) 수의계약에 의한 공급

시행자는 다음에 해당하는 경우에는 수의계약 방법으로 공급할 수 있다.

1. 학교용지, 공공청사용지 등 일반에게 분양할 수 없는 공공용지를 국가, 지방자치단체, 그 밖의 법령에 따라 해당 시설을 설치할 수 있는 자에게 공급하는 경우
2. 실시계획에 따라 존치하는 시설물의 유지관리에 필요한 최소한의 토지를 공급하는 경우
3. 「공익사업을 위한 토지 등의 취득 및 보상에 관한 법률」에 따른 협의를 하여 그가 소유하는 도시개발구역 안의 조성토지등의 전부를 시행자에게 양도한 자에게 국토해양부령으로 정하는 기준에 따라 토지를 공급하는 경우
4. 토지상환채권에 의하여 토지를 상환하는 경우
5. 토지의 규모 및 형상, 입지조건 등에 비추어 토지이용가치가 현저히 낮은 토지로서, 인접 토지 소유자 등에게 공급하는 것이 불가피하다고 시행자가 인정하는 경우
6. 공공적 시행자가 도시개발구역에서 도시발전을 위하여 복합적이고 입체적인 개발이 필요하여 국토해양부령으로 정하는 절차와 방법에 따라 선정된 자에게 토지를 공급하는 경우
7. 지식경제부장관이 「외국인투자 촉진법」에 따른 외국인투자위원회의 심의를 거쳐 외국인투자기업에게 수의계약을 통하여 조성토지등을 공급할 필요가 있다고 인정하는 경우. 다만, 2009년 7월 1일부터 2011년 6월 30일까지 공급되는 조성토지 등만 해당한다.
8. 기타 관계 법령의 규정에 따라 수의계약으로 공급할 수 있는 경우

3. 조성토지 등의 공급가격

(1) 원칙

조성토지등의 가격 평가는 「부동산 가격공시 및 감정평가에 관한 법률」에 따른 감정평가업자가 평가한 금액으로 한다.

(2) 주상복합건축물 공급가격의 특례

공동주택과 주거용 외의 용도가 복합된 건축물(다수의 건축물이 일체적으로 연결된 하나의 건축물을 포함한다)을 건축하기 위한 토지인 때에는 경쟁입찰대상 토지의 면적에 주거용 외의 용도에 해당하는 비율(실시계획에 포함된 지구단위계획상의 비율을 말하며, 건축물의 연면적 대비 비율로 산정한다)을 곱하여 산정된 면적(이하 이 항에서 "상업면적"이라 한다)에 대하여 최고가격으로 입찰한자를 낙찰자로 한다.

상업면적에 대하여는 낙찰가격을, 상업면적 외에 대하여는 감정가를 각각 적용하여 산정한 가격을 합한 가격을 해당 토지의 공급가격으로 한다.

(3) 학교용지 등의 공급가격 특례

시행자는 학교, 폐기물처리시설, 그 밖에 대통령령으로 정하는 다음 시설을 설치 하기 위한 조성토지등과 이주단지의 조성을 위한 토지를 공급하는 경우에는 해당 토지의 가격을 「부동산 가격공시 및 감정평가에 관한 법률」에 따른 감정평가업자가 감정평가한 가격 이하로 정할 수 있다.

1. 공공청사(2013년 12월 31일까지는 정부가 납입자본금 전액을 출자한 법인의 주된 사무소를 포함한다)
2. 사회복지시설(행정기관 및 「사회복지사업법」에 따른 사회복지법인이 설치 하는 사회복지시설을 말한다). 다만, 「사회복지사업법」에 따른 사회복지시설의 경우에는 유료시설을 제외한 시설로서 관할 지방자치단체의 장의 추천을 받은 경우로 한정한다.
3. 「국토의 계획 및 이용에 관한 법률 시행령」 별표 17 제2호 차목에 해당하는 공장. 다만, 해당 도시개발사업으로 이전되는 공장의 소유자가 설치하는 경우로 한정한다)
4. 임대주택
5. 국민주택 규모 이하의 공동주택. 다만, 공공적 시행자가 국민주택 규모 이하의 공동주택을 건설하려는 자에게 공급하는 경우로 한정한다.
6. 「관광진흥법」에 따른 호텔업 시설. 다만, 공공적 시행자가 200실 이상의 객실을 갖춘 호텔의 부지로 토지를 공급하는 경우로 한정한다.
7. 그 밖에 국토계획법에 따른 기반시설로서 국토해양부령으로 정하는 시설

제 5 장

환지방식의 도시개발사업

Ⅰ. 환지의 개념

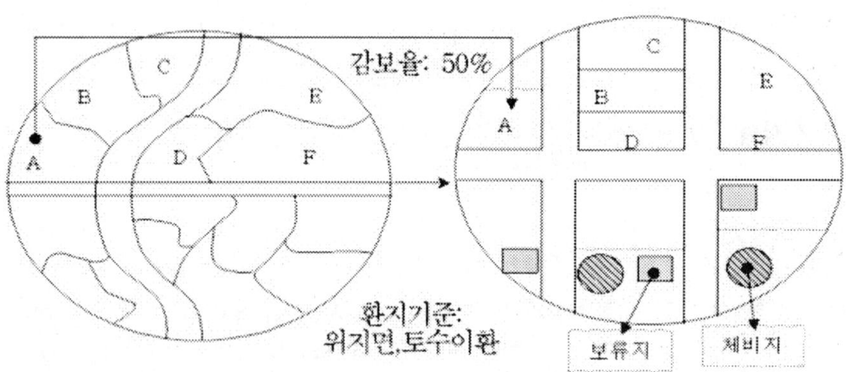

A: 100평 → 50평 (적응환지: 청산X)
B: 10,000평 → 5,000평(-1,000) : 감환지(손실보상금)
C: 50평 → 25(+5)평 : 증환지(부당이득반환금)
D: 70평 → 돈!(청산금) : 환지부지정 (임차권자 동의)
D-1: 5평 → 2.5평(직권으로) : 환지부지정
D-2: 공공시설 → 대체시설 : 환지부지정
E: 30평 → 15평(애매)→건물+공유지분:입체환지

환지계획
1. 감보율 : 50%
2. 과소토지기준 : 30평

환지방식의 도시개발사업은 위 상단 좌측 타원형 안의 토지처럼 농지 및 임야 등이 무질서하게 있는 지역을 위 상단 우측 타원형 안처럼 도로 및 공공용지를 개설하여 택지로 만드는 사업이다(단, 입체환지로 하는 경우에는 도시개발사업으로 건축물 건축도 가능하다)

환지방식은 종전 토지지주들이 조합을 결성하여 자신들의 토지를 투자하고 사업에 소요되는 비용을 토지로 부담하고, 남는 만큼의 토지는 다시 토지로 돌려받는데, 이때 돌려받는 토지를 환지라고 한다.

조합은 공사비 등 사업에 필요한 자금을 조달하기 위해서는 종전 토지 지주들에게 환지를 하지 않거나 적게 환지를 하고, 이를 조합이 보유하는 보류지, 체비지 등으로 지정하고, 그 보류지 및 체비지를 매각하여 사업비용으로 충당한다.

Ⅱ. 환지계획

1. 환지계획 작성

시행자는 도시개발사업의 전부 또는 일부를 환지방식으로 시행하려면 다음 각호의 사항이 포함된 환지계획을 작성하여야 한다.

① 환지 설계
② 필지별로 된 환지 명세
③ 필지별과 권리별로 된 청산대상 토지 명세
④ 체비지(替費地) 또는 보류지(保留地)의 명세
⑤ 입체 환지를 계획하는 경우에는 입체환지용 건축물의 명세와 공급 방법·규모에 관한 사항
⑥ 그 밖에 국토해양부령으로 정하는 사항

참고

- "청산대상 토지 명세"이지 "청산금 명세"가 아니다.
- "환지예정지도"·"환지전후대비도"는 있어도 "환지예정지명세"는 없다.
  즉 환지처분의 기초가 되는 환지예정지나 청산금은 환지계획의 내용이 아님

2. 환지계획 작성기준

(1) 적응환지의 원칙

환지계획은 종전의 토지와 환지의 위치·지목·면적·토질·수리(水利)·이용상황·환경, 그 밖의 사항을 종합적으로 고려하여 합리적으로 정하여야 한다.

(2) 적응환지 예외

「공익사업을 위한 토지 등의 취득 및 보상에 관한 법률」 제4조 어느 하나에 해당하는 공공시설의 용지에 대하여는 환지계획을 정할 때 그 위치·면적 등에 관하여 적응환지의 원칙을 적용하지 아니할 수 있다.

참고 : 환지계획의 기준

① 시행자는 환지계획을 작성할 때에는 환지계획구역(도시개발구역이 둘 이상의 사업시행지구로 분할되는 경우에는 그 분할된 각각의 사업시행지구를 말한다. 이하 같다)별로 작성하여야 하며, 환지계획구역 안의 기존 시가지·주택 밀집지역 및 지목별 이용 현황과 공공시설의 이용도 등을 고려하여야 한다.

② 환지 설계는 평가식을 원칙으로 하되, 환지계획구역의 특성에 따라 면적식 및 절충식 중에서 적합한 방식으로 할 수 있으며, 동일한 환지계획구역안에서는 동일한 방식을 적용하여야 한다.

평가식	도시개발사업의 시행 전후의 토지 평가가액에 비례하여 환지를 결정하는 방법
면적식	도시개발사업시행 전의 토지의 면적 및 위치를 기준으로 환지를 결정하는 방법
절충식	평가식과 면적식을 혼합한 방식

③ 환지는 종전 토지의 위치에 지정하는 것을 원칙으로 한다.
다만, 다음에 해당하는 토지로서 종전 토지의 위치에 지정할 수 없는 경우에는 다른 위치에 환지를 지정할 수 있다.
㉠ 보류지(체비지 및 공공시설용지를 말한다. 이하 같다)로 계획된 위치에 소재한 토지
㉡ 집단환지로 계획된 위치에 소재한 토지
㉢ 그 밖에 부득이한 사유로 종전 토지의 위치에 환지를 지정할 수 없는 토지로서 규약·정관 또는 시행규정이 정하는 토지

④ 시행자는 면적을 증가하여 환지를 지정하는 경우에는 증가되는 면적의 토지를 체비지로 지정하여 환지를 지정할 수 있다. 이 경우 시행자는 해당 환지예정자의 신청이 있을 때에는 환지처분 전에 그 증가면적의 토지를 그 환지예정자에게 매각할 수 있다.

⑤ 시행자는 과소토지가 되지 아니하도록 하기 위하여 필요하면 토지 소유자의 동의를 얻어 하나의 필지를 2명 이상의 공동환지로 지정할 수 있다.

⑥ 시행자는 토지이용계획상 집합건물법의 적용을 받는 건축물을 건축할 수 있는 용도로 계획된 토지에 대해서는 규약·정관 또는 시행규정으로 정하는 바에 따라 토지 소유자의 신청을 받아 집단으로 환지를 지정할 수 있다.

⑦ 시행자는 환지계획을 변경하는 경우에는 환지계획 당시의 방식 및 기준에 따라야 한다. 다만, 환지계획구역이 변동되는 등의 사유로 당초의 방식 또는 기준을 따를 수 없는 경우에는 그러하지 아니하다.

3. 구체적 환지계획

(1) 토지면적을 고려한 환지

1) 증환지

시행자는 토지 면적의 규모를 조정할 특별한 필요가 있으면 면적이 작은 토지는 과소토지가 되지 아니하도록 면적을 늘려 환지를 정할 수 있다.

2) 감환지

시행자는 토지 면적의 규모를 조정할 특별한 필요가 있으면 면적이 넓은 토지는 그 면적을 줄여서 환지를 정할 수 있다.

(2) 환지부지정

1) 신청·동의 등에 의한 환지부지정

토지 소유자가 신청하거나 동의하면 해당 토지의 전부 또는 일부에 대하여 환지를 정하지 아니할 수 있다. 다만, 해당 토지에 관하여 임차권자등이 있는 경우에는 그 동의를 받아야 한다.

참고 : 규약·정관 또는 시행규칙에 의한 환지부지정 예외

시행자는 ①에 불구하고 다음 각 호의 어느 하나에 해당하는 토지는 규약·정관 또는 시행규정으로 정하는 방법과 절차에 따라 환지를 정하지 아니할 토지(환지부지정)에서 제외할 수 있다.

1. 환지예정지를 지정하기 전에 사용하는 토지
2. 환지계획 인가에 따라 환지를 지정받기로 결정된 토지
3. 종전과 같은 위치에 종전과 같은 용도로 환지를 계획하는 토지
4. 토지 소유자가 환지 제외를 신청한 토지의 면적 또는 평가액(토지평가협의회에서 정한 종전 토지의 평가액을 말한다)이 모두 합하여 구역 전체의 토지(국유지·공유지를 제외한다) 면적 또는 평가액의 15/100 이상이 되는 경우로서 환지를 정하지 아니할 경우 사업시행이 곤란하다고 판단되는 토지
5. 공람한 날 또는 공고한 날 이후에 토지의 양수계약을 체결한 토지. 다만, 양수일부터 3년이 지난 경우는 제외한다.

2) 직권에 의한 환지부지정

시행자는 토지 면적의 규모를 조정할 특별한 필요가 있으면 면적이 작은 토지는 과소 토지

가 되지 아니하도록 환지 대상에서 제외할 수 있다.

이 경우 과소토지의 기준면적은 건축법 시행령 제80조에서 정하는 면적범위에서 시행자가 규약, 정관 또는 시행규정으로 정한다.

3) 불용이 되는 공공시설의 토지에 대한 기준

시행자가 도시개발사업의 시행으로 국가 또는 지방자치단체가 소유한 공공시설과 대체되는 공공시설을 설치하는 경우, 종전의 공공시설의 전부 또는 일부의 용도가 폐지되거나 변경되어 사용하지 못하게 될 토지는 환지를 정하지 아니하며, 이를 다른 토지에 대한 환지의 대상으로 하여야 한다.

(3) 환지지정 등의 제한

① 시행자는 주민 등의 의견청취를 위하여 공람 또는 공청회의 개최에 관한 사항을 공고한 날 또는 투기억제를 위하여 시행예정자(요청자 또는 제안자를 말한다)의 요청에 따라 지정권자가 따로 정하는 날("기준일" 이라 한다) 다음 날부터 다음 각 호의 어느 하나에 해당하는 경우에는 국토해양부령으로 정하는 바에 따라 해당 토지 또는 건축물에 대하여 금전으로 청산하거나 환지지정을 제한할 수 있다.

㉠ 1필지의 토지가 여러 개의 필지로 분할되는 경우

㉡ 단독주택 또는 다가구주택이 다세대주택으로 전환되는 경우

㉢ 하나의 대지범위 안에 속하는 동일인 소유의 토지와 주택 등 건축물을 토지와 주택 등 건축물로 각각 분리하여 소유하는 경우

㉣ 나대지에 건축물을 새로 건축하거나 기존 건축물을 철거하고 다세대주택이나 그 밖의 구분소유권의 대상이 되는 건물을 건축하여 토지 또는 건축물의 소유자가 증가되는 경우

② 지정권자는 기준일을 따로 정하는 경우에는 기준일과 그 지정사유 등을 관보 또는 공보에 고시하여야 한다.

4. 입체환지

(1) 개념

시행자는 도시개발사업을 원활히 시행하기 위하여 특히 필요한 경우에는 토지 또는 건축물

소유자의 신청을 받아 건축물의 일부와 그 건축물이 있는 토지의 공유 지분을 부여할 수 있다.

다만, 토지 또는 건축물이 대통령령으로 정하는 기준 이하인 경우에는 시행자가 규약·정관 또는 시행규정으로 신청대상에서 제외할 수 있다.

(2) 공고

입체환지의 경우 시행자는 환지계획 작성 전에 실시계획의 내용, 환지계획기준, 환지대상 필지 및 건축물의 명세, 환지신청 기간 등 대통령령으로 정하는 사항을 토지 소유자(건축물 소유자를 포함)에게 통지하고 해당 지역에서 발행되는 일간신문에 공고하여야 한다.

(3) 신청기간

입체 환지의 신청기간은 통지한 날부터 30일 이상 60일 이하로 하여야 한다.

다만, 시행자는 환지계획의 작성에 지장이 없다고 판단하는 경우에는 20일의 범위에서 그 신청기간을 연장할 수 있다.

(4) 신청

입체 환지를 받으려는 토지 소유자는 환지신청 기간 이내에 대통령령으로 정하는 방법 및 절차에 따라 시행자에게 환지신청을 하여야 한다.

참고 | 입체환지에 따른 주택공급 등

① 시행자는 입체환지로 건설된 주택 등 건축물을 인가된 환지계획에 따라 환지신청자에게 공급하여야 한다. 이 경우 주택을 공급하는 경우에는 「주택 법」에 따른 주택의 공급에 관한 기준을 적용하지 아니한다.

② 입체 환지로 주택을 공급하는 경우 환지계획의 내용은 다음 각 호의 기준에 따른다. 이 경우 주택의 수를 산정하기 위한 구체적인 기준은 대통령령으로 정한다.
  1. 1세대 또는 1명이 하나 이상의 주택 또는 토지를 소유한 경우 1주택을 공급할 것
  2. 같은 세대에 속하지 아니하는 2명 이상이 1주택 또는 1토지를 공유한 경우에는 1주택만 공급할 것

③ 시행자는 위②에도 불구하고 다음 각 호의 어느 하나에 해당하는 토지 소유자에 대하여는 소유한 주택의 수만큼 공급할 수 있다.
  1. 「수도권정비계획법」에 따른 과밀억제권역에 위치하지 아니하는 도시개발 구역의 토지 소유자
  2. 근로자(공무원인 근로자를 포함한다) 숙소나 기숙사의 용도로 주택을 소유하고 있는 토지 소유자
  3. 공공적 시행자

④ 입체환지로 주택을 공급하는 경우 주택을 소유하지 아니한 토지 소유자에 대하여는 기준일 현재 다음 각 호의 어느 하나에 해당하는 경우에만 주택을 공급할 수 있다.
1. 토지 면적이 국토해양부장관이 정하는 규모 이상인 경우
2. 종전 토지의 총 권리가액(주택 외의 건축물이 있는 경우 그 건축물의 총 권리가액을 포함한다)이 입체 환지로 공급하는 공동주택 중 가장 작은 규모의 공동주택 공급예정가격 이상인 경우

⑤ 시행자는 입체 환지의 대상이 되는 용지에 건설된 건축물 중 공급대상자에게 공급하고 남은 건축물의 공급에 대하여는 규약·정관 또는 시행규정으로 정하는 목적을 위하여 체비지(건축물을 포함한다)로 정하거나 토지 소유자 외의 자에게 분양할 수 있다.

⑥ 주택 등 건축물을 공급하는 경우 공급의 방법 및 절차 등에 필요한 사항은 대통령령으로 정한다.

5. 체비지, 보류지

(1) 시행자는 도시개발사업에 필요한 경비에 충당하거나 규약·정관·시행규정 또는 실시계획으로 정하는 목적을 위하여 일정한 토지를 환지로 정하지 아니하고 보류지로 정할 수 있으며, 그 중 일부를 체비지로 정하여 도시개발사업에 필요한 경비에 충당할 수 있다.

(2) 특별자치도지사·시장·군수 또는 구청장은 「주택법」에 따른 공동주택의 건설을 촉진하기 위하여 필요하다고 인정하면 체비지 중 일부를 같은 지역에 집단으로 정하게 할 수 있다(체비지의 집단지정)

6. 토지부담률

참고 ⁞ 토지부담률

① 시행자는 다음의 기준에 따라 환지계획구역안의 토지소유자가 도시개발사업을 위하여 부담하는 토지의 비율(이하 "토지부담률"이라 한다)을 산정하여야 한다.
㉠ 공공시설용지의 면적을 명확히 파악하고, 환지 전후의 지가변동률 및 인근 토지의 가격을 고려하여 체비지를 책정함으로써 토지부담률을 적정하게 할 것
㉡ 기존 시가지·주택밀집지역 등 토지의 이용도가 높은 지역과 저지대·임야 등 토지의 이용도가 낮은 지역에 대하여는 토지부담률을 차등하여 산정하되, 사업시행전부터 도로·상하수도 등 기반시설이 갖추어져 있는 주택지에 대하여는 토지부담률을 최소화할 것

ⓒ 따른 면적식으로 환지설계를 하는 경우 지목상 전·답·임야이나 사실상 형질변경등으로 대지가 된 토지와 도로 등 공공시설을 지방자치단체에 기부채납 또는 무상귀속시킨 토지는 그에 상당하는 비용을 고려하여 토지부담률을 산정할 것

② 환지계획구역의 평균 토지부담률은 50퍼센트를 초과할 수 없다. 다만, 해당 환지계획구역의 특성을 고려하여 지정권자가 인정하는 경우에는 60퍼센트까지로 할 수 있으며, 환지계획구역안의 토지 소유자 전원이 동의하는 경우에는 60퍼센트를 초과 하여 정할 수 있다.

③ 환지계획구역의 평균 토지부담률은 다음의 계산식에 따라 산정한다.

$$\text{평균토지부담률} = \left(\frac{\text{보류지면적} - \text{시행자에게 무상귀속되는 공공시설의 면적}}{\text{환지계획구역면적} - \text{시행자에게 무상귀속되는 공공시설의 면적}} \right) \times 100$$

④ 시행자는 사업시행 중 부득이한 경우를 제외하고는 토지 소유자에게 부담을 주는 토지부담률의 변경을 하여서는 아니 된다.

⑤ 환지계획구역의 외부와 연결되는 환지계획구역안의 도로로서 너비 25미터 이상의 간선도로는 토지 소유자가 도로의 부지를 부담하고, 관할 지방자치단체가 공사비를 보조하여 건설할 수 있다.

7. 토지 등의 평가

시행자는 환지방식이 적용되는 도시개발구역에 있는 조성 토지 등의 가격을 평가할 때에는 토지평가협의회의 심의를 거쳐 결정하되, 그에 앞서 대통령령으로 정하는 공인평가기관이 평가하게 하여야 한다.

참고 | 용어설명

- 공용환지 : 토지의 효율적인 이용증대를 위하여 일정구역 안의 토지를 구획이나 형질을 변경한 후 권리자의 의사와 무관하게 토지에 관한 권리를 강제적으로 교환·분합하는 물적공용부담을 말하는데, 공용환지의 예로는 도시개발법상의 환지방식에 따른 도시개발사업에 있어서의 환지, 도시 및 주거환경정비법상의 환지방식에 따른 정비사업에서의 환지 등이 있다.
- 평면환지 : 입체환지에 대응되는 것으로 토지에 대하여 토지를 부여하는 것을 말하는 데, 환지는 평면환지가 원칙이며, 입체환지는 특례에 속한다.

8. 환지계획의 인가

(1) 인가권자

행정청이 아닌 시행자가 환지계획을 작성한 경우에는 특별자치도지사·시장·군수 또는 구청장의 인가를 받아야 한다.

인가받은 내용을 변경하려는 경우에 준용한다. 다만, 대통령령으로 정하는 경미한 사항을 변경하는 경우에는 그러하지 아니하다.

참고 ｜ 경미한 사항

1. 종전 토지의 합필 또는 분필로 환지계획을 변경하는 경우
2. 토지 소유자 간의 합의에 따라 환지계획을 변경하는 경우
3. 공사완료를 위한 확정측량 결과에 따라 환지계획을 변경하는 경우

(2) 인가절차

1) 통지 및 공람

행정청이 아닌 시행자가 환지계획의 인가를 신청하려고 하거나, 행정청인 시행자가 환지계획을 정하려고 하는 경우에는 토지 소유자와 해당 토지에 대하여 임차권, 지상권, 그 밖에 사용하거나 수익할 권리를 가진 자(이하 "임차권자등" 이라 한다)에게 환지계획의 기준 및 내용 등을 알리고, 인터넷 홈페이지 등을 이용하여 일반인에게 14일 이상 공람 시켜야 한다.

2) 의견의 제출

토지 소유자나 임차권자등은 공람기간에 시행자에게 의견서를 제출할 수 있으며, 시행자는 그 의견이 타당하다고 인정하면 환지계획에 이를 반영 하여야 한다.

행정청이 아닌 시행자가 환지계획 인가를 신청할 때에는 제출된 의견서를 첨부하여야 한다.

3) 결과의 통보

시행자는 제출된 의견에 대하여 공람기일이 종료된 날부터 60일 이내에 그 의견을 제출한 자에게 환지계획에의 반영여부에 관한 검토 결과를 통보하여야 한다.

Ⅲ. 환지예정지

1. 환지예정지의 지정

(1) 환지예정지의 의의

도시개발사업은 사업시행기간의 장기화로 인해 환지처분이 지연됨으로서 토지소유자 등의 사적재산권이 많은 제한을 받게 되는데, 그 제한을 최소화하고 시행자가 사업시행시 사업비용을 미리 마련하기 위하여 환지처분전이라도 종전토지에 대해 앞으로 있을 환지처분 효과 중 일부를 미리 부여하기 위하여 행하는 행정처분이다.

(2) 환지예정지 대상 및 지정절차

1) 대상 및 지정

시행자는 도시개발사업의 시행을 위하여 필요하면 도시개발구역의 토지에 대하여 환지예정지를 지정할 수 있다. 이 경우 종전의 토지에 대한 임차권자등이 있으면 해당 환지예정지에 대하여 해당 권리의 목적인 토지 또는 그 부분을 아울러 지정하여야 한다.

2) 공람 및 의견 제출

㉠ 비공공적시행자(민간 및 공동출자법인)가 환지예정지를 지정하려고 할 때에는 토지소유자와 임차권자 등에게 이를 통지하고 인터넷 홈페이지를 이용하여 일반인에게 알리고 14일 이상 공람할 수 있게 하여야 한다.

㉡ 토지소유자 또는 임차권자 등은 공람기간에 시행자에게 의견서를 제출할 수 있으며, 시행자는 그 의견이 타당하다고 인정하면 환지계획에 이를 반영 하여야 한다.

3) 지정의 통지

시행자가 환지예정지를 지정하려면 관계 토지 소유자와 임차권자등에게 환지예정지의 위치·면적과 환지예정지 지정의 효력발생 시기를 알려야 한다.

2. 환지예정지의 지정효과

(1) 종전 토지 사용·수익권의 이전

① 환지 예정지가 지정되면 종전의 토지의 소유자와 임차권자등은 환지예정지 지정의 효력 발생일부터 환지처분이 공고되는 날까지 환지예정지나 해당 부분에 대하여 종전과 같은 내용의 권리를 행사할 수 있으며 종전의 토지는 사용하거나 수익할 수 없다.

② 시행자는 환지예정지를 지정한 경우에 해당 토지를 사용하거나 수익하는 데에 장애가 될 물건이 그 토지에 있거나 그 밖에 특별한 사유가 있으면 그 토지의 사용 또는 수익을 시작할 날을 따로 정할 수 있다.

(2) 토지소유자 등의 수인의무

환지예정지 지정의 효력이 발생하거나, 환지예정지의 토지를 사용 또는 수익을 시작하는 경우에는 해당 환지예정지의 종전의 소유자 또는 임차권자등은 위 ①에서 규정하는 기간에 이를 사용하거나 수익할 수 없으며 ①에 따른 권리의 행사를 방해할 수 없다.

(3) 체비지의 사용, 수익의 처분

시행자는 체비지의 용도로 환지예정지가 지정된 경우에는 도시개발사업에 드는 비용을 충당하기 위하여 이를 사용 또는 수익하게 하거나 처분할 수 있다.

(4) 임차권자 등의 권리조정

임차권 등의 목적인 토지에 관하여 환지예정지가 지정된 경우 임대료·지료, 그 밖의 사용료 등의 증감이나 권리의 포기 등에 관하여는 제48조와 제49조를 준용한다.

관련법령 | **법 제48조 및 제49조의 규정 정리**

환지예정지의 지정으로 인하여 임차권 등의 목적인 토지나 지역권에 관한 승역지의 이용이 증진되거나 방해를 받아 종전의 임대료, 지료 기타사용료 등이 불합리하게 되면 당사자는 당초 계약조건에 불구하고 환지예정지 효력발생일로부터 60일 이내에 장래에 관하여 임대료의 증감청구 및 권리의 포기 등을 청구할 수 있다(60일이 지나면 당사자는 증감청구 및 계약을 포기할 수 없다)

(5) 환지예정지 지정 전 토지사용

① 공공적 시행자는 다음호의 어느 하나에 해당하는 경우에는 환지예정지를 지정하기 전이라도 실시계획 인가사항의 범위에서 토지사용을 하게 할 수 있다.

㉠ 순환개발을 위한 순환용주택을 건설하려는 경우

㉡ 국방·군사시설을 설치하려는 경우

㉢ 주민 등의 의견청취를 위한 공고일 이전부터 「주택법」에 따라 등록한 주택건설사업자가 주택건설을 목적으로 토지를 소유하고 있는 경우

㉣ 그 밖에 기반시설의 설치나 개발사업의 촉진에 필요한 경우 등 대통령령으로 정하는 경우

② 위 ㉢ 또는 ㉣의 경우에는 다음 모두에 해당하는 경우에만 환지예정지를 지정하기 전에 토지를 사용할 수 있다.

1. 사용하려는 토지의 면적이 구역 면적의 5/100 이상(최소 1만㎡ 이상)이고 소유자가 동일할 것. 이 경우 국유지·공유지는 관리청과 상관없이 같은 소유자로 본다.
2. 사용하려는 종전 토지가 실시계획 인가로 정한 하나 이상의 획지(劃地) 또는 가구(街區)의 경계를 모두 포함할 것
3. 사용하려는 토지의 면적 또는 평가액이 구역 내 동일소유자가 소유하고 있는 전체 토지의 면적 또는 평가액의 60/100 이하 이거나 대통령령으로 정하는 비에 따라 보증금을 예치할 것
4. 사용하려는 토지에 임차권자 등이 있는 경우 임차권자 등의 동의가 있을 것

③ 환지예정지 지정 전에 토지를 사용하는 자는 환지예정지를 지정하기 전까지 새로 조성되는 토지 또는 그 위에 건축되는 건축물을 공급 또는 분양하여서는 아니 된다.

④ 환지예정지 지정 전 토지를 사용하는 자는 환지계획에 따라야 한다.

(6) 사용·수익의 정지

① 시행자는 환지를 정하지 아니하기로 결정된 토지 소유자나 임차권자 등에게 날짜를 정하여 그날부터 해당 토지 또는 해당 부분의 사용 또는 수익을 정지시킬 수 있다.

② 시행자가 사용 또는 수익을 정지하게 하려면 30일 이상의 기간을 두고 미리 해당 토지 소유자 또는 임차권자등에게 알려야 한다.

(7) 토지의 관리 등

① 환지 예정지의 지정이나 사용 또는 수익의 정지처분으로 이를 사용하거나 수익할 수 있는 자가 없게 된 토지 또는 해당 부분은 환지예정지의 지정일이나 사용 또는 수익의 정지처분이 있은 날부터 환지처분을 공고한 날까지 시행자가 관리하며, 시행자는 환지예정지 또는 환지의 위치를 나타내려고 하는 경우에는 표지를 설치할 수 있다.

② 누구든지 환지처분이 공고된 날까지는 시행자의 승낙 없이 설치된 표지를 이전하거나 훼손하여서는 아니 된다.

참고 ㅣ 환지예정지의 지정효력과 민법상 소유권의 권능

환지예정지의 지정 효력은 민법상의 소유권의 권능 3가지 즉, 사용권과 수익권 및 처분권 가운데 원칙적으로 사용권과 수익권(용익권)의 변동만을 초래하는 것이지 처분권까지 초래하는 것은 아니다. 따라서 환지예정지가 지정되어도 환지예정지에 대한 처분권은 여전히 종전의 토지소유자에 남겨져 있으므로, 환지예정지 지정으로 소유권의 완전한 변동이 초래하는 것은 아니다.

단 체비지의 용도로 환지예정지가 지정된 경우에는 처분권까지 초래되어 시행자가 환지예정지를 처분할 수도 있다.

환지예정지 지정처분은 지정받은 자에게 토지의 사용과 수익권능을 부여해주는 설권적, 형성적 처분의 일종이다.

그리고 환지예정지 지정은 임의적 절차이며 시행자가 반드시 지정해야 하는 필수적 절차가 아니다.

Ⅳ. 환지처분

1. 의의

환지처분이란 도시개발사업시행자가 사업을 완료한 후 이미 작성된 환지계획에 따라 종전의 토지와 그 토지에 관한 권리에 갈음하여 새로운 토지와 그 토지에 관한 권리를 교환하고 그 과정상 발생하는 과부족을 금전으로 청산하는 행정처분이다.

2. 환지처분의 절차

(1) 공고 및 공람

시행자는 환지방식으로 도시개발사업에 관한 공사를 끝낸 경우에는 지체 없이 대통령령으로 정하는 바에 따라 이를 공고하고 공사 관계 서류를 일반인에게 공람시켜야 한다.

〈환지방식의 공급과정〉

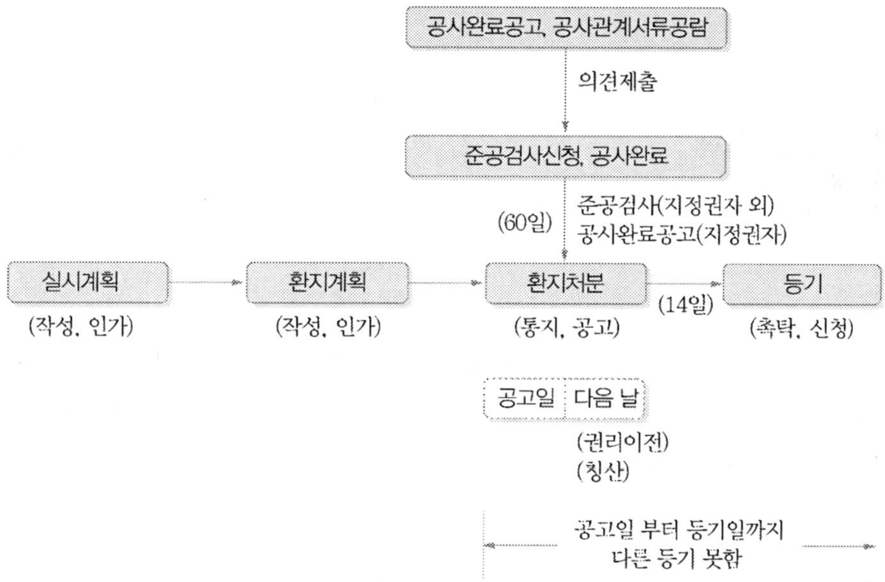

※ 환지처분은 환지계획을 기초로 하므로 환지계획 내용대로 하여야 함

(2) 의견서 제출

도시개발구역의 토지 소유자나 이해관계인은 공람기간에 시행자에게 의견서를 제출할 수 있으며, 의견서를 받은 시행자는 공사결과와 실시계획 내용에 맞는 지를 확인하여 필요한 조치를 하여야 한다.

(3) 준공검사 및 공사완료

공람기간에 의견서의 제출이 없거나 제출된 의견서에 따라 필요한 조치를 한 경우에는 지정권자에 의한 준공검사를 신청하거나 도시개발사업의 공사를 끝내야 한다.

(4) 환지처분

시행자는 지정권자에 의한 준공검사를 받은 때(지정권자가 시행자인 경우에는 공사완료 공고가 있는 때)에는 60일 내에 환지처분을 하여야 한다.

(5) 환지처분의 공고

시행자는 환지처분을 하려는 경우에는 환지계획에서 정한 사항을 토지소유자에게 알리고 대통령령으로 정하는 바에 따라 이를 공고하여야 한다.

3. 환지처분의 효과

(1) 권리의 이전

1) 원칙

환지계획에서 정하여진 환지는 그 환지처분이 공고된 날의 다음 날부터 종전의 토지로 보며, 환지계획에서 환지를 정하지 아니한 종전의 토지에 있던 권리는 그 환지처분이 공고된 날이 끝나는 때에 소멸한다.

2) 권리이전의 예외

㉠ 행정·재판상의 처분 : 행정상 처분이나 재판상의 처분으로서 종전의 토지에 전속(專屬) 하는 것에 관하여는 영향을 미치지 아니한다.

㉡ 지역권 : 도시개발구역의 토지에 대한 지역권은 종전의 토지에 존속한다. 다만, 행사할 이익이 없어진 지역권은 환지처분이 공고된 날이 끝나는 때에 소멸한다.

(2) 입체환지의 효과

환지계획에 따라 환지처분을 받은 자는 환지처분이 공고된 날의 다음 날에 환지계획으로 정하는 바에 따라 건축물의 일부와 해당 건축물이 있는 토지의 공유지분을 취득한다.

이 경우 종전의 토지에 대한 저당권은 환지처분이 공고된 날의 다음 날부터 해당 건축물의 일부와 해당 건축물이 있는 토지의 공유지분에 존재하는 것으로 본다.

(3) 체비지 및 보류지의 귀속 및 처분

㉠ 원칙 : 체비지는 시행자가, 보류지는 환지계획에서 정한 자가 각각 환지처분이 공고된 날의 다음 날에 해당 소유권을 취득한다.

㉡ 예외 : 다만, 환지예정지의 지정의 규정에 의하여 이미 처분된 체비지는 그 체비지를 매입한 자가 소유권 이전등기를 마친 때에 소유권을 취득한다.

참고

환지처분으로 인한 물권변동은 법률행위가 아닌 법률규정에 따른 물권변동이다.

4. 청산

(1) 청산금의 징수 및 교부시기

시행자는 환지처분이 공고된 후에 확정된 청산금을 징수하거나 교부하여야 한다. 다만, 환지를 정하지 아니하는 토지에 대하여는 환지처분 전이라도 청산금을 교부할 수 있다.

(2) 청산금의 산정

① 청산금은 환지를 정하거나 그 대상에서 제외한 경우 그 과부족분은 종전의 토지(입체환지방식으로 사업을 시행하는 경우에는 환지대상 건축물을 포함한다) 및 환지의 위치·지목·면적·토질·수리·이용상황·환경, 그 밖의 사항을 종합적으로 고려하여 금전으로 청산하여야 한다.

② 청산금은 환지처분을 하는 때에 결정하여야 한다.

③ 청산금은 환지처분이 공고된 날의 다음 날에 확정된다.

(3) 청산금의 징수 및 교부

① 청산금을 분할징수하거나 분할교부하려는 경우에는 청산금액에 규약·정관 또는 시행규정에서 정하는 이자율을 곱하여 산출된 금액을 이자로 징수하거나 교부할 수 있다.

② 청산금의 분할징수 또는 분할교부에 관하여 필요한 사항은 규약·정관 또는 시행규정에서 정하는 바에 따른다.

(4) 청산금의 강제징수 및 공탁·소멸시효

① 행정청인 시행자는 청산금을 내야 할 자가 이를 내지 아니하면 국세 또는 지방세 체납처분의 예에 따라 징수할 수 있으며, 행정청이 아닌 시행자는 특별자치도지사·시장·군수 또는 구청장에게 청산금의 징수를 위탁할 수 있다.

② 청산금을 받을 자가 주소 불분명 등의 이유로 청산금을 받을 수 없거나 받기를 거부하면 그 청산금을 공탁할 수 있다.

③ 청산금을 받을 권리나 징수할 권리를 5년간 행사하지 아니하면 시효로 소멸한다. 소멸시효 기산점은 규정이 없으나, 해석상 환지처분이 공고된 다음 날이라고 보아야 할 것이다.

5. 감가보상금

행정청인 시행자는 도시개발사업의 시행으로 사업시행 후의 토지 가액(價額)의 총액이 사업시행 전의 토지 가액의 총액보다 줄어든 경우에는 그 차액에 해당하는 감가보상금을 대통령령으로 정하는 기준에 따라 종전의 토지소유자나 임차권자등에게 지급하여야 한다.

참고

청산금은 개인의 과부족분에 대한 것임에 반하여, 감가보상금은 사업시행 후의 토지가액 총액이 사업시행 전의 토지가액의 총액보다 줄어든 경우 그 차액에 대한 것이라는 점에서 양자는 구별된다.

$$\text{감가보상금으로 지급할 금액} = \frac{\text{시행후의 토지가액 총액} - \text{시행전 토지가액 총액}}{\text{시행전 토지가액 총액}} \times \text{종전 토지 또는 그 토지에 대하여 수익할 수 있는 권리의 시행전의 가액}$$

6. 임차권 등의 권리조정

(1) 임대료 등의 증감청구

① 도시개발사업으로 임차권등의 목적인 토지 또는 지역권에 관한 승역지의 이용이 증진되거나 방해를 받아 종전의 임대료·지료 그 밖의 사용료 등이 불합리하게 되면 당사자는 계약 조건에도 불구하고 장래에 관하여 그 증감을 청구할 수 있다. 도시개발사업으로 건축물이 이전된 경우 그 임대료에 관하여도 또한 같다.

② 임대료 등의 증감청구를 받은 당사자는 해당 권리를 포기하거나 계약을 해지하여 그 의무를 지지 아니할 수 있다.

③ 환지처분이 공고된 날부터 60일이 지나면 임대료·지료 그 밖의 사용료 등의 증감을 청구할 수 없다.

(2) 손실보상

① 도시개발사업의 시행으로 지역권 또는 임차권등을 설정한 목적을 달성할 수 없게 되면 당사자는 해당 권리를 포기하거나 계약을 해지할 수 있다.
도시개발사업으로 건축물이 이전되어 그 임대의 목적을 달성할 수 없게된 경우에도 또한 같다.

② 권리를 포기하거나 계약을 해지한 자는 그로 인한 손실을 보상하여 줄 것을 시행자에게 청구할 수 있다.

③ 손실을 보상한 시행자는 해당 토지 또는 건축물의 소유자 또는 그로 인하여 이익을 얻는 자에게 이를 구상할 수 있다.

④ 환지처분이 공고된 날부터 60일이 지나면 권리를 포기하거나 계약을 해지할 수 없다.

7. 환지등기

① 시행자는 환지처분이 공고 후 14일 이내에 관할 등기소에 이를 알리고 토지와 건축물에 관한 등기를 촉탁하거나 신청하여야 한다.

② 환지처분이 공고된 날부터 등기가 있는 때까지는 다른 등기를 할 수 없다. 다만, 등기신청인이 확정일자가 있는 서류로 환지처분의 공고일 전에 등기원인이 생긴 것임을 증명하면 다른 등기를 할 수 있다.

참고

> 환지등기는 환지처분을 받은 토지소유자의 신청이 아니라 시행자의 촉탁이나 신청에 의하여 일괄등기방식을 취하고 있다.

8. 준공검사

① 시행자(지정권자가 시행자인 경우는 제외한다)가 도시개발사업의 공사를 끝낸 때에는 국토해양부령으로 정하는 바에 따라 공사완료보고서를 작성하여 지정권자의 준공검사를 받아야 한다.

② 지정권자는 공사완료보고서를 받으면 지체 없이 준공검사를 하여야 한다. 이 경우 지정권자는 효율적인 준공검사를 위하여 필요하면 관계 행정기관·공공기관·연구기관 그 밖의 전문기관 등에 의뢰하여 준공검사를 할 수 있다.

③ 지정권자는 공사완료보고서의 내용에 포함된 공공시설을 인수하거나 관리하게 될 국가기관·지방자치단체 또는 공공기관의 장 등에게 준공검사에 참여할 것을 요청할 수 있으며, 이를 요청받은 자는 특별한 사유가 없으면 요청에 따라야 한다.

④ 시행자는 도시개발사업을 효율적으로 시행하기 위하여 필요하면 해당 도시개발사업에 관한 공사가 전부 끝나기 전이라도 공사가 끝난 부분에 관하여 준공검사(지정권자가 시행자인 경우에는 시행자에 의한 공사완료 공고를 말한다)를 받을 수 있다.

⑤ 지정권자는 준공검사를 한 결과 도시개발사업이 실시계획대로 끝났다고 인정되면 시행자에게 준공검사 증명서를 내어주고 공사완료 공고를 하여야 하며, 실시계획대로 끝나지 아니하였으면 지체 없이 보완 시공 등 필요한 조치를 하도록 명하여야 한다.

⑥ 지정권자가 시행자인 경우 그 시행자는 도시개발사업의 공사를 완료한 때에는 공사완료 공고를 하여야 한다.

제 6 장

비용의 부담 등

Ⅰ. 비용의 부담

1. 비용부담의 원칙

도시개발사업에 필요한 비용은 이 법이나 다른 법률에 특별한 규정이 있는 경우 외에는 시행자가 부담한다.

2. 도시개발구역의 시설설치비용

(1) 설치의무자

① 도시개발구역의 시설 설치는 다음의 각 구분에 따른다. 시설의 종류별 설치 범위는 대통령령으로 정한다.

㉠ 도로와 상하수도시설의 설치는 지방자치단체

㉡ 전기시설, 가스공급시설 또는 지역난방시설의 설치는 해당 지역에 전기, 가스 또는 난방을 공급하는 자

㉢ 통신시설의 설치는 해당 지역에 통신서비스를 제공하는 자

② 시설의 종류별 설치 범위 중 지방자치단체의 설치 의무 범위에 속하지 아니하는 도로 또는 상하수도시설로서 시행자가 그 설치비용을 부담하려는 경우에는 시행자의 요청에 따라 지방자치단체가 그 도로 설치 사업이나 상하수도 설치 사업을 대행할 수 있다.

(2) 설치비용

설치비용은 그 설치의무자가 부담한다.

다만, 위 ㉡ 시설 중 도시개발구역 안의 전기시설을 사업시행자가 지중선로로 설치할 것을 요청하는 경우에는 전기를 공급하는 자와 지중에 설치할 것을 요청하는 자가 각각 2분의 1의 비율로 그 설치비용을 부담(전부 환지방식으로 도시개발사업을 시행하는 경우에는 전기시설을 공급하는 자가 3분의2, 지중에 설치할 것을 요청하는 자가 3분의 1의 비율로 부담한다)한다.

(3) 설치시기

시설의 설치는 특별한 사유가 없으면 준공검사 신청일(지정권자가 시행자인 경우에는 사업의 공사를 끝내는 날)까지 끝내야 한다.

3. 비용부담의 특례

(1) 지방자치단체의 비용부담

① 지정권자가 시행자인 경우 그 시행자는 그가 시행한 도시개발사업으로 이익을 얻는 시·도 또는 시·군·구가 있으면 그 도시개발사업에 든 비용의 일부를 그 이익을 얻는 시·도 또는 시·군·구에 부담시킬 수 있다.
이 경우 국토해양부장관은 행정안전부장관과 협의하여야 하고, 시·도지사 또는 대도시 시장은 관할 외의 시·군·구에 비용을 부담시키려면 그 시·군·구를 관할하는 시·도지사와 협의하여야 하며, 시·도지사간 또는 대도시 시장과 시·도지사 간의 협의가 성립되지 아니하는 경우에는 행정안전부장관의 결정에 따른다.

② 시장(대도시 시장을 제외한다)·군수 또는 구청장이 시행자인 경우, 그가 시행한 도시개발사업으로 이익을 얻는 다른 지방자치단체가 있으면 그 도시개발사업에 든 비용의 일부를 그 이익을 얻는 다른 지방자치단체와 협의하여 그 지방자치단체에 부담시킬 수 있다.
이 경우 협의가 성립되지 아니하면 관할 시·도지사의 결정에 따르며, 그 시·군·구를 관할하는 시·도지사가 서로 다른 경우에는 행정안전부장관의 결정에 따른다.

(2) 공공시설관리자의 비용부담

① 행정청인 시행자는 그 시행자외의 자가 설치·관리하는 공공시설이 도시개발사업으로 이익을 얻는 경우에는 그 도시개발사업에 든 비용의 일부를 해당 공공시설의 관리자와 협의

하여 그에게 부담시킬 수 있다. 협의가 성립되지 아니하면 국토해양부장관이 그 공공시설에 관한 중앙행정기관의 장의 의견을 들어 결정한다.

② 시행자는 공동구(共同溝)를 설치하는 경우에는 다른 법률에 따라 그 공동구에 수용될 시설을 설치할 의무가 있는 자에게 공동구의 설치에 드는 비용을 부담시킬 수 있다.

4. 공공시설의 귀속 및 관리

(1) 공공적 시행자의 경우

공공적시행자가 새로 공공시설을 설치하거나 기존의 공공시설에 대체되는 공공시설을 설치한 경우에는 「국유재산법」과 「공유재산 및 물품관리법」 등에도 불구하고 종전의 공공시설은 시행자에게 무상으로 귀속되고, 새로 설치된 공공시설은 그 시설을 관리할 행정청에 무상으로 귀속된다.

(2) 비공공적 시행자의 경우

비공공적 시행자가 새로 설치한 공공시설은 그 관리청에 무상으로 귀속되며, 도시개발사업의 시행으로 용도가 폐지되는 행정청의 공공시설은 「국유재산법」과 「공유재산 및 물품 관리법」 등에도 불구하고 새로 설치한 공공시설의 설치비용에 상당하는 범위에서 시행자에게 무상으로 귀속시킬 수 있다.

5. 공공시설의 관리

도시개발사업으로 도시개발구역에 설치된 공공시설은 준공 후 해당 공공시설의 관리청에 귀속될 때까지이 법이나 다른 법률에 특별한 규정이 있는 경우 외에는 특별자치도지사·시장·군수 또는 구청장이 관리한다.

6. 행정심판

이 법에 따라 시행자가 행한 처분에 불복하는 자는 「행정심판법」에 따라 행정심판을 제기할 수 있다.

다만, 행정청이 아닌 시행자가한 처분에 관하여는 다른 법률에 특별한 규정이 있는 경우 외에는 지정권자에게 행정심판을 제기하여야 한다.

Ⅱ. 도시개발채권

1. 발행

① 지방자치단체의 장은 도시개발사업 또는 도시·군계획시설사업에 필요한 자금을 조달하기 위하여 도시개발채권을 발행할 수 있다.

② 도시개발채권의 발행하려는 경우에는 행정안전부장관의 승인을 받아야 한다.

③ 도시개발채권의 소멸시효는 상환일부터 기산(起算)하여 원금은 5년, 이자는 2년으로 한다.

④ 도시개발채권의 이율, 발행방법, 발행절차, 상환, 발행사무 취급, 그 밖에 필요한 사항은 대통령령으로 정한다

⑤ 도시개발채권의 상환은 5년부터 10년까지의 범위에서 지방자치단체의 조례로 정한다.

2. 매입

도시개발채권의 매입대상별 매입금액은 다음 표와 같다.

매입대상	매입금액
① 법 제11조제1항제1호부터 제4호까지의 규정에 해당하는 자와 도시개발사업의 시행을 위한 공사의 도급계약을 체결한 자	공사도급계약 금액의 100분의 5
② 법 제11조제1항제5호부터 제7호까지의 규정에 해당하는 자로서 도시개발사업을 시행하는 자	시행면적 3.3㎡ 당 30,000원
③ 「국토의 계획 및 이용에 관한 법률」 제56조에 따라 토지의 형질변경 허가를 받는 자	토지형질변형 허가면적 3.3㎡ 당 30,000원

※ 시·도는 위 표의② 및 ③에 규정된 금액의 범위에서 해당 시·도의 조례로 매입금액을 달리 정할 수 있다.

3. 중도상환

도시개발채권은 도시개발채권의 매입사유가 된 허가 또는 인가가 매입자의 귀책사유 없이 취소된 경우를 제외하고는 중도에 상환할 수 없다.

제 6 편

농지법

제1장 · 총 칙

제2장 · 농지의 처분 및 이용

제3장 · 농지의 보전

제4장 · 농지의 전용 등

제 1 장

총 칙

Ⅰ. 이념 및 소유제한

1. 법의 목적 및 이념

(1) 목적

농지법은 농지의 소유·이용 및 보전 등에 필요한 사항을 정함으로써 농지를 효율적으로 이용하고 관리하여 농업인의 경영 안정과 농업 생산성 향상을 바탕으로 농업 경쟁력 강화와 국민경제의 균형 있는 발전 및 국토 환경 보전에 이바지하는 것을 목적으로 한다.

(2) 농지에 관한 기본이념

① 농지는 국민에게 식량을 공급하고 국토 환경을 보전(保全)하는 데에 필요한 기반이며 농업과 국민경제의 조화로운 발전에 영향을 미치는 한정된 귀중한 자원이므로 소중히 보전되어야 하고 공공복리에 적합하게 관리되어야 하며, 농지에 관한 권리의 행사에는 필요한 제한과 의무가 따른다.

② 농지는 농업 생산성을 높이는 방향으로 소유·이용되어야 하며, 투기의 대상이 되어서는 아니 된다.

(3) 국가 및 국민의 의무

① 국가와 지방자치단체는 농지에 관한 기본 이념이 구현되도록 농지에 관한 시책을 수립하고 시행하여야 한다.

② 국가와 지방자치단체는 농지에 관한 시책을 수립할 때 필요한 규제와 조정을 통하여 농지를 보전하고 합리적으로 이용할 수 있도록 함으로써 농업을 육성하고 국민경제를 균형

있게 발전시키는 데에 이바지하도록 하여야 한다.

③ 모든 국민은 농지에 관한 기본 이념을 존중하여야 하며, 국가와 지방자치단체가 시행하는 농지에 관한 시책에 협력하여야 한다.

(3) 법적성격

농지에 관한 일반법적인 지위에 있다.

2. 농지법의 농지

(1) 농업생산용 토지

㉠ 전·답·과수원 그 밖에 법적 지목을 불문하고 실제로 농작물경작지 또는 다음 각 어느 하나에 해당하는 다년생식물재배지로 이용되는 토지

1. 목초·종묘·인삼·약초·잔디 및 조림용 묘목
2. 과수·뽕나무·유실수 그 밖의 생육기간이 2년 이상인 식물
3. 조경 또는 관상용 수목과 그 묘목(조경목적으로 식재한 것은 제외)

㉡ 농지에서 제외되는 토지

다음의 각 토지는 위㉠에도 불구하고 농지에서 제외 된다

1. 지목이 전·답, 과수원이 아닌 토지로서 농작물 경작지 또는 다년생 식물 재배지로 계속하여 이용되는 기간이 3년 미만인 토지
2. 지목이 임야인 토지로서 그 형질을 변경하지 아니하고 다년생식물의 재배에 이용되는 토지
3. 「초지법」에 따라 조성된 초지

(2) 농업생산용 토지의 개량시설의 부지

㉠ 유지(溜池), 양·배수시설, 수로, 농로, 제방의 시설부지

㉡ 그 밖에 농지의 보전이나 이용에 필요한 시설로서 농림수산식품부령으로 정하는 시설

(3) 농업생산용 토지에 설치하는 농축산물 생산시설로서 다음의 각 어느 하나에 해당하는 시설의 부지

1. 고정식온실·버섯재배사 및 비닐하우스와 그 부속시설
2. 축사·곤충사육사와 농림수산식품부령으로 정하는 그 부속시설
3. 농막·간이저온저장고·간이퇴비장 또는 간이액비저장조

3. 구체적 사례의 농지

(1) 지목이 전·답·과수원인 경우(토지대장으로 확인한다)

① 지목이 전·답·과수원이면서 73. 1. 1일 이전부터 농지외 다른 용도로 사용하였다는 것이 입증되는 토지는 농지법상 농지가 아님

② 지목이 전·답·과수원이면서 73. 1. 1일 이후부터 현재까지 나대지나 잡종지 등 다른 상태로 되어 있어도 휴경 등으로 보아 농지법상 농지에 해당한다(전용시 농지전용부담금 부과대상이 된다).

(2) 지목이 전·답·과수원이 아닌 경우

① 지목이 전·답·과수원이 아니더라도 3년 이상 연속 농작물 경작 및 다년생재배지로 이용되었다는 것이 입증되는 경우에는 농지에 해당한다(농지전용부담금 부과대상이다)

② 3년의 의미는 현 상태에서 소급하여 3년까지는 물론 과거 계속 3년 이상 농지로 이용하였으나, 현재 이용되지 않고 있는 토지일지라도 그 용도가 변경되지 않은 상태에 있다면 휴경하고 있을 뿐 농지에 해당된다.

(3) 지목이 임야인 토지로서 그 형질을 변경하고 3년 이상 다년생 식물 재배지로 이용한 토지

형질변경이 되었다는 의미는 허가절차에 관계없이 토지의 실제 현상이 절토·성토·암석채굴·개간 등을 통하여 산림에서 농작물 경작지로 완전히 변경되었다는 것을 의미하나, 형질변경이 「산지관리법」 상 불법 산지전용에 해당하여 원상복구 명령 대상인 경우에는 「농지법」 상 농지에 해당하지 않으므로 이런 경우에는 산림 담당부서의 유권해석이 필요하다.

(4) 고정식온실·버섯재배사 및 비닐하우스와 그 부속시설 부지

농지에 비닐하우스·온실을 설치하거나 화분에 심어진 화훼류나 나무 등을 인근 농장 등에서 구입하여 재배하면서 판매하는 화원은 농지법에 따른 농지이용행위에 해당하므로 농지전용허가를 받지 않아도 된다.

(5) 농막·간이저온저장고·간이퇴비장 또는 간이액비저장조의 부지

① 농막은 주거시설이 아닌 농업생산에 직접 필요한 시설로 농기구, 농약 등의 보관, 농작업 중 휴식 및 간이취사 등의 용도로 사용하는 것으로 연면적 20㎡이내 이어야 하고, 전기·수도·가스 등 간선시설을 설치할 수 있 다(2012. 11 .1 부터), 콘테이너를 설치하는 것도 농막에 해당한다. 농막은 그 자체가 농지이다.

② 간이 퇴비장 및 간이 액비저장조는 해당 인근 농지에 사용하기 위하여 퇴비나 축산 분뇨의 액비 등을 저장하는 시설로서 농지이며, 개발행위허가 및 건축허가나 신고 대상이 아닌 것을 말함

(6) 축사·곤충사육사와 농림수산식품부령으로 정하는 그 부속시설 부지

해당 축사 또는 곤충사육사와 연접하여 설치된 시실로서 가축 또는 곤충의 사육·관리·출하 등 일련의 생산과정에 직접 이용되는 다음 각 호의 시설의 부지는 농지에 해당한다.

1) 축사의 부속시설

㉠ 급여(給與)시설, 착유시설, 위생시설, 가축분뇨처리시설, 농기계보관시설, 진입로 및 가축운동장

㉡ 자가 소비용 사료의 간이처리시설 또는 보관시설

㉢ 사육하는 가축의 관리를 위해 설치하는 시설(주거 목적이 아닌 경우로 한정한다)

2) 곤충사육사의 부속시설

㉠ 사육용기 세척시설 및 진입로

㉡ 자가 소비용 사료의 간이처리 또는 보관시설

㉢ 사육하는 곤충의 관리를 위해 설치하는 시설(주거 목적이 아닌 경우로 한정한다)

4. 용어의 정의

(1) 다년생식물 재배지

다년생식물 재배지는 다음 어느 하나에 해당하는 식물의 재배지를 말한다.

① 목초·종묘·인삼·약초·잔디 및 조림용 묘목
② 과수·뽕나무·유실수 그 밖의 생육기간이 2년 이상인 식물
③ 조경 또는 관상용 수목과 그 묘목(조경목적으로 식재한 것을 제외한다)

(2) 농업인

농업에 종사하는 개인으로서 다음에 해당하는자를 말한다.

① 1,000㎡ 이상의 농지에서 농작물 또는 다년생식물을 경작 또는 재배하거나 1년 중 90일 이상 농업에 종사하는 자
② 농지에 330㎡ 이상의 고정식온실·버섯재배사·비닐하우스 그 밖의 농림수산식품부령으로 정하는 농업생산에 필요한 시설을 설치하여 농작물 또는 다년생 식물을 경작 또는 재배하는 자
③ 대가축 2두, 중가축 10두, 소가축 100두, 가금 1천수 또는 꿀벌 10군 이상을 사육하거나 1년 중 120일 이상 축산업에 종사하는 자
④ 농업경영을 통한 농산물의 연간 판매액이 120만원 이상인 자

(3) 농업법인

「농어업경영체 육성 및 지원에 관한 법률」에 따라 설립된 영농조합법인과 같은 법에 따라 설립되고 업무집행권을 가진 자 중 3분의 1 이상이 농업인인 농업회사법인을 말한다.

(4) 농업경영

농업인·농업법인이 자기의 계산과 책임으로 농업을 영위하는 것을 말한다.

(5) 자경(自耕)

농업인이 그 소유 농지에서 농작물 경작 또는 다년생식물 재배에 상시 종사하거나 농작업(農作業)의 2분의 1 이상을 자기의 노동력으로 경작 또는 재배하는 것과 농업법인이 그 소유 농지

에서 농작물을 경작하거나 다년생식물을 재배하는 것을 말한다.

(6) 위탁경영

농지 소유자가 타인에게 일정한 보수를 지급하기로 약정하고 농작업의 전부 또는 일부를 위탁하여 행하는 농업경영을 말한다.

(7) 농지의 전용

농지를 농작물의 경작이나 다년생식물의 재배 등 농업생산 또는 농지개량 외의 용도로 사용하는 것을 말한다.

다만, 농업생산용 토지의 개량시설 부지와 농축산물 생산시설 부지로 사용하는 경우에는 전용(轉用)으로 보지 아니한다.

(8) 농지개량의 범위

농지개량의 범위는 농지의 생산성을 높이기 위하여 농지의 형질을 변경하는 다음에 해당하는 행위로서 인근 농지의 관개·배수·통풍 및 농작업에 영향을 미치지 아니하는 것으로 한다.

1. 농지의 이용가치를 높이기 위하여 농지의 구획을 정리하거나 개량시설을 설치하는 행위
2. 해당 농지의 토양개량이나 관개·배수·농업기계이용의 개선을 위하여 농지에서 농림수산식품부령으로 정하는 기준에 따라 객토·성토·절토하거나 암석을 채굴하는 행위

Ⅱ. 농지의 소유제한

1. 농지 소유자격

(1) 원칙

① 헌법 제121조에서 "국가는 농지에 관하여 경자유전의 원칙이 달성될 수 있도록 노력하여야 하며, 농지의 소작제도는 금지된다."고 규정한다.

②「농지법」 제 6조에서 "농지는 자기의 농업경영에 이용하거나 이용할 자가 아니면 소유하지 못한다." 고 규정

③ 따라서 농지의 소유는 원칙적으로 농업인과 농지법인으로 제한된다.

(2) 특례

농지법에서 허용된 경우 외에는 농지 소유에 관한 특례를 정할 수 없다.

2. 농지법의 농지소유의 특례

(1) 농지 소유의 특례

다음 어느 하나에 해당하는 경우에는 원칙에도 불구하고 자기의 농업경영에 이용하지 않아도 농지를 소유할 수 있다.

1. 국가나 지방자치단체가 농지를 소유하는 경우
2. 「초·중등교육법」 및 「고등교육법」에 따른 학교, 농림수산식품부령으로 정하는 공공단체·농업연구기관·농업생산자단체 또는 종묘나 그 밖의 농업 기자재 생산자가 그 목적사업을 수행하기 위하여 필요한 시험지·연구지·실습지 또는 종묘생산지로 쓰기 위하여 농림수산식품부령으로 정하는 바에 따라 농지를 취득하여 소유하는 경우
3. 농업인이 아닌 개인이 주말 등을 이용하여 취미 또는 여가활동으로 농작물을 경작하거나 다년생식물을 재배하고자 세대원 전부가 1,000㎡미만의 농지를 소유하는 경우
4. 상속(유증(遺贈) 포함)으로 농지를 취득한 자로서 농업경영을 하지 아니하는 자는 그 상속 농지 중에서 총 10,000㎡만 소유할 수 있다.
5. 8년 이상 농업경영을 하던 자가 이농(離農)한 후에도 이농 당시 소유하고 있던 농지는 총 10,000㎡까지만 소유할 수 있다.
6. 담보농지를 취득하여 소유하는 경우
7. 농지전용허가를 받거나 농지전용신고를 한 자가 그 농지를 소유하는 경우
8. 농지전용협의를 마친 농지를 소유하는 경우
9. 한국농어촌공사 및 농지관리기금법에 따른 농지의 개발사업지구에 있는 농지로서 다음의 농지를 취득하는 경우
   ① 도·농간의 교류촉진을 위한 1,500㎡ 미만의 농원부지
   ② 농어촌관광휴양지에 포함된 1,500㎡ 미만의 농지

9의2. 농업진흥지역 밖의 농지 중 최상단부부터 최하단부까지의 평균경사율이 15% 이상인 농지로서 대통령령으로 정하는 농지를 소유하는 경우

10. 다음 각 목의 어느 하나에 해당하는 경우
  가. 「한국농어촌공사 및 농지관리기금법」에 따라 한국농어촌공사가 농지를 취득하여 소유하는 경우
  나. 「농어촌정비법」에 따라 농지를 취득하여 소유하는 경우
  다. 「공유수면매립법」에 따라 매립농지를 취득하여 소유하는 경우
  라. 토지수용으로 농지를 취득하여 소유하는 경우
  마. 농림수산식품부장관과 협의를 마치고 「공익사업을 위한 토지 등의 취 득 및 보상에 관한 법률」에 따라 농지를 취득하여 소유하는 경우
  바. 「공공토지의 비축에 관한 법률」에 해당하는 토지 중 공공토지비축심의위원회가 비축이 필요하다고 인정하는 토지로서 「국토의 계획 및 이용에 관한 법률」에 따른 계획관리지역과 자연녹지지역 안의 농지를 한국토지공사가 취득하여 소유하는 경우. 이 경우 그 취득한 농지를 전용하기 전까지는 한국농어촌공사에 지체 없이 위탁하여 임대하거나 사용대(使用貸)하여야 한다.

(2) 농지 소유상한 및 임대차·사용대차 기간 중의 특례

① 상속으로 농지를 취득한 자로서 농업경영을 하지 아니하는 자는 그 상속 농지 중에서 총 10,000㎡까지만 소유할 수 있다.

② 8년 이상 농업경영을 한 후 이농한 자는 이농 당시 소유 농지 중에서 총 10,000㎡까지만 소유할 수 있다.

③ 주말·체험영농을 하려는 자는 총 1,000㎡ 미만의 농지를 소유할 수 있다. 이 경우 면적 계산은 그 세대원 전부가 소유하는 총 면적으로 한다.

④ 농지를 임대하거나 사용대(使用貸)하는 경우에는 위 소유 상한(上限)을 초과할지라도 그 기간에는 그 농지를 계속 소유할 수 있다.

(3) 담보농지의 취득

① 농지의 저당권자로서 다음에 해당하는 자는 농지 저당권 실행을 위한 경매기일을 2회 이상 진행하여도 경락인(競落人)이 없으면 그 후의 경매에 참가하여 그 담보 농지를 취득할 수 있다.

1. 농업협동조합법에 따른 지역농업협동조합, 지역축산업협동조합, 품목별·업종별협동조합 및 그 중앙회와 농협은행, 수산업협동조합법에 따른 지구별수산업협동조합, 업종별수산업협동조합, 수산물가공수산업협동조합 및 그 중앙회, 산림조합법에 따른 지역산림조합, 품목별·업종별산림조합 및 그 중앙회
2. 한국농어촌공사
3. 은행법에 따라 설립된 은행이나 그 밖에 대통령령으로 정하는 금융기관
4. 금융회사부실자산 등의 효율적 처리 및 한국자산관리공사의 설립에 관한 법률에 따라 설립된 한국자산

관리공사
5. 자산유동화에 관한 법률에 따른 유동화전문회사등
6. 농업협동조합의 구조개선에 관한 법률에 따라 설립된 농업협동조합자산관리회사

② 위 제1호 및 제3호에 따른 농지 저당권자는 취득한 농지의 처분을 한국농어촌공사에 위임할 수 있다.

Ⅲ. 농지취득자격증명

1. 농지취득자격증명의 발급

(1) 발급대상의 원칙

① 농지를 취득하려는 자는 농지 소재지를 관할하는 시·구·읍·면의 장으로 부터 농지취득자격증명을 발급받아야 한다(서울은 동장)
② 농지취득자격증명 규정은 강행규정으로서, 농지의 소유권이전등기에 필수적인 첨부서류이나 효력요건은 아니다.
③ 농지 매수인의 소유자격과 소유사안을 확인·심사하여 적격자에게만 농지의 취득을 허용함으로써 비농민의 투기적 농지소유를 방지하고 경자유전을 실현하기 위하여 발급하는 제도이다.

(2) 농지취득자격증명 없이 농지를 취득할 수 있는 경우

① 국가나 지방자치단체가 농지를 취득하는 경우
② 상속(유증 포함)으로 농지를 취득하여 취득하는 경우(증여로 농지 취득하는 경우에는 농취증 발급이 필요하다)
③ 농지 저당권자인 금융기관이 농지 저당권의 행사를 위한 경매기일을 2회 이상 진행하여도 경락자가 없을 때에는 그 후의 경매에 응하여 그 담보농지를 취득하는 경우(농지 저당권자인 당해 금융기관 등의 취득만을 말한다)

④ 농지전용에 관한 협의를 거쳐 도시지역 내 주거·상업·공업지역 및 도시계획시설예정지 (도로, 공원, 하천 등등)로 지정 결정된 농지를 취득하는 경우

⑤ 도시지역 내 녹지지역·개발제한구역안의 농지에 대한 개발행위허가를 받거나, 토지형질 변경 허가를 받은 농지를 취득하는 경우

⑥ 농지전용협의를 마친 농지를 취득하는 경우

⑦ 다음 어느 하나에 해당하는 경우

㉠ 한국농어촌공사가 농지를 취득하는 경우

㉡ 농어촌정비법에 따라 농지를 취득하는 경우

㉢ 공유수면매립법에 따라 매립농지를 취득하는 경우

㉣ 토지수용으로 농지를 취득하는 경우

㉤ 공익사업을 위한 토지 등의 취득 및 보상에 관한 법률에 따른 농지를 취득하는 경우

⑧ 법원의 판결에 따라 시효의 완성으로 농지를 취득하는 경우

⑨ 농지 이용증진사업시행계획에 의하여 농지를 취득하는 경우

⑩ 농업법인의 합병 또는 공유 농지의 분할로 농지를 취득하는 경우

⑪ 환매권자가 환매권에 따라 농지를 취득하는 경우

⑫ 환매권자 등이 환매권 등에 따라 농지를 취득하는 경우

⑬ 토지거래허가 구역 내 농지에 대하여 토지거래 허가증을 받은 경우에는 농지취득자격증명을 발급받은 것으로 본다

참고 : 소유제한의 특례 중 농지취득자격증명을 발급받아야 하는 경우

이 경우는 농취증 발급시 농업경영계획서 제출의무가 없다.

1. 초·중등교육법 및 고등교육법에 따른 학교, 농림수산식품부령으로 정하는 공공단체·농업연구기관·농업생산자단체 또는 종묘나 그 밖의 농업 기자재 생산자가 그 목적사업을 수행하기 위하여 필요한 시험지·연구지·실습지 또는 종묘 생산지로 쓰기 위하여 농림수산식품부령으로 정하는 바에 따라 농지를 취득하여 소유하는 경우

2. 주말·체험영농을 하려고 농지를 소유하는 경우

3. 농지전용허가를 받거나 농지전용신고를 한 자가 그 농지를 소유하는 경우

4. 한국농어촌공사 및 농지관리기금법에 따른 농지의 개발사업지구에 있는 농지로서 다음의 농지를 취득하여 소유하는 경우

   ㉠ 도·농간의 교류촉진을 위한 1,500㎡ 미만의 농원부지

   ㉡ 농어촌관관휴양지에 포함된 1,500㎡ 미만의 농지

5. 농어촌정비법에 따른 한계농지 중 최상단부부터 최하단부까지의 평균경사율이 15% 이상인 농지로서 대통령령으로 정하는 농지를 소유하는 경우
6. 공공토지비축심의위원회가 비축이 필요하다고 인정하는 토지로서 계획관리지역과 자연녹지지역 안의 농지를 한국토지공사가 취득하여 소유하는 경우

2. 발급 방법 및 절차

(1) 발급신청

① 발급받으려는 자는 다음의 각 사항이 포함된 농업경영계획서를 작성하여 농지소재지를 관할하는 시·구·읍·면장(서울은 동장)에게 발급신청을 하여야 한다.

㉠ 농지의 면적

㉡ 농업경영에 적합한 노동력 및 농업기계·장비·시설의 확보방안

㉢ 소유농지의 이용실태(농지소유자에게만 해당)

㉣ 신청자의 연령, 신체적인 조건, 직업 또는 거주지 등 영농조건

② 앞에서 말한 경우에는 농업경영계획서를 작성의무가 없다.

(2) 발급기간

시·구·읍·면장(서울은 동장)은 발급신청을 받은 때에는 그 신청을 받은 날로 부터 4일(농업계획서를 작성하지 아니하고 농취증 발급신청을 할 수 있는 경우에는 2일) 이내에 일정한 요건에 적합한지의 여부를 확인하여 적합한 경우에 농지취득자격증명을 발급하여야 한다.

(3) 등기신청시 첨부

농지취득자격증명을 발급받아 농지를 취득하는 자가 그 소유권에 관한 등기를 신청할 때에는 농지취득자격증명을 첨부하여야 한다.

제 2 장

농지의 처분 및 이용

Ⅰ. 농지의 처분

1. 농지의 처분의무

(1) 목적

농지 취득시 통작 거리제한 폐지 등 사전적 규제를 완화하여 농지거래를 쉽게한 대신 취득한 농지를 자기의 농업경영 등 취득 목적대로 이용하지 않을 경우 이를 처분하게 함으로써 농지의 투기적 소유를 막아 헌법의 경자유전의 원칙을 실현하기 위하여 일정 요건에 해당하는 농지는 처분하도록 의무를 부과하는 제도이다.

(2) 농지처분 사유

농지의 소유자가 다음에 해당하게 된 때에는 그 사유가 발생한 날로부터 1년이내에 해당 농지(다음 "6" 의 경우에는 농지소유 상한을 초과하는 면적에 해당하는 농지)를 처분하여야 한다.

1. 소유 농지를 자연재해·농지개량·질병 등 대통령령으로 정하는 정당한 사유 없이 자기의 농업경영에 이용하지 아니하거나 이용하지 아니하게 되었다고 시장·군수 또는 구청장이 인정한 경우
2. 농지를 소유하고 있는 농업회사법인이 설립요건에 맞지 아니하게 된 후 3개월이 지난 경우
3. 학교·공공단체 등으로서 농지를 취득한 자가 그 농지를 해당 목적사업에 이 용하지 아니하게 되었다고 시장·군수 또는 구청장이 인정한 경우
4. 자연재해·농지개량·질병 등 대통령령으로 정하는 정당한 사유 없이 그 농지를 주말·체험영농에 이용하지 아니하게 되었다고 시장·군수 또는 구청장이 인정한 경우
5. 농지전용허가를 받거나 신고를 하여 농지를 취득한 자가 취득한 날부터 2년 이내에 그 목적사업에 착수

하지 아니한 경우

5의2. 농림수산식품부장관과의 협의를 마치지 아니하고 공취법에 따라 농지를 소유한 경우

5의3. 공공토지비축심의회가 비축이 필요하다고 인정하는 토지로서 계획관리지역과 자연녹지지역 안의 농지를 한국토지주택공사가 취득하여 소유하는 경우로서 소유한 농지를 한국농어촌공사에 지체 없이 위탁하지 아니한 경우

6. 농지 소유 상한을 초과하여 농지를 소유한 것이 판명된 경우

7. 거짓이나 그 밖의 부정한 방법으로 농지취득자격증명을 발급받아 농지를 소유한 것이 판명된 경우

8. 자연재해·농지개량·질병 등 대통령령으로 정하는 정당한 사유 없이 농업경영계획서 내용을 이행하지 아니하였다고 시장·군수 또는 구청장이 인정한 경우

(3) 농지의 처분 통지

시장·군수 또는 구청장은 농지의 처분의무가 생긴 농지의 소유자에게 농림수산식품부령으로 정하는 바에 따라 처분대상 농지, 처분의무 기간 등을 구체적으로 밝혀 그 농지를 처분하여야 함을 알려야 한다.

2. 농지의 처분명령

(1) 처분명령

시장·군수 또는 구청장은 처분의무 기간에 처분대상 농지를 처분하지 아니한 농지 소유자에게 6개월 이내에 그 농지를 처분할 것을 명할 수 있다.

(2) 이행강제금의 부과

1) 부과

㉠ 시장·군수 또는 구청장은 처분명령을 받은 후 다음에 정하는 정당한 사유없이 지정기간까지 그 처분명령을 이행하지 아니한 자에게 해당 농지의 토지가액의 20%에 해당하는 이행강제금을 부과한다.

1. 한국농어촌공사에 매수를 청구하여 협의 중인 경우
2. 법률 또는 법원의 판결 등에 따라 처분이 제한되는 경우

㉡ 시장·군수 또는 구청장은 이행강제금을 부과하기 전에 이행강제금의 금액, 부과사유, 납부기한, 수납기관, 이의제기 방법, 이의제기 기관 등을 명한 문서로 이행강제금을 부과·징수한다는 뜻을 미리 문서로 알려야 한다.

2) 횟수

시장·군수 또는 구청장은 최초로 처분명령을 한 날을 기준으로 하여 그 처분명령이 이행될 때까지 이행강제금을 매년 1회 부과·징수할 수 있다.

3) 이행

시장·군수 또는 구청장은 처분명령을 받은 자가 처분명령을 이행하면 새로운 이행강제금의 부과는 즉시 중지하되, 이미 부과된 이행강제금은 징수하여야한다.

4) 이의제기

이행강제금 부과처분에 불복하는 자는 그 처분을 고지받은 날부터 30일 이내에 시장·군수 또는 구청장에게 이의를 제기할 수 있다.

5) 재판 및 강제징수

㉠ 이행강제금 부과처분을 받은 자가 이의를 제기하면 시장·군수 또는 구청장은 지체 없이 관할 법원에 그 사실을 통보하여야 하며, 그 통보를 받은 관할 법원은 「비송사건절차법」에 따른 과태료 재판에 준하여 재판을 한다.

㉡ 이의 제기기간에 이의를 제기하지 아니하고, 이행강제금을 납부기한까지 내지 아니하면 지방세 체납처분의 예에 따라 징수한다.

3. 처분명령의 유예

(1) 시장·군수 또는 구청장은 처분의무 기간에 처분대상 농지를 처분하지 아니한 농지 소유자가 다음에 해당하면 처분의무 기간이 지난날부터 3년간 처분명령을 직권으로 유예할 수 있다.

㉠ 해당 농지를 자기의 농업경영에 이용하는 경우

㉡ 한국농어촌공사나 그 밖에 대통령령으로 정하는 자와 해당 농지의 매도위탁계약을 체결한 경우

(2) 시장·군수 또는 구청장은 처분명령을 유예 받은 농지 소유자가 처분명령 유예기간에 위 사유의 어느 하나에도 해당하지 아니하게 되면 지체 없이 그 유예한 처분명령을 하여야 한다.

(3) 농지 소유자가 처분명령을 유예 받은 후 처분명령을 받지 아니하고 그 유예기간이 지난 경우에는 처분의무에 대하여 처분명령이 유예된 농지의 그 처분의무만 없어진 것으로 본다.

4. 농지의 매수청구

① 농지 소유자는 처분명령을 받으면 한국농어촌공사에 그 농지의 매수를 청구 할 수 있다.
② 한국농어촌공사는 매수 청구를 받으면 공시지가(공시지가가 없으면 감정평가에 관한 법률에 따라 산정한 개별 토지 가격)를 기준으로 해당 농지를 매수할 수 있다. 이 경우 인근 지역의 실제 거래 가격이 공시지가보다 낮으면 실제 거래가격을 기준으로 매수할 수 있다.
③ 한국농어촌공사가 농지를 매수하는 데에 필요한 자금은 농지관리기금에서 융자한다.

Ⅱ. 농지의 이용

1. 농지이용계획

① 시장·군수 또는 자치구구청장(그 관할 구역안의 농지의 면적이 3천만㎡ 이하인 시 또는 자치구는 제외)은 관할 구역의 농지를 종합적으로 이용하기 위한 계획을 수립하여야 한다. 수립한 계획을 변경하려고 할 때에도 또한 같다.
② 시장·군수 또는 자치구구청장은 공청회를 통하여 지역 주민의 의견을 들은 후, 시·군·구 농어업·농어촌및식품산업정책심의회의 심의를 거쳐 관할 특별시장·광역시장 또는 도지사의 승인을 얻어 그 내용을 확정·고시하여야 하며, 일반인이 이를 열람할 수 있도록 하여야 한다.

2. 농지이용증진사업

(1) 내용

농지이용증진사업이란 농지이용계획에 따라 농지이용을 증진하기 위한 다음에 해당하는 사업을 말한다.

1. 농지의 매매·교환·분합 등에 의한 농지 소유권 이전을 촉진하는 사업
2. 농지의 장기 임대차, 장기 사용대차에 따른 농지 임차권(사용대차에 따른 권리를 포함한다) 설정을 촉진하는 사업
3. 위탁경영을 촉진하는 사업
4. 농업인이나 농업법인이 농지를 공동으로 이용하거나 집단으로 이용하여 농업경영을 개선하는 농업경영체 육성사업(이 경우에는 농취증 발급 불필요)

(2) 농지이용증진사업의 시행자

① 시장·군수·자치구구청장

② 한국농어촌공사

③ 「농업협동조합법」에 따른 조합

④ 「엽연초생산협동조합법」에 따른 엽연초생산협동조합

⑤ 농지의 공동이용 또는 집단이용을 목적으로 구성된 단체로서 농지의 공동이용 또는 집단이용에 관한 사항이 규약으로 정하여 지고 그 구성원인 농업인 또는 농업법인의 수가 10 이상인 단체

3. 농지의 위탁경영

농지소유자는 다음에 해당하는 경우 외에는 소유농지를 위탁경영할 수 없다.

1. 병역법에 따라 징집 또는 소집된 경우
2. 3개월 이상 국외여행 중인 경우
3. 농업법인이 청산 중인 경우
4. 질병, 취학, 선거에 따른 공직 취임, 그 밖에 대통령령으로 정하는 사유로 자경 할 수 없는 경우
   ㉠ 부상으로 3월 이상의 치료가 필요한 경우
   ㉡ 교도소·구치소 또는 보호감호시설에 수용 중인 경우

5. 농지이용증진사업시행계획에 따라 위탁경영하는 경우
6. 농업인이 자기 노동력이 부족하여 농작업의 일부를 위탁하는 경우

4. 농지 대리경작제도

(1) 대리경작자

1) 지정권자·지정대상

시장·군수 또는 구청장은 유휴농지(농작물 경작이나 다년생식물 재배에 이용되지 아니하는 농지로서 대통령령으로 정하는 농지를 말한다)에 대하여 그 농지의 소유권자나 임차권자를 대신하여 농작물을 경작할 자(대리경작자)를 직권으로 지정하거나 유휴농지를 경작하려는 자의 신청을 받아 대리경작자를 지정할 수 있다.

2) 피지정인의 자격

㉠ 시장·군수 또는 구청장은 대리경작자를 지정하려는 경우에는 해당 농지의 인근지역에서 농업경영을 하는 농업인 또는 농업법인으로서 대리경작을 하려는 자 중 해당 농지를 효율적으로 경작할 능력이 있다고 인정되는 자를 대리경작자로 지정하여야 한다.
㉡ 위 방법으로 대리경작자를 지정하기가 곤란한 경우에는 인근지역의 농업생산자단체·학교나 그 밖의 해당 농지를 경작하려는자를 대리경작자로 지정할 수 있다.

(2) 지정절차 및 이의신청

① 시장·군수 또는 구청장은 대리경작자를 지정하려면 농림수산식품부령으로 정하는 바에 따라 그 농지의 소유권자 또는 임차권자에게 예고하여야 하며, 대리경작자를 지정하면 그 농지의 대리경작자와 소유권자 또는 임차권자에게 지정통지서를 보내야 한다.
② 대리경작자의 지정예고에 대하여 이의가 있는 농지의 소유권자나 임차권자는 지정예고를 받은 날부터 10일 이내에 시장·군수 또는 구청장에게 이의를 신청할 수 있다.
③ 시장·군수 또는 구청장은 이의신청을 받은 날부터 7일 이내에 이를 심사하여 그 결과를 신청인에게 알려야 한다.

(2) 대리경작기간 및 사용료

① 대리경작 기간은 따로 정하지 아니하면 3년으로 한다.

② 대리경작자는 수확량의 100분의 10을 대리경작농지에서 경작한 농작물의 수확일부터 2월 이내에 그 농지의 소유권 또는 임차권자에게 토지사용료로 지급하여야 한다.

③ 이 경우 수령을 거부하거나 지급이 곤란한 경우에는 토지사용료를 공탁할 수 있다.

④ 대리경작 농지의 소유권자 또는 임차권자가 그 농지를 스스로 경작하려면 대리경작 기간이 끝나기 3개월 전까지, 그 대리경작 기간이 끝난 후에는 대리경작자 지정을 중지할 것을 시장·군수 또는 구청장에게 신청하여야 하며, 신청을 받은 시장·군수 또는 구청장은 신청을 받은 날부터 1개월 이내에 대리경작자 지정 중지를 그 대리경작자와 그 농지의 소유권자 또는 임차권자에게 알려야 한다.

⑤ 시장·군수 또는 구청장은 다음 각 호의 어느 하나에 해당하면 대리경작기간이 끝나기 전이라도 대리경작자 지정을 해지할 수 있다.

㉠ 대리경작 농지의 소유권자나 임차권자가 정당한 사유를 밝히고 지정 해지신청을 하는 경우

㉡ 대리경작자가 경작을 게을리하는 경우

㉢ 대리경작자로 지정된 자가 토지사용료를 지급 또는 공탁하지 아니하는 경우

㉣ 대리경작자로 지정된 자가 대리경작자의 지정해지를 신청하는 경우

Ⅲ. 농지의 임대차·사용대차

1. 제한 및 특례

다음의 각 하나에 해당하는 경우 외에는 농지를 임대하거나 사용대할 수 없다.

1. 다음에 해당하는 농지를 임대하거나 사용대하는 경우
   (가) 국가나 지방자치단체가 농지를 소유하는 경우
   (나) 상속으로 농지를 취득하여 소유하는 경우
   (다) 8년 이상 농업경영을 하던 자가 이농한 후에도 이농 당시 소유하고 있던 농지를 계속 소유하는 경우

(라) 담보농지를 취득하여 소유하는 경우
(마) 농지전용허가를 받거나 농지전용신고를 한 자가 그 농지를 소유하는 경우
(사) 농지전용협의를 마친 농지를 소유하는 경우
(마) 한국농어촌공사 및 농지관리기금법에 따른 농지의 개발사업지구에 있는 농지로서 한국농어촌공사가 개발하여 매도하는 다음의 각 어느 하나에 해당하는 농지나 농어촌정비법에 따른 농지를 취득하여 소유하는 경우
(1) 도·농간의 교류촉진을 위한 1,500㎡ 미만의 농원부지
(2) 농어촌관관휴양지에 포함된 1,500㎡ 미만의 농지
(아) 농어촌정비법에 따른 한계농지 중 최상단부부터 최하단부까지의 평균경사율이 15% 이상인 농지로서 대통령령으로 정하는 농지를 소유하는 경우
(자) 다음의 각 어느 하나에 해당하는 경우
(1) 「한국농어촌공사 및 농지관리기금법」에 따라 한국농어촌공사가 농지를 취득하여 소유하는 경우
(2) 「농어촌정비법」에 따라 농지를 취득하여 소유하는 경우
(3) 「공유수면매립법」에 따라 매립농지를 취득하여 소유하는 경우
(4) 토지수용으로 농지를 취득하여 소유하는 경우
(5) 농림수산식품부장관과 협의를 마치고 「공익사업을 위한 토지등의 취득 및 보상에 관한 법률」에 따라 농지를 취득하여 소유하는 경우
(6) 「공공토지의 비축에 관한 법률」에 해당하는 토지 중 같은 법에 따른 공공토지비축심의위원회가 비축이 필요하다고 인정하는 토지로서 「국토의 계획 및 이용에 관한 법률」에 따른 계획관리지역과 자연녹지지역 안의 농지를 한국토지공사가 취득하여 소유하는 경우.

2. 농지이용증진사업시행계획에 따라 농지를 임대하거나 사용대하는 경우

3. 질병, 징집, 취학, 선거에 따른 공직취임, 다음의 각 어느 하나에 해당하는 사유로 인하여 일시적으로 농업경영에 종사하지 아니하게 된 자가 소유하고 있는 농지를 임대하거나 사용대하는 경우
(가) 부상으로 3개월 이상의 치료가 필요한 경우
(나) 교도소·구치소 또는 보호감호시설에 수용 중인 경우
(다) 3월 이상 국외여행을 하는 경우
(라) 농업법인이 청산중인 경우

4. 60세 이상이 되어 더 이상 농업경영에 종사하지 아니하게 된 자로서 농지소유자가 거주하는 시·군 또는 이에 연접한 시·군에 있는 소유 농지 중에서 자기의 농업경영에 이용한 기간이 5년이 넘은 농지를 임대하거나 사용대하는 경우

5. 소유하고 있는 농지를 주말·체험영농을 하려는 자에게 임대하거나 사용하는 경우, 또는 주말·체험영농을 하려는 자에게 임대하는 것을 업(業)으로 하는 자에게 임대하거나 사용대하는 경우

6. 개인이 소유하고 있는 농지를 한국농어촌공사나 그 밖에 대통령령으로 정하는 자에게 위탁하여 임대하거나 사용대하는 경우

7. 다음의 각 어느 하나에 해당하는 농지를 한국농어촌공사나 그 밖에 대통령령으로 정하는 자에게 위탁하여 임대하거나 사용대하는 경우
(가) 상속으로 농지를 취득한 자로서 농업경영을 하지 아니하는 자가 소유 상한을 초과하여 소유하고

있는 농지
(나) 8년 이상 농업경영을 한 후 이농한 자가 소유 상한을 초과하여 소유하고 있는 농지

※ 특례 1, 2, 3의 이해
특례 중 1에 해당하는 사항은 소유제한의 특례에 해당하는 것들이고, 2와 3에 해당하는 사항은 위탁경영이 가능한 사유와 유사한데, 소유제한의 특례 중 다음의 각 경우는 1에 해당하지 않으므로 다음의 경우에는 임대하거나 사용대할 수 없다.
① 「초·중등교육법」 및 「고등교육법」에 따른 학교, 농림수산식품부령으로 정하는 공공단체·농업연구기관·농업생산자단체 또는 종묘나 그밖의 농업 기자재 생산자가 그 목적사업을 수행하기 위하여 필요한 시험지·연 구지·실습지 또는 종묘생산지로 쓰기 위하여 농림수산식품부령으로 정하는 바에 따라 농지를 취득하여 소유하는 경우
② 주말·체험영농을 하려고 농지를 소유하는 경우

2. 임대차·사용대차 계약 방법과 확인

① 임대차계약과 사용대차계약은 서면계약을 원칙으로 한다.
② 임대차계약은 그 등기가 없는 경우에도 임차인이 농지소재지를 관할하는 시·구·읍·면의 장의 확인을 받고, 해당 농지를 인도받은 경우에는 그 다음날부터 제 3자에 대하여 효력이 생긴다.
③ 시·구·읍·면의 장은 농지임대차계약 확인대장을 갖추어 두고, 임대차계약증서를 소지한 임대인 또는 임차인의 확인 신청이 있는 때에는 농림수산식품부령으로 정하는 바에 따라 임대차계약을 확인한 후 대장에 그 내용을 기록하여야 한다.

3. 임대차 기간

① 임대차 기간은 3년 이상으로 하여야 한다.
② 임대차 기간을 정하지 아니하거나 3년보다 짧은 경우에는 3년으로 약정된 것으로 본다.
③ 임대인은 질병, 징집 등 대통령령으로 정하는 불가피한 사유가 있는 경우에는 임대차 기간을 3년 미만으로 정할 수 있다. 이 경우 임차인은 3년 미만으로 정한 기간이 유효함을 주장할 수 있다.
④ 위 규정은 임대차계약을 연장 또는 갱신하거나 재계약을 체결하는 경우 그 임대차 기간에 대하여도 동일하게 적용한다.

4. 묵시의 갱신 등

① 임대인이 임대차 기간이 끝나기 3개월 전까지 임차인에게 임대차계약을 갱신하지 아니한다는 뜻이나 임대차계약 조건을 변경한다는 뜻을 통지하지 아니하면 그 임대차 기간이 끝난 때에 이전의 임대차계약과 같은 조건으로 다시 임대차계약을 한 것으로 본다.
② 임대 농지의 양수인(讓受人)은 이 법에 따른 임대인의 지위를 승계한 것으로 본다.
③ 농지법에 위반된 약정으로서 임차인에게 불리한 것은 그 효력이 없다.

Ⅳ. 농지의 소유 세분화 방지와 분할제한

1. 일괄 상속 등

국가와 지방자치단체는 농업인이나 농업법인의 농지 소유가 세분화되는 것을 막기 위하여 농지를 어느 한 농업인 또는 하나의 농업법인이 일괄적으로 상속·증여 또는 양도받도록 필요한 지원을 할 수 있다.

2. 농지의 분할제한

농어촌정비법에 따른 농업생산기반정비사업이 시행된 농지는 다음 각 호의 어느 하나에 해당하는 경우 외에는 분할할 수 없다.

① 국토계획법에 따른 도시지역의 주거지역·상업지역·공업지역 또는 도시·군계획시설부지에 포함되어 있는 농지를 분할하는 경우
② 농지전용허가를 받거나 농지전용신고를 하고 전용한 농지를 분할하는 경우
③ 분할 후의 각 필지의 면적이 2,000㎡를 넘도록 분할하는 경우
④ 농지를 개량하는 경우
⑤ 인접 농지와 분합(分合)하는 경우
⑥ 농지의 효율적인 이용을 저해하는 인접 토지와의 불합리한 경계를 시정하는 경우
⑦ 농어촌정비법에 따른 농업생산기반 정비사업을 시행하는 경우

⑧ 농어촌정비법에 따른 농지의 교환·분합을 시행하는 경우

⑨ 농지이용증진사업을 시행하는 경우

제 3 장

농지의 보전

Ⅰ. 농업진흥지역

1. 농업진흥지역 구분 및 지정권자

(1) 농업진흥지역 지정권자

시·도지사는 농지를 효율적으로 이용하고 보전하기 위하여 농업진흥지역을 지정한다.

(2) 농업진흥지역의 구분

농업진흥지역은 다음과 같이 농업진흥구역과 농업보호구역으로 구분하여 지정할 수 있다.

1) 농업진흥구역

농업의 진흥을 도모하여야 하는 다음 어느 하나에 해당하는 지역으로서 농림수산식품부장관이 정하는 규모로 농지가 집단화되어 농업 목적으로 이용할 필요가 있는 지역이다.

㉠ 농지조성사업 또는 농업기반정비사업이 시행되었거나 시행 중인 지역으로서 농업용으로 이용하고 있거나 이용할 토지가 집단화되어 있는 지역

㉡ ㉠에 해당하는 지역 외의 지역으로서 농업용으로 이용하고 있는 토지가 집단화되어 있는 지역으로서 농지는 물론 경지정리가 되지 않은 농지(전·답·과수원)도 지정 가능함

2) 농업보호구역

농업진흥구역의 용수원 확보, 수질 보전 등 농업 환경을 보호하기 위하여 필요한 지역으로서 임야, 잡종지, 대지 등의 농지(전·답·과수원)이외의 지목도 지정 가능하다.

(3) 농업진흥지역의 지정 대상

농업진흥지역 지정은 「국토의 계획 및 이용에 관한 법률」에 따른 녹지지역·관리지역·농림지역 및 자연환경보전지역을 대상으로 한다. 다만, 특별시의 녹지지역은 제외한다.

2. 농업진흥구역의 지정기준

농업진흥구역의 지정기준은 농지 집단화도의 기준과 토지생산성의 기준으로 구분하며, 신규지정, 편입 또는 대체 지정시와 주민 희망지역 지정시의 기준을 다르게 적용한다.

(1) 신규지정

개간·간척으로 등으로 농지가 새로 조성된 지역 또는 기존 진흥지역이 없는 지역에 새로 지정하는 것

(2) 편입

기존 진흥지역과 연접된 진흥지역 밖의 지역을 진흥지역으로 편입하는 것

(3) 대체지정

농업진흥지역 해제시 해제면적에 상응하는 진흥지역을 지정하는 것

(4) 주민 희망지역지정

주민이 진흥지역 편입을 희망하는 경우에 지정하는 것

3. 농업보호구역의 지정기준

(1) 농림지역, 녹지지역, 관리지역, 자연환경보전지역으로 농업진흥구역의 용수원 확보와 수질 보전을 위하여 필요한 다음지역

① 농업진흥구역에 필요한 수원공(저수지 등)의 직접 유역 안에 있는 모든 토지

② 직접 유역 밖에서는 농업진흥구역의 농지를 오·폐수의 오염으로부터 보호하여야 할 필요

성이 있는 지역의 농지

(2) 기타 농업진흥구역의 농업환경을 보호하기 위하여 필요한 지역

① 농업진흥구역으로 둘러 싸인 잡종지 또는 임야
② 농업진흥구역 안의 또는 주변지역에 있는 축산단지, 소규모 공장 또는 위락시설 등이 있는 지역
③ 농업진흥구역 안 또는 주변지역에 있는 사찰·문화재 또는 10호 미만의 마을

(3) 도시지역 내 녹지지역으로서 농업진흥구역에 필요한 수원공의 직접유역 안에 있는 지역이나 공단폐수 또는 도시 생활하수로부터 농업진흥구역의 농업환경을 보호할 필요가 있는 지역

4. 농업진흥지역 지정 대상에서 제외되는 지역

① 특별시의 녹지지역(서울특별시는 농업진흥지역이 없다)
② 국토의 계획 및 이용에 관한 법률, 산업입지 및 개발에 관한 법률, 관광진흥법 등 토지이용 관련법에 따라 다른 용도로 기지정되어 지정 목적에 사용될 지역
③ 국토의 계획 및 이용에 관한 법률상 취락지역 이외의 자연부락으로서 10호 이상으로 밀집된 마을은 마을 내의 농지를 포함하여 제외

5. 농업진흥지역 지정 절차

(1) 의견 청취

① 시·도지사는 농업진흥지역을 지정·변경 및 해제하려는 때에는 시장·군수 또는 자치구구청장으로 하여금 다음 구분에 따른 방법 및 절차에 적합하게 미리 해당 토지의 소유자와 해당 지역주민의 의견을 듣도록 하여야 한다.
② 다만, 다음 어느 하나에 해당하는 경우에는 그러하지 아니하다.
   ㉠ 다른 법률에 따라 토지소유자에게 개별 통지한 경우
   ㉡ 통지를 받을자를 알 수 없거나 그 주소·거소, 그 밖에 통지할 장소를 알 수 없는 경우

(2) 해당 토지의 소유자에 대한 의견청취

① 시장·군수 또는 자치구구청장은 농업진흥지역의 지정·변경 또는 해제 계획안의 주요내용을 서면으로 해당 토지의 소유자에게 개별 통지하여야 한다.

㉡ 개별 통지한 내용에 대하여 의견이 있는 해당 토지의 소유자는 서면으로 통보를 받은 날부터 14일 이내에 시장·군수 또는 자치구구청장에게 의견서를 제출하여야 한다.

㉢ 시장·군수 또는 자치구구청장은 제출된 의견을 검토하여 그 결과를 해당 의견을 받은 날부터 60일 이내에 의견을 제출한 토지의 소유자에게 서면으로 통보하여야 한다.

(3) 해당 지역주민에 대한 의견 청취

㉠ 시장·군수 또는 자치구구청장은 농업진흥지역의 지정·변경 또는 해제계획 안의 주요내용을 해당 시·군 또는 자치구를 주된 보급지역으로 하는 둘 이상의 일반 일간신문에 공고하고 그 계획안을 14일 이상 열람할 수 있도록 하여야 한다.

㉡ ㉠에 따라 공고된 농업진흥지역의 지정·변경 또는 해제 계획안에 대하여 의견이 있는 자는 열람기간 내에 시장·군수 또는 자치구구청장에게 의견서를 제출하여야 한다.

㉢ 시장·군수 또는 자치구구청장은 제출된 의견을 농업진흥지역의 지정·변경 또는 해제 계획안에 반영할 것인지를 검토하여 그 결과를 열람기간이 종료된 날부터 60일 이내에 해당 의견을 제출한 자에게 서면으로 통보하여야 한다.

(4) 의견반영

시장·군수 또는 자치구구청장은 해당 토지의 소유자와 지역주민이 제출한 의견이 타당하다고 인정되는 때에는 이를 농업진흥지역의 지정·변경 또는 해제계획안에 반영하여야 한다.

(5) 시·도지사는 「농어업·농어촌 및 식품산업 기본법」에 따른 시·도 농어업·농어촌 및 식품산업정책심의회의 심의를 거쳐 농림수산식품부장관의 승인을 받아 농업진흥지역을 지정한다.

(6) 시·도지사는 농업진흥지역을 지정하면 지체 없이 이 사실을 고시하고 관계기관에 통보하여야하며, 시장·군수는 또는 자치구구청장으로 하여금 일반인에게 열람하게 하여야 한다.

(7) 농림수산식품부장관은 「국토의 계획 및 이용에 관한 법률」에 따른 녹지지역이나 계획관

리지역이 농업진흥지역에 포함되면 농업진흥지역 지정을 승인하기 전에 국토해양부장관과 협의하여야 한다.

참고 | 농업진흥지역지정계획안의 작성

① 시·도지사는 농업진흥지역을 지정하려는 때에는 시장·군수 또는 자치구구청장으로 하여금 미리 관할구역의 농지를 조사하여 농업진흥지역지정계획안과 이를 보조하는 농업진흥지역지정계획도를 작성하도록 하여야 한다.

② 시장·군수 또는 자치구구청장은 작성한 농업진흥지역지정계획안과 이를 보조하는 농업진흥지역지정계획도에 농림수산식품부령으로 정하는 서류를 첨부하여 시·도지사에게 보내야 한다.

③ 농업진흥지역지정계획안을 송부 받은 시·도지사는 이를 바탕으로 절차에 따라 농업진흥지역을 지정하여야 한다.

6. 농업진흥지역의 해제

(1) 해제 요청할 수 있는 경우

① 농지의 전용을 수반하여 「국토의 계획 및 이용에 관한 법률」 제6조에 따라 용도지역을 변경하는 경우(용도지역을 도시지역, 자연환경보전지역으로 변경하는 경우는 농지전용이 직접 수반되지 않으므로 해제 대상이 아니다)

② 도시지역에 주거지역, 상업지역, 공업지역 또는 도시계획시설을 지정 또는 결정하기 위하여 농지의 전용에 협의를 하는 경우

③ 해당지역의 여건 변화로 농업진흥지역의 지정요건에 적합하지 아니하게 된 경우로서 그 토지의 면적이 2만㎡ 이하인 경우

(2) 해제 절차

① 농업진흥지역 또는 용도구역의 변경 또는 해제 절차는 지정의 절차에 관한 규정을 준용한다.

② 다만 농업보호구역을 농업진흥구역으로 변경하는 경우 등 대통령령으로 정하는 사항은 시·도 농어업·농어촌 및 식품산업정책심의회의 심의나 농림수산식품부장관의 승인 없이 할 수 있다.

7. 농업진흥지역의 용도구역 변경

(1) 용도구역 변경 대상

① 해당 지역의 연건변화로 농업보호구역의 전부 또는 일부를 농업진흥구역으로 변경하거나 농업진흥구역 안의 3만㎡ 이하의 토지를 농업보호구역으로 변경하는 경우
② 해당 지역의 여건변화로 농업진흥지역 밖의 지역을 농업진흥지역으로 편입하는 경우

(2) 용도구역 변경 요건

1) 농업보호구역을 진흥구역으로 변경할 수 있는 경우

㉠ 해당 지역이 생산기반정비 등으로 농업진흥구역 지정기준에 적합하게된 경우
㉡ 당초 농업진흥구역으로 지정하여야 할 지역이 농업보호구역으로 지정된 경우

2) 농업진흥구역을 농업보호구역으로 변경할 수 있는 경우

㉠ 농업진흥구역 농지가 저수지개발 등으로 농업용수 확보를 위해 활용하게된 경우
㉡ 도로, 철도, 전기공급설비, 상하수도, 운하, 공동구, 가스공급설비, 통신선로 및 전주, 소수력 및 풍력발전설비, 송유설비, 방수설비, 유수지시설 및 하천 부속물 등 공공시설의 설치로 인하여 농로와 용배수로가 차단되는 등 영농이 곤란하다고 인정되는 경우
㉢ 당초 지정 시 농업생산기반투자와 기계화 영농이 불가능한 지역이 지정된 경우로서 진흥구역으로 계속 관리하는 것이 불합리하나 보호구역으로 관리할 필요가 있다고 인정되는 경우

Ⅱ. 행위제한

1. 농업진흥구역 안에서의 행위제한

농업진흥구역에서는 농업 생산 또는 농지 개량과 직접적으로 관련되지 아니한 토지이용행위를 할 수 없다. 다만, 다음의 토지이용행위는 그러하지 아니하다.

(1) 직접 농업생산 또는 농지개량과 관련된 토지이용행위

① 농작물의 경작

② 다년생식물의 재배

③ 고정식온실·버섯재배사 및 비닐하우스와 그 부속시설의 설치

④ 축사·곤충사육사와 농림수산식품부령으로 정하는 그 부속시설의 설치

⑤ 농막 및 간이저온저장고·간이퇴비장 또는 간이액비저장조의 설치

⑥ 농지개량사업 또는 농업용수개발사업의 시행

(2) 예외적 토지이용 허용행위

① 대통령령으로 정하는 농수산물(농산물·임산물·축산물·수산물을 말한다. 이하 같다)의 가공·처리 시설의 설치 및 농수산업(농업·임업·축산업·수산업을 말한다. 이하 같다) 관련 시험·연구 시설의 설치(국내산 원료만 가능)

② 어린이놀이터, 마을회관, 그 밖에 대통령령으로 정하는 농업인의 공동생활에 필요한 편의 시설 및 이용시설의 설치

③ 농업인 주택, 어업인 주택이나 그 밖에 대통령령으로 정하는 농업용 시설, 축산업용 시설 또는 어업용 시설의 설치

④ 국방·군사 시설의 설치

⑤ 하천, 제방, 그 밖에 이에 준하는 국토 보존 시설의 설치

⑥ 문화재의 보수·복원·이전, 매장 문화재의 발굴, 비석이나 기념탑, 그 밖에 이와 비슷한 공작물의 설치

⑦ 도로, 철도, 그 밖에 대통령령으로 정하는 공공시설의 설치

⑧ 지하자원 개발을 위한 탐사 또는 지하광물 채광과 광석의 선별 및 적치를 위한 장소로 사용하는 행위

⑨ 농어촌 소득원 개발 등 농어촌 발전에 필요한 시설로서 대통령령으로 정하는 시설의 설치

2. 농업보호구역 안에서의 행위제한

농업보호구역 안에서는 다음에 정하는 경우 외의 토지이용행위를 할 수 없다.

(1) 농업진흥구역에서 예외적으로 허용되는 토지이용행위

(2) 농업인 소득 증대에 필요한 시설로서 다음에 정하는 건축물·공작물, 그 밖의 시설의 설치

① 관광농원사업으로 설치하는 시설로서 그 부지가 2만㎡ 미만인 것

② 주말농원사업으로 설치하는 시설로서 그 부지가 3천㎡ 미만인 것

③ 「신에너지 및 재생에너지 개발·이용·보급 촉진법」에 따른 태양에너지를 이용하는 발전설비

(3) 농업인의 생활 여건을 개선하기 위하여 필요한 다음 각 시설의 설치

① 다음에 해당하는 시설로 그 부지가 1천㎡ 미만인 것

㉠ 건축법상 단독주택 중의 단독주택

㉡ 제1종 근린생활시설 중 일정한 시설

㉢ 제2종 근린생활시설 중 일정한 시설

② 제1종 근린생활시설 중 양수장, 정수장, 대피소, 공중화장실 그 밖에 이와 비슷한 것으로써 부지가 3천㎡ 미만인 것

〈농업보호구역에서 허용되지 않는 제1종 및 제2종 근린생활시설〉

제1종 근린생활시설	제2종 근린생활시설
1. 휴게음식점 또는 제과점 2. 이용원, 미용원, 목욕장 및 세탁소	1. 일반음식점 2. 유계음식점 또는 제과점 3. 골프연습장 4. 제조업소, 수리점, 세탁소, 그 밖에 이와 비슷한 것 5. 단란주점, 의약품판매소, 의료기기판매소 및 자동차영업소 6. 안마시술소 및 노래연습장 7. 고시원

Ⅲ. 기존 이용행위에 대한 특례

1. 기존 토지행위에 대한 특례

(1) 기존건축물 등

농업진흥지역 지정 당시 관계 법령에 따라 인가·허가 또는 승인 등을 받거나 신고하고 설치한 기존의 건축물·공작물과 그 밖의 시설에 대하여는 행위제한 규정을 적용하지 아니한다.

(2) 진행중인 사업

농업진흥지역 지정 당시 관계 법령에 따라 다음의 행위에 대하여 인가·허가·승인 등을 받거나 신고하고 공사 또는 사업을 시행 중인 자(관계 법령에 따라 인가·허가·승인 등을 받거나 신고할 필요가 없는 경우에는 시행 중인 공사 또는 사업에 착수한자를 말한다)는 그 공사 또는 사업에 대하여만 ①과 ②의 행위제한 규정을 적용하지 아니한다.

① 건축물의 건축
② 공작물이나 그 밖의 시설의 설치
③ 토지의 형질변경
④ 그 밖에 ①부터 ③까지의 행위에 준하는 행위

2. 진흥구역과 보호구역에 걸치는 한 필지의 토지 등에 대한 행위제한

(1) 1필지의 토지가 진흥구역과 보호구역에 걸치는 경우

한 필지의 토지가 농업진흥구역과 농업보호구역에 걸쳐 있으면서 농업진흥구역에 속하는 토지 부분이 330㎡ 이하 이면 그 토지 부분에 대하여는 행위제한을 적용할 때 농업보호구역에 관한 규정을 적용한다.

(2) 1필지의 토지 중 일부가 농업진흥지역에 걸치는 경우

한 필지의 토지 일부가 농업진흥지역에 걸쳐 있으면서 농업진흥지역에 속하는 토지 부분의 면적이 330㎡ 이하 이면 그 토지 부분에 대하여는 농업진흥지역에 대한 행위제한의 규정을 적용하지 않는다.

제 4 장

농지의 전용 등

Ⅰ. 농지의 전용

1. 농지전용의 정의

"농지의 전용"이란 농지를 농작물의 경작이나 다년생식물의 재배 등 농업생산 또는 농지개량 외의 용도로 사용하는 것을 말한다.

2. 농지전용허가

(1) 농지를 전용하려는 자는 농림수산식품부장관의 허가를 받아야 한다. 허가받은 농지의 면적 또는 경계 등 다음에 정하는 중요 사항을 변경하려는 경우에도 또한 같다.

1. 전용허가를 받은 농지의 면적 또는 경계
2. 전용허가를 받은 농지의 위치(동일 필지 안에서 위치를 변경하는 경우에 한한다)
3. 전용허가를 받은 자의 명의
4. 설치하려는 시설의 용도 또는 전용목적사업

〈농림수산식품부장관의 농지전용 허가권자 위임〉

구 분	농림수산식품부장관	시·도지사	시·군·구청장
농업진흥지역 안	3만㎡ 이상	3천~3만㎡	3천㎡
농업진흥지역 밖	20만㎡ 이상	3만~20만㎡	3만㎡

(2) 특례신고

농지전용허가를 받아야 하는 자가 농업진흥지역 밖의 농지를 전용하려면 농지전용허가제도에도 불구하고 시장·군수 또는 자치구구청장에게 신고하고 농지를 전용할 수 있다.

3. 농지전용허가 예외 대상(허가 없이 전용 가능)

① 다른 법률에 따라 농지전용허가가 의제되는 협의를 거쳐 농지를 전용하는 경우
② 「국토의 계획 및 이용에 관한 법률」에 따른 도시지역 또는 계획관리지역에 있는 농지로서 협의를 거친 농지나 협의 대상에서 제외되는 농지를 전용하는 경우
③ 농지전용신고를 하고 농지를 전용하는 경우
④ 「산지관리법」에 따른 산지전용허가를 받지 아니하거나 산지전용신고를 하지 아니하고 불법으로 개간한 농지를 산림으로 복구하는 경우
⑤ 「하천법」에 따라 하천관리청의 허가를 받고 농지의 형질을 변경하거나 공작물을 설치하기 위하여 농지를 전용하는 경우

4. 농지전용허가 절차

① 농지전용의 허가 또는 변경허가를 받으려는 자는 농지전용허가신청서에 농림수산식품부령으로 정하는 서류를 첨부하여 해당 농지의 소재지를 관할하는 시장·군수 또는 자치구구청장에게 제출하여야 한다.
② 시장·군수 또는 자치구구청장은 농지전용허가신청서 등을 제출받은 때에는 일정한 심사기준에 따라 심사한 후 그 제출받은 날부터 10일 이내에 시·도지사에게 보내야 하며, 시·도지사는 10일 이내에 이에 대한 종합적인 심사의견서를 첨부하여 농림수산식품부장관에게 제출하여야 한다.
③ 농림수산식품부장관은 심사기준에 적합하지 아니한 경우에는 농지의 전용허가를 하여서는 아니 된다
④ 시·도지사 및 시장·군수 또는 자치구구청장이 심사하는 경우 신청인이 제출한 서류에 흠이 있으면 지체 없이 보완 또는 보정에 필요한 상당한 기간을 정하여 신청인에게 보완 또는 보정을 요구하여야 한다. 이 경우 보완 또는 보정의 요구는 문서·구술·전화 또는

모사전송으로 하되, 신청인이 특별히 요청하는 때에는 문서로 하여야 한다.

⑤ 시·도지사 및 시장·군수 또는 자치구구청장은 신청인이 보완 또는 보정을 요구한 기간에 이를 보완 또는 보정하지 아니하는 때에는 신청서류를 반려할 수 있다.

5. 농지전용신고

(1) 농지를 다음 어느 하나에 해당하는 시설의 부지로 전용하려는 자는 시장·군수 또는 자치구구청장에게 신고하여야 한다. 신고한 사항을 변경하려는 경우에도 또한 같다(신고대상은 농·어업인, 농업, 농축산업, 농수산업과 직접적으로 관련된 시설들이라고 보면 된다.

1. 농업인 주택, 어업인 주택, 농축산업용 시설, 농수산물 유통·가공 시설
2. 어린이놀이터·마을회관 등 농업인의 공동생활 편의 시설
3. 농수산 관련 연구 시설과 양어장·양식장 등 어업용 시설

(2) 영농여건불리농지에서의 농지전용 신고

농어촌정비법 제2조 제10호에 따른 한계농지 중 최상단부부터 최하단부까지의 평균 경사율이 15% 이상인 일정한 요건의 농지로서 시장·군수가 조사하여 고시한 농지는 신고로 농지전용을 할 수 있다.

〈농지전용허가와 신고의 차이점〉

구 분	내 용
농지전용허가	① 농지법시행령 제33조에 따른 농지전용허가 심사 규정 적용 ② 농지법 제37조 및 같은 법 시행령 제44조에 따른 허가 제한 대상시설을 적용 ③ 농지보전부담금은 감면 규정 별표 2에 따른 감면규정을 적용
농지전용신고	① 신고요건에 적합할 경우 농지전용허가 심사규정과 허가제한 대상시설은 적용하지 않는다. ② 농지법 제35조에 따라 신고 전용한 경우 농지보전부담금은 감면규정 20호를 적용하여 100% 감면한다. ③ 영농여건불리농지는 신고요건에 관계없이 누구나 신고로 전용할 수 있으나 농지보전부담금은 감면 규정 20호를 적용하지 않는다.

(3) 농지전용신고 대상시설의 범위·규모

시설의 범위	설치자의 범위	규 모
1. 농업진흥지역 밖에 설치하는 농업인 주택	무주택인 세대의 세대주	세대당 660㎡ 이하
2. 농업용시설	세대의 세대원인 농업인과 농업법인	◦ 농업인:세대당 1,500㎡ 이하 ◦ 농업법인:법인당7천㎡(농업진흥지역 안의 경우에는 3,300㎡) 이하
3. 농업진흥지역 밖에 설치하는 축산업용시설	세대의 세대원인 농업인과 농업법인	◦ 농업인:세대당 1,500㎡ 이하 ◦ 농업법인:법인당 7,000㎡ 이하
4. 자기가 생산한 농생산물을 처리하기 위하여 농업진흥지역 밖에 설치하는 집하장, 선과장, 판매장 또는 가공공장 등 농수산물유통, 가공시설(창고, 관리사 등 필수적인 부대시설을 포함한다)	세대의 세대원인 농업인과 이에 준하는 임, 어업인세대의 세대원인 임, 어업인)	세대당 3,300㎡ 이하
5. 농업진흥지역 밖에 설치하는 다음의 각 시설 가. 어린이놀이터, 마을회관 나. 창고, 작업장, 농기계수리 시설, 퇴비장 다. 경로당, 보육시설, 유치 원등 노유자시설, 정자 및 보건진료서	제한없음	제한없음
6. 농수산업 관련 시험 연구 시설	비영리법인	법인당 7,000㎡(농업진흥지역 안의 경우에는 3,000㎡) 이하
7. 농업진흥지역 밖에 설치하는 양어장 및 양식장	세대의 세대원인 농업인 및 이에 준하는 어업인세대의 세대원인 어업인, 농업법인 및 농어업경영체 육성 및 지원에 관한 법률에 따른 영어조합법인	세대 또는 법인당 1만㎡ 이하
8. 농업진흥지역 밖에 설치하는 어업용시설 중 양어장 및 양식장을 제외한 시설	세대의 세대원인 농업인 및 이에 준하는 어업인세대의 세대원인 어업인, 농업법인 및 농어업경영체 육성 및 지원에 관한 법률에 따른 영어조합법인	세대 또는 법인당 1,500㎡ 이하

6. 농지전용협의

주무부장관이나 지방자치단체의 장은 다음 어느 하나에 해당하면 농림수산식품부장관과 미리 농지전용에 관한 협의를 하여야 한다.

1. 도시지역에 주거지역·상업지역 또는 공업지역을 지정하거나 도시·군계획시설을 결정할 때에 해당 지역 예정지 또는 시설 예정지에 농지가 포함되어 있는 경우.
   다만, 이미 지정된 주거지역·상업지역·공업지역을 다른 지역으로 변경하거나 이미 지정된 주거지역·상업지역·공업지역에 도시·군계획시설을 결정하는 경우는 제외한다.
2. 계획관리지역에 지구단위계획구역을 지정할 때에 해당 구역 예정지에 농지가 포함되어 있는 경우
3. 도시지역의 녹지지역 및 개발제한구역의 농지에 대하여 개발행위를 허가하거나 「개발제한구역의 지정 및 관리에 관한 특별조치법」에 따라 토지의 형질변경허가를 하는 경우

7. 농지의 타용도 일시사용허가

(1) 허가신청 및 협의

농지를 다음 어느 하나에 해당하는 용도로 일시사용하려는 자는 일정기간 사용한 후 농지로 복구한다는 조건으로 시장·군수 또는 자치구구청장의 허가를 받아야 한다.

허가받은 사항을 변경하려는 경우에도 또한 같다. 다만, 국가나 지방자치단체의 경우에는 시장·군수 또는 자치구구청장과 협의하여야 한다.

1. 「건축법」에 따른 건축허가 또는 건축신고 대상 시설이 아닌 간이 농수축산업용 시설(개량시설과 농축산물 생산시설은 제외)과 농수산물의 간이 처리시설을 설치하는 경우
2. 주목적사업(해당 농지에서 허용되는 사업)을 위하여 현장사무소나 부대시설, 그 밖에 이에 준하는 시설을 설치하거나 물건을 적치하거나 매설하는 경우
3. 다음과 같은 토석과 광물을 채굴하는 경우
   ① 「골재채취법」에 따른 골재
   ② 「광업법」에 따른 광물
   ③ 적조방제·농지개량 또는 토목공사용으로 사용하거나 공업용 원료로 사용하기 위한 토석

(2) 농지 타용도 일시사용허가의 기간

1) 원칙

허가 또는 협의의 경우 농지의 타용도 일시사용기간

1. 「건축법」에 따른 건축허가 또는 건축신고 대상 시설이 아닌 간이농수축산업용 시설(개량시설과 농축산물 생산시설은 제외)과 농수산물의 간이처리시설을 설치하는 경우 : 5년 이내
2. 주목적사업(해당 농지에서 허용되는 사업)을 위하여 현장 사무소나 부대 시설, 그 밖에 이에 준하는 시설을 설치하거나 물건을 적치하거나 매설 하는 경우 : 그 주목적 사업의 시행에 필요한 기간 이내
3. 위 1 및 2 외의 경우 : 3년 이내

2) 연장

시장·군수 또는 자치구구청장은 농지의 타용도일시사용기간을 통산하여 다음의 기간을 초과하지 아니하는 범위에서 연장할 수 있다.

1. 「건축법」에 따른 건축허가 또는 건축신고 대상 시설이 아닌 간이 농수축산업용 시설(개량시설과 농축산물 생산시설은 제외)과 농수산물의 간이처리시설을 설치하는 경우 : 5년
2. 주목적사업(해당 농지에서 허용되는 사업)을 위하여 현장 사무소나 부대 시설, 그 밖에 이에 준하는 시설을 설치하거나 물건을 적치하거나 매설 하는 경우 : 그 도시·군계획시설의 설치시기 등을 고려하여 필요한 기간
3. 위 1 및 2 외의 경우 : 3년 이내

(3) 복구

시장·군수 또는 자치구구청장은 농지의 타용도 일시사용허가를 하거나 농지의 타용도일시사용협의를 할 때에는 사업을 시행하려는 자에게 농지로의 복구계획과 복구비용명세서를 제출하게 하여야 한다.

8. 농지전용허가 등의 제한

(1) 농지전용허가의 제한

농림수산식품부장관은 농지전용허가를 결정할 경우 다음 어느 하나에 해당하는 시설의 부지로 사용하려는 농지는 전용을 허가할 수 없다.

다만, 「국토의 계획 및 이용에 관한 법률」에 따른 도시지역·계획관리지역 및 개발진흥지구에 있는 농지는 다음 어느 하나에 해당하는 시설의 부지로 사용하더라도 전용을 허가할 수 있다.

1. 「대기환경보전법」에 따른 대기오염배출시설로서 대통령령으로 정하는 시설
2. 「수질 및 수생태계 보전에 관한 법률」에 따른 폐수배출시설로서 대통령령으로 정하는 시설
3. 농업의 진흥이나 농지의 보전을 해칠 우려가 있는 시설로서 대통령령으로 정하는 시설

(2) 농지의 타용도 일시사용허가의 제한

농림수산식품부장관, 시장·군수 또는 자치구구청장은 농지전용허가 및 협의(다른 법률에 따라 농지전용허가가 의제되는 협의를 포함한다)를 하거나 농지의 타용도 일시사용허가 및 협의를 할 때 그 농지가 다음 어느 하나에 해당하면 전용을 제한하거나 타용도 일시사용을 제한할 수 있다.

1. 전용하려는 농지가 농업생산기반이 정비되어 있거나 농업생산기반 정비사업시행예정지역으로 편입되어 우량농지로 보전할 필요가 있는 경우
2. 해당 농지를 전용하거나 다른 용도로 일시사용하면 일조·통풍·통작에 매우 크게 지장을 주거나 농지개량시설의 폐지를 수반하여 인근 농지의 농업경영에 매우 큰 영향을 미치는 경우
3. 해당 농지를 전용하거나 타용도로 일시 사용하면 토사가 유출되는 등 인근 농지 또는 농지개량시설을 훼손할 우려가 있는 경우
4. 전용 목적을 실현하기 위한 사업계획 및 자금조달계획이 불확실한 경우
5. 전용하려는 농지의 면적이 전용 목적 실현에 필요한 면적보다 지나치게 넓은 경우

9. 농지전용허가의 취소 등

농림수산식품부장관, 시장·군수 또는 자치구구청장은 농지전용허가 또는 농지의 타용도일시사용허가를 받았거나 농지전용신고를 한 자가 다음 어느 하나에 해당하면 농림수산식품부령으로 정하는 바에 따라 허가를 취소하거나 관계 공사의 중지, 조업의 정지, 사업규모의 축소 또는 사업계획의 변경, 그 밖에 필요한 조치를 명할 수 있다. 다만, 제7호에 해당하면 그 허가를 취소하여야 한다.

1. 거짓이나 그 밖의 부정한 방법으로 허가를 받거나 신고한 것이 판명된 경우
2. 허가 목적이나 허가 조건을 위반하는 경우
3. 허가를 받지 아니하거나 신고하지 아니하고 사업계획 또는 사업 규모를 변경하는 경우
4. 허가를 받거나 신고를 한 후 농지전용 목적사업과 관련된 사업계획의 변경 등 정당한 사유 없이 2년

이상 대지의 조성, 시설물의 설치 등 농지전용 목적사업에 착수하지 아니하거나 농지전용 목적사업에 착수한 후 1년 이상 공사를 중단한 경우

5. 농지보전부담금을 내지 아니한 경우
6. 허가를 받은 자나 신고를 한 자가 허가취소를 신청하거나 신고를 철회하는 경우
7. 허가를 받은 자가 관계 공사의 중지 등 조치명령을 위반한 경우

10. 용도변경의 승인

(1) 다음 어느 하나에 해당하는 절차를 거쳐 농지전용 목적사업에 사용되고 있거나 사용된 토지를 5년 이내에 다른 목적으로 사용하려는 경우에는 시장·군수 또는 자치구구청장의 승인을 받아야 한다.

1. 농지전용허가
2. 농지전용협의
3. 농지전용신고

※ 농지전용허가·협의·신고절차를 거친 경우는 용도변경 승인대상에 해당 하지만, 농지타용도일시사용허가·협의절차를 거친 경우는 용도변경 승인대상에 해당하지 않는다.

(2) 승인을 받아야 하는 자 중 농지보전부담금이 감면되는 시설의 부지로 전용된 토지를 농지보전부담금 감면 비율이 다른 시설의 부지로 사용하려는 자는 대통령령으로 정하는 바에 따라 그에 해당하는 농지보전부담금을 내야 한다.

11. 농지의 지목변경제한

다음 어느 하나에 해당하는 경우 외에는 농지를 전·답·과수원 외의 지목으로 변경하지 못한다.

1. 농지전용허가(다른 법률에 따라 농지전용허가가 의제되는 협의를 포함한다)를 받거나, 농지를 전용한 경우
2. 다음에 해당하는 목적으로 농지를 전용한 경우
   ① 산지전용허가를 받지 아니하거나 산지전용신고를 하지 아니하고 불법으로 개간한 농지를 산림으로

복구하는 경우
② 하천법에 따라 하천관리청의 허가를 받고 농지의 형질을 변경하거나 공작물을 설치하기 위하여 농지를 전용하는 경우
3. 농지전용신고를 하고 농지를 전용한 경우
4. 「농어촌정비법」에 따른 농어촌용수의 개발사업이나 농업생산기반 개량사업의 시행으로 토지의 개량시설의 부지로 변경되는 경우
5. 시장·군수 또는 자치구구청장이 천재지변이나 그 밖의 불가항력의 사유로 그 농지의 형질이 현저히 달라져 원상회복이 거의 불가능하다고 인정하는 경우

12. 농지보전부담금

(1) 농지보전부담금 납부대상 및 조건부 허가 등

1) 납부대상

다음 어느 하나에 해당하는 자는 농지의 보전·관리 및 조성을 위한 부담금("농지보전부담금" 이라 한다)을 농지관리기금을 운용·관리하는 자에게 내야한다.

1. 농지전용허가를 받는 자
2. 농지전용협의를 거친 지역 예정지 또는 시설 예정지에 있는 농지(협의 대상에서 제외되는 농지를 포함한다)를 전용하려는 자
3. 2 농지전용에 관한 협의를 거친 구역 예정지에 있는 농지를 전용하려는 자
4. 농지전용협의를 거친 농지를 전용하려는 자
5. 다른 법률에 따라 농지전용허가가 의제되는 협의를 거친 농지를 전용하려는 자
6. 농지전용신고를 하고 농지를 전용하려는 자

※ 농지 타용도일시사용허가·협의를 하고 농지를 전용하려는 자는 농지보전부담금 납입 대상에 해당하지 않는다.

2) 조건부 허가 등

농림수산식품부장관이나 시장·군수 또는 자치구구청장은 농지전용의 허가·협의 또는 농지전용의 신고수리를 하려는 때에는 농지보전부담금을 미리 납입하게 하거나 그 납입을 해당 허가 등의 조건으로 하여야 한다.

(2) 분할납부 등

1) 분할납부

농림수산식품부장관은 정부투자기관·지방공사 및 지방공단이 산업단지의 시설용지로 농지를 전용하는 경우 등 대통령령으로 정하는 농지의 전용으로서 농지보전부담금을 한꺼번에 내기 어려운 부득이한 사유가 있다고 인정하면 농지부담금의 부과기준일로부터 3년의 범위 내에서 농지보전부담금을 나누어 내게 할 수 있다.

2) 납입보증보험증서 등의 예치

농림수산식품부장관은 농지보전부담금을 나누어 내게 하려면 대통령령으로 정하는 바에 따라 농지보전부담금을 나누어 내려는 자에게 나누어 낼 농지보전부담금에 대한 납입보증보험증서 등을 미리 예치하게 하여야 한다.

다만, 농지보전부담금을 나누어 내려는 자가 국가나 지방자치단체, 그 밖에 대통령령으로 정하는 자인 경우에는 그러하지 아니하다.

(3) 농지부담금 부과기준

농지보전부담금의 ㎡당 금액은 「부동산 가격공시 및 감정평가에 관한 법률」에 따른 해당 농지의 개별공시지가의 100분의 30으로 한다.

(4) 강제징수 등

① 농림수산식품부장관은 농지보전부담금을 내야 하는 자가 납부기한까지 내지 아니하면 납부기한이 지난 후 10일 이내에 10일 이내의 기간을 정한 독촉장을 발급하여야 한다.

② 농림수산식품부장관은 농지보전부담금을 내야 하는 자가 납부기한까지 부담금을 내지 아니한 경우에는 다음의 구분에 따라 가산금을 부과하여야한다.

㉠ 납부기한이 지난날부터 1주일 이내에 납부하는 경우: 체납된 금액의 100분의 1에 해당하는 금액

㉡ 납부기한이 지난날부터 1주일이 지난 다음에 납부하는 경우: 체납된 금액의 100분의 5에 해당하는 금액

13. 전용위반자에 대한 조치

(1) 원상회복명령

농림수산식품부장관, 시장·군수 또는 자치구구청장은 다음 어느 하나에 해당하면 그 행위를 한 자에게 기간을 정하여 원상회복을 명할 수 있다.

1. 농지전용허가 또는 농지의 타용도 일시사용허가를 받지 아니하고 농지를 전용하거나 다른 용도로 사용한 경우
2. 농지전용신고를 하지 아니하고 농지를 전용한 경우
3. 허가가 취소된 경우
4. 농지전용신고를 한 자가 조치명령을 위반한 경우

(2) 행정대집행

농림수산식품부장관, 시장·군수 또는 자치구구청장은 원상회복명령을 위반하여 원상회복을 하지 아니하면 대집행으로 원상회복을 할 수 있다. 대집행의 절차에 관하여는 「행정대집행법」을 적용한다.

14. 농지원부 등

(1) 농지원부의 작성과 비치

① 시·구·읍·면의 장은 농지 소유 실태와 농지 이용 실태를 파악하여 이를 효율적으로 이용하고 관리하기 위하여 농지원부를 작성하여 갖추어 두어야한다.

② 농지원부는 다음 어느 하나에 해당하는 농업인(1세대에 2인 이상의 농업인이 있는 경우에는 그 세대를 말한다)·농업법인 또는 준농업법인별로 작성한다.

㉠ 1천㎡ 이상의 농지에서 농작물을 경작하거나 다년생식물을 재배하는 자

㉡ 농지에 330㎡ 이상의 고정식온실 등 농업용 시설을 설치하여 농작물을 경작하거나 다년생식물을 재배하는 자

㉢ 준농업법인은 직접 농지에 농작물을 경작하거나 다년생식물을 재배하는 국가기관·지방자치단체·학교·공공단체·농업생산자단체·농업연구기관 또는 농업기자재를 생산하는 자 등으로 한다.

(2) 청문

농림수산식품부장관, 시장·군수 또는 자치구구청장은 다음 어느 하나에 해당하는 행위를 하려면 청문을 하여야 한다.

1. 농업경영에 이용하지 아니하는 농지 등의 처분의무 발생의 통지
2. 농지전용허가의 취소

제 7 편

산 지 관 리 법

제 1 장

총칙 및 산지의 구분

Ⅰ. 총칙

1. 산지관리법의 연혁 및 목적

(1) 산림법

1961년 12월 27일 산림의 보호·육성과 산림자원의 증진을 도모하며, 국토의 보존과 국민경제의 발전에 기여하기 위하여 구법령인 삼림령, 조선국유삼림미간지 및 삼임산물특별처분령·국유임야법을조선에시행하는데관한건 등 일제강점기부터 시행되든 다수의 각종 법령 등을 폐지하고 종합된 단일법으로 대치하기 위하여 산림법을 제정하고 1962년 1월 20일부터 시행하여 산림을 관리하기 위한 단일법으로 자리하였다.

(2) 산지관리법

산지의 종합적이고 체계적인 관리를 통하여 산지의 난개발을 방지하고 친환경적인 산지이용체계를 구축하기 위하여 산지의 관리 제도를 개선·보완하는 한편, 산림법에서 복잡하게 규정하고 있는 산지의 관리 제도를 국민들이 알기 쉽게 정비하기 위하여 산림법에서 분리하여 산지관리법을 2002년 12월 30일 제정하고 2003년 1월 1일부터 시행하게 되었다.

(3) 산지관리법의 목적

산지의 합리적인 보전과 이용을 통하여 임업의 발전과 산림의 다양한 공익기능의 증진을 도모함으로써 국민경제의 건전한 발전과 국토환경보전에 이바지함을 목적으로 한다.

(4) 산지관리의 기본원칙

산지는 임업의 생산성을 높이고 재해 방지, 수원(水源) 보호, 자연생태계 보전, 자연경관 보전, 국민보건휴양 증진 등 산림의 공익 기능을 높이는 방향으로 관리되어야 하며 산지전용은 자연친화적인 방법으로 하여야 한다.

2. 용어의 정리

(1) 산지전용

산지를 다음 어느 하나에 해당하는 용도외로 사용하거나 이를 위하여 산지의 형질을 변경하는 것을 말한다.

① 조림, 숲 가꾸기, 입목의 벌채·굴취
② 토석 등 임산물의 채취
③ 산지일시사용

(2) 산지일시사용

"산지일시사용" 이란 다음 어느 하나에 해당하는 것을 말한다.

① 산지로 복구할 것을 조건으로 산지를 조림, 숲 가꾸기, 입목의 벌채·굴취 또는 토석 등 임산물의 채취 외의 용도로 일정 기간동안 사용하거나 이를 위하여 산지의 형질을 변경하는 것
② 산지를 임도, 작업로, 임산물 운반로, 등산로·탐방로 등 숲길, 그 밖에 이와 유사한 산길로 사용하기 위하여 산지의 형질을 변경하는 것

(3) 석재

산지의 토석 중 건축용, 공예용, 조경용, 쇄골재용 및 토목용으로 사용하기 위한 암석을 말한다.

(4) 토사

산지안의 토석 중 석재를 제외한 것을 말한다.

3. 산지의 정의

산지관리법 제2조에 따라 산지는 지목설과 임총설을 근거로 정하고 있다. 즉 산지관리법에서 말하는 산지는 지목설과 임총설이 혼재된 개념이다.

(1) 지목설

입목죽이 자라고 있는 것과는 관계없이 토지대장에 지목이 임야이면 산지로 보는 설을 말한다.

(2) 임총설

지목에 불구하고 입목죽이 자라고 있는 토지를 산지로 보는 설이다.

(3) 산지관리법에 의한 산지

① 입목·죽이 집단적으로 생육하고 있는 토지
② 집단적으로 생육한 입목·죽이 일시 상실된 토지
③ 입목·죽의 집단적 생육에 사용하게 된 토지
④ 임도, 작업로 등 산길
⑤ ①부터 ③까지의 토지 안에 있는 암석지, 소택지

참고 | 임도에 대한 법제처 법령해석

① 임도는 일반의 교통에 공용될 목적으로 설치되는 도로와는 그 설치 목적 및 관리방법이 다르므로, 원칙으로는 임업의 생산기반을 촉진하는 본래의 목적이 아닌 특정시설의 진입로 등의 다른 목적으로는 이용할 수 없다.

② 임도를 본래의 목적이 아닌 특정시설의 진입로로 이용하기 위해서는 특정시설의 설치를 위한 산지전용허가신청과 함께 해당 임도에 대한 산지전용허가 신청이 있어야 할 것이고, 이 경우에도 허가 신청을 받은 행정관청은 임도의 구조, 내구성, 이용현황 등을 토대로 해당 임도를 진입로로 병행 이용하는 것이 가능한지 여부 등을 종합적으로 고려하여 허가 여부를 결정하여야 할 것이다.

참고 | 주거지역·상업지역·공업지역 내 임야 건

주거·상업·공업지역 내 임야가 현재 나대지 상태라도 해당 토지가 과거 언제부터 입목·죽이 상실한 상태인지 여부와 적법한 절차에 따라 입목이 벌채되었는 지, 그리고 적법하게 벌채되었다면 이후 나무심기를 하지 아니한 사유 등을 확인하여 적법한 절차 없이 입목·죽이 상실된 경우에는 산지에 해당한다.

(4) 산지에서 제외되는 토지

① 농지, 초지, 주택지, 도로
② 과수원, 차밭, 꺾꽂이순 또는 접순의 채취원
③ 입목 또는 죽이 생육하고 있는 건물 담장안의 토지
④ 입목·죽이 생육하고 있는 논두렁, 받두렁, 하천, 제방, 구거, 유지 등

Ⅱ. 산지관리기본계획

1. 산지관리기본계획 수립절차

① 산림청장은 산지를 합리적으로 보전하고 이용하기 위하여 「산림기본법」에 따른 산림기본계획에 따라 전국의 산지에 대한 산지관리기본계획을 10년 마다 수립하여야 한다.
② 산림청장이 산지관리기본계획을 수립하거나 변경할 때에는 미리 관계 중앙행정기관의 장과 협의하고 특별시장·광역시장·특별자치시장·도지사 또는 특별자치도지사(이하 "시·도지사" 라 한다)의 의견을 들은 후 중앙산지관리위원회의 심의를 거쳐야 한다.
③ 시·도지사 또는 지방산림청장은 산림청장으로부터 기본계획의 수립 또는 변경에 관한 통보를 받으면 기본계획의 내용을 반영하여 1년 이내에 관할 지역의 산지에 대한 산지관리지역계획을 수립하거나 변경하여야 한다.

2. 기본계획과 지역계획의 내용

기본계획과 지역계획에는 다음 각 호의 사항이 포함되어야 한다. 다만, 제③호 및 제⑤호는 기본계획에만 해당한다.

① 산지관리의 목표와 기본방향
② 산지의 보전 및 이용에 관한 사항
③ 산지기본조사 중 산지구분타당성조사에 관한 사항
④ 환경보전, 국토개발 등에 관한 다른 법률에 따른 산지이용계획에 관한 사항
⑤ 산지관리정보체계의 구축 및 운영에 관한 사항
⑥ 그 밖에 합리적인 산지의 보전 및 이용을 위하여 대통령령으로 정하는 사항

Ⅲ. 산지의 구분

산지는 보전산지와 준보전 산지로 분류하며 보전산지는 다시 임업용산지와 공익용산지로 구분하며, 보전산지를 제외한 모든 산지는 준보전산지로 한다.

1. 산지의 구분요건

(1) 임업용산지

산림자원의 조성과 임업경영기반의 구축 등 임업생산 기능의 증진을 위하여 필요한 산지로서 다음의 산지를 대상으로 산림청장이 지정하는 산지를 말한다.

① 산림법에 의한 요존국유림·채종림 및 시험림의 산지
② 임업및산촌진흥촉진에관한법률에 의한 임업진흥권역의 산지
③ 그 밖에 임업생산기능의 증진을 위하여 필요한 산지로서 대통령령이 정하는 산지

(2) 공익용산지

임업생산과 함께 재해 방지, 수원 보호, 자연생태계 보전, 자연경관 보전, 국민 보건휴양 증진 등의 공익 기능을 위하여 필요한 산지로서 다음의 산지를 대상으로 산림청장이 지정하는 산지이다

① 「산림문화·휴양에 관한 법률」에 따른 자연휴양림의 산지
② 사찰림(寺刹林)의 산지

③ 산지관리법 제9조에 따른 산지전용·일시사용제한지역

④ 「야생생물 보호 및 관리에 관한 법률」 제27조에 따른 야생생물 특별보호구역 및 같은 법 제33조에 따른 야생생물 보호구역의 산지

⑤ 「자연공원법」에 따른 공원구역의 산지

⑥ 「문화재보호법」에 따른 문화재보호구역의 산지

⑦ 「수도법」에 따른 상수원보호구역의 산지

⑧ 「개발제한구역의 지정 및 관리에 관한 특별조치법」에 따른 개발제한구역의 산지

⑨ 「국토의 계획 및 이용에 관한 법률」에 따른 녹지지역 중 대통령령으로 정하는 녹지지역의 산지

⑩ 「자연환경보전법」에 따른 생태·경관보전지역의 산지

⑪ 「습지보전법」에 따른 습지보호지역의 산지

⑫ 「독도 등 도서지역의 생태계보전에 관한 특별법」에 따른 특정도서의 산지

⑬ 「백두대간 보호에 관한 법률」에 따른 백두대간보호지역의 산지

⑭ 「산림보호법」에 따른 산림보호구역의 산지

⑮ 그 밖에 공익 기능을 증진하기 위하여 필요한 산지로서 대통령령으로 정하는 산지

2. 보전산지의 지정절차 및 변경·해제

(1) 지정절차

① 산림청장은 보전산지를 지정하려면 그 산지가 표시된 산지구분도를 작성하여 산지소유자의 의견을 듣고, 관계 행정기관의 장과 협의한 후 중앙산지관리위원회의 심의를 거쳐야 한다. 다만, 다른 법률에 따라 관계 행정기관의 장 간에 협의를 거쳐 산지가 보전산지의 지정대상으로 된 경우에는 중앙산지관리위원회의 심의를 거치지 아니한다

② 산림청장은 보전산지를 지정한 경우에는 그 지정사실을 고시하고 관계 행정기관의 장에게 통보하여야 하며, 그 지정에 관한 관계 서류를 일반에게 공람하여야 한다.

③ 산림청장은 위 규정에 불구하고 시장·군수·구청장으로 하여금 보전산지의 지정에 관한 관계 서류를 일반에게 공람하게 할 수 있다.

(2) 변경 및 해제

① 산림청장은 지정된 보전산지 중 임업용산지가 공익용산지의 지정대상 산지에 해당하게 되는 경우에는 그 산지를 공익용산지로 변경·지정할 수 있다.

② 산림청장은 지정된 보전산지 중 공익용산지가 공익용산지의 지정대상 산지에 해당되지 아니하고 임업용산지의 지정대상 산지에 해당하게 되는 경우에는 그 산지를 임업용산지로 변경·지정할 수 있다.

③ 산림청장은 다음 어느 하나에 해당하는 경우에는 보전산지의 지정을 해제 할 수 있다.

㉠ 보전산지가 임업용산지 또는 공익용산지의 지정요건에 해당하지 아니 하게 되는 경우

㉡ 다른 법률에 따라 산지를 특정 용도로 이용하기 위하여 지역·지구 및 구역 등으로 지정하거나 결정하기 위하여 산림청장과 협의를 한 경우로서 보전산지의 지정을 해제할 필요가 있는 경우

㉢ 산지전용허가 또는 산지전용신고에 의하여 산지를 다른 용지로 변경한 경우

㉣ 그 밖에 보전산지의 지정이 적합하지 아니하다고 인정되는 경우

④ 산림청장은 보전산지의 변경이나 지정해제를 하려면 그 산지가 표시된 산지구분도를 작성하여 관계 행정기관의 장과 협의한 후 중앙산지관리위원회의 심의를 거쳐 이를 고시하여야 한다.

3. 산지에서의 구역 등의 지정 등

(1) 관계 행정기관의 장은 다른 법률에 따라 산지를 특정 용도로 이용하기 위하여 지역·지구 및 구역 등으로 지정하거나 결정하려면 산지의 종류 및 면적 등의 구분에 따라 산림청장, 시·도지사 또는 시장·군수·구청장과 미리 협의하여야 한다. 협의한 사항(경미한 사항은 제외한다)을 변경하려는 경우에도 같다.

(2) 산림청장등은 위 규정에 따라 협의하는 경우에는 중앙산지관리위원회 또는 지방산지관리위원회의 심의를 거쳐야 한다.

(3) 국가나 지방자치단체는 불가피한 사유가 있는 경우가 아니면 산지를 산지의 보전과 관련되는 지역·지구·구역 등으로 중복하여 지정하거나 행위를 제한하여서는 아니 된다.

제 2 장

행 위 제 한

Ⅰ. 산지전용·일시사용제한지역

1. 산지전용·일시사용제한지역의 지정

(1) 산림청장은 다음 어느 하나에 해당하는 산지로서 공공의 이익증진을 위하여 보전이 특히 필요하다고 인정되는 산지를 산지전용 또는 산지일시사용이 제한되는 지역으로 지정할 수 있다.

① 주요 산줄기의 능선부로서 자연경관 및 산림생태계의 보전을 위하여 필요하다고 인정되는 산지

㉠ 강원도 고성군·양양군·인재군 소재의 향로봉부터 지리산으로이어지는 태백산맥과 소백산맥에 속하는 산줄기

㉡ 태백시 소재의 삼수령부터 부산 사하구 몰운대로이어지는 태백산맥에 속하는 산줄기

㉢ 오대산부터 충남 오서산으로이어지는 차령산맥에 속하는 산줄기

② 명승지, 유적지, 그 밖에 역사적·문화적으로 보전할 가치가 있다고 인정되는 산지로서 대통령령으로 정하는 산지

③ 산사태 등 재해발생이 특히 우려되는 산지로서 대통령령으로 정하는 산지

(2) 산림청장은 산지전용·일시사용제한지역을 지정하려면 해당 산지소유자, 지역 주민 및 지방자치단체의 장의 의견을 듣고 관계 행정기관의 장과 협의한 후 중앙산지관리위원회의 심의를 거쳐야 한다.

(3) 산림청장은 산지전용·일시사용제한지역을 지정한 경우에는 그 지정사실을 고시하고 관계 행정기관의 장에게 통보하여야 하며, 그 지정에 관한 관계 서류를 일반에게 공람하여야 한다.

2. 산지전용·일시사용제한지역에서의 행위제한

산지전용·일시사용제한지역에서는 다음 어느 하나에 해당하는 행위를 하기 위하여 산지전용 또는 산지일시사용을 하는 경우를 제외하고는 산지전용 또는 산지일시사용을 할 수 없다.

① 국방·군사시설의 설치
② 사방시설, 하천, 제방, 저수지, 그 밖에 이에 준하는 국토보전시설의 설치
③ 도로, 철도, 석유 및 가스의 공급시설, 그 밖에 대통령령으로 정하는 공용·공공용 시설의 설치
④ 산림보호, 산림자원의 보전 및 증식을 위한 시설로서 대통령령으로 정하는 시설의 설치
⑤ 임업시험연구를 위한 시설로서 대통령령으로 정하는 시설의 설치
⑥ 매장문화재의 발굴(지표조사를 포함한다), 문화재와 전통사찰의 복원·보수·이전 및 그 보존관리를 위한 시설의 설치, 문화재·전통사찰과 관련된 비석, 기념탑, 그 밖에 이와 유사한 시설의 설치
⑦ 다음 각 목의 어느 하나에 해당하는 시설 중 대통령령으로 정하는 시설의 설치
　㉠ 발전·송전시설 등 전력시설
　㉡ 「신에너지 및 재생에너지 개발·이용·보급 촉진법」에 따른 신·재생에너지의 이용·보급을 위한 시설
⑧ 「광업법」에 따른 광물의 탐사·시추시설의 설치 및 대통령령으로 정하는 갱내채굴
⑨ 「광산피해의 방지 및 복구에 관한 법률」에 따른 광해방지시설의 설치
⑩ 공공의 안전을 방해하는 위험시설이나 물건의 제거
⑪ 「6·25 전사자유해의 발굴 등에 관한 법률」에 따른 전사자의 유해 등 대통령령으로 정하는 유해의 조사·발굴
⑫ 제①부터 제⑪까지에 따른 행위를 하기 위하여 대통령령으로 정하는 기간동안 임시로 설치하는 다음 각 목의 어느 하나에 해당하는 부대시설의 설치
　㉠ 진입로
　㉡ 현장사무소
　㉢ 지질·토양의 조사·탐사시설
　㉣ 그 밖에 주차장 등 농림수산식품부령으로 정하는 부대시설
⑬ 제①부터 제⑪까지에 따라 설치되는 시설 중 「건축법」에 따른 건축물과 도로를 연결하기 위한 대통령령으로 정하는 규모 이하의 진입로의 설치

3. 산지전용·일시사용제한지역 지정의 해제

(1) 산림청장은 산지전용·일시사용제한지역의 지정목적이 상실되었거나 산지전용·일시사용제한지역으로 계속 둘 필요가 없다고 인정되는 경우로서 다음에 해당하는 경우에는 산지전용·일시사용제한지역의 지정을 해제할 수 있다.

① 산지전용·일시사용제한지역에서 허용되는 행위를 하기 위하여 산지전용허가를 받아 산지를 전용한 경우

② 천재지변 등으로 인하여 산지전용·일시사용제한지역으로서의 가치를 상실한 경우

③ 재해방지시설을 설치하여 산사태 발생 위험이 해소되는 등 산지전용·일시사용제한지역의 지정목적이 상실된 경우

④ 그 밖에 자연적·사회적·경제적·지역적 여건변화나 지역발전을 위한 사유 등 대통령령으로 정하는 경우

(2) 산지전용·일시사용제한지역 지정의 해제절차 등에 관하여는 지정절차를 준용한다. 다만, 다음에 해당하는 경우에는 중앙산지관리위원회의 심의를 거치지 아니 할 수 있다.

① 산지전용·일시사용제한지역에서 허용되는 행위를 하기 위하여 산지전용허가를 받아 산지를 전용한 경우 또는 천재지변 등으로 인하여 산지전용·일시사용제한지역으로서의 가치를 상실한 경우

② 재해방지시설을 설치하여 산사태 발생 위험이 해소되는 등 산지전용·일시사용제한지역의 지정목적이 상실된 경우 또는 그 밖에 자연적·사회적·경제적·지역적 여건변화나 지역발전을 위한 사유 등 대통령령으로 정하는 경우로서 1만㎡ 미만을 해제하는 경우

4. 산지전용·일시사용제한지역의 산지매수

(1) 국가나 지방자치단체는 산지전용·일시사용제한지역의 지정목적을 달성하기 위하여 필요하면 산지소유자와 협의하여 산지전용·일시사용제한지역의 산지를 매수할 수 있다.

(2) 산지의 매수가격은 「부동산 가격공시 및 감정평가에 관한 법률」에 따른 공시지가를 기준으로 결정한다. 이 경우 인근지역의 실제 거래가격이 낮을 때에는 실제거래가격을 기준으로 매수할 수 있다.

(3) 산지매수의 절차와 그 밖에 필요한 사항은 「국유재산법」 제9조 또는 「공유재산 및 물품

관리법」 제10조를 준용한다.

(4) 매수대상 산지의 범위, 매수가격의 산정시기 및 방법 등에 관한 사항은 대통령령으로 정한다.

5. 산지의 매수청구

(1) 산지전용·일시사용제한지역의 지정·고시가 있을 때에는 그 지역의 산지 소유자 중 다음에 해당하는 자는 산림청장에게 그 산지의 매수를 청구할 수 있다.
① 산지전용·일시사용제한지역 지정 전부터 해당 토지를 계속 소유한 자
② ①의 자로부터 해당 산지를 상속받아 계속 소유한 자

(2) 산지의 매수 청구를 받은 산림청장은 예산의 범위에서 이를 매수하여야 한다.

(3) 매수가격은 개별공시지가를 기준으로 한다.

(4) 산지의 매수를 청구하려는 자는 산지매수청구서를 산림청장에게 제출하여야 한다.

(5) 매수청구가 있는 때에는 청구가 있은 날부터 60일 이내에 매수대상 여부 등을 매수를 청구한 자에게 통보하여야 하며, 매수대상인 경우에는 매수를 통보한 날부터 3년 이내에 매수청구를 받은 산지를 매수하여야 한다.

Ⅱ. 산지에서의 행위제한

1. 임업용산지에서 할 수 있는 행위

임업용 산지에서는 다음 어느 하나에 해당하는 행위를 하기 위하여 산지전용 또는 산지일시사용을 하는 경우를 제외하고는 산지전용 또는 산지일시사용을 할 수 없다.

① 산지전용·일시사용제한지역에서 할 수 있는 행위
② 임도·산림경영관리사 등 산림경영과 관련된 시설 및 산촌산업개발시설 등 산촌개발사업

과 관련된 시설로서 대통령령으로 정하는 시설의 설치

③ 수목원, 산림생태원, 자연휴양림, 수목장림, 그 밖에 대통령령으로 정하는 산림 공익시설의 설치

④ 농림어업인의 주택 및 그 부대시설로서 대통령령으로 정하는 주택 및 시설의 설치

⑤ 농림어업용 생산·이용·가공시설 및 농어촌휴양시설로서 대통령령으로 정하는 시설의 설치

⑥ 광물, 지하수, 그 밖에 대통령령으로 정하는 지하자원 또는 석재의 탐사·시추 및 개발과 이를 위한 시설의 설치

⑦ 산사태 예방을 위한 지질·토양의 조사와 이에 따른 시설의 설치

⑧ 석유비축 및 저장시설·방송통신설비, 그 밖에 대통령령으로 정하는 공용·공공용 시설의 설치

⑨ 「장사 등에 관한 법률」에 따라 허가를 받거나 신고를 한 묘지·화장시설·봉안시설·자연장지 시설의 설치

⑩ 대통령령으로 정하는 종교시설의 설치

⑪ 병원, 사회복지시설, 청소년수련시설, 근로자복지시설, 공공직업훈련시설 등 공익시설로서 대통령령으로 정하는 시설의 설치

⑫ 교육·연구 및 기술개발과 관련된 시설로서 대통령령으로 정하는 시설의 설치

⑬ ①부터 ⑫까지의 시설을 제외한 시설로서 대통령령으로 정하는 지역사회개발 및 산업발전에 필요한 시설의 설치

⑭ ①부터 ⑬까지의 규정에 따른 시설을 설치하기 위하여 대통령령으로 정하는 기간동안 임시로 설치하는 다음에 해당하는 부대시설의 설치

㉠ 진입로

㉡ 현장사무소

㉢ 지질·토양의 조사·탐사시설

㉣ 그 밖에 주차장 등 농림수산식품부령으로 정하는 부대시설

⑮ ①부터 ⑬까지의 시설 중 「건축법」에 따른 건축물과 도로를 연결하기 위한 대통령령으로 정하는 규모 이하의 진입로의 설치

⑯ 그 밖에 가축의 방목, 산나물·야생화·관상수의 재배, 물건의 적치, 농도(農道)의 설치 등 임업용산지의 목적 달성에 지장을 주지 아니하는 범위에서 대통령령으로 정하는 행위

2. 공익용산지(산지전용·일시사용제한지역은 제외한다)에서 할 수 있는 행위

공익용산지에서는는 다음에 해당하는 행위를 하기 위하여 산지전용 또는 산지일시사용을 하는 경우를 제외하고는 산지전용 또는 산지일시사용을 할 수 없다.

① 산지전용·일시사용제한지역에서 할 수 있는 행위

② 임도·산림경영관리사 등 산림경영과 관련된 시설 및 산촌산업개발시설 등 산촌개발사업과 관련된 시설로서 대통령령으로 정하는 시설의 설치

③ 수목원, 산림생태원, 자연휴양림, 수목장림 그 밖에 대통령령으로 정하는 산림 공익시설의 설치

④ 광물, 지하수, 그 밖에 대통령령으로 정하는 지하자원 또는 석재의 탐사·시추 및 개발과 이를 위한 시설의 설치

⑤ 산사태 예방을 위한 지질·토양의 조사와 이에 따른 시설의 설치

⑥ 교육·연구 및 기술개발과 관련된 시설로서 대통령령으로 정하는 시설의 설치

⑦ 대통령령으로 정하는 규모 미만으로서 다음 어느 하나에 해당하는 행위

㉠ 농림어업인 주택의 신축, 증축 또는 개축. 다만, 신축의 경우에는 대통령령으로 정하는 주택 및 시설에 한정한다.

㉡ 종교시설의 증축 또는 개축

㉢ 공익용산지로 지정된 사찰림의 산지에서의 사찰 신축

⑧ ①부터 ④까지의 시설을 제외한 시설로서 대통령령으로 정하는 공용·공공용 사업을 위하여 필요한 시설의 설치

⑨ ①부터 ⑤까지에 따른 시설을 설치하기 위하여 대통령령으로 정하는 기간동안 임시로 설치하는 다음 각 목의 어느 하나에 해당하는 부대시설의 설치

㉠ 진입로

㉡ 현장사무소

㉢ 지질·토양의 조사·탐사시설

㉣ 그 밖에 주차장 등 농림수산식품부령으로 정하는 부대시설

⑩ ①부터 ⑤까지의 시설 중 「건축법」에 따른 건축물과 도로를 연결하기 위한 대통령령으로 정하는 규모 이하의 진입로의 설치

⑪ 그 밖에 산나물·야생화·관상수의 재배, 농도의 설치 등 공익용산지의 목적 달성에 지장을 주지 아니하는 범위에서 대통령령으로 정하는 행위

3. 공익용산지에서 산지관리법에 따른 행위제한을 받지 않고 개별법의 행위제한을 받는 경우

① 「야생생물 보호 및 관리에 관한 법률」에 따른 야생생물 특별보호구역 및 야생생물 보호구역의 산지
② 「자연공원법」에 따른 공원구역의 산지
③ 「문화재보호법」에 따른 문화재보호구역의 산지
④ 「수도법」에 따른 상수원보호구역의 산지
⑤ 「개발제한구역의 지정 및 관리에 관한 특별조치법」에 따른 개발제한구역의 산지
⑥ 「국토의 계획 및 이용에 관한 법률」에 따른 녹지지역 중 대통령령으로 정하는 녹지지역의 산지
⑦ 「자연환경보전법」에 따른 생태·경관보전지역의 산지
⑧ 「습지보전법」에 따른 습지보호지역의 산지
⑨ 「독도 등 도서지역의 생태계보전에 관한 특별법」에 따른 특정도서의 산지
⑩ 「백두대간 보호에 관한 법률」에 따른 백두대간보호지역의 산지
⑪ 「산림보호법」에 따른 산림보호구역의 산지
⑫ 「국토의 계획 및 이용에 관한 법률」에 따른 수산자원보호구역의 산지

제 3 장

산지전용 및 일시사용

Ⅰ. 전용허가

1. 산지전용허가

(1) 산지를 조림, 숲 가꾸기, 벌채, 토석 등 임산물의 채취, 산지일시사용 외로 사용하거나 이를 위하여 산지의 형질을 변경하려는 자는 산지전용허가를 받아야 하며, 허가받은 사항을 변경하려는 경우에도 같다.

(2) 다음에서 정하는 사항으로서 경미한 사항을 변경하려는 경우에는 신고로 갈음할 수 있다.
① 산지전용허가를 받은 자의 명의변경
② 산지전용의 목적, 산지전용을 하고자 하는 산지의 이용계획 및 토사처리계획 등 사업계획의 변경(건축물의 면적에 관한 것은 제외한다)
③ 산지전용 면적의 축소 또는 당초 산지전용 면적의 10%의 범위 안에서의 확대
④ 당초의 산지전용허가를 1회에 한하여 연차별 사업계획 등에 따라 2 이상의 산지전용허가로 변경하는 사항

(3) 산지전용허가 및 일시사용 처리기관 및 처리기간

전 용 면 적	처리기관	처리기간
산지전용 및 일시사용 면적 200백만㎡ 이상 (보전산지 100만㎡ 이상)	산림청장	25일
산지전용 및 일시사용 면적 50만㎡ 이상 200백만 ㎡ 미만(보전산지 3만㎡ 이상 100만㎡ 미만)으로 산림청 소관인 국유림 경우	산림청장	
산지전용 및 일시사용 면적 50만㎡ 이상 200백만	시·도지사	

전 용 면 적	처리기관	처리기간
㎡ 미만(보전산지 3만㎡ 이상 100만㎡ 미만)으로 산림청 소관이 아닌 국유림·공·사유림인 경우		
산지전용 및 일시사용 면적 50만㎡ 미만 (보전산지 3만㎡ 미만)의 산림청 소관인 국유림	산림청장	
산지전용 및 일시사용 면적 50만㎡ 미만 (보전산지 3만㎡ 미만)의 공·사유림 및 산림청 소관 이외의 국유림	시장·군수·구청장	

2. 산지전용허가 처리절차

신청서 접수 → 현지조사 확인 → 대체산림자원 조성비 및 복구비 산정 → 대체산림자원 조성비 납부고지 및 복구비예정 통지(납부 및 예치) → 허가

3. 산지전용허가 기간 및 연장기간 등

① 산지전용허가 기간

산지전용 면적	전용기간	비 고
10,000㎡ 미만	3년 이내	① 다른 법령에서 목적사업의 시행에 필요한 기간을 정한 경우에는 그 기간을 산지전용 기간으로 할 수 있다. ② 산지전용허가(협의, 신고)를 받고자 하는 자가 산지의 소유자가 아닌 경우의 산지전용 기간은 그 산지를 사용·수익할 수 있는 기간을 초과 할 수 없다.
10,000㎡ 이상 20,000㎡ 미만	4년 이내	
20,000㎡ 이상 30,000㎡ 미만	5년 이내	
30,000㎡ 이상	10년 이내	

② 산지전용기간의 연장허가를 받고자 하거나, 변경신고를 하고자 하는 자는 산지전용기간이 만료되기 10일 전까지 허가권자에게 연장허가 신청서 또는 변경신고서를 제출하여야 한다.

10일 전까지 신청 또는 변경신고를 하지 못한 때에는 산지전용기간이 만료되기 전에 연장허가 신청서 또는 변경신고서에 그 사유를 명시하여 제출하되, 전용기간이 만료된 후에는 전용기간의 연장허가를 받거나 변경신고가 수리될 때까지 산지전용을 할 수 없다.

③ 허가(신고)권자가 산지전용 기간연장 허가신청서 또는 산지전용변경신고서를 제출받은 경우, 타당하다고 인정되는 때에는 기존의 산지전용 기간과 연장 받으려는 기간을 모두 합산하여 최초의 산지전용 기간을 초과하지 않는 범위 내에서 수리하여야 한다. 다만 다음의 경우에는 산지전용기간을 연장할 수 있다.

㉠ 다른 법률에 따라 산지전용허가 또는 산지전용신고가 의제되는 행정처분의 경우로서 해당 법률에서 행정처분 기간의 연장을 달리 정한 경우

㉡ 천재지변 또는 일시적 경영악화 또는 자금부족, 그 밖에 부득이한 사유가 있다고 허가권자가 인정하는 경우

4. 산지전용허가 주요기준

(1) 50만㎡ 이상의 산지전용허가를 하는 경우로서 그 전용하고자 하는 산지 중에 보전산지가 50만㎡ 이상인 경우에는 그 산지전용타당성에 대하여 중앙산지관리위원회 또는 지방산지관리위원회의 심의를 거쳐야 한다.

(2) 산지전용허가는 다음에 해당하는 경우를 제외하고는 허가면적을 3만㎡ 이상으로 할 수 없다. 단, 허가권자는 동 규정을 적용하는 것이 현저히 불합리하다고 인정되는 경우에는 산지관리위원회의 심의를 거쳐 그 기준을 완화할 수 있다.

① 국가·지방자치단체 및 「국토의 계획 및 이용에 관한 법률 시행령」에 따른 기관 또는 단체가 공용 또는 공공용 시설을 설치하는 경우

② 국가 또는 지방자치단체에 무상귀속되는 공용 또는 공공용 시설을 설치하는 경우

③ 「국토의 계획 및 이용에 관한 법률」에 따른 도시관리계획에 따라 도시계획시설 등을 설치하는 경우

④ 농어촌정비사업에 따라 농업생산기반을 조성·확충하기 위한 농업생산기반정비사업 또는 생활환경을 개선하기 위한 생활환경정비사업을 하는 경우

⑤ 「광업법」에 따라 광물을 채굴하거나 「초지법」에 따라 초지를 조성하려는 경우

⑥ 「국토의 계획 및 이용에 관한 법률」에 따른 주거지역·상업지역·공업지역 ·녹지지역 및 계획관리지역에서 산지전용을 하는 경우

⑦ 공장의 증·개축, 「건축법 시행령」에 따른 660㎡ 미만의 본인 거주 목적의 단독주택(본인 소유의 산지에 건축하는 경우만 해당) 및 제1종 근린생활시설을 설치하는 경우

⑧ 산지관리법 제10조제10호, 제12조제1항제14호 및 같은 조 제2항제6호에 따라 임시로 시설을 설치하는 경우

⑨ 산지관리법 제12조제13항제9호에 따라 1년 이내의 기간동안 물건을 적치하는 경우

(3) 산지전용허가를 신청한 지역(허가신청지)의 경계로부터 직선거리 250m 이내에 이미 산지전용허가를 받은 지역(기존허가지)이 있는 경우 허가신청지와 기존 허가지의 면적(위 ①부터 ⑨까지의 면적은 제외한다)을 합산한 면적이 3만㎡ 미만인 경우에만 산지전용허가를 할 수 있다.

(4) 위(3)에 불구하고 다음에 해당하는 시설로 인하여 허가 신청지와 기준허가지가 분리되어 있으면 분리되어 있는 기존 허가지의 면적을 합산하지 않는다.

① 「철도건설법」에 따른 철도 및 고속철도

② 「도로법」 제2조제1호에 따른 도로

③ 「하천법」 제7조제2항 및 제3항에 따른 하천 및 「소하천정비법」 제3조 제1항에 따른 소하천

④ 「자연공원법」 제2조제1호에 따른 자연공원

⑤ 「도시공원 및 녹지 등에 관한 법률」 제2조제3호에 따른 도시공원(도시지역 외의 지역에 같은 법을 준용하여 설치하는 공원을 포함한다)

⑥ 「국토의 계획 및 이용에 관한 법률」 제43조에 따라 특별시장·광역시장·시장 또는 군수가 시설한 주간선도로 또는 보조간선도로

⑦ 「농어촌도로 정비법」 제4조제2항제1호 및 제5조제1항에 따라 군수가 시설한 면도

⑧ 「도시계획시설의 결정·구조 및 설치기준에 관한 규칙」 제9조제3호가목에 따른 주간선도로 또는 「도로법」 제8조에 따른 도로에 직접 연결된 2차선 이상의 도로

5. 산지전용허가의 효력

① 산지전용허가 또는 신고 및 산지일시사용허가 또는 신고의 효력은 목적사업의 시행을 위하여 다른 법률에 따른 인가·허가·승인 등의 행정처분이 필요한 경우에는 그 행정처분을 받을 때까지 효력이 발생하지 않는다.

② 목적사업에 필요한 행정처분에 대한 거부처분이나 그 행정처분의 취소처분이 확정된 경우에는 산지전용허가나 산지일시사용허가는 취소된 것으로 보고, 산지 전용신고나 산지

일시사용신고는 수리되지 아니한 것으로 본다.

③ 전용허가·변경허가구역 또는 변경신고구역의 경우에는 백색페인트로 경계표시를 해야 하며, 발파·정지작업 등으로 경계표시가 훼손될 우려가 있을 때에는 그 경계선으로부터 3m 외측에 보조표시를 적색페인트로 하여야 한다. 이 경우 표시의 폭은 5㎝ 이상으로 한다.

6. 산지전용허가의 취소

① 산림청장등 허가권자는 산지전용허가 또는 산지일시사용허가를 받거나, 산지 전용신고 또는 산지일시사용신고를 한 자가 다음 어느 하나에 해당하는 경우에는 허가를 취소하거나 목적사업의 중지, 시설물의 철거, 산지로의 복구, 그 밖에 필요한 조치를 명할 수 있다. 다만, ㉠에 해당하는 경우에는 그 허가를 취소하거나 목적사업의 중지 등을 명하여야 한다.

㉠ 거짓이나 그 밖의 부정한 방법으로 허가를 받거나 신고를 한 경우

㉡ 허가의 목적 또는 조건을 위반하거나 허가 또는 신고 없이 사업계획이나 사업규모를 변경하는 경우

㉢ 대체산림자원조성비를 내지 아니하였거나 복구비를 예치하지 아니한 경우

㉣ 필요한 조치 명령에 따른 재해방지 또는 복구를 위한 명령을 이행하지 아니한 경우

㉤ 허가를 받은 자가 목적사업의 중지 등의 조치명령을 위반한 경우

㉥ 허가를 받은 자가 허가취소를 요청하거나 신고를 한 자가 신고를 철회하는 경우

② 산림청장등은 다른 법률에 따라 산지전용허가·산지일시사용허가 또는 산지전용신고·산지일시사용신고가 의제되는 행정처분을 받은 자가 위㉠부터 ㉥에 해당 하는 경우에는 산지전용 또는 산지일시사용의 중지를 명할 수 있다.

Ⅱ. 산지전용신고

다음 어느 하나에 해당하는 용도로 산지전용을 하려는 자는 산지전용허가에도 불구하고 국유림의 산지에 대하여는 산림청장에게, 국유림이 아닌 산림의 산지에 대하여는 시장·군수·구

청장에게 신고하여야 한다. 신고한 사항 중 농림수산식품부령으로 정하는 사항을 변경하려는 경우에도 같다.

1. 산림경영을 위한 영구시설과 그 부대시설의 경우

대상시설·행위의 범위	대상시설·행위의 지역	조 건
임산물 생산시설 또는 집하시설	산지전용·일시사용제한지역이 아닌 산지	임업인이 설치하는 시설로 부지면적이 1만㎡ 미만일 것
임산물 가공·건조·보관시설, 임업용 기자재(비료, 농약 등) 보관시설, 임산물 전시·판매시설		임업인이 설치하는 시설로 부지면적이 3천㎡ 미만일 것

2. 임업 및 산촌진흥 촉진에 관한 법률에 따른 산촌개발사업으로 설치하는 영구 시설과 그 부대시설의 경우

대상시설·행위의 범위	대상시설·행위의 지역	조 건
임산물 생산·저장·판매·가공·이용시설	산지전용·일시사용제한지역이 아닌 산지	부지면적이 1만㎡ 미만일 것
산림의 홍보·전시·교육시설		
산림휴양·치유시설		
산촌주민의 소득증대시설		

3. 임업시험연구를 위한 영구시설과 그 부대시설의 경우

대상시설·행위의 범위	대상시설·행위의 지역	조 건
국가 또는 지방자치단체가 임업 시험연구를 위하여 설치하는 시설	제한 없음	부지면적이 1만㎡ 미만일 것
산림과 관련된 학과·학부가 설치된 학교가 임업시설연구 또는 산림과 관련된 교육 목적 달성을 위하여 설치하는 시설		

4. 산림관계 법령에 따라 조성하는 영구시설과 그 부대시설의 경우

대상시설·행위의 범위	대상시설·행위의 지역	조 건
자연휴양림 수목원 산림생태원	제한 없음	산림문화휴양에 관한 법률 제14조제3항에 따른 시설의 종류 및 기준 등에 적합할 것

5. 농림어업인의 주택시설과 그 부대시설의 경우

대상시설·행위의 범위	대상시설·행위의 지역	조 건
농림어업인의 주택시설과 그 부대시설	산지전용·일시사용제한지역이 아닌 산지	농림어업인이 농림어업을 직접 경영하면서 실제로 거주하기 위하여 자기소유 산지에 설치하는 시설로 부지면적 330㎡ 미만일 것(단 5년 전까지 전용한 면적을 포함하되, 공공사업으로 인하여 철거된 주택 및 부대시설의 설치를 위하여 전용한 면적은 제외한다)

6. 건축법에 따른 건축허가 또는 건축신고 대상이 되는 영구시설과 그 부대시설의 경우

대상시설·행위의 범위	대상시설·행위의 지역	조 건
농축수산물의 창고·집하장·가공시설	공익용산지가 아닌 산지	농림어업인등이 농림어업의 경영을 목적으로 설치하는 시설로 부지면적은 다음의 구분에 따른다. 1) 5천㎡ 이상의 농지에 농업경영을 하거나 3만㎡ 이상의 산지에 산림경영을 하는 경우 : 3,000㎡ 미만 2) 5천㎡ 미만의 농지에 농업경영을 하거나 3만㎡ 미만의 산지에 산림경영을 하는 경우 : 1,000㎡ 미만 3) 수산물의 창고·집하장 또는 그 가공시설인 경우 : 1,000㎡ 미만
농기계수리시설 및 농기계 창고		농림어업인등이 농림어업의 경영을 목적으로 설치하는 시설로 부지면적은 다음의 구분에 따른다. 1) 5천㎡ 이상의 농지에 농업경영을 하거나 3만㎡ 이상의 산지에 산림경영을 하는 경우 : 3,000㎡ 미만 2) 5천㎡ 미만의 농지에 농업경영을 하거나 3만㎡ 미만의 산지에 산림경영을 하는 경우 : 1,000㎡ 미만

대상시설·행위의 범위	대상시설·행위의 지역	조 건
누에사육시설		농림어업인등이 농림어업의 경영을 목적으로 설치하는 시설로 부지면적이 3천㎡ 미만일 것

Ⅱ. 산지일시사용허가 및 신고

1. 산지일시사용허가

(1) 「광업법」에 따른 광물의 채굴, 「광산피해의 방지 및 복구에 관한 법률」에 따른 광해방지사업, 그 밖에 아래에 정하는 용도로 산지일시사용을 하려는 자는 산림청장등의 허가를 받아야 하며, 허가받은 사항을 변경하려는 경우에도 또한 같다. 다만, 농림수산식품부령으로 정하는 경미한 사항을 변경하려는 경우에는 산림청장등에게 신고로 갈음할 수 있다.

① 송전시설 및 풍력발전시설·풍향계측시설의 설치

② 전기통신송신시설의 설치

③ 「매장문화재 보호 및 조사에 관한 법률」에 따른 문화재의 발굴

(2) 산지일시사용 허가기간

구 분	면적	기간	비 고
광업법에 따른 광물을 채굴하는 경우	산지일시사용면적과 관계없음	10년 이내	1) 다른 법령에서 목적사업의 시행에 필요한 기간을 정한 경우에는 그 기간으로 할 수 있다. 2) 산지일시사용허가를 받고자 하는 자가 산지의 소유자가 아닌 경우의 산지전용기간은 그 산지를 사용 수익할 수 있는 기간을 초과할 수 없다.
광물을 채굴하는 경우 이외	10,000㎡ 미만	3년 이내	
	10,000㎡ 이상 20,000㎡ 미만	4년 이내	
	20,000㎡ 이상 30,000㎡ 미만	5년 이내	
	30,000㎡ 이상	10년 이내	

2. 산지일시사용신고

다음 어느 하나에 해당하는 용도로 산지일시사용을 하려는 자는 국유림의 산지에 대하여는 산림청장에게, 국유림이 아닌 산림의 산지에 대하여는 시장·군수·구청장에게 신고하여야 한다.

① 「건축법」에 따른 건축허가 또는 건축신고 대상이 아닌 간이 농림어업용시설과 농림수산물 간이처리시설의 설치

② 석재·지하자원의 탐사시설 또는 시추시설의 설치(지질조사를 위한 시설의 설치를 포함한다)

③ 산지전용 및 산지일시사용을 위하여 임시로 설치하는 진입로의 경우

④ 임도, 작업로, 임산물 운반로, 숲길, 그 밖에 이와 유사한 산길을 조성하는 경우

⑤ 산지전용 및 산지일시사용을 위하여 임시로 설치하는 부대시설의 경우

⑥ 산나물, 약초, 약용수종, 조경수·야생화 등 관상산림식물의 재배

⑦ 산불의 예방 및 진화 등 재해응급대책과 관련된 시설의 경우

⑧ 가축의 방목, 물건의 적치 등

3. 대체산림자원조성비

(1) 다음 어느 하나에 해당하는 자는 산지전용과 산지일시사용에 따른 대체산림자원 조성에 드는 비용(대체산림자원조성비)을 미리 납부해야 한다.

① 산지전용허가를 받으려는 자

② 산지일시사용허가를 받으려는 자(「광산피해의 방지 및 복구에 관한 법률」에 따른 광해방지사업을 하려는 자는 제외한다)

③ 다른 법률에 따라 산지전용허가 또는 산지일시사용허가가 의제되거나 배제 되는 행정처분을 받으려는 자

(2) 대체산림자원 조성비 고시 단가

구 분	금 액(단위 : 원/㎡)		비 고
	2010년	2011년	
준보전산지	2,240원	2,560원	산림청에서 고시

구 분	금 액(단위 : 원/㎡)		비 고
	2010년	2011년	
보전산지	2,912원	3,320원	
산지전용제한지역	4,480원	5,120원	

(3) 납부기간(납부할 금액 기준)

산지전용허가 또는 산지일시사용허가(다른 법률에 따라 산지전용허가 또는 산지 일시사용허가가 의제되거나 배제되는 행정처분을 포함한다)를 받은 날부터 다음 구분에 따른 기한까지 대체산림자원조성비를 납부할 것을 조건으로 산지전용허가 또는 산지일시사용허가를 할 수 있다.

① 1천만 원 미만 : 20일 이상 30일 이내

② 1천만 원 이상 5천만 원 미만 : 30일 이상 60일 이내

③ 2천만 원 이상 : 60일 이상 90일 이내

(4) 대체산림자원 조성비의 분할 납부

일정한 경우로서 대체산림자원조성비를 일시에 납부하기 어려운 사유가 있다고 인정되는 경우에는 이행보증금을 예치하게한 후 3년 이내의 기간동안 분할하여 납부하게 할 수 있다.

(5) 대체산림자원 조성비 감면

산림청장등은 일정요건에 해당하는 경우에는 대통령령으로 정하는 바에 따라 대체산림자원조성비를 감면할 수 있다.

(6) 대체산림자원 조성비의 환급

산림청장등은 대체산림자원조성비를 낸 자가 일정 요건에 해당하는 경우에는 대체산림자원조성비의 전부 또는 일부를 환급하여야 한다. 다만, 형질이 변경된 면적의 비율에 따라 대체산림자원조성비를 차감하여 환급할 수 있으며, 복구비를 예치하지 아니한 자의 경우에는 산지복구에 필요한 비용을 미리 상계한 후 환급 할 수 있다.

4. 용도변경승인 및 지목변경 제한

(1) 용도변경승인 대상

① 시설물을 설치할 목적으로 산지전용허가·산지일시사용허가를 받거나 산지전용신고·산지일시사용신고를 한 자가 다음 어느 하나에 해당되는 날부터 5년 이내에 해당시설의 용도를 변경하는 경우 산림청장 등의 승인을 받아야 한다.

㉠ 「건축법」에 따른 사용승인을 얻은 날

㉡ 사용승인을 받지 않는 경우는 관계법령에서 해당 시설물의 승인·신고 또는 사용검사 등을 받도록 규정한 경우의 그 승인·신고 또는 사용검사 등을 받은 날

㉢ 그 밖에 관계법령에서 당해 시설물을 사용하기 위하여 필요한 행정절차를 규정하고 있지 아니한 경우에는 그 설치공사를 수행한 자가 당해 시설물을 준공한 날

② 시설물의 설치와 목적으로 산지전용허가·산지일시사용허가를 받거나 산지 전용신고·산지일시사용신고를 한 자가 다음 어느 하나에 해당되는 날부터 5년 내에 해당 목적사업의 업종을 변경하는 경우 산림청장등의 승인을 받아야한다.

㉠ 산지관리법 제39조제1항 및 제2항의 따른 산지전용지의 복구를 하여야 하는 경우에는 복구준공검사를 받은 날

㉡ 산지관리법 제39조제3항의 규정에 따라 복구의무가 면제된 경우에는 그 면제를 받은 날

③ 농림어업용 주택 또는 그 부대시설을 설치하고 건축법에 따른 사용승인을 받은 날로부터 5년 이내에 비농림어업인에게 명의를 변경하고자 하는 경우 산림청장등의 승인을 받아야 한다.

(2) 용도변경승인 시 대체산림자원조성비 납부

용도변경 승인을 얻고자 하는 자 중 대체산림자원조성비가 감면되는 시설의 부지로 산지전용 등이 된 토지를 대체산림자원조성비가 감면되지 아니하거나 감면비 율이 보다 낮은 시설의 부지로 사용하고자 하는 경우에는 아래와 같이 대체산림자원조성비를 내야 한다.

(산지전용 면적 × 부과당시의 단위면적당 금액 × 변경승인당시의 해당감면비율) – 이미 납부한 대체산림자원조성비

(3) 산지의 지목변경 제한

산지전용허가·산지전용신고를 한 경우(다른 법률에 따라 산지전용허가 또는 산지전용신고가 의제되는 행정처분을 받은 경우를 포함한다)를 제외하고는 산지를 임야 외의 지목으로 변경하지 못한다.

제 4 장

토석채취 및 산지복구

Ⅰ. 토석채취

1. 토석채취허가 및 신고

(1) 토석채취허가 및 신고대상

① 국유림이 아닌 산림의 산지에서 토석을 채취하려는 자는 다음의 구분에 따라 시·도지사 또는 시장·군수·구청장에게 토석채취허가를 받아야 하며, 허가받은 사항을 변경하려는 경우에도 같다. 다만, 농림수산식품부령으로 정하는 경미한 사항을 변경하려는 경우에는 시·도지사 또는 시장·군수·구청장에게 신고하는 것으로 갈음할 수 있다.

㉠ 토석채취 면적이 10만㎡ 이상인 경우: 시·도지사의 허가

㉡ 토석채취 면적이 10만㎡ 미만인 경우: 시장·군수·구청장의 허가

② 국유림이 아닌 산림의 산지에서 객토용이나, 산지를 사용·수익 권한이 있는 자 또는 산지의 소유자가 자가 소비용으로 토사를 굴취·채취하여 사용하기 위하여 30㎥ 이상 1,000㎥ 이하의 토석을 굴취·채취하고자 하는 자는 토석채취허가 규정에 불구하고 시장·군수·구청장에게 토사채취신고를 하여야 한다.

(2) 허가·신고를 하지 않고 토사를 굴취·채석하는 경우

① 다음에서 정하는 토석 다만, 석재의 경우에는 채취한 석재를 토목용으로 사용 또는 판매하거나 해당 산지전용지역 또는 산지일시사용지역 외의 지역에서 쇄골재용으로 가공하려는 경우로 한정한다.

㉠ 산지전용허가·신고 또는 산지일시사용허가·신고를 한 자가 산지전용 또는 산지일시사용을 하는 과정에서 부수적으로 나오는 토석의 굴취·채석

㉡ 국유림의 산지에서 매입하거나 무상양여 받은 토지에서의 토석의 굴취·채석

2. 토석채취 제한지역

공공의 이익증진을 위하여 보전이 특히 필요하다고 인정되는 다음의 산지는 토석채취가 제한되는 지역으로 한다.

① 산림자원조성법에 따라 지정된 수형목 및 산림보호법에 따라 지정된 보호수의 수간 하단부로부터 30m 이내
② 다음에 해당하는 시설의 경계로부터 100m 이내의 산지
 ㉠ 철도 및 고속철도
 ㉡ 궤도운송법에 따른 궤도
 ㉢ 도로법에 따른 도로
 ㉣ 전원개발촉진법에 따른 전원설비
 ㉤ 하천, 저수지, 수질 및 수생태계보전법에 따른 호소
 ㉥ 제각(제례용도로 사용하기 위하여 가옥형태로 건축한 것)
 ㉦ 자연휴양림·산림욕장
③ 다음에 해당하는 시설 또는 구역의 경계로부터 500m 이내의 산지
 ㉠ 군사기지 및 군사시설
 ㉡ 대통령령이 정하는 기관의 시설
 ㉢ 학교 및 의료기관, 문화재보호구역
④ 고속국도 및 철도 연변가시지역의 경우에는 2,000m 이내의 산지
⑤ 일반국도 연변가시지역의 경우에는 1,500m 이내의 산지
⑥ 지방도 연변가시지역의 경우에는 500m 이내의 산지
⑦ 항만구역 연변가시지역의 산지와 만조시 해안선으로부터 500m 이내의 산지

3. 토석채취제한지역에서의 행위제한

토석채취제한지역에서는 토석채취를 할 수 없다. 다만, 다음 어느 하나에 해당하는 경우에는 토석채취를 할 수 있다.

① 천재지변이나 그 밖에 이에 준하는 재해를 복구하기 위하여 토석채취가 필요한 경우
② 도로·철도·궤도·운하 또는 수로를 설치하기 위한 사업을 위하여 터널이나 갱도를 파들어 가는 과정에서 부수적으로 토석을 채취하여 그 사업에 사용하는 경우
③ 공용·공공용 사업을 위하여 필요한 경우
④ 공공시설 등의 관리자 또는 소유자의 동의를 받은 경우
⑤ 산지에서 객토용이나 산지를 사용·수익할 권한이 있는 자 또는 산지의 소유자가 소비용으로 토사를 채취하는 경우

Ⅱ. 산지전용 등에 따른 복구

1. 산지복구비의 예치 등

① 산지전용 허가 등의 처분을 받거나 신고 등을 하고자 하는 자는 미리 재해방지 또는 복구에 필요한 비용을 허가권자에게 예치하여야 한다. 다만 다음의 경우에는 그러하지 않다.
  ㉠ 산지전용·산지일시사용을 하려는 면적이 600㎡ 미만인 경우
  ㉡ 국가·지방자치단체·공공기관이 시행하는 공용·공공용시설 또는 산업단지(골프장은 제외)의 설치사업인 경우
  ㉢ 민간사업자가 시행하여 국가 또는 지방자치단체에 기부채납 또는 무상귀속하게 되는 공용·공공용시설의 설치사업인 경우
  ㉣ 임도, 작업로, 임산물 운반로, 산책로, 탐방로·등산로 등 숲길, 방화선 또는 산림보호시설을 설치하기 위하여 산지일시사용신고를 하는 경우
  ㉤ 토석을 굴취·채취하기 위하여 토석채취허가를 받으려는 경우
  ㉥ 기타 대통령령으로 정하는 경우
② 복구비를 현금으로 예치하고자 하는 경우로서 산지전용 등의 허가신청서 등에 기재된 내용이 다음 요건을 갖춘 때에는 복구비를 분할하여 예치하게 할 수 있다.
  ㉠ 산지전용 등의 기간이 3년 이상일 것
  ㉡ 산지전용 등을 연차적으로 수행할 것
  ㉢ 산지전용 등을 하고자 하는 산지의 면적이 10만㎡ 이상일 것

2. 2011년 산지복구비 산정기준액(단위: 1만㎡당/천원)

경 사 도	산지전용·일시사용 허가(신고)지	광산개발 및 토석채취(매각)지	고 시 일
10도 미만	33,323	106,211	2011.3.30 산림청고시
10도 이상 20도 미만	97,496	194,457	
20도 이상 30도 미만	127,935	254,591	
30도 이상	166,675	307,304	

3. 산림전용지 등의 복구

① 산지전용허가 등의 처분을 받거나 신고 등을 한 자는 다음 어느 하나에 해당하는 경우에 산지를 복구하여야 한다.

㉠ 산지전용허가를 받았거나 또는 산지전용신고를 한 자가 산지전용의 목적사업을 완료하였거나 그 산지전용기간 등이 만료된 경우

㉡ 토석채취허가를 받았거나 채석신고(토석매각을 포함한다)를 한 자가 토석의 채취를 완료하였거나 토석채취기간 등이 만료된 경우

㉢ 산지일시사용허가를 받았거나 또는 산지일시사용신고를 한 자가 산지일시사용 목적사업을 완료하였거나 일시사용기간이 만료된 경우

㉣ 그 밖의 사유로 산지의 복구가 필요한 경우

② 허가권자는 산지전용, 산지일시사용 또는 토석채취가 오랜 기간동안 이루어지거나 경관 또는 산림재해의 복구 등이 필요한 경우에는 그 기간이 만료되기 전 이라도 목적사업이 완료된 부분에 대하여는 다음에서 정하는 바에 따라 중간복구를 명할 수 있다.

㉠ 허가나 신고 등의 기간이 3년 이상인 경우

㉡ 연변가시지역의 보호 등 경관보호가 필요한 경우

㉢ 산사태 등 산림재해가 우려되는 경우

4. 복구설계서의 승인 등

① 산지를 복구하여야 하는 자(이하 "복구의무자"라 한다)는 다음에서 정하는 기간 이내에 산림청장등에게 산지복구기간 등이 포함된 산지복구설계서를 제출하여 승인을 받아야 한다. 승인받은 복구설계서를 변경하려는 경우에도 같다.

㉠ 산지전용 등의 기간이 만료되기 전에 승인을 받으려는 경우에는 복구공사에 착수하기 전의 기간

㉡ 산지전용 등의 기간이 만료된 이후 승인을 받으려는 경우에는 산지전용 등의 기간이 만료되기 전 10일 이내의 기간

㉢ 중간복구명령을 받은 경우에는 중간복구명령을 받은 날부터 30일 이내의 기간

② 산지를 복구하여야 하는 자가 기간 이내에 복구설계서를 제출할 수 없는 불가피한 사유가 있다고 인정되는 때에는 그 기간을 연장할 수 있다.

5. 복구준공검사

① 복구하여야 하는 자가 복구를 완료한 때 또는 대행 또는 대집행에 의하여 복구가 완료되면 복구준공검사를 하여야 한다.

② 복구준공검사를 받고자 하는 자에게 복구준공검사 후에 발생하는 하자를 보수하도록 하기 위하여 하자보수보증금을 미리 예치하게 하여야 한다. 다만, 복구비를 예치하지 아니하는 경우와 그 밖에 대통령령으로 정하는 경우에는 하자보수보증금의 예치를 면제할 수 있다.

6. 복구비의 반환

① 다음의 어느 하나에 해당하는 때에는 복구면적을 기준으로 예치된 복구비의 전부 또는 일부를 그 예치자에게 반환하여야 한다.

㉠ 복구의무면제가 확정되었을 때

㉡ 복구준공검사가 완료되었을 때

㉢ 시설물 철거 명령이나 산지복구의 명령을 이행하거나 대집행이 완료되었을 때

㉣ 산지전용허가 등의 처분을 받은 자가 목적사업을 시작하지 아니한 채 산지 전용허가 등의 효력이 소멸되었을 때

② 예치된 복구비를 반환함에 있어서 대행 비용이나 대집행 비용을 예치된 복구비에서 충당한 경우에는 그 충당한 비용을 공제한 후 반환하여야 한다.

7. 임야의 취득

(1) 토지거래허가구역에서의 임야의 취득

① 토지거래 허가 대상 임야 면적

㉠ 도시지역 : 100㎡ 초과

㉡ 도시지역 밖(관리지역, 농림지역, 자연환경보전지역) : 1,000㎡ 초과

㉢ 토지거래허가 대상 면적 이하 : 개인이나 법인 등 누구나 취득할 수 있다.

② 토지거래허가를 받을 수 있는 자격 요건

㉠ 세대주를 포함한 세대원 전원이 해당 임야가 소재하는 특별시·광역시·시 또는 군에 허가 신청일로부터 소급하여 6월 이상 계속 주민등록이 되어 있는 자로서 실제로 해당 지역에 거주하고 자영할 수 있는 요건을 갖춘 자

㉡ 임업인은 시·군 소재 임야와 시·군이 아닐지라도 주소지로부터 20㎞(직선거리) 범위 내의 임야에 대하여 토지거래허가를 받을 수 있다.

(2) 토지거래허가구역 이외의 지역에서 임야의 취득

임야취득자격증명제도가 없으므로 개인이나 법인 등 누구나 취득할 수 있다.

제 8 편

도시재정비 촉진을 위한 특별법

제 1 장

총 칙

Ⅰ. 목적 및 용어의 정의

1. 제정 목적

「도시재정비 촉진을 위한 특별법」(이하 "도시재정비촉진법" 이라 함)은 2005.12.30 제정되어 2006.7.1부터 시행된 법률로서 동법은 도시의 낙후된 지역에 대한 주거환경의 개선과 기반시설의 확충 및 도시기능의 회복을 위한 사업을 광역적으로 계획하고 체계적·효율적으로 추진하기 위하여 필요한 사항을 정함으로써, 도시의 균형 있는 발전을 도모하고 국민의 삶의 질 향상에 기여함을 목적으로 하고 있다.

2. 재정비특별법과 타 법률과의 관계

① 「도시재정비촉진법」에서 정하고 있는 "재정비촉진사업" 이란 동법에 의하여 지정된 재정비촉진지구에서 시행되는 「도시 및 주거환경정비법」에 따른 주거환 경개선사업, 주택재개발사업, 주택재건축사업, 도시환경정비사업, 주거환경관리사업 및 가로주택정비사업과 「도시개발법」에 따른 도시개발사업, 「전통시장 및 상점가 육성을 위한 특별법」에 따른 시장정비사업, 「국토의 계획 및 이용에 관한 법률」에 따른 도시·군계획시설사업을 포함한다.

② 따라서 재정비촉진지구에서 시행되는 타 법률의 사업은 해당 법률의 적용을 받을 뿐만 아니라 「도시재정비촉진법」 도 적용이 된다. 재정비촉진지구 내에서 시행되는 그러한 사업에 있어서는 당해 법률에 대한 특별법의 성격을 가지고 있다.

③ 이에 「도시재정비촉진법」은 옥상옥이라는 비판이 있었고, 이에 2011년 말「도시재정비촉진법」과 「도시 및 주거환경정비법」을 통합하려는 시도가 있었으나 국회에서 자동 폐기되었다.

3. 용어의 정의

(1) 재정비촉진지구

도시의 낙후된 지역에 대한 주거환경의 개선, 기반시설의 확충 및 도시 기능의 회복을 광역적으로 계획하고 체계적·효율적으로 추진하기 하여 지정하는 지구로서, 특성에 따라 다음 유형으로 구분한다.

① **주거지형** : 노후·불량 주택과 건축물이 밀집한 지역으로서 주로 주거환경의 개선과 기반시설의 정비가 필요한 지구

② **중심지형** : 상업지역, 공업지역 등으로서 토지의 효율적 이용과 도심 또는 부도심 등의 도시기능의 회복이 필요한 지구

③ **고밀복합형** : 주요 역세권, 간선도로의 교차지 등 양호한 기반시설을 갖추고 있어 대중교통 이용이 용이한 지역으로서 도심내 소형주택의 공급확대, 토지의 고도이용과 건축물의 복합개발이 필요한지구

(2) 재정비촉진사업

재정비촉진사업이란 재정비촉진지구에서 시행되는 다음 사업을 말한다.

① 「도시 및 주거환경정비법」에 따른 주거환경개선사업, 주택재개발사업, 주택재건축사업, 도시환경정비사업, 주거환경관리사업 및 가로주택정비사업

② 「도시개발법」에 따른 도시개발사업

③ 「전통시장 및 상점가 육성을 위한 특별법」에 따른 시장정비사업

④ 「국토의 계획 및 이용에 관한 법률」에 따른 도시·군계획시설사업

(3) 재정비촉진계획 : 재정비촉진지구의 재정비촉진사업을 계획적이고 체계적으로 추진하기 위한 재정비촉진지구의 토지 이용, 기반시설의 설치 등에 관한 계획을 말한다.

(4) 재정비촉진구역 : 재정비촉진사업별로 결정된 구역을 말한다.

(5) **우선사업구역** : 재정비촉진구역 중 재정비촉진사업의 활성화, 소형주택 공급 확대, 주민 이주대책 지원 등을 위하여 다른 구역에 우선하여 개발하는 구역으로서 재정비촉진계획으로 결정되는 구역을 말한다.

(6) **존치지역** : 재정비촉진지구에서 재정비촉진사업을 할 필요성이 적어 재정비촉진계획에 따라 존치하는 지역을 말한다.

(7) **기반시설** : 「국토의 계획 및 이용에 관한 법률」 제2조제6호에 따른 시설을 말한다.

(8) **토지등소유자**

다음의 구분에 따른자를 말한다.

① 「도시 및 주거환경정비법」에 따른 주거환경개선사업·주택재개발사업·도시환경정비사업·주거환경관리사업 및 가로주택정비사업, 「전통시장 및 상점가 육성을 위한 특별법」에 따른 시장정비사업 및 「국토의 계획 및 이용에 관한 법률」에 따른 도시·군계획시설사업의 경우 : 재정비촉진구역에 있는 토지 또는 건축물의 소유자와 그 지상권자
② 「도시 및 주거환경정비법」에 따른 주택재건축사업의 경우 : 재정비촉진 구역에 있는 건축물 및 그 부속토지의 소유자
③ 「도시개발법」에 따른 도시개발사업의 경우 : 재정비촉진구역에 있는 토지의 소유자와 그 지상권자

4. 다른 법률과의 관계

① 재정비촉진지구에서는 다른 법률보다 우선하여 적용한다.
② 재정비촉진사업의 시행에 관하여 이 법에서 규정하지 아니한 사항에 대하여는 해당 사업에 관하여 정하고 있는 관계 법률에 따른다.
③ 「도시 및 주거환경정비법」에 따른 주택재건축사업이 시행되는 재정비촉진구역에는 건축규제의 완화 등에 관한 특례(제19조), 주택의 규모 및 건설비율의 특례(제20조)를 적용하지 아니한다.

제 2 장

재정비촉진지구

Ⅰ. 재정비촉진지구 신청·지정

1. 재정비촉진지구 신청

(1) 신청권자

① 시장(서울특별시와 광역시를 제외한 인구 50만 이상 대도시의 시장을 의미 이하 "대도시 시장" 이라 한다)에 대하여는 재정비촉진사업이 필요하다고 인정되는 지역이 그 관할지역 및 다른 시·군·구에 걸쳐 있는 경우로 한정한다.

② 군수·구청장(자치구의 구청장을 말한다. 이하 같다)은

③ 특별시장·광역시장 또는 도지사에게 재정비촉진지구의 지정을 신청할 수 있다. 재정비촉진지구를 변경하려는 경우에도 또한 같다.

(2) 지구 신청시 첨부서류

재정비촉진지구의 지정 또는 변경을 신청하려는 자는 다음 각 호의 서류 및 도면(변경의 경우에는 변경하려는 사항에 한정한다)을 첨부하여 특별시장·광역시장 또는 도지사에게 제출하여야 한다.

① 재정비촉진지구의 명칭·위치 및 면적

② 재정비촉진지구의 지정 목적

③ 재정비촉진지구의 현황(인구, 주택 수, 용적률, 세입자 현황 등)

④ 재정비촉진지구 개발의 기본 방향

⑤ 재정비촉진지구에서 시행 중인 재정비촉진사업의 현황

⑥ 개략적인 기반시설 설치에 관한 사항

⑦ 부동산 투기에 대한 대책

⑧ 재정비촉진지구의 유형

⑨ 재정비촉진지구에서 시행되는 재정비촉진사업의 완료 목표연도

⑩ 도심·부도심 또는 생활권 중심 등 재정비촉진지구가 도시 안에서 차지하는 공간적 위치, 재정비촉진지구의 특성, 주변지역의 특성 등 해당 재정비촉진지구의 재정비촉진 필요성을 설명하는 자료

⑪ 주변 지역의 주택보급률 등 주택수급 현황, 인구구성·인구이동 현황 및 변화추이, 각종 개발사업 계획 등 재정비촉진사업의 추진 가능성을 설명하는 자료

⑫ 그 밖에 특별시·광역시·도 또는 특별자치도(이하 "시·도"라 한다)의 조례가 정하는 사항

(3) 주민설명회 및 공람

① 시장·군수·구청장은 재정비촉진지구의 지정 또는 변경을 신청하려는 경우에는 주민설명회를 열고, 그 내용을 14일 이상 주민에게 공람하며,

② 지방의회의 의견을 들은 후(이 경우 지방의회는 시장·군수·구청장이 재정비촉진지구의 지정 또는 변경 신청서를 통지한 날부터 60일 이내에 의견을 제시하여야 하며, 의견제시 없이 60일이 지난 때에는 이의가 없는 것으로 본다) 그 의견을 첨부하여 신청하여야 한다.

③ 다만, 대통령령으로 정하는 경미한 사항의 변경을 신청하려는 경우에는 주민설명회, 주민공람 및 지방의회의 의견 청취 절차를 거치지 아니할 수 있다.

④ 주민 공람을 실시하는 때에는 미리 공람의 요지 및 장소를 해당 지방자치단체의 공보 및 인터넷 홈페이지에 공고하고, 공람 장소에 관계서류를 비치하여야 한다.

⑤ 경미한 변경 내용

㉠ 재정비촉진지구 면적의 10퍼센트 미만의 변경

㉡ 재정비촉진지구에서 시행되는 재정비촉진사업의 완료 목표연도의 5년 이내에서의 변경

㉢ 단순한 착오에 따른 면적 등의 정정을 위한 변경

㉣ 그 밖에 시·도의 조례가 정하는 사항

2. 재정비촉진지구 지정

(1) 지정권자

① 재정비촉진지구의 지정을 신청받은 특별시장·광역시장·도지사는 관계 행정기관의 장과 협의를 하고, 지방도시계획위원회의 심의를 거쳐 재정비촉진지구를 지정한다. 재정비촉진지구의 지정을 변경(대통령령으로 정하는 경미한 사항의 변경은 제외한다)하려는 경우에도 또한 같다.

② 도시재정비위원회가 설치된 특별시·광역시 또는 도의 경우에는 도시재정비위원회의 심의로 지방도시계획위원회의 심의를 갈음할 수 있다.

③ 특별시장·광역시장 또는 도지사는 시장·군수·구청장이 재정비촉진지구의 지정을 신청하지 아니하더라도 해당 시장·군수·구청장과의 협의를 거쳐 직접 재정비촉진지구를 지정할 수 있다.

④ 이 경우 특별시장·광역시장 또는 도지사는 주민설명회, 공람 및 공고, 지방의회 의견청취, 심의를 거치거나 시장·군수·구청장으로 하여금 절차를 거치도록 하여야 한다.

(2) 경미한 변경

① 재정비촉진지구 면적의 10퍼센트 미만의 변경. 다만, 재정비촉진지구 면적의 5퍼센트 이상 10퍼센트 미만의 변경인 경우에는 지방도시계획위원회 또는 도시재정비위원회의 심의를 거쳐야 한다.

② 재정비촉진지구에서 시행되는 재정비촉진사업의 완료 목표연도의 5년이 내에서의 변경

③ 단순한 착오에 따른 면적 등의 정정을 위한 변경

④ 그 밖에 시·도 또는 대도시의 조례로 정하는 사항

(3) 고시

특별시장·광역시장·도지사 또는 특별자치도지사 또는 대도시 시장은 재정비촉진지구를 지정하거나 변경할 때에는 그 내용을 지체 없이 해당 지방자치단체의 공보에 고시하여야 한다.

(4) 보고

시·도지사 또는 대도시 시장이 재정비촉진지구를 지정하거나 변경하였을 때에는 국토해양부장관에게 보고하여야 한다.

Ⅱ. 재정비촉진지구 지정요건

1. 지정 요건

시·도지사 또는 대도시 시장은 재정비촉진지구를 지정하거나 변경하려는 경우에는 도시기본계획과 도시·주거환경정비기본계획을 고려하여야 하며, 다음 내용의 어느 하나에 해당되어야 한다.

① 노후·불량 주택과 건축물이 밀집한 지역으로서 주로 주거환경의 개선과 기반시설의 정비가 필요한 경우

② 상업지역, 공업지역 등으로서 토지의 효율적 이용과 도심 또는 부도심 등의 도시기능의 회복이 필요한 경우

③ 주요 역세권, 간선도로의 교차지 등 양호한 기반시설을 갖추고 있어 대중교통이 용이한 지역으로서 도심 내 소형주택의 공급 확대, 토지의 고도이용과 건축물의 복합개발이 필요한 경우

④ 여러 재정비촉진사업을 체계적·계획적으로 개발할 필요가 있는 경우

⑤ 국가 또는 지방자치단체의 계획에 따라 이전되는 대규모 시설의 기존 부지를 포함한 지역으로서 도시기능의 재정비가 필요한 경우

2. 지구 지정 면적요건

(1) 원칙

구 분	면적 및 기타요건
주거지형	50만㎡ 이상
중심지형	20만㎡ 이상
고밀복합형	10만㎡ 이상으로서 주요 역사나 중심점 또는 간선도로 교차지의 교차점에서부터 500m 이내로 한다.

(2) 완화

① 주거지형 및 중심지형에 대하여는 일정 규모 이하의 광역시 또는 시의 경우에는 그 면적을 2분의 1까지 완화하여 적용할 수 있다.

② 주거여건이 열악한 지역 등에는 주거지형 및 중심지형의 면적기준을 4분의 1까지 완화하여 적용할 수 있다.

참고 | 완화 내용

① 인구가 100만 이상이고 150만 미만인 광역시 또는 시
 ㉠ 주거지형 : 40만 제곱미터 이상
 ㉡ 중심지형 : 20만 제곱미터 이상

② 인구가 100만 미만인 광역시 또는 시
 ㉠ 주거지형 : 30만 제곱미터 이상
 ㉡ 중심지형 : 15만 제곱미터 이상

③ 기반시설이 열악한 지역으로서 「도시 및 주거환경정비법」 제4조에 따른 정비구역이 4 이상 연접한 지역
 ㉠ 주거지형 : 15만제곱미터 이상
 ㉡ 중심지형 : 10만제곱미터 이상

④ 산지·구릉지 등과 같이 주거여건이 열악하면서 경관을 보호할 필요가 있는 지역과 역세권 등과 같이 개발여건이 상대적으로 양호한 지역을 결합하여 재정비촉진사업을 시행하려는 지역
 ㉠ 주거지형 : 15만 제곱미터 이상
 ㉡ 중심지형 : 10만 제곱미터 이상

3. 지정의 효력 상실 등

① 재정비촉진지구 지정을 고시한 날부터 2년이 되는 날까지 재정비촉진계획이 결정되지 않으면 2년이 되는 날의 다음 날에 재정비촉진지구 지정의 효력이 상실된다. 다만, 시·도지사 또는 대도시 시장은 해당기간을 1년의 범위에서 연장할 수 있다.

② 시·도지사 또는 대도시 시장은 그 밖에 재정비촉진사업의 추진 상황으로 보아 재정비촉진지구의 지정 목적을 달성하였거나 달성할 수 없다고 인정하는 경우에는 지방도시계획위원회 또는 도시재정비위원회의 심의를 거쳐 재정비촉진지구의 지정을 해제할 수 있다.

③ 재정비촉진지구의 지정이 해제된 경우 재정비촉진계획 결정의 효력은 상실된 것으로 본다.

④ 재정비촉진지구의 지정을 해제하는 경우 재정비촉진구역 내 추진위원회(「도시 및 주거환경정비법」의 추진위원회를 말한다) 또는 조합(「도시 및 주거환경 정비법」 조합을 말한다)의 구성에 동의한 토지등소유자 2분의 1 이상 3분의 2이 하의 범위에서 특별시·광역시·도·특별자치도(이하 "시·도"라 한다) 또는 대도시 조례로 정하는 비율 이상 또는 토

지등소유자의 과반수가 해당 재정비촉진사업을 「도시 및 주거환경정비법」에 따른 정비사업으로 전환하여 계속 시행하기를 원하는 구역에서는 이 법 또는 관계 법률에 따른 종전의 지정·인가·허가·승인·신고·등록·협의·동의·심사 등(이하 이 조에서 "인가등" 이라 한다)이 유효한 것으로 본다. 이 경우 시·도지사 또는 대도시 시장, 시장·군수·구청장 또는 사업시행자는 종전의 인가 등을 변경하여야 한다.

⑤ 시·도지사 또는 대도시 시장은 지구 지정의 효력이 상실되거나 지정을 해제하는 경우에는 지체 없이 해당 지방자치단체의 공보에 고시하여야한다.

4. 행위 등의 제한

① 특별시장·광역시장·특별자치도지사·시장 또는 군수(광역시의 관할구역에 있는 군의 군수는 제외한다)는 재정비촉진지구의 지정을 고시한 날부터 재정비촉진계획의 결정을 고시한 날까지 재정비촉진지구에서 개발행위의 허가를 할 수 없다. 다만, 특별시장·광역시장·특별자치도지사·시장 또는 군수가 재정비촉진계획의 수립에 지장이 없다고 판단하여 허가하는 경우에는 그러하지 아니하다.

② 재정비촉진계획이 결정·고시된 날부터 해당 재정비촉진지구에서는 재정비촉진계획의 내용에 적합하지 아니한 건축물의 건축 또는 공작물의 설치를 할 수 없다. 다만, 특별자치도지사, 시장·군수·구청장이 재정비촉진사업의 시행에 지장이 없다고 판단하여 허가하는 경우에는 그러하지 아니하다.

제 3 장

재정비촉진계획

Ⅰ. 재정비촉진계획 수립

1. 계획 수립권자

① 시장·군수·구청장은 재정비촉진계획을 수립하여 특별시장·광역시장 또는 도지사에게 결정을 신청하여야 한다.

재정비촉진지구가 둘 이상의 시·군·구의 관할지역에 걸쳐 있는 경우에는 관할 시장·군수·구청장이 공동으로 이를 수립한다.

② 시·군·구 간의 협의가 어려운 경우나, 특별시장·광역시장 또는 도지사가 직접 재정비촉진지구를 지정한 경우에는 특별시장·광역시장 또는 도지사가 직접 재정비촉진계획을 수립할 수 있다.

③ 특별자치도지사 또는 대도시 시장이 직접 재정비촉진지구를 지정한 경우에는 특별자치도지사 또는 대도시 시장이 직접 재정비촉진계획을 수립한다.

2. 계획수립 절차

① 시장·군수·구청장은 재정비촉진계획을 수립하거나 변경하려는 경우에는 그 내용을 14일 이상 주민에게 공람하고, 지방의회의 의견을 들은 후(이 경우 지방의회는 시장·군수·구청장이 재정비촉진계획의 수립 또는 변경을 통지한 날부터 60일 이내에 의견을 제시하여야 하며, 의견제시 없이 60일이 지난 때에는 이의가 없는 것으로 본다) 공청회를 개최하여야 한다. 다만, 대통령령으로 정하는 경미한 사항을 변경하는 경우에는 그러하지 아니하다.

② 재정비촉진계획의 수립 및 변경을 하는 경우에는 시·도 또는 대도시 조례로 정하는 바에

따라 주민의 동의를 받는 절차를 거칠 수 있다.

③ 시·도지사 또는 대도시 시장은 재정비촉진계획 수립의 모든 과정을 총괄 진행·조정하게 하기 위하여 도시계획·도시설계·건축 등 분야의 전문가를 총괄계획가로 위촉할 수 있다.

④ 기반시설의 설치 및 비용 분담의 기준 등 재정비촉진계획의 수립기준에 관하여 필요한 사항은 대통령령으로 정하는 바에 따라 국토해양부장관이 따로 정할 수 있다.

3. 재정비촉진계획의 수립기준

① 재정비촉진사업의 시행에 따라 발생하는 개발이익을 적절히 환수할 수 있도록 기반시설의 설치 규모 및 설치비용의 분담 규모를 정할 것

② 기반시설이 재정비촉진지구와 주변지역에 적정한 역할을 할 수 있도록 기반시설의 종류·규모 및 위치 등 기반시설의 설치계획은 재정비촉진지구의 토지이용계획 또는 앞으로 예상되는 개발수요를 고려할 것

③ 미래의 주거지 또는 중심지가 요구하는 생활환경을 조성할 수 있도록 할 것

④ 다양한 주민의 의견을 반영할 수 있도록 할 것

⑤ 지역적 특성이 충분히 고려될 수 있도록 할 것

4. 재정비촉진계획내용

재정비촉진계획에는 다음 사항들이 포함되어야 한다.

1. 위치, 면적, 개발기간 등 재정비촉진계획의 개요
2. 토지 이용에 관한 계획
3. 인구·주택 수용계획
4. 교육시설, 문화시설, 복지시설 등 기반시설 설치계획
5. 공원·녹지 조성 및 환경보전 계획
6. 교통계획
7. 경관계획
8. 재정비촉진구역 지정에 관한 다음 각 목의 사항
   가. 재정비촉진구역의 경계

나. 개별법에 따라 시행할 수 있는 재정비촉진사업의 종류
다. 존치지역에 관한 사항. 세분하여 관리할 필요가 있는 경우 아래의 유형으로 구분할 수 있다.
1) 존치정비구역 : 재정비촉진구역의 지정 요건에는 해당하지 아니하나 시간의 경과 등 여건의 변화에 따라 재정비촉진사업 요건에 해당할 수 있거나 재정비촉진사업의 필요성이 높아질 수 있는 구역
2) 존치관리구역: 재정비촉진구역의 지정 요건에 해당하지 아니하거나 기존의 시가지로 유지·관리할 필요가 있는 구역
라. 우선사업구역의 지정에 관한 사항(필요한 경우만 해당한다) 등

9. 재정비촉진사업별 용도지역 변경계획(필요한 경우만 해당한다)

10. 재정비촉진사업별 용적률·건폐율 및 높이 등에 관한 건축계획

11. 기반시설의 비용분담계획

12. 기반시설의 민간투자사업에 관한 계획(필요한 경우만 해당한다)

13. 임대주택 건설 등 재정비촉진지구에 거주하는 세입자 및 소규모의 주택 또는 토지의 소유자(이하 "세입자등"이라 한다)의 주거대책

13의2. 재정비촉진사업시행기간동안의 범죄예방대책

14. 순환개발방식의 시행을 위한 사항(필요한 경우만 해당한다)

15. 단계적 사업 추진에 관한 사항

16. 상가의 분포 및 수용계획

17. 재정비촉진지구 정비의 기본방향 및 목표

18. 존치지역의 관리 및 정비계획

19. 용도지구의 지정 및 변경 계획(필요한 경우에 한한다)

20. 재정비촉진구역별로 다음 각 목의 해당 사항
가. 「도시 및 주거환경정비법」에 의한 정비기본계획
나. 「도시개발법」의 도시개발계획

21. 국토해양부장관이 따로 재정비촉진계획의 수립기준을 정한 경우 그 수립기준에 해당되는 사항

22. 그 밖에 시·도의 조례가 정하는 사항

Ⅱ. 기반시설 설치

1. 기반시설의 설치계획

재정비촉진계획에 따른 기반시설의 설치계획은 재정비촉진사업을 서로 연계하여 광역적으로 수립하여야 하고, 재정비촉진지구의 존치지역과 재정비촉진사업의 추진 가능시기 등을 종합적으로 고려하여 수립하여야 한다.

2. 기반시설 설치비용의 분담

① 기반시설 설치비용은 재정비촉진사업의 시행자가 재정비촉진계획의 비용분담 계획에 따라 부담하여야 한다.

② 기반시설 설치비용의 부담 규모는 재정비촉진사업별 시행 규모 및 건축계획의 내용 등을 고려하여 균형 있게 정하여야 한다.

③ 사업시행자가 기반시설의 설치를 위하여 필요한 부지를 제공하는 경우에는 용적률, 건축물의 높이 등을 조정하는 내용을 포함시킬 수 있다.

④ 시·도지사 또는 시장·군수·구청장이 기반시설을 설치로 인하여 토지 또는 건축물 등에 관한 보상을 받은 자가 그 보상금액에 이자를 더한 금액을 시·도지사 또는 시장·군수·구청장에게 반환하는 경우에는 해당 재정비촉진구역 또는 인접한 재정비촉진구역의 토지등 소유자로 보며, 이 경우 해당 사업시행자가 기반시설의 설치에 필요한 부지를 제공한 것으로 본다.

또한 토지 또는 건축물 등에 관한 보상을 받은 자가 보상금액을 반환하지 아니한 경우에는 해당 재정비촉진구역 또는 인접한 재정비촉진구역에서 매각되는 토지 또는 건축물에 대하여 우선 매수를 청구할 수 있다.

3. 기반시설 부지 제공자의 용적률 등의 완화

위 2의 ③에 해당하는 자에게는 용적률 또는 건축물의 높이를 다음에서 정한 범위 안에서 해당 지방자치단체의 조례가 정하는 바에 따라 완화할 수 있다.

(1) 완화할 수 있는 용적률

= 지구지정시 용도지역에 적용되는 용적률 +(1.5 ×(기반시설의 부지 제공 면적 × 기반시설 부지로 제공한 부지의 용적률) ÷ 기반시설 부지로 제공한 후의 대지면적) 이내

(2) 완화할 수 있는 높이

= 「건축법」 제60조에 따라 제한된 높이 ×(1 +(기반시설의 부지 제공 면적 ÷ 당초의 대지면적)) 이내

(3) 다음 각 호의 구분에 따른 방법으로 부지를 제공하는 경우 다음 각호의 범위 안에서 해당 지방자치단체 조례로 용적률, 건축물의 높이를 완화할 수 있다.

① 「국토의 계획 및 이용에 관한 법률」에 따른 공공시설 및 다음 기반시설의 부지를 무상으로 제공하는 경우 : 위(1) 및(2)의 범위 이내

㉠ 학교

㉡ 도서관

㉢ 사회복지시설

㉣ 문화시설

㉤ 공공청사

㉥ 그 밖에 해당 지방자치단체의 조례가 정하는 기반시설

② 위㉠에서 ㉥까지 기반시설의 부지를 조성하여 조성원가 이하로 제공하는 경우 : 위(1) 및(2)의 1/3 범위 이내

③ 건축물의 일부를 대지지분과 함께 기반시설로 제공하는 경우 : 대지지분에 해당하는 부지면적에 대하여 완화되는 용적률의 3배 범위 이내. 이 경우 기반시설의 부지로 제공한 후의 대지면적은 당초 대지면적으로 한다.

Ⅲ. 재정비촉진계획의 결정 및 고시

1. 결정

① 특별시장·광역시장 또는 도지사가 시장·군수·구청장으로부터 재정비촉진계획의 결정을 신청받은 경우나 시·도지사 또는 대도시 시장이 직접 재정비촉진계획을 수립한 경우에는 관계 행정기관의 장과 협의하고

② 해당 시·도시 또는 대도시에 두는 지방도시계획위원회심의 또는 「건축법」 제 4조에 따라 해당 시·도 또는 대도시에 두는 건축위원회(이하 "건축위원회"라한다)와 지방도시계획위원회가 공동으로 하는 심의를 거쳐 결정하거나 변경하여야 한다. 다만, 대통령령으로 정하는 경미한 사항을 변경하는 경우에는 그러하지 아니하다.

③ 도시재정비위원회가 설치된 시·도 또는 대도시의 경우에는 도시재정비위원회의 심의로 지방도시계획위원회의 심의 또는 건축위원회와 지방도시계획위원회의 공동심의를 갈음할 수 있다.

④ 시·도지사 또는 대도시 시장은 재정비촉진계획을 결정 또는 변경하는 경우에는 이를 지체 없이 해당 지방자치단체의 공보에 고시하여야 하고, 대도시 시장은 이를 도지사에게 통보하여야 한다.

⑤ 시·도지사 또는 대도시 시장이 재정비촉진계획의 결정을 고시하였을 때에는 국토해양부장관에게 보고하여야 한다.

2. 고시

시·도지사 또는 대도시 시장이 재정비촉진계획의 결정 또는 변경을 고시하는 경우에는 다음 각 호의 사항이 포함된 재정비촉진계획의 요지와 열람 장소를 고시하여야 한다.

① 재정비촉진지구의 명칭·유형·위치·면적 및 지정목적

② 재정비촉진지구에서 시행되는 재정비촉진사업의 완료 목표 연도

③ 재정비촉진지구 정비의 기본방향 및 목표

④ 결정 또는 변경되는 재정비촉진계획의 개요

3. 재정비촉진계획 결정의 효력

재정비촉진계획이 결정·고시되었을 때에는 그 고시일에 다음 각 호에 해당하는 승인·결정 등이 있은 것으로 본다.

① 「도시 및 주거환경정비법」에 따른 도시·주거환경정비기본계획의 수립 또는 변경, 같은 법 제4조에 따른 정비구역의 지정 또는 변경 및 같은 조에 따른 정비계획의 수립 또는 변경
② 「도시개발법」에 따른 도시개발구역의 지정 및 같은 법 제4조에 따른 개발계획의 수립 또는 변경
③ 「국토의 계획 및 이용에 관한 법률」에 따른 도시관리계획(「국토의 계획 및 이용에 관한 법률」 제2조제4호가목·다목 및 마목의 경우만 해당한다)의 결정 또는 변경 및 도시계획시설사업의 시행자 지정
④ 재정비촉진계획을 수립할 때에는 재정비촉진사업에 대하여 「도시교통정비촉진법」 제16조에 따른 교통영향분석·개선대책의 검토를 받고 「환경영향평가법」 제22조에 따라 환경영향평가를 받을 수 있으며, 이 경우 재정비촉진사업을 시행 할 때에는 교통영향분석·개선대책의 검토와 환경영향평가를 받지 아니한다.

4. 재정비촉진구역 지정의 효력 상실 등

① 재정비촉진사업 관계 법률에 따라 재정비촉진구역 지정의 효력이 상실된 경우에는 해당 재정비촉진구역에 대한 재정비촉진계획 결정의 효력도 상실된 것으로 본다. 이 경우 시·도지사 또는 대도시 시장은 재정비촉진계획을 변경하여야 한다.
② 위 ①에 따라 재정비촉진계획의 효력이 상실된 구역은 재정비촉진지구에서 제외된다. 이 경우 재정비촉진계획의 효력이 상실된 구역은 재정비촉진계획에 따라 변경된 「국토의 계획 및 이용에 관한 법률」 제30조에 따른 도시·군관리계획은 재정비촉진계획 결정 이전의 상태로 환원된 것으로 본다.
③ 위② 전단에도 불구하고 시·도지사 또는 대도시 시장은 위 ①에 따라 재정비촉진계획 결정의 효력이 상실된 구역을 존치지역으로 전환할 수 있다. 이 경우 해당 존치지역에서는 기반시설과 관련된 「국토의 계획 및 이용에 관한 법률」 제30조에 따른 도시·군관리계획은 재정비촉진계획 결정 이전의 상태로 환원되지 아니할 수 있다.

제 4 장

재정비촉진사업

Ⅰ. 재정비촉진사업의 시행

1. 총괄관리

(1) 총괄사업관리자

재정비촉진계획 수립권자는 사업을 효율적으로 추진하기 위하여 재정비촉진계획 수립 단계에서부터 LH공사 또는 지방공사를 총괄사업관리자로 지정할 수 있다. 다만, 특별시장·광역시장 또는 도지사가 총괄사업관리자를 지정하는 경우에는 관할 시장·군수·구청장과 협의하여야 한다.

(2) 총괄사업관리자 업무

① 총괄사업관리자는 지방자치단체의 장을 대행하여 다음 각 호의 업무를 수행한다.
  ㉠ 재정비촉진지구에서의 모든 재정비촉진사업의 총괄관리
  ㉡ 도로 등 기반시설의 설치
  ㉢ 기반시설의 비용 분담금 및 지원금의 관리
  ㉣ 재정비촉진계획 수립시 기반시설 설치계획 등의 자문에 대한 조언
  ㉤ 재원의 확보·운영에 관한 계획의 수립 및 집행
  ㉥ 재정비촉진사업의 시행 현황에 관한 자료의 작성·분석 및 관리
  ㉦ 재정비촉진사업의 효율적인 시행 방안의 마련 및 의견수렴
  ㉧ 재정비촉진사업의 시행과 관련하여 시장·군수 또는 구청장이 요청하는 사항
  ㉨ 그 밖에 국토해양부령이 정하는 사항
② 총괄사업관리자는 필요한 경우에는 조합설립추진위원회·사업시행자·설계자 및 정비사업전문관리업자 등 재정비촉진사업의 참여자에게 재정비촉진사업과 관련된 자료의 제출을

요구할 수 있으며, 자료의 제출을 요구받은 자는 특별한 사유가 없는 한 그 요구에 응하여야 한다.

2. 사업시행자

① 재정비촉진사업은 「도시 및 주거환경정비법」, 「도시개발법」, 「전통시장 및 상점가 육성을 위한 특별법」, 「국토의 계획 및 이용에 관한 법률」에 의한 사업시행자가 재정비촉진사업의 사업시행자가 시행한다.

② 다만, 「도시 및 주거환경정비법」에 따른 사업은 동법의 규정에도 불구하고, 토지등소유자의 과반수가 동의한 경우에는 특별자치도지사, 시장·군수·구청장이 재정비촉진사업을 직접 시행하거나 LH공사, 또는 지방공사를 사업시행자로 지정할 수 있다.

③ 우선사업구역의 재정비촉진사업은 관계 법령에도 불구하고 토지등소유자의 과반수의 동의를 받아 특별자치도지사, 시장·군수·구청장이 직접 시행하거나 총괄사업관리자를 사업시행자로 지정하여 시행하도록 하여야 한다.

④ ②(특별자치도지사, 시장·군수·구청장이 직접 시행 및 LH공사, 또는 지방공사가 시행)와 ③(우선사업구역 시행자 즉 특별자치도지사, 시장·군수·구청장, LH공사, 지방공사 시행)의 경우에는 「도시 및 주거환경정비법」에 따른 주민대표회의가 경쟁입찰의 방법에 따라 추천한자를 시공자로 선정할 수 있다.

3. 사업협의회 구성

(1) 재정비촉진계획 수립권자는 다음 각 호의 사항에 관한 협의 또는 자문을 위하여 사업협의회를 구성·운영할 수 있다.

① 재정비촉진계획의 수립 및 재정비촉진사업의 시행을 위하여 필요한 사항

② 재정비촉진사업별 지역주민의 의견 조정을 위하여 필요한 사항

(2) 사업협의회는 20인 이내(재정비촉진구역이 10곳 이상인 경우에는 30인이내)의 위원으로 구성하되, 총괄계획가와 총괄사업관리자는 사업협의회의 위원이 되며, 그 외의 위원은 재정비촉진계획 수립권자가 다음 각 호의 자 중에서 임명하거나 위촉한다.

① 해당 지방자치단체의 관계 공무원

② 사업시행자(개별법에 따른 조합 등의 사업시행자를 포함한다. 다만, 사업시행자를 지정하기 전인 경우에는 「도시 및 주거환경정비법」에 따른 주민대표회의, 조합설립추진위원회 또는 「전통시장 및 상점가 육성을 위한 특별법」에 따른 시장정비사업 추진위원회 등 주민의사를 대표할 수 있는 대표자 또는 사업시행자가 되려는자를 포함한다)

③ 관계 전문가

(3) 재정비촉진계획 수립권자는 사업협의회 위원의 2분의 1 이상이 요청하는 경우와 재정비촉진계획 수립권자가 필요하다고 판단하는 경우 사업협의회를 개최한다.

(4) 이 법에서 규정한 사항 외에 사업협의회의 구성·운영 등에 필요한 사항은 지방자치단체의 조례로 정한다.

4. 사업시행의 촉진

① 재정비촉진계획의 결정·고시일부터 2년 이내에 재정비촉진사업과 관련한 조합 설립인가를 신청하지 아니하거나, 3년 이내에 사업시행인가를 신청하지 아니한 경우에는 특별자치도지사, 시장·군수·구청장이 그 사업을 직접시행 또는 총괄사업 관리자를 사업시행자로 우선하여 지정할 수 있다.

② 존치지역에 대한 상기 기간은 재정비촉진계획에서 정한 재정비촉진사업 가능 시기부터 산정한다. 이 경우 해당 시기가 도래하여 재정비촉진사업 추진을 위하여 재정비촉진계획을 변경·고시한 때에는 그 고시일부터 산정한다.

Ⅱ. 재정비촉진사업시행을 위한 지원

1. 건축규제의 완화

(1) 재정비촉진계획 수립권자는 필요한 경우 용도지역을 변경하는 내용으로 재정비촉진계획을 수립할 수 있다.

(2) 재정비촉진계획 수립권자는 필요한 경우 국토계획법 또는 동법의 조례에도 불구하고 다

음 각 호의 내용을 포함하는 내용으로 재정비촉진계획을 수립할 수 있다.

㉠ 국토계획법에 따른 용도지역 및 용도지구에서의 건축물 건축제한 등의 예외

㉡ 조례로 정한 건폐율 최대한도의 예외

㉢ 조례로 정한 용적률 최대한도의 예외. 다만, 국토계획법에 따른 용적률의 최대한도를 초과할 수 없으며, 기반시설에 대한 부지 제공의 대가로 증가된 용적률은 포함하지 아니한다.

㉣ 중심지형 또는 고밀복합형 재정비촉진지구에 대하여 「초·중등교육법」에 따른 학교 시설기준은 교지 면적에 한하여 1/2 범위에서 완화할 수 있으며, 주차장 설치기준을 완화하는 내용으로 재정비촉진계획을 수립할 수 있다.

㉤ 고밀복합형 재정비촉진지구의 경우에는 조례로 정한 가로구역별 건축물의 최고 높이 또는 높이제한에도 불구하고 이를 완화하는 내용으로 재정비촉진계획을 수립할 수 있다.

2. 주택의 규모 및 건설비율의 특례

재정비촉진사업에서 주거전용면적 85㎡ 이하인 주택의 건설비율은 다음과 같다.

㉠ 도정법의 주거환경개선사업의 경우 : 전체 세대수 중 80퍼센트 이상

㉡ 도정법의 주택재개발사업의 경우 : 전체 세대수 중 60퍼센트 이상.
다만, 도정법에 따라 국토해양부장관이 고시하는 비율이 이 보다 낮은 경우에는 그 고시하는 비율에 따른다.

㉢ 주택수급과 저소득 주민의 입주기회를 확대하기 위하여 필요한 경우에는㉠과 ㉡의 범위 안에서 85㎡보다 작은 규모 이하의 주택의 건설비율을 시·도 또는 대도시의 조례로 따로 정할 수 있다.

3. 증가용적률에 대한 주택건설 규모 및 건설비율 특례

고밀복합형 재정비촉진지구에서의 재정비촉진사업으로 증가되는 용적률에 대한 주택의 규모 및 건설비율은 다음 각 호와 같다.

㉠ 「수도권정비계획법」에 따른 과밀억제권역 : 주거전용면적이 60㎡ 이하인 주택을 증가되는 용적률의 50퍼센트 이상의 범위에서 시·도 또는 대도시의 조례로 정하는 비율만큼 건

설한다.

㉡ 과밀억제권역을 제외한 지역 : 주거전용면적이 60㎡ 이하인 주택을 증가되는 용적률의 25퍼센트 이상의 범위에서 시·도 또는 대도시의 조례로 정하는 비율만큼 건설한다.

4. 도시개발사업의 시행에 관한 특례

① 재정비촉진지구에서 시행하는 도시개발사업의 시행자는 「도시개발법」 관련 규정에도 불구하고 주택 등 건축물을 소유하고 있는 자 또는 토지소유자를 대상으로 입체 환지(立體換地) 계획을 수립할 수 있다.

② 입체환지계획은 체비지(替費地) 등이 아닌 토지를 대상으로 수립할 수 있다.

5. 지방세의 감면

재정비촉진지구에서 재정비촉진계획에 따라 건축하는 건축물에 대하여는 취득세, 등록면허세 등 지방세를 30% 감면할 수 있다. 다만 해당 지자체가 10% 이상 30% 이하의 범위 안에서 조례로 정할 수 있다.

㉠ 「문화예술진흥법」 제2조제1항제3호에 따른 문화시설

㉡ 「의료법」 제3조제2항제3호에 따른 종합병원, 병원 또는 한방병원

㉢ 「학원의 설립·운영 및 과외교습에 관한 법률」 제2조1호에 따른 학원

㉣ 「유통산업발전법」 제2조제3호에 따른 대규모점포

㉤ 「상법」 제169조에 따른 회사의 본점 또는 주사무소 건물

㉥ 그 밖에 조례로 지역발전을 위하여 필요하다고 인정하는 시설

6. 과밀부담금의 면제

「수도권정비계획법」 제12조에 따라 부과·징수하는 과밀부담금은 같은 법 제13조에도 불구하고 재정비촉진계획에 따라 건축하는 건축물에는 부과하지 아니한다.

제 5 장

개발이익의 환수 등

Ⅰ. 비용부담 및 기반시설 설치비용 등

1. 비용부담의 원칙

재정비촉진계획에 따라 설치되는 기반시설의 설치비용은 이 법에 특별한 규정이 있는 경우를 제외하고는 사업시행자가 부담하는 것을 원칙으로 한다.

2. 재정비촉진지구에서의 기반시설 설치

① 재정비촉진지구에서의 기반시설의 설치는 다음 각 호의 구분에 따른 자가 한다.

㉠ 도로 및 상수도·하수도시설 : 지방자치단체

㉡ 전기시설, 가스공급시설 또는 지역난방시설 : 해당 지역에 전기·가스 또는 난방을 공급하는 자

㉢ 통신시설 : 해당 지역에 통신서비스를 제공하는 자

㉣ 그 밖의 기반시설 : 대통령령으로 정하는 자

② 기반시설의 설치는 특별한 사유가 없으면 해당 재정비촉진사업의 준공검사 신청일까지 완료하여야 한다.

③ ①에 따른 기반시설의 종류별 설치 범위는 대통령령으로 정한다.

④ ③에 따른 지방자치단체의 설치의무 범위에 속하지 아니하는 도로 또는 상수도·하수도시설로서 사업시행자가 해당 설치비용을 부담하려는 시설의 경우에는 사업시행자의 요청에

따라 지방자치단체가 그 도로 또는 상수도·하수도시설사업을 대행할 수 있다.

⑤ 기반시설을 원활하게 설치하기 위하여 필요한 경우에는 지방자치단체가 해당 기반시설을 먼저 설치하고 사업시행자로부터 대통령령으로 정하는 기간이 지난 후에 그 비용을 징수할 수 있다. 이 경우 사업시행자가 그 비용을 내지 아니하면 지방세 체납처분의 예에 따라 징수할 수 있다.

3. 재정비촉진지구 밖의 기반시설의 설치비용 등

① 재정비촉진지구의 이용에 제공하기 위하여 대통령령으로 정하는 기반시설을 재정비촉진지구 밖의 지역에 설치하는 경우 재정비촉진계획 수립권자는 비용분담 계획이 포함된 재정비촉진계획에 따라 사업시행자로 하여금 그 설치비용을 부담하게 할 수 있다.

② 재정비촉진계획 수립권자는 사업시행자의 부담으로 재정비촉진지구 밖의 지역에 설치하는 기반시설로 인하여 이익을 얻는 지방자치단체 또는 공공시설의 관리자가 있을 때에는 대통령령으로 정하는 바에 따라 그 기반시설의 설치에 드는 비용의 일부를 이익을 얻는 지방자치단체 또는 공공시설의 관리자에게 부담시킬 수 있다. 이 경우 재정비촉진계획 수립권자는 해당 지방자치단체나 공공시설의 관리자 및 사업시행자와 협의하여야 한다.

4. 기반시설 설치비용의 지원 등

① 국가 또는 시·도지사는 다음 각 호의 어느 하나 이상에 해당하는 경우에는 시·도지사 또는 시장·군수·구청장에게 대통령령으로 정하는 기반시설의 설치에 드는 비용의 전부 또는 일부를 지원할 수 있다. 다만, ② 또는 ③에 해당하는 경우 국가는 대통령령으로 정하는 기반시설의 설치에 드는 비용의 100분의 10이 상 100분의 50 이하의 범위에서 대통령령으로 정하는 금액의 한도에서 지원하여야 한다.

㉠ 국가 또는 시·도의 계획과 관련이 있는 경우

㉡ 국가 또는 지방자치단체가 도시영세민을 집단 이주시켜 형성된 낙후지역 등 대통령령으로 정하는 지역으로서 기반시설이 열악하여 사업시행자의 부담만으로는 기반시설을 확보하기 어려운 경우

㉢ 재정비촉진지구를 관할하는 기초자치단체의 재정자립도 등을 고려하여 대통 령령으로 정하는 경우

㉣ 그 밖에 대통령령으로 정하는 경우

② 국토해양부장관은 시·도지사 또는 시장·군수·구청장에게 대통령령으로 정하는 기반시설의 설치에 드는 비용의 전부 또는 일부를 「주택법」 제60조에 따른 국민주택기금에서 융자·지원할 수 있으며, 국민주택기금의 구체적인 융자 방법 및 조건 등에 관하여 필요한 사항은 대통령령으로 정한다.

③ 국가는 ①에 따라 기반시설 설치에 드는 비용을 지원하려는 경우에는 「주택법」 제84조에 따른 주택정책심의위원회의 심의를 거쳐 확보된 예산의 범위에서 지원할 수 있다.

④ 시·도지사는 ① 단서에 따라 국가가 해당 시장·군수·구청장에게 지원하는 기반시설 설치 비용의 전부 또는 일부에 상당하는 비용을 시장·군수·구청장에게 지원할 수 있다.

5. 세입자 등을 위한 임대주택의 건설 등

① 지방자치단체의 장 및 사업시행자는 세입자등의 주거안정을 위하여 노력하여야 한다.

② 재정비촉진계획 수립권자는 재정비촉진계획을 수립하기 전에 재정비촉진지구의 거주자에 대하여 다음 각 호의 사항을 포함한 주거 실태를 조사하여야 한다.

㉠ 주택 수, 세대 수 및 거주자 수

㉡ 가구별 소득 수준 및 직업형태

㉢ 주택의 규모 및 거주 형태[자가(自家)·전세·월세 등]

㉣ 주택가격 및 임대료 수준

㉤ 그 밖에 대통령령으로 정하는 사항

③ 수립권자는 세입자등의 재정착을 유도하기 위하여 다음 각 호의 사항을 포함한 주택 수요를 조사하여 재정비촉진계획에 반영하여야 한다.

㉠ 주택 규모, 임대료 수준 등을 포함한 임대주택 희망 수요

㉡ 주택 규모, 분양가격 수준 등을 포함한 소형 분양주택 희망 수요

㉢ 인근지역 이주 희망 수요

㉣ 그 밖에 대통령령으로 정하는 사항

④ 수립권자는 재정비촉진계획에 임대주택 건설계획을 포함하여야 하며, 사업시행자는 그 계획에 따라 임대주택을 건설·공급하여야 한다.

⑤ 사업시행자는 재정비촉진사업을 시행하는 기간동안 주택소유자(재정비 촉진구역에 실제 거주하는 사람만 해당한다) 또는 세입자의 주거안정을 위하여 인근 지역에 자체 건설하는 보금자리주택 또는 매입임대주택 등으로 임시거주시설을 지원하거나 재정비촉진사업을 단계적으로 개발하는 순환개발방식을 활용할 수 있다.

⑥ 사업시행자가 순환개발방식으로 사업을 시행하는 경우에는 사업시행인가를 신청하기 전에 미리 인근지역의 보금자리주택 또는 매입임대주택 등 임시거주시설의 확보 여부, 이주 대상자, 임대 조건 등 순환개발방식의 시행계획을 수립하여 사업시행계획서에 반영하여야 한다.

⑦ 사업시행자는 건설되는 임대주택을 국토해양부장관, 시·도지사, 한국토지주택공사 또는 지방공사에 공급하여야 한다. 이 경우 임대주택의 공급가격은 그 임대 주택의 건설에 투입되는 건축비를 기준으로 국토해양부장관이 고시하는 금액으로 하고, 그 부속토지는 인수자에게 기부채납(寄附採納)한 것으로 본다.

6. 임대주택건설비율

① 도정법에 따른 주택재개발사업의 경우 : 동 사업으로 증가되는 용적률의 30% 이상 75% 이하의 범위 안에서 시·도 또는 대도시의 조례로 정하는 비율. 다만, 과밀억제권역 외의 지역은 20% 이상 75% 이하의 범위 안에서 시·도 또는 대도시의 조례로 정하는 비율을 말한다.

② 도정법에 따른 도시환경정비사업, 도시개발사업, 시장정비사업의 경우 : 다음에 해당하는 비율을 합한 비율

㉠ 재정비촉진사업으로 증가되는 용적률 중 주택 용도의 증가된 용적률의 50% 이상 75% 이하의 범위 안에서 시·도 또는 대도시의 조례로 정하는 비율

㉡ 재정비촉진사업으로 증가되는 용적률 중 주택 외의 용도의 증가된 용적률의 75% 안에서 시·도 또는 대도시의 조례로 정하는 비율. 이 경우 기반시설(부지 제공의 대가로 용적률이 조정된 기반시설을 제외한다)의 설치를 위한 비용분담을 고려하여야 한다.

③ 보금자리주택지구가 지정되는 시·군·구에서의 도정법에 따른 주택재개발사업의 경우 : 상기 ①에 따른 비율의 2분의 1의 범위에서 보금자리주택지구에 건설되는 임대주택 세대수를 고려하여 시·도 또는 대도시의 조례로 정하는 비율

④ 건설되는 임대주택 중 주거전용면적이 85㎡를 초과하는 주택의 비율은 40% 이하의 범위 안에서 시·도 또는 대도시의 조례로 정하는 비율을 말한다.

⑤ 임차인의 자격

㉠ 제1순위 : 무주택 기간과 해당 재정비촉진지구가 위치한 시·군·구에 거주한 기간이 각각 1년 이상인 자

㉡ 제2순위 : 해당 재정비촉진지구가 위치한 시·군·구에 거주하는 자

㉢ 제3순위 : 제1순위 및 제2순위에 해당되지 아니하는 자

⑥ 임대주택의 임대료의 수준 등은 다음 각 호에 따른다.

㉠ 임대보증금과 임대료는 각각 재정비촉진지구의 인근 시세의 100분의 90 이하로 한다.

㉡ 임대주택의 계약방법 등에 관한 사항은 임대주택법령이 정하는 바에 따른다.

㉢ 관리비 등 주택의 관리에 관한 사항은 「주택법」이 정하는 바에 따른다.

⑦ ⑤에도 불구하고 보금자리주택의 임차인의 자격은 재정비촉진사업으로 인하여 철거되는 주택의 소유자 또는 세입자를 우선하되 세부적인 사항은 국토해양부령으로 정하는 바에 따른다.

⑧ ⑥에도 불구하고 보금자리주택의 임대보증금과 임대료는 「임대주택법 시행령 제21조에 따른다.

Ⅱ. 토지거래 허가 및 토지 등 분할거래

1. 토지거래허가구역 지정

(1) 지정·고시된 재정비촉진지구는 토지거래계약에 관한 허가구역으로 지정된 것으로 본다.

(2) 국토해양부장관은 재정비촉진지구의 지정이 예상되는 지역이 토지의 투기적인 거래가 성

행하거나 지가(地價)가 급격히 상승하는 지역 또는 그러한 우려가 있는 지역인 경우에는 허가구역으로 지정할 수 있다.

2. 토지 등 분할거래

① 재정비촉진사업별로 해당 사업에 관하여 정하고 있는 관계 법률에 따라 주택 등 건축물을 공급하는 경우, 재정비촉진지구 고시가 있은 날 또는 시·도지사나 대도시 시장이 투기억제 등을 위하여 따로 정하는 날(이하 이 조에서 "기준일"이 라 한다) 이후에 다음 각 호의 어느 하나에 해당하는 경우에는 해당 토지 또는 주택 등 건축물을 분양받을 권리는 기준일을 기준으로 산정한다.

㉠ 한 필지의 토지가 여러 개의 필지로 분할되는 경우

㉡ 단독주택 또는 다가구주택이 다세대주택으로 전환되는 경우

㉢ 주택 등 건축물이 분할되거나 공유자의 수가 증가되는 경우

㉣ 하나의 대지 범위에 속하는 동일인 소유의 토지와 주택 등 건축물을 토지 와 주택 등 건축물로 각각 분리하여 소유하는 경우

㉤ 나대지(裸垈地)에 건축물을 새로 건축하거나 기존 건축물을 철거하고 다세대주택이나 그 밖의 공동주택을 건축하여 토지등소유자가 증가하는 경우

② 시·도지사 또는 대도시 시장은 제1항에 따라 기준일을 따로 정하는 경우 기준일, 지정사유, 건축물을 분양받을 권리의 산정 기준 등을 해당 지방자치단체의 공보에 고시하여야 한다.

제 9 편

도시 및 주거환경정비법

제 1 장

총 칙 및 정비기본계획

Ⅰ. 총칙

1. 제정 목적 및 이유

(1) 제정 이유

1970년대 이후 산업화·도시화 과정에서 대량 공급된 주택들이 노후화됨에 따라 이들을 체계적이고 효율적으로 정비할 필요성이 커지고 있으나, 재개발사업·재건축사업 및 주거환경개선사업이 각각 개별법으로 규정되어 이에 관한 제도적 뒷받침이 미흡하여, 이를 보완하여 일관성있고 체계적인 단일·통합법의 필요성에 의하여 2002년 12월 30일 제정하고 2003년 7월 1일부터 시행하였다.

(2) 제정 목적

「도시 및 주거환경정비법」(이하 "도정법" 이라 한다)은 도시기능의 회복이 필요하거나 주거환경이 불량한 지역을 계획적으로 정비하고 노후·불량건축물을 효율적으로 개량하기 위하여 필요한 사항을 규정함으로써 도시환경을 개선하고 주거 생활의 질을 높이는데 이바지함을 목적으로 한다.

(3) 「국토의 계획 및 이용에 관한 법률」과의 관계

「도시 및 주거환경정비법」은 「국토의 계획 및 이용에 관한 법률」 상의 도시·군관리계획의 내용 중 "정비사업에 관한 계획" 과 관련을 갖고 있으며, 국토계획법에 대한 특별법적 성격을 갖는 법이다.

2. 용어의 정의

(1) 정비구역

정비구역이란 정비사업을 계획적으로 시행하기 위하여 지정·고시된 구역을 말한다.

(2) 정비사업

이 법에서 정한 절차에 따라 도시기능을 회복하기 위하여 정비구역 또는 가로구역(가로구역: 정비구역이 아닌 대통령령으로 정하는 구역을 말하며, 가로주택정비사업으로 한정한다)에서 정비기반시설을 정비하거나 주택 등 건축물을 개량하거나 건설하는 다음의 사업을 말한다. 다만, 주택재건축사업의 경우에는 정비구역이 아닌 구역에서 시행하는 주택재건축사업을 포함한다(주로 주택 등 건축물이 그 대상)

1) 주거환경개선사업

도시저소득주민이 집단으로 거주하는 지역으로서 정비기반시설이 극히 열악하고 노후·불량건축물이 과도하게 밀집한 지역에서 주거환경을 개선하기 위하여 시행하는 사업

2) 주택재개발사업

정비기반시설이 열악하고 노후·불량건축물이 밀집한 지역에서 주거환경을 개선하기 위하여 시행하는 사업

3) 주택재건축사업

정비기반시설은 양호하나 노후·불량건축물이 밀집한 지역에서 주거환경을 개선하기 위하여 시행하는 사업(정비구역이 아닌 구역에서 시행하는 주택재건축사업 포함)

4) 도시환경정비사업

상업지역·공업지역 등으로서 토지의 효율적 이용과 도심 또는 부도심 등 도시기능의 회복이나 상권 활성화 등이 필요한 지역에서 도시환경을 개선하기 위하여 시행하는 사업

5) 주거환경관리사업

단독주택 및 다세대주택 등이 밀집한 지역에서 정비기반시설과 공동이용시설의 확충을 통하여 주거환경을 보전·정비·개량하기 위하여 시행하는 사업

6) 가로주택정비사업

노후·불량건축물이 밀집한 가로구역에서 종전의 가로를 유지하면서 소규모로 주거환경을 개선하기 위하여 시행하는 사업

참고 | 가로구역의 범위

1. 도로(국토계획법에 따라 도시·군계획시설로 설치된 도로를 말한다)로 둘러싸인 일단(一團)의 지역(해당 지역의 일부가 광장, 공원, 녹지, 하천, 공공공지 및 공용주차장 등에 접한 경우에는 해당 시설을 도로로 본다)으로서 다음 각 호의 요건을 모두 갖춘 구역을 말한다.
   ① 해당 지역의 면적이 1만제곱미터 미만일 것
   ② 해당 지역을 통과하는 도로(너비 4미터 이하인 도로는 제외한다)가 설치되어 있지 아니할 것
2. 가로주택정비사업은 가로구역이 다음 각 호의 요건을 모두 갖춘 경우에 그 전부 또는 일부에 대하여 시행할 수 있다.
   ① 노후·불량건축물의 수가 전체 건축물의 수의 3분의 2 이상일 것
   ② 해당 구역에 있는 기존 단독주택의 호수(戶數)와 공동주택의 세대 수를 합한 수가 20 이상일 것

참고 | 가로주택정비사업에 대한 적용 제외

가로주택정비사업에 대하여는 제3조(도시·주거환경정비기본계획의 수립)와 제4조(정비계획의 수립 및 정비구역의 지정)의 규정을 적용하지 아니한다

(3) 노후·불량건축물 : 다음에 해당하는 각 건축물을 말한다.

① 건축물이 훼손되거나 일부가 멸실되어 붕괴 그 밖의 안전사고의 우려가 있는 건축물

② 내진성능이 확보되지 아니한 건축물 중 중대한 기능적 결함 또는 부실 설계·시공으로 인한 구조적 결함 등이 있는 건축물로서 아래 ③의 ⓐ, ⓑ, ⓒ에 해당 하는 건축물

③ 다음의 요건에 해당하는 건축물로서 대통령령으로 정하는 바에 따라 시·도 조례로 정하는 건축물
   ㉠ 주변토지의 이용상황 등에 비추어 주거환경이 불량한 곳에 소재할 것
   ㉡ 건축물을 철거하고 새로운 건축물을 건설하는 경우 그에 소요되는 비용에 비하여 효용의 현저한 증가가 예상되는 다음의 각 어느 하나에 해당하는 건축물로서 시·도 조례로 정하는 건축물

ⓐ 건축법 제57조제1항에 따라 당해 지자체 조례가 정하는 면적에 미달 되거나, 국토계획법 규정에 의한 도시계획시설 등의 설치로 인하여 효 용을 다할 수 없게 된 대지에 있는 건축물
ⓑ 공장의 매연·소음 등으로 인하여 위해를 초래할 우려가 있는 지역안에 있는 건축물
ⓒ 당해 건축물을 준공일 기준으로 40년까지 사용하기 위하여 보수·보강 하는데 드는 비용이 철거후 새로운 건축물을 건설하는 데 드는 비용 보다 클 것으로 예상되는 건축물

④ 도시미관을 저해하거나 노후화로 인하여 구조적 결함등이 있는 건축물로서 대통령령으로 정하는 바에 따라 시·도조례로 정하는 건축물

㉠ 준공된 후 20년 이상의 범위에서 조례로 정하는 기간이 지난 건축물
㉡ 국토계획법에 의한 도시기본계획상 경관에 관한 사항에 저촉되는 건축 물
㉢ 건축물의 급수·배수·오수설비 등이 노후화되어 수선만으로는 그 기능을 회복할 수 없게 된 건축물

(4) 정비기반시설

도로·상하수도·공원·공용주차장·공동구·녹지·하천·공공공지·광장·소방용수시설·비상대피시설·가스공급시설 및 주거환경개선사업을 위한 정비구역 안에 설치하는 공동이용시설로서 시장·군수가 관리하는 것

(5) 공동이용시설

주민이 공동으로 사용하는 놀이터·마을회관·공동작업장·공동으로 사용하는 구판장·세탁장·화장실 및 수도·탁아소·어린이집·경로당 등 노유자시설과 이와 유사한 용도의 시설로서 시·도조례로 정하는 시설

(6) 대지

정비사업에 의하여 조성된 토지

(7) 주택단지

주택 및 부대·복리시설을 건설하거나 대지로 조성되는 일단의 토지로서 다음 어느 하나에 해당하는 일단의 토지를 말한다.

① 주택법에 따른 사업계획승인을 받아 주택과 부대·복리시설을 건설한 일단의 토지
② ①에 따른 일단의 토지 중 도시·군계획시설인 도로나 그 밖에 이와 유사한 시설로 분리되어 각각 관리되고 있는 각각의 토지
③ ①에 따른 일단의 토지 2 이상이 공동으로 관리되고 있는 경우 그 전체 토지
④ 주택법에 따른 일단의 토지가 분할되는 경우 분할된 토지 또는 분할되어 나가는 토지
⑤ 건축법에 따라 건축허가를 얻어 아파트 또는 연립주택을 건설한 일단의 토지

(8) 토지 등 소유자

① 주거환경개선사업, 주택재개발사업, 도시환경정비사업 또는 주거환경관리사업의 경우에는 정비구역안에 소재한 토지 또는 건축물의 소유자 또는 그 지상권자

② 주택재건축사업의 경우에는 다음에 해당하는 자

㉠ 정비구역안에 소재한 건축물 및 그 부속토지의 소유자

㉡ 정비구역이 아닌 구역안에 소재한 대통령령이 정하는 주택 및 그 부속토지의 소유자와 부대·복리시설 및 그 부속토지의 소유자

참고 : 대통령령이 정하는 주택

1. 「주택법」에 따른 사업계획승인 또는 「건축법」에 따른 건축허가를 받아 건설한 아파트 또는 연립주택 중 노후·불량건축물에 해당하는 것으로서 다음의 어느 하나에 해당하는 것을 말한다. 다만, 「건축법」 제11조에 따른 건축허가를 받아 주택외의 시설과 주택을 동일 건축물로 건축한 것은 제외한다.
   ① 기존 세대수가 20세대 이상인 것. 다만, 지형여건 및 주변 환경으로 보아 사업시행상 불가피하다고 시장·군수가 인정하는 경우에는 아파트 및 연립주택이 아닌 주택을 일부 포함할 수 있다.
   ② 기존 세대수가 20세대 미만으로서 20세대 이상으로 재건축하고자 하는 것. 이 경우 사업계획승인등에 포함되어 있지 아니하는 인접 대지의 세대수를 포함하지 아니한다.

③ 가로주택정비사업의 경우에는 가로구역에 있는 토지 또는 건축물의 소유자 또는 그 지상권자

(9) 주택공사 등

한국토지주택공사 또는 지방공기업법에 따라 주택사업을 수행하기 위하여 설립된 지방공사를 말한다.

(10) 정관 등

"정관등" 이라 함은 다음 각목의 것을 말한다.

① 제20조의 규정에 의한 정관

② 토지등소유자가 자치적으로 정하여 운영하는 규약

③ 시장·군수 또는 자치구의 구청장(이하 "시장·군수" 라 한다) 또는 주택공사 등이 제30조제8호의 규정에 의하여 작성한 시행규정

Ⅱ. 도시 및 주거환경 기본계획

1. 도시 및 주거환경 정비 기본방침 수립

국토해양부장관은 도시 및 주거환경을 개선하기 위하여 10년마다 다음 각 호의 사항을 포함한 기본방침을 수립하고, 5년마다 그 타당성을 검토하여 그 결과를 기본방침에 반영하여야 한다.

1. 도시 및 주거환경 정비를 위한 국가 정책방향
2. 제3조제1항에 따른 도시·주거환경정비기본계획의 수립 방향
3. 노후·불량 주거지 조사 및 개선계획의 수립
4. 도시 및 주거환경 개선에 필요한 재정지원계획
5. 그 밖에 도시 및 주거환경 개선을 위하여 필요한 사항으로서 대통령령으로 정하는 사항

2. 도시·주거환경정비기본계획

(1) 내용

특별시장·광역시장 또는 시장은 다음 각호의 사항이 포함된 도시·주거환경정비기본계획(이하 "기본계획" 이라 한다)을 10년 단위로 수립하여야 한다.

다만, 대도시가 아닌 경우 도지사가 기본계획의 수립이 필요하다고 인정하는 시를 제외하고 기본계획을 수립하지 아니할 수 있다. 도시·주거환경정비기본계획에는 다음의 각 사항이 포함되어야 한다.

1. 정비사업의 기본방향
2. 정비사업의 계획기간
3. 인구·건축물·토지이용·정비기반시설·지형 및 환경 등의 현황
4. 주거지 관리계획
5. 토지이용계획·정비기반시설계획·공동이용시설설치계획 및 교통계획
6. 녹지·조경·에너지공급·폐기물처리 등에 관한 환경계획
7. 사회복지시설 및 주민문화시설 등의 설치계획

7의2. 도시의 광역적 재정비를 위한 기본방향

8. 정비구역으로 지정할 예정인 구역(이하 "정비예정구역"이라 한다)의 개략적 범위

9. 단계별 정비사업추진계획(정비예정구역별 정비계획의 수립시기를 포함하여야 한다)
10. 건폐율·용적률 등에 관한 건축물의 밀도계획
11. 세입자에 대한 주거안정대책
12. 그 밖에 주거환경 등을 개선하기 위하여 필요한 사항으로서 대통령령(시행령 제8조)이 정하는 사항

(2) 수립권자

① 의무적 수립권자

특별시장·광역시장 또는 시장

② 임의적 수립권자

특별시와 광역시, 인구가 50만 이상의 대도시가 아닌 시(市)로서 도지사가 수립이 필요하다고 인정하는 경우 시장이 수립, 대도시 시장이 아닌 시장은 기본계획 수립 또는 변경할 때에는 도지사의 승인을 얻어야 한다. 이 경우 도지사는 지방도시계획위원회의 심의를 거쳐 승인하여야 한다.

참고

대도시 시장이 아닌 시장은 기본계획을 수립하지 않을 수도 있으며, 군수는 수립권자가 될 수 없으며, 특별시장 광역시장 또는 대도시의 시장은 기본계획 수립시 국토부장관의 승인을 얻을 필요가 없다.

(3) 수립단위

① 특별시장·광역시장 또는 시장은 기본계획을 10년 단위로 수립
② 수립된 기본계획은 매 5년마다 그 타당성 여부를 검토하여 그 결과를 기본계획에 반영하여야 한다.
③ 기본계획의 작성기준 및 작성방법은 국토해양부장관이 정한다.

2. 도시·주거환경정비기본계획 수립 및 변경절차

의견청취(주민, 지방자치의회) → 협의, 심의 → 고시, 보고

(1) 의견청취

① 특별시장·광역시장 또는 시장은 기본계획 수립 및 변경할 때에는 14일 이상 주민에게 공람하고 지방의회의 의견을 들어야 한다.

② 지방의회는 특별시장·광역시장 또는 시장이 기본계획을 통지한 날부터 60일 이내에 의견을 제시해야 한다. 의견제시 없이 60일이 경과한 경우 이의가 없는 것으로 본다.

(2) 협의, 심의

① 특별시장·광역시장·도지사(이하 "시·도지사"라 한다) 또는 대도시의 시장은 지방도시계획위원회의 심의를 거치기 전에 관계 행정기관의 장과 협의하여야 한다.

② 특별시장·광역시장 또는 시장은 기본계획을 수립 및 변경하는 경우에는 지방도시계획위원회의 심의를 거쳐야 한다. 단 대도시의 시장이 아닌 시장이 기본계획을 수립 또는 변경하는 경우에는 지방도시계획위원회의 심의를 제외한다.

(3) 고시, 보고

① 특별시장·광역시장 또는 시장은 기본계획이 수립 또는 변경된 때에는 이를 지체없이 당해 지방자치단체 공보에 고시하여야 한다.

② 특별시장·광역시장 또는 시장은 기본계획을 수립하거나 변경한 때에는 국토해양부장관에게 보고하여야 한다.

(4) 수립효력

① 기본계획은 국민에 대하여는 구속력이 없는 행정계획이다. 따라서 기본계획은 행정쟁송의 대상이 되지 못하며, 실효제도도 없다.

② 가로주택정비사업에 대하여는 기본계획 수립 규정을 적용하지 않는다.

Ⅲ. 정비계획의 수립 및 정비구역

1. 정비계획 수립권자 및 내용

① 시장·군수는 기본계획에 적합한 범위에서 노후·불량건축물이 밀집하는 등 대통령령으로 정하는 요건(시행령 제10조)에 해당하는 구역에 대하여 다음 각 호의 사항이 포함된 정비계획을 수립한다.

1. 정비사업의 명칭
2. 정비구역 및 그 면적
3. 도시·군계획시설의 설치에 관한 계획
4. 공동이용시설 설치계획
5. 건축물의 주용도·건폐율·용적률·높이에 관한 계획
6. 환경보전 및 재난방지에 관한 계획
7. 정비구역 주변의 교육환경 보호에 관한 계획
8. 세입자 주거대책
9. 정비사업시행 예정시기
10. 지구단위계획의 내용에 관한 계획(필요한 경우에 한한다)
11. 그 밖에 정비사업의 시행을 위하여 필요한 사항으로서 대통령령으로 정한 다음 사항
   ① 정비사업의 시행방법
   ② 정비구역의 전부 또는 일부를 수용하여 주택을 건설한 후 토지등 소유자에게 우선 공급하는 방법으로 시행하는 주거환경개선사업의 경우 법 제7조의 규정에 의한 사업시행자로 예정된 자
   ③ 기존 건축물의 정비·개량에 관한 계획
   ④ 정비기반시설의 설치계획
   ⑤ 법 제34조에 따라 정비구역을 둘 이상의 구역으로 분할하거나 서로 떨어진 둘 이상의 구역 또는 정비구역을 하나의 구역으로 결합하여 정비사업을 시행하는 경우 그 분할 또는 결합에 관한 계획
   ⑥ 건축물의 건축선에 관한 계획
   ⑦ 홍수 등 재해에 대한 취약요인에 관한 검토결과
   ⑧ 정비구역 및 주변지역의 주택수급에 관한 사항
   ⑨ 안전 및 범죄예방에 관한 사항
   ⑩ 그 밖에 정비사업의 원활한 추진을 위하여 시·도 조례가 정하는 사항

② 시장·군수는 수립한 정비계획을 주민에게 서면으로 통보한 후 주민설명회를 하고 30일 이상 주민에게 공람하며 지방의회의 의견을 들어야 한다.

③ 시장·군수는 지방의회 의견서를 첨부하여 시·도지사에게 정비구역지정을 신청하여야 하고, 정비계획의 내용을 변경할 필요가 있을 때에는 같은 절차를 거쳐 변경지정을 신청하여야 한다.

④ 대통령령으로 정하는 경미한 사항을 변경하는 경우에는 주민에 대한 서면통보, 주민설명회, 주민공람 및 지방의회의 의견청취절차를 거치지 아니할 수 있다.

⑤ 가로주택정비사업은 정비계획 수립 및 정비구역을 지정하지 않아도 된다.

2. 정비구역의 지정권자

① 시장·군수가 정비계획을 수립하여 정비구역을 신청한 지역을 대상으로 시·도지사가 정비구역을 지정한다.

② 대도시의 시장은 시·도지사에게 정비구역지정을 신청하지 않고 직접 정비구역을 지정(변경지정 포함)한다.

3. 정비계획 입안 제안

(1) 제안사유

토지등소유자는 다음 각 호의 어느 하나에 해당하는 경우에 시장·군수에게 정비계획의 입안을 제안할 수 있으며, 이 경우 정비계획의 제안을 위한 토지등 소유자의 동의, 제안서의 처리 등에 관하여 필요한 사항은 대통령령으로 정한다.

1. 단계별 정비사업추진계획상 정비계획의 수립시기가 1년(시·도 조례로 그 이상의 연수로 정하는 경우에는 그 연수로 한다) 이상 경과하였음에도 불구하고 정비계획이 수립되지 아니한 경우
2. 토지등소유자가 주택공사등을 사업시행자로 요청하고자 하는 경우
3. 대도시가 아닌 시 또는 군으로서 시·도 조례로 정하는 경우

(2) 제안절차

① 시장·군수에게 정비계획의 입안을 제안하려는 때에는 토지등소유자의 동의를 받은 후 제안서에 정비계획도서, 계획설명서, 그 밖의 필요한 서류를 첨부하여 시장·군수에게 제출하여야 한다.

② 시장·군수는 제안일부터 60일 이내에 정비계획에의 반영여부를 제안자에게 통보하여야 한다. 다만, 부득이한 사정이 있는 경우에는 한 차례만 30일을 연장 할 수 있다.

4. 정비구역 지정 절차

기초조사 → 의견청취 → 심의 → 고시, 보고, 열람

(1) 기초조사

시장·군수가 정비계획을 수립할 때에는 일정한 사항을 조사하여 정비계획 수립 대상구역의 요건에 적합한지 여부를 확인하여야 한다.

(2) 의견청취(주민, 지방자치단체 의회)

① 시장·군수는 정비계획을 수립하여 이를 주민에게 서면으로 통보한 후 주민 설명회를 하고 30일 이상 주민에게 공람하고

② 지방의회의 의견을 들은 후 이를 첨부하여 시·도지사에게 정비구역지정을 신청한다.

(3) 심의

① 정비구역 지정 신청을 받은 시·도지사 또는 대도시의 시장은 정비구역 지정 또는 변경지정하고자 하는 경우에는 지방도시계획위원회의 심의를 거쳐야한다.

② 경미한 사항을 변경하고자 하는 경우에는 지방도시계획위원회의 심의를 거치지 아니할 수 있다.

(4) 고시, 보고, 열람

① 시·도지사 또는 대도시의 시장은 정비구역을 지정 또는 변경 지정한 경우에는 당해 지방자치단체의 공보에 고시한다.

② 또한 국토해양부령이 정하는 방법 및 절차에 따라 국토해양부장관에게 그 지정내용 또는 변경지정내용을 보고하여야 하며, 관계 서류를 일반인이 열람할 수 있도록 하여야 한다.

5. 정비구역지정 고시의 효과

(1) 지구단위계획구역 및 지구단위계획 결정·고시의 의제

정비구역의 지정 또는 변경지정에 대한 고시가 있는 경우 당해 정비구역 및 정비계획 중 지구단위계획에 해당하는 사항은 지구단위계획 및 지구단위계획구역으로 결정·고시된 것으로 본다.

(2) 정비구역으로 지정·고시 의제

지구단위계획구역에 정비계획의 내용을 모두 포함한 지구단위계획을 결정·고시하는 경우 당해 지구단위계획구역은 정비구역으로 지정·고시된 것으로 본다.

(3) 법률규정의 완화적용

정비계획을 통한 토지의 효율적인 활용을 도모하기 위하여 지구단위계획구역에 적용되는 건폐율 등의 완화규정은 정비계획에 관하여 이를 준용한다. 이 경우 "지구단위계획구역" 은 "정비구역" 으로, "지구단위계획" 은 "정비계획" 으로 본다.

6. 정비구역 안에서의 행위제한

(1) 원칙

정비구역 안에서 다음에 해당하는 행위를 하고자 하는 자는 시장·군수의 허가를 받아야 한다. 허가받은 사항을 변경하고자 할 때에도 같다.

시장·군수는 이를 위반한 자에 대하여 원상회복을 명할 수 있다. 이 경우 명령을 받은 자가 그 의무를 이행하지 아니하는 때에는 시장·군수는 「행정대집행법」에 따라 이를 대집행할 수 있다.

1. 건축물의 건축 등 : 건축물(가설건축물을 포함한다)의 건축, 용도변경
2. 공작물의 설치 : 인공을 가하여 제작한 시설물의 설치
3. 토지의 형질변경 : 절토·성토·정지·포장 등의 방법으로 토지의 형상을 변경하는 행위, 토지의 굴착 또는 공유수면의 매립
4. 토석의 채취 : 흙·모래·자갈·바위 등의 토석을 채취하는 행위.
5. 토지분할
6. 물건을 쌓아놓는 행위 : 이동이 용 이하지 않는 물건을 1월 이상 쌓아놓는 것
7. 죽목의 벌채 및 식재

※ 시장·군수는 허가를 하고자 하는 경우로서, 시행자가 있는 경우에는 미리 그 시행자의 의견을 들어야 한다.

(2) 예외

다음의 어느 하나에 속하는 경우에는 허가를 받지 않고 할 수 있다.

1. 재해복구 또는 재난수습에 필요한 응급조치를 위하여 하는 행위
2. 농림수산물의 생산에 직접 이용되는 것으로서 국토해양부령이 정하는 간이 공작물의 설치
3. 경작을 위한 토지의 형질변경
4. 정비구역의 개발에 지장을 주지 아니하고 자연경관을 손상하지 아니하는 범위 안에서의 토석의 채취
5. 정비구역 안에 존치하기로 결정된 대지 안에서 물건을 쌓아놓는 행위
6. 관상용 죽목의 임시식재(경작지에서의 임시식재를 제외한다)

참고

도시개발법에 의한 도시개발구역과 도시 및 주거환경정비법에 의한의 정비구역의 행위제한은 기본적으로 같지만, 도시개발구역은 허가권자가 특별시장, 광역시장, 특별자치도지사, 시장 또는 군수인데 반하여, 정비구역은 시장, 군수라는 차이가 있다.

7. 기득권보호

허가를 받아야 하는 행위로서 정비구역의 지정 및 고시 당시 이미 관계법령에 따라 행위허가를 받았거나 허가를 받을 필요가 없는 행위에 관하여 그 공사 또는 사업에 착수한 자는 정비구

역이 지정·고시된 날부터 30일 이내에 그 공사 또는 사업의 진행상황과 시행계획을 첨부하여 관할 시장·군수에게 신고한 후 이를 계속 시행할 수 있다.

8. 행위제한의 소급

국토해양부장관, 시·도지사 또는 시장·군수는 비경제적인 건축행위 및 투기 수요의 유입 방지를 위하여 기본계획을 공람 중인 정비예정구역 또는 정비계획을 수립 중인 지역에 대하여 3년 이내의 기간(1회에 한하여 1년의 범위 안에서 연장할 수 있다)을 정하여 다음 각 호의 행위를 제한할 수 있다.

1. 건축물의 건축
2. 토지의 분할

Ⅳ. 정비(예정)구역의 해제

1. 해제요청

(1) 시장·군수는 정비예정구역 또는 정비구역(이하 "정비구역등"이라 한다)이 다음의 어느 하나에 해당하는 경우 시·도지사 또는 대도시의 시장에게 정비구역등의 해제를 요청하여야 한다.

① 정비예정구역에 대하여 기본계획에서 정한 정비구역 지정 예정일부터 3년이 되는 날까지 시장·군수가 정비구역 지정을 신청하지 아니하는 경우

② 주택재개발사업·주택재건축사업을 조합이 시행하는 경우 다음의 어느 하나에 해당하는 경우

가. 토지등소유자가 정비구역으로 지정·고시된 날부터 2년이 되는 날까지 조합 설립추진위원회 승인을 신청하지 아니하는 경우

나. 토지등소유자가 정비구역으로 지정·고시된 날부터 3년이 되는 날까지 조합 설립인가를 신청하지

아니하는 경우(추진위원회를 구성하지 아니하는 경우로 한정한다)
다. 추진위원회가 추진위원회 승인일부터 2년이 되는 날까지 조합 설립인가를 신청하지 아니하는 경우
라. 조합 설립인가를 받은 날부터 3년이 되는 날까지 사업시행인가를 신청하지 아니하는 경우

③ 도시환경정비사업을 토지등소유자가 시행하는 경우로서 토지등소유자가 정비구역으로 지정·고시된 날부터 5년이 되는 날까지 사업시행인가를 신청하지 아니하는 경우
④ 주거환경개선사업은 정비구역이 지정·고시된 날부터 15년 이상 경과하고 토지등소유자의 3분의 2 이상이 정비구역의 해제에 동의하는 경우
⑤ 추진위원회의 승인 또는 조합 설립인가가 취소되는 경우

(2) 공람 및 의견청취

시장·군수가 시·도지사 또는 대도시의 시장에게 정비구역등의 해제를 요청하는 경우, 시장·군수는 정비구역등의 해제에 관한 내용을 30일 이상 주민에게 공람하고 지방의회의 의견을 들은 후(이 경우 지방의회는 시장·군수가 정비구역 지정의 취소에 관한 계획을 통지한 날부터 60일 이내에 의견을 제시하여야 하며, 의견제시 없이 60일이 지난 경우 이의가 없는 것으로 본다) 이를 첨부하여야 한다.

(3) 심의

정비구역등의 해제를 요청받은 시·도지사 또는 대도시의 시장은 지방도시계획위원회의 심의를 거쳐 정비구역 등을 해제하여야 한다.

2. 시·도지사·대도시의 시장의 해제

다음의 경우에는 시·도지사·대도시의 시장은 지방도시계획위원회의 심의를 거쳐 정비구역등의 지정을 해제할 수 있다.
① 정비사업의 시행에 따른 토지등소유자의 과도한 부담이 예상되는 경우
② 추진 상황으로 보아 지정 목적을 달성할 수 없다고 인정하는 경우
③ 토지등소유자의 30% 이상이 정비구역등(추진위원회가 구성되지 아니한 구역에 한한다)의 해제를 요청하는 경우

3. 해제의 효력

① 정비구역등이 해제된 경우에는 정비계획으로 변경된 용도지역, 정비기반시설 등은 정비구역 지정 이전의 상태로 환원된 것으로 본다.

② 정비구역등이 해제된 경우 시·도지사 또는 대도시의 시장은 해제된 정비구역을 주거환경관리사업구역으로 지정할 수 있다.

Ⅴ. 주택의 규모 및 건설비율

(1) 국토해양부장관은 주택수급의 안정과 저소득 주민의 입주기회 확대를 위하여 정비사업(가로주택정비사업은 제외한다)으로 건설하는 주택에 대하여 다음 각 호의 구분에 따른 범위에서 주택의 규모 및 규모별 비율 등을 정하여 고시할 수 있으며, 사업시행자는 고시된 내용에 따라 주택을 건설하여야 한다.

① 국민주택규모의 주택이 전체 세대 수의 90% 이하로서 대통령령으로 정하는 범위

② 임대주택이 전체 세대수 또는 전체 연면적의 30% 이하로서 대통령령으로 정하는 범위

(2) 주거환경개선사업의 경우

① 분양을 목적으로 건설하는 주택은 국민주택규모의 주택이 건설하는 주택전체 세대수의 90% 이하

② 임대주택은 건설하는 주택 전체 세대수의 30% 이하로 하되, 주거전용면적이 40㎡ 이하인 임대주택이 전체 임대주택 세대수의 50% 이하

(3) 주택재개발사업의 경우

① 분양을 목적으로 건설하는 주택은 국민주택규모의 주택이 건설하는 주택 전체 세대수의 80% 이하

② 임대주택의 경우 다음의 어느 하나에 해당하는 범위

㉠ 임대주택은 건설하는 주택 전체 세대수(법 제30조의3제1항에 따라 정비계획으로 정한 용적률을 초과하여 건축함으로써 증가된 세대수는 제외한다)의 100분의 20 이하(법

제30조의3제3항에 따라 공급되는 임대주택은 제외한다)로 하되, 주거전용면적이 40제곱미터 이하인 임대주택이 전체 임대주택 세대수(법 제30조의3제3항에 따라 공급되는 임대주택은 제외한다)의 100분의 40 이하

㉡ 임대주택(주거전용면적 60제곱미터 이하로 한정하되, 법 제30조의3제3항에 따라 공급되는 임대주택은 제외한다)의 주거전용면적 합계가 건설하는 주택의 연면적 합계(법 제30조의3제1항에 따라 정비계획으로 정한 용적률을 초과 하여 건축함으로써 증가된 연면적은 제외한다)의 100분의 15 이하로 하되, 주거전용면적이 40제곱미터 이하인 임대주택이 전체 임대주택 세대수(법 제30조의3제3항에 따라 공급되는 임대주택은 제외한다)의 100분의 40 이하

(4) 주택재건축사업의 경우

① 국민주택규모의 주택이 건설하는 주택 전체 세대수의 60% 이하로 하되, 전체 연면적에서 차지하는 비율이 50% 이하

② 과밀억제권역에서 300세대 이상의 주택을 건설하는 경우에는 국토해양부장관이 고시한 범위에서 시·도 조례로 주택의 규모 및 건설비율에 관하여 따로 정하는 경우에는 그 규모 및 건설비율에 따른다.

다만, 주택재건축사업조합의 조합원에게 분양하는 주택은 기존 주택의 주거전용면적의 10% 범위에서 그 규모를 확대할 수 있다.

(5) 가로주택정비사업의 경우

① 사업시행자는 가로구역에 있는 기존 단독주택의 호수(戶數)와 공동주택의 세대수를 합한 수 이상의 주택을 공급하여야 한다.

② 가로주택정비사업으로 건설하는 건축물의 층수는 7층 이하로 한다. 다만, 「국토의 계획 및 이용에 관한 법률」에서 용도지역별 건축물의 층수를 7층 이하의 범위에서 정하고 있는 경우에는 그에 따른다.

제 2 장

정비사업의 시행

Ⅰ. 주택재건축사업의 안전진단

1. 주택재건축사업을 위한 안전진단 실시

(1) 실시시기 및 실시대상

① 시장·군수는 정비계획의 수립 또는 주택재건축사업의 시행여부를 결정하기 위하여 다음 각 호의 어느 하나에 해당하는 경우 안전진단을 실시하여야 한다.
다만, 제2호부터 제5호까지의 경우에는 시장·군수는 안전진단에 소요되는 비용을 해당 안전진단 실시를 요청하는 자에게 부담하게 할 수 있나.

1. 주택재건축사업의 정비예정구역별 정비계획의 수립시기가 도래한 때
2. 정비계획의 입안을 제안하고자 하는 자가 입안을 제안하기 전에 해당 정비예정구역 안에 소재한 건축물 및 그 부속토지의 소유자 10% 이상의 동의를 얻어 안전진단 실시를 요청하는 때
3. 정비구역이 아닌 구역에서 주택재건축사업을 시행하고자 하는 자가 추진위원회 구성 승인을 신청하기 전에 해당 사업예정구역 안에 소재한 건축물 및 그 부속토지의 소유자 10% 이상의 동의를 얻어 안전진단 실시를 요청하는 때
4. 정비예정구역을 지정하지 아니한 지역에서 주택재건축사업을 하려는 자가 사업예정구역에 있는 건축물 및 그 부속토지의 소유자 10% 이상의 동의를 받아 안전진단을 요청하는 경우
5. 내진성능이 확보되지 아니한 건축물 중 중대한 기능적 결함 또는 부실 설계·시공으로 인한 구조적 결함 등이 있는 건축물로서 대통령령으로 정하는 건축물의 소유자로서 주택재건축사업을 시행하고자 하는 자가 해당 사업예정구역에 소재한 건축물 및 그 부속토지의 소유자 10분의 1 이상의 동의를 받아 안전진단 실시를 요청하는 때

② 주택재건축사업의 안전진단은 주택단지내의 건축물을 대상으로 한다. 다만, 대통령령으로 정한 주택단지내 다음 건축물의 경우에는 안전진단 대상에서 제외할 수 있다.

> 1. 천재·지변 등으로 주택이 붕괴되어 신속히 재건축을 추진할 필요가 있다고 시장·군수가 인정하는 것
> 2. 주택의 구조안전상 사용금지가 필요하다고 시장·군수가 인정하는 것
> 3. 노후불량건축물 수에 관한 기준을 충족한 경우 잔여 건축물
> 4. 진입도로 등 기반시설 설치를 위하여 불가피하게 정비구역에 포함된 것으로 시장·군수가 인정하는 건축물

③ 시장·군수는 안전진단의 요청이 있는 공동주택이 노후·불량건축물에 해당하지 아니함이 명백하다고 인정하는 경우에는 그 사유를 명시하여 요청을 반려할 수 있다.

(2) 실시결정 및 실시의뢰

① 시장·군수는 현지조사 등을 통하여 해당 건축물의 구조안전성, 건축마감, 설비노후도 및 주거환경 적합성 등을 심사하여 안전진단 실시여부를 결정하여야 하며, 안전진단의 실시가 필요하다고 결정한 경우에는 안전진단기관에 안전진단을 의뢰하여야 한다.

② 시장·군수는 안전진단의 요청일부터 30일 이내에 실시여부를 결정하여 요청인에게 통보하여야 한다. 이 경우 시장·군수는 안전진단 실시 여부를 결정하기 전에 단계별 정비사업 추진계획 등의 사유로 주택재건축사업의 시기를 조정할 필요가 있다고 인정하는 경우에는 안전진단의 실시시기를 조정할 수 있다.

(3) 실시기준 및 결과보고

시장·군수로부터 의뢰 받은 안전진단기관은 국토부장관이 정하는 기준에 따라 안전진단을 실시하며, 안전진단결과보고서를 작성하여 시장·군수 및 안전진단 실시를 요청한 자에게 제출하여야 한다.

2. 안전진단결과 적정성 여부 검토

① 시장·군수는 안전진단전문기관이 제출한 안전진단결과보고서를 받은 경우에는 한국시설안전공단 또는 한국건설기술연구원에 안전진단결과보고서의 적정 여부에 대한 검토를 의뢰할 수 있다.

② 안전진단결과보고서를 제출 받은 시·도지사는 필요한 경우 한국시설안전공단 또는 한국건설기술연구원에 안전진단결과의 적정성 여부에 대한 검토를 의뢰할 수 있다
③ 국토해양부장관은 시·도지사에게 제출받은 자료의 제출을 요청할 수 있으며, 필요한 경우 시·도지사로 하여금 안전진단결과의 적정성 여부에 대한 검토를 하도록 요청할 수 있다
④ 시·도지사는 검토결과에 따라 시장·군수에게 정비계획 수립결정 또는 주택재건축사업시행결정의 취소 등 필요한 조치를 요청할 수 있으며, 시장·군수는 특별한 사유가 없는 한 이에 응하여야 한다.

3. 정비계획수립 또는 주택재건축사업시행 여부결정

① 시장·군수는 안전진단의 결과와 도시계획 및 지역여건 등을 종합적으로 검토 하여 정비계획의 수립 또는 주택재건축사업의 시행여부를 결정하여야 한다.
② 시장·군수는 정비계획의 수립 또는 주택재건축사업의 시행을 결정한 경우에는 지체 없이 시·도지사에게 결정내용과 해당안전진단결과보고서를 제출하여야 한다.

4. 안전진단 비용부담

① 안전진단에 드는 비용은 시장·군수가 부담한다
② 안전진단의 실시가 요청된 경우 시장·군수는 시·도 조례로 정하는 방법과 절차에 따라 안전진단에 드는 비용의 전부 또는 일부를 안전진단의 실시를 요청하는 자에게 부담하게 할 수 있다.

Ⅱ. 정비사업별 시행방법

〈정비사업별 시행방식〉

주거환경개선사업	1.스스로주택 등 개량 2.수용 3.환지 4.관리처분계획 (혼용가능)
주택재개발사업	1.관리처분계획 2.환지
주택재건축사업	1.관리처분계획
도시환경정비사업	1.관리처분계획 2.환지
주거환경관리사업	1.스스로주택 등 개량.
가로주택정비사업	1.관리처분계획

1. 주거환경개선사업

주거환경개선사업은 다음의 방법 또는 이를 혼용하는 방법에 따른다.

① 시행자가 정비구역안에서 정비기반시설을 새로 이 설치하거나 확대하고 토지등소유자가 스스로 주택을 개량하는 방법
② 주거환경개선사업의 시행자가 정비구역의 전부 또는 일부를 수용하여 주택을 건설한 후 토지등소유자에게 우선 공급하는 방법
③ 주거환경개선사업의 시행자가 환지로 공급하는 방법
④ 인가받은 관리처분계획에 따라 주택 및 부대시설·복리시설을 건설하여 공급하는 방법

2. 주택재개발사업

① 인가받은 관리처분계획에 따라 주택 및 부대·복리시설을 건설하여 공급하는 방법
② 환지로 공급하는 방법에 의한다

3. 주택재건축사업

인가받은 관리처분계획에 따라 주택 및 부대·복리시설을 건설하여 공급하는 방법에 의한다.

4. 도시환경정비사업

① 인가받은 관리처분계획에 따라 건축물을 건설하여 공급하는 방법
② 환지로 공급하는 방법

5. 주거환경관리사업

정비구역에서 정비기반시설 및 공동이용시설을 새로 설치하거나 확대하고 토지등소유자가 스스로 주택을 보전·정비하거나 개량하는 방법으로 한다.

6. 가로주택정비사업

사업시행자가 가로구역에서 인가받은 관리처분계획에 따라 주택 등을 건설하여 공급하거나 보전 또는 개량하는 방법으로 한다.

Ⅲ. 정비사업별 시행자

1. 주거환경개선사업의 시행자

(1) 원칙

① 공람공고일 현재 해당 정비예정구역안의 토지 또는 건축물의 소유자 또는 지상권자의 2/3 이상(스스로 주택을 개량하는 경우에는 과반수의 동의와
② 세입자(공람공고일 3월 전부터 당해 정비예정구역안에 3월 이상 거주하고 있는 자)세대

수 과반수의 동의를 각각 얻어

③ 시장·군수가 직접 시행하거나 주택공사등을 사업시행자로 지정하여 이를 시행하게 할 수 있다.

④ 다만, 다음의 경우에는 세입자의 동의가 필요 없다.

참고 | 세입자 동의가 필요 없는 경우

1. 세입자의 세대수가 토지등소유자의 1/2 이하인 경우
2. 정비구역 지정고시일 현재 당해 지역이 속한 시·군·구에 보금자리주택(임대주택만 해당한다) 등 세입자가 입주 가능한 임대주택이 충분하여 임대주택을 건설할 필요가 없다고 시·도지사가 인정하는 경우
3. 시행자가 스스로 주택을 개량하는 방법 또는 환지로 공급하는 방법으로 사업을 시행하는 경우

(2) 예외

① 시장·군수는 천재·지변 그 밖의 불가피한 사유로 인하여 건축물의 붕괴우려가 있어 긴급히 정비사업을 시행할 필요가 있다고 인정하는 경우에는 토지등소유자 및 세입자의 동의없이 자신이 직접 시행하거나 주택공사등을 사업시행자로 지정하여 시행하게 할 수 있다.

② 이 경우 시장·군수는 지체 없이 토지등소유자에게 긴급한 정비사업의 시행사유·시행방법 및 시행시기 등을 통보하여야 한다.

2. 주택재개발사업의 시행자

① 조합의 단독시행

② 조합이 조합원 과반수의 동의를 얻어 시장·군수, 주택공사등, 건설업자, 등록사업자, 신탁업자, 한국감정원과 공동으로 시행할 수 있다.

3. 주택재건축사업의 시행자

① 조합의 단독시행

② 조합이 조합원 과반수의 동의를 얻어 시장·군수 또는 주택공사 등과 공동으로 시행할 수 있다.

4. 도시환경정비사업의 시행자

① 조합 또는 토지등소유자의 단독시행

② 조합 또는 토지등소유자가 조합원 또는 토지등소유자의 과반수의 동의를 얻어 시장·군수, 주택공사등, LH공사(공장이 포함된 사업의 경우 제외)건설업자, 등록사업자, 신탁업자, 한국감정원과 공동으로 이를 시행할 수 있다.

5. 주거환경관리사업의 시행자

시장·군수가 직접 시행하되, 주택공사등을 사업시행자로 지정하여 시행하게 하려는 경우에는 공람공고일 현재 토지등소유자 과반수의 동의를 받아야 한다.

6. 가로주택정비사업의 시행자

① 조합의 단독시행

② 조합이 조합원 과반수의 동의를 받아 시장·군수, 주택공사등 또는 대통령령으로 정하는 요건을 갖춘 자와 공동으로 시행할 수 있다.

Ⅳ. 지정개발자의 시행 및 사업대행

1. 지정개발자의 시행

① 시장·군수는 정비사업이 아래 어느 하나에 해당하는 때에는 직접 정비사업(주거환경개선사업은 제외한다)을 시행하거나, 시장·군수가 지정개발자 또는 주택공사 등을 사업시행자로 지정하여 정비사업을 시행하게 할 수 있다.

1. 천재·지변 그 밖의 불가피한 사유로 인하여 긴급히 정비사업을 시행할 필요가 있다고 인정되는 때
2. 정비계획에서 정한 정비사업시행 예정일부터 2년 이내에 사업시행인가를 신청하지 아니하거나

> 사업시행인가를 신청한 내용이 위법 또는 부당하다고 인정되는 때(주택재건축사업의 경우는 제외한다)
>
> 3. 추진위원회가 시장·군수의 구성 승인을 얻은 날부터 3년 이내에 조합의 설립인가를 신청하지 아니하거나, 조합이 설립인가를 얻은 날부터 3년 이내에 사업시행인가를 신청하지 아니하는 경우(이 경우 시장·군수는 제5항에 따른 사업시행자 지정 고시일 다음날에 추진위원회의 구성 승인 또는 조합의 설립인가는 취소된 것으로 본다)
> 4. 지방자치단체의 장이 시행하는 도시·군계획사업과 병행하여 정비사업을 시행할 필요가 있다고 인정되는 때
> 5. 순환정비방식에 의하여 정비사업을 시행할 필요가 인정되는 때
> 6. 사업시행인가가 취소된 때
> 7. 당해 정비구역안의 국·공유지면적 또는 국·공유지와 주택공사등이 소유한 토지를 합한 면적이 전체 토지면적의 2분의 1 이상으로서 토지등소유자의 과반수가 시장·군수 또는 주택공사등을 사업시행자로 지정하는 것에 동의하는 때
> 8. 당해 정비구역안의 토지면적 2분의 1 이상의 토지소유자와 토지등소유자의 3분의 2 이상에 해당하는 자가 시장·군수 또는 주택공사등을 사업시행자로 지정할 것을 요청하는 때.

② 지정개발자란 토지등소유자·민관합동법인 또는 신탁업자로서 아래의 요건을 갖춘자를 말한다.

> 1. 정비구역(정비구역이 아닌 구역안에서 주택재건축사업이 시행되는 경우에는 그 구역을 말한다)안의 토지면적의 50% 이상을 소유한 자로서 토지등소유자의 50% 이상의 추천을 받은 자
> 2. 「사회기반시설에 대한 민간투자법」에 의한 민관합동법인(민간투자사업의 부대사업으로 시행하는 경우에 한한다)으로서 토지등소유자의 50% 이상의 추천을 받은 자
> 3. 「자본시장과 금융투자업에 관한 법률」에 따른 신탁업자로서 정비구역의 토지 면적의 1/3 이상의 토지를 신탁받은 자

2. 정비사업의 대행

(1) 사업대행 사유

시장·군수는 장기간 정비사업이 지연되거나 권리관계에 대한 분쟁 등으로 인하여 해당 조합 또는 토지등소유자가 시행하는 정비사업을 계속 추진하기 어렵다고 인정하는 때에는, 조합 또는 토지등소유자를 대신하여 직접 정비사업을 시행하거나 지정개발자 또는 주택공사등으로 하

여금 당해 조합 또는 토지등소유자를 대신하여 정비사업을 시행하게 할 수 있다.

(2) 대행자의 권리

① 정비사업을 대행하는 시장·군수, 지정개발자 또는 주택공사등(이하 "사업대행자"라 한다)은 사업시행자에게 청구할 수 있는 보수 또는 비용의 상환에 대한 권리로써 사업시행자에게 귀속될 대지 또는 건축물을 압류할 수 있다.

② 사업대행자가 사업시행자에게 보수 또는 비용의 상환을 청구함에 있어서는 그 보수 또는 비용을 지출한 날 이후의 이자를 청구할 수 있다.

(3) 사업대행 개시결정 및 고시 등

① 시장·군수는 정비사업을 직접 시행하거나 지정개발자 또는 주택공사 등으로 하여금 정비사업을 대행하게 하고자 하는 때에는 사업대행개시결정을 하여 당해 지방자치단체의 공보등에 고시하여야 하며, 시장·군수는 토지등소유자 및 사업시행자에게 고시내용을 통지하여야 한다.

② 위 고시가 있은 때에는 사업대행자는 그 고시일의 다음 날부터 사업대행완료의 고시일까지 자기의 이름 및 사업시행사의 계산으로 시업시행자의 업무를 집행하고 재산을 관리한다.

(4) 사업대행의 완료

① 사업대행자는 사업대행의 원인이 된 사유가 없어지거나 등기를 완료한 때에는 사업대행을 완료하여야 한다. 이 경우 시장·군수가 아닌 사업대행자는 미리 시장·군수에게 사업대행을 완료할 뜻을 보고하여야 한다.

② 시장·군수는 사업대행이 완료된 때에는 대행관련 사항과 사업대행완료일을 당해 지방자치단체의 공보 등에 고시하고, 토지등소유자 및 사업시행자에게 각각 통지하여야 한다.

③ 사업대행자는 사업대행완료의 고시가 있은 때에는 지체없이 사업시행자에게 업무를 인계하여야 하며, 사업시행자는 정당한 사유가 없는 한 이를 인수하여야 한다.

④ 인계·인수가 완료된 때에는 사업대행자가 정비사업을 대행함에 있어서 취득하거나 부담한 권리와 의무는 사업시행자에게 승계된다.

Ⅴ. 시공자의 선정

1. 시공자의 선정시기

조합은 조합설립인가를 받은 후 조합총회에서 국토해양부장관이 정하는 경쟁입찰의 방법으로 건설업자 또는 등록사업자를 시공자로 선정하여야 한다. 다만, 조합원이 100명 이하인 정비사업의 경우에는 조합총회에서 정관으로 정하는 바에 따라 선정할 수 있다.

2. 선정시기의 특례

(1) 도시환경정비사업을 토지등소유자가 시행하는 경우

사업시행인가를 받은 후 규약으로 정하는 바에 따라 건설업자 또는 등록사업자를 시공자로 선정하여야 한다.

(2) 시장·군수가 직접 시행 또는 주택공사등을 사업시행자로 지정한 경우

사업시행자는 사업시행자 지정 고시 후 건설업자 또는 등록사업자를 시공자로 선정하여야 한다. 이 경우 주민대표회의는 경쟁입찰(일반경쟁입찰, 제한경쟁입찰, 지명경쟁입찰)로 시공자를 추천할 수 있다.

주민대표회의가 시공자를 추천한 때에는 시장·군수 또는 주택공사등은 추천한 자를 시공자로 선정하여야 한다.

3. 계약조건

사업시행자(사업대행자를 포함한다)는 선정된 시공자와 공사에 관한 계약을 체결할 때에는 기존 건축물의 철거공사에 관한 사항을 포함하여야 한다.

4. 시공보증

① 조합이 정비사업의 시행을 위하여 시장·군수 또는 주택공사등이 아닌자를 시공자로 선정한 경우 그 시공자는 공사의 시공보증을 위하여 국토해양부령이 정하는 기관의 시공보증서를 조합에 제출하여야 한다.

② 시장·군수는 착공신고를 받는 경우에는 시공보증서 제출여부를 확인하여야한다.

5. 금지행위

누구든지 시공자, 설계자 또는 정비사업전문관리업자의 선정과 관련하여 다음의 행위를 할 수 없다.

① 금품, 향응 또는 그 밖의 재산상 이익을 제공하거나 제공의사를 표시하거나 제공을 약속하는 행위

② 금품, 향응 또는 그 밖의 재산상 이익을 제공받거나 제공의사 표시를 승낙하는 행위

③ 제3자를 통하여 ① 또는②에 해당하는 행위를 하는 행위

제 3 장

조합 및 주민대표회의

Ⅰ. 조합설립추진위원회 설립

1. 조합의 의무적 설립

시장·군수 또는 주택공사등이 아닌 자가 정비사업을 시행하고자 하는 경우에는 토지등소유자로 구성된 조합을 설립하여야 한다. 다만, 도시환경정비사업을 토지등소유자가 시행하고자 하는 경우에는 그러하지 아니하다.

2. 조합설립추진위원회의 의무적 구성

① 조합을 설립하고자 하는 경우에는 정비구역지정 고시(정비구역이 아닌 구역에서의 주택재건축사업의 경우에는 주택재건축사업의 시행결정을 말한다) 후 위원장을 포함한 5인 이상의 위원 및 운영규정에 대한 토지등소유자 과반수의 동의를 받아 조합설립을 위한 추진위원회를 구성하여 시장·군수의 승인을 다만, 가로주택 정비사업의 경우에는 추진위원회를 구성하지 아니한다.

② 토지등소유자의 동의를 받으려는 자는 국토해양부령으로 정하는 동의서에 조합설립추진위원회의 위원장, 위원, 추진위원회의 업무 및 운영규정을 미리 쓴 후 토지등소유자로부터 동의를 받아야 한다.

③ 정비사업에 대하여 공공관리제를 시행하려는 경우에는 추진위원회를 구성하지 아니할 수 있다.

3. 동의

① 추진위원회의 구성에 동의한 토지등소유자는 조합의 설립에 동의한 것으로 본다.

② 다만, 조합설립인가 신청 전에 시장·군수 및 추진위원회에 조합설립에 대한 반대의 의사표시를 한 추진위원회 동의자의 경우에는 그러하지 아니하다.

③ 토지등소유자의 동의를 받고자 하는 자는 그 동의를 받기 전에 대통령령으로 정하는 방법 및 절차에 따라 다음의 내용을 설명·고지하여야 한다.

㉠ 동의를 받으려는 사항 및 목적

㉡ 동의로 인하여 의제되는 사항

㉢ 반대의사 표시의 절차 및 방법

4. 동의철회 표시방법 및 효력발생 시기

① 동의를 철회하거나 반대의 의사표시를 하려는 토지등소유자는 동의의 상대방 및 시장·군수에게 철회서에 인감증명서를 첨부하여 내용증명의 방법으로 발송하여야 한다. 이 경우 시장·군수가 철회서를 받은 때에는 지체없이 동의의 상대방에게 철회서가 접수된 사실을 통지하여야 한다.

② 동의의 철회나 반대의 의사표시는 철회서가 동의의 상대방에게 도달한 때 또는 시장·군수가 동의의 상대방에게 철회서가 접수된 사실을 통지한 때 중 빠른 때에 효력이 발생한다.

5. 조합규정의 준용

조합임원의 결격사유 및 해임규정은 추진위원회 위원에 관하여 준용한다. 이경우 '조합'은 '추진위원회' 로 '임원' 은 '위원' 으로, '조합원' 은 '토지등소유자' 로, '조합장' 은 '추진위원회 위원장' 으로 본다.

Ⅱ. 조합추진위원회 기능

1. 업무범위

1. 정비사업전문관리업자의 선정
2. 설계자의 선정 및 변경
3. 개략적인 정비사업시행계획서의 작성
4. 조합의 설립인가를 받기 위한 준비업무
5. 추진위원회 운영규정의 작성
6. 토지등소유자의 동의서 징구
7. 조합의 설립을 위한 창립총회의 개최
8. 조합정관의 초안 작성
9. 그 밖에 추진위원회 운영규정이 정하는 사항

※ 추진위원회가 정비사업전문관리업자를 선정하고자 하는 경우에는 시장·군수의 추진위원회 승인을 얻은 후 국토해양부장관이 정하는 경쟁입찰의 방법으로 선정하여야 한다.

2. 창립총회의 개최

추진위원회는 조합설립인가를 신청하기 전에 조합설립을 위한 창립총회를 개최하여야 한다.

① 추진위원회는 조합설립인가를 신청하기 전에 대통령령으로 정하는 방법 및 절차에 따라 조합설립을 위한 창립총회를 개최하여야 한다.

② 추진위원회는 창립총회 14일전까지 회의목적·안건·일시·장소·참석자격 및 구비 사항 등을 인터넷 홈페이지를 통해 공개하고, 토지등소유자에게 등기우편으로 발송·통지하여야 한다.

③ 창립총회는 추진위원회 위원장의 직권 또는 토지등소유자 5분의 1 이상의 요구로 추진위원회 위원장이 소집한다. 다만, 토지등소유자 5분의 1 이상의 소집요구에도 불구하고 추진위원회 위원장이 2주 이상 소집요구에 응하지 아니하는 경우 소집요구한 자의 대표가 소집할 수 있다

④ 창립총회에서는 다음 각 호의 업무를 처리한다.

㉠ 조합정관의 확정　㉡ 조합임원의 선임　㉢ 대의원의 선임
㉣ 그 밖에 필요한 사항으로서 사전에 통지한 사항

⑤ 창립총회의 의사결정은 토지등소유자(주택재건축사업의 경우 조합설립에 동의한 토지등소유자로 한정한다)의 과반수 출석과 출석한 토지등소유자 과반수 찬성으로 결의한다. 다만, 조합임원 및 대의원의 선임은 정관에서 정하는 바에 따라 선출한다.

3. 추진위원회 기타 주요업무 수행건

① 추진위원회 업무의 내용이 토지등소유자의 비용부담을 수반하는 것이거나 권리와 의무에 변동을 발생시키는 경우, 정비사업의 시행범위를 확대 또는 축소하려는 때에는 토지등소유자의 과반수 또는 추진위원회의 구성에 동의한 토지등소유자의 3분의 2 이상의 토지등소유자의 동의를 받아야 한다.
② 추진위원회는 조합설립에 필요한 동의를 받기 전에 추정 분담금 등 대통령령으로 정하는 정보를 토지등소유자에게 제공하여야 한다.

4. 추진위원회 조직 및 기타

(1) 임원

추진위원회는 추진위원회를 대표하는 위원장 1인과 감사를 두어야 한다.

(2) 사업의 공개

추진위원회는 법 제15조제1항에 따라 다음 각 호의 사항을 토지등소유자가 쉽게 접할 수 있는 일정한 장소에 게시하거나 인터넷 등을 통하여 공개하고, 필요한 경우에는 토지등소유자에게 서면통지를 하는 등 토지등소유자가 그 내용을 충분히 알 수 있도록 하여야 한다.

1. 안전진단 결과
2. 정비사업전문관리업자의 선정에 관한 사항
3. 토지등소유자의 부담액 범위를 포함한 개략적인 사업시행계획서
4. 추진위원회 임원의 선정에 관한 사항

5. 토지등소유자의 비용부담을 수반하거나 권리·의무에 변동을 일으킬 수 있는 사 항
6. 추진위원회의 업무에 관한 사항
7. 창립총회 개최의 방법 및 절차
8. 조합설립에 대한 동의철회(반대의 의사표시를 포함한다) 및 방법
9. 조합 설립 동의서에 포함되는 사항

※ 8번과 9번은 조합설립인가 신청일 60일 전까지 추진위원회 구성에 동의한 토지등소유자에게 등기우편으로 통지하여야 한다.

(3) 경비의 납부 및 위원 교체

① 추진위원회는 운영규정에 따라 운영하여야 하며, 토지등소유자는 운영에 필요한 경비를 운영규정이 정하는 바에 따라 납부하여야 한다.

② 토지등소유자는 추진위원회의 운영규정이 정하는 바에 따라 추진위원회에 추진위원회 위원의 교체 및 해임을 요구할 수 있으며, 위원의 교체·해임절차 등에 관한 구체적인 사항은 운영규정이 정하는 바에 의한다.

③ 추진위원회는 추진위원회가 행한 업무를 총회에 보고하여야 하며, 추진위원회가 행한 업무와 관련된 권리와 의무는 조합이 포괄승계한다.

④ 추진위원회는 사용경비를 기재한 회계장부 및 관련서류를 조합 설립의 인가일부터 30일 이내에 조합에 인계하여야 한다.

Ⅲ. 조합의 설립 및 조합원 자격

1. 정비조합의 법적성격

① 조합은 법인으로 하며, 공공조합(공법상의 사단법인)에 속한다.

② 조합은 조합 설립의 인가를 받은 날부터 30일 이내에 주된 사무소의 소재지에서 등기함으로써 성립한다.

③ 조합은 그 명칭 중에 "정비사업조합"이라는 문자를 사용하여야 한다.

④ 조합이 동법에 의한 정비사업을 시행하는 경우 주택법을 적용함에 있어서는 조합을 사업주체로 보며, 조합설립인가일부터 주택법에 의한 주택건설사업 등의 등록을 한 것으로

본다.

⑤ 조합에 대해서는 동법에 규정된 것을 제외하고는 민법 중 사단법인에 관한 규정을 준용한다.

2. 조합의 정관작성 및 설립인가

(1) 정관작성

㉠ 조합은 다음 각호의 사항이 포함된 정관을 작성하여야 한다. 국토해양부장관은 표준정관을 작성하여 보급할 수 있다.

㉡ 조합이 정관을 변경하는 경우에는 총회를 개최하여 조합원 과반수(2, 3, 4, 8, 12, 15번의 경우에는 2/3 이상 동의을 말한다)의 동의를 얻어 시장·군수의 인가를 받아야 한다. 다만, 경미한 사항의 변경은 시장·군수에게 신고하여야 한다.

1. 조합의 명칭 및 주소
2. 조합원의 자격에 관한 사항
3. 조합원의 제명·탈퇴 및 교체에 관한 사항
4. 정비사업 예정구역의 위치 및 면석
5. 제21조의 규정에 의한 조합의 임원의 수 및 업무의 범위
6. 조합임원의 권리·의무·보수·선임방법·변경 및 해임에 관한 사항
7. 대의원의 수, 의결방법, 선임방법 및 선임절차
8. 조합의 비용부담 및 조합의 회계
9. 정비사업의 시행연도 및 시행방법
10. 총회의 소집절차·시기 및 의결방법
11. 총회의 개최 및 조합원의 총회소집요구에 관한 사항

11의2. 현금 청산기간에 현금을 지급하지 않은 경우 그 이자 지급에 관한 사항

12. 정비사업비의 부담시기 및 절차
13. 정비사업이 종결된 때의 청산절차
14. 청산금의 징수·지급의 방법 및 절차
15. 시공자·설계자의 선정 및 계약서에 포함될 내용
16. 정관의 변경절차
17. 그 밖에 정비사업의 추진 및 조합의 운영을 위하여 필요한 사항으로서 대통령령이 정하는 사항

(2) 동의 및 조합설립 인가

㉠ 주택재개발사업 및 도시환경정비사업의 추진위원회(추진위원회를 구성하지 아니하는 경우

에는 토지등소유자를 말한다)가 조합을 설립하려면 토지등소유자의 4분의 3 이상 및 토지면적의 2분의 1 이상(가로주택정비사업의 경우에는 토지등소유자의 10분의 9 이상 및 토지면적의 3분의 2 이상)의 토지소유자의 동의를 얻어 다음 각 호의 사항을 첨부하여 시장·군수의 인가를 받아야 하며, 인가받은 사항을 변경하고자 하는 때에도 또한 같다.
다만, 대통령령으로 정하는 경미한 사항을 변경하고자 하는 때에는 조합원의 동의없이 시장·군수에게 신고하고 변경할 수 있다.

1. 정관
2. 공사비 등 정비사업에 드는 비용과 관련된 자료 등 국토해양부령으로 정하는 서류
3. 그 밖에 시·도 조례로 정하는 서류

㉡ 주택재건축사업의 추진위원회(추진위원회를 구성하지 아니하는 경우에는 토지등소유자를 말한다)가 조합을 설립하고자 하는 때에는 「집합건물의 소유 및 관리에 관한 법률」 제47조제1항 및 제2항에도 불구하고, 주택단지 안의 공동주택의 각 동(복리시설의 경우에는 주택단지 안의 복리시설 전체를 하나의 동으로 본다)별 구분소유자의 3분의 2 이상 및 토지면적의 2분의 1 이상의 토지소유자의 동의(공동주택의 각 동별 구분소유자가 5 이하인 경우는 제외한다)와 주택단지 안의 전체 구분소유자의 4분의 3 이상 및 토지면적의 4분의 3 이상의 토지소유자의 동의를 얻어㉠의 사항을 첨부하여 시장·군수의 인가를 받아야 한다.
인가받은 사항을 변경하고자 하는 때에도 또한 같다. 다만, 경미한 사항을 변경 하고자 하는 때에는 조합원의 동의없이 시장·군수에게 신고하고 변경할 수 있다.

㉢ 주택단지가 아닌 지역이 정비구역에 포함된 때에는 주택단지가 아닌 지역안의 토지 또는 건축물 소유자의 4분의 3 이상 및 토지면적의 3분의 2 이상의 토지소유자의 동의를 얻어야 한다.

정비사업의 종류	동의 요 건
주택재개발사업 도시환경정비사업	토지등소유자의 3/4 이상 및 토지면적의 1/2 이상 토지소유자의 동의
주택재건축사업	1. 주택단지인 경우 주택단지 안의 공동주택의 각 동(복리시설의 경우에는 주택단지 안의 복리시설 전체를 하나의 동으로 본다) 별 구분소유자의 2/3 이상 및 토지면적의 1/2 이상의 토지소유자의 동의(공동주택의 각 동별 구분소유자가 5 이하인 경우는 제외한다)와 주택단지 안의 전체 구분소유자의 3/4 이상 및 토지면적의 3/4 이상의 토지소유자의 동의

정비사업의 종류	동의 요 건
	2. 주택단지가 아닌 경우 주택단지가 아닌 지역안의 토지 또는 건축물 소유자의 3/4 이상 및 토지면적의 2/3 이상의 토지소유자의 동의
가로주택정비사업	토지등소유자의 9/10 이상 및 토지면적의 2/3 이상 토지소유자의 동의

(3) 동의방법

㉠ 동의(동의한 사항의 철회 또는 반대의 의사표시를 포함한다)는 서면동의서에 토지등소유자의 지장(指章)을 날인하고 자필로 서명하는 서면 동의의 방법으로 하며, 주민등록증, 여권 등 신원을 확인할 수 있는 신분증명서의 사본을 첨부하여야 한다.

㉡ 다만, 토지등소유자가 해외에 장기체류하거나 법인인 경우 등 불가피한 사유가 있다고 시장·군수가 인정하는 경우에는 토지등소유자의 인감도장을 날인한 서면동의서에 해당 인감증명서를 첨부하는 방법으로 할 수 있다.

(4) 토지등소유자의 동의자수 산정방법

1. 토지등소유자의 동의는 다음의 기준에 따라 산정한다.
   ① 주거환경개선사업·주택재개발사업 또는 도시환경정비사업의 경우에는 다음의 기준에 의할 것
      ㉠ 1필지의 토지 또는 하나의 건축물이 수인의 공유에 속하는 때에는 그 수인을 대표하는 1인을 토지등소유자로 산정할 것
      ㉡ 토지에 지상권이 설정되어 있는 경우 토지의 소유자와 해당 토지의 지상권자를 대표하는 1인을 토지등소유자로 산정할 것
      ㉢ 1인이 다수 필지의 토지 또는 다수의 건축물을 소유하고 있는 경우에는 필지나 건축물의 수에 관계없이 토지등소유자를 1인으로 산정할 것.
      다만, 도시환경정비사업의 경우 토지등소유자가 정비구역 지정 후에 정비사업을 목적으로 취득한 토지 또는 건축물에 대하여는 종전 소유자를 토지등소유자의 수에 포함하여 산정하되, 이 경우 동의 여부는 이를 취득한 토지등소유자에 의한다.
   ② 주택재건축사업의 경우에는 다음의 기준에 따를 것
      ㉠ 소유권 또는 구분소유권이 여러 명의 공유에 속하는 경우에는 그 여러 명을 대표하는 1명을 토지등소유자로 산정할 것
      ㉡ 1명이 둘 이상의 소유권 또는 구분소유권을 소유하고 있는 경우에는 소유권 또는 구분소유권의 수에 관계없이 토지등소유자를 1명으로 산정할 것
   ③ 추진위원회 또는 조합 설립에 동의한 자로부터 토지 또는 건축물을 취득한 자는 추진위원회 또는 조합의 설립에 동의한 것으로 볼 것
   ④ 토지등기부등본·건물등기부등본·토지대장 및 건축물관리대장에 소유자로 등재될 당시 주민등록번호의 기재가 없고 기재된 주소가 현재 주소와 상이한 경우로서 소재가 확인되지 아니한 자는 토지등

소유자의 수에서 제외할 것

⑤ 국유지·공유지는 그 재산관리청을 토지등소유자로 산정할 것

2. 외국인이 동의(동의한 사항의 철회 및 반대의 의사표시를 포함한다)를 할 경우, 동의서 등에 서명하고 출입국관리법에 따른 외국인등록 사실증명을 첨부하여야 한다.
3. 인감증명서를 종전에 제출하여 인감증명서를 첨부하지 아니하여도 되는 경우에는 인감증명서 대신 주민등록증, 여권 등 신분을 증명하는 문서의 사본을 첨부하여야 한다.
4. 토지등소유자는 인·허가 등의 신청 전에 동의를 철회하거나 반대의 의사표시를 할 수 있다.
5. 동의를 철회하거나 반대의 의사표시를 하려는 토지등소유자는 동의의 상대방 및 시장·군수에게 철회서에 인감증명서를 첨부하여 내용증명의 방법으로 발송하여야 한다. 이 경우 시장·군수가 철회서를 받은 때에는 지체 없이 동의의 상대방에게 철회서가 접수된 사실을 통지하여야 한다.
6. 동의의 철회나 반대의 의사표시는 철회서가 동의의 상대방에게 도달한 때 또는 시장·군수가 동의의 상대방에게 철회서가 접수된 사실을 통지한 때 중 빠른 때에 효력이 발생한다.

3. 조합의 조직

(1) 조합의 임원

① 조합장은 조합을 대표하고, 그 사무를 총괄하며, 총회 또는 대의원회의 의장이 된다.

② 조합에 두는 이사의 수는 3명 이상으로 하고, 감사의 수는 1명 이상 3명 이하로 한다. 다만, 토지등소유자의 수가 100명을 초과하는 경우에는 이사의 수를 5명 이상으로 한다.

③ 추진위원회 또는 조합은 총회 의결을 거쳐 추진위원회 위원 또는 조합 임원의 선출에 관한 선거관리를 선거관리위원회에 위탁할 수 있다.

④ 조합장 또는 이사의 자기를 위한 조합과의 계약이나 소송에 관하여는 감사가 조합을 대표한다.

⑤ 조합임원은 같은 목적의 정비사업을 하는 다른 조합의 임원 또는 직원을 겸할 수 없다.

참고 | 다음에 해당하는 자는 조합의 임원이 될 수 없다(결격 사유)

1. 미성년자·금치산자 또는 한정치산자
2. 파산선고를 받은 자로서 복권되지 아니한 자
3. 금고 이상의 실형의 선고를 받고 그 집행이 종료(종료된 것으로 보는 경우를 포함한다)되거나 집행이 면제된 날부터 2년이 경과되지 아니한 자
4. 금고 이상의 형의 집행유예를 받고 그 유예기간 중에 있는 자
5. 이 법을 위반하여 벌금 100만원 이상의 형을 선고받고 5년이 지나지 아니한 자

(2) 조합임원의 퇴임·해임

① 조합임원이 결격사유에 해당하게 되거나 선임 당시 그에 해당하는 자 이었음이 판명된 때에는 당연 퇴임한다.

② 퇴임된 임원이 퇴임전에 관여한 행위는 그 효력을 잃지 아니한다.

③ 조합임원의 해임은 조합원 1/10 이상의 발의로 소집된 총회에서 조합원 과반수의 출석과 출석 조합원 과반수의 동의를 얻어 할 수 있다. 이 경우 발의자 대표로 선출된 자가 해임 총회의 소집 및 진행에 있어 조합장의 권한을 대행한다.

④ 조합 임원의 퇴임 또는 해임 후 6개월 이상 조합 임원이 선임되지 아니한 경우에는 시장·군수가 조합 임원 선출을 위하여 총회를 소집할 수 있다.

(3) 총회

① 조합에 조합원으로 구성되는 총회를 둔다(필수기관).

② 총회는 조합장의 직권 또는 조합원 1/5 이상 또는 대의원 2/3 이상의 요구로 조합장이 소집한다.

③ 총회의 소집절차·시기 및 의결방법 등에 관하여는 정관으로 정한다. 다만, 총회에서 의결을 하는 경우에는 조합원의 10/100(창립총회, 사업시행계획서와 관리처분계획의 수립 및 변경을 의결하는 총회 등 대통령령으로 정하는 총회의 경우에는 조합원의 100분의 20을 말한다) 이상이 직접 출석하여야 한다.

④ 다음 사항은 총회의 의결을 거쳐야 한다.

1. 정관의 변경(대통령령이 정하는 경미한 사항의 변경의 경우 및 총회의결사항으로 정한 경우에 한한다)
2. 자금의 차입과 그 방법·이율 및 상환방법
3. 정비사업비의 금액 및 징수방법
4. 정비사업비의 사용
5. 예산으로 정한 사항외에 조합원의 부담이 될 계약
6. 시공자·설계자 또는 감정평가업자(주택재개발사업은 제외한다)의 선정 및 변경. 다만, 감정평가업자 선정 및 변경은 총회 의결을 거쳐 시장·군수에게 위탁할 수 있다.
7. 정비사업전문관리업자의 선정 및 변경
8. 조합임원의 선임 및 해임
9. 정비사업비의 조합원별 분담내역

9의2. 사업시행계획서의 수립 및 변경(정비사업의 중지 또는 폐지에 관한 사항을 포함)
10. 관리처분계획의 수립 및 변경(경미한 변경은 제외한다)
11. 청산금의 징수·지급(분할징수·분할지급을 포함한다)과 조합 해산시의 회계 보고
12. 그 밖에 조합원에게 경제적 부담을 주는 사항 등 주요한 사항을 결정하기 위하여 필요한 사항으로서 대통령령 또는 정관이 정하는 사항
  ① 조합의 합병 또는 해산에 관한 사항
  ② 대의원의 선임 및 해임에 관한 사항
  ③ 건설되는 건축물의 설계 개요의 변경
  ④ 건축물의 철거 및 신축에 소요되는 비용의 개략적 금액의 변경

⑤ 위 9호의2 및 제10호의 경우에는 조합원 과반수의 동의를 받아야 한다. 다만, 정비사업비가 100분의 10(생산자물가상승률분은 제외한다) 이상 늘어나는 경우에는 조합원 3분의 2 이상의 동의를 받아야 한다.

(4) 대의원회

① 조합원의 수가 100인 이상인 조합은 대의원회를 두어야 한다. 대의원회는 총회권한대행기관이고 반드시 두어야 하는 필수기관이다.

※ 도시개발조합 대의원회는 임의기관인 반면 정비사업조합의 대의원회는 필수기관이다.

② 대의원회는 조합원의 1/10 이상으로 하되, 조합원의 1/10이 100인을 넘는 경우에는 조합원의 1/10 범위 안에서 100인 이상으로 구성할 수 있다.
③ 조합장이 아닌 조합임원(이사, 감사)은 대의원이 될 수 없다.
④ 대의원회는 재적대의원 과반수의 출석과 출석대의원 과반수의 찬성으로 의결한다. 다만, 그 이상의 범위에서 정관이 달리 정하는 경우에는 그에 따른다.
⑤ 대의원회는 조합장이 필요하다고 인정하는 때에 소집한다. 다만, 다음에 해당하는 때에는 조합장은 해당일부터 14일 이내에 대의원회를 소집하여야 한다.
  ㉠ 정관이 정하는 바에 따라 소집청구가 있는 때
  ㉡ 대의원의 1/3 이상(정관으로 달리 정한 경우에는 그에 의한다)이 회의의 목적사항을 제시하여 청구하는 때
⑥ 소집청구가 있는 경우로서 조합장이 기간내에 정당한 이유없이 대의원회를 소집하지 아니한 때에는 감사가 지체없이 이를 소집하여야 하며, 감사가 소집하지 아니하는 때에는 소집을 청구한 자의 대표가 이를 소집한다. 이 경우 미리 시장·군수의 승인을 얻어야

한다.

⑦ 대의원회의 소집은 집회 7일전까지 그 회의의 목적·안건·일시 및 장소를 기재한 서면을 대의원에게 통지하는 방법에 의한다. 이 경우 정관이 정하는 바에 따라 대의원회의 소집 내용을 공고하여야 한다.

⑧ 대의원회는 사전에 통지한 안건에 관하여만 의결할 수 있다. 다만, 사전에 통지하지 않은 안건으로서 대의원회의 회의에서 정관이 정하는 바에 따라 채택된 안건의 경우에는 그러하지 아니하다.

⑨ 특정한 대의원의 이해와 관련된 사항에 대하여는 그 대의원은 의결권을 행사할 수 없다.

⑩ 다음 사항은 대의원회가 대행할 수 없다.

㉠ 정관의 변경

㉡ 자금의 차입과 그 방법·이율 및 상환방법

㉢ 예산으로 정한 사항외에 조합원의 부담이 될 계약

㉣ 시공자·설계자 또는 감정평가업자(주택재개발사업은 제외한다)의 선정 및 변경.

㉤ 정비사업전문관리업자의 선정 및 변경

㉥ 조합임원의 선임 및 해임 및 대의원의 선임 및 해임에 관한 사항
다만, 정관이 정하는 바에 따라 임기중 궐위된 자(조합장은 제외한다)를 보궐 선임하는 경우를 제외한다.

㉦ 관리처분계획의 수립 및 변경

㉧ 조합의 합병 또는 해산에 관한 사항(사업완료로 해산의 경우 제외)

㉨ 건설되는 건축물의 설계 개요의 변경

㉩ 건축물의 철거 및 신축에 소요되는 비용의 개략적 금액의 변경

4. 조합원의 자격 및 지위이전 특례

(1) 원칙

① 정비사업(시장·군수 또는 주택공사등이 시행하는 정비사업을 제외한다)의 조합원은 토지등소유자(주택재건축사업과 가로주택정비사업의 경우에는 각각의 사업에 각각 동의한 자만 해당한다)로 한다.

② 다음 어느 하나에 해당하는 때에는 그 수인을 대표하는 1인을 조합원으로 본다.

1. 토지 또는 건축물의 소유권과 지상권이 수인의 공유에 속하는 때
2. 수인의 토지등소유자가 1세대에 속하는 때
   (이 경우 동일한 세대별 주민등록표 상에 등재되어 있지 아니한 배우자 및 미혼인 20세 미만의 직계비속은 1세대로 보며, 1세대로 구성된 수인의 토지등소유자가 조합설립인가 후 세대를 분리하여 동일한 세대에 속하지 아니하는 때에도 이혼 및 20세 이상 자녀의 분가를 제외하고는 1세대로 본다)
3. 조합설립인가 후 1인의 토지등소유자로부터 토지 또는 건축물의 소유권이나 지상권을 양수하여 수인이 소유하게 된 때

(2) 주택재건축사업의 지위 이전의 제한 및 특례

① 투기과열지구로 지정된 지역안에서의 주택재건축사업의 경우 조합설립 인가 후 당해 정비사업의 건축물 또는 토지를 양수(매매·증여 그 밖의 권리의 변동을 수반하는 일체의 행위를 포함하되, 상속·이혼으로 인한 양도·양수의 경우를 제외한다)한 자는 조합원이 될 수 없다.

② 다만, 양도자가 다음에 해당하는 경우 그 양도자로부터 그 건축물 또는 토지를 양수한 자는 그러하지 아니하다.

1. 세대원(세대주가 포함된 세대의 구성원을 말한다)의 근무 또는 생업상의 사정이나 질병치료·취학·결혼으로 인하여 세대원 전원이 당해 사업구역이 위치하지 아니한 특별시·광역시·시·군으로 이전하는 경우
2. 상속에 의하여 취득한 주택으로 세대원 전원이 이전하는 경우
3. 세대원 전원이 해외로 이주하거나 세대원 전원이 2년 이상의 기간동안 해외에 체류하고자 하는 경우
4. 그 밖에 불가피한 사정으로 양도하는 경우로서 대통령령이 정하는 경우
   ① 조합설립인가일부터 2년 이내에 사업시행인가 신청이 없는 주택재건축사업의 건축물을 2년 이상 계속하여 소유하고 있는 경우
   ② 사업시행인가일부터 2년 이내에 착공하지 못한 주택재건축사업의 토지 또는 건축물을 2년 이상 계속하여 소유하고 있는 경우
   ③ 착공일부터 3년 이내에 준공되지 아니한 주택재건축사업의 토지를 3년이상 계속하여 소유하고 있는 경우
   ④ 토지등소유자로부터 상속·이혼으로 인하여 토지 또는 건축물을 소유한 자
   ⑤ 채무를 이행하지 못하여 주택재건축사업의 토지 또는 건축물이 경매 또는 공매되는 경우

③ 사업시행자는 조합설립인가 후 당해 정비사업의 건축물 또는 토지를 양수한 자로서 조합

원의 자격을 취득할 수 없는 자에 대하여는 현금으로 청산하여야 한다.

※ 재개발사업 및 도시환경정비사업은 토지등소유자이면 동의 여부를 불문하고 조합원이 되나, 재건축사업은 토지등소유자로서 사업에 동의한 자에 한하여 조합원이 된다.

5. 추진위원회 및 조합의 인가 취소

① 시장·군수는 다음 어느 하나에 해당하는 경우에는 추진위원회 승인 또는 조합 설립인가를 취소하여야 한다.

1. 추진위원회 구성에 동의한 토지등소유자의 1/2 이상 2/3 이하의 범위에서 시·도조례로 정하는 비율 이상의 동의 또는 토지등소유자 과반수의 동의로 추진위원회의 해산을 신청하는 경우
2. 조합 설립에 동의한 조합원의 1/2 이상 2/3 이하의 범위에서 시·도조례로 정하는 비율 이상의 동의 또는 토지등소유자 과반수의 동의로 조합의 해산을 신청하는 경우
3. 정비예정구역 또는 정비구역의 지정이 해제되는 경우

② 토지등소유자의 10/100분의 이상 25/100 이하의 범위에서 시·도조례로 정하는 비율 이상의 요청이 있는 경우, 시장·군수는 토지등소유자의 의사결정에 필요한 정보를 제공하기 위하여 개략적인 정비사업비 및 추정 분담금 등을 조사하여 토지등소유자에게 제공할 수 있다. 이 경우 시·도지사는 조사비용의 전부 또는 일부를 지원할 수 있다.

③ 추진위원회 승인이 취소된 경우 시·도지사 또는 시장·군수는 해당 추진위원회가 사용한 비용의 일부를 대통령령으로 정하는 범위에서 시·도조례로 정하는 바에 따라 보조할 수 있다.

④ 조합 설립인가등이 취소되는 경우에는 시장·군수는 지체 없이 그 내용을 해당 지방자치단체의 공보에 고시하여야 한다.

Ⅳ. 주민대표회의

1. 구성요건 및 구성원 수

① 정비구역안(정비구역이 아닌 구역에서 주택재건축사업을 시행하는 경우 그 구역을 포함한다)의 토지등소유자가 시장·군수 또는 주택공사등의 사업시행을 원하는 경우 사업시행을 원활하게 하기 위한 주민대표회의를 정비구역지정 고시 후 구성하여야 한다.

② 주민대표회의는 5인 이상 25인 이하로 한다.

③ 주민대표회의에는 위원장과 부위원장 각 1명과, 1명 이상 3명 이하의 감사를 둔다.

2. 동의 및 기능

① 주민대표회의는 토지등소유자의 과반수의 동의를 얻어서(이 경우 주민대표회의 구성에 동의한 자는 사업시행자의 지정에 동의한 것으로 본다. 다만, 사업시행자의 지정 요청 전에 시장·군수 및 주민대표회의에 사업시행자의 지정에 대한 반대의 의사표시를 한 토지등소유자의 경우에는 그러하지 아니하다) 구성하며, 이를 구성한 때에는 국토해양부령으로 정하는 방법 및 절차에 따라 시장·군수의 승인을 얻어야 한다.

② 주민대표회의 또는 세입자(상가세입자를 포함한다)는 사업시행자가 다음 사항에 관하여 시행규정을 정하는 때에 의견을 제시할 수 있다. 이 경우 사업시행자는 주민대표회의 또는 세입자의 의견을 반영하기 위하여 노력하여야 한다.

㉠ 건축물의 철거에 관한 사항

㉡ 주민이주에 관한 사항(세입자의 퇴거에 관한 사항을 포함한다)

㉢ 토지 및 건축물의 보상에 관한 사항(세입자에 대한 주거이전비 등 보상에 관한 사항을 포함한다)

㉣ 정비사업비의 부담에 관한 사항

㉤ 세입자에 대한 임대주택의 공급 및 입주자격에 관한 사항

㉥ 관리처분계획 및 청산에 관한 사항(주거환경개선사업의 경우를 제외한다)

㉦ 시공자의 추천

③ 시장·군수 또는 주택공사등은 주민대표회의의 운영에 필요한 경비의 일부를 해당 정비사업비에서 지원할 수 있다.

④ 주민대표회의의 위원의 선출·교체 및 해임, 운영방법, 운영비용의 조달 그밖에 주민대표회의의 운영에 관하여 필요한 사항은 주민대표회의가 이를 정한다.

제 4 장

사업시행계획 및 시행인가

〈관리처분방법의 공급과정〉

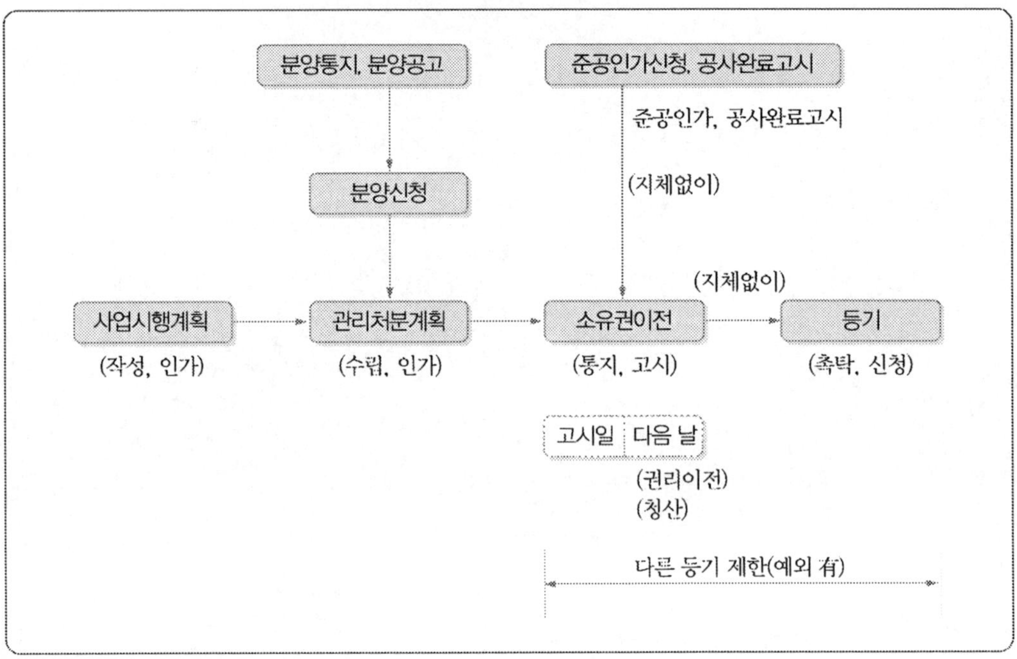

Ⅰ. 정비사업시행계획

1. 사업시행계획 작성 및 내용

① 사업시행자(사업시행자가 시장·군수인 경우에는 제외한다. 단 시장·군수가 주택공사등, 건설업자, 등록사업자 등과 함께 공동사업을 하는 경우는 포함)는 고시된 정비계획에 따라 사업시행계획서를 작성하여 시장·군수에게 제출하고 사업시행인가를 받아야 한다.

② 사업시행자는 고시된 정비계획에 따라 사업시행계획서에는 다음의 사항을 포함하여 작성한다.

1. 토지이용계획(건축물배치계획을 포함한다)
2. 정비기반시설 및 공동이용시설의 설치계획
3. 임시수용시설을 포함한 주민이주대책
4. 세입자의 주거 및 이주 대책
5. 사업시행기간동안의 정비구역 내 가로등 설치, 폐쇄회로 텔레비전 설치 등 범죄예방대책
6. 임대주택의 건설계획(주택재건축사업의 경우 소형주택의 건설계획)
7. 건축물의 높이 및 용적률 등에 관한 건축계획
8. 정비사업의 시행과정에서 발생하는 폐기물의 처리계획
9. 교육시설의 교육환경 보호에 관한 계획(정비구역으로부터 200미터 이내에 교육시설이 설치되어 있는 경우에 한한다)
10. 시행규정(시장·군수 또는 주택공사등이 단독으로 시행하는 정비사업에 한한다)
11. 정비사업비
12. 그 밖에 사업시행을 위하여 필요한 사항으로서 대통령령으로 정하는 바에 따라 시·도조례로 정하는 사항

2. 사업시행 인가

① 사업시행자는 정비사업을 시행하고자 하는 경우 사업시행계획서에 정관등과 그 밖에 국토해양부령이 정하는 서류를 첨부하여 시장·군수에게 제출하고 사업시행인가를 받아야 한다.

② 인가받은 내용을 변경하거나 중지 또는 폐지하고자 하는 경우에도 인가를 받아야 하나, 대통령이 정하는 경미한 사항을 변경하고자 하는 때에는 시장·군수에게 신고하여야 한다.

③ 사업시행인가 신청 시 동의요건

㉠ 원칙

사업시행자(시장·군수 또는 주택공사등을 제외한다)는 사업시행인가를 신청(인가받은 내용을 변경하거나 정비사업을 중지 또는 폐지하고자 하는 경우를 포함한다)하기 전에 미리 총회를 개최하여 조합원 과반수의 동의를 얻어야 한다.

※ 인가권자인 시장·군수와 공공시행자인 주택공사등은 인가신청 전 동의를 얻을 필요가 없다

다만, 사업시행자가 지정개발자인 경우에는 정비구역 안의 토지면적 50% 이상 토지소유자의 동의와 토지등소유자 과반수의 동의를 각각 얻어야 하며, 경미한 변경인 경우에는 총회 의결을 필요로 하지 아니한다.

㉡ 특례

도시환경정비사업을 토지등소유자가 시행하고자 하는 경우에는 사업시행인가를 신청하기 전에 사업시행계획서에 대하여 토지등소유자의 3/4 이상의 동의를 얻어야 한다. 다만, 인가받은 사항을 변경하고자 하는 경우에는 규약이 정하는바에 따라 토지등소유자의 과반수의 동의를 얻어야 하며, 경미한 변경인 경우에는 토지등소유자의 동의를 필요로 하지 아니한다.

3. 사업시행인가의 특례(일부 건축물의 존치 및 리모델링 포함한 사업시행인가)

(1) 특례사항

① 사업시행자는 일부 건축물의 존치 또는 리모델링에 관한 내용이 포함된 사업시행계획서를 작성하여 사업시행인가의 신청을 할 수 있다.

② 시장·군수는 존치 또는 리모델링되는 건축물 및 건축물이 있는 토지가 주택법 및 건축법상의 다음의 건축관련 기준에 적합하지 아니하더라도 대통령령이 정하는 기준에 따라 사업시행인가를 할 수 있다.

1. 주택법에 불구하고 존치 또는 리모델링되는 건축물도 하나의 주택단지 안에 있는 것으로 본다
2. 주택법에 의한 부대시설, 복리시설의 설치기준은 존치 또는 리모델링되는 건축물을 포함하여 적용할 수 있다.
3. 건축법에 따른 대지와 도로의 관계는 존치 또는 리모델링되는 건축물의 출입에 지장이 없다고 인정되는 경우 이를 적용하지 아니할 수 있다.
4. 건축법에 따른 건축선의 지정은 존치 또는 리모델링되는 건축물에 대하여는 적용하지 아니할 수 있다.
5. 건축법에 따른 일조등의 확보를 위한 건축물의 높이제한은 리모델링되는 건축물에 대하여는 이를 적용하지 아니할 수 있다.

(2) 존치 또는 리모델링되는 건축물 소유자의 동의

① 존치 또는 리모델링 건축물을 포함하여 사업시행계획서를 작성하고자 하는 경우에는 존

치 또는 리모델링되는 건축물 소유자의 동의를 얻어야 한다. 즉 존치 또는 리모델링 건축물 소유자 전원의 동의를 얻어야 한다.

② 단, 존치 또는 리모델링 건축물에 집합건물법의 구분소유자가 있는 경우에는 구분소유자 2/3 이상의 동의와 당해 건축물 연면적의 2/3 이상의 구분소유자 동의를 얻어야 한다.

4. 주택재건축사업의 용적률 완화 및 소형주택 건설

(1) 용적률완화

① 과밀억제권역에서 시행하는 주택재건축사업 및 주택재개발사업(「도시재정비 촉진을 위한 특별법」 제2조제1호에 따른 재정비촉진지구에서 시행되는 주택재개발사업은 제외한다) 및 시·도 조례로 정하는 지역에서 시행하는 주택재개발사업이 완화 대상사업이다.

② 그 사업시행자는 정비계획으로 정하여진 용적률에도 불구하고 지방도시계획위원회의 심의를 거쳐 용적률의 상한(이하 이 조에서 "법적상한용적률" 이라한다)까지 건축할 수 있으며, 사업시행자가 정비계획으로 정하여진 용적률을 초과하여 건축하고자 하는 경우에는 다음의 적용을 받지 아니 한다.

1. 특별시·광역시·시 또는 군의 조례로 정한 용적률 제한
2. 정비계획으로 정한 허용세대수 제한

(2) 소형주택의 건설

① 대상사업은 용적률 완화 대상사업과 동일하다.

② 사업시행자는 법적상한용적률에서 정비계획으로 정하여진 용적률을 뺀 용적률의 다음 각 호에 따른 비율에 해당하는 면적에 주거전용면적 60㎡ 이하의 소형주택을 건설하여야 한다.

1. 주택재건축사업의 경우 30% 이상 50% 이하로서 시·도조례로 정하는 비율
2. 과밀억제권역에서 시행하는 주택재개발사업의 경우 50% 이상 75% 이하로서 시·도조례로 정하는 비율
3. 과밀억제권역 외의 지역에서 시행하는 주택재개발사업의 경우 75% 이하로서 시·도조례로 정하는 비율

(3) 인수자에게 공급

① 사업시행자는 건설한 소형주택을 국토해양부장관, 시·도지사, 시장·군수 또는 주택공사 등(이하 이 조에서 "인수자"라 한다)에 공급하여야 한다.
② 이 경우 소형주택의 공급가격은 국토해양부장관이 고시하는 공공건설 임대주택의 표준건축비로 하며, 부속토지는 인수자에게 기부채납한 것으로 본다.
③ 정비계획상 용적률을 초과하여 건축하고자 하는 경우, 사업시행자는 사업시행인가를 신청하기 전에 미리 소형주택에 관한 사항을 인수자와 협의하여 사업시행계획서에 반영하여야 한다.
④ 소형주택의 인수를 위한 절차와 방법에 관하여 필요한 사항은 대통령령으로 별도로 정할 수 있으며, 인수된 소형주택은 시·도조례로 정하는 바에 따라 임대주택 또는 전세주택으로 활용하여야 한다.

5. 사업시행 인가권자의 조치사항

(1) 공람과 의견청취

① 시장·군수는 사업시행인가를 하고자 하거나 사업시행계획서를 작성하고자 하는 경우에는 대통령령이 정하는 방법 및 절차에 따라 관계서류의 사본을 14일 이상 일반인이 공람하게 하여야 한다. 다만, 경미한 사항을 변경하고자하는 경우에는 그러하지 아니하다.
② 토지등소유자 또는 조합원 그 밖에 정비사업과 관련하여 이해관계를 가지는 자는 공람기간 이내에 시장·군수에게 서면으로 의견을 제출할 수 있다.
③ 시장·군수는 제출된 의견을 심사하여 채택할 필요가 있다고 인정하는 때에는 이를 채택하고, 그러하지 아니한 경우에는 의견을 제출한 자에게 그 사유를 알려주어야 한다.

(2) 지정개발자의 정비사업비 예치

① 시장·군수는 사업시행인가를 하고자 하는 경우, 사업시행자가 지정개발자인 때에는 정비사업비의 20% 범위 이내에서 시·도조례로 정하는 금액을 예치하게 할 수 있다.
② 예치금은 청산금의 지급이 완료된 때에 이를 반환한다.
③ 예치 및 반환 등에 관하여 필요한 사항은 시·도조례로 정한다.

(3) 정비구역 외에서의 건축위원회의 심의

① 시장·군수는 정비구역이 아닌 구역에서 시행하는 주택재건축사업의 사업시행인가를 하고자 하는 경우에는 건축물의 높이·층수·용적률 등 대통령령이 정하는 사항에 대하여 시·군·구(자치구를 말한다)에 설치하는 건축위원회의 심의를 거쳐야 한다.

② 다만, 국토계획법에 의한 지구단위계획구역인 경우 도시계획위원회의 심의(건축위원회와 공동으로 하는 심의를 포함한다)를 거쳐 지구단위계획으로 결정된 사항을 제외한다.

(4) 교육감 또는 교육장과 협의

시장·군수는 사업시행인가(시장·군수가 사업시행계획서를 작성한 경우를 포함한다)를 하고자 하는 경우(인가받은 내용을 변경하는 경우를 포함한다) 정비구역으로부터 200미터 이내에 교육시설이 설치되어 있는 때에는 해당 지방자치단체의 교육감 또는 교육장과 협의하여야 한다.

(5) 정비구역의 범죄 예방

① 시장·군수는 사업시행인가를 한 경우 그 사실을 관할 경찰서장에게 통보하여야 하며,

② 사업시행인가 후 정비구역 내 주민 안전등을 위하여 다음 각 호의 사항을 관할 지방경찰청장 또는 경찰서장에게 요청할 수 있다.

> 1. 순찰 강화
> 2. 순찰초소의 설치 등 범죄 예방을 위하여 필요한 시설의 설치 및 관리
> 3. 그 밖에 주민의 안전을 위하여 필요하다고 인정하는 사항

(6) 고시

시장·군수는 사업시행인가(시장·군수가 사업시행계획서를 작성한 경우를 포함한다)를 하거나 그 정비사업을 변경 중지 또는 폐지하는 경우에는 그 내용을 고시하여야 한다.

(7) 작성효력 및 사업시행인가효력(관련 인·허가등의 의제)

① 사업시행자가 사업시행인가를 받은 때(시장·군수가 직접 정비사업을 시행하는 경우에는 사업시행계획서를 작성한 때를 말한다)에는 일정한 인·허가등이 있은 것으로 본다.

② 사업시행인가의 고시가 있은 때에는 일정한 관계 법률에 의한 인·허가 등의 고시·공고 등이 있은 것으로 본다.

(8) 도시개발법 환지규정의 준용 등

① 도시개발법 환지규정(제28조~제49조)은 정비사업과 관련된 환지에 관하여 이를 준용한다. 이 경우 "환지처분을 하는 때"는 이를 "사업시행 인가를 하는 때"로 본다.
② 주거환경개선사업의 경우에는「공익사업을 위한 토지 등의 취득 및 보상에 관한 법률」제78조제4항을 적용하지 아니한다.

관련법령「공익사업을 위한 토지 등의 취득 및 보상에 관한 법률」제78조제4항

> 이주정착지에 대한 도로, 급수시설, 배수시설, 그 밖의 공공시설 등 통상적인 수준의 생활기본시설이 포함되어야 하며, 이에 필요한 비용은 사업시행자가 부담한다. 다만, 행정청이 아닌 사업시행자가 이주대책을 수립·실시하는 경우에 지방자치단체는 비용의 일부를 보조할 수 있다.

Ⅱ. 정비사업시행을 원할히 하기 위한 조치

1. 정비구역의 분할 및 결합

① 시장·군수는 정비사업의 효율적인 추진 또는 도시의 경관보호를 위하여 필요하다고 인정하는 경우에는 정비구역을 2 이상의 구역으로 분할하거나, 서로 떨어진 2 이상의 구역을 하나의 정비구역으로 지정 신청할 수 있다.
② 정비구역을 분할하거나 서로 떨어진 지역을 하나의 정비구역으로 지정하여 정비사업을 시행하고자하는 경우 시행 방법과 절차에 관한 세부사항은 시·도조례로 정한다.

2. 순환정비방식의 정비사업

① 사업시행자는 정비사업을 원활히 시행하기 위하여 정비구역의 내·외에 새로 건설한 주택 또는 이미 건설되어 있는 주택에 그 정비사업의 시행으로 철거되는 주택의 소유자 또는 세입자(정비구역에서 실제 거주하는 자에 한한다)가 임시로 거주하게 하는 등의 방식으로 그 정비구역을 순차적으로 정비하는 등 주택의 소유자 또는 세입자의 이주대책을 수립하여야 한다.

② 사업시행자는 순환정비방식으로 정비사업을 시행하는 경우에는 그 임시로 거주하는 주택(이하 "순환용주택" 이라 한다)을 주택법 주택공급에 관한 규정에 불구, 임시수용시설로 사용하거나 임대할 수 있으며, 주택공사등이 보유한 공공임대주택을 순환용주택으로 우선 공급할 것을 요청할 수 있다.

③ 순환용주택에 거주하는 자가 정비사업이 완료된 후에도 순환용주택에 계속 거주하기를 희망하는 때에는 이를 분양하거나 계속 임대할 수 있다. 이 경우 사업시행자가 소유하는 순환용주택은 관리처분계획에 따라 토지등소유자에게 처분된 것으로 본다.

3. 임시수용시설의 설치 등

① 사업시행자는 주거환경개선사업 및 주택재개발사업의 시행으로 철거되는 주택의 소유자 또는 세입자에 대하여 당해 정비구역 내·외에 소재한 임대주택 등의 시설에 임시로 거주하게 하거나 주택자금의 융자알선 등 임시수용에 상응하는 조치를 하여야 한다. 이 경우 사업시행자는 그 임시수용을 위하여 필요한 때에는 국가·지방자치단체 그 밖의 공공단체 또는 개인의 시설이나 토지를 일시 사용할 수 있다.

② 국가 또는 지방자치단체는 사업시행자로부터 제1항의 임시수용시설에 필요한 건축물이나 토지의 사용신청을 받은 때에는 대통령령이 정하는 사유가 없는 한 이를 거절하지 못한다. 이 경우 그 사용료 또는 대부료는 이를 면제한다.

③ 사업시행자는 정비사업의 공사를 완료한 때에는 그 완료한 날부터 30일 이내에 임시수용시설을 철거하고, 그 건축물이나 토지를 원상회복하여야 한다.

④ 도시환경정비사업의 사업시행자는 사업시행으로 이주하는 상가세입자가 사용할 수 있도록 정비구역 또는 정비구역의 인근에 임시상가를 설치할 수 있다.

⑤ 공공단체(지방자치단체를 제외한다) 또는 개인의 시설이나 토지를 일시 사용함으로써 손실을 받은 자가 있는 경우에는 사업시행자는 그 손실을 보상하여야 하며, 손실을 보상함에 있어서는 손실을 받은 자와 협의하여야 한다.

⑥ 사업시행자 또는 손실을 받은 자는 손실보상의 협의가 성립되지 아니하거나 협의할 수 없는 경우에는 관할 토지수용위원회에 재결을 신청할 수 있다.

⑦ 손실보상에 관하여는 이 법에 규정된 것을 제외하고는 「공익사업을 위한 토지등의 취득 및 보상에 관한 법률」을 준용한다.

4. 토지 등의 수용 또는 사용

① 사업시행자는 정비구역안에서 정비사업(주택재건축사업의 경우에는 천재·지변 그 밖의 불가피한 사유로 인하여 긴급히 정비사업을 시행할 필요가 인정되는 때에 한한다)을 시행하기 위하여 필요한 경우에는 「공익사업을 위한 토지 등의 취득 및 보상에 관한 법률」에 의한 토지·물건 또는 그 밖의 권리를 취득하거나 사용할 수 있다. 다만, 가로주택정비사업의 경우에는 그러하지 아니하다.

② 정비구역안에서 정비사업의 시행을 위한 토지 또는 건축물의 소유권과 그밖의 권리에 대한 수용 또는 사용에 관하여는 이 법에 특별한 규정이 있는 경우를 제외하고는 「공익사업을 위한 토지 등의 취득 및 보상에 관한 법률」을 준용한다. 다만, 정비사업의 시행에 따른 손실보상의 기준 및 절차에 관하여는 대통령령으로 따로 정할 수 있다.

5. 「공익사업을 위한 토지 등의 취득 및 보상에 관한 법률」의 특례

(1) 사업인정 및 그 고시의 의제

토지보상법률을 준용함에 있어서 사업시행인가의 고시(시장·군수가 직접 정비사업을 시행하는 경우에는 사업시행계획서의 고시를 말한다)가 있은 때에는 토지보상법률에 의한 사업인정 및 그 고시가 있은 것으로 본다.

(2) 재결신청기간의 연장

수용 또는 사용에 대한 재결의 신청은 토지보상법률의 규정에 불구하고 사업시행인가를 할 때 정한 사업시행기간 이내에 이를 행하여야 한다.

(3) 사전·현금보상의 특례

대지 또는 건축물을 현물보상하는 경우에는 토지보상법률 규정에 불구하고 준공인가 이후에 그 현물보상을 할 수 있다.

6. 용적률에 관한 특례

① 사업시행자가 토지 또는 건축물의 소유권과 그 밖의 권리에 대한 수용 또는 사용에 따라 대통령령으로 따로 정하는 손실보상의 기준 이상으로 세입자에게 주거이전비를 지급하거나 영업의 폐지 또는 휴업에 따른 손실을 보상하는 경우

② 또는 손실보상에 더하여 임대주택 추가 건설, 임대상가 건설 등 추가적인 세입자 손실보상 대책을 수립하여 시행하는 경우에는

③ 국토계획법의 규정에 불구하고 해당 정비구역에 적용되는 용적률의 100분의 125 이하의 범위에서 대통령령으로 정하는 바에 따라 특별시·광역시·특별자치도·시 또는 군의 조례로 용적률을 완화하여 정할 수 있다.

7. 주거환경개선사업 특례

(1) 국민주택채권의 매입 규정 적용배제

주거환경개선사업에 따른 건축허가를 받는 때와 부동산등기(소유권 보존등기 또는 이전등기에 한한다)를 하는 때에는 국민주택채권의 매입에 관한 규정은 적용하지 아니한다.

(2) 도시·군계획시설의 결정·구조 및 설치 기준

주거환경개선구역안에서 국토계획법에 따른 도시·군계획시설의 결정·구조 및 설치의 기준 등에 관하여서는 국토해양부령으로 정하는 바에 따른다.

(3) 건축법 적용의 특례

사업시행자는 주거환경개선구역안에서 다음의 사항에 대하여는 시·도조례가 정하는 바에 의하여 그 기준을 따로 정할 수 있다.

1. 건축법에 의한 대지와 도로의 관계(소방활동에 지장이 없는 경우에 한한다)
2. 건축법에 의한 건축물의 높이제한(사업시행자가 공동주택을 건설·공급하는 경우에 한한다)

④ 주거지역 세분 지정의 의제

주거환경개선구역의 지정고시가 있은 날부터 국토계획법에 따라 주거지역을 세분하여 정하

는 지역 중 제2종 일반주거지역(다만, 주거환경개선사업 중 수용방식에 의한 정비사업인 경우 제3종 일반주거지역을 말한다)으로 결정·고시된 것으로 본다. 다만, 다음의 어느 하나에 해당하는 경우에는 그러하지 아니하다.

1. 해당 정비구역이 개발제한구역인 경우
2. 시장·군수가 주거환경개선사업을 위하여 필요하다고 인정하여 해당 정비구역 일부분은 종전용도지역을 그대로 유지하거나 동일면적 범위 안에서 위치를 변경하는 내용으로 정비계획을 수립한 경우

8. 주택재건축사업 특례

(1) 매도청구

사업시행자는 주택재건축사업시행할 때 다음 어느 하나에 해당하는 자의 토지 또는 건축물에 대하여는 집합건물법 제48조의 규정을 준용하여 매도청구를 할 수 있다. 이 경우 재건축결의는 조합 설립에 대한 동의로 보며, 구분소유권 및 대지사용권은 사업시행구역의 매도청구의 대상이 되는 토지 또는 건축물의 소유권과 그 밖의 권리로 본다.

1. 조합 설립의 동의를 하지 아니한 자
2. 건축물 또는 토지만 소유한 자(주택재건축사업의 경우만 해당한다)
3. 시장·군수 또는 주택공사 등의 사업시행자 지정에 동의를 하지 아니한 자

(2) 주택재건축사업의 범위에 관한 특례

1) 토지분할에 의한 주택재건축사업의 인정

사업시행자 또는 추진위원회는 사업계획승인을 받아 건설한 2 이상의 건축물이 있는 주택단지에 주택재건축사업을 하는 경우, 조합 설립의 동의요건을 충족시키기 위하여 필요한 경우에는 그 주택단지안의 일부 토지에 대하여 건축법의 규정에 불구하고 분할하고자 하는 토지면적이 건축법에서 정하고 있는 면적에 미달되더라도 토지분할을 청구할 수 있다.

관련법령 | 대지의 분할 제한(건축법 제57조, 영 제80조)

- 주거지역 : 60㎡ 이상
- 상업지역 : 150㎡ 이상
- 공업지역 : 150㎡ 이상
- 녹지지역 : 200㎡ 이상
- 미세분용도지역 : 60㎡ 이상

2) 주택재건축사업 범위조정을 위한 토지분할 절차

사업시행자 또는 추진위원회가 토지분할청구를 하는 때에는 토지분할대상이 되는 토지 및 그 위의 건축물과 관련된 토지등소유자와 협의하여야 한다.

토지분할의 협의가 성립되지 아니한 경우에는 법원에 토지분할을 청구할 수 있다.

3) 토지분할완료 전 사업시행의 인정

토지분할이 청구된 경우 시장·군수는 분할되어나갈 토지 및 그 위의 건축물이 다음 각호의 요건을 충족하는 경우에는 토지분할이 완료되지 아니하여 동의요건에 미달되더라도 건축위원회의 심의를 거쳐 조합 설립의 인가와 사업시행인가를 할 수 있다.

1. 당해 토지 및 건축물과 관련된 토지등소유자의 수가 전체의 1/10 이하일 것
2. 분할되어 나가는 토지 위의 건축물이 분할선상에 위치하지 아니할 것
3. 그 밖에 사업시행인가를 위하여 필요한 사항으로서 분할되어 나가는 토지가 건축법에 적합할 것(건축물 대지는 2m 이상 도로에 접할 것)

9. 주택재개발사업의 시행방식의 전환

① 시장·군수는 사업대행자를 지정하거나, 토지등소유자의 4/5 이상의 요구가 있어 주택재개발사업의 시행방식의 전환이 필요하다고 인정하는 경우에는 정비사업이 완료되기 전이라도 대통령령이 정하는 범위 안에서 정비구역의 전부 또는 일부에 대하여 시행방식의 전환을 승인할 수 있다.

② 사업시행자는 시행방식을 전환하기 위하여 관리처분계획을 변경하고자하는 경우 토지면적의 2/3 이상의 동의와 토지등소유자의 4/5 이상의 동의를 얻어야 하며 변경절차에 관하여는 관리처분계획 변경에 관한 규정을 준용한다.

③ 사업시행자는 정비구역의 일부에 대하여 시행방식을 변경하고자하는 경우에 주택재개발사업이 완료된 부분에 대하여는 준공인가를 거쳐 당해 지방자치단체의 공보에 공사완료의 고시를 하여야 하며, 변경하고자하는 부분에 대하여는 이 법에서 정하고 있는 절차에 따라 시행방식을 전환하여야 한다.

④ 공사완료의 고시를 한 때에는 「측량·수로조사 및 지적에 관한 법률」에도 불구하고 관리

처분계획의 내용에 따라 소유권이 이전된 것으로 본다.

10. 가로주택정비사업의 특례

① 매도청구(재건축사업과 내용 동일)

② 사업시행자는 가로주택정비사업의 구역에서 다음 각 호의 어느 하나에 해당하는 사항에 대하여는 대통령령으로 정하는 범위에서 지방건축위원회의 심의를 거쳐 그 기준을 완화 받을 수 있다.

> 1. 건폐율 산정기준(경사지에 위치한 가로구역으로 한정한다)
> 2. 대지 안의 공지 기준
> 3. 건축물의 높이 제한
> 4. 주택법에 따른 부대시설 및 복리시설의 설치기준
> 5. 제1호부터 제4호까지에서 규정한 사항 외에 가로주택정비사업의 원활한 시행을 위하여 대통령령으로 정하는 사항

11. 지상권 등의 계약해지와 계약기간에 대한 특례

(1) 지상권 등의 계약해지(임차권자 등 → 토지등소유자)

정비사업의 시행으로 인하여 지상권·전세권 또는 임차권의 설정목적을 달성할 수 없는 때에는 그 권리자는 계약을 해지할 수 있다.

(2) 금전반환청구권(임차권자 등→ 사업시행자)

계약을 해지할 수 있는 자가 가지는 전세금·보증금 그 밖의 계약상의 금전 반환청구권은 사업시행자에게 이를 행사할 수 있다.

(3) 구상권(사업시행자→ 토지등소유자)

① 금전의 반환청구권의 행사에 따라 당해 금전을 지급한 사업시행자는 당해 토지등소유자에게 이를 구상할 수 있다.

② 사업시행자는 구상이 되지 아니하는 때에는 당해 토지등소유자에게 귀속될 대지 또는 건축물을 압류할 수 있다. 이 경우 압류한 권리는 저당권과 동일한 효력을 가진다.

(4) 지상권 등의 계약기간

관리처분계획의 인가를 받은 경우 지상권·전세권설정계약 또는 임대차계약의 계약기간에 대하여는 민법 제280조·제281조 및 제312조제2항, 주택임대차보호법 제4조제1항, 상가건물임대차보호법 제9조제1항의 규정은 이를 적용하지 아니한다.

12. 소유자의 확인이 곤란한 건축물 등에 대한 처분

(1) 공고 후 공탁

사업시행자는 정비사업을 시행함에 있어 조합설립의 인가일(도시환경정비사업을 토지등소유자가 시행하는 경우에는 사업시행인가일, 시장·군수가 직접 정비사업을 시행하거나 주택공사 등을 사업시행자로 지정한 경우에는 고시일을 말한다) 현재 건축물 또는 토지의 소유자의 소재확인이 현저히 곤란한 경우에는 전국적으로 배포되는 2 이상의 일간신문에 2회 이상 공고하고, 그 공고한 날부터 30일 이상이 지난 때에는 그 소유자의 소재확인이 현저히 곤란한 건축물 또는 토지의 감정평가액에 해당하는 금액을 법원에 공탁하고 정비사업을 시행할 수 있다.

(2) 조합원 전체의 공동소유인 토지 또는 건축물

① 주택재건축사업을 시행함에 있어 조합 설립의 인가일 현재 조합원 전체의 공동소유인 토지 또는 건축물에 대하여는 조합 소유의 토지 또는 건축물로 본다.
② 조합 소유로 보는 토지 또는 건축물의 처분에 관한 사항은 관리처분계획에 이를 명시하여야 한다.

제 5 장

정비사업시행 절차

Ⅰ. 분양

1. 분양공고 및 분양신청

(1) 주택등 건축물의 분양 받을 권리산정 기준일

① 정비사업으로 인하여 주택 등 건축물을 공급하는 경우 정비구역지정·고시가 있은 날 또는 시·도지사가 투기억제를 위하여 기본계획수립 후 정비구역지정·고시 전에 따로 정하는 날("기준일")의 다음 날부터 다음 각호의 어느 하나에 해당하는 경우에는 해당 토지 또는 주택 등 건축물의 분양받을 권리는 기준일을 기준으로 산정한다.

> 1. 1필지의 토지가 수개의 필지로 분할되는 경우
> 2. 단독 또는 다가구주택이 다세대주택으로 전환되는 경우
> 3. 하나의 대지범위 안에 속하는 동일인 소유의 토지와 주택 등 건축물을 토지 와 주택 등 건축물로 각각 분리하여 소유하는 경우
> 4. 나대지에 건축물을 새로 이 건축하거나 기존 건축물을 철거하고 다세대주택, 그 밖의 공동주택을 건축하여 토지등소유자가 증가되는 경우

② 시·도지사는 기준일을 따로 정하는 경우에는 기준일·지정사유·건축물의 분양 받을 권리의 산정기준 등을 해당 지방자치단체의 공보에 고시하여야 한다.

(2) 분양공고

① 사업시행자는 사업시행인가의 고시가 있은 날(사업시행인가 이후 시공자를 선정한 경우에는 시공자와 계약을 체결한 날)부터 60일 이내에 개략적인 부담금내역 및 분양신청기

간 그 밖에 대통령령이 정하는 사항을 토지등소유자에게 통지한다.

② 분양의 대상이 되는 대지 또는 건축물의 내역 등 대통령령이 정하는 사항을 해당 지역에서 발간되는 일간신문에 공고하여야 한다.

③ 이 경우 분양신청기간은 그 통지한 날부터 30일 이상 60일 이내로 하여야 한다. 다만, 사업시행자는 관리처분계획의 수립에 지장이 없다고 판단하는 경우에는 분양신청기간을 20일의 범위 이내에서 연장할 수 있다.

(3) 분양신청방법 및 절차

① 대지 또는 건축물에 대한 분양을 받고자 하는 토지등소유자는 분양신청기간 이내에 대통령령이 정하는 방법 및 절차에 의하여 사업시행자에게 대지 또는 건축물에 대한 분양신청을 하여야 한다.

② 분양신청을 하고자 하는 자는 분양신청서에 소유권의 내역을 명기하고, 그 소유의 토지 및 건축물에 관한 등기부등본 또는 환지예정지증명원을 첨부하여 사업시행자에게 제출하여야 한다.

③ 우편의 방법으로 분양신청을 하는 때에는 분양신청기간내에 발송된 것임을 증명할 수 있는 우편으로 하여야 한다.

④ 도시환경정비사업의 경우 토지등소유자가 정비사업에 제공되는 종전의 토지 또는 건축물에 의하여 분양받을 수 있는 것 외에 공사비 등 사업시행에 필요한 비용의 일부를 부담하고 그 대지 및 건축물을 분양받고자 하는 때에는 분양신청을 하는 때에 그 의사를 분명히 하고, 그가 종전에 소유하던 토지 또는 건축물의 개략적인 평가액의 10%에 상당하는 금액을 사업시행자에게 납입하여야 한다.

이 경우 그 금액은 납입하였으나, 정하여진 비용부담액을 정하여진 시기에 납입하지 아니한 자는 그 납입한 금액의 비율에 해당하는 만큼의 대지 및 건축물에 한하여 분양을 받을 수 있다.

(4) 분양신청을 하지 아니한 자 등에 대한 조치

① 사업시행자는 토지등소유자가 다음에 해당하는 경우에는 그 해당하게된 날 부터 150일 이내에 대통령령으로 정하는 절차에 따라 토지·건축물 또는 그 밖의 권리에 대하여 현금으로 청산하여야 한다.

1. 분양신청을 하지 아니한 자
2. 분양신청기간 종료 이전에 분양신청을 철회한 자(분양신청기간 종료일의 다음 날)
3. 인가된 관리처분계획에 따라 분양대상에서 제외된 자(그 관리처분계획의 인가를 받은 날의 다음 날)

② 사업시행자는 기간 내에 현금으로 청산하지 아니한 경우에는 정관등으로 정하는바에 따라 해당 토지등소유자에게 이자를 지급하여야 한다.

③ 사업시행자가 토지등소유자의 토지·건축물 그 밖의 권리에 대하여 현금으로 청산하는 경우 청산금액은 사업시행자와 토지등소유자가 협의하여 산정한다. 이 경우 시장·군수가 추천하는 감정평가업자 2인 이상이 평가한 금액을 산술평균하여 산정한 금액을 기준으로 협의할 수 있다.

※ 관리처분의 원칙적인 청산시기는 소유권이전의 고시 후인데, 분양신청을 하지 않은 자 등에 대해서는 위와 같이 별도로 청산하여야 한다.

Ⅱ. 관리처분

1. 관리처분계획 수립 및 인가

① 사업시행자(주거환경관리사업의 사업시행자는 제외)는 분양신청기간이 종료된 때에는 분양신청의 현황을 기초로 관리처분계획을 수립하여 시장·군수의 인가를 받아야 한다.

② 관리처분계획을 변경·중지 또는 폐지하고자 하는 경우에도 같으며, 이 경우 조합은 관리처분계획의 수립 및 변경 사항을 의결하기 위한 총회의 개최일부터 1개월 전에 각 조합원에게 문서로 통지하여야 한다. 다만, 대통령령이 정하는 경미한 사항을 변경하고자 하는 때에는 시장·군수에게 신고하여야 한다.

③ 정비사업의 시행으로 조성된 대지 및 건축물은 관리처분계획에 의하여 이를 처분 또는 관리하여야 한다.

(2) 관리처분계획의 작성 기준

1) 작성의 대원칙

종전의 토지 또는 건축물의 면적·이용상황·환경 그 밖의 사항을 종합적으로 고려하여 대지 또는 건축물이 균형있게 분양신청자에게 배분되고 합리적으로 이용되도록 한다

2) 규모의 조정

㉠ 지나치게 좁거나 넓은 토지 또는 건축물에 대하여 필요한 경우에는 이를 증가하거나 감소시켜 대지 또는 건축물이 적정 규모가 되도록 한다.

㉡ 너무 좁은 토지 또는 건축물이나 정비구역 지정 후 분할된 토지를 취득한 자에 대하여는 현금으로 청산할 수 있다.

㉢ 재해 또는 위생상의 위해를 방지하기 위하여 토지의 규모를 조정할 특별한 필요가 있는 때에는 너무 좁은 토지를 증가시키거나 토지에 갈음하여 보상을 하거나 건축물의 일부와 그 건축물이 있는 대지의 공유지분을 교부할 수 있다.

3) 분양설계 기준일

분양설계에 관한 계획은 분양신청기간이 만료되는 날을 기준으로 하여 수립한다.

4) 1주택 공급의 원칙 및 예외

㉠ 원칙

1세대 또는 1인이 하나 이상의 주택 또는 토지를 소유한 경우 1주택을 공급하고, 같은 세대에 속하지 아니하는 2인 이상이 1주택 또는 1토지를 공유한 경우에는 1주택만 공급한다.

㉡ 예외

ⓐ 2인 이상이 1토지를 공유한 경우로서 시·도조례로 주택공급에 관하여 따로 정하고 있는 경우에는 시·도 조례로 정하는바에 따라 주택을 공급 할 수 있다.

ⓑ 다음 어느 하나에 해당하는 토지등소유자에게는 소유한 주택 수만큼 공급할 수 있다.

1) 과밀억제권역에 위치하지 아니한 주택재건축사업의 토지등소유자
2) 근로자(공무원인 근로자를 포함한다) 숙소, 기숙사용도로 주택을 소유하고 있는 토지등소유자
3) 국가, 지방자치단체 및 주택공사등

ⓒ 분양대상자의 종전 토지 또는 건축물에 대한 사업시행인가의 고시가 있은 날의 가격(사업시행인가 전에 철거된 건축물의 경우에는 시장·군수에게 허가받은 날을 기준으로한 가격)의 범위에서 2주택을 공급할 수 있고,

이 중 1주택은 주거전용면적을 60㎡ 이하로 한다. 다만, 60㎡ 이하로 공급받은 1주택은 이전고시일 다음 날부터 3년이 지나기 전에는 주택을 전매(매매·증여나 그 밖에 권리의 변동을 수반하는 모든 행위를 포함하되 상속의 경우는 제외한다)하거나 이의 전매를 알선할 수 없다.

ⓓ 가로주택정비사업의 경우에는 3주택 이하로 한정하되, 다가구주택을 소유한 자에 대하여는 상기 가격을 분양주택 중 최소분양단위 규모의 추산액으로 나눈 값(소수점 이하는 버린다)만큼 공급할 수 있다.

5) 잔여분의 분양

사업시행자는 분양신청을 받은 후 잔여분이 있는 경우에는 정관 등 또는 사업시행계획이 정하는 목적을 위하여 보류지(건축물을 포함한다)로 정하거나 조합원 외의 자에게 분양할 수 있다. 이 경우 분양공고와 분양신청절차 등 필요한 사항은 대통령령으로 정한다.

(3) 관리처분계획의 내용

사업시행자(주거환경관리사업의 사업시행자는 제외)는 분양신청기간이 종료된 때에는 분양신청의 현황을 기초로 다음 각호의 사항이 포함된 관리처분계획을 수립한다.

1. 분양설계
2. 분양대상자의 주소 및 성명
3. 분양대상자별 분양예정인 대지 또는 건축물의 추산액
4. 분양대상자별 종전의 토지 또는 건축물의 명세 및 사업시행인가의 고시가 있은 날을 기준으로한 가격(사업시행인가 전에 철거된 건축물의 경우에는 시장·군수에게 허가받은 날을 기준으로한 가격)
5. 정비사업비의 추산액(주택재건축사업의 경우에는 「재건축 초과 이익 환수에 관한 법률」에 따른 재건축부담금에 관한 사항을 포함한다) 및 그에 따른 조합원 부담규모 및 부담시기
6. 분양대상자의 종전의 토지 또는 건축물에 관한 소유권외의 권리명세
7. 세입자별 손실보상을 위한 권리명세 및 그 평가액
8. 현금으로 청산하여야 하는 토지등소유자별 기존의 토지·건축물 또는 그 밖의 권리의 명세와 이에 대한 청산방법
9. 정비사업의 시행으로 인하여 새로 이 설치되는 정비기반시설의 명세와 용도가 폐지되는 정비기반시설의

명세

10. 보류지 등의 명세와 추산가액 및 처분방법

11. 시행령 제52조제1항제4호의 규정에 의한 비용의 부담비율에 의한 대지 및 건축물의 분양계획과 그 비용부담의 한도·방법 및 시기. 이 경우 비용부담에 의하여 분양받을 수 있는 한도는 정관 등에서 따로 정하는 경우를 제외하고는 기존의 토지 또는 건축물의 가격의 비율에 따라 부담할 수 있는 비용의 50%를 기준으로 정한다.

12. 기존 건축물의 철거 예정시기

(4) 관리처분의 인가절차

1) 공람 및 의견청취

사업시행자는 관리처분계획의 인가를 신청하기 전에 관계서류의 사본을 30일 이상 토지등소유자에게 공람하게 하고 의견을 들어야 한다. 다만, 경미한 사항을 변경하고자 하는 경우에는 토지등소유자의 공람 및 의견청취 절차를 거치지 아니할 수 있다.

2) 인가여부의 통보

시장·군수는 사업시행자의 관리처분계획의 인가신청이 있은 날부터 30일 이내에 인가여부를 결정하여 사업시행자에게 통보하여야 한다.

다만, 시장·군수는 신청된 관리처분계획의 타당성 검증을 공공기관에 요청하는 경우에는 인가신청을 받은 날부터 60일 이내에 인가여부를 결정하여 사업시행자에게 알려야 한다.

3) 고시 및 개별 통지

㉠ 시장·군수는 관리처분계획을 인가하는 때에는 그 내용을 당해 지방자치단체의 공보에 고시하여야 한다.

㉡ 사업시행자는 공람을 실시하고자 하거나 시장·군수의 고시가 있은 때에는 대통령령으로 정하는 방법과 절차에 따라 토지등소유자 또는 분양신청을 한 자에게 공람계획 또는 관리처분계획의 인가내용 등을 통지하여야 한다.

2. 주택의 공급

① 사업시행자는 정비사업(주거환경개선사업 및 주거환경관리사업의 사업시행자는 제외한

다)의 시행으로 건설된 건축물을 인가된 관리처분계획에 따라 토지등소유자에게 공급하여야 한다.

② 사업시행자가 정비구역안에 주택을 건설하는 경우에는 입주자 모집조건·방법·절차, 입주금(계약금·중도금 및 잔금을 말한다)의 납부방법·시기·절차, 주택공급방법·절차 등에 관하여는 주택법 제38조의 규정에 불구하고 대통령령이 정하는 범위안에서 시장·군수의 승인을 얻어 사업시행자가 이를 따로 정할 수 있다.

③ 국토해양부장관, 시·도지사, 시장·군수 또는 주택공사등은 조합이 요청하는 경우 주택재개발사업의 시행으로 건설된 임대주택을 인수하여야 한다. 이 경우 재개발임대주택의 인수 절차 및 방법, 인수가격 등에 대하여는 대통령령으로 정한다.

④ 정비사업의 시행으로 임대주택을 건설하는 경우에 임차인의 자격·선정방법·임대보증금·임대료 등 임대조건에 관한 기준 및 무주택세대주에게 우선 매각하도록 하는 기준 등에 관하여는 「임대주택법」 제20조와 제21조의 규정에 불구하고 대통령령이 정하는 범위안에서 시장·군수의 승인을 얻어 사업시행자가 이를 따로 정할 수 있다. 다만, 재개발임대주택으로서 최초의 임차인 선정이 아닌 경우에는 대통령령이 정하는 범위 안에서 인수자가 이를 따로 정한다.

⑤ 사업시행자는 위 ①부터 ④까지에 의한 공급대상자에게 주택을 공급하고 남은 주택에 대하여는 위 ①부터 ④까지에 따른 공급대상자외의 자에게 공급할 수 있다. 이 경우 주택의 공급방법·절차 등에 관하여는 「주택법」 제38조를 준용 한다.
다만, 사업시행자가 제39조에 따른 매도청구소송을 통해 법원의 승소판결을 받은 후 입주예정자에게 피해가 없도록 청산금액을 공탁하고 분양예정인 건축물을 담보한 경우에는 법원의 승소판결이 확정되기 전이라도 「주택법」 제38조에도 불구하고 입주자를 모집할 수 있으나, 준공인가 신청 전까지 해당 주택건설대지의 소유권을 확보하여야 한다.

⑥ 국토해양부장관, 시·도지사, 시장·군수 또는 주택공사등은 정비구역에 세입자와 다음에서 정하는 면적 이하의 토지 또는 주택을 소유한 자의 요청이 있는 경우에는 ③에 따라 인수한 임대주택의 일부를 「토지임대부 분양주택 공급촉진을 위한 특별조치법」에 따른 토지임대부 분양주택으로 전환하여 공급하여야 한다.

> 1. 면적이 90제곱미터 미만의 토지를 소유한 자로서 건축물을 소유하지 아니한 자
> 2. 바닥면적이 40제곱미터 미만의 사실상 주거를 위하여 사용하는 건축물을 소유한 자로서 토지를 소유하지 아니한 자
> 3. 1과 2에도 불구하고 토지 또는 주택의 면적은 1과 2에서 정한 면적의 2분의 1의 범위에서 시·도 조례로 달리 정할 수 있다.

3. 지분형주택의 공급

① 정비사업의 사업시행자(주택공사등이 사업시행자인 경우로 한정한다)는 분양 대상자와 사업시행자가 공동 소유하는 방식으로 주택(이하 "지분형주택" 이라한다)을 공급할 수 있다.

② 지분형주택의 규모, 공동 소유기간 및 분양대상자는 다음과 같다.

> 1. 지분형주택의 규모는 주거전용면적 60제곱미터 이하인 주택으로 한정한다.
> 2. 지분형주택의 공동 소유기간은 법 제54조제2항에 따라 소유권을 취득한 날부터 10년의 범위에서 사업시행자가 정하는 기간으로 한다.
> 3. 지분형주택의 분양대상자는 다음 각 목의 요건을 모두 충족하는 자로 한다.
>   가. 법 제48조제1항제4호에 따라 산정한 종전에 소유하였던 토지 또는 건축물의 가격이 위 1에 따른 주택의 분양가격 이하에 해당하는 사람
>   나. 세대주로서 정비계획의 공람 공고일 당시 해당 정비구역에 2년 이상 실제 거주한 사람
>   다. 정비사업의 시행으로 철거되는 주택 외 다른 주택을 소유하지 아니한 사람

③ 지분형주택의 공급방법·절차, 지분 취득비율, 지분 사용료 및 지분 취득가격 등에 관하여 필요한 사항은 사업시행자가 따로 정한다.

4. 관리처분계획 인가의 효력

(1) 사용 수익의 정지

관리처분계획의 고시가 있은 때에는 종전의 토지 또는 건축물의 소유자·지상권자·전세권자·임차권자 등 권리자는 이전의 고시가 있은 날까지 종전의 토지 또는 건축물에 대하여 이를 사용하거나 수익할 수 없다.

다만, 사업시행자의 동의를 받거나 공익사업을 위한 토지 등의 취득 및 보상에 관한 법률에 따른 손실보상이 완료되지 아니한 권리자의 경우에는 그러하지 아니하다.

(2) 기존 건축물의 철거

① 사업시행자는 관리처분계획의 인가를 받은 후 기존의 건축물을 철거하여야 한다. 단, 다음 어느 하나에 해당하는 경우에는 위 내용에 불구하고 기존 건축물의 소유자의 동의 및 시장·군수의 허가를 얻어 해당 건축물을 철거할 수 있다. 이 경우 건축물의 철거에도 불구하고 토지등소유자로서의 권리·의무에 영향을 주지 아니한다.

> 1. 「재난 및 안전관리 기본법」·「주택법」·「건축법」 등 관계 법령에 따라 기존 건축물의 붕괴 등 안전사고의 우려가 있는 경우
> 2. 폐공가의 밀집으로 우범지대화의 우려가 있는 경우

② 시장·군수는 사업시행자가 기존의 건축물을 철거하는 경우 다음 각 호의 어느 하나에 해당하는 시기에는 건축물의 철거를 제한할 수 있다.

> 1. 일출 전과 일몰 후
> 2. 호우, 대설, 폭풍해일, 지진해일, 태풍, 강풍, 풍랑, 한파 등으로 해당 지역에 중대한 재해발생이 예상되어 기상청장이 「기상법」 제13조에 따라 특보를 발표한 때
> 3. 「재난 및 안전관리 기본법」 제3조에 따른 재난이 발생한 때
> 4. 제1호부터 제3호까지에 준하는 시기로서 시장·군수가 인정하는 시기

Ⅲ. 공사완료에 따른 조치

1. 공사완료

① 시장·군수가 아닌 사업시행자는 정비사업에 관한 공사를 완료한 때에는 대통령령이 정하는 방법 및 절차에 의하여 시장·군수의 준공인가를 받아야 한다.

② 준공인가신청을 받은 시장·군수는 지체없이 준공검사를 실시하여야 한다. 이 경우 시장·군수는 효율적인 준공검사를 위하여 필요한 때에는 관계 행정기관·정부투자기관·연구기관 그 밖의 전문기관 또는 단체에 준공검사의 실시를 의뢰할 수 있다.

③ 시장·군수는 준공검사의 실시결과 정비사업이 인가받은 사업시행계획대로 완료되었다고 인정하는 때에는 준공인가를 하고 공사의 완료를 당해 지방자치단체의 공보에 고시하여야 한다.

④ 시장·군수는 직접 시행하는 정비사업에 관한 공사가 완료된 때에는 그 공사의 완료를 당해 지방자치단체의 공보에 고시하여야 한다.

⑤ 시장·군수는 준공인가를 하기 전이라도 완공된 건축물이 사용에 지장이 없는 등 대통령령이 정하는 기준에 적합한 경우에는 입주예정자가 완공된 건축물을 사용할 것을 사업시행자에 대하여 허가할 수 있다.
다만, 자신이 사업시행자인 경우에는 허가를 받지 아니하고 입주예정자가 완공된 건축물을 사용하게 할 수 있다.

2. 공사완료 고시에 따른 관련 인·허가 등의 의제

① 준공인가를 하거나 공사완료의 고시를 함에 있어 시장·군수가 사업시행인가에 의하여 의제되는 인·허가 등에 따른 준공검사·준공인가·사용검사·사용승인 등에 관하여 당해 준공검사·인가등을 받은 것으로 본다.

② 시장·군수가 아닌 사업시행자는 준공검사·인가등의 의제를 받고자 하는 경우에는 준공인가를 신청하는 때에 해당 법률이 정하는 관계서류를 함께 제출하여야 한다.

③ 시장·군수는 준공인가를 하거나 공사완료의 고시를 함에 있어서 그 내용에 사업시행인가에 의하여 의제되는 인·허가 등에 따른 준공검사·인가등에 해당하는 사항이 있은 때에는 미리 관계행정기관의 장과 협의하여야 한다.

④ 정비사업에 대하여 다른 법률에 따른 인·허가등을 받은 것으로 보는 경우에는 관계법률 또는 시·도조례에 따라 해당 인·허가등의 대가로 부과되는 수수료등은 이를 면제한다.

3. 소유권의 이전 및 권리의 확정

(1) 소유권 이전의 절차

① 사업시행자는 공사완료 고시 있은 때에는 지체없이 첫째, 대지확정측량을 하고 둘째, 토지의 분할절차를 거쳐 셋째, 관리처분계획에 정한 사항을 분양을 받을 자에게 통지하고 대지 또는 건축물의 소유권을 이전하여야 한다.

② 다만, 정비사업의 효율적인 추진을 위하여 필요한 경우에는 당해 정비사업에 관한 공사가 전부 완료되기 전에 완공된 부분에 대하여 준공인가를 받아 대지 또는 건축물별로 이를 분양받을 자에게 그 소유권을 이전할 수 있다.

③ 사업시행자는 대지 및 건축물의 소유권을 이전하고자 하는 때에는 그 내용을 당해 지방자치단체의 공보에 고시한 후 이를 시장·군수에게 보고하여야한다. 이 경우 대지 또는 건축물을 분양받을 자는 고시가 있은 날의 다음 날에 그 대지 또는 건축물에 대한 소유권을 취득한다. 이는 법률규정에 의한 물권변동이다.

(2) 소유권 이외의 타 권리의 확정

대지 또는 건축물을 분양받을 자에게 소유권을 이전한 경우 종전의 토지 또는 건축물에 설정된 지상권·전세권·저당권·임차권·가등기담보권·가압류등 등기된 권리 및 주택임대차보호법 대항요건을 갖춘 임차권은 소유권을 이전받은 대지 또는 건축물에 설정된 것으로 본다.

(3) 도시개발법에 의한 환지 및 보류지 또는 체비지의 의제

취득하는 대지 또는 건축물중 토지등소유자에게 분양하는 대지 또는 건축물은 도시개발법에 의하여 행하여진 환지로 보며, 보류지와 일반에게 분양하는 대지 또는 건축물은 도시개발법에 의한 보류지 또는 체비지로 본다.

(4) 등기절차 및 권리변동의 제한

① 사업시행자는 이전의 고시가 있은 때에는 지체 없이 대지 및 건축물에 관한 등기를 지방법원지원 또는 등기소에 촉탁 또는 신청하여야 한다. 등기는 일괄등기방식으로 한다.

② 정비사업에 관하여 이전의 고시가 있은 날부터 이전고시에 의한 등기가 있을 때까지는 저당권 등의 다른 등기를 하지 못한다.

Ⅳ. 청산금

1. 청산금의 의의 및 법적성질

① 대지 또는 건축물을 분양받은 자가 종전에 소유하고 있던 토지 또는 건축물의 가격과 분양받은 대지 또는 건축물의 가격사이에 차이가 있는 경우에는 사업시행자는 이전의 고시가 있은 후에 그 차액에 상당하는 금액을 분양받은 자로부터 징수하거나 분양받은 자에게 지급하여야 한다. 이때에 징수하거나 지급하는 금액을 청산금이라 한다.

② 청산금은 시행자가 징수하는 경우에는 부당이득반환금, 시행자가 지급하는 경우에는 손실보상금으로서의 성질을 갖는다.

2. 청산금의 징수 및 지급시기

(1) 원칙

사업시행자는 이전의 고시가 있은 후에 청산금을 분양받은 자로부터 징수하거나 분양받은 자에게 지급하여야 한다.

(2) 예외

정관등에서 분할징수 및 분할지급에 대하여 정하고 있거나 총회의 의결을 거쳐 따로 정한 경우에는 관리처분계획인가후부터 이전의 고시일까지 일정기간별로 분할징수하거나 분할지급할 수 있다.

3. 청산금의 징수방법

(1) 강제징수

청산금을 납부할 자가 이를 납부하지 아니하는 경우에는 시장·군수인 사업시행자는 지방세체납처분의 예에 의하여 이를 징수할 수 있다.

(2) 위탁에 의한 징수

시장·군수가 아닌 사업시행자는 시장·군수에게 청산금의 징수를 위탁할 수 있다. 이 경우 사업시행자는 징수한 금액의 4/100에 해당하는 금액을 시장·군수에게 교부하여야 한다.

(3) 공탁

청산금을 지급받을 자가 이를 받을 수 없거나 거부한 때에는 사업시행자는 그 청산금을 공탁할 수 있다.

(4) 소멸시효

청산금을 지급(분할지급을 포함한다)받을 권리 또는 이를 징수할 권리는 이전의 고시일 다음 날부터 5년간 이를 행사하지 아니하면 소멸한다.

4. 저당권의 물상대위

정비사업을 시행하는 지역안에 있는 토지 또는 건축물에 저당권을 설정한 권리자는 저당권이 설정된 토지 또는 건축물의 소유자가 지급받을 청산금에 대하여 청산금을 지급하기 전에 압류절차를 거쳐 저당권을 행사할 수 있다.

V. 비용부담

1. 비용부담의 원칙

정비사업비는 도정법 또는 다른 법령에 특별한 규정이 있는 경우를 제외하고는 사업시행자가 부담한다.

2. 주요 정비기반시설 설치비용 부담

시장·군수는 시장·군수가 아닌 사업시행자가 시행하는 정비사업의 정비계획에 따라 설치되는 도시·군계획시설중 대통령령으로 정하는 주요 정비기반시설, 공동이용시설 및 임시수용시설에 대하여는 그 건설에 소요되는 비용의 전부 또는 일부를 부담할 수 있다.

참고 ‖ 주요 정비기반시설

1. 도로	2. 상·하수도	3. 공원	4. 공용주차장	5. 공동구
6. 녹지	7. 하천	8. 공공공지	9. 광장	10. 임시수용시설

3. 비용의 조달

① 사업시행자는 토지등소유자로부터 정비사업비와 정비사업의 시행과정에서 발생한 수입의 차액을 부과금으로 부과·징수할 수 있다.

② 사업시행자는 토지등소유자가 부과금의 납부를 태만히한 때에는 연체료를 부과·징수할 수 있나.

③ 부과금 및 연체료의 부과·징수에 관하여 필요한 사항은 정관등으로 정한다.

④ 시장·군수가 아닌 사업시행자는 부과금 또는 연체료를 체납하는 자가 있는 때에는 시장·군수에게 그 부과·징수를 위탁할 수 있다.

⑤ 시장·군수는 부과·징수를 위탁받은 경우에는 지방세체납처분의 예에 의하여 이를 부과·징수할 수 있다. 이 경우 사업시행자는 징수한 금액의 4/100에 해당하는 금액을 당해 시장·군수에게 교부하여야 한다.

4. 정비기반시설 관리자의 비용부담

① 시장·군수는 그가 시행하는 정비사업으로 인하여 현저한 이익을 받는 정비기반시설의 관리자가 있는 경우에는 대통령령이 정하는 방법 및 절차에 따라 당해 정비사업비의 일부를 그 정비기반시설의 관리자와 협의하여 그 관리자에게 이를 부담시킬 수 있다.

② 사업시행자는 정비사업을 시행하는 지역에 전기·가스 등의 공급시설을 설치하기 위하여

공동구를 설치하는 경우에는 다른 법령에 의하여 그 공동구에 수용될 시설을 설치할 의무가 있는 자에게 공동구의 설치에 소요되는 비용을 부담시킬 수 있다.

5. 보조 및 융자

① 국가 또는 시·도는 시장·군수 또는 주택공사등이 시행하는 정비사업에 관한 기초조사 및 정비사업의 시행에 필요한 시설로서 대통령령이 정하는 정비기반시설 및 임시수용시설의 건설에 소요되는 비용의 일부를 보조하거나 융자할 수 있다.

② 시장·군수는 사업시행자가 주택공사등인 주거환경개선사업·주거환경관리사업 및 가로주택정비사업과 관련하여 정비기반시설 및 임시수용시설을 건설하는 경우 건설에 소요되는 비용의 전부 또는 일부를 주택공사등에게 보조하여야 한다.

③ 국가 또는 지방자치단체는 시장·군수가 아닌 사업시행자가 시행하는 정비사업에 소요되는 비용의 일부를 보조 또는 융자하거나 융자를 알선할 수 있다.

④ 국가 또는 지방자치단체는 정비사업에 필요한 비용을 보조 또는 융자하는 경우 순환정비방식의 정비사업에 우선적으로 지원할 수 있다. 이 경우 순환정비방식의 정비사업의 원활한 시행을 위하여 국가 또는 지방자치단체는 순환용주택의 건설비, 공가관리비의 일부를 보조 또는 융자할 수 있다.

Ⅵ. 정비기반시설

1. 정비기반시설의 설치

① 사업시행자는 관할지방자치단체장과의 협의를 거쳐 정비구역안에 정비기반시설(주거환경관리사업의 경우에는 공동이용시설을 포함한다)을 설치하여야 한다.

② 우선매수청구권의 인정

㉠ 정비기반시설의 설치를 위하여 토지 또는 건축물이 수용된 자는 해당 정비구역안에 소재하는 대지 또는 건축물로서 매각대상이 되는 대지 또는 건축물에 대하여 다른 사람에 우선하여 매수청구할 수 있다.

㉡ 당해 대지 또는 건축물이 국가 또는 지방자치단체의 소유인 때에는 국유재산법 또는 공유재산 및 물품 관리법에 따른 계약의 방법에도 불구하고 수의계약으로 매각할 수 있다.

2. 정비기반시설 및 토지의 귀속

(1) 귀속주체

1) 시행자가 시장·군수 또는 주택공사 등인 경우

종래의 정비기반시설은 사업시행자에게 무상으로 귀속되고, 새로 이 설치된 정비기반시설은 그 시설을 관리할 국가 또는 지방자치단체에 무상으로 귀속된다.

2) 시행자가 시장·군수 또는 주택공사 등인 아닌 경우

새로 이 설치한 정비기반시설은 그 시설을 관리할 국가 또는 지방자치단체에 무상으로 귀속되고, 정비사업의 시행으로 인하여 용도가 폐지되는 국가 또는 지방자치단체 소유의 정비기반시설은 그가 새로 이 설치한 정비기반시설의 설치비용에 상당하는 범위 안에서 사업시행자에게 무상으로 양도된다.

(2) 귀속시기

당해 정비기반시설은 그 정비사업이 준공인가되어 관리청에 준공인가 통지를 한 때에 국가 또는 지방자치단체에 귀속되거나 사업시행자에게 귀속 또는 양도된 것으로 본다.

3. 국·공유재산의 처분·임대 및 양여

(1) 국·공유재산의 처분

1) 관리청 협의 및 매각제한

㉠ 시장·군수는 인가하고자 하는 사업시행계획 또는 직접 작성하는 사업시행계획서에 국·공유재산의 처분에 관한 내용이 포함되어 있는 때에는 미리 관리청과 협의하여야 한다.

㉡ 관리청이 불분명한 재산중 도로·하천·구거 등에 대하여는 국토해양부장관을, 그 외의

재산에 대하여는 기획재정부장관을 관리청으로 본다.

㉢ 협의를 받은 관리청은 20일 이내에 의견을 제시하여야 한다.

㉣ 정비구역안의 국·공유재산은 정비사업외의 목적으로 매각하거나 양도할 수 없다.

2) 정비사업을 위한 우선 매각 또는 임대

㉠ 정비구역안의 국유·공유 재산은 사업시행자 또는 점유자 및 사용자에게 다른 사람에 우선하여 수의계약으로 매각 또는 임대할 수 있다

㉡ 다른 사람에 우선하여 매각 또는 임대할 수 있는 국유·공유 재산은 사업시행인가의 고시가 있은 날부터 종전의 용도가 폐지된 것으로 본다.

㉢ 정비사업을 목적으로 우선 매각하는 국유지·공유지의 평가는 사업시행인가의 고시가 있은 날을 기준으로 하여 행하며, 주거환경개선사업의 경우 매각가격은 이 평가금액의 100분의 80으로 한다.

(2) 국·공유재산의 임대

① 지방자치단체 또는 주택공사등은 주거환경개선구역 및 주택재개발구역에서 임대주택을 건설하는 경우에는 국유지·공유지 관리청과 협의하여 정한 기간동안 국유지·공유지를 임대할 수 있다.

② 시장·군수는 임대하는 국유지·공유지는 그 토지위에 공동주택 그 밖의 영구 건축물을 축조하게 할 수 있다. 이 경우 해당 시설물의 임대기간이 종료되는 때에는 임대한 국유지·공유지 관리청에 기부 또는 원상으로 회복시켜서 반환하거나 국유지·공유지 관리청으로부터 매입하여야 한다.

(3) 국·공유지의 무상양여

1) 국·공유지의 무상양여의 인정

주거환경개선구역안에서 국가 또는 지방자치단체가 소유하는 토지는 사업시행인가의 고시가 있은 날부터 종전의 용도가 폐지된 것으로 보며, 해당 사업시행자에게 무상으로 양여된다.

그러나 행정재산 또는 지자체가 양도계약을 체결하여 정비구역지정 고시일 현재 대금의 일부를 수령한 토지에 대하여는 그러하지 아니하다.

2) 주거환경개선구역 안에서 국·공유토지 매각 제한

국가 또는 지방자치단체가 소유하는 토지는 정비구역지정의 고시가 있은 날부터 정비사업외의 목적으로 이를 양도하거나 매각할 수 없다.

3) 수익금의 사용 제한

무상양여된 토지의 사용수익 또는 처분으로 인한 수입은 주거환경개선사업외의 용도로 이를 사용할 수 없다.

제 6 장

정비사업전문관리업 등

Ⅰ. 정비사업전문관리업

1. 정비사업 전문관리업자의 등록

정비사업의 시행을 위하여 필요한 사항을 추진위원회 또는 사업시행자로부터 위탁받거나 이와 관련한 자문을 하고자 하는 자는 대통령령이 정하는 자본·기술인력 등의 기준을 갖춰 시·도지사에게 등록 또는 변경(대통령령이 정하는 경미한 사항의 변경을 제외한다)등록하여야 한다.

다만, 주택의 건설·감정평가 등 정비사업관련 업무를 하는 정부투자기관 등으로 대통령령이 정하는 기관의 경우에는 그러하지 아니하다.

참고 | 정비사업전문관리업자의 업무범위

1. 조합 설립의 동의 및 정비사업의 동의에 관한 업무의 대행
2. 조합 설립인가의 신청에 관한 업무의 대행
3. 사업성 검토 및 정비사업의 시행계획서의 작성
4. 설계자 및 시공자 선정에 관한 업무의 지원
5. 사업시행인가의 신청에 관한 업무의 대행
6. 관리처분계획의 수립에 관한 업무의 대행
7. 시장·군수가 정비사업전문관리업자를 선정한 경우에는 추진위원회 설립에 필요한 다음의 업무
   가. 동의서 징구(徵求)
   나. 운영규정 작성 지원
   다. 그 밖에 조례로 정하는 사항

2. 정비사업전문관리업자의 업무제한

정비사업전문관리업자는 동일한 정비사업에 대하여 다음의 업무를 병행하여 수행할 수 없다.

1. 건축물의 철거
2. 정비사업의 설계
3. 정비사업의 시공
4. 정비사업의 회계감사
5. 그 밖에 정비사업의 공정한 질서유지에 필요하다고 인정하여 대통령령이 정하는 업무(안전진단 업무)

3. 정비사업전문관리업의 등록 취소

① 시·도지사는 정비사업전문관리업자가 다음 각 호의 어느 하나에 해당하는 때에는 그 등록을 취소하거나 1년 이내의 기간을 정하여 업무의 전부 또는 일부의 정지를 명할 수 있다. 다만, 제1호, 제6호 및 제7호에 해당하는 때에는 그 등록을 취소하여야 한다.

1. 사위 그 밖의 부정한 방법으로 등록을 한 때
2. 등록기준에 미달하게 된 때

2의2. 추진위원회, 사업시행자 또는 시장·군수의 위탁이나 자문에 관한 계약 없이 정비사업전문관리업의 업무를 수행한 때

3. 고의 또는 과실로 조합에게 계약금액(정비사업전문관리업자가 조합과 체결한 총 계약금액을 말한다)의 1/3 이상의 재산상 손실을 끼친 때
4. 제74조의 규정에 의한 보고·자료제출을 하지 아니하거나 허위로한 때 또는 조사·검사를 거부·방해 또는 기피한 때
5. 보고·자료제출을 하지 아니하거나 허위로한 때 또는 조사를 거부·방해 또는 기피한 때
6. 최근 3년간 2회 이상의 업무정지처분을 받은 자로서 그 정지처분을 받은 기간이 합산하여 12월을 초과한 때
7. 다른 사람에게 자기의 성명 또는 상호를 사용하여 이 법이 정한 업무를 수행하게 하거나 등록증을 대여한 때
8. 이 법을 위반하여 벌금형 이상의 선고를 받은 경우(법인의 경우에는 그 소속 임직원을 포함한다)
9. 그 밖에 이 법 또는 이 법에 의한 명령이나 처분을 위반한 때

② 정비사업전문관리업자는 등록취소처분 등을 받기 전에 계약을 체결한 업무는 이를 계속하여 수행할 수 있다. 이 경우 정비사업전문관리업자는 당해 업무를 완료할 때까지는 정

비사업전문관리업자로 본다.

③ 정비사업전문관리업자는 위 규정에 불구하고 다음 각호의 어느 하나에 해당하는 경우에는 업무를 계속하여 수행할 수 없다.

1. 사업시행자가 정비사업전문관리업자 등록취소처분의 통지를 받거나 처분 사실을 안날부터 3월 이내에 총회 또는 대의원회의 의결을 거쳐 당해 업무계약을 해지한 경우
2. 정비사업전문관리업자가 등록취소처분 등을 받은 날부터 3월 이내에 사업시행자로부터 업무의 계속수행에 대하여 동의를 받지 못한 경우. 이 경우 사업시행자가 동의를 하고자 하는 때에는 총회 또는 대의원회의 의결을 거쳐야 한다.
3. 위 1, 6, 7호에 의하여 등록이 취소된 경우

4. 정비사업전문관리업자와 위탁자와의 관계

정비사업전문관리업자에게 업무를 위탁하거나 자문을 요청한 자와 정비사업전문관리업자 사이의 관계에 관하여 이 법에 규정이 있는 것을 제외하고는 민법중 위임에 관한 규정을 준용한다.

Ⅱ. 회계감사·분쟁의 조정

1. 회계감사

① 시장·군수 또는 주택공사등이 아닌 사업시행자는 대통령령이 정하는 방법 및 절차에 의하여 다음에 해당하는 시기에 주식회사의외부감사에관한법률 규정에의한 감사인의 회계감사를 받아야 하며, 그 감사결과를 회계감사가 종료된 날부터 15일 이내에 시장·군수에게 보고하고 이를 당해 조합에 보고하여 조합원이 공람할 수 있도록 하여야 한다.

1. 추진위원회에서 조합으로 인계되기 전 7일 이내
2. 사업시행인가의 고시일부터 20일 이내
3. 준공인가의 신청일부터 7일 이내

② 회계감사가 필요한 경우 사업시행자는 그 시장·군수에게 회계감사기관의 선정·계약을 요

청하여야 하며, 그 요청이 있는 경우 시장·군수는 즉시 회계감사기관을 선정하여 회계감사가 이루어지도록 하여야 한다.

③ 사업시행자는 회계감사기관의 선정·계약을 요청하고자 하는 경우 시장·군수에게 회계감사에 필요한 비용을 미리 예치하여야 한다. 시장·군수는 회계감사가 끝난 경우 예치된 금액에서 회계감사비용을 직접 지불한 후 나머지 비용은 사업시행자와 정산하여야 한다.

2. 관련자료의 공개와 보존 등

① 추진위원회위원장 또는 사업시행자(조합의 경우 조합임원, 도시환경정비사업을 토지등소유자가 단독으로 시행하는 경우 그 대표자를 말한다)는 정비사업의 시행에 관한 다음 각 호의 서류 및 관련 자료가 작성되거나 변경된 후 15일 이내에 이를 조합원, 토지등소유자 또는 세입자가 알 수 있도록 인터넷과 그 밖의 방법을 병행하여 공개하여야 한다.

1. 추진위원회 운영규정 및 정관등
2. 설계자·시공자·철거업자 및 정비사업전문관리업자 등 용역업체의 선정계약서
3. 추진위원회·주민총회·조합총회 및 조합의 이사회·대의원회의 의사록
4. 사업시행계획서
5. 관리처분계획서
6. 해당 정비사업의 시행에 관한 공문서
7. 회계감사보고서
8. 월별 자금의 입금·출금 세부내역
9. 그 밖에 정비사업시행에 관하여 대통령령으로 정하는 서류 및 관련 자료

② 추진위원회원회위원장·정비사업전문관리업자 또는 사업시행자(조합의 경우 조합임원, 도시환경정비사업을 토지등소유자가 시행하는 경우 그 대표자를 말한다)는 위 ①에 따른 서류 및 관련 자료와 총회 또는 중요한 회의(조합원 또는 토지등소유자의 비용부담을 수반하거나 권리와 의무의 변동을 발생시키는 경우로서 대통령령으로 정하는 회의를 말한다)가 있은 때에는 속기록·녹음 또는 영상자료를 만들어 이를 청산시까지 보관하여야 하며, 위 ①에 따라 공개의 대상이 되는 서류 및 관련 자료의 경우 분기별로 공개대상의 목록, 개략적인 내용, 공개장소, 열람·복사 방법 등을 대통령령으로 정하는 방법과 절차에 따라 조합원 또는 토지등소유자에게 서면으로 통지하여야 한다.

③ 추진위원회 위원장 또는 사업시행자는 공개 및 열람·복사 등을 하는 경우에는 주민등록

번호를 제외하고 공개하여야 하며, 그 밖의 공개절차 등 필요한 사항은 국토해양부령으로 정한다.

④ 시장·군수 또는 주택공사등이 아닌 사업시행자는 정비사업을 완료하거나 폐지한 때에는 시·도조례가 정하는 바에 따라 관계서류를 시장·군수에게 인계하여야 한다.

⑤ 시장·군수 또는 주택공사등인 사업시행자와 제4항의 규정에 의하여 관계서류를 인계받은 시장·군수는 당해 정비사업의 관계서류를 5년간 보관하여야 한다.

⑥ 위 ①에 따른 서류 및 다음 각 호를 포함하여 정비사업시행에 관한 서류와 관련자료를 조합원, 토지등소유자가 열람·복사 요청을 한 경우 추진위원회 위원장이나 사업시행자는 15일 이내에 그 요청에 따라야 한다. 이 경우 복사에 필요한 비용은 실비의 범위에서 청구인이 부담한다.

1. 토지등소유자 명부
2. 조합원 명부
3. 그 밖에 대통령령으로 정하는 서류 및 관련 자료

⑦ 제6항에 따른 청구인은 제공받은 서류와 자료를 사용목적 외의 용도로 이용·활용하여서는 아니 된다.

3. 도시분쟁조정위원회

(1) 설치 및 권한

① 정비사업의 시행으로 인하여 발생된 분쟁의 조정을 위하여 정비구역이 지정된 시·군·구(자치구를 말한다)에 도시분쟁조정위원회(이하 "조정위원회" 라 한다)를 둔다.

② 조정위원회는 부시장·부구청장 또는 부군수를 위원장으로한 10인 이내의 위원으로 구성한다.

③ 조정위원회는 정비사업의 시행과 관련한 분쟁 사항을 심사·조정하되, 「주택법」, 「공익사업을 위한 토지 등의 취득 및 보상에 관한 법률」, 그 밖의 관계 법률에 따라 설치된 위원회의 심사대상에 포함되는 사항은 제외할 수 있다.

(2) 분쟁의 조정

① 정비사업과 관련한 분쟁당사자는 조정위원회에 조정을 신청할 수 있으며, 조정위원회는 조정의 신청을 받은 날부터 60일 이내에 조정절차를 마쳐야한다. 다만, 기간 내에 조정절차를 마칠 수 없다고 판단되는 경우에는 조정위원회의 의결로 그 기간을 1회에 한하여 연장할 수 있으며 그 기간은 30일 이내로 한다.

② 조정위원회 또는 분과위원회는 ①에 따른 조정절차를 마친 경우 조정안을 작성하여 지체 없이 각 당사자에게 제시하여야 하며, 조정안을 제시받은 각 당사자는 그 제시받은 날부터 15일 이내에 그 수락 여부를 조정위원회 또는 분과위원회에 통보하여야 한다.

③ 당사자가 조정안을 수락한 경우 조정위원회는 즉시 조정서를 작성하고, 위원장 및 각 당사자는 이에 서명·날인하여야 한다. 이 경우 당사자 간에는 조정서와 동일한 내용의 합의가 성립된 것으로 본다.

Ⅲ. 정비사업의 공공관리 등

1. 공공관리의 위탁

시장·군수는 정비사업의 투명성 강화 및 효율성 제고를 위하여 시·도조례로 정하는 정비사업에 대하여 사업시행 과정을 지원(이하 "공공관리" 라한다)하거나, 주택공사 등, 「자본시장과 금융투자업에 관한 법률」에 따른 신탁업자, 「주택법」에 따른 대한주택보증주식회사 또는 한국토지주택공사, 한국감정원에 공공관리를 위탁할 수 있다.

2. 공공관리자의 업무

정비사업을 공공관리하는 시장·군수 및 공공관리를 위탁받은 자(이하 "위탁관리자"라 한다)는 다음의 업무를 수행한다.

1. 추진위원회 또는 주민대표회의 구성을 위한 업무 지원
2. 정비사업전문관리업자의 선정(위탁관리자는 선정을 위한 지원에 한한다)

3. 설계자 및 시공자 선정 방법 등에 대한 지원
4. 세입자의 주거 및 이주 대책 수립에 관한 지원
5. 관리처분계획 수립에 관한 지원
6. 그 밖에 시·도조례로 정하는 사항

3. 공공관리의 감독 책임(위탁관리의 경우)

시장·군수는 위탁관리자의 공정한 업무수행을 위하여 관련 자료의 제출 및 조사, 현장점검 등 필요한 조치를 할 수 있으며, 위탁관리자의 행위에 대한 대외적인 책임은 시장·군수에게 있다.

4. 공공관리의 비용부담 및 지원

공공관리에 필요한 비용은 시장·군수가 부담하되, 시·도지사는 시·도조례로 정하는 바에 따라 그 비용의 일부를 지원할 수 있다.

5. 사업시행인가 및 관리처분계획의 인가 시기 조정

① 시·도지사는 정비사업의 시행으로 인하여 정비구역 주변 지역에 현저한 주택 부족이나 주택시장의 불안정이 발생하는 등 특별시·광역시 또는 도의 조례로 정하는 사유가 발생하는 경우에는 시·도 주택정책심의위원회의 심의를 거쳐 사업시행인가 또는 관리처분계획 인가의 시기를 조정하도록 해당 시장·군수에게 요청할 수 있으며, 요청을 받은 시장·군수는 특별한 사유가 없으면 그 요청에 따라야한다.
이 경우 사업시행인가 또는 관리처분계획 인가의 조정 시기는 그 인가 신청일로 부터 1 년을 넘을 수 없다.

② 특별자치도지사는 위와 같은 사유가 발생하는 경우 사업시행인가 또는 관리처분계획 인가시기를 조정할 수 있으며, 그 조정 시기는 그 인가 신청일로 부터 1 년을 넘을 수 없다.

6. 벌칙적용에 있어서의 공무원 의제

형법 제129조 내지 제132조의(수뢰죄, 사전수뢰죄, 제3자 뇌물제공, 사후수뢰) 적용에 있어서 추진위원회의 위원장·조합의 임원 및 정비사업전문관리업자의 대표자(법인인 경우에는 임원을 말한다)·직원 및 위탁관리자는 이를 공무원으로 본다.

제 10 편

건 축 법

제 1 장

총 칙

Ⅰ. 목적 및 용어의 정의

1. 목적

건축물의 대지·구조·설비 기준 및 용도 등을 정하여 건축물의 안전·기능·환경 및 미관을 향상시킴으로써 공공복리의 증진에 이바지하는 것을 목적으로 한다.

2. 법적성격

건축법은 국토계획법의 개발행위 중 "건축물의 건축" 또는 "공작물의 설치"에 대해서는 건축법이 국토계획법의 특별법적 성격을 가지며, 나머지 건축법 규정은 건축에 대한 일반법적 성격을 가진다.

3. 용어의 정의

(1) 대지

1) 원칙

「측량·수로조사 및 지적에 관한 법률」(이하 "지적법"이라 칭함)에 따라 각 필지(筆地)로 나눈 토지를 말한다.

2) 예외

㉠ 둘 이상의 필지를 하나의 대지로 할 수 있는 경우

ⓐ 하나의 건축물을 두 필지 이상에 걸쳐 건축하는 경우 : 건축물이 건축되는 각 필지의 토지를 합한 토지

ⓑ 지적법에 따라 합병이 불가능한 경우 중 다음 어느 하나에 해당하는 경우 : 그 합병이 불가능한 필지의 토지를 합한 토지

단 토지의 소유자가 서로 다르거나 소유권 외의 권리관계가 서로 다른 경우는 제외한다.

> 가. 각 필지의 지번부여지역(地番附與地域)이 서로 다른 경우
> 나. 각 필지의 도면의 축척이 다른 경우
> 다. 서로 인접하고 있는 필지로서 각 필지의 지반(地盤)이 연속되지 아니한 경우

ⓒ 국토계획법 규정에 따른 도시·군계획시설에 해당하는 건축물을 건축하는 경우 : 그 도시·군계획시설이 설치되는 일단(一團)의 토지

ⓓ 주택법에 따른 사업계획승인을 받아 주택과 그 부대시설 및 복리시설을 건축하는 경우 : 주택법에 따른 주택단지

ⓔ 도로의 지표 아래에 건축하는 건축물의 경우 : 특별시장·광역시장·특별자치도지사·시장·군수 또는 구청장(자치구의 구청장)이 그 건축물이 건축되는 토지로 정하는 토지

ⓕ 사용승인을 신청할 때 둘 이상의 필지를 하나의 필지로 합칠 것을 조건으로 건축허가를 하는 경우 : 그 필지가 합쳐지는 토지

ⓛ 하나 이상의 필지의 일부를 하나의 대지로 할 수 있는 경우

ⓐ 하나 이상의 필지의 일부에 대하여 도시·군계획시설이 결정·고시된 경우 : 그 결정·고시된 부분의 토지

ⓑ 하나 이상의 필지의 일부에 대하여 농지법에 따른 농지전용허가를 받은 경우: 그 허가받은 부분의 토지

ⓒ 하나 이상의 필지의 일부에 대하여 산지관리법에 따른 산지전용허가를 받은 경우 : 그 허가받은 부분의 토지

ⓓ 하나 이상의 필지의 일부에 대하여 국토계획법에 따른 개발행위허가를 받은 경우 : 그 허가받은 부분의 토지

ⓔ 사용승인을 신청할 때 필지를 나눌 것을 조건으로 건축허가를 하는 경우 : 그 필지가 나누어지는 토지

(2) 건축물

1) 의의

㉠ 토지에 정착(定着)하는 공작물 중 지붕과 기둥 또는 벽이 있는 것

㉡ 건축물에 딸린 시설물(담장, 대문 등)

㉢ 지하나 고가(高架)의 공작물에 설치하는 사무소·공연장·점포·차고·창고

㉣ 그 밖에 대통령령으로 정하는 것을 말한다

2) 건축물 관련 용어

㉠ 부속건축물 : 같은 대지에서 주된 건축물과 분리된 부속용도의 건축물로서 주된 건축물을 이용 또는 관리하는데에 필요한 건축물을 말한다.

㉡ 부속용도 : 건축물의 주된 용도의 기능에 필수적인 용도로서 다음 각 목의 어느 하나에 해당하는 용도를 말한다.

> 가. 건축물의 설비, 대피, 위생, 그 밖에 이와 비슷한 시설의 용도
>
> 나. 사무, 작업, 집회, 물품저장, 주차, 그 밖에 이와 비슷한 시설의 용도
>
> 다. 구내식당·직장어린이집·구내운동시설 등 종업원 후생복리시설, 구내소각시설, 그 밖에 이와 비슷한 시설의 용도
>
> 라. 관계 법령에서 주된 용도의 부수시설로 설치할 수 있게 규정하고 있는 시설의 용도

㉢ 거실 : 건축물 안에서 거주, 집무, 작업, 집회, 오락, 그 밖에 이와 유사한 목적을 위하여 사용되는 방을 말한다.

거실은 장시간 지속적으로 머무르는 곳으로서 위생, 방화 및 피난 등 관련 법의 규제가 강화된다.

㉣ 지하층 : 건축물의 바닥이 지표면 아래에 있는 층으로서 바닥에서 지표면까지 평균높이가 해당 층 높이의 2분의 1 이상인 것을 말한다.

㉤ 고층건축물 : 층수가 30층 이상이거나 높이가 120미터 이상인 건축물

㉥ 초고층건축물 : 층수가 50층 이상이거나 높이가 200미터 이상인 건축물

㉦ 준초고층 건축물 : 고층건축물 중 초고층 건축물이 아닌 것을 말한다.

㉧ 한옥 : 기둥 및 보가 목구조방식이고 한식지붕틀로 된 구조로서 한식기와, 볏짚, 목재, 흙 등 자연재료로 마감된 우리나라 전통양식이 반영된 건축물 및 그 부속건축물을 말한다.

㉧ 발코니 : 건축물의 내부와 외부를 연결하는 완충공간으로서 전망이나 휴식 등의 목적으로 건축물 외벽에 접하여 부가적(附加的)으로 설치되는 공간을 말한다. 이 경우 주택에 설치되는 발코니로서 국토해양부장관이 정하는 기준에 적합한 발코니는 필요에 따라 거실·침실·창고 등의 용도로 사용할 수 있다.

㉨ 다중이용 건축물 : 다음에 해당하는 건축물

1. 다음의 어느 하나에 해당하는 용도로 쓰는 바닥면적의 합계가 5,000㎡ 이상인 건축물
   1) 문화 및 집회시설(전시장 및 동물원·식물원은 제외한다)
   2) 종교시설
   3) 판매시설
   4) 운수시설 중 여객자동차터미널
   5) 의료시설 중 종합병원
   6) 숙박시설 중 관광숙박시설
2. 16층 이상인 건축물

(3) 건축법의 일부를 적용하는 공작물

공작물을 축조(건축물과 분리하여 축조하는 것을 말한다)할 때 특별자치도지사 또는 시장·군수·구청장에게 신고를 하여야 하는 공작물은 다음과 같다.	
① 옹벽, 담장	높이 2m를 넘는 것
② 광고판, 광고탑, 그 밖에 이와 비슷한 것	높이 4m를 넘는 것
③ 굴뚝, 장식탑, 기념탑, 그 밖에 이와 비슷한 것 ④ 골프연습장 등의 운동시설을 위한 철탑, 주거지역·상업지역에 설치하는 통신용철탑, 그 밖에 이와 비슷한 것	높이 6m를 넘는 것
⑤ 고가수조나 그 밖에 이와 비슷한 것	높이 8m를 넘는 것
⑥ 기계식 주차장 및 철골 조립식 주차장(단 위험방지를 위한 난간높이 제외, 바닥면이 조립식이 아닌 것을 포함)으로서 외벽이 없는 것	높이 8m 이하인 것
⑦ 지하대피호	바닥면적 30㎡를 넘는 것
⑧ 제조시설, 저장시설(시멘트사일로를 포함한다), 유희시설, 그 밖에 이와 비슷한 것 ⑨ 건축물의 구조에 심대한 영향을 줄 수 있는 중량물	건축조례로 정하는 것

(4) 건축(행위)

① **건축** : 건축물을 신축, 증축, 개축, 재축하거나 건축물을 이전하는 것을 말한다.

② **신축** : 건축물이 없는 대지(기존 건축물이 철거되거나 멸실된 대지를 포함 한다)에 새로 건축물을 축조하는 것(부속건축물만 있는 대지에 새로 주된 건축물을 축조하는 것을 포함하되, 개축 또는 재축하는 것은 제외한다)을 말한다.

③ **증축** :

㉠ 기존 건축물이 있는 대지에서 건축물의 건축면적, 연면적, 층수 또는 높이를 늘리는 것을 말한다.

㉡ 건축물의 높이를 단순히 증가시키는 것도 증축에 해당하며, 하나의 대지 안에서 기존 건축물에 붙여서 또는 별도로 떨어져서 건축물을 축조하는 것도 증축에 해당한다.

㉢ 주된 건축물이 있는 대지 안에서 부속건물을 짓거나 담장 등 부수되는 시설을 짓는 것도 증축에 해당한다.

④ **개축** : 기존 건축물의 전부 또는 일부(내력벽·기둥·보·지붕틀(한옥의 경우에는 지붕틀의 범위에서 서까래는 제외한다) 중 셋 이상이 포함 되는 경우를 말한다)를 철거하고 그 대지에 종전과 같은 규모의 범위에서 건축물을 다시 축조하는 것을 말한다.

⑤ **재축** : 건축물이 천재지변이나 그 밖의 재해로 멸실된 경우 그 대지에 종전과 같은 규모의 범위에서 다시 축조하는 것을 말한다

참고 | 개축과 재축의 차이

- 개축 : 본인 스스로 인위적으로 철거하고 다시 축조
- 재축 : 천재지변과 같이 자연재해로 멸실된 부분을 다시 축조

⑥ **이전** : 건축물의 주요구조부를 해체하지 아니하고 같은 대지의 다른 위치로 옮기는 것을 말한다

※ 건축물의 이축이란 동일한 대지가 아닌 다른 대지에 옮겨서 축조하는 것으로 이전과 구별되며, 본래의 건축법 상의 신축 또는 증축의 개념과 유사하다고 할 수 있다.

(5) 대수선

건축물의 기둥, 보, 내력벽, 주계단 등의 구조나 외부 형태를 수선·변경하거나 증설하는 것으로 다음 어느 하나에 해당하는 것이다. 그러나 증축, 개축 또는 재축에 해당하지 않는 것을 말한다.

1. 내력벽을 증설 또는 해체하거나 그 벽면적을 30㎡ 이상 수선 또는 변경하는 것
2. 기둥을 증설 또는 해체하거나 3개 이상 수선 또는 변경하는 것
3. 보를 증설 또는 해체하거나 3개 이상 수선 또는 변경하는 것
4. 지붕틀(한옥의 경우 서까래는 제외한다)을 증설 또는 해체하거나 3개 이상 수선 또는 변경하는 것
5. 방화벽 또는 방화구획을 위한 바닥 또는 벽을 증설 또는 해체하거나 수선 또는 변경하는 것
6. 주계단·피난계단 또는 특별피난계단을 증설 또는 해체하거나 수선 또는 변경하는 것
7. 미관지구에서 건축물의 외부형태(담장을 포함한다)를 변경하는 것
8. 다가구주택의 가구 간 경계벽 또는 다세대주택의 세대 간 경계벽을 증설 또는 해체하거나 수선 또는 변경하는 것

참고 : 개축과 대수선의 차이

내력벽, 기둥, 보, 지붕틀 중 셋 이상이 포함되게 해체하여 수선 또는 변경하는 것은 개축이며, 개축에 해당하는 것은 대수선에 해당하지 않는다.
예 기둥 3개, 보 2개, 지붕틀 1개를 수선하는 것은?(대수선이 아님)

(6) **주요구조부** : 내력벽, 기둥, 바닥, 보, 지붕틀 및 주계단을 말한다. 다만, 사이기둥, 최하층 바닥, 작은 보, 차양, 옥외 계단, 그 밖에 이와 유사한 것으로 건축물의 구조상 중요하지 아니한 부분은 제외한다.

(7) **건축설비** : 건축물에 설치하는 전기·전화 설비, 초고속 정보통신 설비, 지능형 홈네트워크 설비, 가스·급수·배수(配水)·배수(排水)·환기·난방·소화·배연(排煙) 및 오물처리의 설비, 굴뚝, 승강기, 피뢰침, 국기게양대, 공동시청 안테나, 유선방송 수신시설, 우편함, 저수조, 그 밖에 국토해양부령으로 정하는 설비를 말한다.

(8) **특별건축구역** : 조화롭고 창의적인 건축물의 건축을 통하여 도시경관의 창출, 건설기술 수준향상 및 건축 관련 제도개선을 도모하기 위하여 이 법 또는 관계 법령에 따라 일부 규정을 적용하지 아니하거나 완화 또는 통합하여 적용할 수 있도록 특별히 지정하는 구역을 말한다.

(9) 구조

① **내화구조** : 화재에 견딜 수 있는 성능을 가진 구조로서 국토해양부령으로 정하는 기준에 적합한 구조를 말한다.

② **방화구조** : 화염의 확산을 막을 수 있는 성능을 가진 구조로서 국토해양부령으로 정하는

기준에 적합한 구조를 말한다

(10) 재료

① **내수재료** : 인조석·콘크리트 등 내수성을 가진 재료로서 국토해양부령으로 정하는 재료를 말한다.

② **난연재료** : 불에 잘 타지 아니하는 성능을 가진 재료로서 국토해양부령으로 정하는 기준에 적합한 재료를 말한다

③ **불연재료** : 불에 타지 아니하는 성질을 가진 재료로서 국토해양부령으로 정하는 기준에 적합한 재료를 말한다.

④ **준불연재료** : 불연재료에 준하는 성질을 가진 재료로서 국토해양부령으로 정하는 기준에 적합한 재료를 말한다.

(11) 리모델링

① **정의** : 건축물의 노후화를 억제하거나 기능 향상 등을 위하여 대수선하거나 일부 증축하는 행위를 말한다

② 리모델링에 대한 특례

㉠ 리모델링이 쉬운 구조의 공동주택의 건축을 촉진하기 위하여 공동주택을 다음에 적합한 구조로 하여 건축허가를 신청하면 용적률, 건축물의 높이제한 및 일조 등의 확보를 위한 건축물의 높이제한의 기준을 100분의 120의 범위 다만, 건축조례에서 지역별 특성 등을 고려하여 그 비율을 강화한 경우에는 건축조례로 정하는 기준에 따른 비율로 완화하여 적용할 수 있다.

1. 각 세대는 인접한 세대와 수직 또는 수평 방향으로 통합하거나 분할할 수 있을 것
2. 구조체에서 건축설비, 내부 마감재료 및 외부 마감재료를 분리할 수 있을 것
3. 개별 세대 안에서 구획된 실(室)의 크기, 개수 또는 위치 등을 변경할 수 있을 것

㉡ 이 경우 위 기준에 적합한지에 관한 세부적인 판단 기준은 국토해양부장관이 정하여 고시한다.

(12) 건축면적, 연면적, 건폐율, 용적률

① **건축면적** : 건물 1층의 건물 바닥 면적

② **연면적** : 건물 각 층의 바닥면적 합계(각 지하층의 바닥면적도 포함되나 용적률 산정시의 연면적에는 지하층 바닥면적과 지상부속용 주차장 면적 및 주민공동시설의 바닥면적은 제외한다)

③ **건폐율** = $\frac{\text{건축면적}}{\text{대지면적}} \times 100(\%)$

④ **용적율** = $\frac{\text{연면적}}{\text{대지면적}} \times 100(\%)$

Ⅱ. 적용범위 및 지역

1. 건축법의 적용대상에 제외되는 건축물(전면적)

① 문화재보호법에 따른 지정문화재나 가지정(假指定) 문화재

② 철도나 궤도의 선로 부지(敷地)에 있는 다음 각 목의 시설

㉠ 운전보안시설

㉡ 철도 선로의 위나 아래를 가로지르는 보행시설

㉢ 플랫폼

㉣ 해당 철도 또는 궤도사업용 급수(給水)·급탄(給炭) 및 급유(給油) 시설

③ 고속도로 통행료 징수시설

④ 컨테이너를 이용한 간이창고(공장의 용도로만 사용되는 건축물의 대지에 설치하는 것으로서 이동이 쉬운것만 해당된다)

2. 건축법의 일부를 적용하지 않는 지역(부분적)

적용하지 않는 지역	적용하지 않는 규정	
① 도시지역 및 지구단위계획구역외의 지역으로서 동 또는 읍의 지역(동 또는 읍에 속하는 섬의 경우에는 인구 500명 이	건축법 제44조	대지와 도로와의 관계

적용하지 않는 지역	적용하지 않는 규정	
상인 경우만 해당된다)외 지역	법 제45조	도로의 지정·폐지·변경
	법 제46조	건축선의 지정
	법 제47조	건축선에 따른 건축제한
	법 제51조	방화지구 안의 건축물
	법 제57조	대지의 분할 제한
② 도시·군계획시설로 결정된 도로예정지가 장기간 사업이 실시되지 않는 경우, 그 도로 예정지 소유자는 시장·군수·도지사 등에게 매수청구할 수 있고 매수의무자가 매수하지 않기로 결정하거나 매수하지 않는 경우, 도로예정지 소유자가 도로예정부지에 허가를 받아 건축물이나 공작물을 설치하는 경우	법 제45조	도로의 지정·폐지·변경
	법 제46조	건축선의 지정
	법 제47조	건축선에 따른 건축제한

Ⅲ. 건축법의 적용완화

1. 완화절차

(1) 건축관계자의 완화요청

건축주, 설계자, 공사시공자 또는 공사감리자(“건축관계자” 라 한다)는 업무를 수행할 때 이 법을 적용하는 것이 매우 불합리하다고 인정되는 대지나 건축물로서 대통령령으로 정하는 것에 대하여는 이 법의 기준을 완화하여 적용할 것을 특별시장·광역시장·특별자치도지사 또는 시장·군수·구청장(“허가권자” 라 한다)에게 요청할 수 있다.

(2) 허가권자의 결정

요청을 받은 허가권자는 건축위원회의 심의를 거쳐 완화 여부와 적용범위를 결정하고 그 결과를 신청인에게 알려야 한다.

2. 완화기준

허가권자는 완화 여부 및 적용 범위를 결정할 때에는 다음 기준을 지켜야 한다.

① 공공의 이익을 해치지 아니하고, 주변의 대지 및 건축물에 지나친 불이익을 주지 아니할 것

② 도시의 미관이나 환경을 지나치게 해치지 아니할 것

③ 사용승인을 받은 후 15년 이상이 되어 리모델링이 필요한 건축물인 경우의 증축은 기능향상 등을 고려하여 대통령으로 정하는 규모와 범위에서 할 것

④ 주택법에 따른 사업계획승인 대상인 공동주택(원룸형 주택으로 변경되는 부분은 제외한다)의 리모델링은 세대수를 늘리거나 복리시설을 분양하기 위한 것이 아닐 것

⑤ 방재지구의 대지에 건축하는 건축물로서 재해예방을 위한 조치가 필요한 경우 해당 지역에 적용되는 차면시설, 내화구조, 마감재료 규정에 따른 기준을 100분의 140 이하의 범위에서 건축조례로 정하는 비율을 적용할 것

⑥ 보금자리주택인 경우

기준이 완화되는 범위는 외벽의 중심선에서 발코니 끝부분까지의 길이 중 1.5미터를 초과하는 발코니 부분에 한정될 것. 이 경우 완화되는 범위는 최대 1미터로 제한하며, 완화되는 부분에 창호를 설치해서는 아니 된다.

3. 완화적용대상

1. 수면 위에 건축하는 건축물 등 대지의 범위를 설정하기 곤란한 경우
2. 거실이 없는 통신시설 및 기계·설비시설인 경우
3. 31층 이상인 건축물(건축물 전부가 공동주택의 용도로 쓰는 경우는 제외한다)과 발전소, 제철소, 지식경제부령으로 정하는 업종의 제조시설, 운동시설 등 특수 용도의 건축물인 경우
4. 전통사찰, 전통한옥 등 전통문화의 보존을 위하여 시·도의 건축조례로 정하는 지역의 건축물인 경우
5. 경사진 대지에 계단식으로 건축하는 공동주택으로서 지면에서 직접 각 세대가 있는 층으로의 출입이 가능하고, 위층 세대가 아래층 세대의 지붕을 정원 등으로 활용하는 것이 가능한 형태의 건축물과 초고층 건축물인 경우
6. 사용승인을 받은 후 15년 이상이 되어 리모델링이 필요한 건축물인 경우
7. 기존 건축물에 「장애인·노인·임산부 등의 편의증진 보장에 관한 법률」에 따른 편의시설을 설치하면 건폐율 또는 용적률에 따른 기준에 적합하지 아니하게 되는 경우

7의2. 도시지역 및 제2종 지구단위계획구역 외의 지역 중 동이나 읍에 해당하는 지역에 건축하는 건축물로서 건축조례로 정하는 건축물인 경우
8. 방재지구의 대지에 건축하는 건축물로서 재해예방을 위한 조치가 필요한 경우
9. 조화롭고 창의적인 건축을 통하여 아름다운 도시경관을 창출한다고 허가권자가 인정하는 건축물과 주택법 시행령에 따른 도시형 생활주택(아파트는 제외한다)인 경우
10. 보금자리주택인 경우
11. 공동주택에 「주택건설 기준 등에 관한 규정」 제2조제3호에 따른 주민공동시설(주택소유자가 공유하는 시설로서 영리를 목적으로 하지 아니하고 주택의 부속용도로 사용하는 시설만 해당하며, 이하 "주민공동시설"이라 한다)을 설치하는 경우

Ⅳ. 건축법 적용 특례

1. 기존 건축물의 특례

(1) 특례대상

허가권자는 법령의 제정·개정이나 그 밖에 다음의 사유로 대지나 건축물이 이 법에 맞지 아니하게 된 경우에는 대통령령으로 정하는 범위에서 해당 지자체의 조례로 정하는 바에 따라 건축을 허가할 수 있다.

1. 도시관리계획의 결정·변경 또는 행정구역의 변경이 있는 경우
2. 도시계획시설의 설치, 도시개발사업의 시행 또는 도로법에 따른 도로의 설치가 있는 경우
3. 준공미필건축물 정리에 관한 특별조치법, 특정건축물 정리에 관한 특별조치법에 따라 준공검사필증 또는 사용승인서를 교부받은 사실이 건축물대장에 기재된 경우
4. 주거환경개선사업의 준공인가증을 교부받은 경우
5. 공유토지분할에 관한 특례법에 의하여 분할된 경우
6. 대지의 일부 토지소유권에 대하여 「민법」 제245조에 따라 소유권이전등기가 완료된 경우
7. 「지적재조사에 관한 특별법」에 따른 지적재조사사업으로 새로운 지적공부가 작성된 경우

(2) 특례범위

1. 기존 건축물을 재축하는 경우
2. 증축하거나 개축하려는 부분이 법령 등에 적합한 경우
3. 기존 건축물의 대지가 도시계획시설의 설치 또는 도로법에 따른 도로의 설치로 인하여 대지의 분할 제한의 규정에 의하여 해당 지방자치단체가 정하는 면적에 미달 되는 경우로서 해당 기존 건축물을 연면적 합계의 범위 내에서 증축하거나 개축하는 경우
4. 기존 건축물이 도시계획시설 또는 도로법에 따른 도로의 설치로 차면시설, 내화구조에 부적합하게 된 경우로서 화장실·계단·승강기의 설치 등 그 건축물의 기능을 유지하기 위하여 그 기존 건축물의 연면적 합계의 범위에서 증축하는 경우
5. 해당 지방자치단체의 조례 시행일 이전에 건축된 기존 건축물의 건축선 및 인접 대지경계선으로부터의 거리가 그 조례로 정하는 거리에 미달되는 경우로서 그 기존 건축물을 건축 당시의 법령에 위반하지 아니하는 범위에서 증축하는 경우
6. 기존 한옥을 개축 또는 대수선하는 경우

2. 다른 법령의 배제

(1) 민법의 적용 배제

건축물의 건축등을 위하여 지하를 굴착하는 경우에는 「민법」 제244조제1항을 적용하지 아니한다. 다만, 필요한 안전조치를 하여 위해(危害)를 방지하여야 한다.

관련법령 민법 제244조 제1항

우물을 파거나 용수, 하수 또는 오물 등을 처치할 지하시설을 하는 때에는 경계로부터 2미터 이상의 거리를 두어야 하며 저수지, 구거 또는 지하실공사에는 경계로부터 그 깊이의 반 이상의 거리를 두어야 한다.

(2) 하수도법의 적용배제

건축물에 딸린 개인하수처리시설에 관한 설계의 경우에는 「하수도법」 제38조를 적용하지 아니한다.

관련법령 하수도법 제38조

개인하수처리시설을 설치 또는 변경하고자 하는 자는 하수도법에 의하여 등록한 처리시설설계·시공업자로 하여금 설계·시공하도록 하여야 한다.

제 2 장

건축물의 건축

Ⅰ. 건축허가

1. 건축에 관한 입지 및 규모의 사전결정

(1) 신청

① 건축허가 대상 건축물을 건축하려는 자는 건축허가를 신청하기 전에 허가권자에게 그 건축물을 해당 대지에 건축하는 것이 이 법이나 다른 법령에서 허용되는 지에 대한 사전결정을 신청할 수 있다(건축허가 대상 건축물만 해당 되고, 건축신고 대상건축물은 해당 안된다)

② 사전결정을 신청하는 자는 건축위원회 심의와 「도시교통정비 촉진법」에 따른 교통영향분석·개선대책의 검토를 동시에 신청할 수 있다.

(2) 협의 및 통지

① 허가권자는 사전결정이 신청된 건축물의 대지면적이 환경영향평가법에 따른 소규모 환경영향평가 대상사업인 경우 환경부장관이나 지방환경관서의 장과 소규모 환경영향평가에 관한 협의를 하여야 한다.

② 허가권자는 사전결정신청을 받으면 입지, 건축물의 규모, 용도 등을 사전결정한 후 사전결정 신청자에게 알려야 한다.

③ 허가권자는 사전결정을 하려면 미리 관계 행정기관의 장과 협의하여야하며, 협의를 요청받은 관계 행정기관의 장은 요청받은 날부터 15일 이내에 의견을 제출하여야 한다.

④ 사전결정신청자는 사전결정을 통지받은 날부터 2년 이내에 건축허가를 신청하여야 하며, 이 기간에 건축허가를 신청하지 아니하면 사전결정의 효력이 상실된다.

(3) 의제

사전결정 통지를 받은 경우에는 다음의 허가를 받거나 신고 또는 협의를 한 것으로 본다.

1. 국토계획법에 따른 개발행위허가
2. 산지관리법에 따른 산지전용허가와 산지전용신고, 산지일시사용허가·신고. 다만, 보전산지인 경우에는 도시지역만 해당된다.
3. 농지법에 따른 농지전용허가·신고 및 협의
4. 하천법에 따른 하천점용허가

2. 건축물의 설계

건축허가를 받아야 하거나, 건축신고를 하여야 하는 건축물 또는 사용승인을 받은 후 20년 이상이 지난 건축물로서 주택법에 따른 리모델링을 하는 건축물의 건축등을 위한 설계는 건축사가 아니면 할 수 없다.

다만, 다음 각 호의 어느 하나에 해당하는 경우에는 그러하지 아니하다.

1. 바닥면적의 합계가 85㎡ 미만인 증축·개축 또는 재축
2. 연면적이 200㎡ 미만이고 층수가 3층 미만인 건축물의 대수선
3. 그 밖에 건축물의 특수성과 용도 등을 고려하여 대통령령으로 정하는 건축물의 건축 등의 경우
   ① 읍·면지역(시장 또는 군수가 지역계획 또는 도시계획에 지장이 있다고 인정하여 지정·공고한 구역은 제외한다)에서 건축하는 건축물 중 연면적이 200㎡ 이하인 창고 및 농막과 연면적 400㎡ 이하인 축사 및 작물 재배사
   ② 가설건축물로서 건축조례로 정하는 가설건축물

3. 건축허가대상

(1) 특별자치도지사 또는 시장·군수·구청장의 허가대상

건축물을 건축하거나 대수선하려는 자는 특별자치도지사 또는 시장·군수·구청장의 허가를 받아야 한다.

(2) 특별시장·광역시장의 허가대상

다음에 정하는 용도·규모의 건축물을 특별시나 광역시에 건축하려면 특별시장이나 광역시장의 허가를 받아야 한다.

1. 층수가 21층 이상인 건물
2. 연면적의 합계가 10만㎡ 이상인 건축물의 건축(연면적의 3/10 이상을 증축하여 층수가 21층 이상으로 되거나 연면적의 합계가 10만㎡ 이상으로 되는 경우를 포함한다)을 말한다. 다만, 다음 각 호의 어느 하나에 해당하는 건축물의 건축은 제외한다.
   ① 공장
   ② 창고
   ③ 지방건축위원회의 심의를 거친 건축물(초고층 건축물은 제외한다)

4. 건축허가에 대한 도지사의 사전승인

① 시장·군수는 다음의 어느 하나에 해당하는 건축물의 건축을 허가하려면 미리 건축계획서와 국토해양부령으로 정하는 건축물의 용도, 규모 및 형태가 표시된 기본설계도서를 첨부하여 도지사의 승인을 받아야 한다.

② 사전승인의 신청을 받은 도지사는 승인요청을 받은 날부터 50일 이내에 승인 여부를 시장·군수에게 통보하여야 한다. 다만, 건축물의 규모가 큰 경우 등 불가피한 경우에는 30일의 범위 내에서 그 기간을 연장할 수 있다.

대규모 건축물	① 21층 이상 건축물 ② 연면적의 합계가 10만㎡ 이상인 건축물 ◦ 공장, 창고 및 지방건축위원회의 심의를 거친 건축물은 제외한다. ◦ 연면적의 3/10 이상을 증축하여 층수가 21층 이상으로 되거나 연면적의 합계가 100,000㎡ 이상으로 되는 경우를 포함한다.
자연환경 또는 수질보호를 위하여	3층 이상 또는 연면적의 합계가 1,000㎡ 이상인 건축물로서 위락시설, 숙박시설, 공동주택, 제2종 근린생활시설 중 일반음식점, 일반업무시설
주거환경 또는 교육환경	위락시설 및 숙박시설에 해당하는 건축물

5. 건축허가 거부

허가권자는 다음 어느 하나에 해당하는 경우에는 건축법이나 다른 법률에도 불구하고 건축위원회의 심의를 거쳐 건축허가를 하지 아니할 수 있다.

① 위락시설이나 숙박시설에 해당하는 건축물의 건축을 허가하는 경우 해당 대지에 건축하려는 건축물의 용도·규모 또는 형태가 주거환경이나 교육환경 등 주변 환경을 고려할 때 부적합하다고 인정되는 경우

② 방재지구 및 자연재해위험지구 등 상습적으로 침수되거나 침수가 우려되는 지역에 건축하려는 건축물에 대하여 지하층 등 일부 공간을 주거용으로 사용하거나 거실을 설치하는 것이 부적합하다고 인정되는 경우

6. 건축주와의 계약 등

① 건축관계자(건축주, 설계자, 공사시공자 또는 공사감리자)는 건축물이 설계도서에 따라 건축법과 건축법에 따른 명령이나 처분, 그 밖의 관계 법령에 맞게 건축되도록 업무를 성실히 수행하여야 하며, 서로 위법하거나 부당한 일을 하도록 강요하거나 이와 관련하여 어떠한 불이익도 주어서는 아니 된다.

② 건축관계자 간의 책임에 관한 내용과 그 범위는 이 법에서 규정한 것 외에는 건축주와 설계자, 건축주와 공사시공자, 건축주와 공사감리자 간의 계약으로 정한다.

7. 건축허가 및 건축물 착공의 제한

(1) 제한권자의 구분

1) 국토해양부장관의 제한

국토해양부장관은 국토관리를 위하여 특히 필요하다고 인정하거나 주무부서 장관이 국방, 문화재보존, 환경보전 또는 국민경제를 위하여 특히 필요하다고 인정하여 요청하면 허가권자의 건축허가나 허가를 받은 건축물의 착공을 제한할 수 있다.

2) 시·도지사의 제한

시·도지사는 지역계획이나 도시·군계획에 특히 필요하다고 인정하면 시장·군수·구청장의 건축허가나 허가를 받은 건축물의 착공을 제한할 수 있다

※ 주무부서 장관은 직접 제한하지 못하고 국토부장관에게 요청하여야 하며, 시·도지사는 국토해양부장관의 사전 승인을 받아야 하는 것이 아니고 국토해양부장관에게 사후보고를 한다.

(2) 제한절차 및 기간

① 국토해양부장관이나 시·도지사는 따라 건축허가나 건축물의 착공을 제한하는 경우 제한 목적·기간, 대상 건축물의 용도와 대상 구역의 위치·면적·경계 등을 상세하게 정하여 허가권자에게 통보하여야 하며, 통보를 받은 허가권자는 지체 없이 이를 공고하여야 한다.

② 시·도지사는 시장·군수·구청장의 건축허가나 건축물의 착공을 제한한 경우 즉시 국토해양부장관에게 보고하여야 하며, 보고를 받은 국토해양부장관은 제한내용이 지나치다고 인정하면 해제를 명할 수 있다.

③ 건축허가나 건축물의 착공을 제한하는 경우 제한기간은 2년 이내로 한다. 다만, 1회에 한하여 1년 이내의 범위에서 제한기간을 연장할 수 있다.

8. 건축허가의 효과

(1) 의제사항

건축물을 건축하거나 대수선하려는 자가 허가를 받으면 공사용 가설건축물의 축조신고 등 일정한 허가 등을 받거나 신고한 것으로 보며, 공장건축물의 경우에는 「산업집적활성화 및 공장설립에 관한 법률」에 따라 관련 법률의 인·허가등이나 허가등을 받은 것으로 본다.

(2) 다른 행정기관의 장과의 협의

허가권자는 의제대상 중 어느 하나에 해당하는 사항이 다른 행정기관의 권한에 속하면 그 행정기관의 장과 미리 협의하여야 하며, 협의 요청을 받은 관계행정기관의 장은 요청을 받은 날부터 15일 이내에 의견을 제출하여야 한다.

이 경우 관계 행정기관의 장은 처리기준이 아닌 사유를 이유로 협의를 거부할 수 없다.

(3) 건축위원회 심의의 효력 상실

건축위원회의 심의를 받은 자가 심의 결과를 통지 받은 날부터 2년 이내에 건축허가를 신청하지 아니하면 건축위원회 심의의 효력이 상실된다.

9. 건축허가의 취소

허가권자는 건축허가를 받은 자가 다음 각 호의 어느 하나에 해당하면 허가를 취소하여야 한다.

① 허가를 받은 날부터 1년 이내에 공사에 착수하지 아니한 경우 단, 정당한 사유가 있다고 인정되면 1년의 범위에서 공사의 착수기간을 연장할 수 있다.
② 허가를 받은 날부터 1년 이내에 공사에 착수하였으나 공사의 완료가 불가능하다고 인정되는 경우

Ⅱ. 건축신고 및 허가·신고 변경 등

1. 건축신고

① 허가 대상 건축물이라 하더라도 다음의 어느 하나에 해당하는 경우에는 미리 특별자치도지사 또는 시장·군수·구청장에게 신고를 하면 건축허가를 받은 것으로 본다.
② 건축신고를 한 자가 신고일부터 1년 이내에 공사에 착수하지 아니하면 그 신고의 효력은 없어진다.

1. 바닥면적의 합계가 85㎡ 이내의 증축·개축 또는 재축
2. 국토계획법에 따른 관리지역, 농림지역 또는 자연환경보전지역에서 연면적이 200㎡ 미만이고 3층 미만인 건축물의 건축. 다만, 지구단위계획구역 안에서의 건축은 제외한다.
3. 연면적이 200㎡ 미만이고 3층 미만인 건축물의 대수선
4. 주요구조부의 해체가 없는 등 대통령령으로 정하는 대수선
   ① 내력벽의 면적을 30㎡ 이상 수선하는 것

② 기둥을 세 개 이상 수선하는 것
③ 보를 세 개 이상 수선하는 것
④ 지붕틀을 세 개 이상 수선하는 것
⑤ 방화벽 또는 방화구획을 위한 바닥 또는 벽을 수선하는 것
⑥ 주계단·피난계단 또는 특별피난계단을 수선하는 것

5. 그 밖에 소규모 건축물로서 대통령령으로 정하는 건축물의 건축
① 연면적의 합계가 100㎡ 이하인 건축물
② 건축물의 높이를 3미터 이하의 범위에서 증축하는 건축물
③ 표준설계도서에 따라 건축하는 건축물로서 그 용도 및 규모가 주위 환경이나 미관에 지장이 없다고 인정하여 조례로 정하는 건축물
④ 국토계획법에 따른 공업지역, 지구단위계획구역(산업형만 해당한다) 및 산업입지법률에 따른 산업단지에서 건축하는 2층 이하인 건축물로서 연면적 합계 500㎡ 이하인 공장
⑤ 농업이나 수산업을 경영하기 위하여 읍·면지역(특별자치도지사·시장·군수가 지역계획 또는 도시계획에 지장이 있다고 지정·공고한 구역은 제외)에서 건축하는 연면적 200㎡ 이하의 창고 및 연면적 400㎡ 이하의 축사·작물재배사

2. 건축허가 및 건축신고의 변경

(1) 재허가 및 재신고

건축주가 허가를 받았거나 신고한 사항을 변경하려면 변경하기 전에 허가권자의 허가를 받거나 특별자치도지사 또는 시장·군수·구청장에게 신고하여야 한다. 다만, 대통령령으로 정하는 경미한 사항의 변경 및 신축, 증축, 개축, 재축, 이전 또는 대수선에 해당하지 아니하는 변경은 그러하지 아니하다.

1) 재허가사항

바닥면적의 합계가 85㎡를 초과하는 부분에 대한 증축·개축에 해당하는 변경인 경우에는 재허가를 받아야 한다.

2) 재신고사항

1. 바닥면적의 합계가 85㎡를 초과하지 않는 부분에 대한 증축·개축에 해당하는 변경인 경우에는 신고를 하여야 한다.
2. 신고로써 허가를 갈음하는 건축물에 대하여는 변경 후 건축물의 연면적을 각각 신고로서 허가를 갈음할 수 있는 규모에서 변경하는 경우에는 신고할 것

3. 건축주를 변경하는 경우에는 신고할 것(7일 이내에 신고)
   ① 건축 또는 대수선중인 건축물을 양수한 경우
   ② 허가를 받거나 신고를 한 건축주가 사망한 경우
   ③ 허가를 받거나 신고를 한 법인이 다른 법인과 합병을 한 경우

(2) 일괄신고

허가나 신고사항 중 다음 사항의 변경은 사용승인을 신청할 때 허가권자에게 일괄하여 신고할 수 있다.

1. 건축물의 동수나 층수를 변경하지 아니하면서 변경되는 부분의 바닥면적의 합계가 50㎡ 이하인 경우
2. 건축물의 동수나 층수를 변경하지 아니하면서 변경되는 부분이 연면적 합계의 1/10 이하인 경우(연면적이 5,000㎡ 이상인 건축물은 각 층의 바닥면적이 50㎡ 이하의 범위에서 변경되는 경우만 해당한다).
3. 건축물의 층수를 변경하지 아니하면서 변경되는 부분의 높이가 1m 이하 이거나 전체 높이의 1/10 이하인 경우.
4. 허가를 받거나 신고를 하고 건축 중인 부분의 위치가 1m 이내에서 변경되는 경우.
5. 대수선에 해당하는 경우

3. 허용오차

대지의 측량(「측량·수로조사 및 지적에 관한 법률」에 따른 지적측량은 제외한다)이나 건축물의 건축 과정에서 부득 이하게 발생하는 오차는 이 법을 적용할 때 다음에서 정하는 범위에서 허용한다.

(1) 대지 관련 건축기준의 허용오차

건 폐 율	0.5% 이내(건축면적 5㎡를 초과할 수 없다)
용 적률	1% 이내(연면적 30㎡를 초과할 수 없다)
건축선의 후퇴거리	3퍼센트 이내
인접대지 경계선과의 거리	
인접건축물과의 거리	

(2) 건축물관련 건축기준의 허용오차

건축물 높이	2% 이내(1m를 초과할 수 없다)
출구 너비	2% 이내
반자 높이	2% 이내
평면 길이	2% 이내(건축물 전체길이는 1m를 초과할 수 없고, 벽으로 구획된 각 실의 경우에는 10㎝를 초과할 수 없다
벽체 두께	3% 이내
바닥판 두께	3% 이내

4. 가설건축물

(1) 허가대상 가설건축물

① 도시계획시설 또는 도시계획시설예정지에서 가설건축물을 건축하는 경우에는 다음에 열거하는 기준의 범위 안에서 해당 지방자치단체의 조례로 정하는 바에 따라 특별자치도지사 또는 시장·군수·구청장의 허가를 받아야 한다.

> 1. 도시·군계획시설부지에서의 개발행위 규정에 적합할 것
> 2. 3층 이하일 것
> 3. 철근콘크리트조 또는 철골철근콘크리트조가 아닐 것
> 4. 존치기간은 3년 이내일 것. 다만, 도시계획사업이 시행될 때까지 그 기간을 연장할 수 있다.
> 5. 전기·수도·가스 등 새로운 간선 공급설비의 설치를 필요로 하지아니 할 것
> 6. 공동주택·판매시설·운수시설 등으로서 분양을 목적으로 건축하는 건축물이 아닐 것

② 가설건축물 중 시장의 공지 또는 도로에 설치하는 차양시설에 대하여는 건축선의 지정, 건폐율 규정을 적용하지 아니한다.

③ 가설건축물을 도시계획 예정도로에 건축하는 경우에는 도로의 폐지·변경, 건축선의 지정, 건축선에 의한 건축제한 규정을 적용하지 아니한다.

④ 특별자치도지사 또는 시장·군수·구청장은 가설건축물에 대하여는 건축물대장을 작성하지 않고 가설건축물대장에 작성하여야 한다.

(2) 신고대상 가설건축물

① 허가 대상 가설건축물 외에 재해복구, 흥행, 전람회, 공사용 가설건축물 등의 가설건축물을 축조하려는 자는 가설건축물축조신고서에 관계서류를 첨부하여 대통령령으로 정하는 존치기간, 설치 기준 및 절차에 따라 특별자치도지사 또는 시장·군수·구청장에게 신고한 후 착공하여야 한다.

② 신고대상 가설건축물의 존치기간은 2년 이내로 한다.

③ 신고대상 가설건축물은 다음과 같다.

1. 재해가 발생한 구역 또는 그 인접구역으로서 특별자치도지사 또는 시장·군수·구청장이 지정하는 구역에서 일시사용을 위하여 건축하는 것
2. 특별자치도지사 또는 시장·군수·구청장이 도시미관이나 교통소통에 지장이 없다고 인정하는 가설흥행장, 가설전람회장, 농·수·축산물 직거래용 가설점포, 그 밖에 이와 비슷한 것
3. 공사에 필요한 규모의 공사용 가설건축물 및 공작물
4. 전시를 위한 견본주택이나 그 밖에 이와 비슷한 것
5. 특별자치도지사 또는 시장·군수·구청장이 도로변 등의 미관정비를 위하여 지정·공고하는 구역에서 축조하는 가설점포(물건 등의 판매를 목적으로 하는 것을 말한다)로서 안전·방화 및 위생에 지장이 없는 것
6. 조립식 구조로 된 경비용으로 쓰는 가설건축물로서 연면적이 10㎡ 이하인 것
7. 조립식 경량구조로 된 외벽이 없는 임시 자동차 차고
8. 컨테이너 또는 이와 비슷한 것으로 된 가설건축물로서 임시사무실·임시 창고 또는 임시숙소로 사용되는 것(건축물의 옥상에 축조하는 것은 제외 한다. 다만, 2009년 7월 1일부터 2013년 6월 30일까지 공장의 옥상에 축조하는 것은 포함한다)
9. 도시지역 중 주거지역·상업지역 또는 공업지역에 설치하는 농업·어업용 비닐하우스로서 연면적이 100㎡ 이상인 것
10. 연면적이 100㎡ 이상인 간이축사용, 가축운동용, 가축의 비가림용 비닐 하우스 또는 천막구조 건축물
11. 농업·어업용 고정식 온실
12. 창고용, 간이포장용, 간이수선작업용 등으로 쓰기 위하여 공장에 설치하는 천막, 그 밖에 이와 비슷한 것
13. 유원지, 종합휴양업 사업지역 등에서 한시적인 관광·문화행사 등을 목적으로 천막 또는 경량구조로 설치하는 것
14. 「관광진흥법」에 따른 관광특구에 설치하는 야외전시시설 및 촬영시설
15. 그 밖에 제1호부터 제14호까지의 규정에 해당하는 것과 비슷한 것으로서 건축조례로 정하는 건축물

(3) 존치기간의 연장

① 특별자치도지사 또는 시장·군수·구청장은 가설건축물의 존치기간 만료일 30일 전까지 해당 가설건축물의 건축주에게 존치기간 만료일, 존치기간 연장 가능 여부, 존치기간이 연장될 수 있다는 사실(공장에 설치한 가설건축물에 한정한다)을 알려야 하고, 존치기간

을 연장하려는 건축주는 특별자치도지사 또는 시장·군수·구청장에게 허가를 신청하거나 신고하여야 한다.

② 허가대상 가설건축물은 존치기간 만료일 14일 전까지 허가 신청하여야 한다

③ 신고대상 가설건축물은 존치기간 만료일 7일 전까지 신고하여야 한다.

Ⅲ. 건축공사의 절차 등

1. 착공신고

① 건축허가 및 신고대상 건축물과 허가대상 가설건축물을 축조하려고 하는 때에는 착공신고를 하여야 한다(신고대상 가설건축물은 착공신고 불필요)

② 허가를 받거나 신고를 한 건축물의 공사를 착수하려는 건축주는 착공신고서에 법정된 서류 및 도서를 첨부하여 허가권자에게 공사계획을 신고하여야 한다.

③ 다만 건축물의 철거를 신고할 때 착공예정일을 기재한 경우에는 그러하지 아니하다.

④ 해당 공사감리자 및 공사시공자가 그 신고서에 함께 서명하여야 한다.

⑤ 허가를 받은 건축물의 건축주는 신고를 할 때에는 각 계약서의 사본을 첨부하여야 한다.

2. 건축공사현장 안전관리예치금 등

① 건축허가를 받은 자는 건축물의 건축공사를 중단하고 장기간 공사현장을 방치할 경우 공사현장의 미관 개선과 안전관리 등 필요한 조치를 하여야 한다.

② 허가권자는 연면적이 5,000㎡ 이상으로서 지방자치단체의 조례로 정하는 건축물에 대하여는 착공신고를 하는 건축주에게 장기간 건축물의 공사현장이 방치되는 것에 대비하여 미리 미관 개선과 안전관리에 필요한 비용을 건축공사비의 1%의 범위에서 예치하게 할 수 있다.

단, 분양보증이나 신탁계약을 체결한 건축물과 건축주가 LH공사, 지방공사인 경우에는 제외한다.

③ 허가권자는 공사현장이 방치되어 도시미관을 저해하고 안전을 위해한다고 판단되면 건축

허가를 받은 자에게 건축물 공사현장의 미관과 안전관리를 위한 개선을 명할 수 있다.

④ 개선명령을 받은 자가 개선을 하지 아니하면 「행정대집행법」으로 정하는 바에 따라 대집행을 할 수 있다. 이 경우 건축주가 예치한 예치금을 행정대집행에 필요한 비용에 사용할 수 있으며, 행정대집행에 필요한 비용이 이미 납부한 예치금보다 많을 때에는 그 차액을 추가로 징수할 수 있다.

3. 건축시공

(1) 공사시공자의 일반적인 의무

1) 성실의무

공사시공자는 건축주와의 계약대로 성실하게 공사를 수행하여야 하며, 건축법령에 의한 명령이나 처분, 그 밖의 관계 법령에 맞게 건축물을 건축하여 건축주에게 인도하여야 한다.

2) 설계도서

공사시공자는 건축물(건축허가나 용도변경허가 대상인 것만 해당된다)의 공사현장에 설계도서를 갖추어 두어야 한다.

3) 건축허가표지판

공사시공자는 건축물의 규모·용도·설계자·시공자 및 감리자 등을 표시한 건축 허가표지판을 주민이 보기 쉽도록 해당 건축공사 현장의 주요 출입구에 설치하여야 한다.

(2) 설계변경요청

공사시공자는 설계도서가 건축법과 건축법에 따른 명령이나 처분, 그 밖의 관계 법령에 맞지 아니하거나 공사의 여건상 불합리하다고 인정되면 건축주와 공사감리자의 동의를 받아 서면으로 설계자에게 설계를 변경하도록 요청할 수 있다. 이 경우 설계자는 정당한 사유가 없으면 요청에 따라야 한다.

(3) 상세시공도면의 작성

공사시공자는 공사를 하는 데에 필요하다고 인정하거나 제25조제4항에 따라 공사감리자로부터 상세시공도면을 작성하도록 요청을 받으면 상세시공 도면을 작성하여 공사감리자의 확인을 받아야 하며, 이에 따라 공사를 하여야 한다.

4. 건축물의 공사감리

(1) 공사감리자의 지정

① 건축주는 공사감리자로 지정하여 공사감리를 하게 하여야 한다. 이 경우 시공에 관한 감리로 건축사를 공사감리자로 지정하는 때에는 공사시공자 본인 및 「독점규제 및 공정거래에 관한 법률」에 따른 계열회사를 공사감리자로 지정하여서는 아니 된다.

② 원칙 : 건축사

㉠ 건축허가를 받아야 하는 건축물(건축신고 대상 건축물은 제외한다)을 건축하는 경우

㉡ 사용승인은 받은 후 15년 이상이 된 건축물을 리모델링하는 경우

③ 특칙

다중이용 건축물을 건축하는 경우에는 건축감리전문회사·종합감리전문회사(공사시공자 본인 및 계열회사인 건축감리전문회사·종합감리전문회사는 제외한다) 또는 건축사(감리원을 배치하는 경우만 해당한다)

(2) 감리자의 업무(의무)

① 공사감리자는 공사감리를 할 때 이 법과 이 법에 따른 명령이나 처분, 그 밖의 관계 법령에 위반된 사항을 발견하거나 공사시공자가 설계도서대로 공사를 하지 아니하면 이를 건축주에게 알린 후 공사시공자에게 시정하거나 재시공하도록 요청하여야 하며, 공사시공자가 시정이나 재시공 요청에 따르지 아니하면 서면으로 그 건축공사를 중지하도록 요청할 수 있다. 이 경우 공사중지를 요청받은 공사시공자는 정당한 사유가 없으면 즉시 공사를 중지하여야 한다.

② 공사감리자는 공사시공자가 시정이나 재시공 요청을 받은 후 이에 따르지 아니하거나 공사중지 요청을 받고도 공사를 계속하면 이를 허가권자에게 보고 하여야 한다.

③ 연면적의 합계가 5,000㎡ 이상인 용도 또는 규모의 공사감리자는 필요하다고 인정하면 공사시공자에게 상세시공도면을 작성하도록 요청할 수 있다.

※ 신고대상 건축물, 허가대상 가설건축물, 신고대상 가설건축물을 건축하는 경우에는 공사감리자를 지정할 필요가 없다.

Ⅳ. 건축물의 사용승인 등

1. 사용승인

(1) 사용승인 대상

건축허가 대상 건축물, 건축신고 대상 건축물, 허가대상 가설건축물은 사용승인 대상 건축물이다(신고대상 가설건축물은 사용승인 대상이 아니다)

(2) 사용승인의 신청 및 사용승인서의 교부

① 건축주는 건축물의 건축공사를 완료(하나의 대지에 둘 이상의 건축물을 건축하는 경우 동별 공사를 완료한 경우를 포함한다)한 후 그 건축물을 사용하려면 공사감리자가 작성한 감리완료보고서(공사감리자를 지정한 경우만 해당된다)와 국토해양부령으로 정하는 공사완료도서를 첨부하여 허가권자에게 사용승인을 신청하여야 한다.

② 허가권자는 사용승인신청을 받은 경우 그 신청서를 받은 날부터 7일 이내에 현장검사를 실시하여야 하며, 현장검사에 합격된 건축물에 대하여는 사용승인서를 신청인에게 발급하여야 한다.

다만, 해당 지방자치단체의 조례로 정하는 건축물은 사용승인을 위한 검사를 실시하지 아니하고 사용승인서를 내줄 수 있다.

2. 건축물의 사용시기

(1) 원칙

건축주는 사용승인을 받은 후가 아니면 건축물을 사용하거나 사용하게 할 수 없다.

(2) 예외

다음은 사용승인 없이 건축물을 사용할 수 있는 경우이다.

1. 허가권자가 사용승인신청의 접수 후 7일 이내에 사용승인서를 교부하지 아니한 경우
2. 사용승인서를 교부받기 전에 공사가 완료된 부분이 건폐율, 용적률, 설비, 피난·방화 등 국토해양부령으로 정하는 기준에 적합한 경우로서 기간을 정하여 건축주가 임시사용승인신청서를 허가권자에게 제출하여 허가권자가 임시로 사용의 승인을 한 경우

3. 임시사용승인

① 건축주는 사용승인서를 받기 전에 공사가 완료된 부분에 대한 임시사용의 승인을 받으려는 경우에는 임시사용승인신청서를 허가권자에게 제출하여야 한다.

② 허가권자는 공사가 완료된 부분이 기준에 적합한 경우에만 임시사용을 승인할 수 있으며, 식수(植樹) 등 조경에 필요한 조치를 하기에 부적합한 시기에 건축공사가 완료된 건축물은 허가권자가 지정하는 시기까지 식수(植樹) 등 조경에 필요한 조치를 할 것을 조건으로 임시사용을 승인할 수 있다.

③ 임시사용승인의 기간은 2년 이내로 한다. 다만, 허가권자는 대형건축물 또는 암반공사 등으로 인하여 공사기간이 긴 건축물에 대하여는 그 기간을 연장할 수 있다.

4. 사용승인의 효과

건축주가 사용승인을 받은 경우에는 다음에 따른 사용승인·준공검사 또는 등록신청 등을 받거나한 것으로 보며, 공장건축물의 경우에는 「산업집적활성화 및 공장설립에 관한 법률」에 따라 관련 법률의 검사 등을 받은 것으로 본다.

1. 배수설비의 준공검사 및 개인하수처리시설의 준공검사(하수도법)
2. 지적공부의 변동사항 등록신청(지적법)
3. 승강기 완성검사(승강기시설 안전관리법)
4. 보일러 설치검사(에너지이용 합리화법)
5. 전기설비의 사용전 검사(전기사업법)
6. 정보통신공사의 사용전 검사(정보통신공사업법)
7. 도로점용공사완료확인(도로법)
8. 개발 행위의 준공검사(국토계획법)
9. 도시·군계획시설사업의 준공검사(국토계획법)
10. 수질오염물질 배출시설의 가동개시의 신고(수질 및 수생태계 보전법)
11. 대기오염물질 배출시설의 가동개시의 신고(대기환경보전법)

5. 공용건축물에 대한 특례

(1) 허가관청과의 협의

① 국가나 지방자치단체는 건축물을 건축·대수선·용도변경하거나 가설건축물을 건축하거나 공작물을 축조하려는 경우에는 미리 건축물의 소재지를 관할하는 허가권자와 협의하여야 한다.

② 협의한 경우에는 건축허가를 받았거나 신고를 한 것으로 본다.

(2) 사용승인의 생략

협의한 건축물에는 사용승인의 규정을 적용하지 아니한다. 다만, 건축물의 공사가 끝난 경우에는 지체 없이 허가권자에게 통보하여야 한다.

제 3 장

건축물의 용도 및 변경

Ⅰ. 건축물의 용도

「건축법」에 의한 건축물의 용도란 건축물의 종류를 유사한 구조, 이용목적 및 형태별로 묶어 분류한 것이다. 현행 건축법은 모든 건축물을 28개의 용도로 분류하고 있다. 세부내역은 다음과 같다.

1. 단독주택	단독주택의 형태를 갖춘 가정어린이집·공동생활가정·지역아동센터 및 노인복지시설(노인복지주택은 제외한다)
	가. 단독주택
	나. 다중주택 : 다음의 요건을 모두를 갖춘 주택을 말한다. 1) 학생 또는 직장인 등 여러 사람이 장기간 거주할 수 있는 구조로 되어 있는 것 2) 독립된 주거의 형태를 갖추지 아니한 것(각 실별로 욕실은 설치할 수 있으나, 취사시설은 설치하지 아니한 것을 말한다. 이하 같다) 3) 연면적이 330㎡ 이하 이고 층수가 3층 이하인 것
	다. 다가구주택 : 다음의 요건을 모두 갖춘 주택으로서 공동주택에 해당하지 아니하는 것을 말한다. 1) 주택으로 쓰는 층수(지하층은 제외한다)가 3개층 이하일 것. 다만, 1층의 바닥면적 2분의 1 이상을 필로티 구조로 하여 주차장으로 사용하고 나머지 부분을 주택 외의 용도로 쓰는 경우에는 해당 층을 주택의 층수에서 제외한다. 2) 1개 동의 주택으로 쓰이는 바닥면적(부설주차장 면적은 제외한다. 이하 같다)의 합계가 660㎡ 이하일 것 3) 19세대 이하가 거주할 수 있을 것
	라. 공관
2. 공동주택	공동주택의 형태를 갖춘 가정어린이집·공동생활가정·지역아동센터·노인복지시설(노인복지주택은 제외한다) 및 「주택법」에 따른 원룸형 주택을 포함한다. 다만, 가. 또는 나의 경우 층수를 산정함에 있어서 1층 전부를 필로티 구조로 하여 주차장으로 사용하는 경우에는 필로티 부분을 층수에서 제외하고, 다.의 경우 층수를 산정할 때 1층의 바닥면적 2분의 1 이상을 필로티 구조로 하여 주차장

	으로 사용하고 나머지 부분을 주택 외의 용도로 쓰는 경우에는 해당 층을 주택의 층수에서 제외하며, 가. 부터 라.까지의 규정에서 층수를 산정할 때 지하층을 주택의 층수에서 제외한다.
	가. 아파트: 주택으로 쓰는 층수가 5개 층 이상인 주택
	나. 연립주택: 주택으로 쓰는 1개 동의 바닥면적(2개 이상의 동을 지하 주차장으로 연결하는 경우에는 각각의 동으로 본다) 합계가 660㎡를 초과하고, 층수가 4개 층 이하인 주택
	다. 다세대주택: 주택으로 쓰는 1개 동의 바닥면적 합계가 660㎡터 이하이고, 층수가 4개 층 이하인 주택(2개 이상의 동을 지하주차장으로 연결하는 경우에는 각각의 동으로 본다)
	라. 기숙사: 학교 또는 공장 등의 학생 또는 종업원 등을 위하여 쓰는 것으로서 공동취사 등을 할 수 있는 구조를 갖추되, 독립된 주거의 형태를 갖추지 아니한 것(「교육기본법」에 따른 학생복지주택을 포함한다)
3. 제1종 근린생활 시설	가. 수퍼마켓과 일용품(식품·잡화·의류·완구·서적·건축자재·의약품·의료기기 등) 등의 소매점으로서 같은 건축물(하나의 대지에 두 동 이상의 건축물이 있는 경우에는 이를 같은 건축물로 본다. 이하 같다)에 해당 용도로 쓰는 바닥면적의 합계가 1천㎡ 미만인 것 나. 휴게음식점 또는 제과점으로서 같은 건축물에 해당 용도로 쓰는 바닥면적의 합계가 300㎡ 미만인 것 다. 이용원, 미용원, 목욕장 및 세탁소(공장이 부설된 것과 배출시설의 설치허가 또는 신고의 대상이 되는 것은 제외한다) 라. 의원·치과의원·한의원·침술원·접골원(接骨院), 조산원, 산후조리원 및 안마원 마. 탁구장 및 체육도장으로서 같은 건축물에 해당 용도로 쓰는 바닥면적의 합계가 500㎡ 미만인 것 바. 시역사치센터, 파출소, 지구대, 소방서, 우체국, 방송국, 보건소, 공공도서관, 지역건강보험조합, 그 밖에 이와 비슷한 것으로서 같은 건축물에 해당 용도로 쓰는 바닥면적의 합계가 1천㎡ 미만인 것 사. 마을회관, 마을공동작업소, 마을공동구판장, 그 밖에 이와 비슷한 것 아. 변전소, 양수장, 정수장, 대피소, 공중화장실, 그 밖에 이와 비슷한것 자. 지역아동센터(단독주택과 공동주택에 해당하지 아니한 것을 말한다) 차. 「도시가스사업법」에 따른 가스배관시설
4. 제2종 근린생활 시설	가. 일반음식점, 기원 나. 휴게음식점 또는 제과점으로서 제1종 근린생활시설에 해당하지 아니 하는 것 다. 서점으로서 제1종 근린생활시설에 해당하지 아니하는 것 라. 테니스장, 체력단련장, 에어로빅장, 볼링장, 당구장, 실내낚시터, 골프 연습장, 물놀이형 시설 그 밖에 이와 비슷한 것으로서 같은 건축물에 해당 용도로 쓰이는 바닥면적의 합계가 500㎡ 미만인 것 마. 공연장(극장, 영화관, 연예장, 음악당, 서커스장, 비디오물감상실, 비디오물소극장, 그 밖에 이와 비슷한 것을 말한다) 또는 종교집회장(교회, 성당, 사찰, 기도원, 수도원, 수녀원, 제실(際室), 사당, 그 밖에 이와 비슷한 것을 말한다)으로서 같은 건축물에 해당 용도로 쓰는 바닥면적의 합계가 300㎡ 미만인 것 바. 금융업소, 사무소, 부동산중개사무소, 결혼상담소 등 소개업소, 출판사, 그 밖에 이와 비슷한 것으로서 같은 건축물에 해당 용도로 쓰는 바닥면적의 합계가 500㎡ 미만인 것

	사. 제조업소, 수리점, 세탁소, 그 밖에 이와 비슷한 것으로서 같은 건축물에 해당 용도로 쓰는 바닥면적의 합계가 500㎡ 미만이고, 「대기환경보전법」, 「수질 및 수생태계 보전에 관한 법률」, 「소음·진동 관리법」에 의한 배출시설의 설치허가 및 신고대상이 아닌 것 아. 청소년게임제공업의 시설 및 복합유통게임제공업의 시설로서 그 바닥면적의 합계가 500㎡ 미만인 것과 인터넷컴퓨터게임시설제공업의 시설로서 바닥면적의 합계가 300㎡ 미만인 것 자. 사진관, 표구점, 학원(같은 건축물에 해당 용도로 쓰는 바닥면적의 합계가 500㎡ 미만인 것만 해당되며, 자동차학원 및 무도학원을 제외한다), 직업훈련소(같은 건축물에 해당 용도로 쓰는 바닥면적의 합계가 500㎡ 미만인 것을 말하되, 운전·정비 관련 직업훈련소는 제외한다), 장의사, 동물병원, 독서실, 총포판매사, 그 밖에 이와 비슷한 것 차. 단란주점으로서 같은 건축물에 해당 용도로 쓰는 바닥면적의 합계가 150㎡ 미만인 것 카. 의약품 판매소, 의료기기 판매소 및 자동차영업소로서 같은 건축물에 해당 용도로 쓰는 바닥면적의 합계가 1천㎡ 미만인 것 타. 안마시술소 및 노래연습장 파. 고시원(다중이용업 중 고시원업의 시설로서 독립된 주거의 형태를 갖추지 아니한 것을 말한다)으로서 같은 건축물에 해당 용도로 쓰는 바닥면적의 합계가 500제곱미터 미만인 것
5. 문화 및 집회시설	가. 공연장으로서 제2종 근린생활시설에 해당하지 아니하는 것 나. 집회장(예식장, 공회당, 회의장, 마권(馬券) 장외 발매소, 마권 전화투표소, 기타 이와 유사한 것)으로서 제2종 근린생활시설에 해당하지 아니하는 것 다. 관람장(경마장, 경륜장, 경정장, 자동차 경기장, 기타 이와 유사한 것과 체육관 및 운동장으로서 관람석의 바닥면적의 합계가 1천㎡ 이상인 것) 라. 전시장(박물관, 미술관, 과학관, 문화관, 체험관, 기념관, 산업전시장, 박람회장, 그 밖에 이와 비슷한 것을 말한다) 마. 동·식물원(동물원, 식물원, 수족관, 그 밖에 이와 유사한 것)
6. 종교시설	가. 종교집회장으로서 제2종 근린생활시설에 해당하지 아니하는 것 나. 종교집회장(제2종 근린생활시설에 해당하지 아니하는 것)에 설치하는 봉안당(奉安堂)
7. 판매시설	가. 도매시장(농수산물도매시장, 농수산물공판장, 그 밖에 이와 비슷한 것을 말하며, 그 안에 있는 근린생활시설을 포함) 나. 소매시장(대규모 점포, 그 밖에 이와 비슷한 것을 말하며, 그 안에 있는 근린생활시설을 포함) 다. 상점(그 안에 있는 근린생활시설을 포함한다)으로서 다음의 요건 중 어느 하나에 해당하는 것 1) 3의 가에 해당하는 용도(서점은 제외한다)로서 제1종 근린생활시설에 해당하지 아니하는 것 2) 청소년게임제공업의 시설, 일반게임제공업의 시설, 인터넷컴퓨터 게임시설제공업의 시설 및 복합유통게임제공업의 시설로서 제2종 근린생활시설에 해당하지 아니하는 것
8. 운수시설	가. 여객자동차터미널 나. 철도시설다. 공항시설 라. 항만시설
9. 의료시설	가. 병원(종합병원, 병원, 치과병원, 한방병원, 정신병원 및 요양병원을 말한다) 나. 격리병원(전염병원, 마약진료소, 그 밖에 이와 비슷한 것을 말한다)

10. 교육 연구시설	가. 학교(유치원, 초등학교, 중학교, 고등학교, 전문대학, 대학, 대학교, 기타 이에 준하는 각종 학교를 말한다) 나. 교육원(연수원, 그 밖에 이와 비슷한 것을 포함한다) 다. 직업훈련소(운전 및 정비 관련 직업훈련소는 제외한다) 라. 학원(자동차학원 및 무도학원은 제외한다) 마. 연구소(연구소에 준하는 시험소와 계측계량소를 포함한다) 바. 도서관
11. 노유자 시설	가. 아동 관련 시설(어린이집, 아동복지시설, 그 밖에 이와 비슷한 것으로서 단독주택, 공동주택 및 제1종 근린생활시설에 해당하지 아니하는 것) 나. 노인복지시설(단독주택과 공동주택에 해당하지 아니하는 것) 다. 그 밖에 다른 용도로 분류되지 않은 사회복지시설 및 근로복지시설
12. 수련 시설	가. 생활권 수련시설(청소년수련관, 청소년문화의집, 청소년특화시설, 그 밖에 이와 비슷한 것) 나. 자연권수련시설(청소년수련원, 청소년야영장, 그밖에 이와 비슷한 것) 다. 「청소년활동진흥법」에 따른 유스호스텔
13. 운동 시설	가. 탁구장, 체육도장, 테니스장, 체력단련장, 에어로빅장, 볼링장, 당구장, 실내낚시터, 골프연습장, 물놀이형 시설, 그 밖에 이와 유사한 것으로서 제1종 근린생활시설 및 제2종 근린생활시설에 해당하지 아니하는 것 나. 체육관으로 관람석이 없거나 관람석의 바닥면적이 1천㎡ 미만인 것 다. 운동장(육상장, 구기장, 볼링장, 수영장, 스케이트장, 롤러스케이트장, 승마장, 사격장, 궁도장, 골프장 등과 이에 딸린 건축물)으로서 관람석이 없거나 관람석의 바닥면적이 1천㎡ 미만인 것
14. 업무 시설	가. 공공업무시설 : 국가 또는 지방자치단체의 청사와 외국공관의 건축물로서 제1종 근린생활시설에 해당하지 아니하는 것 나. 일반업무시설: 다음 요건을 갖춘 업무시설을 말한다. 1) 금융업소, 사무소, 결혼상담소 등 소개업소, 출판사, 신문사, 그 밖에 이와 비슷한 것으로서 제2종 근린생활시설에 해당하지 않는 것 2) 오피스텔(업무를 주로 하며, 분양하거나 임대하는 구획 중 일부 구획 에서 숙식을 할 수 있도록 한 건축물로서 국토해양부장관이 고시하는 기준에 적합한 것을 말한다)
15. 숙박 시설	가. 일반숙박시설(호텔, 여관 및 여인숙) 나. 관광숙박시설(관광호텔, 수상관광호텔, 한국전통호텔, 가족호텔 및 휴양 콘도미니엄) 다. 고시원(제2종 근린생활시설에 해당하지 아니하는 것을 말한다) 라. 그 밖에가 부터 다까지의 시설과 비슷한 것
16. 위락 시설	가. 단란주점으로서 제2종 근린생활시설에 해당하지 아니하는 것 나. 유흥주점이나 그 밖에 이와 비슷한 것 다. 「관광진흥법」에 따른 유원시설업의 시설, 그 밖에 이와 비슷한 시설(제2종 근린생활시설과 운동시설에 해당하는 것은 제외한다) 라. 무도장, 무도학원 마. 카지노영업소
17. 공장	물품의 제조·가공(염색·도장(塗裝)·표백·재봉·건조·인쇄 등을 포함) 또는 수리에 계속적으로 이용되는 건축물로서 제1종 근린생활시설, 제2종 근린생활시설, 위험물저장 및 처리 시설, 자동차 관련 시설, 분뇨 및 쓰레기처리시설 등으로 따로 분류되지 아니한 것

18. 창고 시설	(위험물 저장 및 처리 시설 또는 그 부속용도에 해당하는 것은 제외) 가. 창고(물품저장시설로서 일반창고와 냉장 및 냉동창고를 포함한다) 나. 하역장 다. 「물류시설의 개발 및 운영에 관한 법률」에 따른 물류터미널 라. 집배송 시설
19. 위험물 저장 및 처리시설	「위험물안전관리법」, 「석유 및 석유대체연료 사업법」, 「도시가스사업법」, 「고압가스 안전관리법」, 「액화석유가스의 안전관리 및 사업법」, 「총포·도검·화약류 등 단속법」, 「유해화학물질 관리법」 등에 따라 설치 또는 영업의 허가를 받아야 하는 건축물로서 다음 어느 하나에 해당하는 것. 다만, 자가난방, 자가발전, 그 밖에 이와 비슷한 목적으로 쓰는 저장시설은 제외한다. 가. 주유소(기계식 세차설비를 포함한다) 및 석유 판매소 나. 액화석유가스 충전소·판매소·저장소(기계식 세차설비를 포함한다) 다. 위험물 제조소·저장소·취급소 라. 액화가스 취급소·판매소 마. 유독물 보관·저장·판매시설 바. 고압가스 충전소·판매소·저장소 사. 도료류 판매소 아. 도시가스 제조시설 자. 화약류 저장소 차. 그 밖에 가목부터 자목까지의 시설과 비슷한 것
20. 자동차 관련 시설	(건설기계 관련 시설을 포함한다) 가. 주차장 나. 세차장 다. 폐차장 라. 검사장 마. 매매장 바. 정비공장 사. 운전학원 및 정비학원(운전 및 정비 관련 직업훈련시설을 포함) 아. 「여객자동차 운수사업법」, 「화물자동차 운수사업법」 및 「건설기계관리법」에 따른 차고 및 주기장(駐機場)
21. 동물 및 식물관련 시설	가. 축사(양잠·양봉·양어시설 및 부화장 등을 포함한다) 나. 가축시설(가축용운동시설, 인공수정센터, 관리사(管理舍), 가축용창고, 가축시장, 동물검역소, 실험동물 사육시설, 그밖에 이와 비슷한 것) 다. 도축장 라. 도계장 마. 작물 재배사 바. 종묘배양시설 사. 화초 및 분재 등의 온실 아. 식물과 관련된 마 부터 사까지의 시설과 비슷한 것(동·식물원은 제외한다)
22. 분뇨 및 쓰레기 처리시설	가. 분뇨처리시설 나. 고물상 다. 폐기물처리시설 및 폐기물감량화시설
23. 교정 및 군사시설	(제1종 근린생활시설에 해당하는 것은 제외한다) 가. 교정시설(보호감호소, 구치소 및 교도소를 말한다) 나. 갱생보호시설, 그 밖에 범죄자의 갱생·보육·교육·보건 등의 용도로 쓰는 시설 다. 소년원 및 소년분류심사원 라. 국방·군사시설

24. 방송 통신시설	(제1종 근린생활시설에 해당하는 것은 제외한다) 가. 방송국(방송프로그램 제작시설 및 송신·수신·중계시설을 포함한다) 나. 전신전화국 다. 촬영소 라. 통신용 시설 마. 그 밖에가 부터 라까지의 시설과 비슷한 것
25. 발전 시설	발전소(집단에너지 공급시설을 포함한다)로 사용되는 건축물로서 제1종 근린생활시설에 해당하지 아니하는 것
26. 묘지 관련시설	가. 화장시설 나. 봉안당(종교시설에 해당하는 것은 제외한다) 다. 묘지와 자연장지에 부수되는 건축물
27. 관광 휴계시설	가. 야외음악당 나. 야외극장 다. 어린이회관 라. 관망탑 마. 휴게소 바. 공원·유원지 또는 관광지에 부수되는 시설
28. 장례식장	의료시설의 부수시설에 해당하는 것은 제외한다

Ⅱ. 건축물의 용도변경

1. 시설군

상기 28개의 건물 용도를 다음과 같이 9개의 시설군으로 분류하여 용도변경 시 허가대상인지 신고대상인지를 구분한다.

시 설 군	용도별 건축물의 종류	허가	신고
① 자동차 관련 시설군	자동차 관련시설	↑	↓
② 산업 등 시설군	운수시설, 창고시설, 공장, 위험물저장 및 처리시설, 분뇨 및 쓰레기 처리시설, 묘지관련시설, 장례식장		
③ 전기통신시설군	방송통신시설, 발전시설		
④ 문화집회시설군	문화 및 집회시설, 종교시설, 위락시설, 관광휴계시설		
⑤ 영업시설군	판매시설, 운동시설, 숙박시설, 제2종 근린생활시설 중 고시원		
⑥ 교육 및 복지 시설군	의료시설, 교육연구시설, 노유자시설, 수련시설		
⑦ 근린생활시설군	제1종 근린생활시설, 제2종 근린생활시설(고시원 제외)		
⑧ 주거업무시설군	단독주택, 공동주택, 업무시설, 교정 및 군사시설		
⑨ 기타 시설군	동물 및 식물관련시설		

2. 용도변경 대상

(1) 사용승인을 받은 건축물의 용도를 변경하려는 자는 특별자치도지사 또는 시장·군수·구청장의 허가를 받거나 신고를 하여야 한다.

(2) 허가대상 : 상위군에 해당하는 용도로 변경하는 경우

(3) 신고대상 : 하위군에 해당하는 용도로 변경하는 경우

(4) 건축물대장 기재내용 변경신청의 의무화 대상

① 같은 시설군 안에서 용도를 변경하려는 자는 특별자치도지사 또는 시장·군수·구청장에게 건축물대장 기재내용의 변경을 신청하여야 한다.

② 다만, 다음에 정하는 건축물 상호간의 용도변경은 그러하지 않다.

㉠ 같은 용도에 속하는 건축물 상호 간의 용도변경

㉡ 국토계획법이나 그 밖의 관계 법령에서 정하는 용도제한에 적합한 범위에서 제1종 근린생활시설과 제2종 근린생활시설 상호간의 용도변경.

3. 용도변경 시 건축기준의 준용

(1) 사용승인에 관한 규정을 준용하는 경우

허가나 신고 대상인 경우로서 용도변경하려는 부분의 바닥면적의 합계가 100㎡ 이상인 용도변경은 사용승인에 관한 규정을 준용한다.

(2) 건축물의 설계에 관한 규정을 준용하는 경우

허가 대상인 경우로서 용도변경하려는 부분의 바닥면적의 합계가 500㎡ 이상인 용도변경 설계는 건축물의 설계에 관한 규정을 준용한다.

제 4 장

건축물의 유지·관리

1. 건축물 유지·관리자

건축물의 소유자나 관리자는 건축물, 대지 및 건축설비를 규정에 적합하도록 유지·관리하여야 하며, 1년에 1회 이상 정기검검을 실시하여 건축물·대지 및 건축설비가 관계 법령에 정하는 각 규정에 적합하도록 유지·관리하여야 한다.

2. 건축지도원

① 특별자치도지사 또는 시장·군수·구청장이 특별자치도 또는 시·군·구에 근무 건축직렬의 공무원과 건축에 관한 학식이 풍부한 자로서 건축조례로 정하는 자격을 갖춘 자 중에서 지정한다.

② 특별자치도지사 또는 시장·군수·구청장은 유지·관리되는 건축물 중 「집합건물법」의 적용을 받는 집합건축물로서 건축조례로 정하는 건축물에 대하여는 건축지도원으로 하여금 점검표에 따라 유지·관리의 실태를 점검하게 할 수 있다.
이 경우 유지·관리의 실태를 점검받는 건축물의 소유자 또는 관리자는 그 건축물을 점검하는 건축지도원에게 협조하여야 한다.

3. 건축물의 철거·멸실신고

(1) 건축물 철거신고

① 건축물의 소유자나 관리자는 건축물을 철거하려면 철거를 하기 전에 특별자치도지사 또는 시장·군수·구청장에게 신고하여야 한다.

② 허가대상건축물 또는 「산업안전보건법」에 따른 석면조사대상 건축물을 철거하려는 자는 철거예정일 7일 전까지 건축물철거·멸실신고서에 따른 석면 조사결과 사본을 첨부하여 특별자치도지사 또는 시장·군수·구청장에게 제출하여야 한다.

③ 특별자치도지사 또는 시장·군수·구청장은 건축물철거·멸실신고서를 검토하여 석면이 함유된 것으로 확인된 경우에는 지체 없이 지방노동관서의 장 및 특별시장·광역시장·도지사 또는 유역환경청장·지방환경청장에게 해당 사실을 통보하여야 한다.

(2) 건축물의 멸실신고

건축물이 재해로 멸실된 경우 건축물의 소유자나 관리자는 멸실 후 30일 이내에 신고하여야 한다.

(3) 건축물대장 말소

특별자치도지사 또는 시장·군수·구청장은 건축물철거·멸실신고서를 제출받은 때에는 건축물철거·멸실신고필증을 신고인에게 교부하여야 하며, 건축물의 철거·멸실 여부를 확인한 후 건축물대장에서 철거·멸실된 건축물의 내용을 말소하여야 한다.

4. 건축물대장 등

(1) 건축물대장

① 특별자치도지사 또는 시장·군수·구청장은 건축물의 소유·이용 및 유지·관리 상태를 확인하거나 건축정책의 기초 자료로 활용하기 위하여 다음 어느 하나에 해당하면 건축물대장에 건축물과 그 대지의 현황을 적어서 보관하여야한다.

1. 사용승인서를 내준 경우
2. 건축허가 및 신고대상 건축물 외의 건축물의 공사를 끝낸 후 기재를 요청한 경우
3. 집합건물법에 따른 건축물대장의 신규등록 및 변경등록의 신청이 있는 경우
4. 법 시행일 전에 법령등에 적합하게 건축되고 유지·관리된 건축물의 소유자가 그 건축물의 건축물관리대장이나 그 밖에 이와 비슷한 공부를 건축물 대장에 옮겨 적을 것을 신청한 경우
5. 그 밖에 기재내용의 변경 등이 필요한 경우로서 국토해양부령으로 정하는 경우

② 특별자치도지사 또는 시장·군수·구청장은 다음의 어느 하나에 해당하는 사유로 건축물대장의 기재 내용이 변경되는 경우(2의 경우 신규등록은 제외한다) 관할 등기소에 그 등기를 촉탁할 수 있다. 이 경우 1과 4의 등기촉탁은 지방자치단체가 자기를 위하여 하는 등기로 본다.

> 1. 지번이나 행정구역의 명칭이 변경된 경우
> 2. 사용승인을 받은 건축물로서 사용승인 내용 중 건축물의 면적·구조·용도 및 층수가 변경된 경우
> 3. 건축물의 철거신고에 따라 철거한 경우
> 4. 건축물의 멸실 후 멸실신고를 한 경우

(2) 가설건축물대장

① 특별자치도지사 또는 시장·군수·구청장은 가설건축물의 건축을 허가하거나 축조신고를 받은 경우 가설건축물대장에 이를 기재하여 관리하여야 한다.

② 가설건축물의 소유자나 가설건축물에 대한 이해관계자는 가설건축물관리대장을 열람할 수 있다.

(3) 공작물대장

① 건축법의 일부규정이 준용되는 공작물을 축조하고자 할 때에는 공작물 축조신고서에 공작물의 배치도 및 구조도를 첨부하여 특별자치도지사 또는 시장·군수 또는 구청장에게 신고하여야 한다.

② 특별자치도지사 또는 시장·군수 또는 구청장은 공작물축조신고를 받은 때에는 공작물관리대장에 이를 기재하고 관리하여야 한다.

제 5 장

건축물의 대지 및 도로

Ⅰ. 건축물의 대지

1. 대지의 안전요건

① 대지는 인접한 도로면보다 낮아서는 아니 된다. 다만, 대지의 배수에 지장이 없거나 건축물의 용도상 방습의 필요가 없는 경우에는 인접한 도로면보다 낮아도 된다.

② 습한 토지, 물이 나올 우려가 많은 토지, 쓰레기, 그 밖에 이와 유사한 것으로 매립된 토지에 건축물을 건축하는 경우에는 성토, 지반개량 등 필요한 조치를 하여야 한다.

③ 대지에는 빗물과 오수를 배출하거나 처리하기 위하여 필요한 하수관, 하수구, 저수탱크, 그 밖에 이와 유사한 시설을 하여야 한다.

④ 손궤(손궤: 무너져 내림)의 우려가 있는 토지에 대지를 조성하려면 다음과 같이 정하는 바에 따라 옹벽을 설치하거나 그 밖에 필요한 조치를 하여야한다.

1. 성토 또는 절토하는 부분의 경사도가 1:1.5 이상으로서 높이가 1m 이상인 부분 에는 옹벽을 설치할 것
2. 옹벽의 높이가 3m 이상인 경우에는 이를 콘크리트구조로 할 것. 다만, 국토해양부령이 정하는 옹벽에 관한 기술적 기준에 적합한 경우에는 그러하지 아니 하다.
3. 옹벽의 외벽면에는 이의 지지 또는 배수를 위한 시설외의 구조물이 밖으로 튀어 나오지 아니하게 할 것
4. 옹벽에는 3㎡마다 하나 이상의 배수구멍을 설치하여야 하고, 옹벽의 윗 가장자리로부터 2m 이내에서의 지표수는 지상으로 또는 배수관으로 배수하여 옹벽의 구조상 지장이 없도록 할 것
5. 성토부분의 높이는 인접대지의 지표면보다 0.5m 이상 높게하지 아니할 것. 다만, 절토에 의하여 조성된 대지 등 시장·군수·구청장이 지형조건상 부득이하다고 인정하는 경우에는 그러하지 아니하다.

⑤ 석축인 옹벽의 윗 가장자리로부터 건축물의 외벽면까지 띄어야 하는 거리

건축물의 층수	1층	2층	3층 이상
띄는 거리	1.5m 이상	2m 이상	3m 이상

⑥ 환경보존을 위한 조치

1. 배수를 위한 수로는 돌 또는 콘크리트를 사용하여 토양의 유실을 막을 수 있도록 할 것
2. 높이가 3m를 넘는 경우에는 높이 3m 이내마다 그 비탈면적의 1/5 이상에 해당하는 면적의 단을 만들 것.
3. 비탈면에는 토양의 유실방지와 미관의 유지를 위하여 나무 또는 잔디를 심을 것.

⑦ 공사시공자는 대지를 조성하거나 건축공사를 하기 위하여 토지를 굴착하는 경우 그 굴착 부분에는 국토해양부령으로 정하는 바에 따라 위험 발생의 방지, 환경보존, 그 밖에 필요한 조치를 한 후 해당 공사현장에 그 사실을 게시하여야 한다.
허가권자는 위반한 자에게 의무이행에 필요한 조치를 명할 수 있다.

2. 대지 안의 조경

① 면적이 200㎡ 이상인 대지에 건축을 하는 건축주는 용도지역 및 건축물의 규모에 따라 해당 지방자치단체의 조례로 정하는 기준에 따라 대지에 조경이나 그 밖에 필요한 조치를 하여야 한다.

② 조경이 필요하지 아니한 건축물로서 대통령령으로 정하는 건축물에 대하여는 조경 등의 조치를 하지 아니할 수 있으며, 옥상 조경 등 대통령령으로 따로 기준을 정하는 경우에는 그 기준에 따른다.

※ 조경의무의 기준은 대지면적을 기준으로 하는 것이지, 건축면적, 바닥면적, 연면적을 기준으로 하는 것이 아니다.

③ 다음의 건축물에는 대지의 조경이 필요하지 않다.

1. 녹지지역에 건축하는 건축물
2. 면적 5,000㎡ 미만인 대지에 건축하는 공장
3. 연면적의 합계가 1,500㎡ 미만인 공장
4. 산업단지의 공장

5. 대지에 염분이 함유되어 있는 경우 또는 건축물 용도의 특성상 조경 등의 조치를 하기가 곤란하거나 조경 등의 조치를 하는 것이 불합리한 경우로서 건축조례로 정하는 건축물
6. 축사
7. 가설건축물
8. 연면적의 합계가 1,500㎡ 미만인 물류시설(주거지역 또는 상업지역에 건축하는 것은 제외한다)로서 화물유통촉진법 규정에 의한 물류시설
9. 국토계획법에 따라 지정된 자연환경보전지역·농림지역 또는 관리지역(지구 단위계획구역으로 지정된 지역은 제외한다)의 건축물
11. 관광지 또는 관광단지에 설치하는 관광시설
12. 전문휴양업의 시설 또는 종합휴양업의 시설
13. 관광·휴양형 지구단위계획구역에 설치하는 관광시설
14. 골프장

④ 건축물의 옥상에 국토해양부장관이 고시하는 기준에 따라 조경이나 그 밖에 필요한 조치를 하는 경우에는 옥상부분 조경면적의 2/3에 해당하는 면적을 대지의 조경면적으로 산정할 수 있다. 이 경우 조경면적으로 산정하는 면적은 조경면적의 50/100을 초과할 수 없다.

Ⅱ. 도로

1. 의의

"도로"란 보행과 자동차 통행이 가능한 너비 4m 이상의 도로(지형적으로 자동차 통행이 불가능한 경우와 막다른 도로의 경우에는 대통령령으로 정하는 구조와 너비의 도로)로서 다음 어느 하나에 해당하는 도로나 그 예정도로를 말한다.

1. 국토계획법, 도로법, 사도법 그 밖의 관계 법령에 따라 신설 또는 변경에 관한 고시가 된 도로
2. 건축허가 또는 신고 시에 특별시장·광역시장·도지사·특별자치도지사 또는 시장·군수·구청장이 위치를 지정하여 공고한 도로

2. 도로의 소요폭

① 원칙 : 원칙적으로 4m 이상의 도로를 말한다.

② 예외

㉠ 차량통행이 불가능한 도로

지형적 조건으로 인하여 차량 통행을 위한 도로의 설치가 곤란하다고 특별자치도지사 또는 시장·군수·구청장이 인정하여 그 위치를 지정·공고하는 구간의 너비 3m 이상(길이가 10m 미만인 막다른 도로 인 경우에는 너비 2m 이상)인 도로이어야 한다.

㉡ 막다른 도로

위에 해당하지 아니하는 막다른 도로로서 그 도로의 너비가 그 길이에 따라 각각 다음 표에 정하는 기준 이상이어야 한다.

막다른 도로의 길이	도로의 너비
10m 미만	2m 이상
10m 이상 35m 미만	3m 이상
35m 이상	6m 이상 (도시지역이 아닌 읍·면에서는 4m 이상)

3. 도로의 지정·폐지 또는 변경

(1) 도로의 지정·공고

허가권자는 도로의 위치를 지정·공고하려면 국토해양부령으로 정하는 바에 따라 그 도로에 대한 이해관계인의 동의를 받아야 한다.

다만, 다음 어느 하나에 해당하면 이해관계인의 동의를 받지 아니하고 건축위원회의 심의를 거쳐 도로를 지정할 수 있다.

1. 허가권자가 이해관계인이 해외에 거주하는 등의 사유로 이해관계인의 동의를 받기가 곤란하다고 인정하는 경우
2. 주민이 오랫동안 통행로로 이용하고 있는 사실상의 통로로서 해당 지방자치단체의 조례로 정하는 것인 경우

(2) 도로의 폐지·변경

허가권자는 지정한 도로를 폐지하거나 변경하려면 그 도로에 대한 이해관계인의 동의를 받아야 한다. 그 도로에 편입된 토지의 소유자, 건축주 등이 허가권자에게 지정된 도로의 폐지나 변경을 신청하는 경우에도 또한 같다.

(3) 도로관리대장에 기재·관리

허가권자는 도로를 지정하거나 변경하면 국토해양부령으로 정하는 바에 따라 도로관리대장에 이를 적어서 관리하여야 한다.

4. 대지와 도로와의 관계

(1) 원칙 : 건축물의 대지는 2미터 이상이 도로(자동차만의 통행에 사용되는 도로는 제외한다)에 접하여야 한다.
접축(접도의무)은 대지가 2m 이상이 도로에 접하여야하는 것이지 건축물이 도로에 접하여야하는 것이 아니다.

(2) 예외 : 다음의 어느 하나에 해당하는 경우에는 대지가 2m 이상 도로에 접하지 않아도 된다.

1. 해당 건축물의 출입에 지장이 없다고 인정되는 경우
2. 건축물의 주변에 대통령령으로 정하는 공지(광장, 공원, 유원지, 그 밖에 관계 법령에 따라 건축이 금지되고 공중의 통행에 지장이 없는 공지로서 허가권자가 인정한 것)가 있는 경우

(3) 강화 : 건축물의 연면적 합계가 2,000㎡(공장인 경우에는 3,000㎡) 이상인 건축물(축사, 작물 재배사, 그 밖에 이와 비슷한 건축물로서 건축 조례로 정하는 규모의 건축물은 제외)의 대지는 너비 6m 이상의 도로에 4m 이상 접하여야 한다.

Ⅲ. 건축선

1. 건축선의 의의

건축선이란 대지와 도로의 경계선으로 인접대지경계선과 함께 대지의 범위를 결정하는 경계선으로서, 이러한 건축선의 지정목적은 도시의 미관과 기존도로의 확장을 예비하는 목적이 있다(건축선은 일반적으로 대지와 접하고있는 도로의 경계선으로서 건축물을 건축할 수 있는 한계선을 말한다)

2. 건축선 지정방법

(1) 건축선 지정방법 원칙

도로와 접한 부분에 건축물을 건축할 수 있는 건축선은 대지와 도로의 경계선으로 한다.

〈도로폭의 측정〉

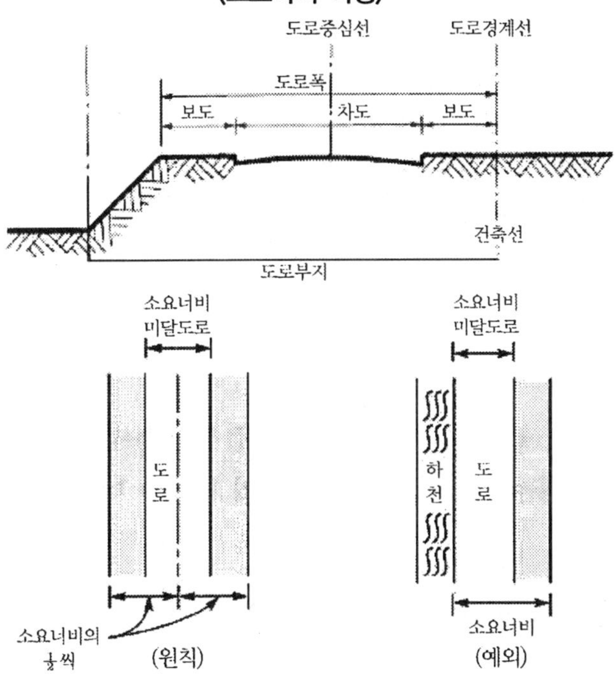

(2) 건축선 지정방법 예외

1) 도로가 소요 너비에 미달되는 경우

대지가 도로 소요너비에 못 미치는 도로에 접하는 경우에는 다음에서 정하는 바에 의한다.

1. 원칙	그 도로의 중심선으로부터 소요너비의 1/2의 수평거리만큼 물러난 선을 건축선으로 한다.
2. 예외(그 도로의 반대쪽에 경사지, 하천, 철도, 선로 부지, 그 밖에 이와 유사한 것이 있는 경우)	그 경사지 등이 있는 쪽의 도로경계선에서 소요 너비에 해당하는 수평거리의 선을 건축선으로 한다.

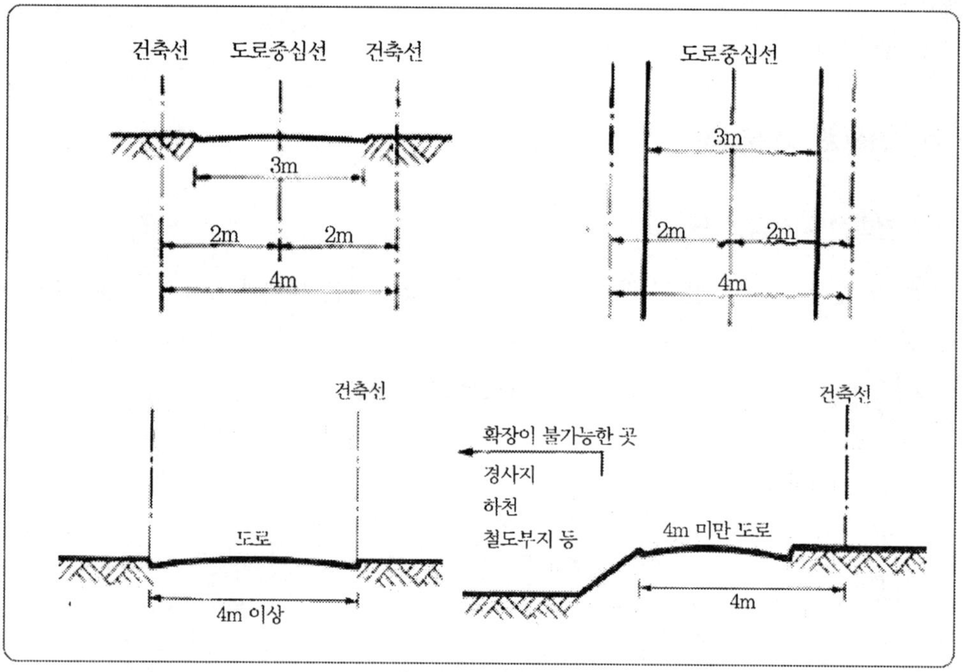

2) 도로 모퉁이에서의 건축선(가각전제)

도로의 교차각	당해 도로2m의 너비		교차되는 도로의 너비
	6m 이상 8m 미만	4m 이상 6m 미만	
90° 미만	4 m	3m	6m 이상 8m 미만
	3 m	2m	4m 이상 6m 미만
90° 이상 120° 미만	3m	2m	6m 이상 8m 미만
	2m	2m	4m 이상 6m 미만

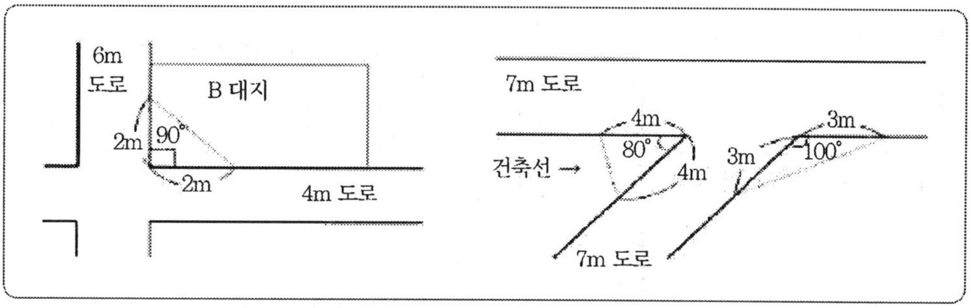

㉠ 두 개의 도로가 모두 8m 미만이면 가각전제를 하고, 2개의 도로 중 어느 하나만이라도 8m 이상인 경우에는 가각전제를 하지 않는다.

㉡ 도로의 교차각이 120° 미만인 경우에만 가각전제를 하고, 도로의 교차각이 120° 이상인 경우에는 가각전제를 하지 않는다.

㉢ 대지에 접한 도로경계선의 교차점으로부터 도로경계선에 따라 후퇴하는 길이는 최소 2m부터 최대 4m까지이다.

3. 별도의 건축선 지정

특별자치도지사 또는 시장·군수·구청장은 시가지 안에서 건축물의 위치나 환경을 정비하기 위하여 필요하다고 인정하면 도시지역에서는 4m 이하의 범위에서 건축선을 따로 지정할 수 있다.

4. 건축선에 의한 건축제한

① 건축물과 담장은 건축선의 수직면을 넘어서는 아니 된다. 다만, 지표아래 부분은 그러하지 아니하다.

② 도로면으로부터 높이 4.5m 이하에 있는 출입구, 창문, 그 밖에 이와 유사한 구조물은 열고 닫을 때 건축선의 수직면을 넘지 아니하는 구조로 하여야 한다.

이 경우 민법 제242조 "건물을 축조함에는 특별한 관습이 없으면 경계로부터 반 미터 이상의 거리를 두어야 한다." 는 규정은 적용하지 않는다.

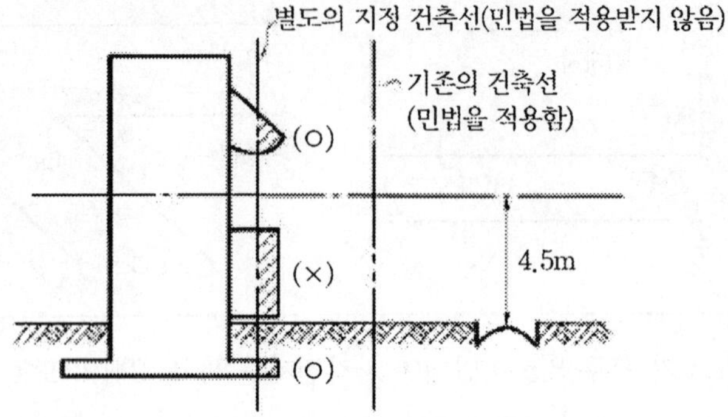

참고 : 건축선이 지정된 경우 대지면적 산정 방법

기준 폭에 미달되는 도로나 모퉁이에 지정한 건축선은 적정 도로 폭을 확보하기 위한 의도이므로 도로와 건축선 사이에 있는 부분의 면적은 대지면적에 산입되지 않으나, 공지확보를 위하여 별도의 건축선을 지정할 때에는 그 부분의 면적은 대지면적에 산입하여 건폐율, 용적률 등을 적용시킨다.

㉠ 도로폭이 4m 이상인 경우는 도로경계선이 건축선

㉡ 도로폭이 4m 미만인 경우는 도로중심선에서 2m가 건축선 단, 경사지, 하천, 철도 등에 연접할 경우는 4m 도로를 확보한 선이 건축선

Ⅳ. 공개공지

1. 공개공지의 설치대상

다음 어느 하나에 해당하는 지역의 환경을 쾌적하게 조성하기 위하여 다음에 정하는 용도와 규모의 건축물은 일반이 사용할 수 있도록 대통령령으로 정하는 기준에 따라 소규모 휴식시설 등의 공개공지(공지: 공터) 또는 공개공간을 설치하여야 한다.

대상지역	대상건축물
① 일반주거지역, 준주거지역 ② 상업지역	1) 연면적 합계가 5,000㎡ 이상의 ① 문화 및 집회시설

대상지역	대상건축물
③ 준공업지역 ④ 특별자치도지사 또는 시장·군수·구청장이 도시화의 가능성이 크다고 인정하여 지정·공고하는 지역	② 종교시설 ③ 판매시설(농수산물유통시설 제외) ④ 업무시설 ⑤ 숙박시설 ⑥ 운수시설(여객용 시설만 해당) 2) 그 밖에 다중이 이용하는 시설로서 건축조례로 정하는 건축물

※ 주거지역 중 전용주거지역, 공업지역 중 전용공업지역, 일반공업지역은 공개공지 설치 대상지역에 해당하지 않는다.

2. 공개공지 등의 설치기준

① 공개공지 또는 공개공간의 면적은 대지면적의 10/100 이하의 범위에서 건축조례로 정한다. 이 경우 조경면적을 공개공지 등의 면적으로 할 수 있다.

② 공개공지등을 확보할 때에는 공중이 이용할 수 있도록 다음 사항을 준수하여야 한다. 이 경우 공개공지는 필로티의 구조로 설치할 수 있다.

㉠ 공개공지 등은 누구나 이용할 수 있는 곳임을 알기 쉽게 국토해양부령으로 정하는 표지판을 1개소 이상 설치할 것

㉡ 공개공지 등에는 물건을 쌓아 놓거나 출입을 차단하는 시설을 설치하지 아니할 것

㉢ 환경친화적으로 편리하게 이용할 수 있도록 긴 의자 또는 파고라등 건축조례로 정하는 시설을 설치할 것

3. 건축기준의 완화적용

(1) 공개공지 등의 설치에 따른 건축기준의 완화규정

건축물(공개공지 대상 건축물과 대상이 아닌 건축물이 하나의 건축물로 복합된 경우를 포함한다)에 공개공지등을 설치하는 경우로서 법정된 사항을 완화하여 적용하려는 경우에는 다음의 범위에서 건축조례가 정하는 바에 따른다.

용적률	해당 지역에 적용하는 용적률의 1.2배 이하
건축물의 높이제한	해당 건축물에 적용하는 높이기준의 1.2배 이하

(2) 완화규정의 적용확장

바닥면적의 합계가 5,000㎡ 이상인 건축물로서 공개공지 등의 설치대상이 아닌 건축물(공동주택은 제외한다)의 대지에 적합한 공개공지를 설치하는 경우에는 위 완화규정을 준용한다.

(3) 주민공간 등으로 사용

공개공지등에는 연간 60일 이내의 기간동안 건축조례로 정하는 바에 따라 주민들을 위한 문화행사를 열거나 판촉활동을 할 수 있다. 다만, 울타리를 설치하는 등 공중이 해당 공개공지등을 이용하는데 지장을 주는 행위를 해서는 아니 된다.

제 6 장

건축물의 구조 및 재료, 건축설비

Ⅰ. 건축물의 구조 및 재료

1. 내력구조

(1) 건축물은 고정하중, 적재하중(積載荷重), 적설하중(積雪荷重), 풍압(風壓), 지진, 그 밖의 진동 및 충격 등에 대하여 안전한 구조를 가져야 한다.

(2) 구조안전확인 대상건축물

다음에 해당하는 건축물을 건축하거나 대수선하는 경우에는 해당 건축물의 설계자는 국토해양부으로 정하는 구조기준 등에 따라 그 구조의 안전을 확인하여야 한다.

1. 층수가 3층 이상인 건축물
2. 연면적이 1천㎡ 이상인 건축물. 다만, 창고, 축사, 작물 재배사 및 표준설계도서에 따라 건축하는 건축물은 제외한다.
3. 높이가 13m 이상인 건축물
4. 처마높이가 9m 이상인 건축물
5. 기둥과 기둥 사이의 거리(기둥이 없는 경우에는 내력벽과 내력벽 사이의 거리를 말한다)가 10m 이상인 건축물
6. 국토해양부령으로 정하는 지진구역의 건축물
7. 국가적 문화유산으로 보존할 가치가 있는 건축물로서 국토해양부령으로 정하는 것

③ 지진에 대한 안전이 확인된 건축물로서 사용승인서를 받은 후 5년이 지난 건축물을 증축(연면적의 1/10 이내의 증축 또는 1개 층의 증축만 해당한다)하거나 일부 개축하는 경우에는 지진에 대한 안전의 확인을 생략할 수 있다.

④ 지방자치단체의 장은 구조안전 확인 대상 건축물에 대하여 허가 등을 하는 경우 내진(耐

震)성능 확보 여부를 확인하여야 한다.

⑤ 구조안전의 확인은 허가대상 건축물의 경우에만 요구되고, 신고대상 건축물은 요구되지 않으며, 건축물을 건축하거나 대수선하는 경우에 요구되는 것이지 건축물의 용도를 변경하는 경우에는 요구되지 않는다.

2. 거실 등에 관한 기준

(1) 거실이란 건축물 안에서 거주, 집무, 작업, 집회, 오락, 그 밖에 이와 유사한 목적을 위하여 사용되는 방을 말한다.

(2) 거실의 반자높이(방의 바닥면으로부터 반자까지의 높이 단 동일한 방에서 반자높이가 다른 부분이 있는 경우에는 그 각 부분의 면적에 따라 가중평균한 높이로 한다)

<table>
<tr><th>건축물 구분</th><th>반자높이</th><th>비 고</th></tr>
<tr><td>모든 건축물</td><td>2.1m 이상</td><td>다만, 공장, 창고시설, 위험물저장 및 처리시설, 동물 및 식물관련시설, 분뇨 및 쓰레기 처리시설, 묘지관련시설은 제외(거실반자의 설치)</td></tr>
<tr><td rowspan="2">그 바닥면적이 200㎡ 이상인
① 문화 및 집회시설(전시장 및 동식물원 제외)
② 장례식장
③ 위락시설 중 주점영업</td><td>4.0m 이상</td><td rowspan="2">기계환기장치를 설치를 하는 경우에는 2.1m 이상으로 완화</td></tr>
<tr><td>노대(발코니) 아랫부분 2.7m 이상</td></tr>
</table>

(3) 거실의 채광 및 환기

<table>
<tr><th>구 분</th><th>건축물의 용도</th><th>창문 등의 면적</th><th>예외 규정</th></tr>
<tr><td>채 광</td><td rowspan="2">단독주택의 거실,
공동주택의 거실,
학교의 교실,
의료시설의 병실,
수박시설의 객실</td><td>거실 바닥면적의 1/10 이상</td><td>거실의 용도에 따라 규정서 정한 조도 이상의 조명장치를 설치한 경우</td></tr>
<tr><td>환 기</td><td>거실 바닥면적의 1/20 이상</td><td>기계환기장치 및 중앙관리방식의 공기조화 설비를 설치한 경우</td></tr>
</table>

※ 수시로 개방할 수 있는 미닫이로 구획된 2개의 거실은 이를 1개의 거실로 본다.

(4) 추락방지 안전시설

오피스텔에 거실 바닥으로부터 높이 1.2m 이하 부분에 여닫을 수 있는 창문을 설치하는 경우에는 높이 1.2m 이상의 난간이나 그 밖에 이와 유사한 추락방지를 위한 안전시설을 설치하여야 한다.

⑤ 거실의 배연설비

대 상	용 도
6층 이상 건축물의 거실	문화 및 집회시설, 종교시설, 판매시설, 운수시설, 의료시설, 교육연구시설 중 연구소, 노유자시설 중 아동 관련시설·노인복지시설, 수련시설 중 유스호스텔, 운동시설, 업무시설, 숙박시설, 위락시설, 관광휴게시설, 제2종 근린생활시설 중 고시원 및 장례식장의 거실에는 배연설비(排煙設備)를 하여야 한다. 다만, 피난층인 경우에는 그러하지 아니하다.

1. 건축물의 최하층에 있는 거실(바닥이 목조인 경우만 해당한다)
2. 제1종 근린생활시설 중 목욕장의 욕실과 휴게음식점 및 제과점의 조리장
3. 제2종 근린생활시설 중 일반음식점, 휴게음식점 및 제과점의 조리장과 숙박시설의 욕실

(5) 거실 등의 방습

다음의 어느 하나에 해당하는 거실 욕실 또는 조리장의 바닥 부분에는 국토해양부령으로 정하는 기준에 따라 방습을 위한 조치를 하여야 한다.

(6) 경계벽 및 칸막이벽의 설치

다음 어느 하나에 해당하는 건축물에 설치하는 경계벽 및 칸막이벽은 내화구조로 하고, 지붕 밑 또는 바로 윗층의 바닥판까지 닿게 하여야 한다.

1. 단독주택 중 다가구주택의 각 가구 간 또는 공동주택(기숙사는 제외한다)의 각 세대간 경계벽(거실·침실 등의 용도로 쓰지 아니하는 발코니 부분은 제외한다)
2. 공동주택 중 기숙사의 침실, 의료시설의 병실, 교육연구시설 중학교의 교실 또는 숙박시설의 객실간 칸막이벽
3. 제2종 근린생활시설 중 고시원의 호실간 칸막이벽
4. 노유자시설 중 노인복지주택의 각 세대간 경계벽

(7) 창문 등의 차면시설

인접 대지경계선으로부터 직선거리 2m 이내에 이웃 주택의 내부가 보이는 창문 등을 설치하는 경우에는 차면시설(遮面施設)을 설치하여야 한다.

3. 건축물의 피난시설, 용도제한

(1) 직통계단의 설치

건축물의 피난층 외의 층에서는 피난층 또는 지상으로 통하는 직통계단을 거실의 각 부분으로부터 계단(거실로부터 가장 가까운 거리에 있는 계단을 말한다)에 이르는 보행거리가 30미터 이하가 되도록 설치하여야 한다.

① 피난층 외의 층에서의 보행거리

구 분	보 행 거 리
원 칙	30m 이하
주요구조부가 내화구조 또는 불연재료	50m 이하(16층 이하 공동주택 : 40m 이하)

② 피난층에서의 보행거리

구 분	원 칙	주요구조부가 내화구조, 불연재료일 경우
계단으로부터 옥외로의 출구까지	30m 이하	50m 이하(16층 이상 공동주택 : 40m)
거실로부터 옥외로의 출구까지	60m 이하	100m 이하(16층 이상 공동주택: 80m)

③ 피난층 또는 지상으로 통하는 직통계단을 2개소 이상 설치해야 하는 건축물

1. 문화 및 집회시설(전시장 및 동·식물원은 제외한다), 종교시설, 위락시설 중 주점영업 또는 장례식장의 용도로 쓰는 층으로서 그 층에서 해당 용도로 쓰는 바닥면적의 합계가 200㎡ 이상인 것
2. 단독주택 중 다중주택·다가구주택, 제2종 근린생활시설 중 학원·독서실, 판매시설, 운수시설(여객용 시설만 해당한다), 의료시설(입원실이 없는 치과병원은 제외한다), 교육연구시설 중 학원, 노유자시설 중 아동 관련 시설·노인복지시설, 수련시설 중 유스호스텔, 숙박시설 또는 장례식장의 용도로 쓰는 3 층 이상의 층으로서 그 층의 해당 용도로 쓰는 거실의 바닥면적의 합계가 200㎡ 이상인 것
3. 공동주택(층당 4세대 이하인 것은 제외한다) 또는 업무시설 중 오피스텔의 용도로 쓰는 층으로서 그 층의 해당 용도로 쓰는 거실의 바닥면적의 합계가 300㎡ 이상인 것

> 4. 1부터 3까지의 용도로 쓰지 아니하는 3층 이상의 층으로서 그 층 거실의 바닥면적의 합계가 400㎡ 이상인 것
> 5. 지하층으로서 그 층 거실의 바닥면적의 합계가 200㎡ 이상인 것

(2) 피난안전구역

초고층 건축물에는 피난층 또는 지상으로 통하는 직통계단과 직접 연결되는 피난 안전구역(건축물의 피난·안전을 위하여 건축물 중간층에 설치하는 대피공간을 말한다)을 지상층으로부터 최대 30개 층마다 1개소 이상 설치하여야 한다.

(3) 지하층과 피난층 사이 개방공간의 설치

바닥면적의 합계가 3천㎡ 이상인 공연장·집회장·관람장 또는 전시장을 지하층에 설치하는 경우에는 각 실에 있는 자가 지하층 각 층에서 건축물 밖으로 피난하여 옥외 계단 또는 경사로 등을 이용하여 피난층으로 대피할 수 있도록 천장이 개방 된 외부 공간을 설치하여야 한다.

(4) 난간 및 옥상광장 설치

난간 설치	옥상광장 또는 2층 이상인 층에 있는 노대(露臺)나 그 밖에 이와 비슷한 것의 주위에는 높이 1.2m 이상의 난간을 설치하여야 한다. 다만, 그 노대 등에 출입할 수 없는 구조인 경우에는 그러하지 아니하다.
옥상광장 설치	5층 이상인 층이 문화 및 집회시설(전시장 및 동·식물원은 제외한다), 종교시설, 판매시설, 위락시설 중 주점영업 또는 장례식장의 용도로 쓰는 경우에는 피난 용도로 쓸 수 있는 광장을 옥상에 설치하여야 한다.

(5) 옥상헬리포트 및 구조공간 설치

층수가 11층 이상인 건축물로서 11층 이상인 층의 바닥면적의 합계가 1만㎡ 이상인 건축물의 옥상에는 헬리포트를 설치하거나 헬리콥터를 통하여 인명 등을 구조할 수 있는 공간을 확보하여야 한다.

① 건축물의 지붕을 평지붕으로 하는 경우

헬리포트를 설치하거나 헬리콥터를 통하여 인명 등을 구조할 수 있는 공간

② 건축물의 지붕을 경사지붕으로 하는 경우
경사지붕 아래에 설치하는 대피공간

(6) 대지 안의 피난 및 소화에 필요한 통로의 설치

건축물의 대지 안에는 그 건축물 바깥쪽으로 통하는 주된 출구와 지상으로 통하는 피난계단 및 특별피난계단으로부터 도로 또는 공지(공원, 광장, 그 밖에 이와 비슷한 것)로 통하는 통로를 다음 기준에 따라 설치하여야 한다.

① 단독주택인 경우 : 유효 너비 0.9m 이상
② 바닥면적의 합계가 500㎡ 이상인 문화 및 집회시설, 종교시설, 의료시설, 위락시설 또는 장례식장인 경우 : 유효 너비 3m 이상
③ 그 밖의 용도로 쓰는 건축물인 경우 : 유효 너비 1.5m 이상

4. 방화에 관한 규정

(1) 방화구획의 설치기준

주요구조부가 내화구조 또는 불연재료로 된 건축물로서 연면적이 1,000㎡를 넘는 것은 내화구조로 된 바닥·벽 및 갑종 방화문(자동방화셔터를 포함한다)으로 구획(방화구획)하여야 한다.

건축물의 규모	구획기준		비 고
3층 이상의 층 지하층	◦ 층마다 구획 제외 : 지하 1층에서 지상으로 직접 연결 하는 경사로 부위		( )안의 면적은 스프링클러 기타 이와 유사한 자동식 소화설비를 설치한 경우
10층 이하의 층	바닥면적 1,000㎡(3,000㎡) 이내마다 구획		
11층 이상의 층	실내마감이 불연재료인 경우	바닥면적 500㎡ (1,500㎡) 이내마다 구획	
	실내마감이 불연재료가 아닌 경우	바닥면적 200㎡ (600㎡) 이내마다 구획	

(2) 공동주택의 발코니 대피공간

① 공동주택 중 아파트로서 4층 이상인 층의 각 세대가 2개 이상의 직통계단을 사용할 수 없는 경우에는 발코니에 인접 세대와 공동으로 또는 각 세대별로 다음의 요건을 모두 갖

춘 대피공간을 하나 이상 설치하여야 한다.

이 경우 인접 세대와 공동으로 설치하는 대피공간은 인접 세대를 통하여 2개 이상의 직통계단을 쓸 수 있는 위치에 우선 설치되어야 한다.

> 1. 대피공간은 바깥의 공기와 접할 것
> 2. 대피공간은 실내의 다른 부분과 방화구획으로 구획될 것
> 3. 대피공간의 바닥면적은 인접 세대와 공동으로 설치하는 경우에는 3㎡ 이상, 각 세대별로 설치하는 경우에는 2㎡ 이상일 것
> 4. 국토해양부장관이 정하는 기준에 적합할 것

② 위 규정에 불구하고 아파트의 4층 이상인 층에서 발코니에 첫째, 세대와의 경계벽이 파괴하기 쉬운 경량구조 등인 경우 둘째, 경계벽에 피난구를 설치한 경우 셋째, 발코니의 바닥에 국토해양부령으로 정하는 하향식 피난구를 설치한 경우에는 대피공간을 설치하지 아니할 수 있다.

(3) 대규모 건축물의 방화벽 등

연면적 1,000㎡ 이상인 건축물은 각 구획의 바닥면적이 1,000㎡ 미만이 되도록 방화벽으로 구획하여야 한다.

> 1. 내화구조로서 홀로 설 수 있는 구조일 것
> 2. 방화벽 양쪽 끝과 위쪽 끝을 건축물의 외벽면 및 지붕면으로부터 0.5m 이상 튀어나오게 할 것
> 3. 방화벽에 설치하는 출입문은 너비 및 높이는 각각 2.5m 이하의 갑종방화문으로 할 것

(4) 방화지구 안의 건축물

방화지구 안의 건축물의 구조제한	방화지구 안에서는 건축물의 주요 구조부 및 외벽은 내화구조로 해야 한다.
방화지구 안의 공작물의 구조제한	그 주요구조부를 불연재료로 해야 한다. ① 간판, 광고탑 ② 대통령령이 정하는 공작물 중 지붕위에 설치하는 공작물 ③ 높이 3m 이상의 공작물

(5) 방화에 장애가 되는 용도의 제한

① 같은 건축물 안에는 아래 "㉠" 란의 용도와 "㉡" 란의 용도를 함께 설치할 수 없다.

구 분	㉠	㉡
원 칙	① 노유자시설 중 (아동관련시설, 노인복지시설) ② 공동주택 ③ 의료시설 ④ 장례식장	① 위락시설 ② 위험물 저장 및 처리시설 ③ 공장 ④ 자동차관련 시설(정비공장)
예 외	① 공동주택(기숙사만 해당한다)과 공장이 같은 건축물 안에 있는 경우 ② 중심·일반·근린상업지역 안에서 도정법에 의한 도시환경정비 사업을 시행하는 경우 ③ 공동주택과 위락시설이 같은 초고층 건축물에 있는 경우	

② 같은 건축물 안에는 "㉢" 란의 용도와 "㉣" 란의 용도를 함께 설치할 수 없다(강화)

㉢	㉣
노유자 시설 중(아동관련 시설 또는 노인복지시설)	판매시설 중 도매시장 또는 소매시장
단독주택(다중주택, 다가구주택에 한정), 공동주택, 제1종 근린생활시설 중 조산원	제2종 근린생활시설 중 고시원

(6) 건축물의 내화구조

다음에 해당하는 건축물은 주요구조부(내력벽(耐力壁), 기둥, 바닥, 보, 지붕틀 및 주계단 등) 내화구조로 하여야 한다.

건축물의 용도	바닥면적의 합계
1) 문화 및 집회시설(전시장 및 동·식물원은 제외한다), 종교시설, 위락시설 중 주점영업 및 장례식장	200㎡ 이상 (옥외관람석 1,000㎡ 이상)
2) 건축물의 2층이 단독주택 중 다중주택 및 다가구주택, 공동주택, 제1종 근린생활시설(의료의 용도로 쓰는 시설만 해당), 제2종 근린생활시설 중 고시원, 의료시설, 노유자시설 중 아동 관련 시설 및 노인복지시설, 수련시설 중 유스호스텔, 업무시설 중 오피스텔, 숙박시설 또는 장례식장	400㎡ 이상
3) 문화 및 집회시설 중 전시장 또는 동·식물원, 판매시설, 운수시설, 교육연구시설에 설치하는 체육관·강당, 수련시설, 운동시설 중 체육관·운동장, 위락시설(주점 영업의 용도는 제외), 창고시설, 위험물저장 및 처리시설, 자동차 관련 시설, 방송통신시설 중 방송국·전신전화국·촬영소, 묘지 관련 시설 중 화장장 또는 관광휴게시설	500㎡ 이상

건축물의 용도	바닥면적의 합계
4) 공장(화재의 위험이 적은 공장으로서 국토해양부령으로 정하는 공장은 제외).	2,000㎡ 이상
5) 3층 이상인 건축물 및 지하층이 있는 건축물 다만, 단독주택(다중주택 및 다가구주택은 제외한다)	모든 건축물

5. 마감재료

① 대통령령으로 정하는 용도 및 규모의 건축물의 내부마감재료는 방화에 지장이 없는 재료로 하되, "다중이용시설 등의 실내공기질관리법" 에 따른 실내공기질 유지기준 및 권고기준을 고려하고 관계 중앙행정기관의 장과 협의하여 국토해양부령으로 정하는 기준에 따른 것이어야 한다.

② 상업지역(근린상업지역은 제외) 안의 건축물의 외벽에 사용하는 마감재료는 방화에 지장이 없는 재료로 하여야 한다.

6. 지하층

① 건축물에 설치하는 지하층의 구조 및 설비는 국토해양부령으로 정하는 기준에 맞게 하여야 한다.

② 건축법령상 지하층의 설치의무는 규정되어 있지 않다. 지하층은 그것을 설치하는 경우에만 그 구조 및 설비를 국토해양부령으로 정하는 기준에 맞게 하면 된다.

Ⅱ. 건축설비

1. 설치 및 구조에 관한 기준

건축설비는 건축물의 안전·방화, 위생, 에너지 및 정보통신의 합리적 이용에 지장이 없도록 설치하여야 하고, 배관피트 및 닥트의 단면적과 수선구의 크기를 해당 설비의 수선에 지장이 없도록 하는 등 설비의 유지·관리가 쉽게 설치하여야 한다.

2. 친환경건축물의 인증

국토해양부장관과 환경부장관은 지속가능한 개발의 실현과 자원절약형이고 자연친화적인 건축물의 건축을 유도하기 위하여 공동으로 친환경건축물 인증제도를 실시한다.

3. 지능형건축물의 인증

① 국토해양부장관은 지능형건축물[Intelligent Building]의 건축을 활성화하기 위하여 지능형건축물 인증제도를 실시한다.

② 허가권자는 지능형건축물로 인증을 받은 건축물에 대하여 조경설치면적을 100분의 85까지 완화하여 적용할 수 있으며, 용적률 및 건축물의 높이를 100분의 115의 범위에서 완화하여 적용할 수 있다.

4. 건축물에 관한 효율적인 에너지 이용과 친환경건축물 건축 활성화를 위한 건축기준의 완화

① 허가권자는 자원 절약적이고 환경 친화적인 건축물의 건축을 활성화하기 위하여 아래의 기준에 적합한 건축물에 조경설치면적을 100분의 85까지 완화하여 적용할 수 있으며, 용적률 및 건축물의 높이를 100분의 115의 범위에서 완화하여 적용할 수 있다.

> 1. 친환경건축물 인증을 받은 건축물
> 2. 효율적인 에너지 관리를 위한 설계기준에 맞게 설계된 건축물이나 건축 폐자재를 건축물의 신축공사를 위한 골조공사에 100분의 15 이상 사용한 건축물
> 3. 건축물 에너지효율등급 인증을 받은 건축물

② 허가권자는 자원 절약적이고 환경 친화적인 건축물의 건축 및 유지·관리를 위한 정책을 수립하여 시행하여야 한다.

5. 승강기의 설치

(1) 승강기 설치대상 및 예외

① 건축주는 6층 이상으로서 연면적이 2,000㎡ 이상인 건축물 승용승강기를 설치하여야 한다.

② 층수가 6층인 건축물로서 각 층 거실의 바닥면적 300㎡ 이내마다 1개 소 이상의 직통계단을 설치한 건축물은 제외한다.

(2) 비상용승강기 설치대상 및 예외

① 높이 31미터를 초과하는 건축물에는 승강기뿐만 아니라 비상용승강기를 추가로 설치하여야 한다.

② 다음 건축물의 경우에는 그러하지 아니하다.

㉠ 높이 31m를 넘는 각 층을 거실 이외의 용도로 사용할 경우

㉡ 높이 31m를 넘는 각 층 바닥면적의 합계가 500㎡ 이하인 건축물

㉢ 높이 31m를 넘는 부분의 층수가 4개층 이하로서 해당 각 층 바닥면적의 합계 200㎡(벽 및 반자가 실내에 접하는 부분의 마감을 불연재료로한 경우는 500㎡) 이내마다 방화구획으로 구획한 건축물

(3) 비상용승강기 설치 대수 기준

① 높이 31m를 넘는 각 층의 바닥면적 중 최대 바닥면적이 1,500㎡ 이하인 건축물 : 1대 이상

② 높이 31m를 넘는 각 층의 바닥면적 중 최대 바닥면적이 1,500㎡를 넘는 건축물 : 1대에 1,500㎡를 넘는 3,000㎡ 이내마다 1대씩 더한 대수 이상

6. 공동주택 및 다중이용시설의 환기설비기준 등

신축 또는 리모델링하는 다음의 어느 하나에 해당하는 주택 또는 건축물(신축공동주택)은 시간당 0.7회 이상의 환기가 이루어질 수 있도록 자연환기설비 또는 기계환기설비를 설치하여야 한다.

1. 100세대 이상의 공동주택(기숙사를 제외한다)
2. 주택을 주택 외의 시설과 동일건축물로 건축하는 경우로서 주택이 100세대 이상인 건축물

제 7 장

지역 및 지구 안의 건축물

Ⅰ. 건축물의 대지가 지역·지구 또는 구역에 걸친 경우

1. 원칙

① 대지 가이 법이나 다른 법률에 따른 지역·지구(녹지지역과 방화지구는 제외한다) 또는 구역에 걸치는 경우에는 그 건축물과 대지의 전부에 대하여 대지의 과반이 속하는 지역·지구 또는 구역 안의 건축물 및 대지 등에 관한 이 법의 규정을 적용한다.

② 위 규정에도 불구하고 해당 대지의 규모와 그 대지가 속한 용도지역·지구 또는 구역의 성격 등 그 대지에 관한 주변여건상 필요하다고 인정하여 해당 지방자치단체의 조례로 적용방법을 따로 정하는 경우에는 그에 따른다.

2. 특례

1) 건축물이 미관지구에 걸치는 경우	그 건축물과 대지의 전부에 대하여 미관지구 안의 건축물과 대지 등에 관한 이 법의 규정을 적용한다.
2) 하나의 건축물이 방화지구와 그 밖의 구역에 걸치는 경우	그 전부에 대하여 방화지구 안의 건축물에 관한 이 법의 규정을 적용한다. 다만, 건축물의 방화지구에 속한 부분과 그 밖의 구역에 속한 부분의 경계가 방화벽으로 구획되는 경우 그 밖의 구역에 있는 부분에 대하여는 그러하지 아니하다.
3) 대지가 녹지지역과 그 밖의 지역·지구 또는 구역에 걸치는 경우	각 지역·지구 또는 구역 안의 건축물과 대지에 관한 이 법의 규정을 적용한다. 다만, 녹지지역 안의 건축물이 미관지구나 방화지구에 걸치는 경우에는 위1), 2)의 규정에 따른다.

Ⅱ. 건축물의 면적 산정

1. 대지면적

① 원칙 : 대지의 수평투영면적으로 한다. 다만 아래 어느 하나에 해당하는 면적은 제외한다.

② 제외되는 면적

가. 대지에 건축선이 정하여진 경우 : 그 건축선과 도로 사이의 대지면적
(소요너비 미달 도로의 건축선, 도로의 모퉁이에서의 건축선 등)

나. 대지에 도시·군계획시설인 도로·공원 등이 있는 경우 : 그 도시·군계획시설에 포함되는 대지면적

※ 건축법상 대지면적은 건폐율과 용적율 산정에 기준이 되는 면적으로서, 실제 대지면적이 330㎡이나 소요너비 미달 도로의 건축선 및 도로의 모퉁이에서의 건축선 지정 등에 해당하는 면적이 30㎡일 경우 그 30㎡는 실 대지면적에서 제외한 면적을 건폐율과 용적률 산정시의 대지면적으로 한다.

※ 시장·군수·구청장이 별도로 건축선을 지정한 경우에 해당하는 면적은 건폐율과 용적률 산정시의 대지면적에서 제외되지 않는다.

2. 건축면적

(1) 건축면적의 산정기준

① 건축물의 외벽(외벽이 없는 경우에는 외곽 부분의 기둥을 말한다)의 중심선으로 둘러싸인 부분의 수평투영면적으로 한다. 즉 건축면적은 건축물의 대지점유면적을 말한다.

② 다만, 다음 건축물의 건축면적은 건축물의 외벽 중 내측 내력벽의 중심선을 기준으로 산정한다.

㉠ 태양열을 주된 에너지원으로 이용하는 주택

㉡ 창고 중 물품을 입출고하는 부위의 상부에 한쪽 끝은 고정되고 다른 쪽 끝은 지지되지 아니한 구조로 설치된 돌출차양

㉢ 단열재를 구조체의 외기측에 설치하는 단열공법으로 건축된 건축물

(2) 건축면적 산정 별도기준

처마, 차양, 부연(附椽), 그 밖에 이와 비슷한 것으로서 그 외벽의 중심선으로부터 수평거리 1미터 이상 돌출된 부분이 있는 건축물의 건축면적은 그 돌출된 끝부분으로부터 다음의 구분에 따른 수평거리를 후퇴한 선으로 둘러싸인 부분의 수평투영면적으로 한다.

㉠ 전통사찰 : 4미터 이하의 범위에서 외벽의 중심선까지의 거리

㉡ 가축에게 사료 등을 투여하는 부위의 상부에 한쪽 끝은 고정되고 다른쪽 끝은 지지되지 아니한 구조로 된 돌출차양이 설치된 축사 : 3미터 이하의 범위에서 외벽의 중심선까지의 거리

㉢ 한옥 : 2미터 이하의 범위에서 외벽의 중심선까지의 거리

㉣ 그 밖의 건축물: 1미터

※ ㉠㉡㉢에 해당하지 않는 건축물로서 외벽의 중심선으로부터 수평거리가 2m인 돌출된 부분이 있는 경우에는, 그 돌출된 끝부분으로부터 1m 후퇴한 선으로 둘러 싸인 부분의 수평투영 면적이 건축면적이 된다.

(3) 건축면적에 산입하지 않는 부분

㉠ 지표면으로부터 1m 이하에 있는 부분(창고 중 물품을 입출고하기 위하여 차량을 접안시키는 부분의 경우에는 지표면으로부터 1.5m 이하에 있는 부분)

㉡ 「다중이용업소의 안전관리에 관한 특별법 시행령」에 따라 기존의 다중이용업소(2004년 5월 29일 이전의 것만 해당한다)의 비상구에 연결하여 설치하는 폭 2m 이하의 옥외 피난계단

㉢ 건축물 지상층에 일반인이나 차량이 통행할 수 있도록 설치한 보행통로나 차량통로

㉣ 지하주차장의 경사로

㉤ 건축물 지하층의 출입구 상부(출입구 너비에 상당하는 규모부분을 말한다)

㉥ 생활폐기물 보관함(음식물쓰레기, 의류 등의 수거함을 말한다)

㉦ 「영유아보육법」에 따른 어린이집(2005년 1월 29일 이전에 설치된 것만 해당한다)의 비상구에 연결하여 설치하는 폭 2m 이하의 영유아용 대피용 미끄럼대 또는 비상계단

3. 바닥면적

(1) 원칙 : 건축물의 각 층 또는 그 일부로서 벽, 기둥, 그 밖에 이와 비슷한 구획의 중심선으로 둘러 싸인 부분의 수평투영면적으로 한다. 바닥면적은 건축물의 용적률 및 규모를 나

타내는 지표가 된다.

(2) 바닥면적 산정의 예

㉠ 벽·기둥의 구획이 없는 건축물은 그 지붕 끝부분으로부터 수평거리 1m를 후퇴한 선으로 둘러싸인 수평투영면적으로 한다.

㉡ 주택의 발코니 등 건축물의 노대나 그 밖에 이와 비슷한 것(이하 "노대등" 이라 한다)의 바닥은 난간 등의 설치 여부에 관계없이 노대등의 면적(외벽의 중심선으로부터 노대등의 끝부분까지의 면적을 말한다)에서 노대등이 접한 가장 긴 외벽에 접한 길이에 1.5m를 곱한 값을 뺀 면적을 바닥면적에 산입한다.

(3) 바닥면적에 산입되지 않는 부분

㉠ 필로티, 기타 이와 유사한 구조부분의 바닥면적이 다음과 같은 용도인 경우
-. 공중의 통행에 전용되는 경우
-. 차량의 주차에 전용되는 경우
-. 공동주택의 경우

㉡ 승강기탑, 계단탑, 장식탑, 다락[층고(層高)가 1.5m(경사진 형태의 지붕인 경우에는 1.8m) 이하인 것만 해당한다]

㉢ 건축물의 외부 또는 내부에 설치하는 굴뚝, 더스트슈트, 설비덕트, 그밖에 이와 비슷한 것

㉣ 옥상·옥외 또는 지하에 설치하는 물탱크, 기름탱크, 냉각탑, 정화조, 도시가스 정압기, 그 밖에 이와 비슷한 것을 설치하기 위한 구조물

㉤ 공동주택으로서 지상층에 설치한 기계실, 전기실, 어린이놀이터, 조경시설 및 생활폐기물 보관함의 면적

㉥ 「다중이용업소의 안전관리에 관한 특별법 시행령」에 따라 기존의 다중이용업소(2004년 5월 29일 이전의 것만 해당한다)의 비상구에 연결하여 설치하는 폭 1.5m 이하의 옥외 피난계단

㉦ 건축물을 리모델링하는 경우로서 미관 향상, 열의 손실 방지 등을 위하여 외벽에 부가하여 마감재 등을 설치하는 부분

㉧ 「영유아보육법」에 따른 어린이집(2005년 1월 29일 이전에 설치된 것만 해당한다)의 비상구에 연결하여 설치하는 폭 2m 이하의 영유아용 대피용 미끄럼대 또는 비상계단의 면적

※ 건축법상 바닥면적 산정기준 원칙은 벽의 중심선으로부터 산정하고 주택법상 사업계획승인을 받아 건축하는 공동주택의 경우에는 안목치수(실내벽선으로 부터 산정)로 바닥면적을 산정한다. 따라서 건축법을 적용 받는 오피스텔과 주택법을 적용받은 아파트의 전용면적이 동일할지라도 아파트의 실내면적이 오피스텔의 실내면적보다 크다.

4. 연면적

① 건축물의 각 층 바닥면적의 합계(각 지상층의 바닥면적과 각 지하층의 바닥면적의 합계

② 용적률 산정시 연면적에서 제외되는 대상

> ㉠ 각 지하층의 면적
> ㉡. 지상층의 주차용(해당 건축물의 부속 용도에 한함)으로 쓰는 면적
> ㉢ 「주택건설 기준 등에 관한 규정」에 따른 주민공동시설의 면적
> ㉣ 상업지역에 건축하는 200세대 이상 300세대 미만인 공동주택에 설치하는 주민공동시설로서 영리를 목적으로 하지 아니하고 주택의 부속용도로 사용하는 시설의 면적
> ㉤ 초고층 건축물과 준초고층 건축물에 설치하는 피난안전구역의 면적
> ㉥ 건축물의 경사지붕 아래에 설치하는 대피공간의 면적

5. 건축물 및 대지의 규모제한

(1) 건폐율과 용적률

구 분	건 폐 율	용 적 률
내 용	대지면적에 대한 건축면적 비율 건폐율(%) = 건축면적 ÷ 대지면적 × 100	대지면적에 대한 건축물의 연면적비율 용적률(%) = 연면적 ÷ 대지면적 × 100
규제목적	◦ 대지 안의 공지를 확보 ◦ 피난, 소화, 일조, 통풍, 환기 등을 위함	◦ 대지 안의 밀도를 제한 ◦ 주거환경 등을 위함

※ 용적률은 건폐율과 결합하여 건축물의 높이(층수)를 간접적으로 제한한다.

참고

> ※ 건폐율과 용적률은 국토계획법에 따른 기준에 의하고, 다만 건축법에서 완화 또는 강화하여 적용하도록 규정한 경우에는 그에 의한다. 즉, 건축법의 건폐율과 용적률에 관한 규정은 국토계획법의 건폐율과 용적률 규정에 대한 특별규정으로 볼 수 있다.

6. 대지의 분할제한

① 건축물이 있는 대지는 다음의 해당 용도지역의 규모 범위 안에서 해당 지방자치단체의 조례가 정하는 면적에 미달되게 분할할 수 없다.

> ㉠ 주거지역 : 60㎡ ㉡ 상업지역 : 150㎡
> ㉢ 공업지역 : 150㎡ ㉣ 녹지지역 : 200㎡
> ㉤ 위 용도지역에 해당하지 않는 지역 : 60㎡

② 건축물이 없는 토지에서는 위 면적기준에 미달하는 분할이더라도 국토계획법 규정의 개발행위허가로 분할이 허용된다.

7. 건축물의 높이제한

(1) 건축물의 높이

① 건축물의 높이는 지표면으로부터 그 건축물의 상단까지의 높이로 한다.
② 건축물의 1층 전체에 필로티(건축물을 사용하기 위한 경비실, 계단실, 승강기실, 그 밖에 이와 비슷한 것을 포함한다)가 설치되어 있는 경우에는 법 제60조(건축물의 높이제한) 및 법 제61조제2항(일조를 위한 공동주택의 높이제한)을 적용할 때 필로티의 층고를 높이에서 제외한다.
③ 지붕마루장식·굴뚝·방화벽의 옥상돌출부나 그 밖에 이와 비슷한 옥상돌출물과 난간벽(그 벽면적의 2분의 1 이상이 공간으로 되어 있는 것만 해당한다)은 그 건축물의 높이에 산입하지 아니한다.
④ 건축물의 옥상에 설치되는 승강기탑·계단탑·망루·장식탑·옥탑 등으로서 그 수평투영면적의 합계가 해당 건축물 건축면적의 8분의 1(주택법에 따른 사업 계획승인 대상 공동주택 중 세대별 전용면적이 85㎡ 이하인 경우에는 6분의1) 이하인 경우로서 그 부분의 높이가 12m를 넘는 경우에는 그 넘는 부분만 해당 건축물의 높이에 산입한다.
⑤ 건축물 대지의 지표면과 인접 대지의 지표면 간에 고저차가 있는 경우에는 그 지표면의 평균 수평면을 지표면(일조권 확보를 위한 건축물의 높이 제한을 할 때는 해당 대지가 인접 대지보다 낮은 경우에는 그 대지의 지표면을 말한다)으로 본다. 다만, 전용주거지역 및 일반주거지역을 제외한 지역에서 공동주택을 다른 용도와 복합하여 건축하는 경우에

는 공동주택의 가장 낮은 부분을 그 건축물의 지표면으로 본다.

(2) 처마높이 : 지표면으로부터 건축물의 지붕틀 또는 이와 비슷한 수평재를 지지하는 벽·깔도리 또는 기둥의 상단까지의 높이로 한다.

(3) 반자높이 : 방의 바닥면으로부터 반자(천장)까지의 높이. 다만, 한 방에서 반자높이가 다른 부분이 있는 경우에는 그 각 부분의 반자면적에 따라 가중평균한 높이로 한다.

(4) 층고 : 방의 바닥구조체 윗면으로부터 위층 바닥구조체의 윗면까지의 높이로 한다. 다만, 한 방에서 층의 높이가 다른 부분이 있는 경우에는 그 각 부분 높이에 따른 면적에 따라 가중평균한 높이로 한다.

8. 층수

① 승강기탑, 계단탑, 망루, 장식탑, 옥탑, 그 밖에 이와 비슷한 건축물의 옥상부분으로서 그 수평투영면적의 합계가 해당 건축물 건축면적의 8분의 1(주택법에 따른 사업계획승인 대상인 공동주택 중 세대별 전용면적이 85㎡ 이하인 경우에는 6분의1) 이하인 것과 지하층은 건축물의 층수에 산입하지 않는다.

② 층의 구분이 명확하지 아니한 건축물은 그 건축물의 높이 4미터마다 하나의 층으로 산정한다.

③ 건축물이 부분에 따라 그 층수가 다른 경우에는 그 중 가장 많은 층수를 그 건축물의 층수로 본다.

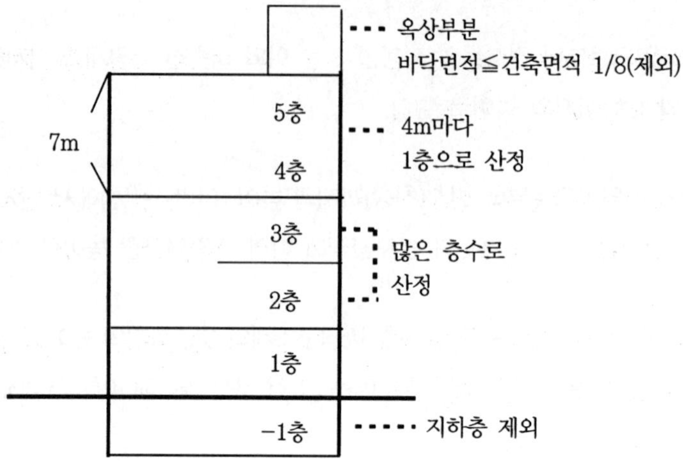

9. 건물 최고 높이제한

(1) 가로구역별 건축물의 최고 높이 지정

① 허가권자는 가로구역(도로로 둘러싸인 일단(一團)의 지역)을 단위로 하여 다음 사항을 고려하여 건축물의 최고 높이를 지정·공고할 수 있다.

㉠ 도시·군관리계획 등의 토지이용계획
㉡ 해당 가로구역이 접하는 도로의 너비
㉢ 해당 가로구역의 상·하수도 등 간선시설의 수용능력
㉣ 도시미관 및 경관계획
㉤ 해당 도시의 장래 발전계획

② 다만, 특별자치도지사 또는 시장·군수·구청장은 가로구역의 최고 높이를 완화하여 적용할 필요가 있다고 판단되는 대지에 대하여는 건축위원회의 심의를 거쳐 최고 높이를 완화하여 적용할 수 있다.

③ 특별시장이나 광역시장은 도시의 관리를 위하여 필요하면 가로구역별 건축물의 최고 높이를 특별시나 광역시의 조례로 정할 수 있다.

④ 허가권자는 같은 가로구역에서 건축물의 용도 및 형태에 따라 건축물의 높이를 다르게 정할 수 있다.

(2) 전면도로에 의한 건축물의 높이제한(사선제한)

㉠ 최고 높이가 정하여지지 아니한 가로구역의 경우
건축물의 각 부분의 높이는 그 부분으로부터 전면도로의 반대쪽 경계선까지의 수평거리의 1.5배를 넘을 수 없다.

㉡ 다만, 대지가 둘 이상의 도로, 공원, 광장, 하천 등에 접하는 경우에는 건축 물의 높이를 해당 지방자치단체의 조례로 따로 정할 수 있다.

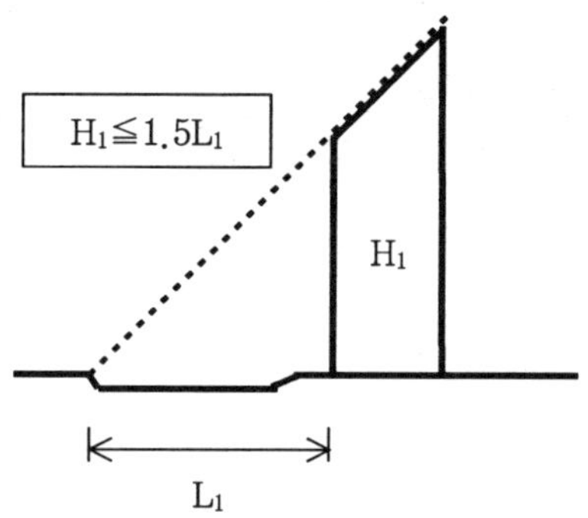

10. 일조 등의 확보를 위한 건축물의 높이제한

(1) 전용주거지역 및 일반주거지역 안의 건축물

① 전용주거지역과 일반주거지역 안에서 건축하는 건축물의 높이는 일조 등의 확보를 위하여 정북방향의 인접 대지경계선으로부터 다음의 범위에서 건축조례로 정하는 거리 이상을 띄어 건축하여야 한다.

1. 높이 4m 이하인 부분 : 인접 대지경계선으로부터 1m 이상
2. 높이 8m 이하인 부분 : 인접 대지경계선으로부터 2m 이상
3. 높이 8m를 초과하는 부분 : 인접 대지경계선으로부터 해당 건축물 각 부분 높이의 2분의 1 이상

② 다만, 건축물의 미관 향상을 위하여 너비 20m 이상의 도로(자동차·보행자·자전거 전용도로 포함)로서 건축조례로 정하는 도로에 접한 대지(도로와 대지 사이에 도시·군계획시설인 완충녹지가 있는 경우 그 대지를 포함한다) 상호간에 건축하는 건축물의 경우에는 그러하지 아니하다.

③ 다음에 해당하는 경우에는 위 규정에 불구하고 건축물의 높이를 정남방향의 인접 대지경계선으로부터의 거리에 따라 위에서 정한 높이의 범위 안에서 시장·군수·구청장이 정하여 고시하는 높이 이하로 할 수 있다.

1. 택지개발지구인 경우
2. 대지조성사업지구인 경우
3. 광역개발권역 및 개발촉진지구인 경우
4. 국가산업단지, 일반산업단지, 도시첨단산업단지 및 농공단지인 경우
5. 도시개발구역인 경우
6. 정비구역인 경우
7. 정북방향으로 도로, 공원, 하천 등 건축이 금지된 공지에 접하는 대지인 경우
8. 정북방향으로 접하고 있는 대지의 소유자와 합의한 경우나 그 밖에 대통령령으로 정하는 경우

(2) 공동주택에 대한 일조권 높이제한

1) 적용범위

공동주택(일반상업지역과 중심상업지역에 건축하는 것은 제외)의 높이 기준에 맞아야 할 뿐만 아니라 대통령령으로 정하는 높이 이하로 하여야 한다.

2) 높이 제한방법

㉠ 채광을 위한 개구부방향에 따른 높이제한

공동주택 건축물(기숙사는 제외)의 각 부분의 높이는 그 부분으로부터 채광을 위한 창문 등이 있는 벽면에서 직각 방향으로 인접 대지경계선까지의 수평거리의 2배(근린상업지역 또는 준주거지역의 건축물은 4배) 이하로 할 것

㉡ 같은 대지 안의 인동거리에 의한 높이제한

ⓐ 같은 대지에서 두 동(棟) 이상의 건축물이 서로 마주보고 있는 경우(한 동의 건축물 각 부분이 서로 마주보고 있는 경우를 포함)에 건축물 각 부분사이의 거리는 다음의 거리 이상을 띄어 건축하여야 한다.

가. 채광을 위한 창문 등이 있는 벽면으로부터 직각방향으로 건축물 각 부분 높이의 0.5배(도시형 생활주택의 경우에는 0.25배) 이상의 범위에서 건축조례로 정하는 거리 이상

나. 위 "가"에도 불구하고 서로 마주보는 건축물 중 남쪽 방향(마주 보는 두 동의 축이 남동에서 남서 방향인 경우만 해당한다)의 건축물 높이가 낮고, 주된 개구부(거실과 주된 침

> 실이 있는 부분의 개구부를 말한다)의 방향이 남쪽을 향하는 경우에는 높은 건축물 각 부분의 높이의 0.4배(도시형 생활주택의 경우에는 0.2배) 이상의 범위에서 건축조례로 정하는 거리 이상이고 낮은 건축물 각 부분의 높이의 0.5배(도시형 생활주택의 경우에는 0.25배) 이상의 범위에서 건축조례로 정하는 거리 이상
>
> 다. 위 "가"에도 불구하고 건축물과 부대시설 또는 복리시설이 서로 마주보고 있는 경우에는 부대시설 또는 복리시설 각 부분 높이의 1배 이상
>
> 라. 채광창(창 넓이가 0.5㎡ 이상인 창을 말한다)이 없는 벽면과 측벽이 마주보는 경우에는 8m 이상
>
> 마. 측벽과 측벽이 마주보는 경우[마주보는 측벽 중 하나의 측벽에 채광을 위한 창문 등이 설치되어 있지 아니한 바닥면적 3㎡ 이하의 발코니(출입을 위한 개구부를 포함한다)를 설치하는 경우를 포함한다]에는 4m 이상

ⓑ 그 대지의 모든 세대가 동지(冬至)를 기준으로 9시에서 15시 사이에 2시간 이상을 계속하여 일조(日照)를 확보할 수 있는 거리 이상으로 할 수 있다.

(3) 적용의 특례

① 주택단지에 두 동 이상의 건축물이 도로를 사이에 두고 서로 마주보고 있는 경우에는 해당 도로의 중심선을 인접 대지경계선으로 보아 위 규정들을 적용한다.

② 2층 이하로서 높이가 8m 이하인 건축물에는 해당 지방자치단체의 조례로 정하는 바에 따라 일조권에 의한 높이제한을 적용하지 아니할 수 있다.

③ 건축물을 건축하려는 대지와 다른 대지 사이에 공원, 도로, 철도, 하천, 광장, 공공공지, 녹지, 유수지, 자동차 전용 도로, 유원지, 그 밖에 건축이 허용되지 아니하는 공지가 있는 경우에는 그 반대편의 대지경계선(공동주택은 그 대지경계선과 그 반대편 대지경계선의 중심선)을 인접 대지경계선으로 한다.

11. 맞벽건축 및 연결복도

(1) 맞벽건축

① 다음의 지역에서 도시미관 등을 위하여 둘 이상의 건축물의 벽을 맞벽(대지경계선으로부터 50㎝ 이내)으로 건축물을 건축할 수 있다.

> 1. 상업지역
> 2. 특별자치도지사 또는 시장·군수·구청장이 도시미관 등을 위하여 건축조례로 정하는 구역

② 맞벽은 방화벽으로 축조하여야 한다.

(2) 연결통로

인근 건축물과 이어지는 연결복도나 연결통로를 설치하는 경우에는 다음의 기준에 따라야 한다.

> 1. 주요구조부가 내화구조일 것
> 2. 마감재료가 불연재료일 것
> 3. 밀폐된 구조인 경우 벽면적의 10분의 1 이상에 해당하는 면적의 창문을 설치할 것. 다만, 지하층으로서 환기설비를 설치하는 경우에는 그러하지 아니하다.
> 4. 너비 및 높이가 각각 5m 이하일 것. 다만, 허가권자가 건축물의 용도나 규모 등을 고려할 때 원활한 통행을 위하여 필요하다고 인정하면 지방건축위원회의 심의를 거쳐 그 기준을 완화하여 적용할 수 있다.
> 5. 건축물과 복도 또는 통로의 연결부분에 방화셔터 또는 방화문을 설치할 것
> 6. 연결복도가 설치된 대지 면적의 합계가 국토계획법에 따른 개발행위의 최대 규모 이하일 것. 다만, 지구단위계획구역에서는 그러하지 아니하다.

(3) 관계규정의 적용배제

위 맞벽건축 및 연결통로에 해당하는 경우에는 대지안의 공지, 일조권에 의한 건축물의 높이 제한 및 민법 제242조(경계선부근의 건축)의 규정을 적용하지 않는다.

12. 대지 안의 공지

건축물을 건축하는 경우에는 용도지역·용도지구, 건축물의 용도 및 규모 등에 따라 건축선 및 인접 대지경계선으로부터 6m 이내의 범위에서 다음에 정하는 바에 의하여 해당 지방자치단체의 조례로 정하는 거리 이상을 띄워야 한다.

(1) 건축선으로부터 건축물까지 띄어야 하는 거리

대 상 건 축 물	건축조례에서 정하는 건축기준
해당 용도로 쓰는 바닥면적의 합계가 500㎡ 이상인 공장(전용공업지역, 일반공업지역 또는 산업단지에 건축하는 공장은 제외)으로서 건축조례로 정하는 건축물	◦ 준공업지역 : 1.5m 이상 6m 이하 ◦ 준공업지역외의 지역 : 3m 이상 6m 이하
해당 용도로 쓰는 바닥면적의 합계가 500㎡ 이상인 창고(전용공업지역, 일반공업지역 또는 산업단지에 건축하는 창고는 제외)로서 건축조례로 정하는 건축물	◦ 준공업지역 : 1.5m 이상 6m 이하 ◦ 준공업지역외의 지역 : 3m 이상 6m 이하
해당 용도로 쓰는 바닥면적의 합계가 1,000㎡ 이상인 판매시설, 숙박시설(여관, 여인숙은 제외), 문화 및 집회시설(전시장 및 동·식물원은 제외) 및 종교시설	◦ 3m 이상 6m 이하
다중이 이용하는 건축물로서 건축 조례로 정하는 건축물	◦ 3m 이상 6m 이하
공동주택	◦ 아파트: 2m 이상 6m 이하 ◦ 연립주택: 2m 이상 5m 이하 ◦ 다세대주택: 1m 이상 4m 이하
그 밖에 건축조례로 정하는 건축물	◦ 1m 이상 6m 이하 (한옥의 경우에는 처마선 0.5m 이상 2m 이하, 외벽선 1m 이상 2m 이하)

(2) 인접대지경계선으로부터 건축물까지 띄어야 하는 거리

대 상 건 축 물	건축조례에서 정하는 건축기준
전용주거지역에 건축하는 건축물(공동주택 제외)	◦ 1m 이상 6m 이하 (한옥의 경우는 처마선 0.5m 이상 2m 이하, 외벽선 1m 이상 2m 이하)
해당 용도로 쓰는 바닥면적의 합계가 500㎡ 이상인 공장(전용공업지역, 일반공업지역 또는 산업단지에 건축하는 공장은 제외)으로서 건축조례로 정하는 건축물	◦ 준공업지역 : 1m 이상 6m 이하 ◦ 준공업지역외의 지역 : 1.5m 이상 6m 이하
상업지역이 아닌 지역에 건축하는 건축물로서 해당 용도로 쓰는 바닥면적의 합계가 1,000㎡ 이상인 판매시설, 숙박시설(여관, 여인숙은 제외), 문화 및 집회시설(전시장 및 동·식물원은 제외) 및 종교시설	◦ 1.5m 이상 6m 이하
다중이 이용하는 건축물(상업지역 건축물 제외)로서 건축조례가 정하는 건축물	◦ 1.5m 이상 6m 이하
공동주택 (상업지역에 건축하는 공동주택 제외)	◦ 아파트: 2m 이상 6m 이하 ◦ 연립주택: 1.5m 이상 5m 이하 ◦ 다세대주택: 0.5m 이상 4m 이하

대 상 건 축 물	건축조례에서 정하는 건축기준
그 밖에 건축조례로 정하는 건축물	• 0.5m 이상 6m 이하 (한옥의 경우에는 처마선 0.5m 이상 2m 이하, 외벽선 1m 이상 2m 이하)

제 8 장

특별건축구역·보칙 등

Ⅰ. 특별건축구역

1. 의의

특별건축구역이란 조화롭고 창의적인 건축물의 건축을 통하여 도시경관의 창출, 건설기술 수준향상 및 건축 관련 제도개선을 도모하기 위하여 이 법 또는 관계 법령에 따라 일부 규정을 적용하지 아니하거나 완화 또는 통합하여 적용할 수 있도록 특별히 지정하는 구역을 말한다.

2. 지정 대상지역

국토해양부장관은 다음의 각 도시나 지역의 일부로서 특별건축구역으로 특례 적용이 필요하다고 인정하는 경우에는 특별건축구역을 지정할 수 있다.

(1) 관계 법령에 따른 국가정책사업으로서 조화롭고 창의적인 건축을 위하여 정하는 사업구역

1. 「신행정수도 후속대책을 위한 연기·공주지역 행정중심복합도시 건설을 위한 특별법」에 따른 행정중심복합도시의 사업구역
2. 「공공기관 지방이전에 따른 혁신도시 건설 및 지원에 관한 특별법」에 따른 혁신도시의 사업구역
3. 「경제자유구역의 지정 및 운영에 관한 특별법」에 따라 지정된 경제자유구역
4. 「택지개발촉진법」에 따른 택지개발사업구역
5. 「보금자리주택건설 등에 관한 특별법」에 따른 보금자리주택지구
6. 「도시 및 주거환경정비법」에 따른 정비구역
7. 「도시개발법」에 따른 도시개발구역
8. 「도시재정비 촉진을 위한 특별법」에 따른 재정비촉진구역

9. 「제주특별자치도 설치 및 국제자유도시 조성을 위한 특별법」에 따른 국제자유도시의 사업구역
10. 「아시아문화중심도시 조성에 관한 특별법」에 따른 국립아시아문화전당 건설사업구역
11. 「국토의 계획 및 이용에 관한 법률」에 따른 지구단위계획구역 중 현상설계(懸賞設計) 등에 따른 창의적 개발을 위한 특별계획구역
12. 「관광진흥법」 제52조 및 제70조에 따른 관광지, 관광단지 또는 관광특구
13. 「문화예술진흥법」 제8조에 따른 문화지구

(2) 그 밖에 대통령령으로 정하는 다음의 도시 또는 지역의 사업구역

1. 국가 또는 지방자치단체가 국제행사 등을 개최하는 도시 또는 지역
2. 건축문화 진흥을 위하여 국토해양부령으로 정하는 건축물 또는 공간환경을 조성하는 지역
3. 주거, 상업, 업무 등 다양한 기능을 결합하는 복합적인 토지 이용을 증진시킬 필요가 있는 지역으로서 다음 각 목의 요건을 모두 갖춘 지역
   가. 도시지역일 것
   나. 「국토의 계획 및 이용에 관한 법률 시행령」에 따른 용도지역 안에서의 건축제한 적용을 배제할 필요가 있을 것
4. 그 밖에 도시경관의 창출, 건설기술 수준향상 및 건축 관련 제도개선을 도모하기 위하여 특별건축구역으로 지정할 필요가 있다고 국토해양부장관 또는 시·도지사가 인정하는 도시 또는 지역

(3) 특별건축구역 지정에 제외되는 지역

다음 어느 하나에 해당하는 지역·구역 등에 대하여는 위 규정에도 불구하고 특별건축구역으로 지정할 수 없다.

1. 개발제한구역의 지정 및 관리에 관한 특별조치법에 따른 개발제한구역
2. 자연공원법에 따른 자연공원
3. 도로법에 따른 접도구역
4. 산지관리법에 따른 보전산지
5. 군사기지 및 군사시설 보호법에 따른 군사기지 및 군사시설 보호구역

3. 특별건축구역의 건축물

특별건축구역에서 건축기준 등의 특례사항을 적용하여 건축할 수 있는 건축물은 다음 각 호의 어느 하나에 해당되어야 한다.

(1) 국가 또는 지방자치단체가 건축하는 건축물

(2) 공공기관 중 대통령령으로 정한 다음의 공공기관이 건축하는 건축물

1. 한국토지주택공사 2. 한국수자원공사 3. 한국도로공사 4. 한국철도공사
5. 한국철도시설공단 6. 한국관광공사 7. 한국농어촌공사

(3) 그 밖에 대통령령으로 정하는 용도·규모의 건축물로서 도시경관의 창출, 건설기술 수준향상 및 건축 관련 제도개선을 위하여 특례 적용이 필요하다고 허가권자가 인정하는 다음의 건축물

용 도	규모(연면적 또는 세대)
문화 및 집회시설, 판매시설, 운수시설, 의료시설, 교육연구시설, 수련시설	2,000㎡ 이상
운동시설, 업무시설, 숙박시설, 관광휴게시설, 방송통신시설	3,000㎡ 이상
종교시설	−
노유자시설	500㎡ 이상
공동주택(아파트 및 연립주택만 해당한다)	300세대 이상(주거용 외의 용도와 복합된 경우에는 200세대 이상)
단독주택(한옥이 밀집되어 있는 지역의 건축물로 한정하며, 단독주택 외의 용도로 쓰이는 건축물을 포함할 수 있다)	50동 이상
그 밖의 용도	1,000㎡ 이상

※ [비고]
1. 위의 용도에 해당하는 건축물은 허가권자가 인정하는 비슷한 용도의 건축물을 포함한다.
2. 위의 용도가 복합된 건축물의 경우에는 해당 용도의 연면적 합계가 기준 연면적을 합한 값 이상이어야 한다. 다만, 공동주택과 주거용 외의 용도가 복합된 경우에는 각각 해당 용도의 연면적 또는 세대 기준에 적합하여야 한다.

4. 특별건축구역의 지정절차

(1) 지정신청

① 중앙행정기관의 장, 사업구역을 관할하는 시·도지사 또는 시장·군수·구청장(이하 "지정신청기관"이라 한다)은 특별건축구역의 지정이 필요한 경우에는 국토해양부장관에게 특별건축구역의 지정을 신청할 수 있다.

② 국토해양부장관은 지정신청이 없더라도 필요한 경우 직권으로 특별건축구역을 지정할 수 있다

(2) 심의·고시

① 국토해양부장관은 지정신청이 접수된 경우에는 지정신청을 받은 날부터 30일 이내에 중앙건축위원회의 심의를 거쳐야 한다.

② 국토해양부장관은 특별건축구역을 지정하거나 변경·해제하는 경우에는 주요 내용을 관보에 고시하고, 지정신청기관에 관계 서류의 사본을 송부하여야 한다.

(3) 변경 및 해제

① 지정신청기관은 특별건축구역 지정 이후 변경이 있는 경우 변경지정을 받아야 한다. 이 경우 변경지정을 받아야 하는 변경의 범위, 변경지정의 절차 등 필요한 사항은 대통령령으로 정한다.

② 국토해양부장관은 다음 어느 하나에 해당하는 경우에는 특별건축구역의 전부 또는 일부에 대하여 지정을 해제할 수 있다. 이 경우 국토해양부장관은 지정신청기관의 의견을 청취하여야 한다.

1. 지정신청기관의 요청이 있는 경우
2. 거짓이나 그 밖의 부정한 방법으로 지정을 받은 경우
3. 특별건축구역 지정일부터 5년 이내에 특별건축구역 지정목적에 부합하는 건축물의 착공이 이루어지지 아니하는 경우
4. 특별건축구역 지정요건 등을 위반하였으나 시정이 불가능한 경우

5. 지정효력

(1) 도시·군관리계획결정의 의제

특별건축구역을 지정하거나 변경한 경우에는 국토계획법에 다른 도시·군관리계획의 결정(용도지역, 지구, 구역의 지정 및 변경을 제외한다)이 있는 것으로 본다.

(2) 법령적용의 배제

특별건축구역에 건축하는 건축물에 대하여는 다음의 규정을 적용하지 아니할 수 있다.

1. 제42조(대지 안의 조경), 제55조(건축물의 건폐율), 제58조(대지 안의 공지), 제60조(건축물의 높이제한) 및 제61조(일조 등의 확보를 위한 건축물의 높이제한)
2. 「주택법」 제21조(주택건설기준 등) 중 대통령령으로 정하는 규정

(3) 법령적용의 완화

1) 건축법

특별건축구역에 건축하는 건축물이 다음에 해당하는 때에는 해당 규정에서 요구하는 기준 또는 성능 등을 다른 방법으로 대신할 수 있는 것으로 지방건축위원회가 인정하는 경우에 한하여 해당 규정의 전부 또는 일부를 완화하여 적용할 수 있다.

관련법령

제49조(건축물의 피난시설·용도제한 등), 제50조(건축물의 내화구조 및 방화벽), 제51조(방화지구 안의 건축물), 제52조(건축물의 마감재료), 제53조(지하층), 제62조(건축설비기준), 제64조(승강기), 제66조(건축물의 에너지 이용 및 폐자재 활용)

2) 「소방시설 설치·유지 및 안전관리에 관한 법률」

「소방시설 설치·유지 및 안전관리에 관한 법률」에서 요구하는 기준 또는 성능 등을 대통령령으로 정하는 절차·심의방법 등에 따라 다른 방법으로 대신할 수 있는 경우 전부 또는 일부를 완화하여 적용할 수 있다.

관련법령

동법 제9조(특정소방대상물에 설치하는 소방시설 등의 유지·관리 등)와 제11조(소방시설기준 적용의 특례)

이때, 허가권자가 기준 또는 성능 등을 완화하여 적용하려면 「소방시설공사업법」에 따른 지방소방기술심의위원회의 심의를 거치거나 소방본부장 또는 소방서장과 협의를 하여야 한다.

참고

> 특별건축구역에 건축하는 건축물에 대하여 관계 법령 적용의 특례로서 적용완화는 인정되어 있지만 적용강화는 인정되어 있지 않다.

6. 통합적용계획의 수립 및 시행

(1) 통합적용사항

특별건축구역에서는 다음의 각 관계 법령의 규정에 대하여는 개별 건축물마다 적용하지 아니하고 특별건축구역 전부 또는 일부를 대상으로 통합하여 적용할 수 있다.

1. 문화예술지원법에 따른 건축물에 대한 미술장식
2. 주차장법에 따른 부설주차장의 설치
3. 도시공원 및 녹지 등에 관한 법률에 따른 공원의 설치

(2) 통합적용계획

지정신청기관은 관계 법령의 규정을 통합 적용하고자 하는 경우에는 특별건축구역 전부 또는 일부에 대하여 미술장식, 부설주차장, 공원 등에 대한 수요를 개별법으로 정한 기준 이상으로 산정하여 파악하고 이용자의 편의성, 쾌적성 및 안전 등을 고려한 통합적용계획을 수립하여야 한다.

(3) 통합적용계획의 수립절차

1) 의견제출

지정신청기관이 통합적용계획을 수립하는 때에는 해당 구역을 관할하는 허가권자와 협의하여야 하며, 협의요청을 받은 허가권자는 요청받은 날부터 20일 이내에 지정신청기관에게 의견을 제출하여야 한다.

2) 송부

지정신청기관은 도시·군관리계획의 변경을 수반하는 통합적용계획이 수립된 때에는 관련 서류를 「국토의 계획 및 이용에 관한 법률」에 따른 도시·군관리계획 결정권자에게 송부하여

야 하며, 이 경우 해당 도시·군관리계획 결정권 자는 특별한 사유가 없는 한 도시·군관리계획의 변경에 필요한 조치를 취하여야 한다.

7. 건축주 등 및 허가권자의 의무

(1) 건축주 등의 의무

1) 유지관리

특별건축구역에서 건축기준 등의 적용 특례사항을 적용하여 건축허가를 받은 건축물의 공사감리자, 시공자, 건축주, 소유자 및 관리자는 시공 중이거나 건축물의 사용승인 이후에도 당초 허가를 받은 건축물의 형태, 재료, 색채 등이 원형을 유지하도록 필요한 조치를 하여야 한다.

2) 모니터링보고서

모니터링 대상으로 지정된 건축물의 건축주 또는 소유자는 건축물의 설계, 건축시공, 공사감리 등의 과정 및 평가에 대한 모니터링보고서를 사용승인시 허가권자에게 제출하여야 하며, 사용승인 이후부터는 5년의 범위에서 국토해양부령으로 정하는 기간마다 정기적으로 건축물의 유지·관리에 관한 모니터링 보고서를 허가권자에게 제출하여야 한다. 이 경우 모니터링보고서의 내용, 양식 및 작성방법 등은 국토해양부령으로 정한다.

(2) 허가권자 등의 의무

1) 건축물의 설계

허가권자는 특별건축구역의 건축물에 대하여 설계자의 창의성·심미성 등의 발휘와 제도개선·기술발전 등이 유도될 수 있도록 노력하여야 한다.

2) 제도개선의 노력

허가권자는 특별건축구역 건축물의 모니터링보고서를 국토해양부장관에게 제출하여야 하며, 국토해양부장관은 해당 모니터링보고서와 검사 및 모니터링 결과 등을 분석하여 필요한 경우 이 법 또는 관계 법령의 제도개선을 위하여 노력하여야 한다.

7. 특별건축구역 건축물의 검사 등

(1) 검사 및 시정명령

국토해양부장관 및 허가권자는 특별건축구역의 건축물에 대하여 검사를 실시할 수 있으며, 필요한 경우 시정명령 등 필요한 조치를 취할 수 있다.

(2) 모니터링

국토해양부장관 및 허가권자는 모니터링 대상으로 지정된 건축물에 대하여 모니터링을 직접 시행하거나 분야별 전문가 또는 전문기관에 용역을 의뢰할 수 있다. 이 경우 해당 건축물의 건축주, 소유자 또는 관리자는 특별한 사유가 없는 한 모니터링에 필요한 사항에 대하여 협조하여야 한다.

Ⅱ. 건축분쟁위원회

1. 건축분쟁위원회 구분 및 권한, 관할

(1) 건축분쟁전문위원회는 건축물의 건축등과 관련된 다음의 분쟁의 조정 및 재정을 한다. 단「건설산업기본법」에 따른 조정의 대상이 되는 분쟁은 제외된다.

1. 건축관계자와 해당 건축물의 건축 등으로 피해를 입은 인근주민 간의 분쟁
2. 관계전문기술자와 인근주민 간의 분쟁
3. 건축관계자와 관계전문기술자 간의 분쟁
4. 건축관계자 간의 분쟁
5. 인근주민 간의 분쟁
6. 관계전문기술자 간의 분쟁
7. 그 밖에 대통령령으로 정하는 사항

(2) 중앙건축위원회에 두는 중앙건축분쟁전문위원회와 시·도지사가 설치하는 지방건축위원회에 두는 지방건축분쟁전문위원회로 구분한다.

(3) 중앙건축분쟁전문위원회는 특별시장·광역시장 또는 특별자치도지사가 허가권자인 사항을 관할하고, 지방건축분쟁전문위원회는 시장·군수·구청장이 허가권자인 사항을 관할한다.

2. 분쟁의 조정·재정(조정등)

(1) 조정등의 기관

조정은 3명의 위원으로 구성되는 조정위원회에서 하고, 재정은 5명의 위원으로 구성되는 재정위원회에서 한다

(2) 조정등의 신청 및 기간

1) 신청방식

조정신청은 해당 사건의 당사자 중 1명 이상이 하며, 재정신청은 해당 사건 당사자 간의 합의로 하며, 신청서를 제출하여야 한다.

2) 직권조정

건축분쟁전문위원회는 재정신청이 된 사건을 조정에 회부하는 것이 적합하다고 인정하면 직권으로 직접 조정할 수 있다.

3) 공사중지

시·도지사 또는 시장·군수·구청장은 위해 방지를 위하여 긴급한 상황이거나 그 밖에 특별한 사유가 없으면 조정등의 신청이 있다는 이유만으로 해당 공사를 중지하게 하여서는 아니 된다.

4) 조정등의 기간

건축분쟁전문위원회는 당사자의 조정신청을 받으면 90일 이내에, 재정신청을 받으면 180일 이내에 절차를 마쳐야 한다. 부득이한 사정이 있으면 건축분쟁전문위원회의 의결로 기간을 연장할 수 있다.

5) 조정등의 거부 및 중지

㉠ 거부

건축분쟁전문위원회는 분쟁의 성질상 건축분쟁전문위원회에서 조정 등을 하는 것이 맞지 아니하다고 인정하거나 부정한 목적으로 신청되었다고 인정되면 그 조정등을 거부할 수 있다. 이 경우 조정등의 거부 사유를 신청인에게 알려야 한다.

㉡ 중지

건축분쟁전문위원회는 신청된 사건의 처리 절차가 진행되는 도중에 한쪽 당사자가 소를 제기한 경우에는 조정등의 처리를 중지하고 이를 당사자에게 알려야 한다.

3. 조정·재정의 방법

(1) 조정의 절차

1) 조정안 작성

분쟁의 조정신청을 받은 관할 조정위원회는 조정기간 내에 심사하여 조정안을 작성하여야 한다.

2) 조정안 제시

조정위원회는 조정안을 작성하면 지체 없이 각 당사자에게 조정안을 제시하여야 한다.

3) 조정안 수락

조정안을 제시받은 당사자는 제시를 받은 날부터 15일 이내에 수락 여부를 조정위원회에 알려야 한다.

4) 조정서 작성

조정위원회는 당사자가 조정안을 수락하면 즉시 조정서를 작성하여야 하며, 조정위원과 각 당사자는 이에 기명날인하여야 한다.

(2) 재정의 절차

① 재정은 문서로써 하여야 하며, 재정 문서에는 일정한 사항을 적고 재정위원이 이에 기명날인하여야 한다.

② 재정위원회는 재정을 하면 지체 없이 재정 문서의 정본을 당사자나 대리인에게 송달하여야 한다.

4. 조정등의 효력

(1) 조정의 효력

당사자가 조정안을 수락하고 조정서에 기명날인하면 당사자 간에 조정서와 동일한 내용의 합의가 성립된 것으로 본다.

(2) 재정의 효력

재정위원회가 재정을 한 경우 재정 문서의 정본이 당사자에게 송달된 날부터 60일 이내에 당사자 양쪽이나 어느 한쪽으로부터 그 재정의 대상인 건축물의 건축 등의 분쟁을 원인으로 하는 소송이 제기되지 아니하거나 그 소송이 철회되면 당사자 간에 재정 내용과 동일한 합의가 성립된 것으로 본다.

5. 조정등의 비용부담 등

(1) 분쟁의 조정등을 위한 감정·진단·시험 등에 드는 비용은 당사자 간의 합의로 정하는 비율에 따라 당사자가 부담하여야 한다. 다만, 당사자간에 비용부담에 대하여 합의가 되지 아니하면 조정위원회나 재정위원회에서 부담비율을 정한다.

(2) 조정위원회나 재정위원회는 필요하다고 인정하면 대통령령으로 정하는 바에 따라 당사자에게 비용을 예치하게 할 수 있다.

(3) 건축분쟁전문위원회가 행하는 조정등의 절차는 법 또는 이 영에 특별한 규정이 있는 경우를 제외하고는 공개하지 아니한다.

(4) 당사자가 재정에 불복하여 소송을 제기한 경우 시효의 중단과 제소기간의 산정에 있어서는 재정신청을 재판상의 청구로 본다.

Ⅲ. 위반 건축물에 대한 조치 등

1. 위반 건축물의 허가·승인 취소, 공사중지명령, 시정명령(1차적 조치)

(1) 허가권자는 대지나 건축물이 이 법 또는 이 법에 따른 명령이나 처분에 위반되면 ①이 법에 따른 허가 또는 승인을 취소하거나 ② 그 건축물의 건축주·공사시공자·현장관리인·소유자·관리자 또는 점유자(이하 "건축주등" 이라 한다)에게 공사의 중지를 명하거나③ 상당한 기간을 정하여 그 건축물의 철거·개축·증축·수선·용도변경·사용금지·사용제한, 그 밖에 필요한 조치를 명할 수 있다.

(2) 허가권자는 위반 건축물에 대한 허가나 승인을 취소하려면 청문을 실시하여야 한다.

(3) 관계 행정기관의 장에게 요청(2차적 조치)

① 허가권자는 허가나 승인이 취소된 건축물 또는 시정명령을 받고 이행하지 아니한 건축물에 대하여는 관계기관의 장에게 해당 건축물을 사용하여 행할 다른 법령에 의한 영업 기타 행위의 허가를 아니하도록 요청할 수 있다.

② 요청을 받은 자는 특별한 이유가 없으면 요청에 따라야 한다.

③ 허가권자가 기간을 정하여 그 사용 또는 영업, 그 밖의 행위를 허용한 주택과 대통령령으로 정하는 다음의 경우에는 그러하지 아니하다.

참고 ⁞ 대통령령이 정하는 경우

> 바닥면적의 합계가 200㎡ 미만인 축사와 바닥면적의 합계가 200㎡ 미만인 농업용·임업용·축산업용 및 수산업용 창고를 말한다.

2. 이행강제금 부과

(1) 부과대상

허가권자는 시정명령을 받은 후 시정기간 내에 시정명령을 이행하지 아니한 건축주등에 대하여는 그 시정명령의 이행에 필요한 상당한 이행기한을 정하여 그 기한까지 시정명령을 이행하지 아니하면 일정한 이행강제금을 부과한다.

(2) 부과절차

허가권자는 이행강제금을 부과하기 전에 이행강제금을 부과·징수한다는 뜻을 미리 문서로써 계고하여야 하며, 이행강제금을 부과하는 경우 금액, 부과사유, 납부기한, 수납기관, 이의제기 방법 및 이의제기 기관 등을 구체적으로 밝힌 문서로 하여야 한다.

(3) 부과횟수

허가권자는 최초의 시정명령이 있었던 날을 기준으로 하여 1년에 2회 이내의 범위에서 그 시정명령이 이행될 때까지 반복하여 이행강제금을 부과·징수할 수 있다.

시정명령을 받은 자가 이를 이행하면 새로운 이행강제금의 부과를 즉시 중지하되, 이미 부과된 이행강제금은 징수하여야 한다.

(4) 강제징수

이행강제금을 납부기한까지 내지 아니하면 지방세 체납처분의 예에 따라 징수한다.

(5) 부과금액

건폐율이나 용적률을 초과하여 건축된 경우 또는 허가를 받지 아니하거나 신고를 하지 아니하고 건축된 경우에는 「지방세법」에 따라 해당 건축물에 적용되는 1㎡의 시가표준액의 100분의 50에 해당하는 금액에 위반면적을 곱한 금액 이하,

상기 외에 해당하는 위반건축물의 경우에는 그 건축물에 적용되는 시가표준액에 해당하는 금액의 10/100 범위에서 위반내용에 따라 대통령령으로 정하는 금액을 부과한다.

3. 기존 건축물에 대한 시정명령

(1) 시정명령

① 특별자치도지사 또는 시장·군수·구청장은 기존 건축물이 국가보안상 또는 건축물의 대지 및 도로에 관한 규정에 위반하여 다음과 같이 대통령령이 정하는 기준에 해당하면 해당

건축물의 철거·개축·증축·수선·용도변경·사용금지·사용제한, 그 밖에 필요한 조치를 명할 수 있다.

1. 지방건축위원회의 심의 결과 도로 등 공공시설의 설치에 장애가 된다고 판정된 건축물인 경우
2. 허가권자가 지방건축위원회의 심의를 거쳐 붕괴되거나 쓰러질 우려가 있어 다중에게 위해를 줄 우려가 크다고 인정하는 건축물인 경우
3. 군사작전구역에 있는 건축물로서 국가안보상 필요하여 국방부장관이 요청하는 건축물인 경우

② 특별자치도지사 또는 시장·군수·구청장은 미관지구 또는 경관지구 안의 건축물로서 도시미관이나 주거환경상 현저히 장애가 된다고 인정하면 건축위원회의 의견을 들어 개축이나 수선을 하게 할 수 있다.

(2) 손실보상

특별자치도지사 또는 시장·군수·구청장이 기존 건축물에 대하여 필요한 조치를 명하면 그로 인하여 손실을 입은 자에게 정당한 보상을 하여야 한다.

제 11 편

주 택 법

제 1 장

총 칙

Ⅰ. 목적 및 용어의 정의

1. 목적

이 법은 쾌적한 주거생활에 필요한 주택의 건설·공급·관리와 이를 위한 자금의 조달·운용 등에 관한 사항을 정함으로써 국민의 주거안정과 주거수준의 향상에 이바지함을 목적으로 한다. 주택법은 건축법상의 건축물 중 "주택" 및 "대지"와 관련을 갖고 있으며, 이 부분에 대해서는 건축법에 대한 특별법의 성격을 갖는다.

2. 법의 체계

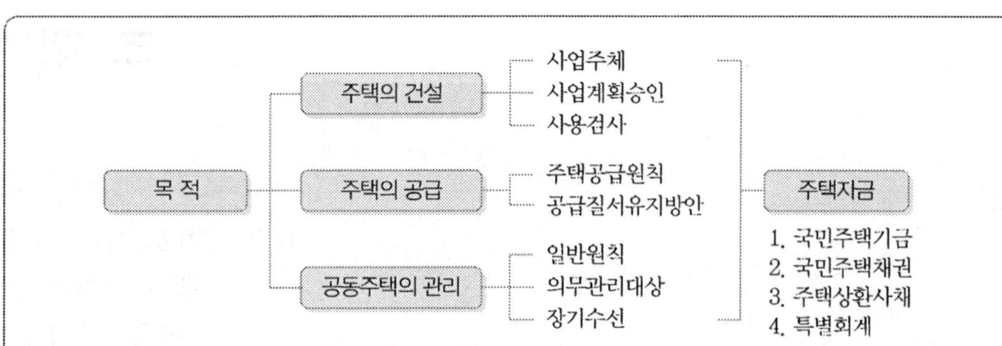

3. 용어 정의

(1) 주택

“주택” 이란 세대(世帶)의 구성원이 장기간 독립된 주거생활을 할 수 있는 구조로 된 건축물의 전부 또는 일부 및 그 부속 토지를 말하며, 이를 단독주택과 공동주택으로 구분한다.

1) 단독주택(건축법 영 제3조의4)

단독주택이라 함은 독립된 주택으로서 이에는 단독주택, 다중주택, 다가구주택, 공관 등이 있다.

2) 공동주택

공동주택이란 건축물의 벽·복도·계단이나 그 밖의 설비 등의 전부 또는 일부를 공동으로 사용하는 각 세대가 하나의 건축물 안에서 각각 독립된 주거생활을 할 수 있는 구조로된 주택을 말하며, 그 종류와 범위는 「건축법 시행령」에 따르는데 아래와 같다.

가. 아파트 : 주택으로 쓰는 층수가 5개 층 이상인 주택

나. 연립주택 : 주택으로 쓰는 1개 동의 바닥면적(지하주차장 면적은 제외한다) 합계가 660㎡를 초과하고, 층수가 4개 층 이하인 주택

다. 다세대주택 : 주택으로 쓰는 1개 동의 바닥면적 합계가 660㎡ 이하이고, 층수가 4개 층 이하인 주택(2개 이상의 동을 지하주차장으로 연결하는 경우에는 각각의 동으로 보며, 지하주차장 면적은 바닥면적에서 제외한다)

(2) 준주택

준주택이란 주택 외의 건축물과 그 부속토지로서 주거시설로 이용가능한 시설 등을 말하며, 그 범위와 종류는 다음과 같다.

1. 기숙사 : 「건축법 시행령」에 따른 기숙사
2. 고시원 : 「건축법 시행령」에 따른 고시원
3. 노인복지주택 : 「건축법 시행령」에 따른 노인복지시설 중 「노인복지법」의 노인복지주택
4. 오피스텔 : 「건축법 시행령」에 따른 오피스텔

(3) 도시형 생활주택

도시형 생활주택이란 300세대 미만의 국민주택규모에 해당하는 주택으로서 다음과 같다.

1. 도시지역에 건설하는 다음 각 호의 주택
   ① 단지형 연립주택 : 건축법상 연립주택 중 원룸형 주택을 제외한 주택.
   다만, 건축법상 건축위원회의 심의를 받은 경우에는 주택으로 쓰는 층수를 5층까지 건축할 수 있다.
   ② 단지형 다세대주택 : 건축법상 다세대주택 중 원룸형 주택을 제외한 주택.
   다만, 건축법상 건축위원회의 심의를 받은 경우에는 주택으로 쓰는 층수를 5층까지 건축할 수 있다.
   ③ 원룸형 주택 : 건축법상 아파트, 연립주택, 다세대주택 어느 하나에 해당하는 주택으로서 다음 요건을 모두 갖춘 주택
   가. 세대별로 독립된 주거가 가능하도록 욕실, 부엌을 설치할 것
   나. 욕실 및 보일러실을 제외한 부분을 하나의 공간으로 구성할 것. 다만, 주거전용 면적이 30㎡ 이상인 경우 두 개의 공간으로 구성할 수 있다.
   다. 세대별 주거전용면적은 12㎡ 이상 50㎡ 이하일 것
   라. 각 세대는 지하층을 설치하지 아니할 것
2. 하나의 건축물에는 도시형 생활주택과 그 밖의 주택을 함께 건축할 수 없으며, 단지형 연립주택 또는 단지형 다세대주택과 원룸형 주택을 함께 건축할 수 없다. 다만, 다음 각 호의 경우는 예외로 한다.
   ① 원룸형 주택과 그 밖의 주택 1세대를 함께 건축하는 경우
   ② 준주거지역 또는 상업지역에서 원룸형 주택과 도시형 생활주택 외의 주택을 함께 건축하는 경우

참고

도시형생활주택은 "국민주택규모"에 해당하면 되는 것이지 "국민주택"에 해당할 필요는 없다. 또한 도시형생활주택은 모두 공동주택이지 단독주택은 아니며, 종래 인정되었던 "기숙사형 주택"은 삭제되었다.

(4) 건설자금에 따른 주택분류

1) 국민주택

국민주택기금으로부터 자금을 지원받아 건설되거나 개량되는 주택으로서 주거전용면적이 1호 또는 1세대당 85㎡ 이하인 주택(수도권을 제외한 도시지역이 아닌 읍 또는 면 지역은 1호 또는 1세대당 주거전용면적이 100㎡ 이하인 주택)

참고

국민주택은 자금과 규모라는 두 가지 개념이 모두 포함된다. 그러나 그 국민주택을 건설하거나 개량하는 사업주체가 공공인지, 민간인지는 불문한다.

참고 "국민주택규모"의 의미

주거전용면적이 1호 또는 1세대당 85㎡ 이하인 주택 또는 수도권을 제외한 도시지역이 아닌 읍 또는 면 지역은 1호 또는 1세대당 주거전용면적이 100㎡ 이하인 주택을 의미하는 것으로 건설자금에 상관없이 주택의 규모만을 의미한다..

참고 주거전용면적의 산정방법

1. 단독주택은 그 바닥면적에서 지하실(거실로 사용되는 면적을 제외), 본 건축물과 분리된 창고·차고 및 화장실의 면적을 제외한 면적
2. 공동주택은 외벽의 내부선을 기준으로 산정한 면적.
   다만, 2세대 이상이 공동으로 사용하는 부분으로서 다음에 해당하는 공용면적을 제외하며, 이 경우 바닥면적에서 주거전용면적을 제외하고 남는 외벽면적은 공용면적에 가산한다.
   가. 복도·계단·현관 등 공동주택의 지상층에 있는 공용면적
   나. "가"의 공용면적을 제외한 지하층·관리사무소 등 그 밖의 공용면적

2) 국민주택 등

국민주택등이란 국민주택과 국가·지방자치단체, LH공사 또는 주택사업을 목적으로 설립된 지방공사가 건설하는 주택 및 건설임대주택으로서 공공택지에 사업계획의 승인을 받아 건설하여 임대하는 주택 중 주거전용면적이 85㎡ 이하인 주택을 말한다.

3) 민영주택

국민주택등을 제외한 주택을 말한다(국민주택이 아님)

4) 민간건설 중형국민주택

국민주택 중 국가·지방자치단체·한국토지주택공사 또는 지방공사 외의 사업주체가 건설하는 주거전용면적이 60㎡ 초과 85㎡ 이하의 주택을 말한다.

(5) 공공택지

공공택지란 다음 어느 하나에 해당하는 공공사업에 의하여 개발·조성되는 공동주택이 건설되는 용지를 말한다(단독주택이 건설되는 용지는 공공택지가 될 수 없다).

1. 국민주택건설사업 또는 대지조성사업
2. 「택지개발촉진법」에 따른 택지개발사업.
3. 「산업입지 및 개발에 관한 법률」의 산업단지개발사업
4. 「보금자리주택건설 등에 관한 특별법」의 보금자리주택지구조성사업
5. 「도시개발법」에 따른 도시개발사업(같은 법 제11조제1항제1호부터 제4호까지의 시행자가 같은 법 제21조에 따른 수용 또는 사용의 방식으로 시행하는 사업과 혼용방식 중 수용 또는 사용의 방식이 적용되는 구역에서 시행하는 사업만 해당한다)
6. 「경제자유구역의 지정 및 운영에 관한 특별법」에 따른 경제자유구역개발사업(수용 또는 사용의 방식으로 시행하는 사업과 혼용방식 중 수용 또는 사용의 방식이 적용되는 구역에서 시행하는 사업만 해당한다)
7. 「공공기관 지방이전에 따른 혁신도시 건설 및 지원에 관한 특별법」에 따른 혁신도시개발사업
8. 「신행정수도 후속대책을 위한 연기·공주지역 행정중심복합도시 건설을 위한 특별법」에 따른 행정중심복합도시건설사업
9. 「공익사업을 위한 토지 등의 취득 및 보상에 관한 법률」 제4조에 따른 공익사업으로서 대통령령으로 정하는 사업

(6) 주택단지

주택건설사업계획 또는 대지조성사업계획의 승인을 받아 주택과 그 부대시설 및 복리시설을 건설하거나 대지를 조성하는데 사용되는 일단의 토지를 말한다. 다만, 다음 각각의 시설로 분리된 토지는 각각 별개의 주택단지로 본다.

1. 철도·고속도로·자동차전용도로
2. 폭 20m 이상인 일반도로
3. 폭 8m 이상인 도시계획예정도로
4. 1부터 3까지의 시설에 준하는 것으로서 보행자 및 자동차의 통행이 가능한 도로로서 다음의 어느 하나에 해당하는 도로
   ① 도시·군계획시설인 도로로서 주간선도로·보조간선도로·집산도로 및 폭 8m 이상인 국지도로
   ② 「도로법」에 의한 일반국도·특별시도·광역시도 또는 지방도
   ③ 그 밖에 관계 법령에 의하여 설치된 도로로서 ①과②에 준하는 도로

(7) 부대시설

주택에 딸린 다음의 시설 또는 설비를 말한다.

① 주차장, 관리사무소, 담장 및 주택단지 안의 도로
② 「건축법」 제2조제1항제4호에 따른 건축설비(전기·전화 설비, 초고속정보통신 설비, 지능형 홈네트워크 설비, 가스·급수·배수(配水)·배수(排水)·환기·난방·소화(消火)·배연(排煙) 및 오물처리의 설비, 굴뚝, 승강기, 피뢰침, 국기게양대, 공동시청 안테나, 유선방송 수신시설, 우편함, 저수조 등)
③ ①과②의 시설·설비에 준하는 것으로서 대통령령으로 정하는 시설 또는 설비

(8) 복리시설

주택단지의 입주자 등의 생활복리를 위한 다음의 공동시설을 말한다.

① 어린이놀이터, 근린생활시설, 유치원, 주민운동시설 및 경로당
② 그 밖에 입주자 등의 생활복리를 위하여 대통령령으로 정하는 공동시설

(9) 간선시설

도로·상하수도·전기시설·가스시설·통신시설 및 지역난방시설 등 주택단지(둘 이상의 주택단지를 동시에 개발하는 경우에는 각각의 주택단지를 말한다) 안의 기간 시설을 그 주택단지 밖에 있는 같은 종류의 기간시설에 연결시키는 시설을 말한다. 다만, 가스시설·통신시설 및 지역난방시설의 경우에는 주택단지안의 기간시설을 포함한다.

(10) 사업주체

주택건설사업계획 또는 대지조성사업계획의 승인을 받아 그 사업을 시행하는 다음의 자를 말한다.

① 국가·지방자치단체
② 한국토지주택공사
③ 등록한 주택건설사업자 또는 대지조성사업자
④ 그 밖에 이 법에 따라 주택건설사업 또는 대지조성사업을 시행하는 자

(11) 주택조합

많은 수의 구성원이 주택을 마련하거나 리모델링하기 위하여 결성하는 다음의 조합을 말한다.

구 분	내 용
지역주택조합	같은 특별시·광역시·특별자치도·시 또는 군(광역시의 관할 구역에 있는 군은 제외한다)에 거주하는 주민이 주택을 마련하기 위하여 설립한 조합
직장주택조합	같은 직장의 근로자가 주택을 마련하기 위하여 설립한 조합
리모델링주택조합	공동주택의 소유자가 그 주택을 리모델링하기 위하여 설립한 조합

참고

임대주택조합은 종래에는 주택법상의 주택조합이었으나 현재는 임대주택법에서 규정하고 있으므로 주택법상의 주택조합이 아니다.

(12) 입주자

① 제13조(주택건설상업 등록말소)·제38조(주택의 공급)·제86조(주택정책관련자료 종합관리)·제89조(체납 분양대금 강제징수) 및 제98조(벌칙)의 경우 : 주택을 공급받는 자

② 제54조(주택관리업의 등록말소) 및 제57조(주택관리사의 자격취소 등)등록의 경우 : 주택의 소유자

③ 제42조(공동주택의 관리 등), 제43조(관리주체 등), 제44조(공동주택관리규약), 제45조(관리비), 제55조(관리사무소장의 업무등) 및 제59조(공동주택관리의 감독)의 경우 : 주택의 소유자 또는 그 소유자를 대리하는 배우자 및 직계존비속.

즉, 입주자 개념은 관련 제도에 따라 그 의미에 차이가 있다.

(13) 사용자

주택을 임차하여 사용하는 자 등을 말한다.

주택법 시행령은 주택의 관리의 경우에는 "입주자" 또는 "사용자"를 "입주자등"이라고 표현하는 경우가 많다. 따라서, 주택의 관리에 있어서 입주자 또는 사용자와 입주자등은 같은 의미로 보면 된다.

(14) 관리주체

공동주택을 관리하는 다음의 자를 말한다.

① 자치관리기구의 대표자인 공동주택의 관리사무소장

② 관리업무를 인계하기 전의 사업주체

③ 주택관리업자

④ 「임대주택법」에 따른 임대사업자

참고

입주자대표회의는 관리주체가 아니고, 자치관리기구의 감독기구이다.

(15) 리모델링

리모델링이란 건축물의 노후화 억제 또는 기능 향상 등을 위하여 다음의 어느 하나에 해당하는 행위를 말한다.

① 대수선

② 사용검사일(주택단지 안의 공동주택 전부에 대하여 임시사용승인을 받은 경우에는 그 임시사용승인일을 말한다) 또는 「건축법」에 따른 사용승인일부터 15 년(15년 이상 20년 미만의 연수 중 특별시·광역시·도 또는 특별자치도의 조례로 정하는 경우에는 그 연수)이 경과된 공동주택을 각 세대의 주거전용면적 3/10 이내(세대의 주거전용면적이 85㎡미만인 경우에는 4/10이내)에서 증축하는 행위.
이 경우 공동주택의 기능향상 등을 위하여 공용부분에 대하여도 별도로 증축할 수 있다.

③ ②에 따른 각 세대의 증축 가능 면적을 합산한 면적의 범위에서 기존 세대수의 1/10 이내로 세대수를 증가(수평 또는 별도의 동으로 증축하거나 세대를 분할하는 경우에 한정한다)하는 증축 행위

참고

주택법상의 리모델링은 건축법상의 리모델링에 대하여 일종의 특별법적 지위에 있으며, 주택법상의 리모델링은 공동주택에 대하여만 인정되고 단독주택에는 인정되지 않으며, 증축의 범위가 한정되어 있는 점이 건축법상의 리모델링과 차이가 있다.

(16) 에너지절약형 친환경주택

저에너지 건물 조성기술 등 대통령령으로 정하는 기술을 이용하여 에너지사용량을 절감하거나 이산화탄소 배출량을 저감할 수 있도록 건설된 아파트, 연립주택, 다세대주택을 말한다.

(17) 공구

하나의 주택단지에서 대통령령으로 정하는 기준에 따라 둘 이상으로 구분되는 일단의 구역으로, 착공신고 및 사용검사를 별도로 수행할 수 있는 구역을 말한다.

Ⅱ. 국가 등의 의무 외

1. 국가 등의 의무

국가 및 지방자치단체는 주택정책을 수립·시행할 때에는 다음의 사항을 위하여 노력하여야 한다.

① 국민이 쾌적하고 살기 좋은 주거생활을 할 수 있도록 할 것
② 주택시장의 원활한 기능 발휘와 주택산업의 건전한 발전을 꾀할 수 있도록 할 것
③ 주택이 공평하고 효율적으로 공급되며 쾌적하고 안전하게 관리될 수 있도록 할 것
④ 국민주택규모의 주택이 저소득자·무주택자 등 주거복지 차원에서 지원이 필요한 계층에게 우선적으로 공급될 수 있도록 할 것

2. 주택정책에 대한 협의

중앙행정기관의 장과 특별시장·광역시장·도지사 또는 특별자치도지사는 다음의 업무와 관련하여 이 법에 규정된 사항 외에 소관 업무에 관하여 필요한 조치를 하려면 미리 국토해양부장관과 협의하여야 한다.

1. 주택의 건설·공급 및 관리
2. 제1호의 업무를 위한 자금의 조달·운용에 관련되는 사항

3. 주거실태조사

(1) 조사권자 및 조사사항

1. 주거 및 주거환경에 관한 사항
2. 가구특성에 관한 사항
3. 그 밖에 주거실태파악을 위한 사항

국토해양부장관, 특별시장·광역시장·특별자치도지사·시장 또는 군수는 다음 사항과 관련하여 대통령령으로 정하는 사항에 대하여 주거실태조사를 할 수 있다.

1. 주거 및 주거환경에 관한 사항
2. 가구특성에 관한 사항
3. 그 밖에 주거실태파악을 위한 사항

참고 : 대통령령으로 정하는 사항

1. 지역별 주택의 유형, 규모 및 점유형태
2. 주택의 시설 및 설비
3. 주거환경 만족도
4. 주택가격 및 임대료
5. 향후 주거이동 및 주택구입계획
6. 가구의 구성 및 계층별 소득수준
7. 최저주거기준 미달가구의 현황

(2) 조사방법

㉠ 국토해양부장관이 하는 주거실태조사는 정기조사와 수시조사로 구분하여 실시할 수 있으며, 수시조사는 국토해양부장관이 특히 필요하다고 인정하는 경우에 조사항목을 별도로 정할 수 있다.

정기조사	주택정책 수립 등에 활용하기 위하여 2년마다 실시 하는 조사
수시조사	국토해양부장관이 필요하다고 인정하는 경우 실시하는 조사

㉡ 특별시장·광역시장·특별자치도지사·시장 또는 군수가 하는 주거실태조사에 관하여는 위 규정을 준용한다.

㉢ 국토해양부장관은 다음 각 호의 자에 대하여는 정기적으로 조사를 실시할 수 있다.

> 1. 「국민기초생활 보장법」 제2조에 따른 수급권자 및 차상위계층
> 2. 「가족관계의 등록 등에 관한 법률」에 따른 혼인의 신고 후 2년이 지나지 아니한 신혼부부
> 3. 그 밖에 대통령령으로 정하는 자

4. 최저주거기준의 설정 등

① 국토해양부장관은 국민이 쾌적하고 살기 좋은 생활을 하기 위하여 필요한 최저주거기준을 설정·공고하여야 한다.
최저주거기준에는 다음과 같은 내용이 포함되어야 하며, 사회적·경제적인 여건의 변화에 따라 그 적정성이 유지되어야 한다.

> 1. 가구구성별 최소 주거면적
> 2. 용도별 방의 개수
> 3. 전용부엌·화장실 등 필수적인 설비의 기준
> 4. 안전성·쾌적성 등을 고려한 주택의 구조·성능 및 환경기준

② 국토해양부장관이 최저주거기준을 설정·공고하려는 경우에는 미리 관계 중앙행정기관의 장과 협의한 후 주택정책심의위원회의 심의를 거쳐야 한다. 공고된 최저주거기준을 변경하려는 경우에도 또한 같다.

5. 최저주거기준 미달 가구에 대한 우선 지원 등

① 국가 또는 지방자치단체는 최저주거기준에 미달되는 가구에 대하여 우선적으로 주택을 공급하거나 국민주택기금을 지원하는 등 혜택을 줄 수 있다.

② 국가 또는 지방자치단체가 주택정책을 수립·시행하거나 사업주체가 주택건설 사업을 시행하는 경우에는 최저주거기준에 미달되는 가구를 줄이기 위하여 노력하여야 한다.

③ 국토해양부장관 또는 지방자치단체의 장은 주택의 건설과 관련된 인가·허가 등을 할 때 그 건설사업의 내용이 최저주거기준에 미달되는 경우에는 그 기준에 맞게 사업계획승인

신청서를 보완할 것을 지시하는 등 필요한 조치를 하여야한다. 다만, 도시형생활주택 중 대통령령으로 정하는 주택에 대하여는 그러하지 아니하다.

④ 국토해양부장관 또는 지방자치단체의 장은 최저주거기준에 미달되는 가구가 밀집한 지역에 대하여는 우선적으로 임대주택을 건설하거나 「도시 및 주거환경 정비법」에서 정하는 바에 따라 우선적으로 주거환경정비사업을 시행할 수 있도록 하기 위하여 필요한 조치를 할 수 있다.

6. 주택임차료의 보조

① 국가 또는 지방자치단체는 임차료 부담이 과다하여 주거생활을 하기가 어려운 무주택임차인가구에 대하여 예산의 범위에서 주택임차료의 전부 또는 일부를 보조할 수 있다.

② 주택임차료를 보조받을 수 있는 무주택임차인가구의 대상기준, 지원금 수준, 시행절차 및 방법 등에 관하여 필요한 사항은 대통령령으로 정한다.

7. 다른 법률과의 관계

① 임대주택의 건설·공급 및 관리에 관하여 「임대주택법」에서 정하지 아니한 사항에 대하여는 이 법을 적용한다.

② 주거환경의 정비에 관하여 「도시 및 주거환경정비법」에서 정하지 아니한 사항에 대하여는 이 법을 적용한다.

제 2 장

주택종합계획의 수립 등

Ⅰ. 주택종합계획의 수립

1. 수립권자 및 내용

국토해양부장관은 국민의 주거안정과 주거수준의 향상을 도모하기 위하여 다음의 사항이 포함된 주택종합계획을 수립·시행하여야 한다.

1. 주택정책의 기본목표 및 기본방향에 관한 사항
2. 국민주택·임대주택의 건설 및 공급에 관한 사항
3. 주택·택지의 수요·공급 및 관리에 관한 사항
4. 주택자금의 조달 및 운용에 관한 사항
5. 저소득자·무주택자 등 주거복지 차원에서 지원이 필요한 계층에 대한 주택임차료 보조 및 주택 지원에 관한 사항
6. 건전하고 지속가능한 주거환경의 조성 및 정비에 관한 사항
7. 주택의 리모델링에 관한 사항

2. 수립시기 및 기간

주택종합계획은 연도별 계획과 10년 단위의 계획으로 구분하며, 연도별계획은 10년 단위의 계획을 토대로 해당 연도 2월 말까지 수립하여야 한다.

3. 수립기준 및 효력

주택종합계획은 국토기본법에 따른 국토종합계획에 적합하여야 하며, 국가·지방자치단체·

한국토지주택공사 및 지방공사인 사업주체는 주택종합계획으로 정하는 바에 따라 주택건설사업 또는 대지조성사업을 시행하여야 한다.

4. 수립절차

(1) 계획서의 제출 요청

국토해양부장관은 주택종합계획을 수립하려는 경우에는 미리 관계 중앙행정기관의 장 및 시·도지사에게 주택종합계획에 반영되어야 할 정책 및 사업에 관한 소관별계획서의 제출을 요청할 수 있다. 이 경우 관계 중앙행정기관의 장 및 시·도지사는 특별한 사유가 없으면 요청에 따라야 한다.

(2) 주택자금조달계획서 제출

국토해양부장관은 주택종합계획을 수립함에 있어 필요한 경우에는 기금수탁자(국 민주택기금의 운용·관리에 관한 사무를 위탁받은 금융기관을 말한다. 이하 같다)에 대하여 다음 연도의 주택자금조달계획서를 제출하게 할 수 있다.

(3) 주택건설사업계획 작성

중앙행정기관의 장 및 공공기관의 장은 주택을 건설하거나 그 소속직원을 위하여 주택을 건설·공급하려는 경우에는 국토해양부령으로 정하는 바에 따라 주택건설사업계획을 작성하여 매년 12월 말일까지 국토해양부장관에게 제출하여야 한다.

(4) 협의·심의 및 통보

국토해양부장관은 제출받은 소관별 계획서를 기초로 주택종합계획안을 마련하여 관계 중앙행정기관의 장과 협의한 후 주택정책심의위원회의 심의를 거쳐 확정 한다. 이 경우 국토해양부장관은 확정된 주택종합계획을 지체 없이 관계 중앙행정기관의 장 및 시·도지사에게 통보하여야 한다.

5. 시·도 주택종합계획

① 시·도지사는 주택종합계획과 대통령령으로 정하는 범위에서 그 특별시·광역시·도 또는 특별자치도의 조례로 정하는 바에 따라 연도별 시·도 주택종합계획 및 10년 단위의 시·도 주택종합계획을 수립하여야 한다.
이 경우 시·도 주택종합계획은 주택종합계획에 적합하여야 하며, 연도별 시·도 주택종합계획은 10년 단위의 시·도 주택종합계획에 적합하여야 한다.

② 시·도지사는 연도별 시·도 주택종합계획 또는 10년 단위의 시·도 주택종합계획을 수립하였을 때에는 지체 없이 이를 국토해양부장관에게 제출하여야 한다.

참고 : 시·도 주택종합계획의 범위

1. 시·도 주택종합계획의 기본목표 및 기본방향
2. 시·도 주택시장의 현황 및 전망
3. 주택의 형별·규모별·점유유형별 수요 전망
4. 주거수준의 목표
5. 주택종합계획의 소관별 계획 사항에 대한 시·도의 추진계획
6. 저소득층의 주거수준 향상을 위한 대책
7. 그 밖에 관할 지역의 주거안정 및 주거복지 향상을 위하여 필요한 사항

참고 : 주택종합계획의 구속력

주택종합계획은 공공사업주체(국가·지방자치단체·한국토지주택공사 및 지방공사)가 아닌 민간사업주체에 대하여는 구속력이 없다고 볼 수 있다.

제 3 장

주택의 건설 등

Ⅰ. 주택건설사업자 등

1. 사업주체의 종류

(1) 등록사업자

연간 다음 호수(戶數) 이상의 주택건설사업을 시행하려는 자 또는 대지조성사업을 시행하려는 자는 국토해양부장관에게 등록하여야 한다.

주택건설사업자	단독주택	연간 20호 이상
	공동주택	연간 20세대 이상(도시형 생활주택은 30세대)
대지조성사업자	연간 1만㎡ 이상	

(2) 비등록사업자

다음에 해당하는 사업주체의 경우에는 등록을 하지 않아도 된다.

1. 국가·지방자치단체(공공)
2. 한국토지주택공사(공공)
3. 지방공사(공공)
4. 주택건설사업을 목적으로 설립된 공익법인(민간)
5. 주택조합(등록사업자와 공동으로 주택건설사업을 하는 주택조합만 해당한다)(민간)
6. 근로자를 고용하는 자(등록사업자와 공동으로 주택건설사업을 시행하는 고용자만 해당한다)(민간).

(3) 공동사업주체

1) 공동사업주체의 종류

다음의 경우 토지소유자·주택조합 및 고용자와 등록사업자를 공동사업주체로 본다.

① 토지소유자와 등록사업자	토지소유자가 주택을 건설하는 경우에는 등록규정(9조제1항)에도 불구하고 등록사업자와 공동으로 사업을 시행할 수 있다.
② 주택조합과 등록사업자	주택조합(리모델링주택조합은 제외)이 그 구성원의 주택을 건설하는 경우에는 등록사업자(지방자치단체·한국토지주택공사 및 지방공사를 포함)와 공동으로 사업을 시행할 수 있다.
③ 고용자와 등록사업자	고용자가 그 근로자의 주택을 건설하는 경우에는 대통령령으로 정하는 바에 따라 등록사업자와 공동으로 사업을 시행하여야 한다.

2) 공동사업주체의 사업시행요건

토지소유자·주택조합 및 고용자가 등록업자와 공동으로 주택을 건설하고자 하는 경우에는 다음의 요건을 갖추어 사업계획승인을 신청하여야 한다.

1. 등록사업자가 시공권한이 있는 등록업자이거나 건축공사업 또는 토목건축공사업의 등록을 한 자일 것. 다만, 지방자치단체·한국토지주택공사 및 지방공사의 경우에는 그러하지 아니하다.
2. 토지소유자등이 주택건설대지의 소유권을 확보하고 있을 것(지역주택조합 또는 직장주택조합이 지구단위계획의 결정이 필요한 사업에 따라 등록사업자와 공동으로 사업을 시행하는 경우에는 95/100 이상의 소유권을 확보)
3. 주택건설대지(소유권을 확보한 대지를 말한다)가 저당권·가등기담보권·가압류·전세권·지상권 등의 목적으로 되어 있는 경우에는 그 저당권등을 말소할 것.
   다만, 저당권등의 권리자로부터 해당 사업의 시행에 대한 동의를 받은 경우에는 그러하지 아니하다.
4. 토지소유자등과 등록사업자간에 대지 및 주택의 사용·처분, 사업비의 부담, 공사기간 그 밖에 사업추진상의 각종 책임 등에 관하여 법 및 이 영이 정하는 범위안에서 협약이 체결되어 있을 것

2. 주택건설업자의 등록범위 및 기준

(1) 등록기준

구 분	자 본 금		기 술 자	사 무 실
	법 인	개인		
주택건설사업자	3억원	자산평가액 6	건축분야 기술자 1인 이상	33㎡ 이상

구 분	자 본 금		기 술 자	사 무 실
	법 인	개인		
대지조성사업자	이상	억원 이상	토목분야 기술자 1인 이상	

참고

주택건설사업과 대지조성사업을 함께 영위하기 위해서는 등록기준에 적합한 기술자를 각각 확보하면 되고, 자본금은 증액하지 않아도 된다.

(2) 등록절차

① 주택건설사업 또는 대지조성사업의 등록을 하고자 하는 자는 국토해양부령이 정하는 바에 의하여 등록신청서를 국토해양부장관에게 제출하여야 한다.

② 국토해양부장관은 주택건설사업 또는 대지조성사업의 등록을 한 자(이하 "등록사업자"라 한다)에 대하여는 이를 주택건설사업자등록부 또는 대지조성사업자등록부에 등재하고, 등록증을 교부하여야 한다.

③ 등록사업자는 등록사항에 변경이 있는 때에는 국토해양부령이 정하는 바에 의하여 변경사유가 발생한 날부터 30일 이내에 국토해양부장관에게 신고하여야 한다. 다만, 국토해양부령이 정하는 경미한 사항에 대하여는 그러하지 아니하다.

3. 건설업자로 보는 등록사업자의 시공

등록사업자가 사업계획승인(건축법에 따른 공동주택건축허가를 포함)을 받아 분양 또는 임대를 목적으로 주택을 건설하는 경우로서 그 기술능력, 주택건설실적 및 주택규모 등이 대통령령으로 정하는 기준에 해당하는 경우에는 그 등록사업자를 「건설산업기본법」 제9조에 따른 건설업자로 보며 주택건설공사를 시공할 수 있다.

(1) 시공권 있는 등록업자의 요건

자본금	자본금 5억원(개인인 경우에는 자산평가액 10억원) 이상
기술자	건설기술관리법 시행령 별표 1의 규정에 의한 건축분야 및 토목분야기술자 3인 이상.

자본금	자본금 5억원(개인인 경우에는 자산평가액 10억원) 이상
	이 경우 동표의 규정에 의한 건축기사 및 토목분야기술자 각 1인이 포함되어야 한다.
주택건설실적	최근 5년간의 주택건설실적 100호 또는 100세대 이상

(2) 사업규모의 제한

① 등록사업자가 건설할 수 있는 주택의 규모는 5층(각층 거실의 바닥면적 300㎡ 이내마다 1개소 이상의 직통계단을 설치한 경우에는 6층) 이하로 한다.
다만, 6층 이상의 아파트를 건설한 실적이 있거나 최근 3년간 300세대 이상의 공동주택을 건설한 실적이 있는 등록사업자는 6층 이상의 주택을 건설할 수 있다.

② 등록사업자가 주택건설공사를 시공함에 있어서는 당해 건설공사비(총공사비에서 대지구입비를 제외한 금액)가 자본금과 자본준비금·이익준비금을 합한 금액의 10배(개인인 경우에는 자산평가액의 5배)를 초과할 수 없다.

(3) 건설산업기본법의 의제

위 등록사업자가 주택을 건설하는 경우에는 건설산업기본법(제40조·제44조·제93 조·제94조 및 제98조부터 제101조) 규정을 준용한다. 이 경우 "건설업자" 는 "등록 사업자" 로 본다.

4. 주택건설사업의 등록말소 등

(1) 등록말소 등 사유

국토해양부장관은 등록사업자가 다음 각 호의 어느 하나에 해당하면 그 등록을 말소하거나 1년 이내의 기간을 정하여 영업의 정지를 명할 수 있다.

아래 "1" 또는 "5" 에 해당하는 경우에는 그 등록을 말소하여야 한다.

1. 거짓이나 그 밖의 부정한 방법으로 등록한 경우
2. 등록기준에 미달하게 된 경우
3. 고의 또는 과실로 공사를 잘못 시공하여 공중에게 위해를 끼치거나 입주자에게 재산상 손해를 입힌 경우
4. 등록사업자의 결격사유에 해당할 때. 다만, 법인의 임원 중 결격사유에 해당하는 자가 있는 경우 6개월

이내에 그 임원을 개임한 때에는 그러하지 아니하다.

5. 등록증의 대여 등을 한 경우
6. 다음 각 목의 어느 하나에 해당하는 경우
   가. 건설기술관리법에 따른 시정명령을 이행하지 아니한 경우
   나. 건설기술관리법에 따른 시공상세도면의 작성 의무를 위반하거나 감리원 또는 공사감독자의 검토·확인을 받지 아니하고 시공한 경우
   다. 건설기술관리법에 따른 품질시험 및 검사를 하지 아니한 경우
   라. 건설기술관리법에 따른 안전점검을 하지 아니한 경우
7. 택지개발촉진법을 위반하여 택지를 전매(轉賣)한 경우
8. 그 밖에 이 법 또는 이 법에 따른 명령이나 처분을 위반한 경우

(2) 등록말소 등을 받은 자의 사업수행

등록말소 또는 영업정지 처분을 받은 등록사업자는 그 처분 전에 사업계획승인을 받은 사업은 계속 수행할 수 있다.

다만, 등록말소 처분을 받은 등록사업자가 그 사업을 계속 수행할 수 없는 중대하고 명백한 사유가 있을 경우에는 그러하지 아니하다.

Ⅱ. 주택건설사업의 시행

1. 주택건설 사업계획 승인권자

사업계획승인을 받고자하는 자는 사업계획승인신청서에 주택과 그 부대시설 및 복리시설의 배치도, 대지조성공사 설계도서 등 대통령령으로 정하는 서류를 첨부하여 승인권자에게 제출하고 사업계획승인을 받아야 한다.

(1) 원칙

① 주택건설사업 또는 대지조성사업으로서 해당 대지면적이 10만㎡ 이상인 경우에는 시·도지사 또는 서울특별시와 광역시를 제외한 인구 50만 이상의 대도시의 시장에게 승인을 받는다.

② 해당 대지면적이 10만㎡ 미만인 경우에는 특별시장·광역시장·특별자치도지사 또는 시장·군수에게 승인을 받아야 한다.

(2) 예외

다음과 같은 경우에는 예외적으로 국토해양부장관으로 사업계획을 승인받아야 한다.

1. 국가·한국토지주택공사가 시행하는 경우
2. 330만㎡ 이상의 규모로 택지개발촉진법에 의한 택지개발사업 또는 도시개발법에 의한 도시개발사업을 추진하는 지역 중 국토해양부장관이 지정·고시하는 지역 안에서 주택건설사업을 시행하는 경우
3. 수도권·광역시 지역의 긴급한 주택난 해소가 필요하거나 지역균형개발 또는 광역적 차원의 조정이 필요하여 국토해양부장관이 지정·고시하는 지역 안에서 주택건설사업을 시행하는 경우

2. 사업계획승인 대상 등

(1) 승인대상

① 단독주택의 경우에는 20호 이상
② 공동주택의 경우에는 20세대 이상(도시형생활주택의 경우에는 30세대)
③ 대지조성사업부지의 경우에는 1만㎡ 이상

(2) 승인대상 예외

주택 외의 시설과 주택을 동일건축물로 건축하는 경우 등 다음에 정하는 경우에는 이를 사업계획승인대상에서 제외한다(이 경우는 건축법상 허가대상이 된다)

1. 도시지역 중 상업지역(유통상업지역은 제외) 또는 준주거지역에서 300세대 미만의 주택과 주택 외의 시설을 동일 건축물로 건축하는 경우로서 다음 요건을 모두 충족하는 경우
   ① 1세대당 주택의 규모가 공동주택의 규모(297㎡ 이하)에 적합한 경우
   ② 해당 건축물의 연면적에 대한 주택연면적 합계의 비율이 90%미만인 경우
2. 농어촌주택개량 촉진법에 의한 농어촌주거환경개선사업 중 농업협동조합 중앙회가 조달하는 자금으로 시행하는 사업

참고

> 주택건설규모를 산정함에 있어 동일한 사업주체가 일단의 주택단지를 수 개의 공구로 분할하여 주택을 건설하고자 하는 때에는 전체 공구의 주택건설호수 또는 세대수의 규모를 주택건설규모로 산정한다.
> 이 경우 주택의 건설기준, 부대시설 및 복리시설의 설치기준과 대지의 조성기준의 적용에 있어서는 전체 공구를 하나의 대지로 본다.

(3) 사업계획승인 신청요건

주택건설사업계획의 승인을 받으려는 자는 해당 주택건설대지의 소유권을 확보하여야 한다. 다만, 다음 어느 하나에 해당하는 경우에는 그러하지 아니하다.

① 국토계획법에 따른 지구단위계획의 결정(의제(擬制)되는 경우를 포함)이 필요한 주택건설사업의 경우 해당 대지면적의 80/100 이상을 사용할 수 있는 권원(등록사업자와 공동으로 사업을 시행하는 주택조합(리모델링주택조합은 제외)의 경우에는 95/100 이상의 소유권을 말한다)을 확보하고, 확보하지 못한 대지가 매도청구 대상이 되는 대지에 해당하는 경우

② 사업주체가 주택건설대지의 소유권을 확보하지 못하였으나 그 대지를 사용할 수 있는 권원을 확보한 경우

③ 국가·지방자치단체·한국토지주택공사 또는 지방공사가 주택건설사업을 하는 경우

(4) 사업계획의 변경승인신청 등

① 승인받은 사업계획을 변경하려면 변경승인을 받아야 한다. 다만, 국토해양부령으로 정하는 경미한 사항을 변경하는 경우에는 그러하지 아니하다.

② 사업계획승인권자는 사업주체가 입주자모집의 공고를 한 후에는 다음에 해당하는 사업계획의 변경을 승인하여서는 아니 된다. 다만, 사업주체가 미리 입주예정자에게 사업계획의 변경에 관한 사항을 통보하여 입주예정자 5분의 4 이상의 동의를 얻은 경우에는 그러하지 아니하다.

㉠ 주택(공급계약이 체결된 주택에 한한다)의 공급가격에 변경을 초래하는 사업비의 증액

㉡ 호당 또는 세대당 주택공급면적(바닥면적에 산입되는 면적으로서 사업주체가 공급하는 주택의 면적을 말한다) 및 대지지분의 변경. 다만, 다음에 해당하는 경우를 제외한다.

ⓐ 세대당 공용면적또는 대지지분의 2% 이내의 증감

ⓑ 입주예정자가 없는 동 단위 공동주택의 세대당 주택공급면적의 변경

3. 사업계획 승인절차 및 효력

(1) 승인절차

① 국토해양부장관 또는 시·도지사는 사업계획승인의 신청을 받은 때에는 정당한 사유가 없는 한 그 신청을 받은 날부터 60일 이내에 사업주체에게 승인 여부를 통보하여야 한다.

② 사업계획승인권자는 사업계획을 승인할 때 사업주체가 제출하는 사업계획에 해당 주택건설사업 또는 대지조성사업과 직접적으로 관련이 없는 공공청사 등의 용지의 기부채납이나 간선시설 등의 설치에 관한 계획을 포함하도록 요구하여서는 아니 된다.

③ 사업계획승인권자는 사업계획을 승인할 때에는 고시하여야 한다. 이 경우 국토해양부장관 또는 시·도지사는 사업계획승인서 및 관계 서류의 사본을 지체 없이 관할 시장·군수·구청장에게 송부하여야 한다.

④ 국토해양부장관 또는 시·도지사는 국민주택기금을 지원받은 사업주체에 대하여 사업계획의 변경승인을 한 때에는 취급하는 기금수탁자에게 통지하여야 한다.

⑤ 국민주택기금을 지원받은 사업주체가 사업주체를 변경하는 사업계획변경 승인을 신청시는 기금수탁자의 사업주체 변경에 관한 동의서를 첨부하여야한다.

⑥ 주택건설사업을 분할하여 시행하려는 자는 사업계획승인신청서에 대통령령으로 정하는 서류와 함께 다음의 서류를 첨부하여 사업계획승인권자에게 제출하고 사업계획승인을 받아야 한다.
㉠ 공구별 공사계획서
㉡ 입주자모집계획서
㉢ 사용검사계획서

(2) 승인효력

1) 인·허가 등의 의제

사업계획승인권자가 사업계획을 승인할 때 각종 허가·인가·결정·승인 또는 신고 등에 관

련하여 관계 행정기관의 장과 협의한 사항은 해당 인·허가등을 받은 것으로 보며, 사업계획의 승인고시가 있은 때에는 관계법률에 따른 고시가 있은 것으로 본다.

2) 의제 절차

㉠ 인·허가등의 의제를 받으려는 자는 사업계획승인을 신청할 때에 해당 법률에서 정하는 관계서류를 함께 제출하여야 한다.

㉡ 사업계획승인권자는 사업계획을 승인하려는 경우 그 사업계획에 의제사항이 포함되어 있는 경우에는 해당 법률에서 정하는 관계서류를 미리 관계 행정기관의 장에게 제출한 후 협의하여야 한다.

이 경우 관계 행정기관의 장은 사업계획승인권자의 협의 요청을 받은 날부터 30일 이내에 의견을 제출하여야 하며, 해당 법률에서 규정한 인·허가 등의 기준을 위반하여 협의에 응하여서는 아니 된다.

3) 수수료의 면제

50% 이상의 국민주택을 건설하는 사업주체가 위 규정에 의하여 다른 법률에 따른 인·허가등을 받은 것으로 보는 경우에는 관계 법률에 따라 부과되는 수수료 등을 면제한다.

4. 착공의무

사업주체는 승인받은 사업계획대로 사업을 시행하여야 하고, 다음의 구분에 따라 공사를 시작하여야 한다.

① 사업계획 승인을 받은 경우 : 승인받은 날부터 2년 이내

② 분할 사업계획 승인 받은 경우

㉠ 최초로 공사를 진행하는 공구 : 승인받은 날부터 2년 이내

㉡ 최초로 공사를 진행하는 공구 외의 공구 : 해당 주택단지에 대한 최초 착공신고일부터 2년 이내

③ 다만, 사업계획승인권자는 대통령령으로 정하는 정당한 사유가 있다고 인정하는 경우에는 사업주체의 신청을 받아 그 사유가 없어진 날부터 1년의 범위에서 공사의 착수기간을 연장할 수 있다.

정당한 사유라 함은 다음 각 호의 어느 하나에 해당하는 경우를 말한다.
1. 문화재청장의 발굴통지서 교부가 있은 경우
2. 당해 사업시행지에 대한 소유권 분쟁(소송절차가 진행 중인 경우에 한한다)으로 인하여 공사착수가 지연되는 경우
3. 사업계획승인의 조건으로 부과된 사항을 이행함에 따라 공사착수가 지연되는 경우
4. 천재지변 또는 사업주체에게 책임이 없는 불가항력적인 사유로 인하여 공사착수가 지연되는 경우
5. 주택건설경기가 극도로 침체되는 등 공사에 착수하지 못할 부득이한 사유가 있어 사업계획승인권자로부터 승인을 얻은 경우

④ 사업계획승인을 받은 사업주체가 공사를 시작하려는 경우에는 다음의 사항을 사업계획승인권자에게 신고하여야 한다.

1. 사업관계자 상호간 계약서 사본
2. 흙막이 구조도면(지하 2층 이상의 지하층을 설치하는 경우에 한한다)
3. 작성하는 설계도서중 국토해양부장관이 정하여 고시하는 도서
4. 감리자의 감리계획서 및 감리의견서
다만 2 내지 4의 도서는 주택건설사업의 경우에 한한다.

5. 사업계획 승인 취소

① 사업계획승인권자는 사업주체가 착공 의무기간을 위반하여 공사를 시작하지 아니하는 경우에는 그 사업계획의 승인을 취소할 수 있다.
② 단 분할 사업계획 승인을 받은 후 최초로 공사를 진행하는 공구가 아닌 공구는 그러하지 아니하다.

6. 주택건설공사의 시공제한

(1) 시공권자의 제한

사업계획승인을 받은 주택의 건설공사는 「건설산업기본법」에 따른 건설업자로서 토목건축공사업 또는 건축공사업의 등록을 한 자 또는 건설업자로 보는 등록사업자의 규정에 의하여 건설업자로 간주하는 등록사업자가 아니면 이를 시공할 수 없다.

(2) 특수부분에 대한 시공제한

공동주택의 방수·위생 및 냉난방 설비공사는 「건설산업기본법」에 따른 건설업자로서 다음에 정하는 자(특정열사용기자재를 설치·시공하는 경우에는 「에너지 이용 합리화법」에 따른 시공업자를 말한다)가 아니면 이를 시공할 수 없다.

1. 방수설비공사 : 미장·방수·조적공사업
2. 위생설비공사 : 기계설비공사업
3. 냉·난방설비공사 : 기계설비공사업·난방시공업

(3) 설계와 시공의 분리발주

국가 또는 지방자치단체인 사업주체는 사업계획승인을 받은 주택건설공사의 설계 와 시공을 분리하여 발주하여야 한다.

다만, 주택건설공사 총공사비(대지구입비 제외)가 500억원 이상인 대형공사로서 기술관리상 설계와 시공을 분리하여 발주할 수 없는 공사의 경우에는 「국가를 당사자로 하는 계약에 관한 법률」의 규정에 의한 일괄입찰방법으로 시행할 수 있다.

Ⅲ. 주택건설기준 등

1. 주택건설기준의 내용

사업주체가 건설·공급하는 주택의 건설 등에 관한 다음의 기준(이하 "주택건설기준등" 이라 한다)은 대통령령으로 정한다.

① 주택의 배치, 세대 간의 경계벽, 구조내력 등에 관한 주택건설기준
② 부대시설의 설치기준
③ 복리시설의 설치기준
④ 주택의 규모 및 규모별 건설비율
⑤ 대지조성기준
⑥ 에너지절약형 친환경주택의 건설기준

2. 주택의 규모

① 사업주체가 건설·공급할 수 있는 주택의 주거전용면적은 단독주택은 1호당 330㎡ 이하로 하고, 공동주택(주택과 주택 외의 시설을 동일 건축물로 건축하는 경우로서 층수가 50층 이상이거나 높이가 150m 이상인 건축물내 공동주택은 제외한다)은 1 세대당 297㎡ 이하로 한다.

참고

330㎡, 297㎡ 초과의 경우는 주택법상의 사업계획승인대상에 해당하지 않으므로 건축법상 건축허가를 받아야 한다.

② 국토해양부장관은 도시의 건전한 발전과 산업 및 관광의 진흥을 위하여 필요하거나 그 밖에 특별한 사유가 있는 경우에는 위 기준에 의하지 아니하고 사업주체가 건설·공급할 수 있는 주택의 규모를 따로 정할 수 있다.

③ 국토해양부장관은 주택수급의 적정을 기하기 위하여 필요하다고 인정하는 때에는 사업주체가 건설하는 주택의 75%(주택조합이나 고용자가 건설하는 주택은 100%) 이하의 범위 안에서 일정비율 이상을 국민주택규모로 건설하게 할 수 있다.

④ 위 국민주택규모 주택의 건설비율은 단위사업계획별로 적용한다.

3. 공업화주택의 인정 등

(1) 인정권자 등

국토해양부장관은 주요 구조부의 전부 또는 일부를 국토해양부령으로 정하는 성능기준 및 생산기준에 따라 조립식 등 공업화공법으로 건설하는 주택을 공업화주택으로 인정할 수 있다.

(2) 공업화주택의 인정 취소

국토해양부장관은 공업화주택을 인정받은 자가 다음 어느 하나에 해당하는 행위를 한 경우에는 공업화주택의 인정을 취소할 수 있다.

① 거짓이나 그 밖의 부정한 방법으로 인정을 받은 경우
② 인정을 받은 날부터 1년 이내에 공업화주택의 건설에 착공하지 아니한 경우
③ 인정을 받은 기준에 맞지 아니하게 공업화주택을 건설한 경우

(3) 공업화주택 건설 촉진

① 국토해양부장관 또는 시·도지사는 사업주체가 건설할 주택을 공업화주택으로 건설하도록 사업주체에게 권고할 수 있다.
② 공업화주택의 건설 및 품질 향상과 관련하여 국토해양부령으로 정하는 기술능력을 갖추고 있는 자가 공업화주택을 건설하는 경우에는 제22조(주택의 설계 및 시공), 제24조(주택의 감리 등) 및 건축사법 제4조(설계 또는 공사감리 등)의 규정을 적용하지 아니한다.

4. 주택성능등급의 표시 등

① 사업주체가 대통령령으로 정하는 호수 이상의 주택을 공급할 때에는 국토해양부장관이 지정하는 주택성능등급 인정기관으로부터 다음 각 호의 어느 하나에 해당하는 주택의 성능에 대한 등급을 인정받아 이를 입주자 모집공고에 표시하여야 한다.

1. 경량충격음·중량충격음·화장실소음·경계소음 등 소음 관련 등급
2. 리모델링 등을 대비한 가변성 및 수리 용이성 등 구조 관련 등급
3. 조경·조망권·일조시간·외부소음·실내공기질 등 환경 관련 등급
4. 사회복지시설·놀이터·휴게실 등 주민공동시설에 대한 생활환경 등급
5. 화재·소방 성능, 홈네트워크 성능 등 대통령령으로 정하는 성능 등급

② 주택성능등급의 인정기준 및 평가방법, 주택성능등급 인정기관의 지정에 필요한 인력 및 절차, 그 밖에 필요한 사항은 대통령령으로 정한다.

③ 국토해양부장관은 제1항에 따라 심사·평가한 결과 성능등급이 우수한 주택을 건설한 사업주체 등에 대하여는 포상할 수 있다.

5. 환기시설의 설치 등

사업주체는 공동주택의 실내 공기의 원활한 환기를 위하여 대통령령으로 정하는 기준에 따라 환기시설을 설치하여야 한다.

6. 바닥충격음 성능등급 인정 등

① 국토해양부장관은 주택건설기준 중 공동주택 바닥충격음 차단구조의 성능등급을 대통령령으로 정하는 기준에 따라 인정하는 기관(이하 "바닥충격음 성능등급 인정기관" 이라 한다)을 지정할 수 있다.

② 지정된 바닥충격음 성능등급 인정기관은 성능등급을 인정받은 제품(이하 "인정제품" 이라 한다)이 다음 각 호의 어느 하나에 해당하면 그 인정을 취소할 수 있다. 다만, "1" 에 해당하는 경우에는 그 인정을 취소하여야 한다.

1. 거짓이나 그 밖의 부정한 방법으로 인정받은 경우
2. 인정받은 내용과 다르게 판매·시공한 경우
3. 인정제품이 국토해양부령으로 정한 품질관리기준을 준수하지 아니한 경우
4. 인정의 유효기간을 연장하기 위한 시험결과를 제출하지 아니한 경우

③ 바닥충격음 성능등급 인정기관의 지정 요건 및 절차 등에 대하여는 대통령령으로 정한다.

7. 소음방지대책의 수립

① 사업계획승인권자는 주택의 건설에 따른 소음의 피해를 방지하고 주택건설지역 주민의 평온한 생활을 유지하기 위하여 주택건설사업을 시행하려는 사업주체에게 대통령령으로 정하는 바에 따라 소음방지대책을 수립하도록 하여야 한다.

② 사업계획승인권자는 대통령령으로 정하는 주택건설 지역이 도로와 인접한 경우에는 해당 도로의 관리청과 소음방지대책을 미리 협의하여야 한다. 이 경우 해당 도로의 관리청은 소음 관계 법률에서 정하는 소음기준 범위 내에서 필요한 의견을 제시할 수 있다.

Ⅳ. 간선시설의 설치 및 비용의 상환

1. 간선시설 설치대상

(1) 사업주체가 100호 이상의 주택건설사업을 시행하는 경우 또는 16,500㎡ 이상의 대지조성사업을 시행하는 경우에는 다음에 해당하는 자(설치의무자)는 각각 해당 간선시설을 설치하여야 한다.

설치 의무자	간선시설의 종류
지방자치단체	도로 및 상하수도시설
해당 지역에 전기·통신·가스 또는 난방을 공급하는 자	전기시설·통신시설·가스시설 또는 지역난방시설
국가	우체통

(2) 다만, 도로 및 상하수도시설로서 사업주체가 주택건설사업계획 또는 대지조성사업계획에 포함하여 설치하려는 경우에는 그러하지 아니하다.

(3) 간선시설은 특별한 사유가 없으면 사용검사일까지 설치 완료하여야 한다.

(4) 사업주체의 설치요청

지방자치단체는 사업주체가 자신의 부담으로 위 도로 및 상하수도시설에 해당하지 아니하는 도로 또는 상하수도시설(해당 주택건설사업 또는 대지조성사업과 직접적으로 관련이 있는 경우로 한정한다)의 설치를 요청할 경우에는 이에 따를 수 있다.

2. 비용부담

(1) 간선시설의 설치비용은 설치의무자가 부담한다. 이 경우 도로 및 상하수도시설의 설치비용은 그 비용의 50% 범위에서 국가가 보조할 수 있다.

(2) 전기간선시설을 지중선로로 설치하는 경우에는 전기를 공급하는 자와 지중에 설치할 것을 요청하는 자가 각각 50/100의 비율로 그 설치비용을 부담한다.

(3) 다만, 사업지구 밖의 기간시설로부터 그 사업지구 안의 가장 가까운 주택단지(사업지구 안에 1개의 주택단지가 있는 경우에는 그 주택단지를 말한다)의 경계선까지 전기간선시설을 설치하는 경우에는 전기를 공급하는 자가 부담한다.

3. 간선시설의 종류별 설치범위

구분	설치범위
도 로	주택단지 밖의 기간이 되는 도로로부터 주택단지의 경계선(단지의 주된 출입구)까지로 하되, 그 길이가 200m 초과하는 경우로서 그 초과부분에 한한다.
상하수도시설	주택단지 밖의 기간이 되는 상·하수도시설로부터 주택단지의 경계선까지의 시설로 하되, 그 길이가200m를 초과하는 경우로서 그 초과부분에 한한다.
전기시설	주택단지밖의 기간이 되는 시설로부터 주택단지의 경계선까지로 한다.
가스공급시설	주택단지 밖의 기간이 되는 가스공급시설로부터 주택단지의 경계선까지로 한다(정압조정실을 설치하는 경우에는 그 정압조정실까지로 한다)
통신시설	관로시설은 주택단지 밖의 기간이 되는 시설로부터 주택단지 경계선까지, 케이블시설은 주택단지 밖의 기간이 되는 시설로부터 주택단지안의 최초 단자까지로 한다.
지역난방시설	주택단지밖의 기간이 되는 열수송관의 분기점(당해 주택단지에서 가장 가까운 분기점을 말한다)으로부터 주택단지내의 각 기계실입구 차단밸브까지로 한다.

4. 사업주체의 예외적 설치

(1) 통보

① 국토해양부장관 또는 시·도지사는 사업계획을 승인한 때에는 지체없이 간선시설 설치의무자에게 그 사실을 통지하여야 한다.

② 간선시설 설치의무자는 사업계획에서 정한 사용검사예정일까지 해당 간선시설을 설치하지 못할 특별한 사유가 있는 때에는 통지를 받은 날부터 1월 이내에 그 사유와 설치가능시기를 명시하여 당해 사업주체에게 통보하여야한다

(2) 예외적 설치

① 간선시설 설치의무자가 사용검사일까지 설치를 완료하지 못할 특별한 사유가 있는 경우에는 사업주체가 그 간선시설을 자기부담으로 설치하고 간선시설 설치의무자에게 그 비

용의 상환을 요구할 수 있다.

② 사업주체가 간선시설을 자기 부담으로 설치하려는 경우 간선시설 설치의무자는 사업주체와 간선시설의 설치비상환계약을 체결하여야 한다.

③ 간선시설의 설치비상환계약에서 정하는 설치비의 상환기간은 당해 공사의 사용검사일부터 3년 이내로 하여야 한다.

5. 주택의 감리

(1) 감리자의 지정

① 사업계획승인권자는 주택건설사업계획을 승인하였을 때와 시장(특별자치도의 경우는 특별자치도지사를 말한다)·군수·구청장이 리모델링의 허가를 하였을 때에는 감리자격이 있는자를 다음에 정하는 바에 따라 해당 주택건설공사를 감리할 자로 지정하여야 한다.

② 다만, 사업주체가 국가·지방자치단체·한국토지주택공사·지방공사 또는 대통령령으로 정하는 자와 「건축법」에 따라 공사감리를 하는 도시형 생활주택의 경우에는 그러하지 아니하다.

① 300세대 미만의 주택건설공사	건축사법에 따라 건축사업무신고를 한 자 및 건설기술관리법에 따른 건축감리전문회사 또는 종합감리전문회사
② 300세대 이상의 주택건설공사	건설기술관리법에 따른 건축감리전문회사 또는 종합감리전문회사

③ 이 경우 해당 주택건설 공사를 시공하는 자의 계열회사인자를 지정해서는 안되며, 인접한 2 이상의 주택단지에 대하여는 감리자를 공동으로 지정할 수 있다.

(2) 감리자 의무

① 감리자는 업무를 수행하면서 위반 사항을 발견하였을 때에는 지체 없이 시공자 및 사업주체에게 위반 사항을 시정할 것을 통지하고, 7일 이내에 사업계획승인권자에게 그 내용을 보고하여야 한다.

② 시공자 및 사업주체는 시정 통지를 받은 경우에는 즉시 해당 공사를 중지하고 위반 사항을 시정한 후 감리자의 확인을 받아야 한다. 이 경우 감리자의 시정 통지에 이의가 있을 때에는 즉시 그 공사를 중지하고 사업계획승인권자에게 서면으로 이의신청을 할 수 있다.

③ 시·도지사는 이의신청이 있는 때에는 그 이의신청을 받은 날부터 10일 이내에 그 처리결과를 회신하여야 한다. 이 경우 감리자에게도 그 결과를 통보하여야 한다.

(3) 감리자 의무 위반 및 부실감리자 조치

① 사업계획승인권자는 감리자가 감리자의 지정에 관한 서류를 부정 또는 거짓으로 제출하거나, 업무 수행 중 위반 사항이 있음을 알고도 묵인, 시공자 및 사업주체의 이의신청 결과 시정통지가 3회 이상 잘못된 것으로 판정된 경우, 공사기간중 공사현장에 1월 이상 감리원을 상주시키지 아니한 경우에는 감리자를 교체하고, 그 감리자에 대하여는 1년의 범위에서 감리업무의 지정을 제한할 수 있다.

② 사업계획승인권자는 감리자 또는 감리원이 그 업무를 수행할 때 고의 또는 중대한 과실로 감리를 부실하게 하거나 관계 법령을 위반하여 감리를 함으로 써 해당 사업주체 또는 입주자 등에게 피해를 입히는 등 주택건설공사가 부실하게 된 경우에는 그 감리자의 등록 또는 감리원의 면허나 그밖의 자격인정 등을 한 행정기관의 장에게 등록말소·면허취소·자격정지·영업정지나 그 밖에 필요한 조치를 하도록 요청할 수 있다.

6. 사용검사 등

(1) 사용검사대상 및 사용검사권자

① 사업주체는 사업계획승인을 받아 시행하는 주택건설사업 또는 대지조성사업을 완료한 경우에는 주택(부대시설, 복리시설 포함) 또는 대지에 대하여 시장·군수·구청장(국가 또는 한국토지주택공사가 사업주체인 경우와 국토해양부장관으로부터 사업계획의 승인을 얻은 경우에는 국토해양부장관을 말한다)의 사용검사를 받아야 한다.

② 다만, 분할 사업계획을 승인받은 경우에는 완공된 주택에 대하여 공구별로 분할 사용검사를 받을 수 있고, 사업계획승인 조건의 미이행 등 대통령령으로 정하는 사유가 있는 경우에는 공사가 완료된 주택에 대하여 동별로 사용검사를 받을 수 있다.

③ 사용검사는 그 신청일로부터 15일 이내에 하여야 한다.

(2) 시공보증자 등의 사용검사

1) 위 규정에 불구하고 다음의 구분에 따라 해당 주택의 시공을 보증한 자, 해당 주택의 시공자 또는 입주예정자는 대통령령으로 정하는 바에 따라 사용검사를 받을 수 있다.

㉠ 사업주체가 파산 등으로 사용검사를 받을 수 없는 경우에는 해당 주택의 시공을 보증한 자 또는 입주예정자

㉡ 사업주체가 정당한 이유 없이 사용검사를 위한 절차를 이행하지 아니하는 경우에는 해당 주택의 시공을 보증한 자, 해당 주택의 시공자 또는 입주예정자.

2) 이 경우 사용검사권자는 사업주체가 사용검사를 받지 아니하는 정당한이 유를 밝히지 못하는 한 사용검사를 거부하거나 지연할 수 없다.

3) 입주예정자가 사용검사 받는 경우의 절차

사용검사권자는 입주예정자대표회의가 사용검사를 받아야 하는 경우에는 입주 예정자로 구성된 대책회의를 소집하여 그 내용을 통보하고, 건축공사현장에 10일 이상 그 사실을 공고하여야 한다. 이 경우 입주예정자는 그 과반수의 동의를 얻어 10인 이내의 입주예정자로 구성된 입주예정자대표회의를 구성하여야 한다.

(3) 사용검사효력

① 사업주체가 사용검사를 받았을 때에는 다른 법률에 의한 인·허가등에 따른 해당 사업의 사용승인·준공검사 또는 준공인가 등을 받은 것으로 본다.

② 이 경우 사용검사를 하는 시장·군수·구청장은 미리 관계 행정기관의 장과 협의하여야 하며, 협의 요청을 받은 관계 행정기관의 장은 정당한 사유가 없는 한 그 요청을 받은 날부터 10일 이내에 그 의견을 제시하여야 한다.

(4) 임시사용승인

1) 임시사용승인대상 및 임시사용승인권자

임시사용승인대상은 주택건설사업의 경우에는 건축물의 동별로 공사가 완료된 때, 대지조성사업의 경우에는 구획별로 공사가 완료된 때 이고, 임시사용승인권자는 사용검사권자이다.

2) 임시사용승인기준

사용검사권자는 임시사용승인의 신청을 받은 때에는 임시사용승인대상인 주택 또는 대지가 사업계획의 내용에 적합하고 사용에 지장이 없는 경우에 한하여 임시사용을 승인할 수 있다. 이 경우 임시사용승인의 대상이 공동주택인 경우에는 세대별로 임시사용승인을 할 수 있다.

참고 : 공동주택의 세대별 사용검사의 문제

공동주택에 있어서 임시사용승인은 세대별로도 인정되나, 사용검사는 세대별로 사용검사가 인정되지 않고, 동별 사용검사는 가능하다.

Ⅴ. 사업에 관한 기타 지원 제도

1. 타인의 토지에 출입

① 국가·지방자치단체·한국토지주택공사 및 지방공사인 사업주체가 사업계획의 수립을 위한 조사 또는 측량을 하려는 경우와 국민주택사업을 시행하기 위하여 필요한 경우에는 다음의 행위를 할 수 있다.

1. 타인의 토지에 출입하는 행위
2. 특별한 용도로 이용되지 아니하고 있는 타인의 토지를 재료적치장 또는 임시도로로 일시 사용하는 행위
3. 특히 필요한 경우 죽목(竹木)·토석이나 그 밖의 장애물을 변경하거나 제거하는 행위

② 타인 토지의 출입에 의한 행위로 인하여 손실을 입은 자가 있는 경우에는 그 행위를 한 사업주체가 그 손실을 보상하여야 한다.

손실보상에 관하여는 그 손실을 보상할 자와 손실을 입은 자가 협의하여야 한다.

③ 협의가 성립되지 아니하거나 협의를 할 수 없는 경우에는 관할 토지수용위원회에 재결을 신청할 수 있다.

2. 매도청구

① 사업계획승인을 받은 사업주체는 다음에 따라 해당 주택건설대지 중 사용할 수 있는 권원을 확보하지 못한 대지(건축물을 포함)의 소유자에게 그 대지를 시가로 매도할 것을 청구할 수 있다. 이 경우 매도청구 대상이 되는 대지의 소유자 와 매도청구를 하기 전에 3개월 이상 협의를 하여야 한다.

1. 주택건설대지면적 중 95/100 이상에 대하여 사용권원을 확보한 경우 : 사용권원을 확보하지 못한 대지의 모든 소유자에게 매도청구 가능
2. 위 1 외의 경우
   사용권원을 확보하지 못한 대지의 소유자 중 지구단위계획구역 결정고시일 10 년 이전에 해당 대지의 소유권을 취득하여 계속 보유하고 있는 자(대지의 소유 기간을 산정할 때 대지소유자가 직계존속·직계비속 및 배우자로부터 상속받아 소유권을 취득한 경우에는 피상속인의 소유기간을 합산한다)를 제외한 소유자에게 매도청구 가능

② 인가를 받아 설립된 리모델링주택조합은 그 리모델링 결의에 찬성하지 아니하는 자의 주택 및 토지에 대하여 매도청구를 할 수 있다.

③ 매도청구에 관하여는 「집합건물법」 규정을 준용한다. 이 경우 구분소유권 및 대지사용권은 주택건설사업 또는 리모델링사업의 매도청구의 대상이되는 건축물 또는 토지의 소유권과 그 밖의 권리로 본다.

3. 소유자의 확인이 곤란한 대지 등에 대한 처분

① 사업계획승인을 받은 사업주체는 해당 주택건설대지 중 사용할 수 있는 권원을 확보하지 못한 대지의 소유자가 있는 곳을 확인하기가 현저히 곤란한 경우에는 전국적으로 배포되는 둘 이상의 일간신문에 두 차례 이상 공고하고, 공고한 날부터 30일 이상이 지났을 때에는 매도청구 대상의 대지로 본다.

② 사업주체는 소유자 확인이 현저히 곤란한 매도청구대상 대지의 감정평가액에 해당하는 금액을 법원에 공탁하고 주택건설사업을 시행할 수 있다.

4. 토지 등의 수용·사용

국가·지방자치단체·한국토지주택공사 및 지방공사인 사업주체가 국민주택을 건설하거나 국민주택을 건설하기 위한 대지를 조성하는 경우에는 토지나 토지에 정착한 물건 및 그 토지나 물건에 관한 소유권 외의 권리를 수용하거나 사용할 수 있다(민간사업주체에는 수용사용권이 없다).

5. 환지방식에 의한 도시개발사업으로 조성된 대지의 활용

① 사업주체가 국민주택용지로 사용하기 위하여 도시개발사업시행자에게 체비지의 매각을 요구한 경우 그 도시개발사업시행자는 대통령령으로 정하는 바에 따라 체비지의 총면적의 1/2의 범위에서 이를 우선적으로 사업주체에게 매각할 수 있다.

② 사업주체가 도시개발법에 따른 환지계획의 수립 전에 체비지의 매각을 요구하면 도시개발사업시행자는 사업주체에게 매각할 체비지를 그 환지계획에서 하나의 단지로 정하여야 한다.

③ 체비지의 양도가격은 감정평가업자가 감정평가한 감정가격을 기준으로 한다. 다만, 임대주택을 건설하는 경우 등 국토해양부령으로 정하는 경우에는 국토해양부령으로 정하는 조성원가를 기준으로 할 수 있다.

6. 토지매수업무 등의 위탁

① 국가 또는 한국토지주택공사인 사업주체는 주택건설사업 또는 대지조성사업을 위한 토지매수 업무와 손실보상 업무를 매수할 토지 및 위탁조건을 명시하여 관할 지방자치단체의 장에게 위탁할 수 있다.

② 사업주체가 토지매수 업무와 손실보상 업무를 위탁할 때에는 그 토지매수금액과 손실보상 금액의 2/100의 범위에서 대통령령으로 정하는 요율의 위탁수수료를 해당 지방자치단체에 지급하여야 한다.

7. 국·공유지 등의 우선 매각 및 임대

국가 또는 지방자치단체는 그가 소유하는 토지를 매각하거나 임대할 때 다음 어느 하나의 목적으로 그 토지의 매수 또는 임차를 원하는 자가 있으면 그에게 우선적으로 그 토지를 매각하거나 임대할 수 있다.

1. 국민주택규모의 주택을 50% 이상으로 건설하는 주택의 건설
2. 조합주택의 건설
3. 위 1 또는 2의 주택을 건설하기 위한 대지의 조성

국가 또는 지방자치단체는 국가 또는 지방자치단체로부터 토지를 매수하거나 임차한 자가 그 매수일 또는 임차일부터 2년 이내에 국민주택규모의 주택 또는 조합주택을 건설하지 아니하거나 그 주택을 건설하기 위한 대지조성사업을 시행하지 아니한 경우에는 환매하거나 임대계약을 취소할 수 있다.

8. 공공시설의 귀속

① 사업주체가 사업계획승인을 받은 사업지구의 토지에 새로 공공시설을 설치하거나 기존의 공공시설에 대체되는 공공시설을 설치하는 경우 그 공공시설의 귀속에 관하여는 국토계획법을 준용한다. 이 경우 "개발행위허가를 받은 자" 는 "사업 주체" 로, "개발행위허가" 는 "사업계획승인" 으로, "행정청인 시행자" 는 "한국토지주택공사 및 지방공사" 로 본다.

② 행정청인 시행자로 보는 한국토지주택공사 및 지방공사는 해당 공사에 귀속되는 공공시설을 해당 국민주택사업을 시행하는 목적 외로는 사용하거나 처분할 수 없다.

참고 | 국토계획법 관련 규정 내용

- 개발행위허가를 받은 자가 행정청인 경우 개발행위허가를 받은 자가 새로 공공시설을 설치하거나 기존의 공공시설에 대체되는 공공시설을 설치한 경우에는 새로 설치된 공공시설은 그 시설을 관리할 관리청에 무상으로 귀속되고, 종래의 공공시설은 개발행위허가를 받은 자에게 무상으로 귀속된다.
- 행정청이 아닌 경우 개발행위허가를 받은 자가 새로 설치한 공공시설은 그 시설을 관리할 관리청에 무상으로 귀속되고, 개발행위로 용도가 폐지되는 공공시설은 새로 설치한 공공시설의 설치비용에 상당하는 범위에서 개발행위허가를 받은 자에게 무상으로 양도할 수 있다.

Ⅵ. 주택조합

1. 주택조합의 정의

다수의 구성원이 주택을 마련하거나 리모델링하기 위하여 결성하는 다음의 조합을 말한다.

구 분	내 용
지역주택조합	같은 특별시·광역시·특별자치도·시 또는 군(광역시의 관할 구역에 있는 군은 제외한다)에 거주하는 주민이 주택을 마련하기 위하여 설립한 조합
직장주택조합	같은 직장의 근로자가 주택을 마련하기 위하여 설립한 조합
리모델링주택조합	공동주택의 소유자가 그 주택을 리모델링하기 위하여 설립한 조합

2. 법적성격

도시개발법 및 도시 및 주거환경정비법이 도시개발조합 및 정비사업조합에 대하여 법인격을 부여하고 있는 것과는 달리 주택법은 주택조합에 대하여 법인격을 부여하고 있지 않다. 주택법의 주택조합은 법인이 아니며, 권리능력 없는 사단으로 보는 것이 판례의 입장이다. 따라서 주택조합의 경우에는 설립등기가 필요하지 않다.

3. 조합원의 자격

지역주택조합 조합원	① 주택조합설립인가신청일(해당 주택건설대지가 투기과열지구 안에 있는 경우에는 주택조합설립인가신청일 1년 전의 날을 말한다)부터 해당 조합주택의 입주가능일까지 주택을 소유하지 아니하거나 주거전용면적 60㎡ 이하의 주택 1채를 소유한 세대주인 자(세대주를 포함한 세대원 전원이 주택을 소유하고 있지 아니하거나 세대원 중 1인에 한하여 주거전용면적 60㎡ 이하의 주택 1채를 소유한 세대의 세대주를 말한다) ② 조합설립인가신청일 현재 동일한 특별시·광역시·특별자치도·시 또는 군(광역시의 관할 구역에 있는 군은 제외)의 지역에 6개월 이상 거주하여 온 자일 것
직장주택조합 조합원	① 위 지역주택조합 ①에 해당하는 자일 것. 다만, 국민주택을 공급받기 위하여 직장주택조합을 설립하고자 하는 자는 무주택자에 한한다. ② 조합설립인가신청일 현재 동일한 특별시·광역시·시 또는 군(광역시의 관할구역에 있

	는 군을 제외)안에 소재하는 동일한 국가 기관·지방자치단체·법인에 근무하는 자일 것
리모델링주택 조합 조합원	① 사업계획승인을 얻어 건설한 공동주택의 소유자 ② 복리시설을 함께 리모델링하는 경우에는 당해 복리시설의 소유자 ③ 건축법에 따른 건축허가를 받아 분양을 목적으로 건설한 공동 주택의 소유자와 그 건축물중 공동주택 외의 시설의 소유자

참고 | 세대주자격이 일시 상실된 경우 특례

주택조합의 조합원이 근무·질병치료·유학·결혼 등 부득이한 사유로 인하여 세대주자격을 일시적으로 상실한 경우로서 시장·군수 또는 구청장이 인정하는 경우에는 조합원자격이 있는 것으로 본다.

4. 지역·직장주택조합 조합원의 교체·신규가입 등

(1) 원칙

지역주택조합 또는 직장주택조합은 그 설립인가를 받은 후에는 해당 조합원을 교체하거나 신규로 가입하게 할 수 없다.

(2) 예외적 허용

㉠ 조합원수가 주택건설예정세대수를 초과하지 아니하는 범위에서 시장·군수 또는 구청장으로부터 국토해양부령으로 정하는 바에 따라 조합원 추가모집의 승인을 받은 경우

㉡ 다음 어느 하나에 해당하는 사유로 결원이 발생한 범위에서 충원하는 경우

1. 조합원의 사망
2. 사업계획승인 이후[지역주택조합 또는 직장주택조합이 해당 주택건설대지 전부의 소유권을 확보하지 아니하고 사업계획승인을 받은 경우에는 해당 주택건설대지 전부의 소유권(해당 주택건설대지가 저당권등의 목적으로 되어 있는 경우에는 그 저당권등의 말소를 포함한다)을 확보한 이후를 말한다]에 입주자로 선정된 지위(해당 주택에 입주할 수 있는 권리·자격 또는 지위 등을 말한다)가 양도·증여 또는 판결 등으로 변경된 경우. 다만, 주택의 전매 행위제한 등에 따라 전매가 금지되는 경우는 제외한다.
3. 조합원의 탈퇴 등으로 조합원수가 주택건설예정세대수의 1/2 미만이 되는 경우

4. 조합원이 무자격자로 판명되어 자격을 상실하는 경우
5. 사업계획승인 과정 등에서 주택건설예정세대수가 변경되어 조합원수가 변경된 세대수의 1/2의 미만이 되는 경우

참고

지역 및 직장주택조합의 경우와 달리 리모델링주택조합의 경우에는 그 설립인가를 받은 후라도 해당 조합원의 교체나 신규가입에 제한을 받지 않는다.

(3) 시기

㉠ 조합원으로 추가 모집되는 자와 충원되는 자에 대한 조합원 자격요건 충족여부의 판단은 해당 주택조합의 설립인가신청일을 기준으로 한다.
다만, 조합원 사망 사유로 인하여 조합원의 지위를 상속받는 자는 조합원 자격요건(지역 및 직장주택조합의 자격요건)을 필요로 하지 아니 한다.

㉡ 조합원 추가모집의 승인과 조합원 추가모집에 따른 주택조합의 변경인가 신청은 사업계획 승인 신청일까지 하여야 한다.

5. 조합설립 인가

① 많은 수의 구성원이 주택을 마련하거나 리모델링하기 위하여 주택조합을 설립하려는 경우(직장주택조합의 경우는 제외)에는 관할 시장·군수·구청장의 인가를 받아야 한다. 인가받은 내용을 변경하거나 주택조합을 해산하려는 경우에도 또한 같다.

② 국민주택을 공급받기 위하여 직장주택조합을 설립하려는 자는 관할 시장·군수·구청장에게 신고하여야 한다. 신고한 내용을 변경하거나 직장주택조합을 해산하려는 경우에도 또한 같다.

③ 주택조합과 등록사업자가 공동으로 사업을 시행하면서 시공할 경우 등록사업자는 시공자로서의 책임뿐만 아니라 자신의 귀책사유로 사업 추진이 불가능하게 되거나 지연됨으로 인하여 조합원에게 입힌 손해를 배상할 책임이 있다.

④ 주택조합의 설립·변경 또는 해산의 인가를 받으려는 자는 인가신청서에 대통령령으로 정하는 서류와 해당 주택건설대지의 80/100 이상의 토지에 대한 토지사용승낙서(지역·직장주택조합의 경우만 해당)를 첨부하여 주택건설대지(리모델링주택조합의 경우에는 해당 주택의 소재지)를 관할하는 시장(특별자치도지사 포함)·군수 또는 구청장에게 제출하여야 한다. 이 경우 토지사용승낙의 비율을 산정할 때 등록사업자의 사용승낙분이 포함되어 있는 경우에는 이를 없는 것으로 본다.

⑤ 주택조합은 설립인가 당시의 사업계획서상 주택건설예정세대수의 1/2 이상의 조합원으로 구성하되, 조합원은 20명 이상이어야 한다. 다만, 리모델링주택조합의 경우에는 그러하지 아니하다.

⑥ 리모델링주택조합의 설립에 동의한 자로부터 건축물을 취득한 자는 조합의 설립에 동의한 것으로 본다.

⑦ 시장·군수 또는 구청장은 당해 주택건설대지에 대한 다음의 사항을 종합적으로 검토하여 주택조합의 설립인가여부를 결정하여야 하며, 당해 주택건설대지가 이미 인가를 받은 다른 주택조합의 주택건설대지와 중복되지 아니하도록 하여야 한다.

1. 주택건설을 위한 건축심의 기준
2. 국토계획법률에 의하여 수립되었거나 당해 주택건설사업기간에 수립될 예정인 도시·군계획에의 부합 여부
3. 이미 수립되어 있는 토지이용계획
4. 주택건설대지 중 토지사용승낙서를 확보하지 못한 토지가 있는 경우 그 토지의 위치가 사업계획서상의 사업시행에 지장을 초래할 우려가 있는 지 여부

⑧ 주택조합은 공동으로 사업을 시행하는 등록사업자에게 주택조합의 업무(주택조합 가입을 알선하는 업무를 제외)를 대행하게 할 수 있다.

⑨ 주택조합은 등록사업자가 소유하고 있는 토지를 주택건설대지로 사용하여서는 아니된다. 다만, 경매 또는 공매를 통하여 등록사업자의 토지를 매입하는 경우에는 그러하지 아니하다.

6. 조합의 기관 및 감독

(1) 총회

조합에는 조합원으로 구성되는 총회를 두어야 한다. 총회는 조합의 의사를 결정 하는 최고의 결기관이고, 반드시 두어야 하는 필수기관이다.

(2) 감독

① 주택조합은 설립인가를 받은 날부터 2년 이내에 사업계획승인(리모델링주택조합의 경우에는 허가를 말한다)을 신청하여야 한다.

② 시장·군수·구청장은 주택조합 또는 그 조합의 구성원이 이 법 또는 이 법에 따른 명령이나 처분을 위반한 경우에는 주택조합의 설립인가를 취소할 수 있다.

③ 주택조합은 다음에 정하는 날부터 30일 이내에 따라 회계감사를 받아야하며, 그 감사결과를 관할 시장·군수·구청장에게 보고하고, 인터넷에 게재하는 등 해당 조합원이 열람할 수 있도록 하여야 한다.

1. 사업계획승인을 얻은 날부터 3월이 경과한 날
2. 사용검사 또는 임시사용승인을 신청한 날

제 4 장

주택의 공급

Ⅰ. 주택공급 요건

1. 주택의 공급기준

주택의 '공급'이라 함은 사업주체가 사업계획승인을 얻어 건설한 주택 및 복리시설을 분양 또는 임대하는 것을 말한다.

(1) 사업주체가 갖추어야 할 요건

사업주체는 다음에서 정하는 바에 따라 주택을 건설·공급하여야 한다.

1. 사업주체(국가·지방자치단체·한국토지주택공사 및 지방공사는 제외)가 입주자를 모집하려는 경우 : 국토해양부령으로 정하는 바에 따라 시장·군수·구청장의 승인(복리시설의 경우에는 신고)을 받을 것
2. 사업주체가 건설하는 주택을 공급하려는 경우 : 국토해양부령으로 정하는 입주자모집의 조건·방법·절차, 입주금의 납부 방법·시기·절차, 주택공급계약의 방법·절차 등에 적합할 것
3. 사업주체가 주택을 공급하려는 경우 : 국토해양부령으로 정하는 바에 따라 벽지·바닥재·주방용구·조명기구 등을 제외한 부분의 가격을 따로 제시하고, 이를 입주자가 선택할 수 있도록 할 것

(2) 공급을 받으려는 자가 갖추어야 할 요건

주택을 공급받으려는 자는 국토해양부령인 주택공급에 관한 규칙에서 정하는 입주자자격, 재당첨 제한 및 공급 순위 등에 맞게 주택을 공급받아야 한다.

참고 | 공급요건의 상세

- 「주택법」은 공급요건에 대하여 총설적 내용만 규정하고 상세 내역은 국토해양부령인 「주택공급에 관한

규칙」에 위임하고 있는데, 「주택공급에 관한 규칙」은 공급요건에 대하여 공급대상(주택)의 분류하에, 공급방법을 일반공급·특별공급·단체공급으로 나누어 규정하고 있다.

- 일반공급은 특별공급·단체공급을 제외한 공급이고, 특별공급은 국가유공자 또는 그 유족 등 규칙에서 정하고 있는자를 대상으로 하는 공급이며, 단체공급은 설립신고된 조합원이 20인 이상인 직장주택조합을 대상으로 하는 공급이다.

2. 분양가상한제

① 사업주체가 일반인에게 공급하는 공동주택은 법 제38조의2에서 정하는 기준에 따라 산정되는 분양가격 이하로 공급(이에 따라 공급되는 주택을 "분양가상한제 적용주택" 이라 한다)하여야 한다. 다만, 다음 어느 하나에 해당하는 경우에는 그러하지 아니하다.

1. 도시형 생활주택
2. 지정·고시된 경제자유구역에서 건설·공급하는 공동주택으로서 경제자유구역 위원회에서 외자유치 촉진과 관련이 있다고 인정하여 이 조에 따른 분양가격 제한을 적용하지 아니하기로 심의·의결한 경우
3. 관광특구에서 건설·공급하는 공동주택으로서 해당 건축물의 층수가 50층 이상이거나 높이가 150미터 이상인 경우

② 분양가격은 택지비와 건축비로 구성되며, 구체적인 명세, 산정방식, 감정평가기관 선정방법 등은 국토해양부령으로 정한다.

③ 택지비는 다음에 따라 산정한 금액으로 한다.

㉠ 공공택지에서 주택을 공급하는 경우에는 해당 택지의 공급가격에 국토해양부령으로 정하는 택지와 관련된 비용을 가산한 금액

㉡ 공공택지 외의 택지에서 주택을 공급하는 경우에는 감정평가한 가액에 국토해양부령으로 정하는 택지와 관련된 비용을 가산한 금액.

다만, 택지 매입가격이 다음 각 목의 어느 하나에 해당하는 경우에는 해당 매입가격(대통령령으로 정하는 범위 내에 한한다)에 국토해양부령으로 정하는 택지와 관련된 비용을 가산한 금액을 택지비로 볼 수 있다. 이 경우 택지비는 주택단지 전체에 동일하게 적용하여야 한다.

가. 민사집행법, 국세징수법 또는 지방세기본법에 따른 경·공매 낙찰가격

나. 국가·지방자치단체 등 공공기관으로부터 매입한 가격
다. 그 밖에 실제 매매가격을 확인할 수 있는 경우로서 대통령령으로 정하는 경우

㉢ 건축비는 국토해양부장관이 정하여 고시하는 건축비(이하 "기본형건축비"라 한다)에 국토해양부령으로 정하는 금액을 더한 금액으로 한다. 이 경우 기본형건축비는 시장·군수·구청장이 해당 지역의 특성을 고려하여 국토해양부령으로 정하는 범위에서 따로 정하여 고시할 수 있다.

3. 분양가격의 공시

사업주체는 분양가상한제 적용주택으로서 공공택지에서 공급하는 주택에 대하여 입주자모집 승인을 받았을 때에는 입주자 모집공고에 다음(국토해양부령으로 정하는 세분류를 포함한다)에 대하여 분양가격을 공시하여야 한다.

(1) 공공택지의 경우

사업주제는 분양가상한제 적용주택으로서 공공택지에서 공급하는 주택에 대하여 입주자모집 승인을 받았을 때에는 입주자 모집공고에 다음에 대하여 분양가격을 공시하여야 한다.

1. 택지비 2. 공사비 3. 간접비 4. 그 밖에 국토해양부령으로 정하는 비용

(2) 공공택지 외의 택지의 경우

시장·군수·구청장이 공공택지 외의 택지에서 공급되는 분양가상한제 적용주택(「수도권정비계획법」 제2조제1호에 따른 수도권 등 분양가 상승 우려가 큰 지역으로서 대통령령으로 정하는 기준에 해당되는 지역에서 공급되는 주택만 해당한다)에 대하여 입주자모집 승인을 하는 경우에는 다음의 구분에 따라 분양가격을 공시하여야 한다.

1. 택지비 2. 직접공사비 3. 간접공사비 4. 설계비 5. 감리비
6. 부대비 7. 그 밖에 국토해양부령으로 정하는 비용

4. 분양가심사위원회

① 시장·군수·구청장은 주택의 분양가격제한에 관한 사항 심의하기 위하여 분양가심사위원회를 설치·운영하여야 한다.

② 시장·군수·구청장은 입주자모집 승인을 할 때에는 분양가심사위원회의 심사결과에 따라 승인 여부를 결정하여야 한다.

③ 시장·군수·구청장은 사업계획승인 신청이 있은 날부터 20일 이내에 분양가심사위원회를 설치 운영하여야 한다.

④ 심의대상

1. 분양가격 및 발코니 확장비용 산정의 적정성 여부
2. 분양가격 공시내역의 적정성 여부
3. 시·군·구별 기본형건축비 산정의 적정성 여부
4. 분양가상한제 적용주택과 관련된 제2종국민주택채권 매입예정상한액 산정의 적정성 여부
5. 분양가상한제 적용주택의 전매행위 제한과 관련된 인근지역 주택매매가격 산정의 적정성 여부

5. 주택건설사업 등에 의한 임대주택의 건설

(1) 용적률 완화 및 임대주택건설

1) 용적률 완화 범위

사업주체(리모델링을 시행하는 자는 제외한다)가 다음의 각 사항을 포함한 사업계획승인 신청서(「건축법」의 허가신청서를 포함한다)를 제출하는 경우 사업계획승인권자(건축허가권자를 포함한다)는 국토계획법의 용도지역별 용적률 범위 안에서 특별시·광역시·특별자치도·시 또는 군의 조례로 정하는 기준에 따라 용적률을 완화하여 적용할 수 있다.

1. 20호수 이상의 주택과 주택 외의 시설을 동일 건축물로 건축하는 계획
2. 임대주택의 건설·공급에 관한 사항

2) 임대주택 건설비율

위 1)에 따라 용적률을 완화하여 적용하는 경우 사업주체는 완화된 용적률의 30/100 이상 60/100 이하의 범위에서 시·도 조례로 정하는 비율 이상에 해당하는 면적을 임대주택으

로 공급하여야 한다.

3) 사업계획승인신청서에의 반영

사업주체는 사업계획승인을 신청하기 전에 미리 용적률의 완화로 건설되는 임대주택의 규모 등에 관하여 인수자와 협의하여 사업계획승인신청서에 반영하여야 한다.

(2) 임대주택 선정

사업주체는 공급되는 주택의 전부(주택조합이 설립된 경우에는 조합원에게 공급하고 남은 주택을 말한다)를 대상으로 공개추첨의 방법에 의하여 인수자에게 공급하는 임대주택을 선정하여야 하며, 그 선정결과를 지체없이 인수자에게 통보하여야 한다.

(3) 임대주택 공급(인수)

1) 공급대상

사업주체는 임대주택을 국토해양부장관, 시·도지사, 한국토지주택공사 또는 지방공사(이하 "인수자" 라 한다)에 공급하여야 하며 시·도지사가 우선 인수할 수 있다.

2) 공급가격

임대주택의 공급가격은 임대주택의 매각 시 적용하는 공공건설임대주택의 분양전환가격에 산정기준에서 정하는 건축비로 하고, 그 부속토지는 인수자에게 기부채납한 것으로 본다.

3) 인수등기

사업주체는 임대주택의 준공인가(「건축법」의 사용승인을 포함한다)를 받은 후 지체 없이 인수자에게 등기를 촉탁 또는 신청하여야 한다. 이 경우 사업 주체가 거부 또는 지체하는 경우에는 인수자가 등기를 촉탁 또는 신청할 수 있다.

Ⅱ. 입주자 모집 등

1. 입주자저축

(1) 가입대상

「주택법」에 의하여 주택을 공급받고 하는 자에 대하여는 미리 입주금의 전부 또는 일부를 저축(이하 "입주자저축"이라 한다)하게 할 수 있다.

(2) 입주자저축의 종류

종 류	목적(다음 주택을 공급받기 위함)	가입대상자
청약저축	국민주택 등	무주택 세대주
청약예금	민영주택과 민간건설 중형국민주택	◦ 20세 이상인 자 ◦ 세대주인 경우 20세 미만인 자 포함
청약부금	85㎡ 이하 민영주택과 민간건설 중형국민주택	
주택청약종합저축	국민주택 등과 민영주택을 공급받기 위하여 가입하는 저축	누구든지 가입 가능

※ 입주자저축은 1인 1구좌에 한하여 가입할 수 있으며, 입주자저축에 가입하고자 하는 자는 입주자저축가입신청서를 입주자저축취급기관에 제출하여야 한다.

(3) 청약예금의 예치금액별 공급받을 수 있는 주택의 전용면적

구 분	특별시 및 부산광역시	기타 광역시	특별시 및 광역시를 제외한 시·군 지역
85㎡ 이하	300만원	250만원	200만원
85㎡ 초과 102㎡ 이하	600만원	400만원	300만원
102㎡ 초과 135㎡ 이하	1,000만원	700만원	400만원
135㎡ 초과	1,500만원	1,000만원	500만원

(4) 입주자저축의 명의변경

청약저축의 가입자명의는 다음 어느 하나에 해당하는 경우에만 변경할 수 있으며, 청약예금, 청약부금 또는 주택청약종합저축의 가입자명의는 "1"에 해당하는 경우에만 변경할 수 있다.

1. 가입자가 사망한 경우로서 그 상속인 명의로 변경하는 경우
2. 가입자가 혼인한 경우로서 그 배우자 명의로 변경하는 경우
3. 가입자의 배우자 또는 세대원인 직계 존·비속으로 세대주가 변경된 경우로서 그 변경된 세대주 명의로 변경하는 경우

참고 | 입주자저축 실시지역

- 청약예금 또는 청약부금의 제도는 특별시 광역시 시의 지역 및 군지역(군수가 청약예금제도의 실시가 필요하다고 인정하는 지역에 한한다)에 실시한다.
- 청약예금 또는 청약부금의 제도와 달리 청약저축 또는 주택청약종합저축의 제도는 실시지역이 제한되지 않는다.

2. 저당권설정 등의 제한 및 부기등기

(1) 제한대상 및 제한기간

① 사업주체는 사업계획승인을 받아 시행하는 주택건설사업에 의하여 건설된 주택 및 대지에 대하여는 입주자 모집공고 승인 신청일(주택조합의 경우에는 사업계획승인신청일) 이후부터 입주예정자가 그 주택 및 대지의 소유권이전 등기를 신청할 수 있는 날 이후 60일까지의 기간동안 입주예정자의 동의 없이 다음 각 호의 어느 하나에 해당하는 행위를 하여서는 아니 된다.

다만, 그 주택의 건설을 촉진하기 위하여 대통령령으로 정하는 경우에는 그러하지 아니하다.

1. 해당 주택 및 대지에 저당권 또는 가등기담보권 등 담보물권을 설정하는 행위
2. 해당 주택 및 대지에 전세권·지상권 또는 등기되는 부동산임차권을 설정하는 행위
3. 해당 주택 및 대지를 매매 또는 증여 등의 방법으로 처분하는 행위

② 이에서 "소유권이전등기를 신청할 수 있는 날"이란 사업주체가 입주예정자에게 통보한 입주 가능일을 말한다.

(2) 부기등기

① 저당권설정 등의 제한을 할 때 사업주체는 해당 주택 또는 대지가 입주예정자의 동의 없이는 양도하거나 제한물권을 설정하거나 압류·가압류·가처분 등의 목적물이 될 수 없는 재산임을 소유권등기에 부기등기하여야 한다.
다만, 사업주체가 국가·지방자치단체 및 한국토지주택공사 등 공공기관이거나 해당 대지가 사업주체의 소유가 아닌 경우 등 대통령령으로 정하는 경우에는 그러하지 아니하다.

② 부기등기는 주택건설대지에 대하여는 입주자 모집공고 승인 신청과 동시에 하여야 하고, 건설된 주택에 대하여는 소유권보존등기와 동시에 하여야 한다. 이 경우 부기등기의 내용 및 말소에 관한 사항은 대통령령으로 정한다.

③ 부기등기일 이후에 해당 대지 또는 주택을 양수하거나 제한물권을 설정받은 경우 또는 압류·가압류·가처분 등의 목적물로한 경우에는 그 효력을 무효로 한다. 다만, 사업주체의 경영부실로 입주예정자가 그 대지를 양수 받는 경우 등 대통령령으로 정하는 경우에는 그러하지 아니하다.

Ⅲ. 공급질서 교란행위 금지 등

1. 공급질서 교란행위

(1) 누구든지 이 법에 따라 건설·공급되는 주택을 공급받거나 공급받게 하기 위하여 다음 어느 하나에 해당하는 증서 또는 지위를 양도·양수(매매·증여나 그밖에 권리 변동을 수반하는 모든 행위를 포함하되, 상속·저당의 경우는 제외한다) 또는 이를 알선하거나 양도·양수 또는 이를 알선할 목적으로 하는 광고(각종 간행물·유인물·전화·인터넷, 그 밖의 매체를 통한 행위를 포함한다)를 하여서는 아니 되며, 누구든지 거짓이나 그 밖의 부정한 방법으로 이 법에 따라 건설·공급되는 증서나 지위 또는 주택을 공급받거나 공급받게 하여서는 아니 된다.

> 1. 주택을 공급받을 수 있는 지위
> 2. 주택상환사채
> 3. 입주자저축 증서
> 4. 그 밖에 주택을 공급받을 수 있는 증서 또는 지위로서 다음에 해당하는 것
>   ① 시장·군수 또는 구청장이 발행한 무허가건물확인서·건물철거예정증명서 또는 건물철거확인서
>   ② 공공사업의 시행으로 인한 이주대책에 의하여 주택을 공급받을 수 있는 지위 또는 이주대책대상자 확인서

(2) 위반효력

1) 지위 무효화 또는 계약취소

국토해양부장관 또는 사업주체는 다음 어느 하나에 해당하는 자에 대하여는 그 주택 공급을 신청할 수 있는 지위를 무효로 하거나 이미 체결된 주택의 공급계약을 취소할 수 있다.

> 1. 공급질서 교란금지를 위반하여 증서 또는 지위를 양도하거나 양수한 자
> 2. 공급질서 교란금지를 위반하여 거짓이나 그 밖의 부정한 방법으로 증서나지 위 또는 주택을 공급받은 자

2) 사업주체의 주택의 취득

사업주체가 공급질서 교란금지를 위반한 자에게 다음에 정하는 바에 따라 산정한 주택가격에 해당하는 금액을 지급한 경우에는 그 지급한 날에 그 주택을 취득한 것으로 본다.

> 1. 입주금
> 2. 융자금의 상환원금
> 3. 제1호 및 제2호의 금액을 합산한 금액에 생산자물가상승률을 곱한 금액

3) 퇴거명령

사업주체가 매수인에게 주택가격을 지급하거나, 매수인을 알 수 없어 주택가격의 수령 통지를 할 수 없는 경우 등 다음에 정하는 사유에 해당하는 경우로서 주택가격을 그 주택이 있는 지역을 관할하는 법원에 공탁한 경우에는 그 주택에 입주한 자에 대하여 기간을 정하여 퇴거를 명할 수 있다.

> 1. 매수인을 알 수 없어 주택가액 수령의 통지를 할 수 없는 경우
> 2. 매수인에게 주택가액의 수령을 3회 이상 통지(통지일부터 다음 통지일까지의 기간이 1월 이상이어야

한다)하였으나 매수인이 수령을 거부한 경우
3. 매수인이 주소지에 3월 이상 살지 아니하여 주택가액의 수령이 불가능한 경우
4. 주택의 압류 또는 가압류로 인하여 매수인에게 주택가액을 지급할 수 없는 경우

4) 입주자자격 제한

㉠ 국토해양부장관은 공급질서 교란행위를 위반한 자에 대하여 10년 이내의 범위에서 국토해양부령으로 정하는 바에 따라 주택의 입주자자격을 제한할 수 있다

㉡ 주택의 공급질서 교란행위 금지에 위반한 자에 대하여는 3년 이하의 징역 또는 3천만원 이하의 벌금에 처한다.

2. 투기과열지구

(1) 지정권자 및 지정대상

① 국토해양부장관 또는 시·도지사는 주택가격의 안정을 위하여 필요한 경우에는 주택정책심의위원회의 심의를 거쳐 일정한 지역을 투기과열지구로 지정하거나 이를 해제할 수 있다. 이 경우 투기과열지구의 지정은 그 지정 목적을 달성할 수 있는 최소한의 범위로 한다.

② 투기과열지구는 해당 지역의 주택가격상승률이 물가상승률보다 현저히 높은 지역으로서 그 지역의 청약경쟁률·주택가격·주택보급률 및 주택공급계획 등과 지역 주택시장 여건 등을 고려하였을 때 주택에 대한 투기가 성행하고 있거나 성행할 우려가 있는 지역 중 국토해양부령으로 정하는 기준을 충족하는 곳이어야 한다.

③ 국토해양부장관 또는 시·도지사는 투기과열지구에서 지정 사유가 없어졌다고 인정하는 경우에는 지체 없이 투기과열지구 지정을 해제하여야 한다.

(2) 지정 및 재검토

① 국토해양부장관이 투기과열지구를 지정하거나 해제할 경우에는 시·도지사의 의견을 들어야 하며, 시·도지사가 투기과열지구를 지정하거나 해제할 경우에는 국토해양부장관과 협의하여야 한다.

② 국토해양부장관 또는 시·도지사는 투기과열지구를 지정하였을 때에는 지체 없이 이를 공고하고, 그 투기과열지구를 관할하는 시장·군수·구청장에게 공고 내용을 통보하여야 한다. 이 경우 시장·군수·구청장은 사업주체로 하여금 입주자 모집공고 시 해당 주택건설 지역이 투기과열지구에 포함된 사실을 공고하게 하여야 한다. 투기과열지구 지정을 해제하는 경우에도 또한 같다.

③ 국토해양부장관은 1년마다 주택정책심의위원회의 회의를 소집하여 투기과열지구로 지정된 지역별로 해당 지역의 주택가격 안정 여건의 변화 등을 고려하여 투기과열지구 지정의 유지 여부를 재검토하여야 한다.
재검토 결과 투기과열지구 지정의 해제가 필요하다고 인정되는 경우에는 지체 없이 투기과열지구 지정을 해제하고 이를 공고하여야 한다.

(3) 지정의 해제

① 투기과열지구로 지정된 지역의 시·도지사 또는 시장·군수·구청장은 투기과열지구 지정 후 해당 지역의 주택가격이 안정되는 등 지정 사유가 없어졌다고 인정되는 경우에는 국토해양부장관 또는 시·도지사에게 투기과열지구 지정의 해제를 요청할 수 있다.

② 투기과열지구 지정의 해제를 요청받은 국토해양부장관 또는 시·도지사는 요청받은 날부터 40일 이내에 주택정책심의위원회의 심의를 거쳐 투기과열지구 지정의 해제 여부를 결정하여 그 투기과열지구를 관할하는 지방자치단체의 장에게 심의결과를 통보하여야 한다.

③ 국토해양부장관 또는 시·도지사는 심의결과 투기과열지구에서 그 지정사유가 없어졌다고 인정될 때에는 지체 없이 투기과열지구지정을 해제하고 이를 공고하여야 한다.

(4) 지정 효력

① 분양권 전매제한 기간이 공공주택으로 전용면적 85㎡ 이하의 경우에는 3 년에서 5년으로, 공공주택으로 전용면적 85㎡ 초과의 경우는 1년에서 3년으로 각 각 늘어나고, 민간주택의 경우도 1년에서 3년으로 늘어난다.

② 재건축조합 설립 이후의 조합원에 대한 지위 양도 금지, 5년 내 아파트 당첨사실 있는 자 및 세대주가 아닌 자는 청약 1순위 자격 상실.

③ 주택조합의 조합원 모집과 관련하여 선착순 모집 불가능 및 조합원 지위양도 제한
④ 투기과열지구내 민간택지에 대해 분양가격공시의무 부과(주택법 제38조의2 제5항)

3. 주택공영개발지구의 지정 등

(1) 지정권자 및 지정대상

국토해양부장관은 투기과열지구에서 조성되는 공공택지 중에서 주택에 대한 투기가 성행할 우려가 있거나 공공택지의 주택공급의 공공성을 강화하기 위하여 필요한 경우에는 주택정책심의위원회에서 다음의 사항에 대한 심의를 거쳐 주택공영개발지구를 지정할 수 있다. 이 경우 공공기관이 택지를 양수하여 건설·공급하여야 하는 공동주택의 규모 및 종류 등은 지역별 특성과 주택의 수급 상황 등을 고려하여 달리 정할 수 있다.

1. 주택공영개발지구의 지역적 범위
2. 해당 주택공영개발지구에서 주택공영개발의 대상이 되는 주택 규모 및 종류 등

참고 | 지정대상에서 주의할 점

주택공영개발지구는 투기과열지구에서 조성되는 공공택지 중에서 지정할 수 있으므로, 반드시 투기과열지구 내라야 하며, 그것도 공공택지만이 대상이 된다

(2) 양도 및 양수

㉠ 주택공영개발지구에서 주택공영개발의 대상이 되는 주택을 건설·공급하기 위하여 공급되는 공공택지는 다음 어느 하나에 따른 공공기관에 양도하여야 하며, 이를 양수한 공공기관은 그 택지에서의 주택건설사업을 직접 시행하여야 한다.
다만, 택지의 원활한 수급을 위하여 대통령령으로 정하는 경우에는 그러하지 아니하다.

1. 국가 또는 지방자치단체 2. 한국토지주택공사 3. 지방공사

㉡ 국토해양부장관이 주택공영개발지구를 지정하였을 때에는 그 사항을 관보에 고시하고, 관할 시·도지사에게 이를 통보하여야 한다.

㉢ 국토해양부장관은 주택공영개발지구의 지정 후 주택가격이 안정되는 등 지정사유가 없어졌다고 인정되는 경우에는 주택정책심의위원회의 심의를 거쳐 주택공영개발지구의 지정을 변경 또는 해제할 수 있다.

4. 전매행위 등의 제한

(1) 제한대상

사업주체가 건설·공급하는 주택 또는 주택의 입주자로 선정된 지위(입주자로 선정되어 그 주택에 입주할 수 있는 권리·자격·지위 등을 말한다)로서 다음에 해당하는 경우에는 10년 이내의 범위에서 대통령령으로 정하는 기간이 지나기 전에는 그 주택 또는 지위를 전매(매매·증여 그 밖의 권리의 변동을 수반하는 일체의 행위를 포함하되, 상속의 경우는 제외한다)하거나 이의 전매를 알선할 수 없다.

이 경우 전매제한기간은 주택의 수급 상황 및 투기 우려 등을 고려하여 대통령령으로 지역별로 달리 정할 수 있다.

1. 투기과열지구에서 건설·공급되는 주택의 입주자로 선정된 지위
2. 분양가상한제 적용주택 및 그 주택의 입주자로 선정된 지위.
   다만, 수도권 외의 지역으로서 투기과열지구가 지정되지 아니하거나 지정 해제 된 지역 중 공공택지 외의 택지에서 건설·공급되는 분양가상한제 적용주택 및 그 주택의 입주자로 선정된 지위에 대하여는 그러하지 아니하다.
3. 주택공영개발지구에서 분양가격의 제한을 받지 아니하고 공공기관이 건설·공급 하는 공동주택 및 그 주택의 입주자로 선정된 지위

(2) 대통령령이 정하는 전매행위 제한기간 및 전매가 불가피한 경우

1) 투기과열지구 안에서 주택의 입주자로 선정된 지위 제한기간

투기과열지구안에서 건설·공급되는 주택의 입주자모집을 하여 최초로 주택공급계약 체결이 가능한 날부터 다음 어느 하나의 기간에 도달한 때를 말한다.

1. 「수도권정비계획법」 의한 수도권, 충청권(대전광역시·충청남도 및 충청북도)의 행정구역에 속하는 지역의 경우 : 당해 주택(건축물에 대하여만 소유권이전등기를 하는 경우에는 당해 건축물)에 대한 소유권이전등기를 완료한 때. 이 경우 전매제한기간은 5년을 초과하지 아니한다.
2. 제1호 외의 지역의 경우 : 1년

2) 분양가상한제 적용주택의 입주자로 선정된 지위 제한기간

㉠ 수도권정비계획법에 따른 수도권

ⓐ 공공택지 중 해당 지구면적 50% 이상이 개발제한구역을 해제하여 개발된 경우의 주거전용면적 85㎡ 이하 주택

구 분	보금자리주택	보금자리주택외의 주택
분양가격이 인근지역 주택매매가격의 85% 이상	4년	2년
분양가격이 인근지역 주택매매가격의 70% 이상 85% 미만	6년	3년
분양가격이 인근지역 주택매매가격의 70퍼센트 미만	8년	5년

ⓑ "ⓐ" 외의 주택

구분		과밀억제권역	과밀억제권역 외 지역
공공택지에서 공급되는 주택	주거전용면적 85제곱미터 이하	투기과열지구: 5년 비투기과열지구: 1년	1년
	주거전용면적 85제곱미터 초과	투기과열지구: 3년 비투기과열지구: 1년	투기과열지구: 3년 비투기과열지구: 1년
민간택지에서 공급되는 주택	주거전용면적 85제곱미터 이하	투기과열지구: 3년 비투기과열지구: 1년	투기과열지구: 3년 비투기과열지구: 1년
	주거전용면적 85제곱미터 초과	투기과열지구: 3년 비투기과열지구: 1년	투기과열지구: 3년 비투기과열지구: 1년

㉡ 수도권 외의 지역

구분	투기과열지구	비투기과열지구
공공택지에서 공급되는 주택	3년	1년
민간택지에서 공급되는 주택	1년(충청권 3년)	-

※ 충청권은 대전광역시, 충청남도, 충청북도를 말한다.

3) 주택공영제개발지구 내 주택의 입주자로 선정

해당 주택의 입주자 모집을 하여 최초로 주택공급계약체결이 가능한 날로 부터 다음의 어느 기간이 도달한 때를 말한다.

1. 주거전용면적이 85㎡ 이하인 주택 : 5년
2. 주거전용면적이 85㎡ 초과하는 주택 : 3년

(3) 전매제한의 특례

① 입주자로 선정된 자 또는 분양가상한제 적용주택을 공급 받은 자 및 주택공영개발지구에서 주택의 입주자로 선정된 자로서 생업상의 사정등으로 전매가 불가피하다고 인정되는 경우로서 다음에 정하는 경우에는 전매제한 규정을 적용하지 아니한다.

② 다만, 분양가상한제 적용주택 또는 주택공영개발지구에서 해당하는 주택을 공급받은 자가 다음 사정등으로 전매하는 경우에는 한국토지주택공사(사업주체가 지방공사인 경우에는 지방공사를 말한다)가 그 주택을 우선 매입할 수 있다.

1. 세대원(세대주가 포함된 세대의 구성원을 말한다)이 근무 또는 생업상의 사정이나 질병치료·취학·결혼으로 인하여 세대원 전원이 다른 광역시, 시 또는 군(광역시의 관할구역에 있는 군을 제외한다)으로 이전하는 경우.
   다만, 수도권으로 이전하는 경우를 제외한다.
2. 상속에 의하여 취득한 주택으로 세대원 전원이 이전하는 경우
3. 세대원 전원이 해외로 이주하거나 2년 이상의 기간 해외에 체류하고사 하는 경우
4. 이혼으로 인하여 입주자로 선정된 지위 또는 주택을 그 배우자에게 이전하는 경우
5. 공익사업의 시행으로 주거용 건축물을 제공한 자가 사업시행자로부터 이주 대책용 주택을 공급받은 경우(사업시행자의 알선으로 공급받은 경우를 포함 한다)로서 시장·군수 또는 구청장이 확인하는 경우
6. 분양가상한제 또는 주택공영개발지구 내 주택의 소유자가 국가·지방자치단체 및 금융기관에 대한 채무를 이행하지 못하여 경매 또는 공매가 시행되는 경우
7. 입주자로 선정된 지위 또는 주택의 일부를 그 배우자에게 증여하는 경우

(4) 위반에 대한 조치

1) 환매

전매행위 제한 규정을 위반하여 주택의 입주자로 선정된 지위의 전매가 이루어진 경우, 사업주체가 이미 납부된 입주금에 대하여 은행의 1년 만기 정기예금 평균이자율을 합산한 금액을 그 매수인에게 지급한 경우에는 그 지급한 날에 사업주체가 해당 입주자로 선정된 지위를 취득한 것으로 보며, 이때 한국토지주택공사가 분양가상한제 적용주택을 우선 매입하는 경우에도 이를 준용한다.

2) 부기등기

㉠ 사업주체가 분양가상한제 적용주택 또는 주택공영개발지구의 주택에 해당하는 주택을 공급하는 경우 그 주택의 소유권을 제3자에게 이전할 수 없음을 소유권에 관한 등기에 부기등기하여야 한다.

㉡ 부기등기는 주택의 소유권보존등기와 동시에 하여야 하며, 부기등기에는 "이 주택은 최초로 소유권이전등기가 된 후에는 「주택법」 제41조의2 제1항에서 정한 기간이 지나기 전에 한국토지주택공사(제41조의2제2항 단서에 따라 한국토지주택공사가 우선 매입한 주택을 공급받는자를 포함한다) 외의 자에게 소유권을 이전하는 어떠한 행위도 할 수 없음" 을 명시하여야 한다.

㉢ 한국토지주택공사가 우선 매입한 주택을 공급하는 경우에도 부기등기 규정을 준용한다.

(5) 분양권전매 등에 대한 포상금

시·도지사는 전매행위제한 규정을 위반하여 분양권 등을 전매하거나 알선하는자를 주무관청에 신고한 자에게 대통령령으로 정하는바에 따라 포상금을 지급할 수 있다.

5. 주택의 거래신고

(1) 주택거래신고지역의 지정 및 대상

국토해양부장관은 다음 어느 하나에 해당하는 지역을 주택거래신고지역으로 지정할 수 있다.

1. 지정하는 날이 속하는 달의 직전월의 아파트의 매매가격상승률이 1.5% 이상인 지역
2. 직전월로부터 소급하여 3월간의 아파트의 매매가격상승률이 3% 이상인 지역
3. 직전월로부터 소급하여 1년간의 아파트의 매매가격상승률이 전국의 아파트매매 가격상승률의 2배 이상인 지역
4. 직전 월부터 소급하여 3개월간의 월평균 아파트거래량 증가율이 20% 이상인 지역
5. 관할시장·군수 또는 구청장이 주택에 대한 투기가 성행할 우려가 있다고 판단하여 지정을 요청하는 지역

① 주택거래계약을 신고하여야 하는 공동주택은 아파트만을 말한다.

② 국토해양부장관은 주택거래신고지역을 지정한 경우에는 관보에 고시하고, 지체없이 관할

시장·군수 또는 구청장에게 통보하여야 한다.

③ 시장·군수 또는 구청장은 통보받은 내용을 지체없이 관할등기소의 장에게 통지하고, 일반인이 15일 이상 열람할 수 있도록 하여야 한다.

(2) 주택거래의 신고

① 주택거래신고지역 안에서 대상주택에 관한 소유권을 이전하는 계약(대가가 있는 경우만 해당하며, 신규로 건설·공급하는 주택을 신규로 취득하는 경우는 제외한다)을 체결한 당사자는 공동으로, 주택거래가액 등 다음의 사항을 주택거래계약의 체결일부터 15일 이내에 해당 주택 소재지의 관할 시장·군수·구청장에게 신고하여야 하며, 신고한 사항을 변경하는 경우에도 같다.

1. 매수인 및 매도인의 인적사항
2. 계약일, 중도금 지급일 및 잔금 지급일
3. 거래대상 주택의 소재지, 지목 및 면적
4. 거래대상 주택의 종류와 규모
5. 주택거래가액
6. 거래대상 주택의 취득에 필요한 자금의 조달계획
7. 거래대상 주택에의 입주여부에 관한 계획
8. 계약의 조건 또는 기한이 있는 때에는 그 조건 또는 기한

※ 주택거래가액이 6억원 이하인 주택거래의 경우에는 위 6 및 7을 적용하지 않는다.

② 다만, 주택거래신고지역으로 지정되기 전에 체결한 계약은 「부동산등기특별조치법」 3조(계약서 검인) 또는 「공인중개사의 업무 및 부동산거래신고에 관한 법률」 제27조(부동산거래신고)에 따른다.

③ 신고인이 신고증명서를 교부받은 때에는 부동산등기특별조치법 제3조 제1 항의 규정(부동산거래신고)에 의한 검인을 받은 것으로 본다.

④ 신고를 하지 아니하거나, 게을리한 자, 신고를 거짓으로한 자에게는 해당 주택에 대한 취득세(취득세가 비과세이거나 면제·감경되는 경우에는 비과세가 아니거나 면제·감경되지 아니하는 경우에 내야 할 취득세액 상당액을 말한다)의 5배 이하에 해당하는 금액의 과태료를 부과한다.

⑤ 과태료는 대통령령으로 정하는 바에 따라 시장·군수·구청장이 부과한다.

제 5 장

주택의 관리

Ⅰ. 주택의 관리방법 등

1. 공동주택 관리

관리주체는 공동주택(부대시설과 복리시설을 포함한다)을 주택법 또는 이 법에 따른 명령에 따라 관리하여야 한다.

(1) 공동주택관리의 적용범위

공동주택의 관리에 관한 사항은 주택법에 따른 사업계획승인을 받아 건설한 공동주택(부대시설 및 복리시설을 포함한다)에 대하여 적용한다. 그러나 사업계획승인을 받아 건설한 단독주택에는 주택의 관리에 관한 규정은 전혀 적용되지 않고 공동주택에만 적용된다.

(2) 적용범위의 특례

1) 임대를 목적으로 하여 건설한 공동주택

임대를 목적으로 하여 건설한 공동주택에 대하여는 제47조(행위허가의 기준) ·제55조(관리주체의 업무 등)·제57조 ③(관리주체의 동의)·제59조(사업주체의 하자보수) 내지 제62조(내력구조부의 하자보수 등)·제64조(시설물의 안전관리) 및 제65조(공동주택의 안전점검)·제72조(관리사무소장의 배치)·제 82조(공동주택관리에 관한 감독)의 규정에 한하여 적용한다.

2) 건축법에 의한 건축허가를 받아 분양을 목적으로 건설한 공동주택

건축법 제11조에 따른 건축허가를 받아 분양을 목적으로 건설한 공동주택에 대해서는 다음의 사항만 적용한다.

㉠ 부대시설 및 입주자 공유인 복리시설의 용도변경 허가기준에 관한 사항
㉡ 리모델링주택조합의 리모델링 행위허가에 관한 사항
㉢ 하자보수와 하자진단 및 하자심사·분쟁조정위원회 등에 관한 사항

3) 주상복합건축물

건축법 제11조에 따른 건축허가를 받아 주택 외의 시설과 주택을 동일건축물로 건축한 건축물에 대해서는 다음 각 호만 적용한다.

㉠ 부대시설 및 입주자 공유인 복리시설의 용도변경 허가기준 사항
㉡ 리모델링주택조합의 리모델링 행위허가에 관한 사항
㉢ 공동주택관리에 관한 사항
㉣ 관리사무소장의 배치와 주택관리사 및 주택관리사보 등에 관한 사항
㉤ 공동주택관리의 감독 등에 관한 사항

2. 공동주택 내 행위허가 및 신고

(1) 대상 및 절차

1) 공동주택의 입주자·사용자 또는 관리주체가 다음 어느 하나에 해당하는 행위를 하려는 경우에는 허가 또는 신고와 관련된 면적, 세대수 또는 입주자 등의 동의 비율에 관하여 대통령령으로 정하는 기준 및 절차 등에 따라 시장·군수·구청장의 허가를 받거나 신고를 하여야 한다.

1. 공동주택을 사업계획에 따른 용도 외의 용도에 사용하는 행위
2. 공동주택을 신축·증축·개축·대수선 또는 리모델링하는 행위
3. 공동주택을 파손 또는 훼손하거나 해당 시설의 전부 또는 일부를 철거하는 행위(국토해양부령으로 정한 경미한 행위는 제외)
4. 그 밖에 공동주택의 효율적 관리에 지장을 주는 다음의 행위
   ① 공동주택의 용도폐지
   ② 공동주택의 재축 및 비내력벽의 철거

2) 다만, 리모델링의 경우에는 도시 및 주거환경정비법 제12조를 준용하여 안전진단을 하여야 하며, 안전진단 결과 건축물 구조의 안전에 위험이 있다고 평가되어 주택재건축사

업의 시행이 필요하다고 결정된 공동주택의 경우에는 위 "2" 에 따른 리모델링(증축을 위한 리모델링으로 한정한다)을 허가할 수 없다.

3) 특례

㉠ 다음에 정하는 경우에는 리모델링주택조합이나 소유자 전원의 동의를 받은 입주자대표회의가 시장·군수·구청장의 허가를 받아 리모델링을 할 수 있다.

> 1. 동별 또는 주택단지별로 설립된 리모델링주택조합.
>   ① 주택단지 전체를 리모델링하고자 하는 경우에는 주택단지 전체 구분소유자 및 의결권의 각 4/5 이상의 동의와 각 동별 구분소유자 및 의결권의 각 2/3 이상의 동의를 얻어야 하며,
>   ② 동을 리모델링하고자 하는 경우에는 그 동의 구분소유자 및 의결권의 각 4/5 이상의 동의를 얻어야 한다.
> 2. 주택단지의 주택소유자 전원의 동의를 얻은 입주자대표회의

㉡ 리모델링에 동의한 입주자는 리모델링주택조합 또는 입주자대표회의에서 시장·군수 또는 구청장에게 허가신청서를 제출하기 전까지 서면으로 그 동의를 철회할 수 있다

㉢ 공동주택의 지하층은 「주택건설기준 등에 관한 규정」 제11조 규정에 의한 주민공동시설로 활용할 수 있다. 이 경우 관리주체는 대피시설로 사용하는데 지장이 없도록 이를 유지·관리하여야 한다.

(2) 리모델링 허가

시장·군수·구청장이 세대수가 증가되는 리모델링을 허가하려는 경우에는 기반시설에의 영향이나 도시·군관리계획과의 부합 여부 등에 대하여 「국토계획법」에 따라 설치된 시·군·구도시계획위원회의 심의를 거쳐야 한다.

(3) 시공자 선정

① 리모델링을 하는 경우 설립인가를 받은 리모델링주택조합의 총회 또는 소유자 전원의 동의를 받은 입주자대표회의에서 「건설산업기본법」에 따른 건설업자 또는 건설업자로 보는 등록사업자를 시공자로 선정하여야 한다.

② 시공자를 선정하는 경우에는 국토해양부장관이 정하는 경쟁입찰의 방법으로 하여야 한다. 다만, 경쟁입찰의 방법으로 시공자를 선정하는 것이 곤란하다고 인정되는 경우 등

대통령령으로 정하는 경우에는 그러하지 아니하다.

(4) 사용검사

공동주택의 입주자·사용자·관리주체·입주자대표회의 또는 리모델링주택조합이 그 공사를 완료하였을 때에는 시장·군수·구청장의 사용검사를 받아야 하며, 사용검사에 관하여는 사용검사 규정 제29조를 준용한다.

(5) 행위허가의 취소 등

시장·군수·구청장은 공동주택의 입주자·사용자·관리주체·입주자대표회의에 해당하는 자가 거짓이나 그 밖의 부정한 방법으로 허가를 받거나 신고를 한 경우에는 행위허가를 취소할 수 있다.

(6) 관리주체의 동의

입주자 등은 다음의 행위를 하려는 때에는 관리주체의 동의를 얻어야 한다.

1. 위의 허가나 신고에 해당하지 아니하는 범위 안에서 주택내부의 구조물과 설비를 증설하기나 제거하는 행위
2. 공용부분에 물건을 적재하여 통행·피난 및 소방을 방해하는 행위
3. 공동주택에 광고물·표지물 또는 표지를 부착하는 행위
4. 가축(장애인 보조견을 제외한다)을 사육하거나 방송시설 등을 사용함으로써 공동주거생활에 피해를 미치는 행위
5. 공동주택의 발코니 난간 또는 외벽에 돌출물을 설치하는 행위
6. 전기실·기계실·정화조시설 등에 출입하는 행위

3. 관리주체 등

(1) 관리주체의 범위

관리주체란 공동주택을 관리하는 다음의 자를 말한다.

가. 자치관리기구의 대표자인 공동주택의 관리사무소장
나. 관리업무를 인계하기 전의 사업주체
다. 주택관리업자
라. 「임대주택법」에 따른 임대사업자

(2) 의무관리 대상

① 다음 어느 하나에 해당하는 공동주택(「건축법」에 따른 건축허가를 받아 주택외의 시설과 주택을 동일 건축물로 건축하는 경우와 부대시설 및 복리시설을 포함하되, 복리시설 중 일반인에게 분양되는 시설은 제외)을 건설한 사업주체는 입주예정자의 과반수가 입주할 때까지 그 공동주택을 직접 관리하여야 한다.

1. 300세대 이상의 공동주택
2. 150세대 이상으로서 승강기가 설치된 공동주택
3. 150세대 이상으로서 중앙집중식 난방방식(지역난방방식을 포함한다)의 공동주택
4. 「건축법」에 따른 건축허가를 받아 주택 외의 시설과 주택을 동일건축물로 건축한 건축물로서 주택이 150세대 이상인 건축물

② 입주예정자의 과반수가 입주하였을 때에는 입주자에게 그 사실을 알리고 그 공동주택을 관리할 것을 요구하여야 한다.

③ 입주자는 공동주택을 자치관리하거나 주택관리업자에게 위탁하여 관리하여야 한다

(3) 관리방법의 결정

① 입주자는 자치관리하거나 위탁관리할 것을 요구를 받았을 때에는 그 요구를 받은 날부터 3개월 이내에 입주자대표회의를 구성하여야 한다.

② 입주자대표회의는 공동주택의 관리방법을 결정(주택관리업자에게 위탁하여 관리하는 방법을 선택한 경우에는 그 주택관리업자의 선정을 포함한다)하여 이를 사업주체에게 통지하고, 관할 시장·군수·구청장에게 신고하여야한다.

(4) 자치관리기구의 구성

① 입주자대표회의가 공동주택을 자치관리하려는 경우에는 사업주체의 요구가 있었던 날부

터 6개월 이내에 공동주택의 관리사무소장을 자치관리기구의 대표자로 선임하고, 대통령령으로 정하는 기술인력 및 장비를 갖춘 자치관리기구를 구성하여야 한다.

② 다만, 주택관리업자에게 위탁관리하다가 자치관리로 관리방법을 변경할 경우에는 그 위탁관리의 종료일까지 자치관리기구를 구성하여야 한다.

(5) 사업주체에 의한 관리업자 선정

사업주체는 입주자대표회의로부터 관리방법결정의 통지가 없거나 입주자대표회의가 법정된 기간 내에 자치관리기구를 구성하지 아니한 경우에는 주택관리업자를 선정하여야 한다. 이 경우 사업주체는 입주자에게 그 사실을 알려야 한다.

(6) 관리업무 인수·인계

① 사업주체는 다음 어느 하나에 해당하는 경우에는 자치관리기구가 구성되거나 주택관리업자가 선정된 경우에는 해당 관리주체에게 공동주택의 관리업무를 1개월 이내에 인계하여야 하며, 관리주체가 변경된 경우에도 또한 같다.

1. 입주자대표회의로부터 주택관리업자의 선정을 통지받은 경우
2. 자치관리기구가 구성된 경우
3. 주택관리업자가 선정된 경우

② 지방자치단체의 장은 그 지방자치단체의 조례로 정하는 바에 따라 관리주체가 공동주택의 관리업무를 수행하기 위하여 필요한 비용의 일부를 지원할 수 있다.

③ 공동주택의 관리와 관련하여 입주자·사용자·관리주체·입주자대표회의 또는 리모델링조합은 부정하게 재물 또는 재산상의 이익을 취득하거나 제공하여서는 아니 된다.

4. 입주자대표회의

(1) 입주자의 의의

입주자란 주택을 공급받는 자, 주택의 소유자, 주택의 소유자 또는 그 소유자를 대리하는 배우자 및 직계존비속을 말한다.

(2) 입주자대표회의 구성 및 운영

① 입주자대표회의는 4명 이상으로 구성하되, 동별 세대수에 비례하여 공동주택관리규약으로 정한 선거구에 따라 선출된 대표자(이하 "동별 대표자"라 한다)로 구성한다. 이 경우 선거구는 2개동 이상으로 묶거나 통로나 층별로 구획하여 정할 수 있다.

② 하나의 공동주택단지를 수개의 공구로 구분하여 순차적으로 건설하는 경우(임대를 목적으로 하여 건설한 공동주택은 분양전환된 경우)에는 먼저 입주한 공구의 입주자 또는 사용자는 규정에 따라 입주자대표회의를 구성할 수 있다. 다만, 다음 공구의 입주예정자의 과반수가 입주한 때에는 다시 입주자 대표회의를 구성하여야 한다.

③ 동별 대표자는 동별 대표자 선출공고일 현재 당해 공동주택단지안에서 주민등록을 마친 후 계속하여 6개월 이상(최초의 입주자대표회의를 구성하기 위하여 동별 대표자를 선출하는 경우는 제외) 거주하고 있는 입주자(입주자가 법인의 경우에는 대표자) 중에서 선거구 입주자등의 보통·평등·직접·비밀선거를 통하여 선출한다.

1. 입후보자가 2명 이상인 경우 : 다득표자를 선출
2. 입후보자가 1명인 경우 : 입주자등의 과반수가 투표하고 투표자의 과반수 찬성으로 선출

④ 다음 각 호의 어느 하나에 해당하는 사람은 동별 대표자가 될 수 없으며 그 자격을 상실한다.

1. 미성년자, 금치산자 및 한정치산자
2. 파산자로서 복권되지 아니한 사람
3. 금고 이상의 실형 선고를 받고 그 집행이 끝나거나(집행이 끝난 것으로 보는 경우를 포함한다) 집행이 면제된 날로부터 5년이 지나지 아니한 사람
4. 금고 이상의 형의 집행유예선고를 받고 그 유예기간 중에 있는 사람
5. 공동주택 관리와 관련하여 벌금 100만원 이상의 형을 선고받은 후 5년이 지나지 아니한 사람
6. 선거관리위원회 위원(잔여임기를 남겨두고 위원을 사퇴한 사람을 포함한다)
7. 주택의 소유자가 서면으로 위임한 대리권이 없는 소유자의 배우자나 직계존비속
8. 해당 공동주택 관리주체의 소속 임직원과 관리주체에 용역을 공급하거나 사업자로 지정된 자의 소속 임원
9. 해당 공동주택의 동별 대표자를 사퇴하거나 해임된 날로부터 4년이 지나지 아니한 사람
10. 관리비, 사용료 및 장기수선충당금 등(이하 “관리비등”이라 한다)을 3개월 이상 연속하여 체납한 사람

⑤ 입주자대표회의에서는 동별 대표자 중에서 다음의 임원을 그 구성원(관리 규약으로 정한 정원을 말하며, 해당 입주자대표회의 구성원의 3분의 2 이상이 선출된 때에는 그 선출된 인원을 말한다. 이하 같다) 과반수의 찬성으로 선출하여야 한다.

> 1. 회장 1명, 2. 감사 1명 이상, 3. 이사 2명 이상

(3) 입주자대표회의의 의결사항

① 입주자대표회의는 법 제43조에 따라 그 구성원 과반수의 찬성으로 다음의 사항을 의결한다.

> 1. 관리규약 개정안의 제안 및 공동주택의 관리에 필요한 제 규정의 제정·개정·폐지
> 2. 공동주택 관리방법의 제안
> 3. 관리비등의 집행을 위한 사업계획 및 예산의 승인(변경승인을 포함)
> 4. 공용시설물의 사용료 부과기준의 결정
> 5. 관리비등의 회계감사의 요구 및 회계감사보고서의 승인
> 6. 관리비등의 결산의 승인
> 7. 단지안의 전기·도로·상하수도·주차장·가스설비·냉난방설비 및 승강기 등의 유지 및 운영기준
> 8. 자치관리를 하는 경우 자치관리기구 직원의 임면에 관한 사항
> 9. 장기수선계획에 따른 공동주택의 공용부분의 보수·교체 및 개량
> 10. 공동주택의 행위허가 또는 신고행위의 제안
> 11. 공동주택에 대한 리모델링의 제안 및 리모델링의 시행
> 12. 장기수선계획 및 안전관리계획의 수립 또는 조정(비용지출을 수반하는 경우에 한한다)
> 13. 입주자등 상호간에 이해가 상반되는 사항의 조정
> 14. 그 밖에 공동주택의 관리와 관련하여 관리규약으로 정하는 사항

② 입주자대표회의는 관리규약이 정하는 바에 따라 회장이 소집한다. 다만, 다음 어느 하나에 해당하는 때에는 회장은 해당일 부터 14일 이내에 입주자 대표회의를 소집하여야 하고, 회장이 회의를 소집하지 아니하는 경우에는 관리규약으로 정하는 이사가 그 회의를 소집하고 회장의 직무를 대행한다.

> 1. 입주자대표회의 구성원 1/3 이상이 청구하는 때
> 2. 입주자등의 1/10 이상이 요청하는 때

③ 입주자대표회의는 해당 공동주택의 관리여건상 필요하다고 인정하는 경우에는 인접한 공

동주택단지(임대주택단지를 포함)와 공동으로 관리하거나 500 세대 이상의 단위로 구분하여 관리하게 할 수 있다.

(4) 공동주택관리규약

① 시·도지사는 공동주택의 입주자 및 사용자를 보호하고 주거생활의 질서를 유지하기 위하여 대통령령으로 정하는 바에 따라 공동주택의 관리 또는 사용에 관하여 준거가 되는 공동주택관리규약(이하 "관리규약" 이라 한다)의 준칙을 정하여야 한다.
② 입주자와 사용자는 위 관리규약의 준칙을 참조하여 관리규약을 정한다.
③ 공동주택 분양 후 최초의 관리규약은 사업주체가 관리규약의 준칙에 따라 입주예정자와 관리계약을 체결하는 때에 제안하여 해당 입주예정자의 과반수가 서면 동의하는 방법으로 이를 결정한다.
④ 관리규약은 입주자의 지위를 승계한 자에 대하여도 그 효력이 있다.

Ⅱ. 관리비 등

1. 관리비

(1) 관리비 납부 의무

① 공동주택의 입주자 및 사용자는 그 공동주택의 유지관리를 위하여 필요한 관리비를 관리주체에게 납부해야 한다.
② 공동주택의 관리주체는 입주자 및 사용자가 납부하는 대통령령으로 정하는 사용료 등을 입주자 및 사용자를 대행하여 그 사용료 등을 받을 자에게 납부할 수 있다.
③ 공동주택의 관리주체는 다음의 내역(항목별 산출내역을 말하며, 세대별 부과내역은 제외)을 대통령령으로 정하는 바에 따라 공개하여야 한다.

1. 관리비	2. 사용료 등
3. 장기수선충당금과 그 적립금액	4. 그 밖에 대통령령으로 정하는 사항

④ 관리비는 다음 비목의 월별금액의 합계액으로 한다.

1. 일반관리비
2. 청소비
3. 경비비
4. 소독비
5. 승강기유지비
5의2. 지능형 홈네트워크 설비 유지비(지능형 홈네트워크 설비가 설치된 경우 만 해당한다)
6. 난방비
7. 급탕비
8. 수선유지비(냉·난방시설의 청소비를 포함한다)
9. 위탁관리수수료

⑤ 관리주체는 다음의 비용에 대하여는 관리비와 구분하여 징수하여야 한다.

1. 장기수선충당금
2. 안전진단 실시비용

2. 장기수선계획 및 충당금

(1) 장기수선계획

① 다음 어느 하나에 해당하는 공동주택을 건설·공급하는 사업주체 또는 리모델링을 하는 자는 해당 공동주택의 공용부분에 대한 장기수선계획을 수립하여 사용검사를 신청할 때에 사용검사권자에게 제출하고, 사용검사권자는 이를 그 공동주택의 관리주체에게 인계하여야 한다.

1. 300세대 이상의 공동주택
2. 승강기가 설치된 공동주택
3. 중앙집중식 난방방식의 공동주택

② 입주자대표회의와 관리주체는 장기수선계획을 3년마다 조정하되, 관리여건상 필요하여 입주자 과반수의 서면동의를 얻은 경우에는 3년이 경과하기 전에 조정할 수 있으며, 수립 또는 조정된 장기수선계획에 의하여 주요시설을 교체하거나 보수하여야 한다.

(2) 장기수선충당금의 적립

① 관리주체는 장기수선계획에 따라 공동주택의 주요 시설의 교체 및 보수에 필요한 장기수

선충당금을 해당 주택의 소유자로부터 징수하여 적립하여야한다.

② 공동주택 중 분양되지 아니한 세대의 장기수선충당금은 사업주체가 이를 부담하여야 한다.

③ 장기수선충당금은 당해 공동주택의 사용검사일(단지안의 공동주택의 전부에 대하여 임시사용승인을 얻은 경우에는 임시사용승인일)부터 1년이 경과한 날이 속하는 달부터 매월 적립한다.

④ 장기수선충당금의 사용은 장기수선계획에 따른다. 다만, 입주자 과반수의 서면동의가 있는 경우에는 다음의 용도로 사용할 수 있다.

1. 조정 등의 비용
2. 하자진단 및 감정에 드는 비용
3. 위 1, 2, 의 비용을 청구하는데 드는 비용

Ⅲ. 하자보수책임·안전 등

1. 하자보수

(1) 하자보수 책임권자 및 청구권자

① 사업주체(건축법에 따라 건축허가를 받아 분양을 목적으로 하는 공동주택을 건축한 건축주 및 공동주택을 신축·증축·개축·대수선 또는 리모델링하는 시공자를 포함)는 건축물 분양에 따른 담보책임에 관하여 민법(제667조 내지 제671조)의 규정을 준용하도록한 집합건물의 소유 및 관리에 관한 법률(제9조)에도 불구하고,

② 공동주택의 사용검사일 또는 공동주택의 사용승인일부터 공동주택의 내력 구조부별 및 시설공사별로 10년 이내의 범위에서 담보책임기간에 공사상 잘못으로 인한 균열·침하·파손 등 하자가 발생한 경우에는 해당 공동주택의 다음에 해당하는 자(이하 "입주자대표회의등")의 청구에 따라 그 하자를 보수 하여야 한다.

1. 입주자
2. 입주자대표회의
3. 관리주체(하자보수청구 등에 관하여 입주자 또는 입주자대표회의를 대행하는 관리주체를 말한다)
4. 「집합건물의 소유 및 관리에 관한 법률」에 따른 관리단

(2) 하자담보기간

① 하자보수책임기간은 시설공사별로 다르다 주요시설별로 살펴보면 다음과 같다.

시설공사명	기 간	시설공사명	기 간
대지조성공사(포장은 3년)	2년	옥외급수·위생관련	2년
지정 및 기초공사	3년	철근콘크리트공사	4년
철골공사(구조용철골 3년)	2년	조적공사	2년
목공사(수장목공 1년)	2년	창호공사(유리공사 1년)	2년
지붕방수공사	4년	마감공사	1년~2년
조경공사(잔디심기 1년)	2년	잡공사	1년~3년
난방·환기, 공기조화설비	2년	급·배수위생설비	2년
가스 및 소화설비(가스 2년)	3년	전기 및 전력설비	1년~3년
통신신호 및 방재설비	2년~3년	홈네트워크	2년

② 내력구조부의 하자보수대상 하자의 범위 및 기간

㉠ 하자의 범위

ⓐ 내력구조부에 발생한 결함으로 인하여 해당 공동주택이 무너진 경우

ⓑ 안전진단 실시결과 당해 공동주택이 무너질 우려가 있다고 판정된 경우

㉡ 내력구조별 하자보수기간

ⓐ 기둥·내력벽(힘을 받지 않은 조적벽 등은 제외한다) : 10년

ⓑ 보·바닥 및 지붕 : 5년

(3) 하자청구절차

① 사업주체는 담보책임기간에 공동주택의 내력구조부에 중대한 하자가 발생한 경우에는 하자 발생으로 인한 손해를 배상할 책임이 있다.

② 입주자대표회의 등은 하자담보책임기간 내에 공동주택의 하자가 발생한 경우에는 사업주

체에 대하여 그 하자의 보수를 청구할 수 있다.

③ 사업주체는 하자보수를 청구받은 날(하자진단결과를 통보받은 때에는 그 통보받은 날)부터 3일 이내에 그 하자를 보수하거나 보수일정 등을 명시한 하자보수계획을 입주자대표회의등에 통보하여야 한다.

(4) 입주자대표회의 등의 직접보수

① 입주자대표회의 등은 하자보수청구를 한 후 사업주체가 법정기간 내에 하자보수를 이행하지 아니하거나 하자보수계획을 통보하지 아니한 경우에는 하자보수보증금을 사용하여 직접 보수하거나 제3자에게 보수하게 할 수 있다.

② 하자진단을 실시하는 경우에는 당사자 간에 합의가 있는 경우에만 이를 할 수 있다.

③ 입주자대표회의 등은 사업주체가 조정결과에 따라 하자보수를 이행하지 아니한 경우에는 하자보수보증금을 사용하여 직접 보수하거나 제3자에게 보수하게 할 수 있다.

④ 입주자대표회의 등은 하자보수보증금의 사용내역을 사업주체에게 통보하여야 한다.

(5) 하자보수보증금 예치

1) 사업주체(「건설산업기본법」에 따라 하자담보책임이 있는 자로서 사업주체로부터 건설공사를 일괄 도급받아 건설공사를 수행한 자가 따로 있는 경우에는 그자를 말한다)는 하자보수보증금을 예치하여야 한다.

다만, 국가·지방자치단체·한국토지주택공사 및 지방공사인 사업주체의 경우에는 그러하지 아니하다.

2) 하자보수보증금은 다음 어느 하나에 해당하는 금액의 100분의 3으로한다. 다만, 건설임대주택이 분양전환되는 경우에는 본문에 따른 금액에 임대주택 세대 중 분양전환을 하는 세대의 비율을 곱한 금액으로 한다.

1. 대지조성과 함께 공동주택을 건설하는 경우 : 사업계획승인서에 기재된 해당 공동주택의 총사업비[간접비(설계비, 감리비, 분담금, 부담금, 보상비 및 일반분양시설경비를 말한다)는 제외한다. 이하 이 항에서 같다]에서 해당 공동주택을 건설하는 대지의 조성전 가격을 뺀 금액
2. 대지조성을 하지 아니하고 공동주택을 건설하는 경우 : 사업계획승인서에 기재된 당해 공동주택의 총사업비에서 대지가격을 뺀 금액
3. 법 제42조제2항제2호의 규정에 의하여 공동주택을 신축·증축·개축·대수선 또는 리모델링하는

경우 및 동조제3항의 규정에 의하여 리모델링을 하는 경우 : 허가신청서 또는 신고서에 기재된 당해 공동주택의 총사업비

4.「건축법」 제11조에 따른 건축허가를 받아 분양을 목적으로 공동주택을 건설하는 경우 : 사용승인을 신청할 당시의 「임대주택법 시행령」 제13조제5 항에 따른 공공건설임대주택 분양전환가격의 산정기준에 의한 표준건축비를 적용하여 산출한 건축비

3) 사업주체는 사용검사권자가 지정하는 은행에 현금 또는 다음의 어느 하나에 해당하는 하자보수보증금의 보증서 발급기관에서 발행하는 보증서를 사용 검사권자의 명의로 예치하고, 그 예치증서를 사용검사신청서를 제출할 때 사용검사권자에게 제출하여야 한다.

1. 대한주택보증주식회사가 발행하는 보증서
2. 건설공제조합이 발행하는 보증서
3. 보험업법에 따른 보증보험업을 영위하는 자가 발행하는 이행보증보험증권
4. 금융기관의 지급보증서

4) 사용검사권자는 입주자대표회의가 구성된 때에는 지체 없이 하자보수보증금의 예치명의를 당해 입주자대표회의의 명의로 변경하여야 하며, 입주자대표회의는 사업주체의 하자보수책임이 종료되는 때까지 하자보수보증금을 금융기관에 예치하여 보관하여야 한다.

5) 하자보수보증금의 반환

입주자대표회의는 사업주체가 예치한 하자보수보증금을 다음의 구분에 따라 순차적으로 사업주체에게 반환하여야 한다. 그러나 이미 사용한 하자보수보 증금은 이를 반환하지 아니한다.

1. 사용검사일(임시사용승인일 포함)부터 1년이 경과된 때 : 하자보수보증금의 10%
2. 사용검사일부터 2년이 경과된 때 : 하자보수보증금의 25%
3. 사용검사일부터 3년이 경과된 때 : 하자보수보증금의 20%
4. 사용검사일부터 4년이 경과된 때 : 하자보수보증금의 15%
5. 사용검사일부터 5년이 경과된 때 : 하자보수보증금의 15%
6. 사용검사일부터 10년이 경과된 때 : 하자보수보증금의 15%

6) 사업주체는 순차적으로 하자담보책임기간이 만료되기 30일 전까지 그 사실을 입주자대표회의(또는 관리주체, 관리단) 통지하고, 하자담보책임기간이 만료된 때에는 입주자대

표회의등이 하자담보책임기간 내에 발생된 하자에 대하여 보수를 청구한 경우에는 지체 없이 보수를 완료한 후 그 결과를 입주자 대표회의등에 통지하여야 한다.

(6) 손해배상책임

사업주체는 담보책임기간에 공동주택의 내력구조부에 중대한 하자가 발생한 경우에는 하자발생으로 인한 손해를 배상할 책임이 있다.

2. 하자심사·분쟁조정위원회

(1) 담보책임 및 하자보수 등과 관련한 사무를 심사·조정(이하 "조정등" 이라 한다) 및 관장하기 위하여 국토해양부에 하자심사·분쟁조정위원회(이하 "위원회" 라 한다)를 둔다.

(2) 위원회의 심사·조정사항

1. 하자 여부 판정
2. 하자담보책임 및 하자보수 등에 대한 공동주택의 입주자등과 사업주체 간의 분 쟁의 조정
3. 하자의 책임범위 등에 대하여 사업주체·설계자 및 감리자 간에 발생하는 분쟁의 조정
4. 다른 법령에서 위원회 사무로 규정된 사항
5. 그 밖에 대통령령으로 정하는 사항

(3) 다음에 해당하는 경우에는 하자심사·분쟁조정위원회에 하자심사 또는 분쟁조정을 신청할 수 있다.

1. 입주자대표회의등과 사업주체(하자보수보증금의 보증서 발급기관을 포함한다. 이하 이 조 및 제46조의2부터 제46조의10까지에서 같다) 사이에 담보책임기간에 발생한 하자의 책임범위에 대하여 분쟁이 발생한 경우
2. 사업주체·설계자 및 감리자 사이에 하자의 책임범위에 대하여 분쟁이 발생한 경우

(4) 위원회는 신청을 받은 때에는 지체 없이 조정등의 절차를 개시하여야 한다. 위원회는 그 신청을 받은 날부터 60일 이내에 그 절차를 완료하여야 한다.

(5) 위원회는 기간 이내에 조정등을 완료할 수 없는 경우에는 위원회의 의결로 그 기간을 1회에 한하여 연장할 수 있되, 그 기간은 30일 이내로 한다.

(6) 조정안을 제시받은 당사자는 그 제시를 받은 날부터 15일 이내에 그 수락여부를 위원회에 통보하여야 한다.

(7) 당사자가 조정안을 수락한 때에는 위원회는 즉시 조정서를 작성하여야 하며, 위원장 및 각 당사자는 이에 서명·날인하여야 한다.

(8) 당사자가 조정안을 수락한 때에는 당사자 간에 조정서와 동일한 내용의 합의가 성립된 것으로 본다.

3. 안전진단 및 안전점검

(1) 안전진단

① 시장·군수 또는 구청장은 공동주택의 내력구조부에 중대한 하자가 있다고 인정하는 경우에는 다음 어느 하나에 해당하는 기관에 해당 공동주택의 안전진단을 의뢰할 수 있다.

1. 한국건설기술연구원
2. 한국시설안전공단
3. 건축사협회
4. 대학 및 산업대학의 부설연구기관(상설기관에 한한다)
5. 「시설물의 안전관리에 관한 특별법」에 의한 안전진단전문기관

② 안전진단에 소요되는 비용은 사업주체가 이를 부담한다. 다만, 하자의 원인이 사업주체외의 자에게 있는 경우에는 그 자가 부담한다.

(2) 안전관리계획 및 교육 등

① 관리주체는 해당 공동주택의 시설물로 인한 안전사고를 예방하기 위하여 대통령령으로 정하는 바에 따라 안전관리계획을 수립하고 이에 따라 시설물별로 안전관리자 및 안전관리책임자를 선정하여 이를 시행하여야 한다.

1. 고압가스·액화석유가스 및 도시가스시설
2. 중앙집중식 난방시설
3. 발전 및 변전시설
4. 위험물 저장시설
5. 소방시설
6. 승강기 및 인양기
7. 연탄가스배출기(세대별로 설치된 것은 제외한다)
8. 그 밖에 국토해양부령이 정하는 시설

② 시장·군수·구청장은 방범교육 및 안전교육을 국토해양부령이 정하는 바에 의하여 다음의 구분에 의한 기관 또는 법인에게 위임 또는 위탁하여 실시할 수 있다.

1. 교육기간 : 연 2회 이내, 매회별 4시간
2. 대상자
   가. 방범교육 : 경비책임자
   나. 소방에 관한 안전교육 : 시설물 안전관리책임자
   다. 시설물에 관한 안전교육 : 시설물 안전관리책임자
3. 교육기관
   가. 방법교육 : 관할 경찰서장
   나. 소방안전교육 : 관할 소방서장
   다. 시설물 안전교육 : 법 제87조② 규정에 의하여 인정받은 법인

(3) 안전점검

① 관리주체는 그 공동주택의 기능유지와 안전성 확보로 입주자 및 사용자를 재해 및 재난 등으로부터 보호하기 위하여 안전점검을 실시하여야 한다.

다만, 16층 이상의 공동주택에 대하여는 대통령령으로 정하는 자로 하여금 안전점검을 실시하도록 하여야 한다.

② 관리주체는 안전점검의 결과 건축물의 구조·설비의 안전도가 매우 낮아 재해 및 재난 등이 발생할 우려가 있는 경우에는 지체 없이 입주자대표회의에 그 사실을 통보한 후 시장·군수·구청장에게 그 사실을 보고하고, 해당 건축물의 이용 제한 또는 보수 등 필요한 조치를 하여야 한다.

③ 시장·군수 또는 구청장은 안전도가 매우 낮아 재해 및 재난 등이 발생할 우려가 있다고 보고된 공동주택에 대하여는 조치를 하고 매월 1회 이상 점검을 실시하여야 한다.

4. 공동주택관리 분쟁조정 위원회

(1) 분쟁조정위원회 설치

공동주택의 입주자·사용자·관리주체·입주자대표회의 또는 리모델링조합간의 분쟁을 조정하기 위하여 시·군·구에 공동주택관리 분쟁조정위원회를 둔다.

(2) 심의·조정할 사항

1. 입주자대표회의의 구성·운영 및 동별 대표자의 자격·선임·해임·임기에 관한 사항
2. 자치관리기구의 구성·운영 등에 관한 사항
3. 관리비·사용료 및 장기수선충당금의 징수·사용 등에 관한 사항
4. 공동주택(공용부분만 해당한다)의 유지·보수·개량 등에 관한 사항
5. 공동주택의 리모델링에 관한 사항
6. 그 밖에 공동주택의 관리와 관련하여 분쟁의 조정이 필요하다고 지방자치단체의 조례로 정한 사항

(3) 조정 효력 및 구성

① 분쟁조정위원회의 조정결과를 수락한 경우에는 당사자 간에 조정조서와 같은 내용의 합의가 성립된 것으로 본다.

② 공동주택관리분쟁조정위원회는 위원장 1인을 포함하여 10인 이내의 위원으로 구성하되, 위원은 당해 지방자치단체의 장이 위촉 또는 임명하는 자가 된다.

5. 공동주택 리모델링에 따른 특례

(1) 대지사용권

공동주택의 소유자가 리모델링에 의하여 전유부분의 면적이 늘거나 줄어드는 경우에는 집합건물법(제12조 및 제20조제1항)에도 불구하고 대지사용권은 변하지 아니하는 것으로 본다. 다만, 세대수 증가를 수반하는 리모델링의 경우에는 권리 변동계획에 따른다.

(2) 공용부분

공동주택의 소유자가 리모델링에 의하여 일부 공용부분의 면적을 전유부분의 면적으로 변경한 경우에는 집합건물법(제12조)에도 불구하고 그 소유자의 나머지 공용부분의 면적은 변하지

아니하는 것으로 본다.

(3) 특례

대지사용권 및 공용부분의 면적에 관하여는 집합건물법(제28조)에 따른 규약으로 달리 정한 경우에는 그 규약에 따른다.

6. 주택관리업

(1) 주택관리업의 등록 및 변경

① 공동주택의 관리를 업으로 하려는 자는 시장·군수·구청장에게 등록하여야 하며, 등록 사항이 변경된 경우에는 국토해양부령으로 정하는 바에 따라 변경신고를 하여야 한다.
② 등록을 한 자(이하 "주택관리업자"라 한다)가 그 등록이 말소된 후 2년이 지나지 아니한 때에는 다시 등록할 수 없다.
③ 등록은 주택관리사(임원 또는 사원의 1/3 이상이 주택관리사인 상사법인을 포함)가 신청할 수 있다. 이 경우 주택관리업을 등록하려는 자가 갖추어야 하는 자본금(법인이 아닌 경우 자산평가액을 말한다)·인력·시설 및 장비, 등록의 절차, 영업의 종류와 공동주택의 관리방법 및 그 업무내용 등에 관하여 필요한 사항은 대통령령으로 정한다.
④ 주택관리업자의 지위에 관하여 이 법에 규정이 있는 것 외에는「민법」중 위임에 관한 규정을 준용한다.

(2) 주택관리업의 등록말소

시장·군수·구청장은 주택관리업자가 다음 어느 하나에 해당하면 그 등록을 말소하거나 1년 이내의 기간을 정하여 영업의 전부 또는 일부의 정지를 명할 수 있다.

1. 거짓이나 그 밖의 부정한 방법으로 등록을 한 경우
2. 등록기준에 미달하게 된 경우
3. 고의 또는 과실로 공동주택을 잘못 관리하여 입주자 및 사용자에게 재산상의 손해를 입힌 경우
4. 관리방법 및 업무 내용 등을 위반하여 공동주택을 관리한 경우
5. 공동주택 관리 실적이 대통령령으로 정하는 기준에 미달한 경우
6. 보고, 자료의 제출, 조사 또는 검사를 거부·방해 또는 기피하거나 거짓으로 보고를 한 경우
7. 최근 3년간 2회 이상의 영업정지처분을 받은 자로서 그 정지처분을 받은 기간이 통산하여 12개월을

초과한 경우
8. 이 법 또는 이 법에 따른 명령을 위반한 경우
다만, 제1호 또는 제7호에 해당하는 경우에는 그 등록을 말소하여야 한다.

7. 관리사무소장의 업무 등

(1) 관리사무소장의 배치

① 공동주택을 관리하는 다음 어느 하나에 해당하는 자는 주택관리사를 해당 공동주택의 관리사무소장으로 배치하여야 한다.

1. 입주자대표회의(자치관리의 경우에 한한다)
2. 「임대주택법」에 따른 임대사업자
3. 관리업무를 인계하기 전의 사업주체
4. 주택관리업자

② 다만, 대통령령으로 정하는 세대수 미만의 공동주택에는 주택관리사를 갈음하여 주택관리사보를 해당 공동주택의 관리사무소장으로 배치할 수 있나.

1. 500세대 미만의 공동주택 : 주택관리사 또는 주택관리사보
2. 500세대 이상의 공동주택 : 주택관리사

(2) 관리사무소장의 업무

① 관리사무소장은 공동주택을 안전하고 효율적으로 관리하여 공동주택의 입 주자 및 사용자의 권익을 보호하기 위하여 다음 각 호의 업무를 집행한다.
② 관리사무소장은 선량한 관리자의 주의로 그 직무를 수행하여야 한다

1. 입주자대표회의에서 의결하는 다음의 업무
   가. 공동주택의 운영·관리·유지·보수·교체·개량 및 리모델링에 관한 업무
   나. 가목의 업무를 집행하기 위한 관리비·장기수선충당금이나 그밖의 경비의 청구·수령·지출 업무
2. 장기수선계획의 조정, 시설물 안전관리계획의 수립 및 건축물의 안전점검에 관한 업무. 다만, 비용지출을 수반하는 사항에 대하여는 입주자대표회 의의 의결을 거쳐야 한다
3. 그 밖에 공동주택관리에 관하여 국토해양부령으로 정하는 업무

제 6 장

주 택 자 금

Ⅰ. 국민주택기금

1. 국민주택기금의 설치

① 정부는 주택종합계획을 효율적으로 실시하기 위하여 필요한 자금을 확보하고, 이를 원활히 공급하기 위하여 국민주택기금을 설치한다.

② 국민주택기금은 정부의 출연금 또는 예탁금 등 일정한 재원으로 조성한다.

③ 기금 또는 자금의 관리자나 저축자는 그 자금의 전부 또는 일부를 국민주택기금에 예탁할 수 있다(국민연금기금 및 LH공사 등)

2. 운용 및 관리

① 국민주택기금은 국토해양부장관이 운용·관리하는데, 국토해양부장관은 국민주택기금의 운용·관리에 관한 사무의 전부 또는 일부를 금융기관 등 국토해양부장관이 지정하는 자(이하 "기금수탁자"라 한다)에게 위탁할 수 있다.

② 국토해양부장관은 국민주택기금의 운용에 관한 계획을 수립하려는 경우에는 미리 기획재정부장관과 협의하여야 한다.

③ 국민주택기금은 국민주택의 건설, 국민주택을 건설하기 위한 대지조성사업 일정한 용도가 아닌 용도로는 운용할 수 없다.

④ 국민주택기금의 회계연도·운용계획 및 결산 등에 관하여 주택법에 특별한 규정이 있는 경우 외에는 「국가재정법」을 적용한다.

Ⅱ. 국민주택채권

1. 발행

(1) 발행권자 및 종류

① 정부는 국민주택사업에 필요한 자금을 조달하기 위하여 국민주택기금의 부담으로 국민주택채권을 발행할 수 있다.

② 국민주택채권은 국토해양부장관 요청에 따라 기획재정부장관이 발행한다.

③ 국민주택채권은 다음과 같이 제1종국민주택채권과 제2종국민주택채권으로 구분하여 발행한다.

구 분	매입 대상자
제1종 국민주택채권	◦ 국가 또는 지방자치단체로부터 면허·허가·인가를 받거나 등기 등록을 신청하는 자 ◦ 국가·지방자치단체 또는 공공기관관리기본법 규정에 의한 공공기관과 건설공사의 도급계약을 체결하는 자
제2종 국민주택채권	주거전용넌적 85㎡를 초과하는 분양가상한제 적용주택을 공급받고자 하는 자

④ 국민주택채권의 발행기간은 1년을 단위로 하고, 발행일은 매출한 달의 말일로 한다.

⑤ 국민주택채권은 증권을 발행하지 아니하고 한국예탁결제원에 등록하여 발행한다. 이 경우 채권자는 이미 등록된 국민주택채권에 대하여 그 증권의 교부를 청구할 수 없다.

(2) 상환기간, 이자율 등

① 제1종국민주택채권의 원리금은 발행일부터 5년이 되는 날에 상환한다.
이자율은 기획재정부장관이 그 채권의 발행 당시의 국채·공채 등의 금리와 국민주택기금의 수지상황 등을 참작하여 기획재정부장관이 국토해양부장관과 협의하여 정한다.

② 제1종국민주택채권의 이자는 그 발행일부터 상환일 전일까지 규정에 의한 이자율에 따라 1년 단위의 복리로 계산한다.

③ 제1종국민주택채권의 매출일부터 발행일 전일까지의 이자는 매출하는 때에 이를 지급한다.

④ 제2종국민주택채권의 원리금 상환일은 그 발행일부터 20년을 초과할 수 없고, 이자율은 기획재정부장관이 국토해양부장관과 협의하여 정한다.

⑤ 국민주택채권은 다음 어느 하나에 해당하는 경우를 제외하고는 중도에 상환할 수 없다.

1. 당해 면허·허가·인가가 제1종국민주택채권 매입자에게 책임 없는 사유로 철회되거나 취소된 경우
2. 국가, 지방자치단체, 공공기관과 건설공사의 도급계약을 체결한 자가 그에게 책임 없는 사유로 계약을 취소당한 경우
3. 제2종국민주택채권을 매입한 후 입주자로 선정된 지위 또는 공급계약이 무효로 되거나 취소된 경우 또는 그 공급계약이 해지된 경우
4. 국민주택채권매입대상자가 아닌 자가 착오로 인하여 매입하였거나 법정매입금액을 초과하여 매입한 경우

Ⅲ. 주택상환사채

1. 발행

① 한국토지주택공사 와 등록사업자는 액면 또는 할인의 방법으로 주택으로 상환하는 사채를 발행할 수 있다.

② 등록사업자는 자본금·자산평가액 및 기술인력 등이 대통령령으로 정하는 기준에 맞고 금융기관 또는 대한주택보증주식회사의 보증을 받은 경우에만 주택상환사채를 발행할 수 있다.

③ 주택상환사채는 기명증권으로 한다.

④ 주택상환사채의 상환기간은 3년을 초과할 수 없다. 이 경우 상환기간은 발행일부터 주택의 공급계약체결일까지의 기간으로 한다.

⑤ 등록사업자의 등록이 말소된 경우에도 등록사업자가 발행한 주택상환사채의 효력에는 영향을 미치지 아니 한다.

⑥ 주택상환사채의 발행에 관하여 주택법에서 규정한 것 외에는 상법 중 사채발행에 관한 규정을 적용한다.

2. 양도 또는 중도해약, 상환

① 주택상환사채는 이를 양도하거나 중도에 해약할 수 없다.

② 다만 해외이주 등 부득이한 사유가 있는 경우로서 국토해양부령이 정하는 경우에는 그러하지 아니하다.

③ 주택상환사채를 발행한 자는 발행조건에 따라 주택을 건설하여 사채권자에게 주택으로 상환하여야 한다.

④ 주택상환사채를 상환함에 있어 주택상환사채권자가 원하는 경우에는 주택상환사채의 원리금을 현금으로 상환할 수 있다.

국민주택채권과 주택상환사채 비교		
구 분	국민주택채권	주택상환사채
발행목적	국민주택사업에 필요한 자금조달	주택건설에 필요한 자금조달
발행자	국토해양부장관의 요청에 의해 기획재정부장관이 발행	한국토지주택공사, 등록사업자가 국토해양부장관의 승인을 받아 발행
적용법률	국채법	상법 중 사채발행에 관한 규정
발행방법	◦ 한국예탁결제원에 등록발행 ◦ 중도상환금지	◦ 기명증권 ◦ 액면 또는 할인 발행 ◦ 중도상환금지
상환기간	제1종 국민주택채권 : 5년이 되는 날 제2종 국민주택채권 : 20년 이내	3년 이내

Ⅳ. 청문

국토해양부장관 또는 지방자치단체의 장은 다음 어느 하나에 해당하는 처분을 하려면 청문을 하여야 한다.

1. 주택건설사업 등의 등록말소
2. 사업계획승인의 취소
3. 주택조합의 설립인가취소
4. 행위허가의 취소
5. 주택관리업의 등록말소
6. 주택관리사등의 자격취소

찾아보기

〈ㄱ〉

참고문헌

- 김동희, 「행정법 I」, 박영사, 2007.
- 김영남, 「농지·산지 이것이 궁금하다」, 부동산매거진, 2012.
- 김영남, 「농지114」, 도서출판 덕산, 2011.
- 김영우, 「도시계획과 토지개발」, 노해출판사, 2007.
- 민태욱, 「부동산공법론」, 부연사, 2012.
- 배영길, 「제3판 토지공법」, 세종출판사, 2003.
- 서원우, 「부동산공법」, 박영사, 1991,
- 석종현, 「신토지공법론」, 경진사, 1994.
- 유해웅, 「부동산공법론」, 탑북스, 2011.
- 최기원외 2인, 「건축법규해설」, 도서출판 세진사, 2012.
- 홍정선, 「행정법특강」, 박영사, 2010.
- 국가법령정보센터 http://www.law.go.kr/

| 저자소개 |

장동훈

- 경영학 박사
- De la salle-Araneta University 졸업(부동산학 전공)
- 공인중개사시험 출제위원 및 서울시공무원시험 출제위원 위촉
- 용산구, 구리시 토지평가위원, 중개분쟁조정위원, 분양가 상한제 심의위원 등 위촉
- 현, 서일대학교 부동산학과 교수
  평생교육진흥원 학점인정 심의위원회 분과위원

〈저서 및 논문〉

- 부동산학개론 / 부동산평가론 / 부동산공법 / 부동산중개업 경영실무
- 부동산법론 / 부동산세법 / 생활속의 부동산 / 부동산기술론/부동산신개념 이론분석
- 부동산법의 이론과 실제 / 부동산학연습/ 부동산입지론
- 서울 오피스 빌딩의 임대료 특성 분석
- The Management of Socialized Housing Projects in Selected Districts in Seoul, Korea : Status and Problems 외 다수
- e-mail : sukhalsa@hanmail.net

권영수

- 경원대학교 법정대학 법학과 졸업
- 경원대학교 일반대학원 법학과 졸업(법학석사)
- 경원대학교 행정대학원 행정학과 졸업 (행정학 석사)
- University of Manila. 박사과정 졸업 (행정학 박사)
- 강원대학교 일반대학원 부동산학과 박사과정 졸업 (부동산학 박사)
- ㈜ E.M.S 대표이사, ㈜ 겨레석재 법률자문이사 등 역임
- (사)한국 법학회 홍보이사, 빌딩경영관리사시험 출제 및 선정위원 등 위촉
- 현, 서일대학교 부동산학과 교수, (사)한국중개학회 이사

〈저서 및 논문〉

저서 : [부동산공법][부동산공시법][부동산공법연습][부동산위험관리]
[공법실무][부동산세법] 외 다수

논문 : 영국과 한국의 상가임대차보호법의 문제에 관한 연구
상가건물임차인의 권리금회수방안에 관한 실증적 연구
권리금에 대한 상가건물임차인의 행태 분석
상가건물임대차보호법에 대한 위헌성 분석 등 외 다수

- e-mail : kysk@seoil.ac.kr

손재종

- 부동산학 박사
- 강남대학교 부동산행정대학원 졸업 (부동산학 전공)
- 강남대학교 대학원 졸업 (부동산학 전공)
- 현대건설주식회사 주택사업부 등 근무
- 한국집합건물법학회 이사, 한국부동산중개학회 사무국장
- 현, 서일대학교 겸임교수, 나사렛대학교 외래교수

〈저서 및 논문〉

논문 : 프로젝트금융투자회사(PFV)제도의 현행 문제점과 개선방안 연구
집합건물 대지의 권리관계에 관한 연구
「도시정비법」 상 재건축과 재건축 결의에 관한 소고
매매계약과 계약금 약정의 법률관계 검토 외 다수

저서 : 부동산공시법 (공저)

- e-mail : nr4989@naver.com

나길수

- 동국대 대학원 박사과정 수료 (행정학)
- 전주고, 전북대 경영학과 졸업
- 동국대 경영대학원 부동산학과 졸업 (경영학 석사)
- 연세대 생활환경대학원 공간디자인학과 졸업 (이학석사)
- 현대 그룹 12년간 근무 (관리팀장)
- 한국실내디자인학회, 한국공공디자인학회, 디자인융복합학회, 대한부동산학회,
- 한국현대한옥학회 등 회원, 임원으로 활동 중
- 현, ㈜에이치세라믹 대표이사
- 현, 서일대학교 부동산과 외래교수

〈논문 · 기타 저작물〉

- 석사학위논문 : 상업용 건물의 리모델링에 관한 연구
- 논문 : '아파트 분양면적의 변동 추세에 관한 연구' 외 다수.
- 기고문 : '도시계획제한과 손실보상에 관한 소고',
  '현행 중개보수체계의 문제점 및 개선방안' 외 다수.
- e-mail : jamsilforum@naver.com

부동산 공법

1판 1쇄 인쇄 2013년 2월 25일
1판 1쇄 발행 2013년 3월 04일
공 저 자 장동훈 · 권영수 · 손재종 · 나길수
발 행 인 이범만
발 행 처 **21세기사** (제406-00015호)
경기도 파주시 산남동 283-10 (413-130)
E-mail : 21cbook@naver.com
Home-page : www.21cbook.co.kr
ISBN 978-89-8468-466-9

정가 35,000원